كتاب
"فيما يحتاج إليهِ الصّانِعُ مِن أعْمالِ الهندَسة"

لأبي الوَفاء محمّد بن محمّد البُوزجَاني

المتوفّى سنة ٣٨٨ هـ الموافق ٩٩٨ م

تحقيق

المهندس ماهر عزمي أبوسمرا

دار جامعة حمد بن خليفة للنشر
HAMAD BIN KHALIFA UNIVERSITY PRESS

جامعة حمد بن خليفة
HAMAD BIN KHALIFA UNIVERSITY
كليّة الدراسات الإسلاميّة
مركز محمد بن حمد آل ثاني
لإسهامات المسلمين في الحضارة

الطبعة العربية الأولى عام 2019

دار جامعة حمد بن خليفة للنشر
مؤسسة قطر
صندوق بريد 5825
الدوحة، دولة قطر

www.hbkupress.com

حقوق نشر النص © مركز محمد بن حمد آل ثاني لإسهامات المسلمين في الحضارة، كلية الدراسات الإسلاميّة، جامعة حمد بن خليفة، 2019

الحقوق الفكرية للمؤلف محفوظة.

جميع الحقوق محفوظة.
لا يجوز استخدام أو إعادة طباعة أي جزء من هذا الكتاب بأي طريقة بدون الحصول على الموافقة الخطية من الناشر باستثناء حالة الاقتباسات المختصرة التي تتجسد في الدراسات النقدية أو المراجعات.

الترقيم الدولي: 9789927137624

تمت الطباعة في الدوحة-قطر

مكتبة قطر الوطنية بيانات الفهرسة ــ أثناء ــ النشر (فان)

أبو الوفاء البوزجاني، محمد بن محمد، 940-998، مؤلف.

كتاب فيما يحتاج إليه الصانع من أعمال الهندسة / لأبي الوفاء محمد بن محمد البزجاني ؛ تحقيق المهندس ماهر عزمي أبو سمرا. الطبعة العربية الأولى. ــ الدوحة : دار جامعة حمد بن خليفة للنشر، 2019.

صفحة ؛ سم

تدمك 978-992-713-762-4

1. الهندسة ــ أعمال مبكرة إلى 1800. أ. أبو سمرا، ماهر عزمي، محقق. ب. جامعة حمد بن خليفة. كلية الدراسات الإسلامية. مركز محمد بن حمد آل ثاني لإسهامات المسلمين في الحضارة، هيئة إصدار. ج. العنوان.

QA444 .A229 2019

516 -- dc23

201927406465

بسم الله الرّحمن الرّحيم

"فَأَمَّا الزَّبَدُ فَيَذْهَبُ جُفَاءً وَأَمَّا مَا يَنْفَعُ النَّاسَ فَيَمْكُثُ فِي الأَرضِ"

صدق الله العظيم

سورة الرّعد الآية ١٧

المحتويات

مركز محمد بن حمد آل ثاني لإسهامات المسلمين في الحضارة ١٢
تقديم ١٤
مقدِّمة ١٦

القسم الأول : دراسة موجزة لحياة البوزجاني ومآثره العِلمية
ترجمة أبي الوفاء البوزجاني ١٨
مؤلّفاته وكتبه ٢٣
أهمية الكتاب المُحقَّق ٢٤
منهج التّحقيق ٢٦
إثبات عنوان المخطوطة ٣٠
نماذج صفحات المخطوطات ٣١

القسم الثاني
النّص المُحقَّق ٣٤
فهرست أبواب الكِتاب حسب المخطوطة ٣٧

الباب الأوّل : في المسطرة والبركار والكونيا ٣٨
في البركار ٣٩
في عمل الكونيا ٤١
وجهٌ ثانٍ في عمل الكونيا ٤٢
وجهٌ ثانٍ في عمل الكونيا على طرف الخطّ ٤٣
معرفة صِحّة الكونيا ٤٤
وجهٌ ثانٍ في معرفة صِحّة الكونيا الصِّناعيّة ٤٥
وجهٌ آخرَ في اعتبار الكونيا ٤٦

الباب الثّاني : في الأصول التي يَنبَغي أن يُقدّم ذِكرُها ٤٧
في قسمة الخط أو القوس بنصفين ٤٧
وجهٌ آخر في قسمة الخط بنصفين ٤٨
في قسمة الزّاوية بنصفين ٥٠
في إخراج خطٍ من نقطة يقوم على خطٍ معلوم ٥١
كيف نخرج من نقطة خطاً موازياً لخطٍ معلوم ٥٤
كيف نجد مركز الدّائرة ٥٥

٦

وجهٌ آخر في معرفة مركز قطعةِ الدّائرة	٥٦
كيف نخرج من نقطة مماسًا لدائرة	٥٧
في عمل مثلثٍ مساوٍ لمثلثٍ آخر	٦٠
في قسمة الزّاوية بثلاثة أقسامٍ متساوية	٦١
في قسمة القوس بثلاثة أقسام متساوية	٦٤
في عمل مكعّبٍ أو كُرة مِثليّ مكعّبٍ آخر أو كرةٍ أخرى	٦٥
في عمل المرآة المحرقة	٦٦
وجهٌ آخر في عمل المسطرة للمرآة المحرقة	٦٨

الباب الثالث : في عمل الأشكال المتساوية الأضلاع ٧٠

في عمل المثلّث	٧٠
في عمل المربّع	٧١
في عمل المخمّس	٧٢
في عمل المسدّس	٧٤
في عمل المسبّع	٧٥
في عمل المثمّن	٧٦
في عمل المتسّع	٧٨
في عمل المعشّر	٧٩

الباب الرّابع : في عمل الأشكال في الدّوائر ٨١

في عمل المثلّث في الدّائرة	٨٢
في عمل المثلّث على الدّائرة	٨٣
في عمل المربّع في الدّائرة	٨٤
في عمل المخمّس في الدّائرة	٩٠
في عمل المسدّس في الدّائرة	٩٣
في عمل المسبّع في الدّائرة	٩٤
في عمل المثمّن في الدّائرة	٩٥
في عمل المتسّع في الدّائرة	٩٦
في عمل المعشّر في الدّائرة	٩٧

الباب الخامس : في عمل الدّائرة على الأشكال ٩٨

٩٨	في عمل الدّائرة على المثلّث	
١٠٠	في عمل الدّائرة على المربّع	
١٠١	في عمل الدّائرة على المخمّس	
١٠٢	في عمل الدّائرة على المسدّس	

الباب السادس : في عمل الدّائرة في الأشكال ... ١٠٣

الباب السابع : في عمل الأشكال بعضها في بعض ... ١٠٤

١٠٤	في عمل المثلّث في المربّع
١٠٩	في عمل المثلّث على المربّع
١١٠	في عمل المربّع على المثلّث
١١١	في عمل المربّع على المثلّث المختلف الأضلاع
١١٤	في عمل المربّع في المثلّث
١١٦	في عمل المربّع في المثلّث المتساوي الأضلاع
١١٧	في عمل المثلّث المتساوي الأضلاع في المثلّث المختلف الأضلاع
١١٨	في عمل المثلّث المتساوي الأضلاع على المثلّث المختلف الأضلاع
١١٩	في عمل المثلّث في المخمّس
١٢٠	في عمل المثلّث على المخمّس
١٢١	في عمل المربّع في المخمّس
١٢٢	في عمل المربّع على المخمّس
١٢٤	في عمل المثمّن في المربّع
١٢٦	في عمل المربّع على المثمّن

الباب الثامن : في قسمة المثلّثات ... ١٢٧

١٢٧	في قسمة المثلّثات
١٢٧	في قسمة المثلّث بنصفين
١٢٩	في قسمة المثلّث بأربعة أقسام متساوية
١٣٠	في قسمة المثلّث بنصفين بخطٍ يوازي ضلعاً من أضلاعه
١٣١	في قسمة المثلّث بثلاثة أقسامٍ متساوية بخطين مُوازيين لضلعٍ من أضلاعه
١٣٢	وجهٌ ثانٍ في قسمة المثلّث بثلاثة أقسامٍ متساوية
١٣٣	نوعٌ آخر من المثلثات

كيف نزيد في مثلّث مثله أو مثليه	١٣٤
كيف نعمل داخل مثلثٍ مثلثاً شبيهاً به ويكون مثل نصفه أو ثلثه	١٣٥
الباب التّاسع : في قِسمة المربّعات	١٣٦
في قِسمة المربّع بنصفين	١٣٦
في قِسمة المنحرف بنصفين بخطٍ موازٍ لضلعٍ من أضلاعه	١٣٩
في قِسمة السَّطح المتوازي الأضلاع	١٣٦
في قِسمة السَّطح المتوازي الأضلاع بخطٍ يخرج من نقطة على ضلعه	١٤١
تصحيح من المحقّق في قسمة السَّطح المتوازي الأضلاع	١٤٣
في قِسمة السَّطح المتوازي الأضلاع بنصفين بخطٍ يخرج من نقطة خارجه	١٤٦
في قِسمة المنحرف بنصفين بخطٍ يخرج من نقطة خارجة عنه	١٥٠
كيف نزيد في مربعٍ مثله وعلى صورته	١٥٦
كيف نأخذ من وسط مربعٍ مربعاً يكون نصفه وعلى صورته	١٥٧
في قِسمة الدّوائر	١٥٨
كيف نفصل من دائرة ثُلثها أو رُبعها بخطين مُتوازيين	١٥٨
كيف نقسم قطاع دائري بنصفين	١٥٩
في رفع الطريق	١٦٠
كيف نقسم مُربعاً بنصفين ونرفع بينهما طريقاً يكون عرضه معلوماً	١٦٠
كيف نقسم مُربعاً بثلاثة أقسام متساوية ونرفع بينهما طريقاً	١٦١
كيف نقسم مثلثاً بقسمين متساويين ونرفع بينهما طريقاً	١٦٢
كيف نقسم مثلّثاً بين ثُلثٍ وثُلثين ونرفع بينهما طريقاً	١٦٣
كيف نقسم مُنحرفاً بنصفين ونرفع بينهما طريقاً	١٦٤
الباب العاشر : في قِسمة المربّعات وتأليفها	١٦٥
تعريف الأعداد المربّعة	١٦٥
تعريف الأعداد المؤلفة من مربّعين	١٦٦
تعريف الأعداد الغير مُؤلفة من مربّعين	١٦٦
كيف نفصل مربعاً واحداً بتسع مربعاتٍ	١٦٧
في عمل مربّعٍ من مربّعاتٍ عددها مربّع	١٦٨
كيف نعمل من ستّة عشرة آجرّةٍ مربّعاً	١٦٨
تأليف المربّعات المؤلفة من مربّعين وقِسمتها	١٦٩
كيف نعمل من آجرّتين مربّعاً	١٦٩

كيف نعمل من ثماني مربعاتٍ مربعاً	١٧٠
في تأليف المربعات التي عددها مؤلفٌ من مربعين مختلفين	١٧١
كيف نعمل من ثلاث عشرة مربعة متساوية مربعاً	١٧١
كيف نعمل من عشر لبناتٍ متساوياتٍ مربعاً	١٧٣
في قسمة المربع الواحد بمربعاتٍ عددها مؤلفٌ من مربعين متساويين	١٧٤
كيف نقسم مربعاً واحدا بثماني مربعات	١٧٥
كيف نقسم مربعاً بثمانية عشر مربعاً	١٧٦
في قسمة مربعٍ بمربعاتٍ عددُها مؤلف من مربعين غير متساويين	١٧٧
كيف نقسم مربعاً بعشرة مربعات	١٧٨
كيف نقسم مربعاً بعشرين مربعاً	١٧٩
في تركيب المربعات وقسمتها إذا لم يكن عددها مؤلفاً من عددين مربعين	١٨٠
برهان غلط الصُّناع في عمل مربعٍ من ثلاث مربعاتٍ	١٨١
برهان غلط الصُّناع في عمل مربعٍ من ثلاث مربعاتٍ، وجهٌ آخر	١٨٤
كيف نعمل من ثلاث مربعاتٍ متساوياتٍ مربعاً	١٨٦
شرح طريقة المهندسين في إيجاد خطٍ يقوى على ثلاث مربعاتٍ	١٨٨
في عمل مربعٍ من مربعين مختلفين لا يعلم مقدار أضلاعهما	١٩٠
في قسمة مربعٍ واحدٍ بمربعاتٍ غير مؤلف عددها من مربعين	١٩٣

الباب الجادي عشر : في قسمة الكرة ١٩٦

كيف نخطُ على الكرة أعظم دائرة تقع عليها	١٩٦
كيف نعمل على كرة دائرتين عظيمتين تتقاطعان على زوايا قائمة	١٩٧
كيف نعمل على كرة ثلاث دوائر عظام تتقاطع على زوايا قائمة	١٩٨
كيف نخط دائرة عظيمة تجوز على نقطتين على كرة	١٩٩
في قسمة الكرة بأربعة أقسام مثلثاتٍ متساوياتٍ	٢٠٠
في قسمة الكرة بستّة أقسام مربعاتٍ متساوياتٍ	٢٠٤
في قسمة الكرة بعشرين قسماً مثلثاتٍ متساوياتٍ	٢٠٨
في قسمة الكرة باثني عشر قسماً مخمَّساتٍ متساوياتٍ	٢١٢
في قسمة الكرة بأربعة عشر قسماً منها ست مربعاتٍ وثماني مثلثاتٍ	٢١٨
في قسمة الكرة باثني عشر مخمَّساً وعشرين مثلثاً	٢٢١
في قسمة الكرة باثني عشر مخمَّساً وعشرين مسدَّساً	٢٢٤

في قسمة الكُرة بستّة مربّعاتٍ وثمانية مسدّساتٍ ٢٢٥
في قسمة الكُرة بأربعة مربّعاتٍ وأربعة مسدّساتٍ ٢٢٦
المراجع
١ـ المراجِع العربيّة ٢٢٨
المخطوطات ٢٢٨
الكُتب ٢٢٩
المجلات والبُحوث ٢٣٠
٢ـ المراجِع الأجنبية ٢٣١

الملاحق
ملحق ـ١ مخطوط "ما يحتاج إليه العمّال والكتّاب من علم الحِساب" ٢٣٤
ملحق ـ٢ مسألة من كتاب "في تداخل الأشكال المتشابهة أو المتوافقة" ٢٣٥
ملحق ـ٣ جدول حساب الجُمَل ٢٣٦
ملحق ـ٤ وحدات القياس في الحضارة الإسلامية ٢٣٧
ملحق ـ٥ رسم لأرضية رخامية هندسيّة من فناء مسجد السُلطان حسَن.القاهرة ٢٣٨

كشّاف عام ٢٣٩

ملخّص باللّغة الإنجليزية Preface ٢٤٣

الإهداء

إلى روح والدي الغالي الطّبيب د. عزمي اسماعيل أبوسمرا (١٩٤٧_٢٠١٥) الذي توفّاه الله بعد أن زرع فينا شتلة حبّ العِلم، والبحث عن الحقيقة التي تقودُنا إلى الله تعالى.

أتذكر صفاته، وكلماته التي كانت دوماً نِبـــرَاسا يُضيء لنا الدُّروب المظلمة، وتمدّنا بالعزيمة والإصرار على إتقان العَمل.

فإلى روحه الرّحمة عند العزيز المقتدر جلّ وعلا، الذي خلق الإنسان على أتمّ وجهٍ ووهبه العقل، والمعرفة، وعلّمه اللّغة، ليَبنِي الحضارة الإنســـانية ويُفاخر به الله سائر خَلقِه.

مركز محمد بن حمد آل ثاني
لإسهامات المسلمين في الحضارة

تم أنشاء المركز في عام ١٩٨٣م حينما كان الشيخ محمد بن حمد آل ثاني يشغل منصب وزير التربية والتعليم بدولة قطر بهدف نشر ترجمات علمية دقيقة ومعبرة في اللغة الإنجليزية لعيون التراث الإسلامي الممثل للعطاء الحضاري الإنساني لهذا الدين الحنيف على النطاق العالمي.

وفي عام ٢٠١٠م أعلنت صاحبة السمو الشيخة موزا بنت ناصر، رئيس مجلس إدارة مؤسسة قطر للتربية والتعليم وتنمية المجتمع، ضم المركز إلى كلية الدراسات الإسلامية في قطر عضو مؤسسة قطر.

وتركزت جهود المركز منذ إنشاءه إلى عام ٢٠١٣م في الترجمة من العربية إلى الإنجليزية فقط. وقد تم خلالها ترجمة ستة عشر كتاباً من عيون التراث العربي الإسلامي في العلوم المختلفة ونشرها في ثلاث وعشرين مجلداً من خلال الناشر الإنجليزي جارنت.

وفي عام ٢٠١٢م تولت أ. د. عائشة يوسف المناعي إدارة المركز وبدأ التفكير في تطويره وتوسيع آفاق عمل المركز فتم وضع خطة استراتيجية أخرجت المركز من مجرد جهة تقوم بالترجمة من العربية إلى الإنجليزية إلى مركز يعمل على توعية المسلمين وغير المسلمين بإسهامات المسلمين في الحضارة من خلال أنشطة متنوعة، وبناء عليه فقد وضعت له أهداف جديدة فجاءت على النحو التالي:

١. توعية المسلمين وغير المسلمين بالتراث الحضاري للمسلمين.

. التعريف بإسهامات المسلمين في الحضارة الإنسانية.

٣. المشاركة في دفع عجلة البحث العلمي في الإسهام الحضاري الإسلامي.

٤. تمكين الباحثين في مجال إسهامات المسلمين الحضارية من التواصل والتحاور، ليكون المركز جسراً يصل بينهم ومنبراً يلتقون عليه.

٥. إبراز وتأكيد دور دولة قطر في إحياء التراث الحضاري الإسلامي، (ضمن منظومة متناسقة من جهود الدولة في هذا المجال).

وفي ضوء الخطة الجديدة تنوعت أنشطة المركز على النحو التالي:

١. تنظيم مؤتمرات وندوات علمية دولية ومحلية تنتج عنها بحوث ودراسات علمية حول إسهامات المسلمين في الحضارة.

٢. نشر مختصرات لعيون التراث الإسلامي.

٣. تحقيق ونشر المخطوطات الإسلامية التي تمثّل إسهامات المسلمين العلمية والحضارية.

٤. الاشتراك في معارض الكتب حول العالم.

٥. التواصل والتنسيق والتعاون مع الهيئات والمؤسسات العالمية ذات الاهتمام المشترك في العالم.

٦. الترجمة إلى لغات عالمية مهمة مثل الفرنسية والألمانية والصينية والتركية والإسبانية إضافة إلى الإنجليزية.

٧. الترجمة من اللغات العالمية إلى العربية.

٨. تنظيم مسابقات دولية كل سنتين بين طلبة الجامعة على مستوى العالم بهدف خلق وعي بإسهامات المسلمين في الحضارة.

تَـقـدِيـم

يسـعد مركـز محمّد بن حمد آل ثاني لإسـهامات المسـلمين في الحضـارة بكلية الدراسـات الإسـلامية في جامعة حمـد بن خليفة أن يقـدم للمجتمـع العلمي والباحـثـين في كـافة أرجـاء العالم أول كتاب في سلسـلة "تحقيـق المخطوطات"، وذلك بعد أن وسّـع المركز مجال عمله من مجرد التـرجمة إلى اللغـة الإنجليزية لأمهات كتب الحضارة الإسـلامية إلى أوجهٍ مختلفة من الأنشـطة تتضمن تحقيق المخطوطات، والتـرجمة إلى اللغات العالميـة المختلفة، ومن تلـك اللغـات إلى العربية، وإقامـة النـدوات والمسـابقات وتـنظيم المؤتمرات في مجال الإسهام الإسلامي في الحضارة الإنسانية.

والمخطوط الذي نقدمه اليوم محققاً هو من أهم الإسـهامات العلميّة في مجال الهندسـة، للعالم المهندس أبو الوفاء البوزجاني المتوفى سنة ٣٨٨هـ، وقد عنون كتابـه فيما يحتاج إليـه الصانع من أعمال الهنـدسـة. وقام بتحقيقه للمركز الباحث المهندس ماهر أبوسمرا، وقد كان متميزا في تحقيقه للمادة العلمية التي يدور حولها مخطوط البوزجاني، وقد بذل جهداً مضاعفاً عمّا يقوم به المحقّقِين في تحقيقه العلمي عالي المستوى.

واستخدم الباحث المهندس خبرته التكنولوجية في التّعامل مع الخرائط الكثيرة التي احتوى عليها كتاب البوزجاني.

والمركز إذ يقدر له هذا الجهد الكبير يتمنى أن يجد الكتاب مكانه اللائق به في مكتبة الإسهامات العلمية لعلماء المسلمين. وأن يكون نشره حافزاً لشباب الباحثين لكي يحاولوا إخراج الكنوز الدفينة في مكتبات العالم المختلفة إلى النور محقّقة، ليسهموا بذلك في إعادة كتابة تاريخ العلوم الإسلامية والحضارة العلمية الإسلامية.

وأود أن أشكر كذلك دار جامعة حمد بن خليفة للنشر على الجهد الذي بذلته في نشر هذا الكتاب، وقد استطاعت التغلّب على صعوبات كثيرة فرضتها طبيعة الكتاب، وقد أخرجته في النهاية في هذه الهيئة الحسنة.

أ.د. عائشة يوسف المنّاعي

مديرة المركز

مُقـــدِّمـة

بسم الله الرّحمن الرّحيم ، والصّلاة والسّلام على أشرف المُرسَلين والخلق أجمعين ، نورالهدىٰ سيِّدنا محمد ، وعلىٰ آله وصحبه والتّابعين بإحسانٍ إلى يوم الدّين .

فبعد التّوكّل علىٰ الله ، أقدمنا على قراءة كتاب " فيما تحتاج إليه الصّانع من أعمال الهندسة " لأبي الوَفاء البُوزجاني ، واستمتعنا بما فيه من مسائل هندسيَّة تستعصي على مُهندسي وحِرفيِّي زماننا ، لما فيها من صيغٍ رياضياتيةٍ مُحكمةٍ ودقيقةٍ ، أدّىٰ استخدامها في العصور الذّهبيّة من الحضارة الإسلامية إلى ازدهار العَمارة والفُنون الإسلامية ، ولا تزال بعض آثار الإبداع والتّقدم الناتجة من تلك الاستعمالات الهندسية شاخصة للعيان في المباني التراثية والزّخارف والمقرنسات التي لا تزال تثير الدّهشة ، وتقف شاهِداً على استعمال صيغٍ رياضياتيَّة حديثة في العصور الوسطىٰ .

وقد عقدنا العزم على دراسته وتحقيقه ، انطلاقاً من أهميّة محتواه العِلمي ، وتقديراً لمنزلة الشّيخ العالم الجليل أبي الوفاء البوزجاني - رحمه الله ، ورغبةً في نشر الفائدة المَرجوّة منه بحسب ما أراد له مؤلّفه ، حيث إنه خصّ به الصنّاع ، والحِرفيين ، والمسّاحين ، والعاملين بالمجال الهندسي عموماً . ويظهر جلِيّاً كيف زاوجَ بطرحه هذا بين النّظريات الهندسية المبرهَنة رياضياتيّاً ، وبين التّطبيق العَملي والميداني للهندسة والرّياضيات في مجال الواقع ، من أعمال ضبط

مساحة الأراضي، أو تشييد المباني، أو تخطيط المدن، فضلاً عن استعمالها في الزّخارف المحفورة، والمقرنسات، وغيرها.

وإني إذ أقدِّم هذه التجربة الشائقة والممتعة في سبق أغوار هذا العمل التراثي الرّائد والنّادر، لا يسعني إلّا أن أنحني خجلاً أمام عِلم المهندس أبي الوفاء البوزجاني في الذّكرى السادسة والسبعين بعد الألف لميلاده. ويطيب لي أن أدعو من خلال ذلك، إلى مضاعفة الجهود للكشف عن كنوز التراث العلمي والتّقني لحضارتنا العربية الإسلامية، خاصّة وأن هذا الإرث العلمي الإنساني مُغيَّبٌ في خزائن المكتبات دون أن يلقى التقدير الذي يرقى لأهميّته.

وأخيراً، أودُّ أن أقدِّم شكري لأستاذي د. عبد الواحد الوكيل الذي كرّس حياته لأجل إحياء فنون العمارة الإسلامية التقليديّة التي أبذل جهدي للالتزام بها.

وأودُّ أيضاً أن أشكر د. عائشة المنّاعي مديرة مركز محمد بن حمد آل ثاني لإسهامات المسلمين في الحضارة في كليّة الدراسات الإسلامية بجامعة حمد بن خليفة، والشكر موصول للدكتور دين محمد صاحب من مركز محمد بن حمد لإسهامات المسلمين في الحضارة، والأستاذ د. أحمد فؤاد باشا على ما قدّموه من دعم ومساندة لنشر هذا الكتاب.

ونستعين في ذلك كله بالحيّ الذي لا يموت، والحقّ الذي لا يزول.

م. ماهر عزمي أبوسمرا

القِسْمُ الأوَّل

دراسة مُوجزة لحَياة البُوزجَاني ومَآثِرُه العِلمِيَّة

• ترجمة أبي الوفَاء البُوزجاني

هو أبو الوفاء محمّد بن محمد بن يحيى بن اسماعيل بن العبّاس البوزجاني، الحاسب المهندس أحد الأئمة المشاهير في علم الهندسة، ولد في بوزجان في ولاية خراسان وهي قصبة تابعة لنيسابور(١) في عام ٣٢٨ هـ الموافق لـ ٩٤٠ م، تلقّى تعليمه الأساسي في نيسابور، وانتقل في سنّ العشرين إلى بغداد(٢) حيث بقي فيها إلى أن وافاه الأجل - رحمة الله عليه- سنة ٣٨٨ هـ الموافق لـ ٩٩٨ م.

ذكر ابن النديم أنّ محمّداً البوزجاني قرأ عليه عمّه المعروف بأبي عمرو المغازلي، وخاله أبي عبد الله محمد بن عقبة، وقرأ أبو عمرو الهندسة على أبي يحيى الماوردي وأبي العلاء بن كرنيب(٣)، وأما القفطي فذكر أن محمّداً البوزجاني قرأ عليه أبي يحيى الماوردي وأبي العلاء بن كرنيب العدد والهندسة، وأن محمداً البوزجاني قرأ عليه عمه المعروف بأبي عمرو المغزالي، وقرأ عليه أيضا خاله المعروف بأبي عبد الله محمد بن عقبة ما كان من العدد والحسابيات(٤).

يقول ابن النديم في الفهرست: أمّا أبو العلاء بن كرنيب الذي درس عليه أبو عمرو المغازلي، وهو عمّ البوزجاني، فإنّ أباه هو أبو الحسين إسحق بن ابراهيم بن يزيد الكاتب، وهو من أصحاب علوم الهندسة وإنّ أخاه هو أبو أحمد الحسين، كان في نهاية الفضل والمعرفة والاضطلاع بالعلوم الطبيعيّة القديمة، وإنّه كان من جُلة المتكلمين، ويذهب مذاهب الفلاسفة الطبيعيين، كما أنّه ألف كتابين: أوّلهما في الردّ على أبي حسين ثابت بن قرّة الحرّاني في نفيه وجوب وجود سكونين بين كل حركتين متضادتين، وثانيهما مقالة في الأجناس والأنواع، وهي من الأمور العامّة(٥).

وأما أبو العلاء، فيذكر ابن النديم أنه كان يتعاطى الهندسة.

(١) بُوزْجَانُ: بالجيم: بُليدة بين نيسابور وهَراة وهي من نواحي نيسابور، منها إلى نيسابور أربع مراحل وإلى هَراة ستّ مراحل. "معجم البلدان"، ياقوت الحموي، مجلد ١ ص:٥٠٧

(٢) "الفهرست" لأبي الفرج ابن النديم. تحقيق رضا تجدد. طهران: مكتبة الأسدي، ١٩٧١م. ١٠ج، ص ٣٤١

(٣) "الفهرست" لأبي الفرج ابن النديم. تحقيق رضا تجدد. طهران: مكتبة الأسدي، ١٩٧١م. ١٠ج، ص ٣٩٤

(٤) "إخبار العلماء بأخبار الحكماء" للقفطي. دار الكتب العلمية، بيروت- لبنان ط١. ٢٠٠٥، ص ٢٨٧

(٥) "الفهرست" لابن النديم. تحقيق رضا تجدد. طهران: مكتبة الأسدي، ١٩٧١م، ١٠ج، ص ٣٢١

وذكر المسعودي أنّ العِلم بعد الفتح الإسلامي انتقل من الإسكندرية إلى أنطاكية، ثم إلى حرّان، ثم انتهى إلى محمد بن كرنيب أبي بشر متّى بن يونس تلميذ ابراهيم المروزي (٦)، حيث أهدى كتابه "المنازل في علم الحساب" إلى عضد الدّولة، كما أهدى الكتاب الذي بين أيدينا "فيما تحتاج إليه الصّانع من أعمال الهندسة" إلى بهاء الدّولة.

وفي بغداد قدّم أبو الوفاء سنة ٣٧٠ هـ أبو حيّان التوحيدي إلى الوزير ابن سعدان، فباشر في داره مجالسه الشهيرة التي دوّن أحداثها في كتاب "الإمتاع والمؤانسة"، وختم كتابه برسالة إلى أبي الوفاء، رسالة مؤلمة توجز حياة البؤس التي عاشها يقول فيها: "خلّصني أيها الرّجل من التكفف، أنقذني من لبس الفقر، أطلقني من قيد الضّر، اشترني بالإحسان، اعتبدني بالشّكر، استعمل لساني بفنون المدح، اكفني مؤونة الغداء والعشاء، إلى متى الكسيرة اليابسة، والبقيلة الذّاوية، والقميص المرقّع" (٧).

وفي أيام إقامته ببغداد قام بأرصاد فلكيّة، أكثرها كان في أيام عزّ الدّولة، بباب التّبن من بغداد، وجُلها في سنتي خمسة وستين وستة وستين وثلاثمائة للهجرة، حيث أشار إليها البيروني في كتابه "تحديد نهايات الأماكن" (٨).

وفي يوم ٢٤ مايو سنة ٩٩٧ م رصد البوزجاني خسوف القمر من "بغداد"، ورصد البيروني الظّاهرة نفسها من مدينة "كاث"، وبحساب الفرق في الزمن بين الرصدين استطاعا حساب الفرق في خطي الطول بين البلدين بدقّة بالغة لا تختلف كثيراً عن حسابات اليوم (٩).

أقتبس من كتاب "أخلاق الوزيرين" لأبي حيّان التوحيدي* قوله: "ولقد رأيت أبا عبد الله البصري في مجلس عزّ الدولة سنة ستين في شهر رمضان، والجماعة هنا: أبو حامد المروروذي، وأبو بكر الرّازي، وعلي ابن عيسى، وابن نبهان، وابن كعب الأنصاري، والأبهري، وابن طرارة، وأبو الجيش شيخ الشيعة، وابن معروف، وابن أبي شيبان، وابن قريعة، وناس كثير، وهو في إيوان فسيح في صدره من حضروا من

* كان التوحيدي صديقاً لأبي الوفاء، ونقل في كتابه "أخلاق الوزيرين". ص٣١٢، ٤٧٩. قدحَ الصاحب بن عبّاد، فقد كان يرى أنه: "سراب بقيعة". كما أنّ أبا الوفاء كان يرى في الصّاحب: "يُقال لمثله عندنا بنيسابور طبلٌ هَرْثَميّ، ويقال لمثله عند إخواننا ببغداد مادح نفسه يُقرئك السّلام، وهو مع هذا عند أصحابه رفيعٌ طيّب، وعند الكُتّاب أحمق غليظ، وعند سفلة المعتزلة واحد الدُّنيا، وعند الفلاسفة طائرٌ طريف، وعند الصّالحين ظلوم قاسٍ، وعند الله فاسق عاصٍ، وعند أهل بلده أفّاك أثيم، وعند الجمهور شيطان رجيم".

وللبوزجاني أقوال مشهورة متداولة في عصره، ومنها:

" إن غلَبك أحدٌ بالكلام
فلا يَغلِبنّك أحدٌ بالسكوت".

(٦) "التنبيه والإشراف" أبو الحسن علي المسعودي. مكتبة الشرق الإسلامية - القاهرة ١٩٣٨ ص ١٠٥-٦ وانظر أيضا مقالة الدكتور ماكس مايرهوف "من الإسكندرية إلى بغداد" المنشورة ترجمتها إلى العربية في كتاب "التراث اليوناني في الحضارة الإسلامية" عبد الرحمن بدوي

(٧) "الإمتاع والمؤانسة". أبو حيّان علي بن محمد بن العباس التوحيدي (المتوفى: نحو ٤٠٠هـ). المكتبة العصرية، بيروت ط١، ١٤٢٤ هـ

(٨) كتاب "تحديد نهايات الأماكن لتصحيح مسافات المساكن". للبيروني؛ حقّقه ب. بولجاكوف: مطبعة لجنة التأليف والترجمة والنشر.

(٩) John Freely, Light from the East - How the Science of Medieval Islam Helped to Shape the Western World, I.B.Tauris, London, NY, 2011 ترجمهُ إلى العربية: أ.د. أحمد فؤاد باشا بعنوان "نورٌ من الشّرق"، المركز القومي للترجمة، القاهرة، قيد النشر.

أجلِه، وأبو الوفاء المهندس نقيب المجلس ومُرتِّب القوم"(١٠). هذا النّص يُعطينا فكرة عن المنزلة المرموقة التي استطاع أبو الوفاء أن يُكوّنها في حضرة مجلس عِزّ الدولة في بغداد، مُتقدِّماً على عددٍ كبيرٍ من عُلماء عصره.

إنَّ التّقدير الذي حَظِيَ به البُوزجاني لم يقتصر على معاصريه فحسْب، بل إمتدّ إلى العصور التالية، فقد ترجم له ابن خلكان وقال: بأنه "أحد الأئمة المشاهير في علم الهندسة، وله استخراجات غريبة لم يُسبق بها، وكان شيخنا العلّامة كمال الدين أبو الفتح موسى بن يونس، تغمّده الله برحمته، وهو القيّم بهذا الفن، يبالغ في وصف كتبه، ويعتمد عليها في أكثر مُطالعاته، ويحتجّ بما يقول"(١١).

وأشار الذّهبي في "سير أعلام النبلاء" للبوزجاني بأنه حامل لواء الهندسة، وله عِدّة تصانيف مهذّبة، وكان الكمال بن يونس يخضع له، ويعتمد كلامه(١٢).

كما قال البيهقي: "بلغ المحلّ الأعلى في الرّياضيات، وكان نقيّ الجّيب من عثرات الدّنيا، قانعاً بما عنده"(١٣).

ويقول إدوارد فنديك: "كان أحد الأئمة في علم الهندسة، وله فيها استخراجات غريبة لم يُسبَق بها، وهو من مشاهير علماء الهيئة أيضاً"(١٤). وله في استخراج الأوتار مُصنّف جيّدٌ نافعٌ، وهو أوّل من استخدم المماسّات والقواطع ونظائرها في قياس المثلثات والزّوايا، وقيل انه كشف إحدى المعادلات الضرورية لتقويم مواقع القمر، سُمّيت معادلة السُّرعة(١٥).

وحَظِيَ أبو الوفاء بتقدير المحدثين، فنشر عن بحوثه كتباً كل من: سوترو ويبكه وكارادي فو وبروكلمان، وخصّ كلاً من سارتون وقدري طوقان ترجمته، واعتبراه ممثلاً لعصره.

وله يرجع الفضل في اكتشاف القاطع "قا" معكوس جيب التَّمام، وقاطع التمام "قتا" معكوس جيب الزَّاوية، يشير جورج سارتون في كتاب "المدخل إلى تاريخ العلم" أن البُوزجاني هو من وضع النِّسْبة

(١٠) "أخلاق الوزيرين". التوحيدي، دار صادر - بيروت. عام ١٩٩٢ ص ٢٠٤.

(١١) "وفيّات الأعيان وأنباء أبناء الزمان". ابن خلكان، شمس الدين أبو العباس أحمد ابن محمد. رقم ٦٨١ دار صادر، بيروت ١٩٧٢.
* انظر أيضاً الصَّفدي في كتاب "الوافي من الوفيات"، فقد نقل كلام ابن خلكان.

(١٢) "وفيات سير أعلام النبلاء"، الذهبي، محمد بن أحمد، دار المعرفة. ص ٢١٠٨.

(١٣) "الأعلام". خير الدين بن محمود بن محمد بن علي بن فارس، الزركلي الدمشقي ت ١٣٩٦هـ. دار العلم للملايين ٢٠٠٢ط١٥ ص١٠٤٨

(١٤) كتاب "اكتفاء القنوع بما هو مطبوع"، إدوارد فنديك. ص ٨٦.

(١٥) انظر ص ١٣٧ من كتاب "أصول الهيئة"، للدكتور كرنيليوس فنديك الأمريكي، وضع زيجاً سماه الشامل، وشرحه السيد علاء الدين القوشي المناني سنة ٨٠٠هـ ١٣٩٧م، وسمَّى شرحه بـ "الكامل". وتوجد بالمكتبة الخديوية نسخة خطية من كتاب "أبي الوفاء البوزجاني"، وهي من سنة ٤٨٧هـ. بخط عبد الملك البيلقاني.

المثلّثية ظِلّ الزاوية "ظا"، وهو أول من استعملها في حلول المسائل المثلثية.

واقتبس من كتابه "المجسطي" (١٦) ما يلي: من قوانين علم المثلّثات المسطحة والكروية التي اكتشفها أبو الوفاء البوزجاني (١٧):

١- حساب جيب تمام القوس:

"إذا كان جيب قوسٍ معلوم معلوماً، وأردنا أن نعلم جيب تمامه، أسقطنا مربّع الجيب من مربّع الجيب الأعظم، وأخذنا جذر الباقي، فما حصل فهو جيب تمام القوس".

الجيب الأعظم (١٨) يعني: أعلى قيمة للجيب، ويُرمَزُ لهذه المعادلة الآن بِـ:

$$\cos x = \sqrt{\sin^2 x}$$

٢- حساب جيب القوس المستوي من جيب ضعفه المعكوس:

"ضربنا نصف جيبه المعكوس في ستين، وأخذنا جذر ما اجتمع، فما حصل فهو جيب نصف القوس مستويا".

ويرمز لهذه المعادلة الآن بِـ:

$$\sin \frac{x}{2} = \sqrt{\frac{1-\cos x}{2}}$$

٣- حساب جيب القوس من جيب نصفه:

"ضربنا جيب القوس المعلوم في جيب تمامه دقائق، فما حصل فهو نصف جيب القوس".

ويرمز لهذه المعادلة الآن بِـ:

$$\sin x = 2\sin\frac{x}{2}\cos\frac{x}{2} \qquad \sin 2x = 2\sin x \cos x$$

٤- حساب جيب مجموع القوسين وجيب تفاضلهما:

"ضربنا جيب كل واحد منهما في جيب تمام الآخر دقائق، فما حصل، جمعناهما إن أردنا جيب مجموع القوسين، وأخذنا تفاضلهما إن أردنا جيب تفاضلهما".

ويرمز لهذه المعادلة الآن بِـ:

$$\sin(x \pm y) = \sin x \cdot \cos y \pm \cos x \cdot \sin y$$

(١٦) كتاب "المجسطي" سمّاه بهذا الاسم الأعجمي أخذاً عن "المجسطي" لبطليموس الإسكندراني الرّياضي، ومعنى هذه الكلمة اليونانية الأكبر أو الأعظم، فتح كتاب "المجسطي" باب التّقدم العظيم الذي حصل في العلوم الفلكية في الشرق.

(١٧) كتاب "مجسطي أبي الوفاء البوزجاني" تحقيق د. علي موسى. مركز دراسات الوحدة العربية. سلسلة تاريخ العلوم عند العرب الجزء ١٠ ص٢٢.

(١٨) الجيب الأعظم: هو نصف القطر، ويقصد به جيب ٩٠ درجة، وقيمته مساوية لنصف القطر (أي ٦٠) وهي أعلى قيمة للجيب.

معادلات قيمة القاطع وقاطع التمام.

قا^2 θ = ١+ ظا^2 θ

قتا^2 θ = ١+ ظتا^2 θ

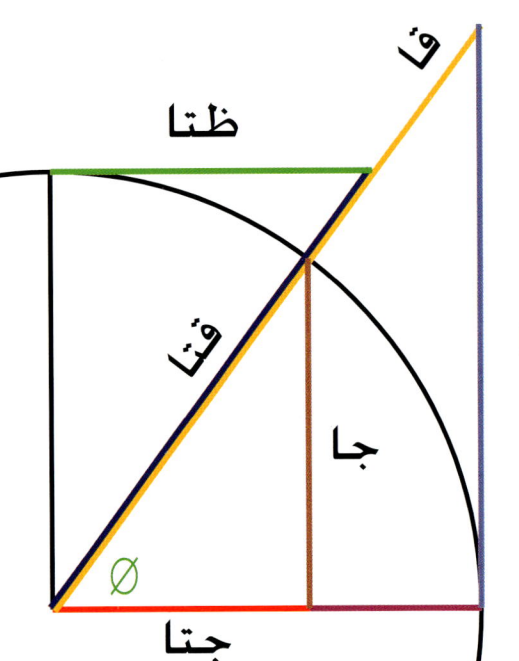

٥- جيب درجة واحدة :

لقد ابتكر البوزجاني طريقةً لحساب جيب الدرجة الواحدة كانت نتيجتها ١؛٢؛٤٩؛٤٣؛١٢؛٣٥ "بالنظام السّتّيني" وهي صحيحة لثماني مراتب عشريّة وهي: " ٠,٠١٧٤٥٢٤٠٨١ " بينما النتيجة الحديثة الأدق هي: " ٠,٠١٧٤٥٢٤٠٦٤ "، وبناءً على هذه النتائج استطاع أبو الوفاء أن يبني جداوله المثلّثية بدقّة عالية.

٦- العلاقات المثلّثية :

استخدم أبو الوفاء الشكل (١) المجاور ليُعَرِّف العلاقات بين الجيب وتمامه، والظل وتمامه، والقاطع وتمامه.

٧- الشكل المُغْني "قانون الجيب"، والشكل الظّلّي :

"إذا تقاطع قوسان على بسيط كرة من دوائر عِظام، وعُلِّم عليها نقط كيف ما اتفقت، فإنّ نسبة جيوب القسي التي بين تلك النقط، وموضِع التقاطع بعضها إلى بعض، كنسبة جيوب ميولها الأُول بعضها إلى بعض، وكنسبة أظلال ميولها الثانية بعضها إلى بعض".

نفترضُ أنّ زاوية C قائمة، وقوس BC يقال لها ميلٌ أوّلٌ لقوس AB على قوس AE، وقوس CB هي ميل ثانٍ لقوس AC على قوس AD، وهكذا. انظر الشكل (٢) المجاور.

٨- الشكل المُغْني "نظرية المثلّثات الكروية":

"نسبة جيوب الزَّوايا التي تحيط بها قسي من دوائر عِظام من المثلّثات التي على بسيط كرة، بعضها إلى بعض كنسبة جيوب القسي التي تُوترها بعضها إلى بعض". ويرمز لهذه المعادلة الآن بـ

$$\frac{\sin a}{\sin A} = \frac{\sin b}{\sin B} = \frac{\sin c}{\sin C}$$

حيث الأحرف الكبيرة زوايا المثلّث الكروي والأحرف الصغيرة الأقواس المقابلة، شكل (٣) وقد استخدمها البوزجاني لتحديد إتجاه القِبلة (١٩).

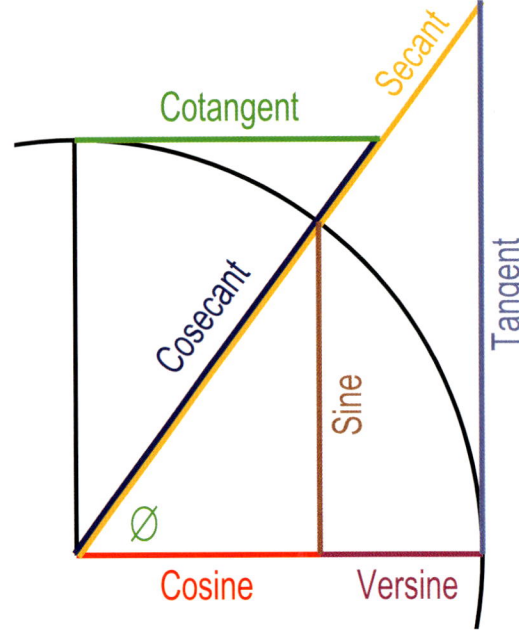

الشكل (١) من كتاب "المجسطي" للبوزجاني يوضح فيه العلاقات بين الدّوال المثلثية الستّة. "جا، جتا، ظا، ظتا، قا، قتا". عندما افترض البوزجاني مقدار نصف القطر مساويا لواحد، فإنه أوجد هذه المعادلات:

$$\tan x = \frac{\sin x}{\cos x} \qquad \cot x = \frac{\cos x}{\sin x} = \frac{1}{\tan x}$$

$$\sec x = \frac{1}{\cos x} \qquad \csc x = \frac{1}{\sin x}$$

$$\sec^2 x - \tan^2 x = 1 \qquad \csc^2 x - \cot^2 x = 1$$

(١٩) انظر في كتاب "المجسطي" المقالة الرابعة، النوع١٦، الوجه٢. بحسب تحقيق د. علي موسى كتاب "مجسطي أبي الوفاء البوزجاني" مركز دراسات الوحدة العربية. سلسلة تاريخ العلوم عند العرب الجزء ١٠ ص٢٤

* إبرخس	Hipparchus
* بطليموس	Ptolemy
* أقليدس	Euclid
* ديوفنطس	Diophantus
* أرشميدس	Archimedes
* الأرثماطيقي	Arithmetic

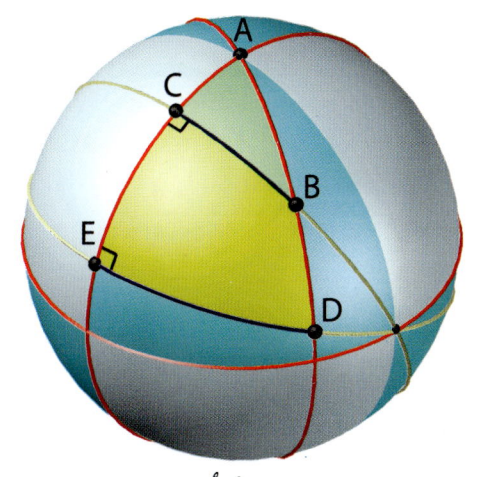

الشكل (٢) المُغْنِي "قانون الجيب".

$$\frac{\sin \widehat{AB}}{\sin \widehat{BC}} = \frac{\sin \widehat{AD}}{\sin \widehat{DE}}$$ قانون الجيب

$$\frac{\sin \widehat{AC}}{\sin \widehat{AE}} = \frac{\tan \widehat{CB}}{\tan \widehat{ED}}$$ الشكل الظِّلي

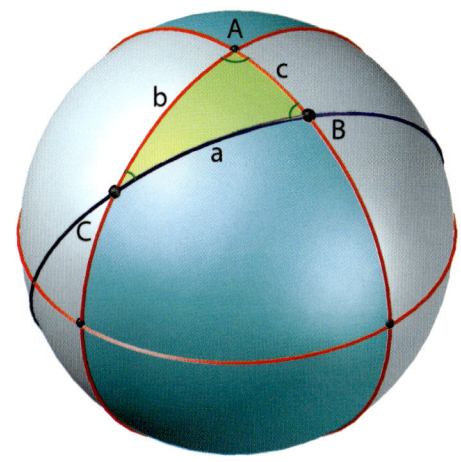

الشكل (٣) المُغْنِي "نظرية الجيب الكروية".

$$\frac{\sin a}{\sin A} = \frac{\sin b}{\sin B} = \frac{\sin c}{\sin C}$$

مؤلَّفاتُه وكتبُه:

ألَّف أبو الوفاء البوزجاني كتباً في الجبر والفلك والحساب والهندسة ونظرية الموسيقى. ذكر ابن النديم والقفطي مؤلفاته وهي:

#	اسم الكتاب	
١	تفسير كتاب إبرخس في الجبر. ويسمى "كتاب صناعة الجبر". ويعرف أيضا بالحدود وقد أصلح البوزجاني ترجمة هذا الكتاب، ووضع له شرحاً وعلَّله بالبراهين الهندسية (٢٠)	في الجبر
٢	كتاب ديو فنطس في الجبر. وهو من أعظم علماء الإغريق في الجبر (٢١)	
٣	كتاب البراهين للقضايا فيما استعمله ديو فنطس في كتابه على ما استعمله هو في التفسير	
٤	تفسير كتاب الخوارزمي في الجبر والمقابلة. وقد أشار إليه في كتابه "منازل الحساب" (٢٢)	
٥	تفسير كتاب ابن بحيى في الجبر	
٦	كتاب زيج الواضح وهو ثلاث مقالات (٢٣)	في الفلك
٧	كتاب الكامل في حركات الكواكب	
٨	كتاب المجسطي. الذي وصفه نالينو بأنه: من نوع الكتب المطوَّلة المستقصى فيها كل العلم، المثبتة لجميع ما جاء فيها بالبراهين الهندسية، المتضمنة لكافة الجداول العددية التي لا غنى عنها في الأعمال الفلكية، وهذه على منوال كتاب "المجسطي" لبطليموس. ذكره القفطي والبيروني (٢٤)	
٩	كتاب معرفة الدائرة من الفلك. أو "رسالة في إقامة البرهان على الدرجة في الفلك من قوس النهار، وارتفاع نصف أنهار الوقت"، وذكر ابن النديم أنَّه من نسخةٍ في مدينة باتنه، وثانية في بانكبور	

(٢٠) "الفهرست" لابن النديم. تحقيق رضا تجدد. طهران: مكتبة الأسدي. ١٩٧١م. ١٠ج. ص ٣٤١

(٢١) "الفهرست" لابن النديم ص ٣٩٤. "ديوفنطس" من أعظم علماء الإغريق في الجبر. انظر سارتون في كتابه: "مقدمة في تاريخ العلم" ص ٣٣٠

(٢٢) "الفهرست" لابن النديم ص ٣٤١: كتاب الخوارزمي في الجبر من أقدم وأهم ما كتبه العرب في الجبر. وقد شرحه عدد من علماء المسلمين. وأشار البوزجاني في كتابه "منازل الحساب" إلى شرحه لكتاب الخوارزمي.

(٢٣) "الفهرست" لابن النديم. تحقيق رضا تجدد. طهران: مكتبة الأسدي. ١٩٧١م. ١٠ج. ص ٣٤١

(٢٤) مخطوط "مجسطي أبي الوفاء". محفوظ في المكتبة الوطنية الفرنسية رقم ٢٤٩٤. وهو النسخة الوحيدة في العالم. انظر تحقيق د. علي موسى. "مجسطي أبي الوفاء البوزجاني". سلسلة تاريخ العلوم عند العرب (١٠). مركز دراسات الوحدة العربية. بيروت ٢٠١٠. ص ٣٩.

(٢٥) كتاب "فيما يحتاج إليه الكتّاب والعمّال من علم الحساب" أو "منازل الحساب". محفوظ في دار الكتب المصرية ، القاهرة. تحت اسم المؤلف: البوزجاني / رياضة. ٢٨٦٨٨.

يتميّز البوزجاني في كتاب "منازل الحساب" بأنه لا يقتصر بحثه على الأسس والنظريات التي يُعنَى العلماء بالإهتمام ببحثها، وإنما يُعنى أيضاً ببحث الممارسات العملية ، وأن أربعة منازل من المنازل الثمانية التي يتألف منها الكتاب تتحدث عن الأحوال المالية، والإقتصادية ،وفيها معلومات قيّمة وفريدة عن كثير من جوانب هذه الأحوال ، و قد يكون البوزجاني هو أوّل من اختطّ هذا النهج في البحث ، بتطرّقه الى الأحوال الواقعية ، وضربه الأمثلة المتصلة بالحياة اليومية ، مما يعطينا وصفاً عن الأحوال المالية والإقتصادية السائدة في عصر مؤلف الكتاب.

أيضاً في هذا الكتاب أول إشارة إلى استعمال الأعداد السالبة .

امتدح هذا الكتاب القفطي في كتابه "أخبار الحكماء"، ص٢٨٧ ، وأثنى عليه السخاوي في كتابه "الضوء اللامع" ص ٢/ ٦٦، "التحفة اللطيفة" ٢٠٤/١، والصفدي في "الوافي بالوفيات" ٢٠٩/١ .

وقد نشره سليم سعيدان عن النُّسختين الباقيتين منه كتاباً بعنوان "علم الحساب العربي".

وذكر السخاوي أن أحمد بن محمد البيجوري اختصر " المنزلة التي في المساحة" وزاد عليها أشياء من مساحة التبريزي ، كما نقل عنه مؤلف كتاب الحاوي في الأعمال السلطانية.

(٢٦) "إخبار العلماء بأخبار الحكماء" للقفطي. دارالكتب العلمية،بيروت-لبنان،ط١ ،٢٠٠٥.ص٣٢.

(٢٧) انظر الصفحة المقابلة.

(٢٨) John Freely , Light from the East - How the Science of Medieval Islam Helped to Shape the Western World, I.B.Tauris, London, NY, 2011

ترجمه إلى العربية : أ.د. أحمد فؤاد باشا بعنوان "نور من الشّرق" ، المركز القومي للترجمة، القاهرة ، قيد النشر.

(٢٩) انظر شرح مفصل لتقسيم أبواب الكتاب ص ٣٢ ، ٣٣

(٣٠) الأستاذ ويبكه. Franz Woepcke نشر دراسة في مقالين طويلين عام ١٨٥٥ ،في المجلة الأسيوية م ٥ ص٢٥-٢١٨ ، ٣٠٩-٣٣٩

(٣١) سوتر : Suter نشر عام ١٩٢٢ ترجم الكتاب للألمانية في مجموعة أبحاث عن تاريخ العلوم الطبيعية والطب ج ٤. في ايرلانجن ص ٩٤-١٠٩.

ومن المحدثين أيضا Youshkevick 1981 -

وَ Hashemipour 2007

الفلك	١٠	العمل بالجدول الستّيني
في الحساب	١١	فيما ينبغي أن تحفظ قبل كتاب الأرثماطيقي
	١٢	المدخل الى الأرثماطيقي . الأرثماطيقي هو علم العدد .
	١٣	ما تحتاج إليه العمّال والكتّاب من علم الحساب . ويعرف أيضا باسم "منازل الحساب". (٢٥)
	١٤	كتاب استخراج ضلع المكعّب في المال وما يترك منها
في الهندسة	١٥	شرح كتاب أقليدس . ويذكر القفطي: أن لأبي الو فاء كتاباً لم يتمّه في شرح كتاب أقليدس(٢٦)
	١٦	فيما تحتاج إليه الصّانع من أعمال الهندسة . وهو الكتاب الذي نقوم بإعادة نشره ، وقد ذكره ابن النديم
	١٧	كتاب في تداخل الأشكال المتشابهة أو المتوافقة . (٢٧)
في الموسيقى	١٨	كتاب في النظرية الموسيقية . وهو تنقيحٌ لعمل أقليدس (٢٨)
	١٩	كتاب رسالة في الإيقاع (٢٨)

• أهميّة الكتاب المُحقَّق

من المرجّح أن يكون تأليف كتاب « فيما يحتاج إليه الصّانع من أعمال الهندسة» في عام ٩٩٣ م تقريباً ، وقد جُمعت فيه ١٧٢ مسألة هندسية ، منها ١٤٩ مسألة خاصة بالهندسة المستوية "ثنائية الأبعاد"، والبقيّة في الهندسة الكرَويَّة "ثلاثية الأبعاد".

وقد قُسّم إلى ثلاث عشرةَ باباً(٢٩) ، وقام بترجمته في القرن السّابع الهجري نجم الدين محمود ، ثم أعاد أبو إسحق بن عبد الله الكوبناني اليزدي ترجمته ، واستعان بترجمة نجم الدين محمود.

وقد وصلتنا هذه الترجمة من مخطوط محفوظ في المكتبة الوطنية بباريس رقم ٤٨، حيث قام الأستاذ ويبكه (٣٠) بدراسة هذه المخطوطة وتلخيصها، وأيضاً نشر سوتر (٣١) ترجمة ألمانية للكتاب ، وكتب عن محتوياته بحثاً نشره في مجلة (رسالة العلم).

(٢٧) قاري ، لطف الله : "إضاءة زوايا جديدة للتقنية العربية الإسلامية". تقديم خالد الماغوط. الرياض: مكتبة الملك فهد الوطنية. ١٩٩٦م.
يقول لطف الله قاري: هناك رسالة بالفارسية لمؤلفٍ مجهول من القرن السادس الهجري/الثاني عشر الميلادي تقريبا، عنوانها باللغة العربية ، وقد تكون مترجمة من العربية . وهي محفوظة في المكتبة الوطنية بباريس (فارسي ١٦٩) عنوانها "في تداخل الأشكال المتشابهة أوالمتوافقة".
تتكون هذه الرسالة من أربعين صفحة، تشتمل على ٦٨ تركيبا زخرفيا، منها ٦١ شكلاً مصحوباً بالشرح لتبيين كيفية رسمها.
وهي عبارة عن وحدات زخرفية يتم تكرارها لعمل تراكيب وأشكال هندسية. والأشكال المرسومة أشكال معقّدة ، ولكنها في نفس الوقت أشكال صحيحة هندسيا ، ومصحوبةٌ بإرشاداتٍ بسيطة كما ذكرنا . ويتّبع المؤلّف طرقاً لرسم الأشكال غير الطرق المعروفة في الرياضيات ، وإنما هي طرقٌ بديلة اتّبعها الصُّناع. والنتيجة تقريبا واحدة ، وهي الحصول على نفس الشكل بطريقة مختلفة. وبرصّ الوحدات الزخرفية مع بعضها بشكل تناظري ومتكرر ، نحصل على زخارف مطابقة للزخارف التي وجدت فيما بعد في المباني الأثرية . وفي طوامير المعلمين ، أي اللفافات "Scrolls" التي رسم عليها رؤساء البنّائين زخارف هندسية متطورة ، واعتمدوا عليها في تنفيذ الزّخارف على المباني.

وقد بقي من هذه الطوامير، طومار إسطنبول وطوامير بخارى . وكل واحد منها كتبت حوله الدّراسات المطوّلة المنشورة في الغرب.

يضاف إلى هذا التراث ، كتب الرياضيات التطبيقية ، بعضها تم تحقيقه ونشره ، والبعض ما زال ينتظر. ومن أشهرها كتاب : "مفتاح الحساب" لجمشيد الكاشي، حيث يحتوي هذا الكتاب على ثروة من مباحث الرياضيات المتطورة بمقاييس زمانه. ومنها ابتكار الكاشي للكسور العشرية لأول مرة.

ولكنّ الباب التّاسع من المقالة الرابعة، وهو الباب المختص بالحسابات المعمارية ، وهو الذي اهتم به مؤرخو العمارة الإسلامية.

وفي مجال الزّخرفة المعمارية يهمنا الفصل الثالث من ذلك الباب . وهو: "في مساحة سطح المقرنس" ، وفيه يصف المؤلف أربعة أنواع من المقرنس "وهو الحلية المعمارية المتدلّية من الأسقف والأركان والأجزاء البارزة من المنائر وغيرها من أجزاء البناء" ، وبعد ذلك يُفصّل المؤلّف في كيفية إيجاد مساحة كل نوع، من أجل أن يعرف مهندسو البناء كمية المواد اللازمة لعملهم .

يقول دومينيك رينو (٣٢) من جامعة السوربون : أن ثُلثي مسائل كتاب البوزجاني ظهرت في أعمال حقبة النّهضة الأوروبية الحديثة، بنفس صورها الأصلية ، وأحيانا بنفس الأحرف دون الإشارة إلى مصدرها.

كما قام أيضا د.صالح أحمد العلي (٣٣) بتحقيق هذا المخطوط.

قال العالم الجليل البوزجاني ـ رحمه الله ـ في مقدّمة كتابه إن غرضه من تأليف هذا الكتاب ، هو إثبات المعاني التي كانت تتذاكر بحضرة "بهاء الدولة" العالية ، من أعمال الهندسة التي يكثر استعمالها عند الصنّاع ، مجردا من العلل والبراهين، ليسهل على الصانّع تناوله ، وتقرب عليهم طريقته، فاقتصر على وصف الممارسات التطبيقة العملية دون إيراد الأدلة والبراهين على صحتها ، أي أنه جعل كتابه للصنّاع وحدهم.

وذكر في الباب العاشر "في قسمة المربعات وتأليفها" أن جميع ما يستعمله الصنّاع في هذا الباب ، بلا أصولٍ يُعمل عليها ، وجل أولئك يقع لهم الغلط الكثير فيما يقسمونه ويرتبونه، وإذا ادبّر الأمر على واجبه، يسهل الأمر فيما يراد من هذا الباب ان شاء الله.

وذكر أيضا عند الكلام عن تركيب المربعات وقسمتها : إذا لم يكن عددها مؤلفا من مربعين "قد غلط جماعة من المهندسين والصنّاع في أمر هذه المربعات وتركيبها ، أما المهندسون فلقلة دربتهم بالعمل ، وأما الصنّاع فلخُلوّهم من علم البراهين ، وذلك أن المهندس إذا لم تكن له دربة بالعمل ، صعب عليه تقريب ما يصحُّ له بالبراهين الخطوطية ، على مايلتمسه الصَّانع .

فإن الصَّانع غرضه ما يُقرّب عليه العمل ، ويظهر له صحة ما يراه في الحس والمشاهدة ، ولا يُبَالي بالبرهان على الشيء المتوهم والخطوط . والمهندس إذا أقام له البرهان على الشيء بالتّوهُّم ، لم

أيضا نُشر عام ١٣٧٤ هـ كتابٌ بالفارسية عن هذا العمل ، يَنسِبُه للبوزجاني . انظر "سيد علي رضا جذبي". نشر ترجمة من القرن التاسع الهجري لأبي إسحق بن عبد الله الكوبناني ، وهي ترجمةٌ لرسالةٍ أصليةٍ لأبي الوفاء البوزجاني بعنوان : "أعمال الهندسة. في تداخل الأشكال المتشابهة أو المتوافقة". طهران ١٣٧٤ هـ .

(٣٢) دومينيك رينو Dominique Raynaud , Abu Al-Wafa' Latinus? A Study of Method يقول دومينيك أنها ظهرت في أعمال كلاً من Schwenter , Tartaglia & Marolois بدون إعطاء الفضل لصاحبه.

(٣٣) د. صالح أحمد العلي. مركز إحياء التراث العلمي العربي. جامعة بغداد ١٩٧٩.

يبال صحّة ذلك بالمشاهدة إذا لم يصح. على أنّا لا نشك أن جميع ما يراه الصّانع إنما هو مأخوذٌ مما يعمله المهندس أولاً، وقام البرهان على صحته، فإن الصّانع والماسح إنما يَأخذُ من الشيء زُبدته، ولا يُفكر في الوجوه التي يثبت صحة ذلك به، ولأجل ذلك قد يقع عليه الغلط والخطأ. فأمّا المهندس فقد علم صحة ما يريد بالبراهين إذا كان هو المستخرج للمعاني التي عمل عليها الصانع والماسح، وإنما يصعب عليه رَدّ ما يعمله بالبرهان إلى العمل، إذا لم تكن له دربة بما يعمله الصّانع والماسح. فإن حذّاق هؤلاء المهندسين إذا سُئلوا عن شيء من قسمة الأشكال، أو شيء من ضرب الخطوط، تحيّروا فيه، واحتاجوا إلى فكر طويل، وربما سنح لهم هذا وقرب عليهم، وربما صعب ولم يتأت لهم عمله".

إذا نظرنا إلى هذه المقاربة التي يشرحها أبو الوفاء، في العلاقة بين المهندس و الحِرفي، فإننا، وبكل وضوح نراها شاخصة إلى يومنا هذا، حيث إنّ حلقة الوصل بين المهندسين والحِرفيين مقطوعة على أرض الواقع.

وهذه المتلازمة هي التي أدّت بحِرف الفن الإسلامي التّقليديّة المتوارثة عبر أجيال في العصر الحديث إلى الاختفاء، بالإضافة إلى عوامل أخرى بالتأكيد ساعدت على اضمحلال الفن الإسلامي، والحِرف اليدوية، كدخول الآلات في إنتاج مواد البناء، واندثار الحِرف المتوارثة عبر الأجيال، والرغبة في محاكاة الغرب، وغيرها.

• منهَج التّحقِيق

اعتمدت في تحقيق مخطوط أبي الوفاء "فيما يحتاج إليه الصّانع من أعمال الهندسة" على ثلاث نسخ، وأشرت إليها بالرموز: "ق.، أ.، ب." نسبةً إلى مكان وجودها في القاهرة وإسطنبول وباريس، على الترتيب.

وتشير بعض المصادر إلى وجود نسخة من المخطوط محفوظة في إيطاليا - امبروسيانا برقم ٦٨ وأخرى في دار الكتب. القاهرة برقم ٤٤٧٩٥ عمومية تتكون من ٤٦ ورقة.

النسخة الأولى: التي اعتمدت عليها هي المحفوظة في دار الكتب المصرية برقم ١٠٤٦٤ عمومية - رياضة في القاهرة، ويشار إليها بالرمز "ق." وهي جزء من مخطوطة تحتوي على أربعة كتب أوّلها هذا الكتاب، والثاني مناظر أقليدس، والثالث مناظر سنان بن الفتح، والرابع رسالة في الجبر والمقابلة لأبي الفتح سنان بن الفتح.

وقد كتب في غلاف المخطوط عنوان الكتاب الأول "كتاب النِّجارة في عمل المسْطرة والبِركار والكونيا، تصنيف أبي الوفاء محمد بن محمد البوزجاني رحمه الله".

وتتكون من ثمان وخمسين ورقةٍ، في كل منها صفحتان، وفي كل صفحة ستة عشر سطراً، وفي كل سطر حوالي ثماني كلمات، وهي مكتوبة بخط نسخي واضح، والأشكال فيها واضحة، ولكنها تنتهي بقطع مفاجئ في الصفحة الأخيرة (٣٤)، وينقص منها ثلاث مسائل.

والنسخة الثانية: محفوظة في مكتبة آيا صوفيا بإسطنبول، برقم ٢٧٥٣، ويشار إليها بالرمز "أ."

وهي مكونة من خمس وثلاثين ورقة، في كلٍ منها صفحتان، وفي كل صفحة سبعة عشر سطرا، وفي كل سطر حوالي ثلاث عشرة كلمة، وهي مكتوبة بخط فارسي جميل، وقد كُتب أعلى الغلاف الأول عنوان "كتاب أبي الوفا فيما تحتاج إليه من أعمال الهندسة"، وفي الوسط ممهورة "برسم خزانة للسلطان الأعظم ظل الله في العالم، مولى ملوك العرب والعجم، جلال الدنيا والدين، ألغ بيك بهادر، خلد الله خلافته ومُلكه".

الأقواس والعلامات التي في النّص، والرموز التي في الهامش:

( ) القوسان في النّص يليها رقم: يحصران الجملة التي لها وجهٌ آخر في النسخة الأخرى من المخطوط، أو جملة إضافية، أو حُذِفت من النسخة الأخرى من المخطوط، وفي الهامش أشرت إليها بالرقم المرادف.

" " علامات التنصيص: للعبارات المقتبسة، أو لعناوين الكتب، أو لأسماء الأعلام، أو لتمييز المصطلحات.

[ ] القوسان المعقوفتان: لما يُدخله المحقق في المتن، استحساناً للّفظ، أو لاستقامة المعنى، أو لتصويبٍ لغوي.

/ الخط المائل في النّص: يعني موضع التّعقيبة في المخطوط وأشرت بمحاذاتها إلى رقم الصفحة. ويظهر الخط المائل بلونين، الأسود للمخطوط ق. والأحمر للمخطوط أ.

وأيضاً أرقام الصفحات في المخطوط ظهرت باللونين الأسود والأحمر مثال:

(أ_٢٠_ظ) تعني بداية ظهر الصفحة رقم ٢٠ في مخطوط أ.

(ق_٣_ظ) تعني بداية ظهر الصفحة رقم ٣ في مخطوط ق.

(٣٤) موضِع القَطْع في المخطوط، "ق." صفحة (٥٩ و). انظر ص ٢٢٣ شكل رقم ١٧٢

وفي الطّرف الأعلى الأيسَر خِتـــم به عبارة "الحمد لله الذي هدانا وماكنّا لنهتــدي لولا أن هدانا الله"، وأخــيراً عبارة: "قد وقف هذه النســخة سلطاننا الأعظم والخاقان المعظم مالك البـــرين والبحرين خادم الحرمين الشريفين السلطان بن السلطان السلطان غازي محمــود حرره الفقير أحمد شيخ زاده المعين بأوقاف الحرمين الشريفين غفر لهما". وهذه النُّسخة يبدو أنها متقدّمة عن الأولى ، وتحتوي في الهامش على براهين المسائل ، ويتكرر فيها اسم "أبي القاسم الغندجاني"، وارتأيت أن أضيف هذه البراهين ، لما فيها من قيمةٍ علميةٍ، ومساعدةٍ لفهم بعض المسائل التي لم تكن واضحة.

وأمّا النسخة الثالثة : فهي المحفوظة في المكتبة الوطنية الفرنسية برقم ١٦٩ فارسي. (٣٥) ويشار إليها بالرمز "ب."

وهي جزء من مخطوطة تحتوي على تسعة كتب هي:

١- بيان عمل الأسطرلاب،

٢- بيان علم الحساب،

٣- كتاب أصول المساحة،

٤- فصل من مسائل أقليدس من المقالة الثانية،

٥- برهان الحساب،

٦- فصل في المعادلات وقسمة المثلّثات ، أعمال أبي بكر الهلال التاجر "الراصدي"،

٧- اختيارات مَسير القمر "نصر الدين الطوسي"،

٨- ترجمة كتاب في أعمال هندسية لأبي الوفاء البوزجاني،

٩- أعمال وأشكال. أو "في تداخل الأشكال المتشابهة أو المتوافقة".

تاريخها ٨٥٠-٨٥٨هـ ، ١٤٤٦-١٤٥٤م ، وفيها نقصٌ في الأشكال من شكل ٩٢ إلى ١٠٣ ، أغلب النّقص من الباب الثامن "في قسمة المثلثات".

اعتمدتُ في تحقيق متن النّص ، على نسخة "ق." لكونها الأقدم،

(٣٥) المخطوط محفوظ في المكتبة الوطنية الفرنسية ، باريس رقم ١٦٩ فارسي
Recueil d›ouvrages d›astronomie et de mathématiques.. XVIe s
.Bibliothèque nationale de France, Département des manuscrits, Persan 169

وكنت اقاطِعُها مع نسخة "أ." في حال وجود إضافة أو حذف، بينما اعتمدت في الأشكال على نسخة "ب."لوضوحها ودقّتها.

وفي المخطوط عددٌ من الحروف الغير واضحة، وقد ضبطتُ هذه الحروف على ما وضع على الأشكال، وثبتُ قراءتها في المتن، مع الإشارة في الهوامش، كما ضبطتُ قواعد النحو والصرف المألوفة في اللغة العربية، كضبط صيغة المذكر والمؤنث، حيث استعملتُ صيغة المؤنّث للدائرة، والنقطة، والقوس.

وإثبات الهمزة، فمثلا "مسألة "بدلا من "مسئلة "وَ"دائرة"بدلا من "دايرة"، والكلمات التي تشير إلى الأعداد مثل "ثلاثة" بدلاً من "ثلثة"، وميّزت الياء النهائية والألف المقصورى، وفي ماعدا الأمور النحوية، فقد أوردت اختلاف ألفاظ النسخ في الهامش، غير أنه إذا كان الاختلاف في كلمة واحدة، فإنني أضع الاختلاف في الهامش دون أن أحصره بأقواس، كي لا تشوش القارئ. أمّا إذا كان الاختلاف في أكثر من كلمة فقد حصرتُ الجملة المختلفة بأقواس.

ثم قمت برسم جميع الأشكال بواسطة برنامج الرسم الهندسي "الأوتوكاد *.AUTOCAD*"، لأتأكد من صحّتها ودقّتها،

ولم أجد أيّ خطأٍ في جميع المسائل.

وأضفتُ رسومات ثلاثية الأبعاد للمسائل التي تستوجب ذلك، ثم وضعت النصّ المحقّق داخل إطار مزيَّن مع الأشكال التي رسمتها، وجعلت كلّ مسألةٍ في صفحة مستقلة لوحدها، لكي يتمكن القارئ من رؤية الشكل أثناء قراءته للمسألة في آن واحد، ممايسهِّل بخطوات الحل. وفي الهامش، خارج الإطار، وضعتُ البراهين الموجودة في هامش النسخة "أ."، وشرح بعض المسائل التي تستوجب الإسهاب بخطوات الحل، وأضفتُ بجانب كل مسألة، صورة شكلها

كما ورد في المخطوط، بالإضافة إلى بعض صور آثار الفن الإسلامي.

ووضّحت مواضع بدايات ونهايات صفحات المخطوطتين "ق."، "أ." أي مواضع التعقيبة(٣٦)، حسب مواضعها من النصّ الأصلي، فعلى سبيل المثال: (ق_٣_ظ) تعني مخطوطة القاهرة "ق." الصفحة ٣، ظهر.

وباللون الأحمر للمخطوط "أ." مثال: (أ_٢٠_ظ).

• إثبات عنوان المخطوط:

في نسخة "ق." جاء عنوان المخطوط في الغلاف "كتاب النِّجارة في عمل المسطرة والبركار والكونيا. تصنيف لأبي الوفا محمد بن محمد البوزجاني رحمه الله".

بينما جاء في الصفحة التالية (ق_٢_و). "كتاب أبي الوفا محمد بن محمد البوزجاني المهندس فيما يحتاج إليه الصّانع من أعمال الهندسة"، وقد يكون عنوان المخطوط في الغلاف من النّاسخ.

وفي نسخة "أ." جاء عنوان المخطوط في الغلاف "كتاب أبي الوفا فيما يحتاج إليه من أعمال الهندسة". وفي الصّفحة التالية (أ_٢_و) جاء اسم الكتاب "هذا كتاب أبي الوفا محمد بن محمد البوزجاني فيما يحتاج إليه الصّانع من أعمال الهندسة".

أمّا في نسخة (ب.) جاء عنوان المخطوط "ترجمة كتاب أبي الوفا محمد بن محمد البوزجاني في أعمال هندسية" صفحة (ب_١٤٢_و).

وبناءً على ذلك، فالأصحّ هو ما ورد في نسختي "ق." وَ "أ." ويكون عنوان المخطوط "فيما يحتاج إليه الصَّانع من أعمال الهندسة". وقد ذكر ابن النديم والزركلي أيضا هذا العنوان.

(٣٦) "التعقيبة: عبارة عن نوع من الترقيم استعمله القدماء لترتيب المؤلفات من جهة، ولمساعدة المختصين في صناعة المخطوط: كالمرقِّمين، والمسفرين، وسواهم في ترتيب ملازم المخطوط من جهة أخرى". د. أحمد شوقي بنبين ٧٢.

نسخة المخطوط "ق."
أبو الوفا البوزجاني
كتاب "النجارة في عمل المسطرة والبركار والكونيا"
دار الكتب المصرية. رقم ١٠٤٦٤ عمومية - رياضة.

Abu'l-Wafā', al-Būzjānī, Kitāb fīmā yatāju al-sāni` min a`māl al-handasa, Cairo, Dār al-Kutub, Al-Masriy, ā, ,10464, a 260, copied in the 13th century. [Arabic manuscript]

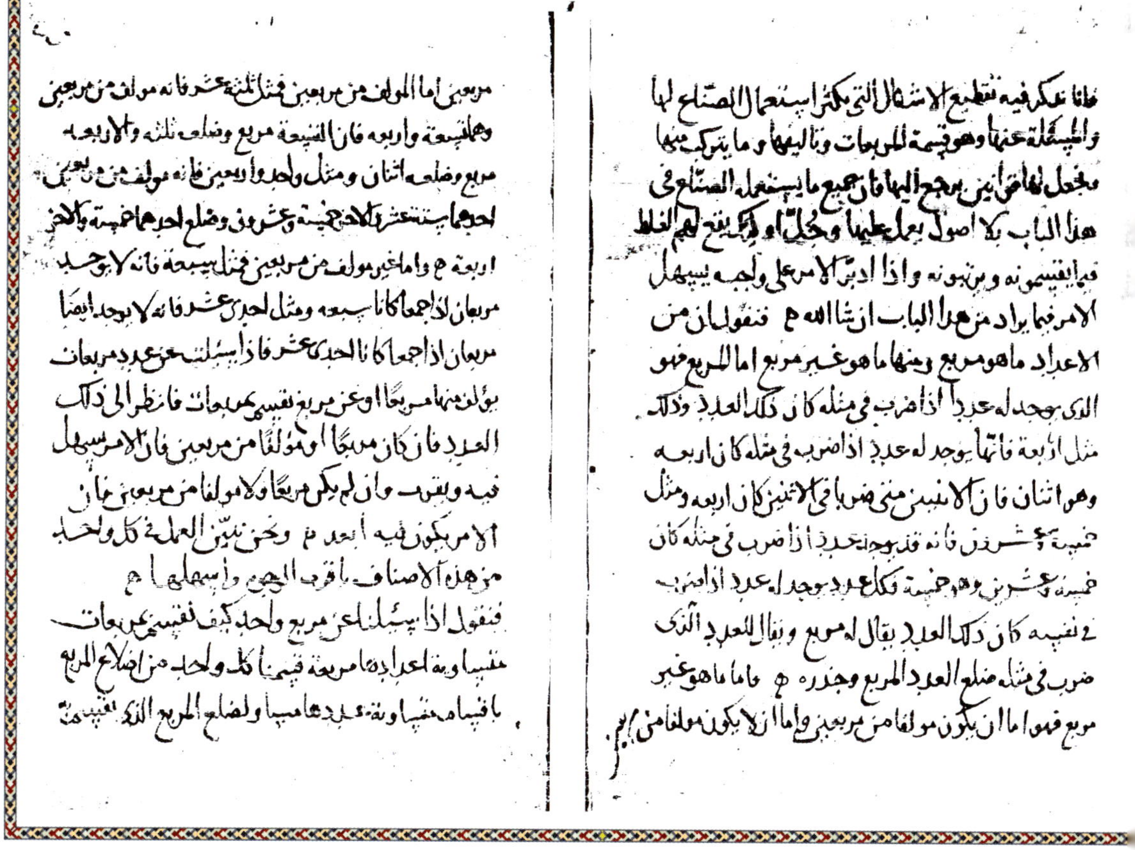

نسخة المخطوط "ب."
أبو الو فا البوزجاني
"فيما يحتاج إليه الصَّانع من أعمال الهندسة"
المكتبة الوطنية الفرنسية، فارسي 169

Abu'l-Wafā', al-Būzjānī, Kitāb fīmā yatāju al-sāni` min a`māl al-handasa,
trans. Abū Isāq ibn `Abdallāh Kubanānī Yazdī,
Paris, Bibliothèque Nationale de France , ancien fonds.
Persan Ms # 169, sec. 23, ff. 141v–179v, copied in the mid-15th century.
[Persian manuscript in a collection]

نسخة المخطوط "أ."
أبو الوفا البوزجاني
"فيما يحتاج إليه الصَّانع من أعمال الهندسة"
إسطنبول، مكتبة آيا صوفيا ٢٧٥٣

Abu'l-Wafā', al-Būzjānī, Kitāb fīmā yatāju al-sāni` min a`māl al-handasa, Istanbul, Süleymaniye Kütüphanesi, Ayasofya 2753, copied in the first half of the 15th century. [Arabic manuscript]

القِسْمُ الثَّانِـي
النَّـصُّ المُحَـقَّقُ

"فِيمَا يَحْتَاجُ إِلَيْهِ الصَّانِعُ مِن أعْمَـال الهَنْدَسَـة"

لأبي الوَفَاءِ مُحمّد بن مُحمّد البُوزْجَانِي

المتوفّى سنة ٣٨٨ هـ الموافق ٩٩٨ م

• ترميز نُسَخ المخطوط :

نسخة ق. (دار الكتب المصرية. رقم ١٠٤٦٤ عمومية. رياضة. القاهرة . مصر).

نسخة أ. (آيا صوفيا. رقم ٢٧٥٣. إسطنبول. تركيا).

نسخة ب. (المكتبة الوطنية الفرنسية. فارسي ١٦٩. باريس. فرنسا)

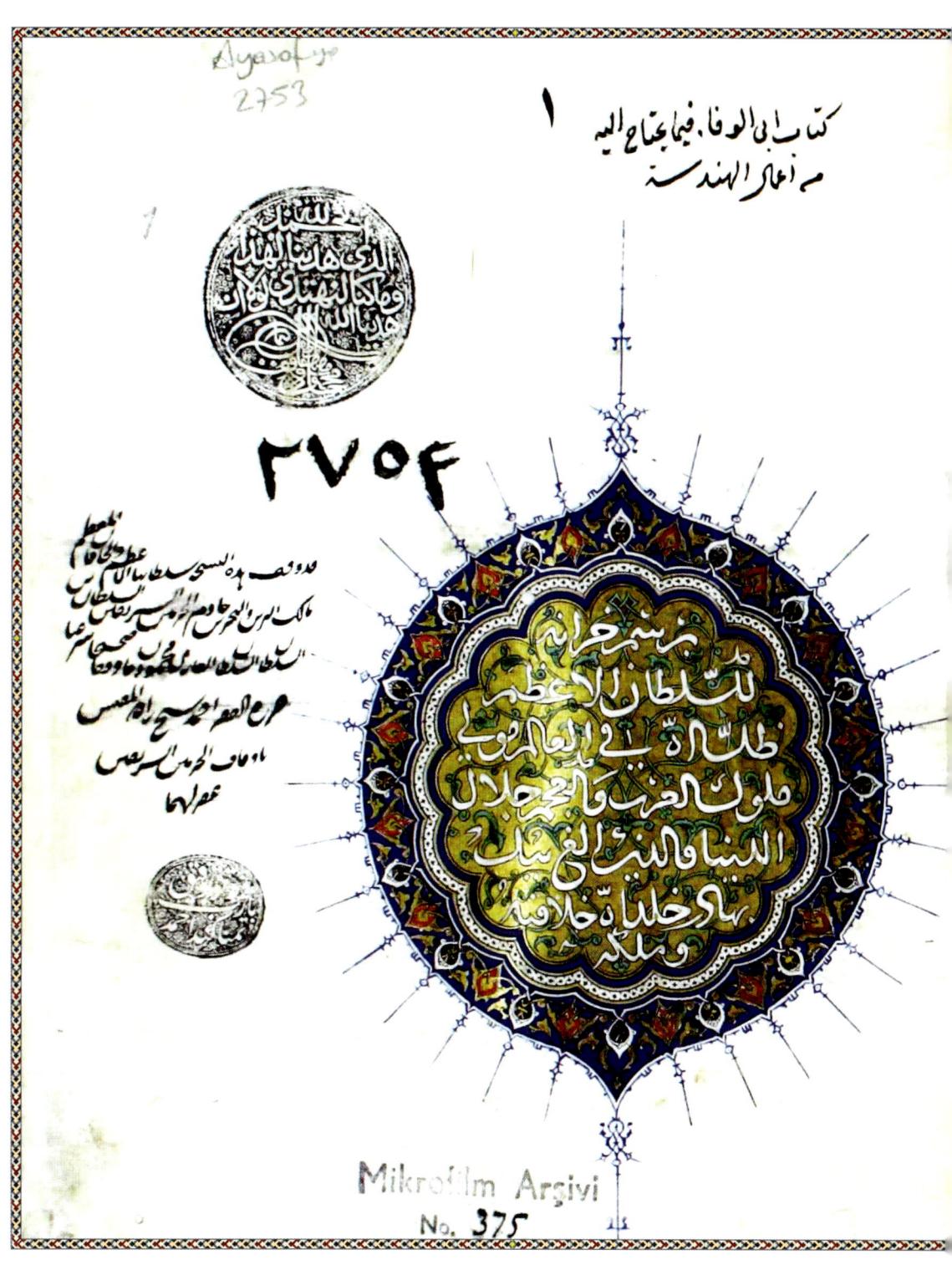

Ayasofya
2753
١
كتاب ابي الوفا فيما يحتاج اليه
من اعمال الهندسة
٢٧٥٤
Mikrofilm Arşivi
No. 375

صفحة (أ-١-و)

(٧) رغم اختلاف أسماء الأبواب في نُسَخ المخطوط، إلاّ أنَّ محتويات الكتاب ، وترتيب المسائل والأشكال ، لم يختلف في هذه النُّسخ. حيث نجد في نسخة ب. أنّ عنوان الكتابَ جاء كالتّالي: "هذه ترجمة كتاب أبي الوفاء محمد بن محمد البوزجاني في أعمال هندسية". وأمّا الأبواب فجاءت مشتملة لمقدمة ، واثني عشر باباً ، وهي كالتالي:

مقدمة : في المسطرة والبركار والكونيا.

الباب الأول : في الأصُول التي ينبغي أن يُقدَّم ذِكرها.

الباب الثاني: في عمل الأشكال المتساوية الأضلاع.

الباب الثالث: في عمل الأشكال في الدّوائر.

الباب الرابع: في عمل الدّائرة على الأشكال.

الباب الخامس:في عمل الدّائرةفي الأشكال المذكورة.

الباب السادس:في عمل الأشكال بعضها في بعض.

الباب السابع: في قِسمة المثلّثات.

الباب الثامن: في قِسمة المربّعات.

الباب التاسع: في قِسمة الدّوائر.

الباب العاشر: في رفع الطُّرق.

الباب الحادي عشر: في قِسمة المربّعات وتأليفها.

الباب الثاني عشر: في قِسمة الكُرة وأنواع الأشكال على الكرة".

انظر صفحة٦ "المحتويات" حيث رتّبت فيها الأبواب حسب ورودها في سياق المخطوط.

هذا(١) كتاب أبي الوفا محمّد بن محمّد البُوزجَاني المهندس(٢) فيما تحتاج إليه الصَّانع من أعمال الهندسة.
قد امتثلت ما رسمه مولانا الملك شاهانشاه، السَّيد الأجلّ المؤيّد(٣) المنصور، بهاء الدّولة وضياء المِلّة وغياث الأمّة أطال الله بقاه، وأدام (تمكينه وعلوّه ورفعته وبسطته وسلطانه)(٤)، من إثبات المعاني التي كان يتذاكر بحضرته العَالِية من (أعمال الهندسة)(٥) التي يكثُر استعمالها عند الصنّاع مُجرداً من العِلل والبراهين، ليسهل(٦) على الصنّاع(*٦) تناولِه، ويُقرب عليهم طريقته، وجعلت الكتاب ثلاثة عشر باباً:(٧)

این ترجمه کتاب ابی الوفا محمد بن محمد البوزجانی است در اعمال هندسه
الباب الاول
الباب التاسع
الباب العاشر

صفحة ١٤٢ظ. من ب.

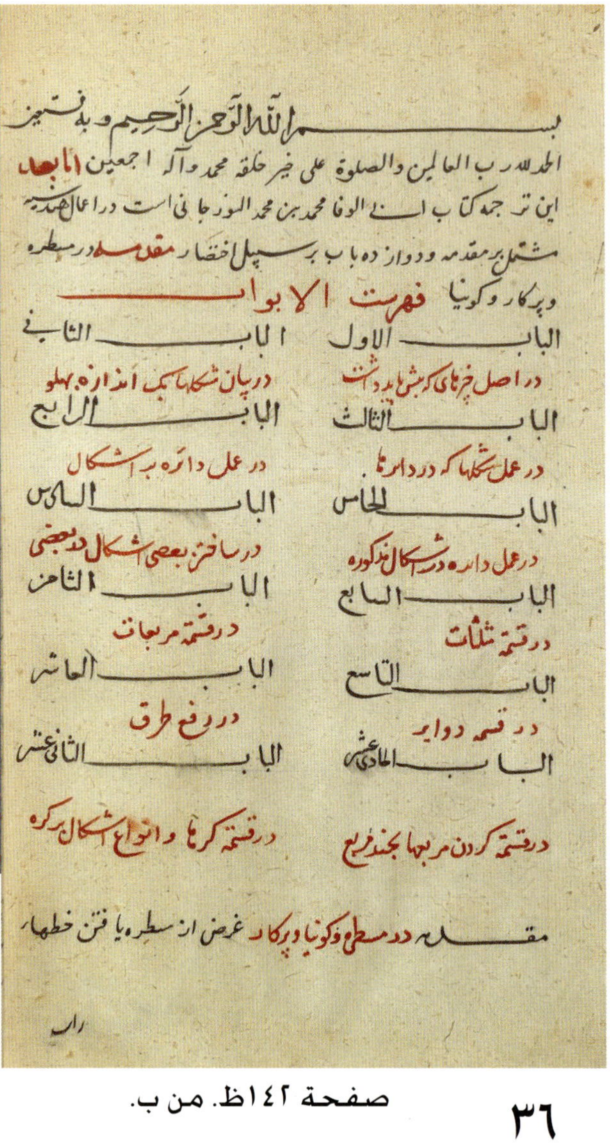

(١) غير موجود في ق.

(٢) غير موجود في أ.

(٣) غير موجود في أ.

(٤) وردت في أ. ((وأدام عُلاه وقدرته وسلطانه))

(٥) وردت في أ. ((الأعمال الهندسية))

(٦) وردت في أ. ((يُسهل)) (*٦) وردت في ق. ((الصّانع))

الباب الأوّل	:	في عمل(٨) المسْطرة والبرْكار(٩) والكُونيا
الباب الثّاني	:	في الأصول التي ينبغي أن يُقدّم ذكرها(١٠)
الباب الثّالث	:	في عمل الأشكال المتساوية الأضلاع(١١)
الباب الرّابع	:	في عمل الأشكال في الدّوائر
الباب الخامس	:	في عمل الدّائرة على الأشكال
الباب السادس	:	في عمل الدّائرة في الأشكال
الباب السّابع	:	في عمل الأشكال بعضها في بعض
الباب الثّامن	:	في قِسمة المثلَّثات/
الباب التّاسع	:	في قِسمة المربَّعات
الباب العاشر	:	في عمل مربَّع(١٢) من مربَّعات وعكسها
الباب الحادي عشر	:	في قِسمة/ الأشكال المختلفة الأضلاع
الباب الثاني عشر	:	في الدوائر المُتَماسَّة
الباب الثالث عشر	:	في قسمة الأشكال على الكرة

(٧) ترتيب أسماء الأبواب في مخطوط أ.

الباب الأول : في المسطرة والبركار والكونيا.
الباب الثاني : في الأصول التي ينبغي أن تقدّم ذكرها.
الباب الثالث: في عمل الأشكال المتساوية الأضلاع.
الباب الرابع: في عمل الأشكال في الدّوائر .
الباب الخامس : في عمل الدّائرة على الأشكال.
الباب السادس: في عمل الدّائرة في الأشكال.
الباب السابع: في عمل الأشكال بعضها في بعض .
الباب الثامن: في قسمة المثلّثات.
الباب التاسع: في قسمة المربّعات.
الباب العاشر: في عمل مربّع من مربّعات وعكسها.
الباب الحادي عشر:في قسمة الأشكال المختلفة الأضلاع
الباب الثاني عشر: في الدّوائر المتماسة.
الباب الثالث عشر:في قسمة الأشكال على الكرة.

صورة الصفحة (٢ و) من مخطوط أ.

(٨) غير موجود في أ.

(٩) وردت في ق. ((البركارات)).ولكن ورد اسم الباب بشكل مختلف في سياق شرح الباب:
"الباب الأول: في المسطرة والبركار والكونيا".

(١٠) وردت في ق. ((في الأصول والكونيا التي ينبغي أن يقدّم ذكرها)).

(١١) غير موجود في ق.

(١٢) وردت في ق. ((مربّعاتٍ))

مقرنس يظهر مستوى الفن المعماري والهندسة ثلاثية الأبعاد. مسجد الملك سعود في مدينة جدّة-السعودية. التصميم يُحاكي مدخل مسجد السلطان حسن في القاهرة.

الباب الأول

في المسطرة والبركار والكونيا

اعلم أن صحَّة الأعمال واستواءها يكون(١٣) بصحة ثلاثة أشياء وهي المسطرة والبركار والكونيا. فأما المسطرة فالمرادُ منها وجدانِ خط مستقيم لا عِوج فيه، وهو على(١٤) ما قاله أرشميدس أنَّه(١٥) أقصر خطٍ وصل(١٦) بين نقطتين، وذلك أنَّا إذا وضعنا نقطتين(١٧) مثل نقطتي أ، ب أمكننا أن نخرج من إحديهما إلى الأخرى خطوطاً كثيرةً، مثل خطوط أجب، أدب، أهب فأقصرها كلها هو الخط المستقيم مثل خط أجب. فإذا كان لنا مسطرة، وكان حَرْفاها على خطٍ مستقيم، كانت تلك المسطرة صحيحة. وهذه المسطرة تستعمل فيما قَصُر من الرُّسوم والخطوط. فأمَّا إذا طال، فإن رسمها يكون بالخيوط، فإن المساطر تصحح بالرِّقان والكستراك، فإذا طال ما نُريد أن نصحّحه ضُرب بالخيوط المخرّقة، ثم نصحّح بعد ذلك بالرِّقان والكستراك. فإذا أردنا أن نصحّح المسطرة بردناها أوّلا بالمبرد، إن كان من بعض الأجسام الصَّلبة مثل

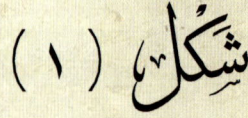

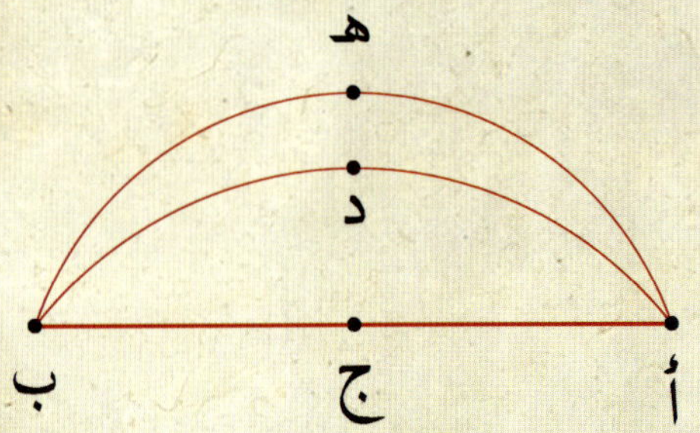

شكل (١)

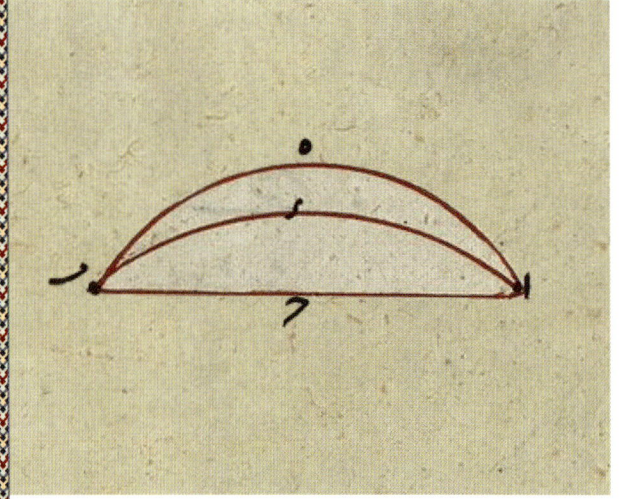

صورة الشكل ١ من ب.

(١٣) إضافة في أ.
(١٤) غير موجود في أ.
(١٥) إضافة في ق.
(١٦) وردت في أ. ((يصل)).
(١٧) إضافة في ق.

أرشميدس: Archimedes عالم رياضيات وفيزياء وفلكي يوناني توفي ٢١٢ قبل الميلاد

صورة للبركار
من متحف الفن الإسلامي ،الدوحة - قطر.

(ق_٣_ظ)

الحديد والصّفر وغيرهما، أو بالفأس إن كان من الخشب، ثم صحّحناها بالكستراك أو بالرّقان. فإذا فرغنا من تصحيحها وأردنا أن نعرف صحّتها، وضعناها على موضع مستوٍ، وخططنا مع(١٨) حرفها خطاً(١٩)، ثم قلبنا المسطرة وخالفنا بين طرفيها وخططنا مع حرفها خطاً آخر، فإن انطبق الخطان ،كانت المسطرة صحيحة ،وإن لم ينطبق الخطان(٢٠) ،علمنا أن مواضع الاعوجاج منها، هي في(٢١) المواضع التي يفترق فيها الخطان ولا ينطبقان.

وأكثر الصنّاع يتأملون صحّتها بالعين، وذلك أنّا(٢٢) إذا نظرنا من أحد طرفي المسطرة مع الحرف إلى الطّرف الآخر يتبيّن ما كان فيه من المواضع الناتِئة(٢٣) والمنخفضة، لصحّة استقامة الشعاعات.

عمل (٢٤) في البركار

فأما البركار فإنه يُحتاج إليه لرسم المدَوّرات، وقسمة الأعمال، وأخذ المقادير المتساوية، وصحّته تكون بصحّة ثقبه (قواعد رجليه المنطبقة بعضها على بعض)(٢٥)، واستواء/ المسْمار، فإن الخلل إذا وقع في واحدٍ من هذه غيّر حركته عند الفتح والضّم وقفز في الحركة.

فإذا كان الثّقبان من الرّجلين صحيحين، ووجها القاعدتين مستويين، ورُكب فيه مسمارٌ مستوي الخرط، شديد الاستقامة كان في ذلك صحّة البركار، وكانت حركته في فتحه وضمّه من أوّله إلى آخره شيئاً واحداً، لا يقفز في موضعٍ منه. وأجود

(١٨) إضافة في ق.
(١٩) إضافة في ق.
(٢٠) إضافة في ق
(٢١) إضافة في أ.
(٢٢) إضافة في أ.
(٢٣) وردت في أ. ((النابتة)).
(٢٤) إضافة في أ.
(٢٥) إضافة في أ.

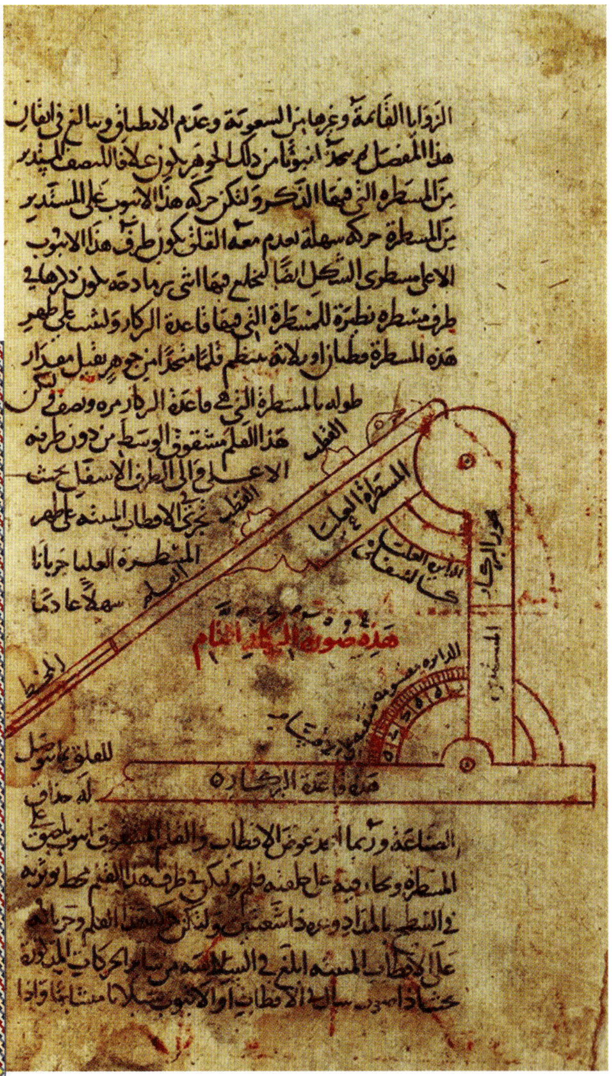

صورة من مخطوط "رسالة البركار التام وكيفية التخطيط به". (أ_٣_ظ)
مُلّا عمر زاده محمد بن الحسين بن محمد بن الحسين.
توضح شكلاً من أشكال البراكير المستعملة.

ما يكون البركار إذا كان مسماره وطئاً، يركّب فيه فرس وابشيزكةّ ليتمكن منه الصّانع عند الفتح والضم، ويجعله على مقدار مايريد منه(٢٦) أن يكون عليه من الصّلابة والسّلاسة، وإنْ حدث فيه عيبٌ أمكن اصلاحه عن قريب.

فهذا الذي ذكرناه تعرف به صِحّة البركار الذي يُرسم به دوائر صغار، وما كان يقارب ذراعين(٢٧) وما دونهما. فأمّا مازاد على هذا المقدار، فإن هذا النوع من البراكير يضطرب فيه عند العمل، ولأجل ذلك احتجنا أن نذكر البراكير الدّولابية، وهي ماكان مُركّباً على مساطر، وذلك أنّا إذا أردنا أن نعمل بركاراً دُولابيّاً عملنا رجلين لبركار صغير، ثم ركبناهما على مسطرة بقطبين و فرسين وابريزكتينّ كل واحدٍ منهما على طرف منها للمقدار الذي نريد أن يكون فتح البركار.

وإن شئنا جعلنا في المسطرة على خطٍ في وسطه في الطول ثقوبا/ كثيرة وركّبنا عليها الرّجل التي نخط بها البركار، وعلى مقدار البُعد الذي نريد أن يكون عليه فتح البركار، ثم وضعنا الرّجل الأخرى الثابتة(٢٨) في الموضع(٢٩) الذي نريد أن يكون مركز الدائرة، والرّجل الأخرى نخطّ بها الدائرة، وهذه صورته.

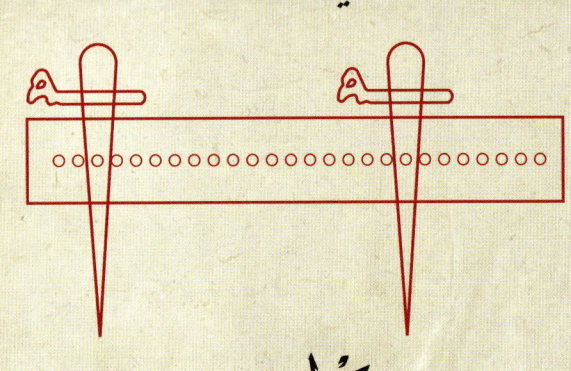

شكل (٢)

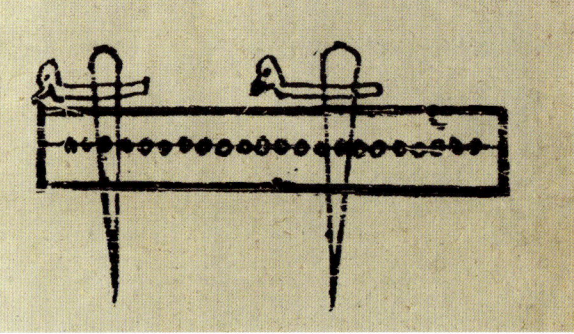

(٢٦) إضافة في أ. (٢٨) في أ. ((الثابت)). (٢٩) في أ ((المواضع)).

(٢٧) الذراع وحدة قياس استعملت في الحضارة الإسلامية. انظر جدول وحدات القياس في الحضارة الإسلامية المُلحق ص ٢٣٣. ذراع العامة مساوٍ لـ ٦٧ سم. بالتالي فالبراكير الدولابية تستعمل لعمل الدوائر التي يزيد قطرها عن (ذراعين) ١٣٤ سم تقريبا. -قاري، لطف الله. إضاءة زوايا جديدة للتقنية العربية الإسلامية. الرياض: ١٩٩٦. مكتبة الملك فهد. المقياس في العمارة الإسلامية: بحث مقدّم للملتقى المغاربي حول تاريخ الرياضيات العربية. ١-٣ ديسمبر ١٩٩٠.

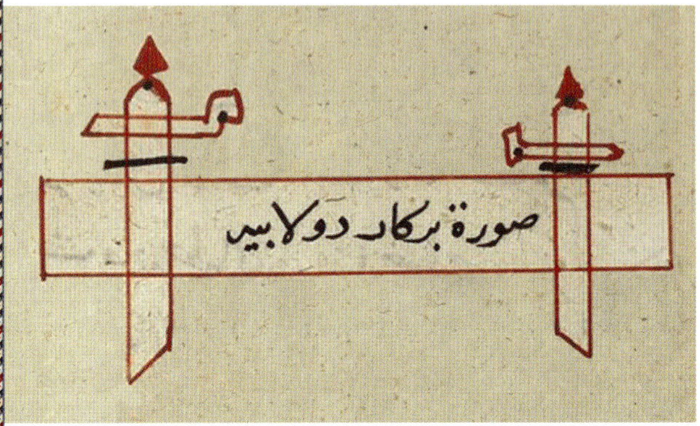

صورة الشكل ٢ من ب.

صورة الشكل ((ب)) ٢ من ق.

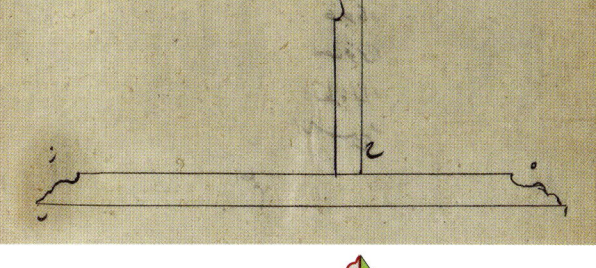

صورة الشكل ٣ من ب.

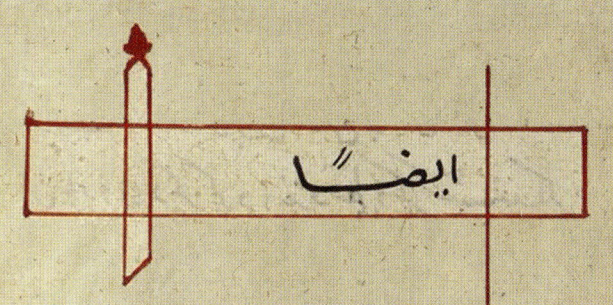

وإن شئنا ركَّبنا على أحد رأسي المسطرة على حرفه، مسماراً دقيق الرّأس ليكون المركز، وجعلنا في الرأس الآخر مِخطّاً بثقب على مقدار ما تدخل المسطرة فيه ونثخنه بأكبر (٢٩) ما نتمكن بذلك من عمل الدَّوائِر الصِّغار والكِبار وقسَمة الأعمال الصِّغار والكِبار، وهذه صورته (٣٠).

شَكل (٣)

في عمل الكُونْيَا

وأمّا الكونيا فهي زاوية قائمة، ويُحتاج إليها في تربيع المواضع (وإصلاح الزّوايا للأبنية واستخراج التقويس بضرب الخيوط وغيرها من الأعمال التي هي لا تتم إلاّ بها)(٣١)، وإصلاح ذلك وتسويتها يكون بوجوه كثيرة، نقتصر على البعض منها في هذا الموضع لئلا يطول الكتاب، وهذه صورته.

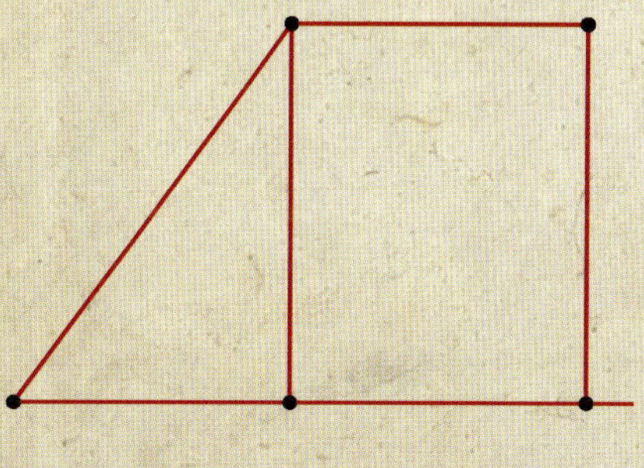

شَكل (٤)

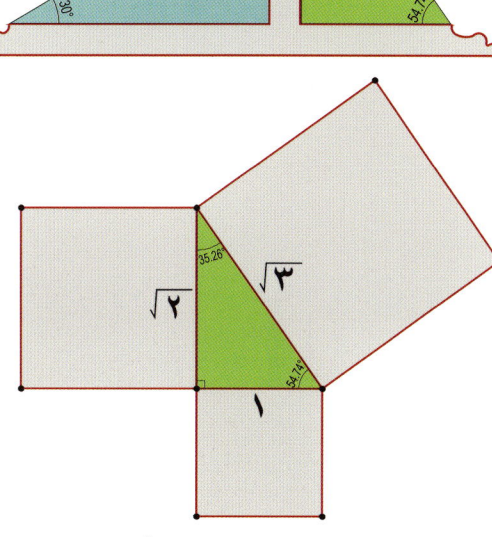

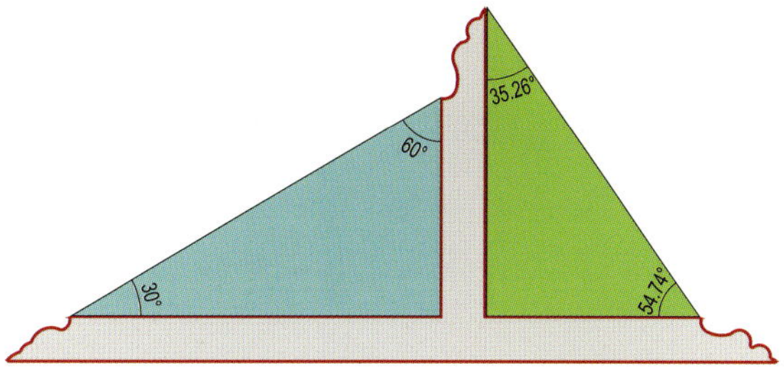

شكل الكونيا، ويظهر فيها مثلّثان.
الأول (الأخضر).
أضلاعه (واحد ، جذر اثنين ، جذر ثلاثة)
وزاوياته (٥٤,٧٤ وَ ٣٥,٢٦) درجة.
والثاني(الأزرق)
أضلاعه (واحد ، جذر ثلاثة ، اثنان)
وزاوياته (٣٠ ، ٦٠) درجة.

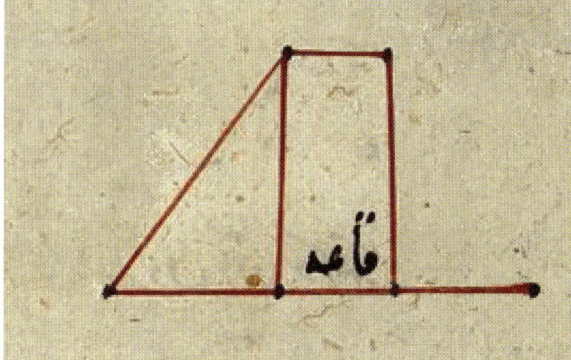

صورة الشكل ٤ من ب.

(٢٩) غير موجود في أ. حيث وردت في أ. بهذه الصِّيغة : "ونثخنه ما أن نتمكن بذلك من عمل الصِّغار والكبار، وقسمة الأعمال الكبار والصِّغار".

(٣٠) يتضح من صياغة الجملة "نثخنه بأكبر ما نتمكن من عمل الدوائر"، خِفَّة ظِلّ البوزجاني وتشجيعه لطلبة العِلم.

(٣١) غير موجود في أ.

(٣٥) ورد في هامش الصفحة ٣ من أ: ((برهانه نصل خطوط أجـ ،أ د ،ب جـ ،ب د . فلأن خطّي أجـ ،جـ ب متساويان لأن الدّائرتين متساويتين، وَجـ د مشترك وكلى مساويان لكلى ب جـ ،جـ د وقاعدة أ د مساوية لقاعدة د ب . فزاوية أ جـ د مساوية لزاوية ب جـ د بحسب شكل قي من مقالة آ . وأيضا لأن خط أ جـ مساوٍ لخط جـ ب وَ جـ هـ مشترك وكلى أ جـ ، جـ هـ مساويان لكلى ب جـ ، جـ هـ . وزاوية أ جـ د مساوية لزاوية ب جـ د . فقاعدة أ هـ مساوية لقاعدة ب هـ . ومثلّث أ جـ هـ مساوٍ لمثلّث ب جـ هـ . وسائر الزّوايا مساوية لسائر الزّوايا كل واحدةٍ لنظيرتها . فزاوية أ هـ جـ إذاً مساوية لزاوية ب هـ جـ بحسب د من أ .فهما إذاً قائمتان لأنهما اللتان عن جنبتي خط جـ هـ . وذلك ما أردنا أن نبيّن)).

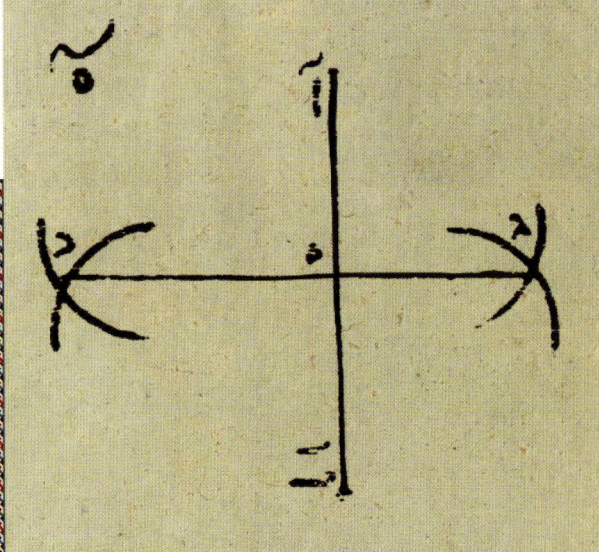

صورة الشكل ((هـ)) ٥ من ق.

فإذا أردنا أن نعمل كونيا ونصحّح زاويته/ القائمة(٣٢):

خططنا خطاً مستقيماً مثل خط أب كيف ما اتفق طوله، ورسمنا على طرفيه دائرتين متساويتين تتقاطعان على نقطتي جـ ، د ووصلنا بين نقطتي جـ،د بخط يقطع أب على نقطة هـ ،(فالزَّوايا الأربع التي تحدث عند نقطة)(٣٣) [هـ](٣٤). كلها قائمة، وهذه صورته(٣٥) .

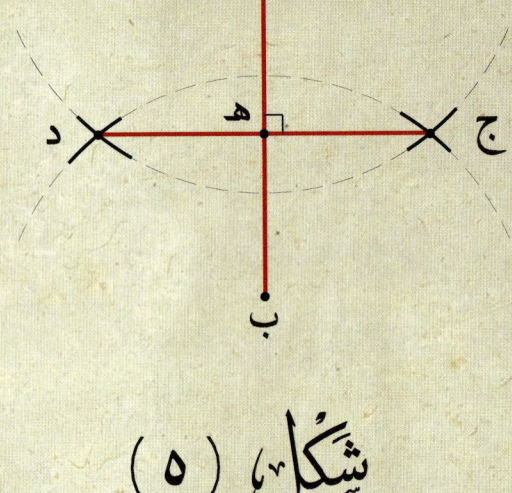

هـ
د
ب

شكل (٥)

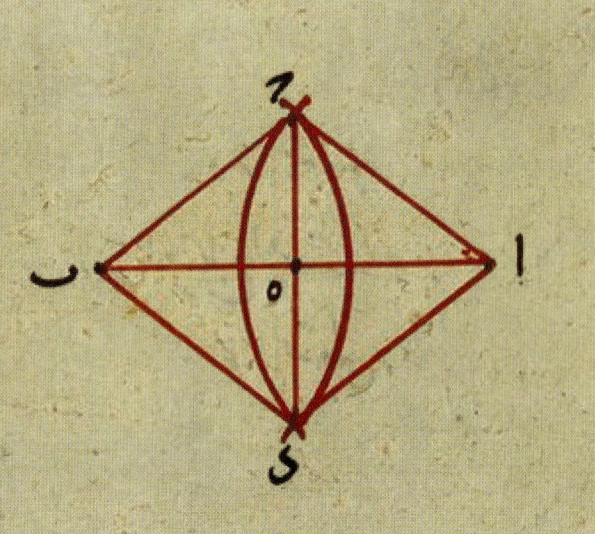

صورة الشكل ٥ من ب.

وجهٌ ثانٍ(٣٦) في عمل الكونيا

فإذا أردنا ذلك(٣٧) عملنا على خط أب نصف دائرة وتعلّمنا(٣٨) نقطة كيف ما اتفقت، مثل نقطة جـ وأخرجنا منها خطين إلى نقطتي أ ، ب ، فتكون زاوية أجـ ب قائمة ، وهذه صورتها.

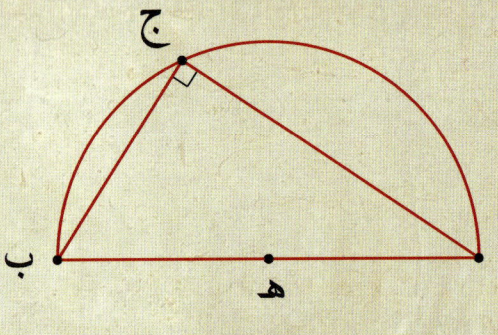

ب
هـ

شكل (٦)

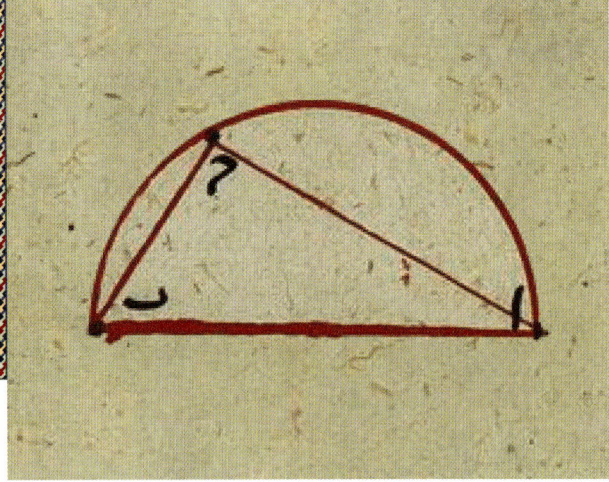

صورة الشكل ٦ من ب.

(٣٢) وردت في ق. ((قائمةً)).

(٣٣) إضافة في أ.

(٣٤) إضافة من المحقق. [هـ] حيث تُرك مكانها فارغاً في المخطوط أ.

(٣٦) غير موجود في أ.

(٣٧) غير موجود في ق.

(٣٨) وردت في أ. ((وعلّمنا عليها)).

(ق_٤_ظ)

(٤٠) ورد في هامش الصفحة ٤ من أ: ((برهان ذلك نصل أ د فبَيّنٌ أن مثلّث أ جـ د متساوي الأضلاع فخطوط جـ د، د أ، د هـ متساوية بحسب ز من أ. فلأنّ الدّائرة التي نخطّ على مركز د وببعد د جـ يمر محيطها على نقطتي أ، هـ كدائرة جـ أ هـ فتكون زاوية جـ أ هـ واقعة في نصف الدّائرة فهي قائمة بحسب ل من جـ)).

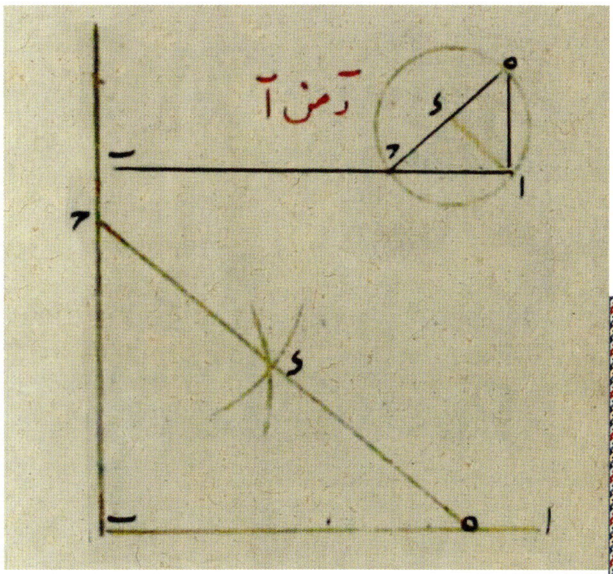

صورة الشكل ٧ من أ.

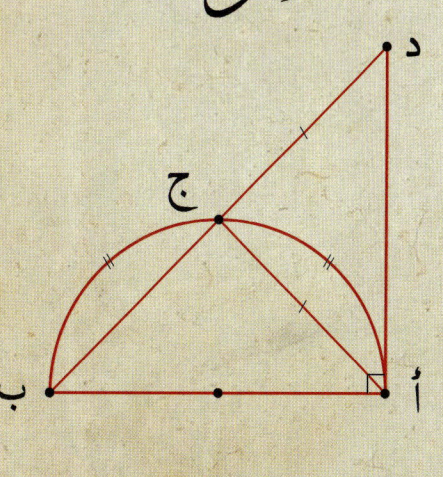

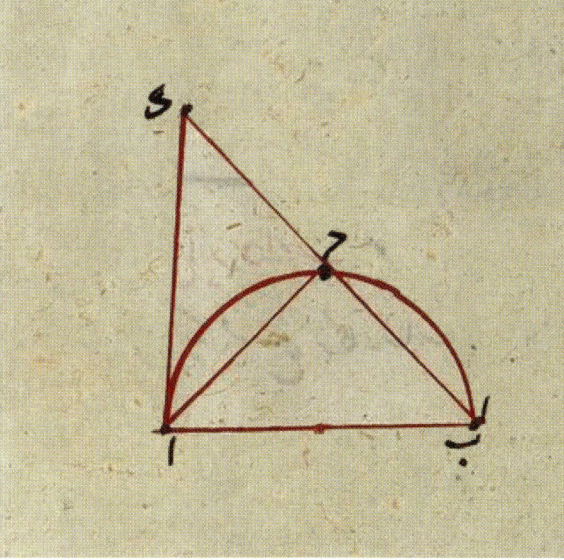

فإن قال قائل: إذا أردنا أن نعمل على طرف خط أب على نقطة أ زاويــة قائمة، ولا يمكننــا أن نخــرج خط أب على استقامته في جهة نقطة أ، كيف نعمل ذلك؟

قلنـــا له أنّا نعلّم(٣٩) على خـــط أب نقطة جـ، أي موضع اتفقت، ونفتح البـــركار بمقــدار بُعد أجـ، ونرسم على نقطتي أ، جـ دائرتين تتـــقاطعان على نقطة د ونصل جـــ د ونخرجه على استقامته إلى نقطة هـ ونجعل خط د هـ مثـل خط د جـ، ونصل أ هـ، فتـكون زاوية أ قائمة، وهذه صورتها(٤٠).

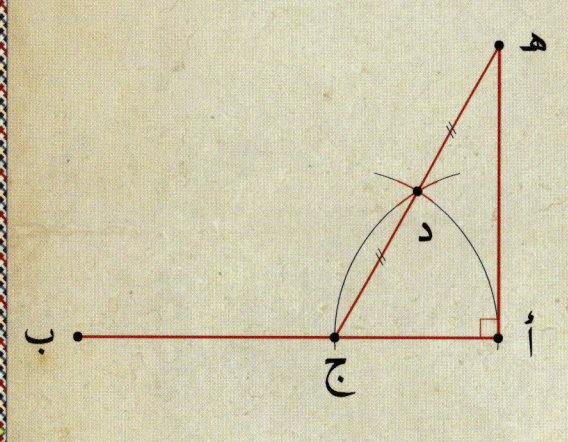

د

شكل (٧)

صورة الشكل ٧ من ب.

وجــهٌ ثـــانٍ (٤١) في عمل الكونيا على طرف الخط. (٤٢)

فإذا أردنا ذلــك عملنــا على خط أب نصف دائرة وقسمناها بنِصفين على نقطة جـ كما سنبيّن فيما بعد، ونصل ب جـ ونخرجه على استــقامته إلى د ونجعل جـ د مثل جـ ب، ونصل أ د فتـكون زاوية د أ ب قائمة، وهذه صورتها.

د

شكل (٨)

صورة الشكل ٨ من ب.

(٣٩) وردت في ق. ((نتعلّم))

(٤١) غير موجود في أ.

(٤٢) توضيح جاء العنوان: "وجهٌ ثانٍ في عمل الكونيا" . تخصيص العنوان بعملها على طرف الخط. ولكِنّه وجهٌ ثالث بشكلٍ عام في موضوع عمل الكونيا.

(أ_٤_ظ)

(ق_٥_ظ)

معرفة صِحّة الكُونيا

فإن كان لنَا كونيا وأردنَا أن نعلم أن زاويتها القَائمة صحيحةً أم لا ،أمكننا ذلك بالعمل الذي تقدّم ذكره، مثال ذلك : أنّا إذا أردنا أن نعلم أن الكونيا التي عليها أهـ ب زاويتها القائمة ، وهي التي عند النقطة أ قائمة أم لا، تعلّمنا على خط أب نقطة د كيف ما وقعت، واستعملنا الطريق الذي سلكناه (٤٣) فيكون تقاطع الدّائرتين عند نقطة ر، فإذا وصلنا ر د وأخرجناه إلى نقطة/ح ،وجعلنا خط رح مثل خط ر د، نظرنا إلى نقطة ح ، فإذا وقعت على خط أ هـ وعلى نقطة هـ منه ، كانت زاوية أ قائمة ، وكانت الكونيا صحيحة/ و إن وقعت داخلاً(٤٤) من خط أهـ ،كانت زاويتها حادّة ، أعني أصغر من قائمة ، وإن وقعت خارجاً(٤٥) من خط أب كانت زاوية أ منفرجة أعني أكبر من قائمة. وهذه صورته.

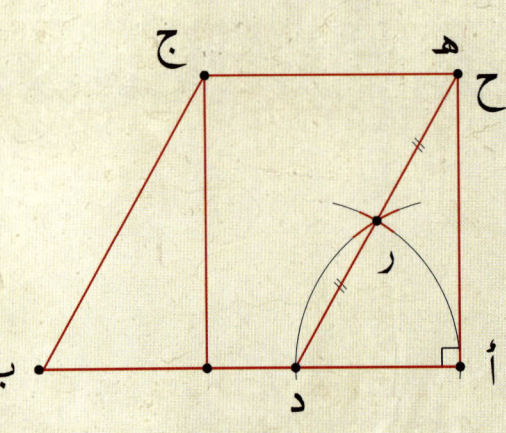

شكل (٩)

زخرفة هندسية. أنصاف دوائر فوق بعضها البعض بشكل متعاقب حيث تُركّب القسى على منتصفات القسى التي تليها وتتدلّى من منتصف القِسِى دلّاية. كأنها شكل يتكون من ثلاثة أنصاف دوائر ملتحمة.إسطنبول . تركيا.

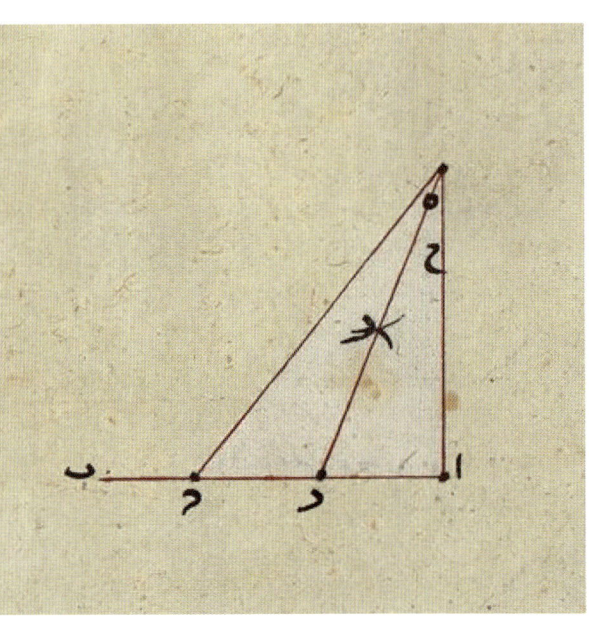

صورة الشكل ٩ من ب.

(٤٣) يقصد المسألة السّابقة ذات الشكل رقم ٧ في إقامة زاوية قائمة من نقطة أ على خط أب ولا يمكننا أن نخرج خط أب على استقامته من جهة نقطة أ.

(٤٤) وردت في أ. ((خارج)) بعكس ما ورد في نسخة ق.

(٤٥) وردت في أ. ((داخل)) بعكس ما ورد في نسخة ق.

(٤٩) ورد في هامش الصفحة ٤ نسخة أ: ((برهان ذلك لأن مربّع الثلاثة هو تسعة ، ومربّع الأربعة هو ستة عشر ، فمجموعهما مساوٍ لمربّع الخمسة ، وهو خمسة وعشرون)).
أي نظرية فيثاغورس في المثلثات.

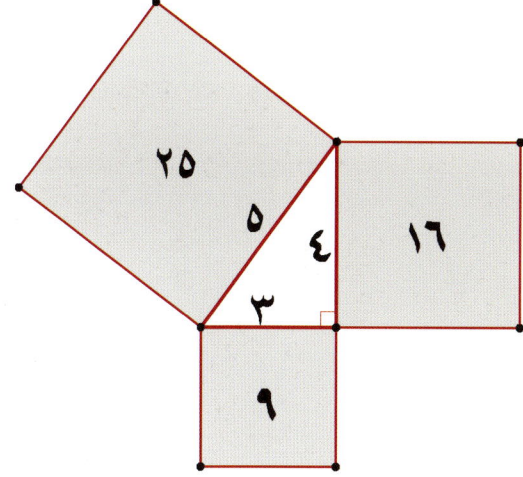

[نظرية فيثاغورس في المثلثات.]

وجهٌ ثانٍ في معرفة صحّة(٤٦') الكونيا الصّناعيّة

وللصنّاع اعتبارٌ آخرٌ(٤٦) في معرفة صحَّة الكونيا، وذلك أنهم إذا أرادوا أن يعرفوا صحّة زاوية أ من (كونيا أ هـ ب) (٤٧) كالوا من جانب أ هـ من عند نقطة أ ثلاث كيلات متساويات بالبركار بأي قدرٍ كان، وكالوا من جانب أ ب أربع كيلات بذلك المقدار، ووصلوا بين الموضعين اللذين بلغهما(٤٨) الكيل بخطٍ ، فإن كان ذلك الخط خمس كيلات كانت زاوية الكونيا صحيحة قائمة(٤٦)،وإن كان أكثر من خمس كيلات(٤٦) كانت الزّاوية منفرجة، و إن كانت أقل من خمس كانت الزّاوية حادّة ، وهذه صورتها(٤٩).

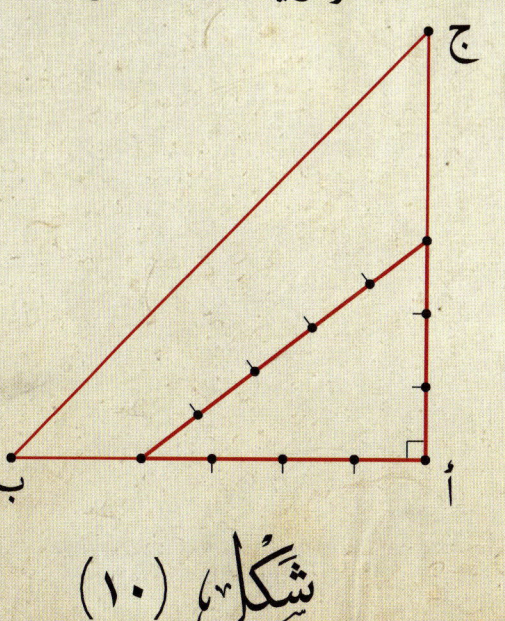

شكل (١٠)

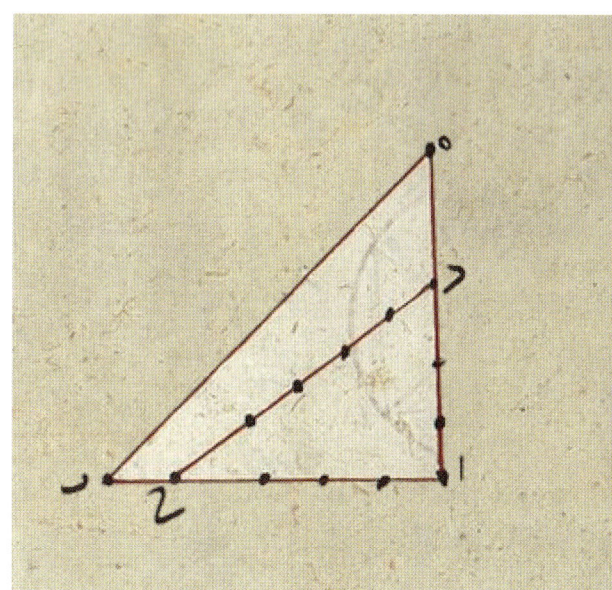

صورة الشكل ١٠ من ب.

(٤٦') إضافة في أ.
(٤٦) إضافة في أ.
(٤٧) وردت في أ. ((الكونيا)).
(٤٨) وردت في أ. ((بلغ إليهما)).

(٥١) ورد في هامش الصفحة ٤ نسخة أ. : ((برهان ذلك لأنّ مربّع الاثني عشر، هو مائة وأربعة وأربعون، ومربّع الخمسة، هو خمسة وعشرون، فمجموعهما مساوٍ لمربّع الثلاث عشرة الذي هو مائة وتسعة وستون)). أي نظرية فيثاغورسٍ في المثلثات.

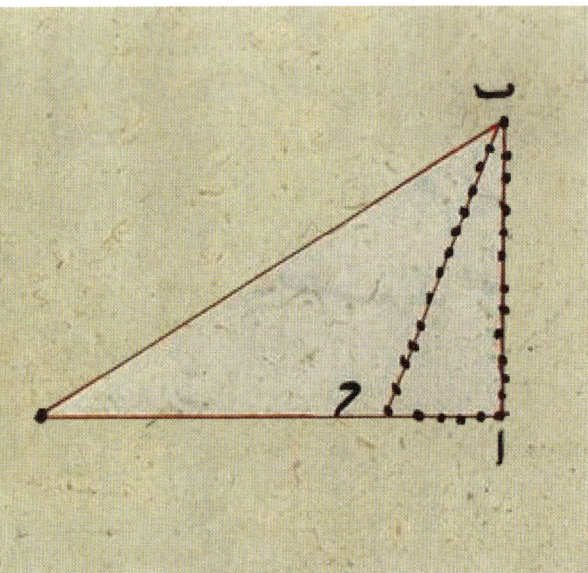

وجهٌ آخر في إعتبار الكـونيا

وقد يمكنُنا أن نعتبـر ذلك بوجهٍ آخر، وذلك أنّا نكِيل من خط أهـ خمس كَيلاتٍ،

ومن خط أب اثنتي عشرة كيلة، ونصل الوَتر، فإن كان ثلاث عشرة كيلة(٤٩)، فإن الكونيا زاويتها(٥٠) صحيحة، وإن خالف ذلـك كان خطـأ، وهذه صورتهـا(٥١). [بعد التصحيح، كما في الشكل ١١ من ب.].

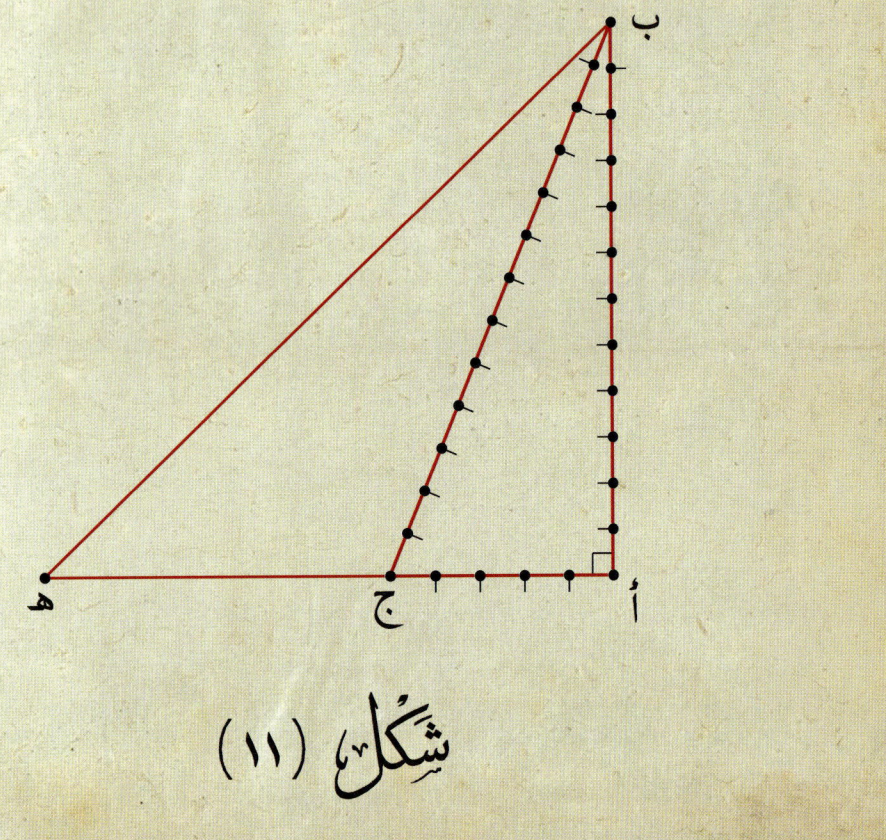

شكل (١١)

نظرية فيثاغورس في المثلثات.

صورة الشكل ١١ من ب.

(٤٩) إضافة في أ.

(٥٠) إضافة في أ.

نهـاية الباب الأوّل

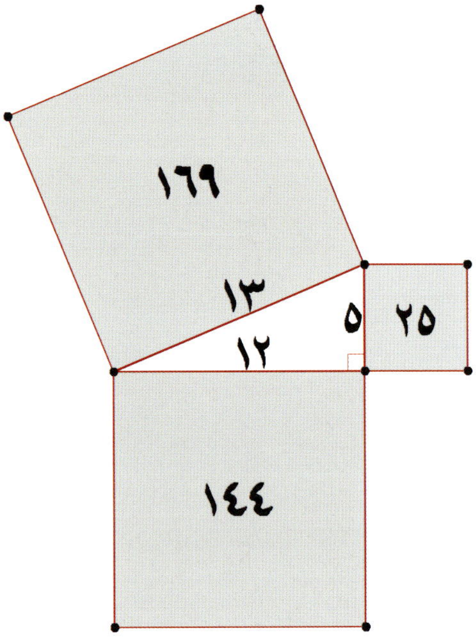

(٥٤) ورد في هامش الصفحة ٥ نسخة أ: ((برهان ذلك نصل خطوط أجـ ، ب جـ ، أ د ، ب د وفي القوسين نصل خطي أهـ ، ب هـ فلأنّ خطّي أ جـ ، جـ ب متساويان لتساوي الدّائرتين ، وخط جـ د مشترك ، وكلى خطّي أ جـ ، جـ د مساويان لكلى خطّي ب جـ ، جـ د ، وقاعدة أ د مساوية لقاعدة ب د ، تكون زاوية أ جـ د مساوية لزاوية ب جـ د ،ولأنّ خطّي أ جـ ، جـ هـ مساويان لخطّي ب جـ ، جـ هـ ،وزاوية أ جـ هـ مساوية لزاوية ب جـ هـ ، تكون قاعدة أ هـ مساوية لقاعدة ب هـ ، فقد انقسم خط أ ب المستقيم بنصفين على نقطة هـ ، ولأنّ أ هـ ، هـ ب متساويان وهما وتران في دائرة واحدة ، تكون قوسا أ هـ ، هـ ب متساويتين ،فقد انقسمت قوس أ ب بنصفين على نقطة هـ ، وذلك ما أردنا أن نعمل.))

الباب الثاني (في الأصول)(٥٢)

في الأُصُولِ التي ينبَغي(٥٣) أن يُقدم ذِكرُها

فإن قال قائل كيف نقسم خطاً مستقيماً، أو قوساً من دائرة، مثل خط أب ،وقوس أب بنصفين ؟
جعلنا نقطتي أ ، ب ، وهما طرفاه مركزين ،
وأدرنا دائرتين متساويتين تتقاطعان على نقطتي د ، جـ
ووصلنا بينهما بخط جـ د المستقيم يقطع خط أب ، أو القوس أب بنصفين على نقطة هـ ، وهذه صورتهما (٥٤) .

ج
ج

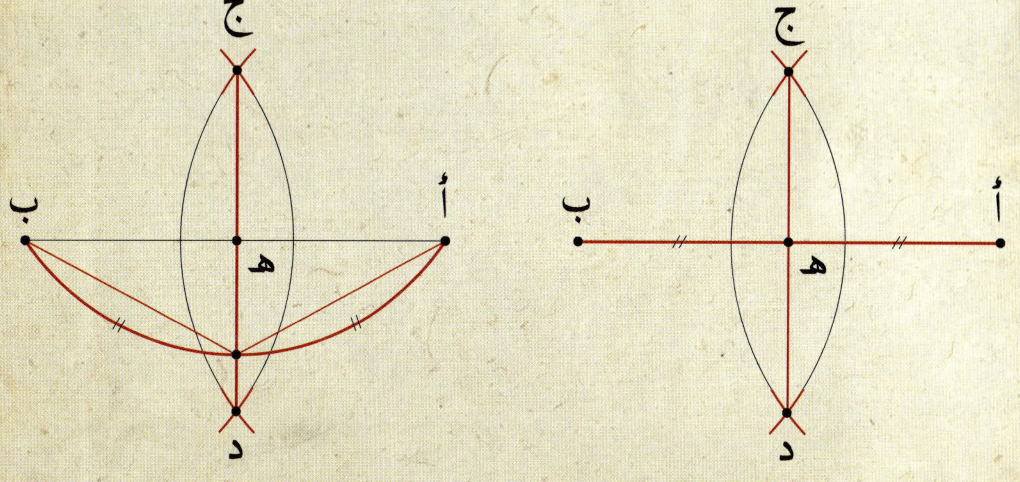

شكل (١٢)

صورة الشكل ١٢ من ب.

(٥٢) إضافة في أ.

(٥٣) وردت في ق. ((يجب))

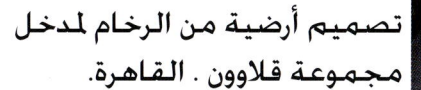

تصميم أرضية من الرخام لمدخل مجموعة قلاوون . القاهرة.

(٥٧) ورد في هامش الصفحة ٥ نسخة أ: ((برهان ذلك لأنّ زاوية جـ أ هـ مساوية لزاوية هـ ب د لأنهما قائمتان ، وزاوية أ هـ جـ مساوية لزاوية د هـ ب لأنهما متقابلتان ، وضلع أ جـ من مثلث أ جـ هـ مساوٍ لضلع ب د من مثلث هـ ب د . فالضّلعان الباقيان مساويان للضّلعين الباقيين . فيكون خط أ هـ مساوياً لخط ب هـ بحسب شكل مو من أ.
فقد انقسم خط أ ب بنصفين على نقطة هـ . وذلك ما أردنا أن نعمل)).

لوحة للحرم المكّي الشريف
سبيل كتخدا - القاهرة التاريخية

(وجه آخر في قِسمَة الخط بنصفَين أو ثلاثة أقسامٍ أو أكثر، متساوية.)(٥٥)

فإن قال قائل: كيف نقسم خطّاً مستقيماً بقسمين أو بثلاثة أقسام متساوية، أو أكثر؟ (وهو خط أب)(٥٦).

أقمنا على نقطة أ خط أجـ على زاوية قائمة، إن شئنا بالعمل، وإن شِئنا بالكُونيا.

وأقمنا على نقطة ب خط ب د في الجِهة/ الأخرى أيضاً على زاوية قائمة .

فإن أردنا أن نقسم خط أب بنِصفين، جعلنا خط ب د مثل خط أجـ ووصلنا جـ د يقطع خط أب على نقطة هـ بنِصفين ،وهذه صورته(٥٧).

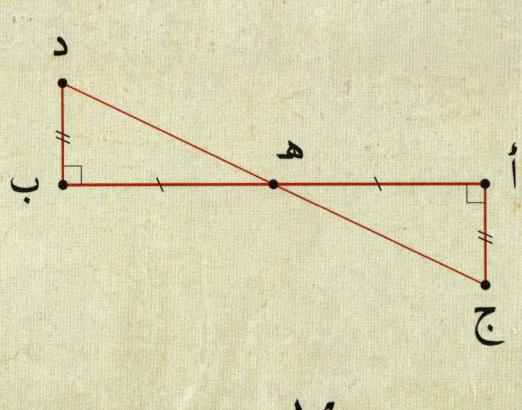

شِكل (١٣)

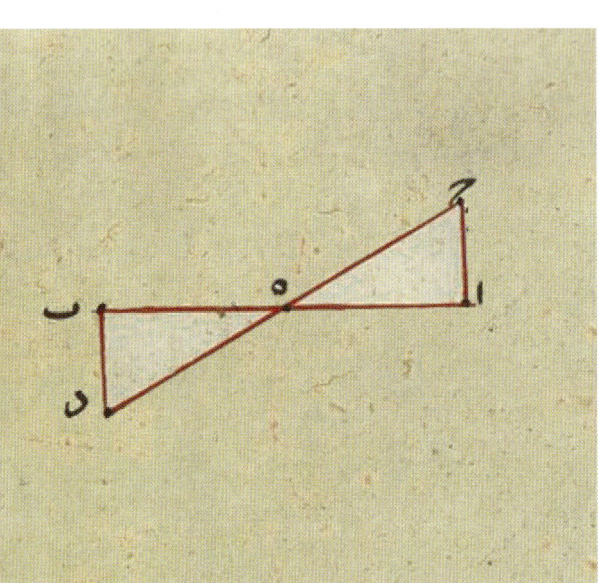

صورة الشكل ١٣ من ب.

(٥٥) وردت في أ. ((وجهٌ آخر في قسمة الخط بنصفين وبأقسام أكثر))
(٥٦) إضافة في أ.

(٥٨) ورد في هامش الصفحة ٥ نسخة أ: ((برهان ذلك فلأنّ خطّي ط ج . ر د متساويان ومتوازيان لأنّ زاويتي أ . ب القائمتين متساويتان وقد وُصل من أطرافهما بخطّي ج د . ط هـ فهما إذاً متوازيان ومتساويان بحسب شكل ع من أ. وأيضا بحسب شكل ب من مقالة و. فلأنّ في مثلّث أ ط هـ وخط ج ح مواز لخط ط هـ كون نسبة أ ج إلى ج ط كنسبة أ ح إلى ح هـ لكنّ أ ج مساو ج ط فخط أ ح مساو ح هـ وكذلك يتبيّن أن خط ح هـ مساو لخط هـ ب فخطوط أ ح . ح هـ . هـ ب الثّلاثة متساوية فقد انقسم خط أ ب بثلاثة أقسامٍ متساوية . وذلك ما أردنا أن نبيّن)).

وإن أردنا أن نقسم خط أ ب بثلاثة أقسام متساوية (٥٨) زدنا في خط ب د خط د ر مثل خط ب د ، ووصلنا خط ج ر فيقطع من خط أ ب ، أ ح ثُلثه، ثم زدنا في خط أ ج خط ج ط مثله، ووصلنا خط ط د ، يقطع من خط أ ب خط ب ي ، ثلثاً آخر ويبقى خط ح ي ثُلثاً ثالثاً، (فقد قسمنا خط أ ب بالأثلاث)(٥٩)، وهذه صورته. وكذلك إن أردنا أن نقسم خط أ ب بأربعة أقسامٍ متساوية(٦٠) أو خمسة أقسامٍ متساوية أو غيرها من الأقسام المتساوية(٦١) / وكذلك إن أردنا أن نفصل منه ثلثه، أو ربعه، أو جزءاً من الأجزاء (نعمل كما بيّناه في هذا الباب)(٦٢) .

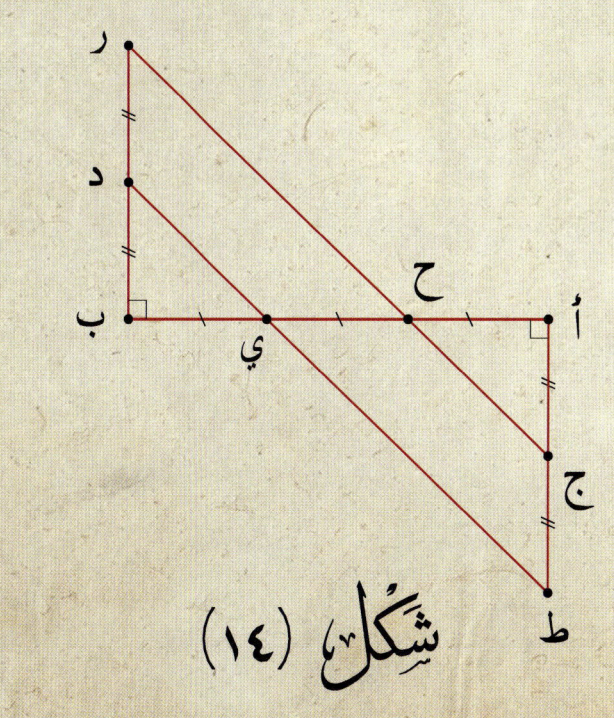

شَكل (١٤)

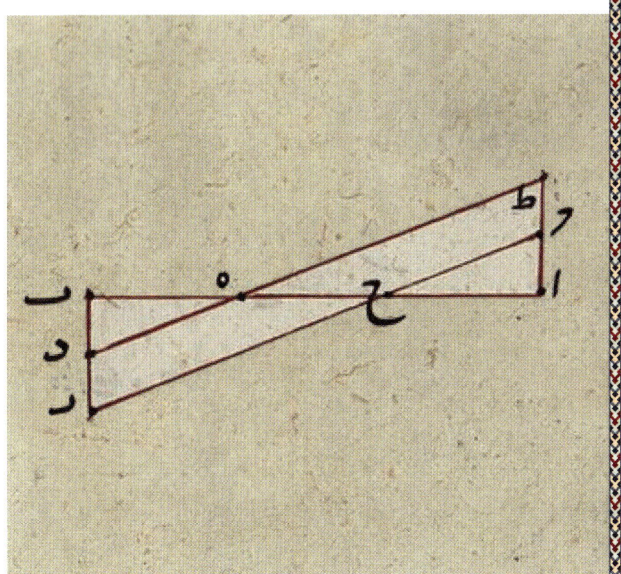

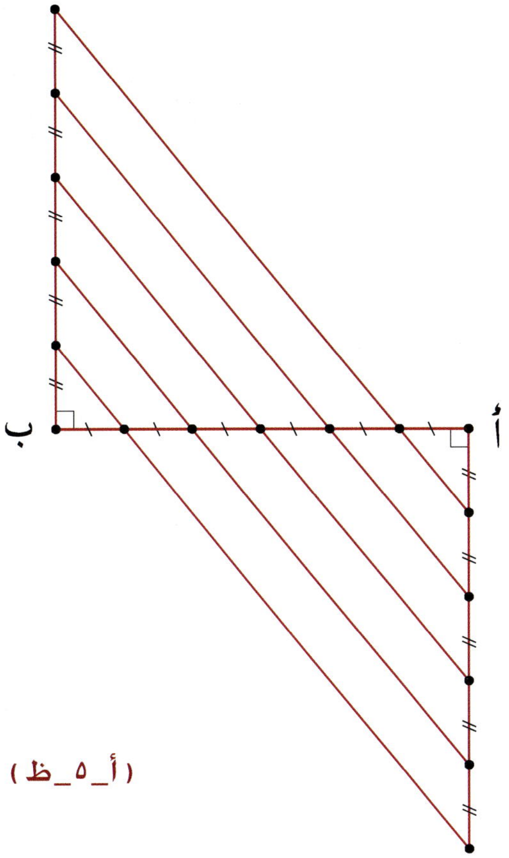

(أ_٥_ظ)

[مثال: قسمة خط أ ب بخمسة أقسام متساوية.]

صورة الشكل ١٤ من ب.

(٥٩) إضافة في أ.
(٦٠) إضافة في أ.
(٦١) إضافة في ق.
(٦٢) إضافة في أ.

(٦٦) ورد في هامش الصفحة ٥ نسخة أ. : ((برهان ذلك. نصل خطّي د ر ، ر هـ. فلأنّ خطّي د ب ، ب هـ متساويان. و ب ر مشترك. وَ د ر مساوية لقاعدة هـ ر لتساوي الدّائرتين فتكون زاوية أ ب ر مساوية لزاوية ج ب ر ، وذلك برهان أقليدس)).

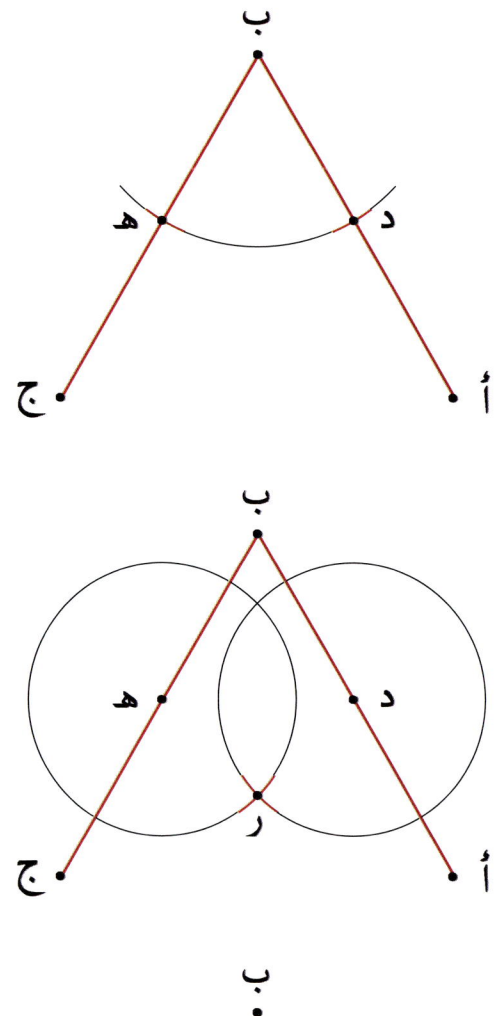

فإن قال: كيف نقسم زاوية أ ب ج المفروضة المستقيمة الخطين بنصفين ؟ (٦٣).

جعلنا ب مركزاً، وأدرنا بأي بُعدٍ كان، دائرة تقطع الخطين على علامتي د ، هـ ، ثم جعلنا نقطتي د ، هـ مركزين، وأدرنا دائرتين متساويتين تتقاطعان على نقطة ر ، ووصلنا بين نقطتي ب ، ر ، بخط ب ر المستقيم(٦٤)، فتنقسم(٦٥) زاوية أ ب ج المستقيمة الخطين بنصفين بخط ب ر ، وهذه صورتها (٦٦).

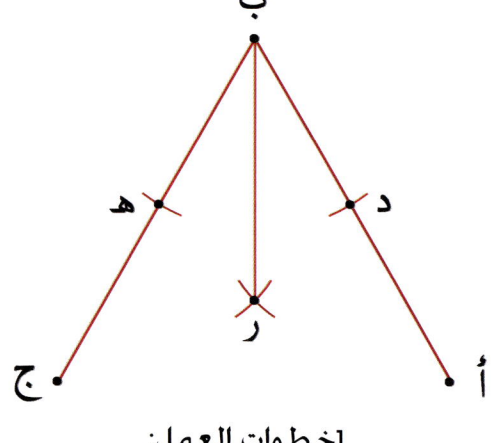

[خطوات العمل: قِسمة الزّاوية أ ب ج بنصفين.]

شكل (١٥)

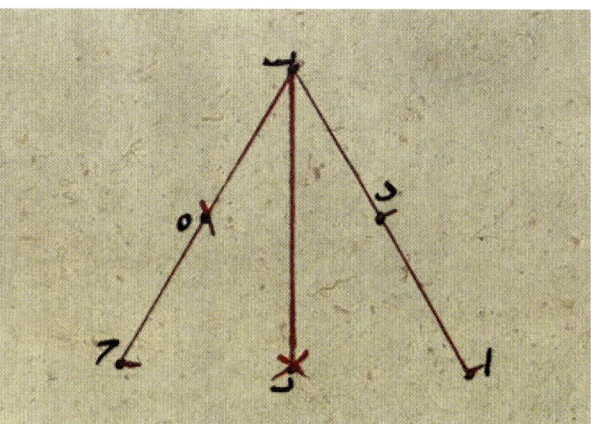

صورة الشكل ١٥ من ب.

(٦٣) يقصد أبو الوفاء البوزجاني، بالزاوية المستقيمةِ الخطّين أي على مُستوي ثنائي الأبعاد وذلك لتفريقها عن الزّوايا التي ترسم على الكرة مثلاً باستعمال القِسي ، كما سَيَرِدُ في الباب الأخير "قسمة الكرة". وهذا يدل على مدى براعته في الوصف والتصنيف.
(٦٤) غير موجود في أ.
(٦٥) وردت في أ. ((فيقسم)).

٥٠

[أرضيّة رخامية
مجموعة قلاوون ، القاهرة.]

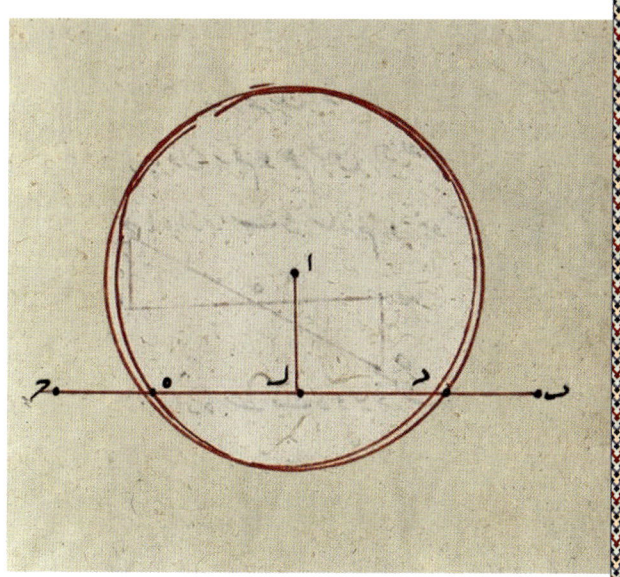

فإن قال كيف نُخرج من نقطة أ إلى خط ب جـ خطاً يقوم عليه، على زوايا قائمة ؟

أدرنا على مركز أ دائرة تقْطع خط ب جـ في موضِعين على نقطتي د ، هـ

وقسمنا خط د هـ بنِصفين على نقطة ر

ووَصَلنا خط أ ر

فتكون الزّاويتان اللّتان عند نقطة ر كلّ واحدةٍ منهما قائمة(٦٧) ، وهذه صورتها (٦٨) .

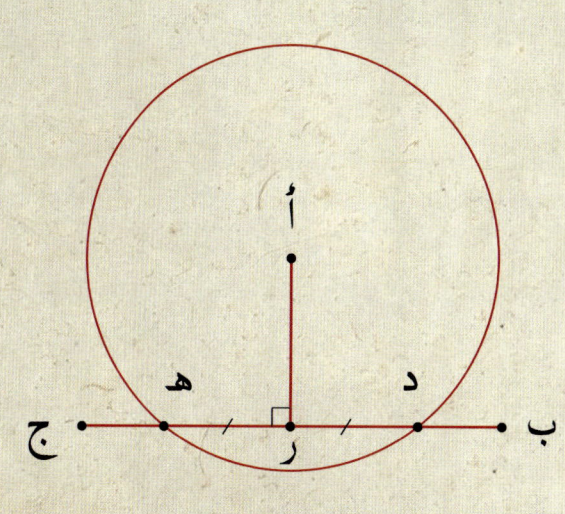

شَكل (١٦)

[قطعة مزخرفة من الرّخام وهي قاعدةٌ لمنبر مسجدٍ في إسطنبول، تركيا. الزّخرفة تتكون من مثلث متساوي الساقين بزاويتين نصف قائمة، تقع فيه دائرة تماس أضلاعه. وفيها مخمّسٌ رُسِم على زواياه وعلى مركز الدائرة أيضاً نجومٌ على شكل معشّر .]

صورة الشكل ١٦ من ب.

(٦٧) وردت في ق. ((قائمتان)).

(٦٨) ورد في هامش الصفحة ٥ نسخة أ: ((برهان ذلك هو برهان أقليدس لهذا الشّكل)).

(ق_٧_ظ)

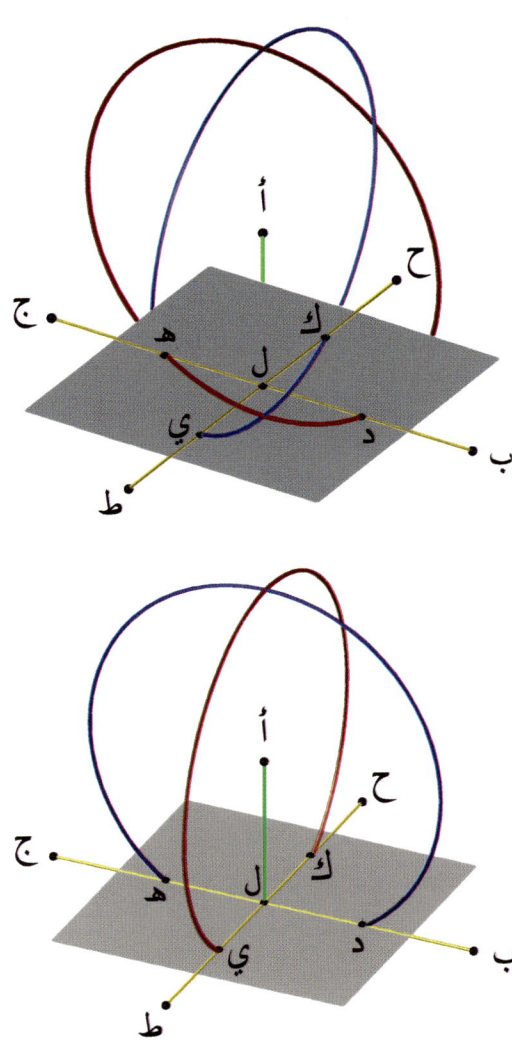

فإن قال: كيف نخرج من نقطة أ في الهواء خطاً إلى بسيط مستوٍ، مثل حائط مستوٍ، أو قطعة أرضٍ أو سقف يقوم عليه على زوايا قائمة ؟(٦٩)

فنخط في ذلك البسيط خطاً كيف ما اتفق وهو خط ب جـ وعلى مركز أ نخط دائرة تقطع خط ب جـ على نقطتي د، هـ ، ونقسمه بنصفين على نقطة ر ، ونخرج منها خط ح رط / على زاوية قائمة، ونخط على مركز أ أيضاً دائرة تقطع خط ح رط على نقطتي ي، ك ونقسم خط ي ك بنصفين على نقطة ل ، ونصل أ ل ، فيكون خط أ ل، قائماً على ذلك البسيط على زوايا قائمة .

فإن كان البسيط في أرضٍ مستوية، فإن الصُّنّاع يرسلون من النقطة شاقولاً إلى البسيط، فالموضع الذي يقع عليه الشاقول هو الموضع الذي يقع عليه العمود، وهذه صورتها.

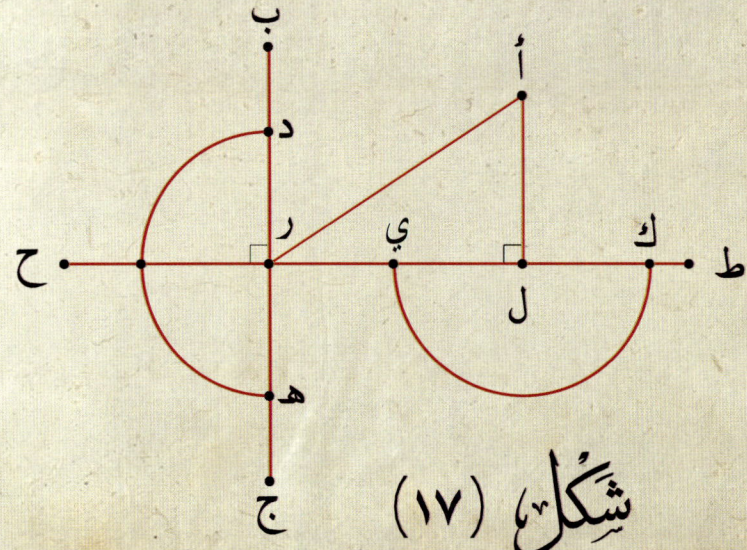

[رسم ثلاثي الأبعاد لإيضاح الشكل رقم١٧، حيث إنّ الرسم الوارد في المخطوطة هو إسقاط ثنائي الأبعاد ، يُبقِي للقارئ تخيل الشكل الثلاثي الأبعاد، وهذا الأسلوب سيرِد لاحقاً في باب "قسمة الكرة" .]

شَكل (١٧)

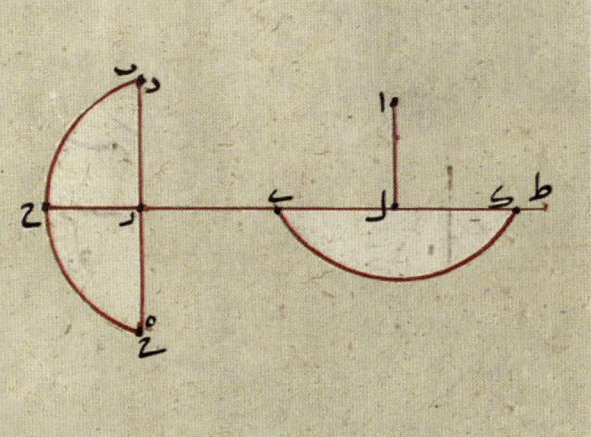

صورة الشكل ١٧ من ب.

(٦٩) ورد في هامش الصفحة ٦ نسخة أ: ((برهان ذلك نصل خط أ ر فلأنّ أ ر خرج من مركز دائرة د هـ إلى وتر د هـ فقسمه بنصفين فهو يقطعه على زوايا قائمة بحسب جـ من جـ . فخط أ ر عمود على خط د هـ وخط د ر أيضا عمود على د هـ قدر* عمود على فصل مشترك لخطين مستقيمين فهو عمود على سطحيهما في شكل د من ب قدر* عمود على سطح مثلث أ ل ر وكل سطح يجوز على خط د ر فهو قائم عليه على زوايا قائمة . بحسب شكل ع من ب . فمثلث أ ل ر قائم على السّطح الموضوع على زوايا قائمة وخط ل ر الفصل المشترك بينهما وخط أ ل عمود على الفصل المشترك بينهما وهو في سطح أحدهما أعني سطح أ ل ر . فخط أ ل عمود على السّطح الموضوع . وذلك ما أردنا أن نبيِّن)).

[مئذنة مسجد الناصر محمد بن قلاوون. القاهرة.]

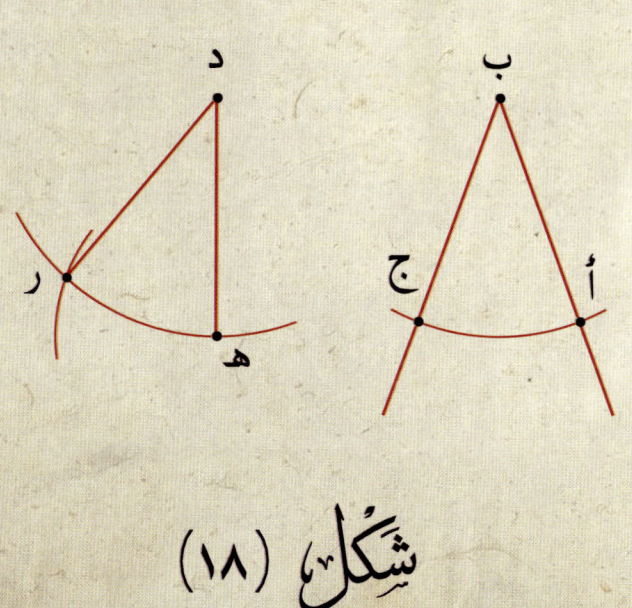

[خط عربي مزخرف على شكل مثمَّن في مسجد عثمانيّ الطِّراز. إسطنبول.]

فإن قال: كيف نعمل زاوية مثل **أ ب ج** المستقيمة الخطّين على خط **د هـ**، على نقطة **د**؟

فنجعل نقطة **ب** مركزاً وبأيّ بُعد كان علامتي **أ ج** ونجعل أيضاً نقطة **د** مركزاً،

وبذلك البعد قوس **هـ ر** (٧٠)،

ونجعل نقطة **هـ** مركزاً،

وببعد **أ ج** علامة **ر**،

ونصل **د ر**،

(فتكون زاوية **هـ د ر**)(٧١) مساوية لزاوية **أ ب ج**،

وهذه صورتها (٧٢).

شكل (١٨)

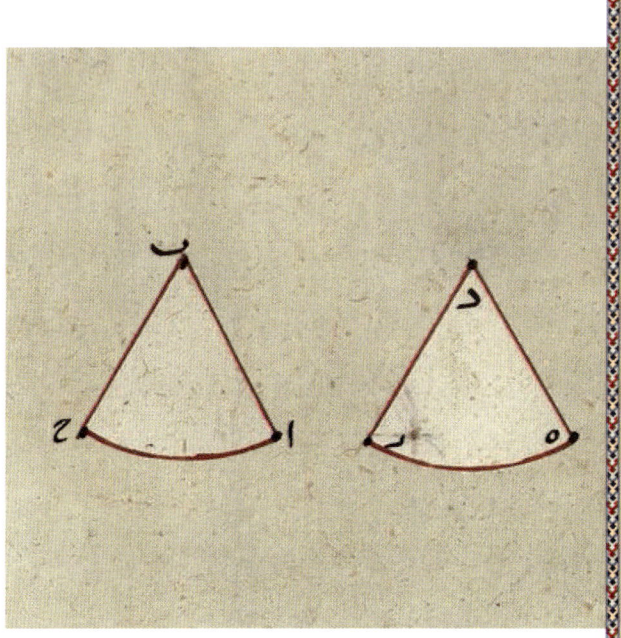

صورة الشكل ١٨ من ب.

(٧٠) غير موجود في أ.
(٧١) غير موجود في أ. في ق. ((زاوية **د ر**)).
(٧٢) ورد في هامش الصفحة ٦ نسخة أ: ((برهان ذلك، فلأنّ قوسيْ **أ ج**، **هـ ر** متساويتان، وزاويتيْ **أ ب ج**، **هـ د ر** على مركزَيْ دائرتيهما المتساويتان، تكون زاويتا **أ ب ج**، **هـ د ر** متساويتين بحسب شكل **ي** من **ج**، وذلك ما أردناه)).

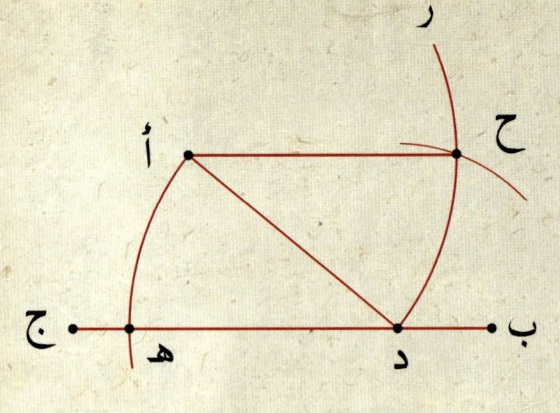

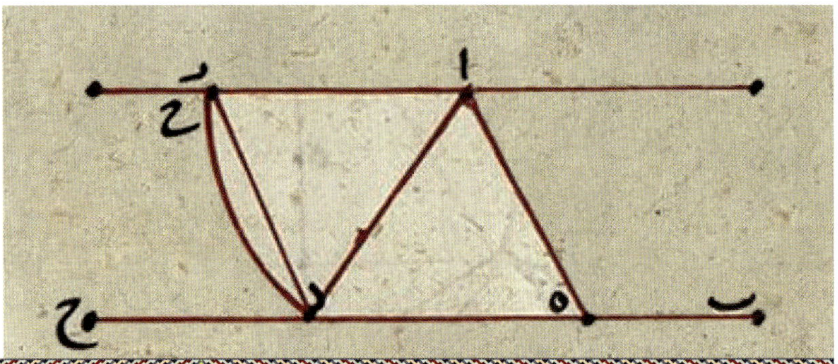

صورة الشكل ١٩ من ب.

[تسلسل خطوات العمل شكل رقم ١٩ في إخراج خطٍ موازٍ لخطٍ معلوم مثل خط ب جـ من نقطةٍ معلومة مثل أ ٠]

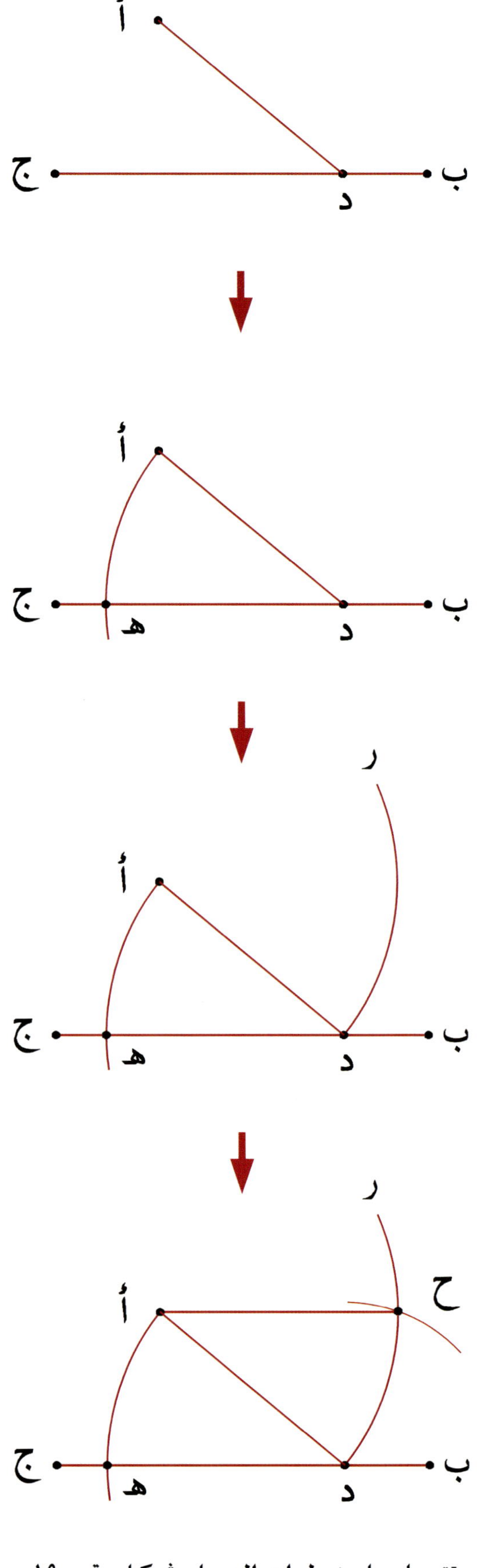

فإن قال: كيف نُخرج من نقطة أ خطاً موازياً لخط ب جـ المستقيم؟(٧٣)

فنتعـلّم على خط ب جـ نقطـة د كيف ما اتفقت ووصلنا خط أ د، وجعلنا علـى مركز د وببعد د أ علامة هـ وعلى مركز أ وببعـد خـط أ د قوس د ر ثم جعلنـا على مركز د وببعد خط أ هـ علامة ح ونصـل أ ح فيكون موازيا لخط ب جـ، وهذه صورته.

شكل (١٩)

فإذا أردنا أن نعمل هذا الخط بطريق الصّناعة للتّخفيف وضعنا المسطرة على خط ب جـ وفتحنا البـركار مقدارا إذا خططنـا به وأحد رجليه مع المسطرة مـرت(٧٤) الرّجـل الأخرى بنقطـة أ فيكون الخط الذي تعملـه الرّجل موازيا لخط ب جـ، وهذه صورته.

شكل (٢٠)

(٧٤) وردت في أ. ((من)). وَ في ق. ((مرّ))

صورة الشكل ٢٠ من ب.

(٧٣) ورد في هامش الصفحة ٦ نسخة أ: ((برهان ذلك نصل خطّي أهـ ، دح ، فلأنّ خطّي أح ، أد متساويان وَ أد مساوٍ لِـ دهـ يكون أح مساوياً لِـ دهـ وَ أد مشترك ، فكلى أح ، أد مساويان لكلى هـد ، أد ، وقاعدة دح مساوية لقاعدة أهـ ، فتكون زاوية ح أد مساوية لزاوية أدهـ وهما المتبادلتان ، فخط أح موازٍ لخط ب جـ ، وذلك ما أردنا أن نبيّن)).

(٧٥) ورد في هامش الصفحة ٦ نسخة أ: ((برهان ذلك نصل خط أب فهو يقسم بخط هـد بنصفين ، ويكون قائماً عليه عموداً ، بموجب شكل أ من باب ب من هذا الكتاب ، وبرهان ذلك برهان أقليدس)).

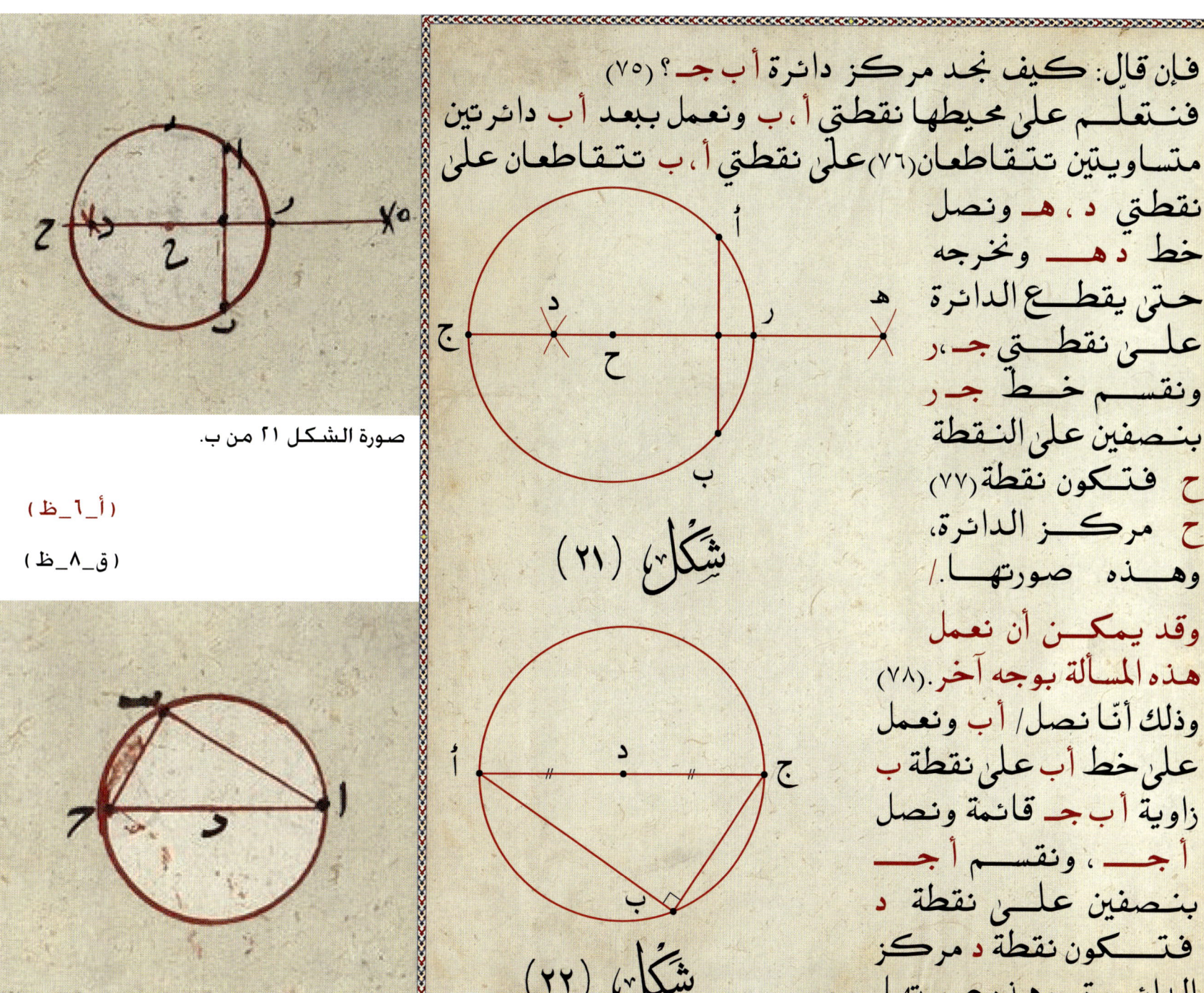

صورة الشكل ٢١ من ب.

(أ_٦_ظ)

(ق_٨_ظ)

صورة الشكل ٢٢ من ب.

فإن قال: كيف نجد مركز دائرة أب جـ؟ (٧٥)
فنتعلّم على محيطها نقطتي أ ، ب ونعمل ببعد أب دائرتين متساويتين تتقاطعان (٧٦) على نقطتي أ ، ب تتقاطعان على نقطتي د ، هـ ونصل خط دهـ ونخرجه حتى يقطع الدائرة على نقطتي جـ ، ر ونقسم خط جـ ر بنصفين على النقطة ح فتكون نقطة (٧٧) ح مركز الدائرة ، وهذه صورتها. /

شكل (٢١)

وقد يمكن أن نعمل هذه المسألة بوجه آخر. (٧٨)
وذلك أنّا نصل / أب ونعمل على خط أب على نقطة ب زاوية أب جـ قائمة ونصل أجـ ، ونقسم أجـ بنصفين على نقطة د فتكون نقطة د مركز الدائرة ، وهذه صورتها.

شكل (٢٢)

(٧٦) غير موجود في ق.

(٧٧) إضافة في أ.

(٧٨) ورد في هامش الصفحة ٦ نسخة أ: ((برهان ذلك لأنّ زاوية أب جـ قائمة ، تكون قوس أب جـ نصف دائرة ، فيكون خط أجـ قطر الدّائرة ومركزها عليه ، وهو نقطة د ، وذلك ما أردنا أن نبيّن)).

[تفاصيل من أرضية فناء مسجد السلطان حسن القاهرة. مصر.]

[أرضية من الرخام ، تظهر فيها الخطوط الثلاث المَماسَّة للدّائرة التي في الوسط ، فناء مسجد السلطان حسن القاهرة. مصر.]

وجهٌ آخر في معرفة مَرْكَز قِطعَة (٧٩) الدَّائرة

فإن قال : كيف نُتَمِّمُ قطعة دائرة ؟
فإنا نجعل القطعة التي عليها أ ب جـ ،
ونقسمها بنصفين على نقطة ب ،
ونخرج خطي أ ب ، ب جـ ،
وأقمنا على كلٍّ واحدةٍ من نقطتي أ ، جـ على خطّي أ ب ب جـ ، زاويتين قائمتين وهما ب أ د ، ب جـ د ،
ووصلنا خط ب د وقسمناه بنصفين على نقطة هـ ،
فتكون(٨٠) نقطة هـ مركز قوس أ ب جـ ،
وهذه صورتها (٨١) .

شَكل (٢٣)

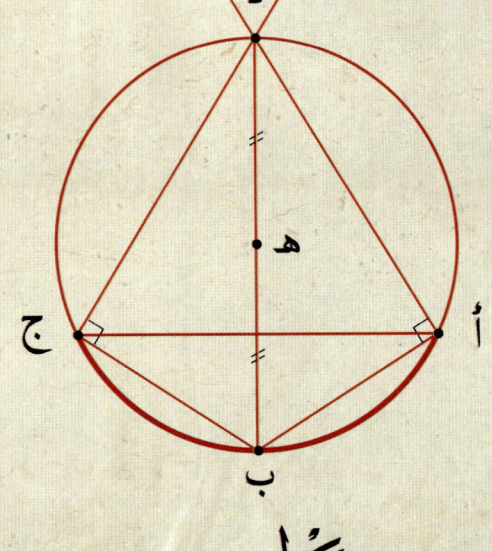

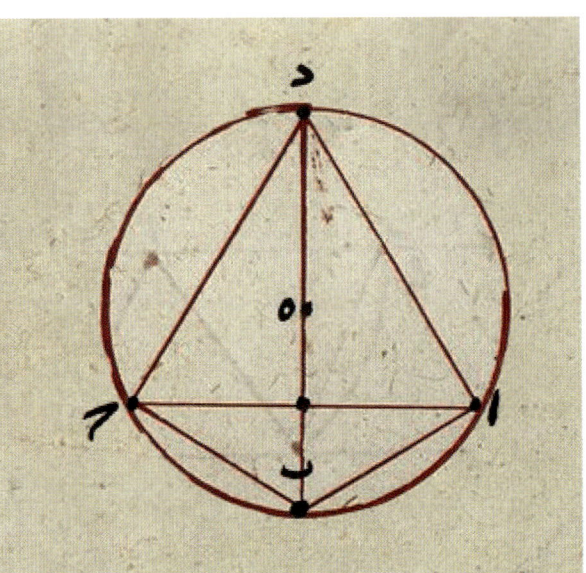

صورة الشكل ٢٣ من ب.

(٧٩) إضافة في ق. (٨٠) إضافة في ق. وردت في أ. ((فنقطة)).

(٨١) ورد في هامش الصفحة ٦ نسخة أ: ((برهان ذلك قد انقسمت قوس أ جـ بنصفين على نقطة ب ، فهو بحسب ما في شكل أ من ب .لأن زاويتي ب أ د ، ب جـ د قائمتان فإن كل واحدةٍ منهما تقع في نصف الدّائرة ، فيكون لذلك خط ب د قطر الدّائرة ، ونقطة هـ على نصفه ، فهي مركز الدّائرة التي نخطّ عليها بِبُعد خط ب هـ فهي تجوز على نقط أ د هـ . وذلك ما أردنا أن نبيِّن)).

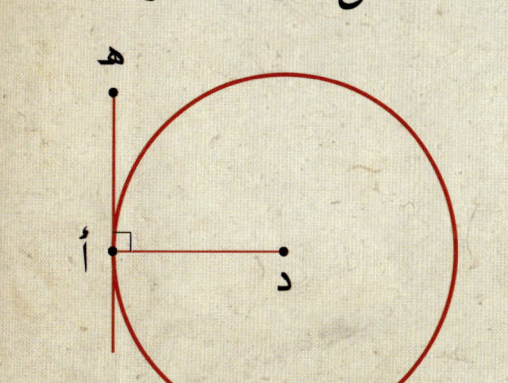

[تفاصيل من أرضية فناء مسجد السلطان حسن القاهرة. مصر.]

فإن قال: كيف نخرج من نقطة أ خطاً يماسُ دائرة ب ج، ومركزها نقطة د؟ (٨٢)

وصلنا خط أ د يقطع دائرة ب ج على نقطة ب، وعملنا على مركز د، وببعد د أ، دائرة أ هـ، ونعمل على نقطة ب زاوية أ ب هـ قائمة ونصل خط هـ د، يقطع دائرة ب ج على نقطة ج ونصل أ ج فيكون خط أ ج مَماسا لدائرة ب ج، وهذه صورتها.

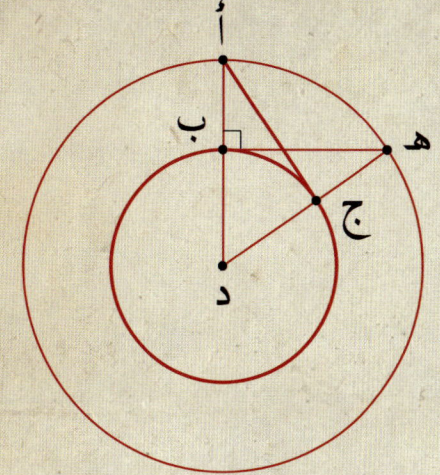

شكل (٢٤)

صورة الشكل ٢٤ من ب.

فإن قال: كيف نخرج من نقطة أ على محيط دائرة أ ج، خطاً يماسها؟

فإنا نصل بين نقطة أ ومركز الدائرة وهو نقطة د ونقيم على نقطة أ من خط أ د، زاوية د أ هـ قائمة فيكون خط أ هـ يماس دائرة أ ج، وهذه صورتها (٨٣).

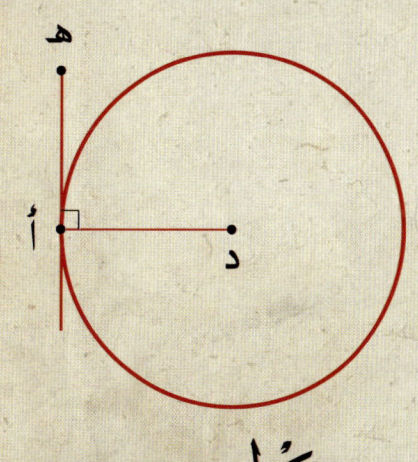

شكل (٢٥)

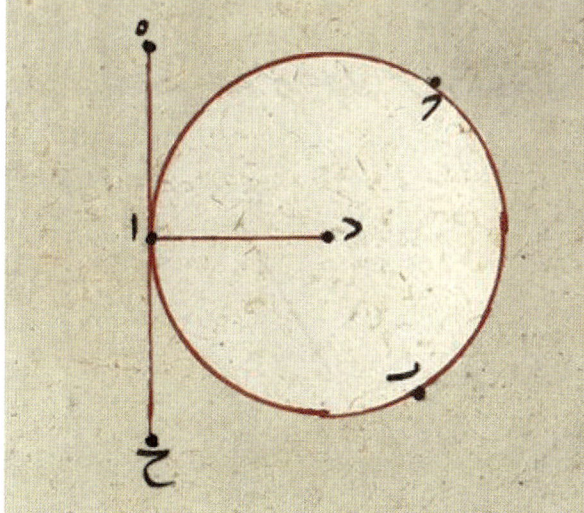

صورة الشكل ٢٥ من ب.

(٨٢) ورد في هامش الصفحة ٦ نسخة أ: ((برهانها برهان أقليدس)).
(٨٣) ورد في هامش الصفحة ٦ نسخة أ: ((برهانها برهان أقليدس)).

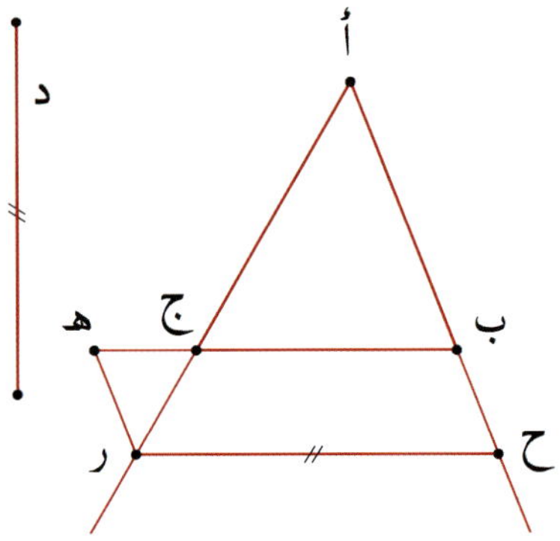

(٨٤) ورد في هامش الصفحة ٧ نسخة أ: ((برهان ذلك لأنّ سطح ب هـ رح متوازي الأضلاع يكون ضلعا ب هـ ، ح ر المتقابلان متساويين لكنّ ب هـ مساوٍ لـ د فخط ح ر مساوٍ لـ د ، وذلك ما أردنا أن نبيّن)).
(٨٨) ورد في هامش الصفحة ٧ نسخة أ: ((برهانه لأنّ خطّي د هـ ، ب جـ متوازيان تكون زاوية هـ د ب مساوية لزاوية د ب جـ المتبادلة لها وزاوية د ب ج مساوية لزاوية هـ ب د فزاوية هـ د ب إذن مساوية لزاوية هـ ب د فيكون لذلك خط د هـ مساوياً لخط هـ ب بحسب شكل د من أ .وذلك ما أردنا)).

فإن قال (٨٤): كيف نخرج من خطّي أب ، أجـ من مثلّث أب جـ خطاً موازياً لخط ب جـ ومساوياً لخط د المفروض (٨٥)؟

(فنجعل خط ب هـ مساوياً لخط د)(٨٦) ونخرج من نقطة هـ خطاً موازياً لخط أب وهو خط هـ ر يلقى خط أجـ على نقطة ر ،ونخرج من نقطة ر خطاً موازياً لخط ب جـ وهو خط ر ح فيكون خط رح مساوياً لخط د وموازياً لخط ب جـ ، وهذه صورتهما (٨٧).

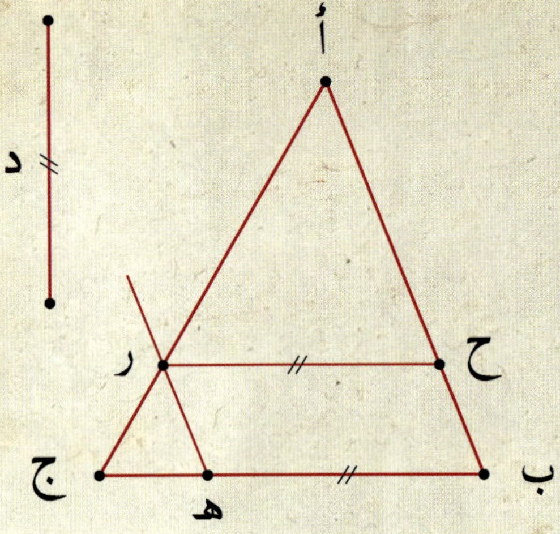

شكل (٢٦)

فإن قال : كيف نخط بين خطي أب ، أجـ / من مثلّث أب جـ خطاً موازياً لخط ب جـ ،مثل خط د هـ ،ويكون مساوياً لما نفصله من خط أب الذي هو خط هـ ب ؟

فنقسم زاوية أب جـ بنصفين بخط ب د ، ونخرج من نقطة د خط د هـ ، موازياً لخط ب جـ فيكون خط د هـ مساوياً لخط ب هـ ،وهذه صورته (٨٨).

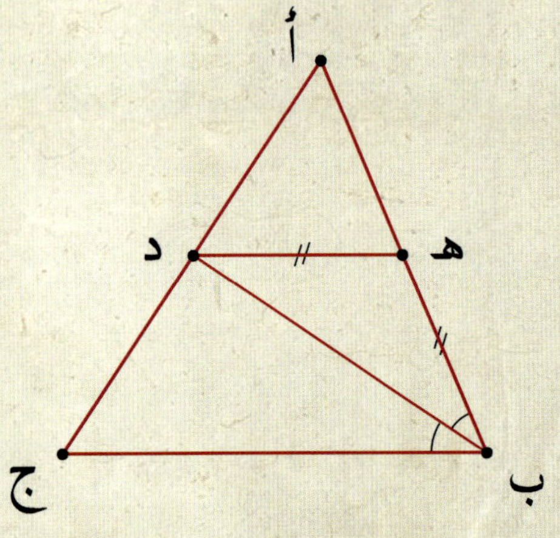

شكل (٢٧)

صورة الشكل ٢٦ من ب.

صورة الشكل ٢٧ من ب.

(٨٥) غير موجود في أ. (٨٦) إضافة في أ.
(٨٧) وجهٌ آخر للشكل ٢٦ ورد في نسختي أ، ب. ولم يَرِد في النسخة ق.
ورد بشكل إضافي: ((إذا كان طول الخط د أكبر من طول الخط ب جـ فإننا نجعل ب هـ مساوياً لخط د ونمد خط ب جـ إلى نقطة هـ ونخرج من نقطة هـ خطاً موازياً لخط أب يقطع إمتداد خط أجـ على نقطة ر ونخرج من نقطة ر خطاً موازياً لخط ب جـ مثل خط ر ح يقطع إمتداد خط أب على نقطة ح .فيكون خط رح مساوياً لخط د وموازياً لخط ب جـ)).

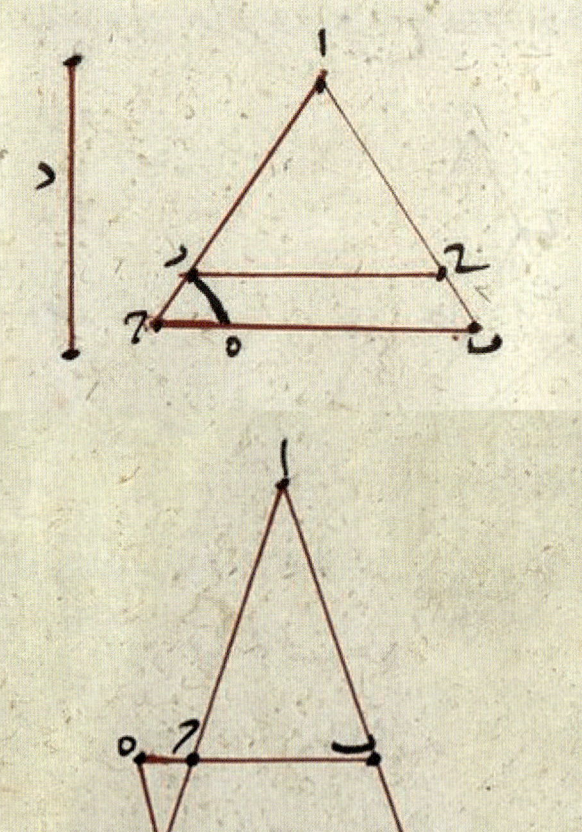

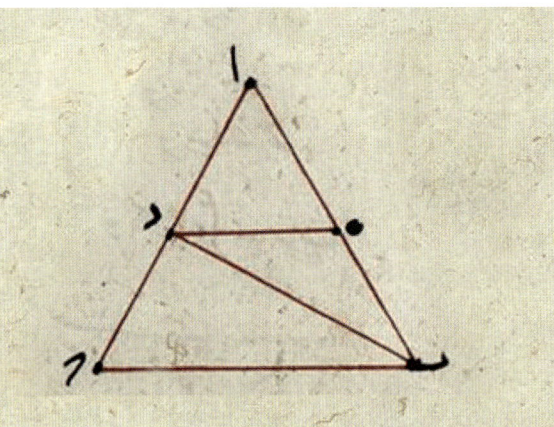

(ق_٩_ظ)

(٩٠) ورد في هامش الصفحة ٧ نسخة أ: ((برهان ذلك ليلقى خط رح خط د هـ على نقطة ط . فلأنّ سطح ب ط متوازي الأضلاع، يكون هـ ط مساوياً لِـ ب ر وَ ب هـ مساوياً لِـ ر ط وَ ب ر مساوياً لخط ط . فخط هـ ط مساوٍ لخط ط فلأنّ خط ط ر مساوياً لخط ط د كما بيّنا في الشكل المتقدّم . وَ ط ر مساوٍ لِـ هـ ب فخط هـ ط د مساوٍ لمجموع خطي ب هـ . ط . وذلك ما أردنا أن نُبيِّن)).

[صحن دائري من الخزف المزخرف بأزهار على زوايا المخمّس وسطه. وفي المركز أيضا زهرة. آسيا الوسطى. متحف الفن الإسلامي. الدوحة . قطر.]

فإن قال : كيف نخطّ في مثلّث أ ب جـ خطاً مثل خط د هـ ، موازياً لخط ب جـ ، ومساوياً لخطي ب هـ ، ط ؟

فنفصل من خط ب جـ خط ب ر مساويا لخط ط ،
ونخرج من نقطة ر ، خط (رح موازياً لخط أ ب ونقسم)(٨٩) زاوية ح ر جـ بنصفين بخط ر د ،
ونخرج من نقطة د خط د هـ موازياً لخط ب جـ ،
فيكون خط د هـ موازياً لخط ب جـ ومساوياً لخطيّ ب هـ ، ط ، وهذه صورته(٩٠).

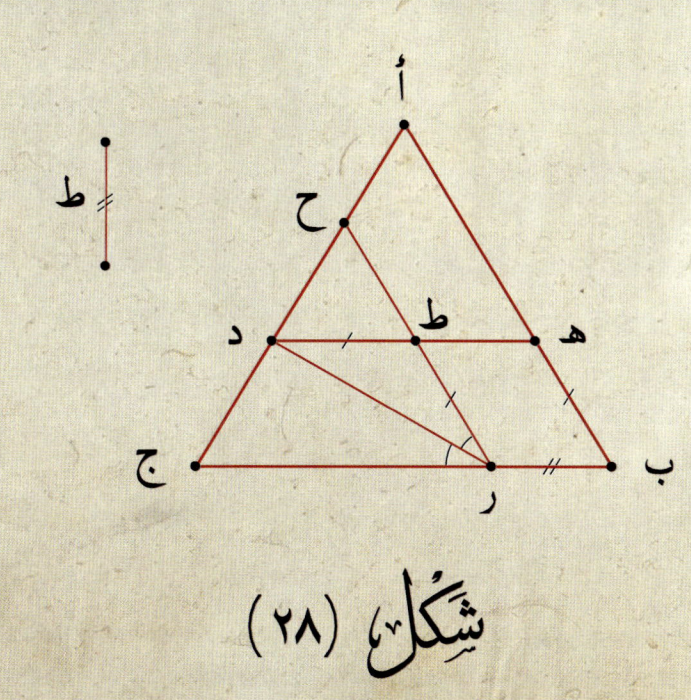

شكل (٢٨)

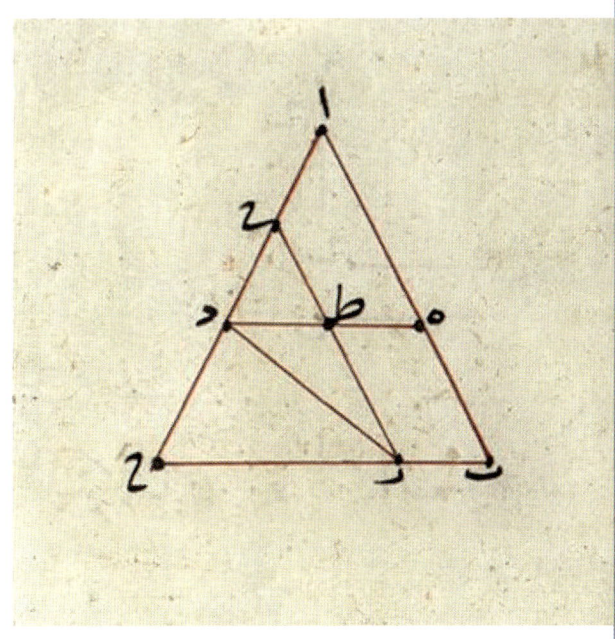

صورة الشكل ٢٨ من ب.

(٨٩) غير موجود في أ. حيث وردت كالتالي: ((ونخرج من نقطة ر خط زاوية ح ر جـ بنصفين بخط ر د)).

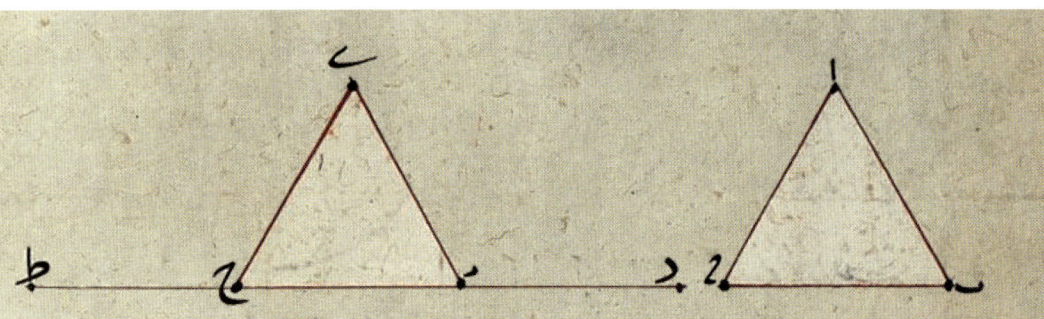

صورة الشكل ٢٩ من ب.

في عمل مثلّثٍ مُساوٍ لمثلّثٍ آخر.

فإن قال: كيف نعمل مثلّثاً تكون أضلاعه مُساوية لأضلاع مثلث آخر؟(٩١)

فنجعل خط د هـ(٩٢) مستقيماً

ونجعل د ر مساوياً لخط أب وَ ر ح مساوياً لخط ب جـ،

وَ ح ط مساوٍ لخط جـ أ،

ونجعل نقطة رَ مركزاً،

ونخط بِبُعد ر د قطعة دائرة،

ثم نجعل نقطة ح مركزاً وبِبعد ح ط قطعة دائرة تقطع القطعة الأولى على ي،

ثم نصل خطّي ري، ي ح،

فيكون مثلّث ري ح مساويةٌ أضلاعُه لأضْلاع مثلّث أب جـ،

وصورته (في الصفحة المتقدّمة)(٩٣).

شَكل (٢٩)

[بسملة، خط عربي -أسلوب التوريق
مسجد السلطان حسن. القاهرة.]

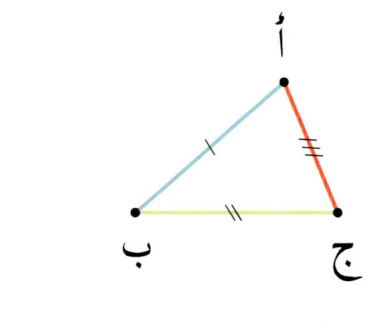

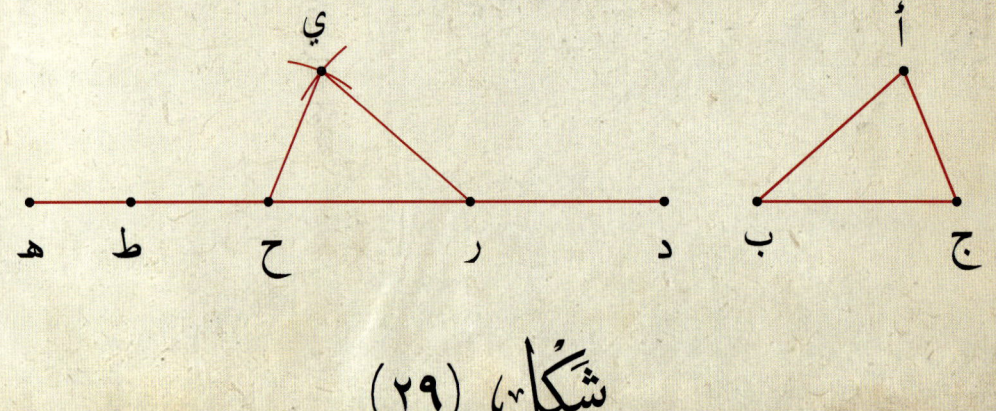

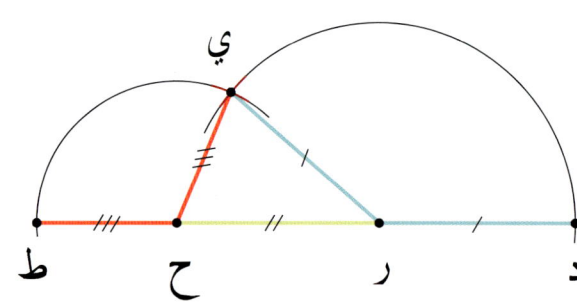

[شرح للشكل ٢٩. إضافة من المحقّق]

(٩١) ورد في هامش الصفحة ٧ نسخة أ: ((برهانه برهان أقليدس في شكل لب من آ)).

(٩٢) وردت في أ. ((رط)).

(٩٣) إضافة في ق. وردت المسألة في ص ١٠ من ق. وصورتها في ص ٩ من ق.

[صورة لمقرنس قُبّة مدخل مسجد السلطان حسن. القاهرة.]

(أ_٧_ظ)

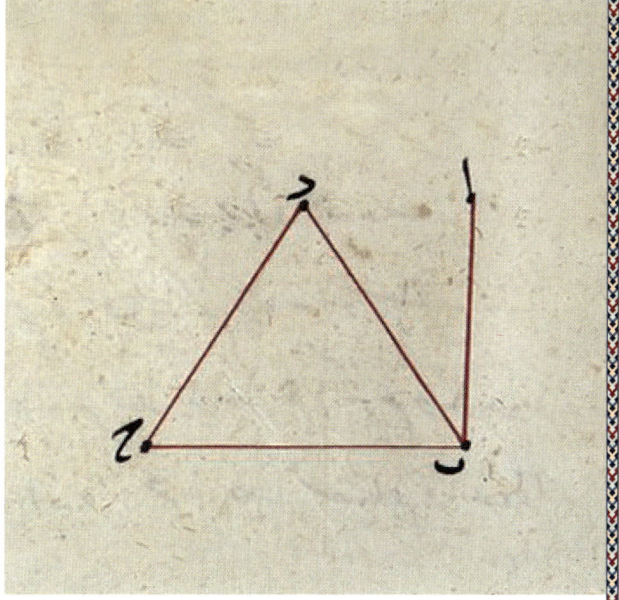

صورة الشكل ٣٠ من ب.

في قسمة الزَّاوية بِثلاثة أقسَامٍ مُتسَاوية

فإن قال: كيف نقسم زاوية أ ب جـ بثلاثة أقسامٍ/ متساوية؟

فإن كانت الزَّاوية قائمة عملنا على خط ب جـ
مثلث د ب جـ متساوي الأضلاع،
فتكون زاوية أ ب د ثُلث زاويةٍ قائمة،
(وتبقى د ب جـ ثُلثي قائمة)(٩٤)، وهذه صورتها(٩٥).

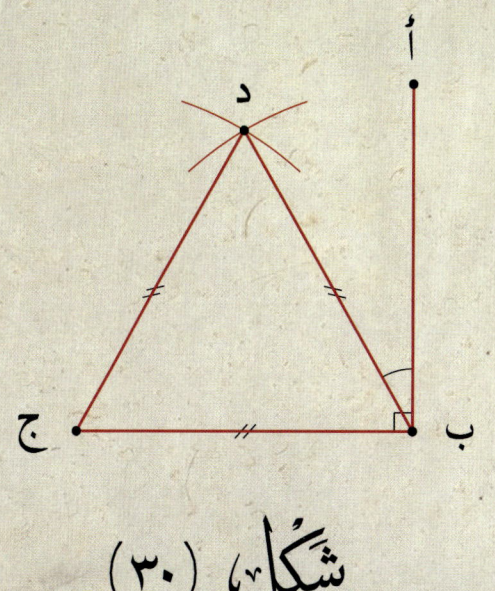

شَكل (٣٠)

(٩٤) غير موجود في ق.

(٩٥) ورد في هامش الصفحة ٧ نسخة أ: ((برهان ذلك فلأنّ مثلّث د ب جـ متساوي الأضلاع، تكون كلّ واحدةٍ من الزّوايا ثُلثي قائمة، لأن الزّوايا الثلاث مِثلُ قائمتين، فتكون زاوية د ب جـ ثُلثَي قائمة، فتبقى زاوية أ ب د ثُلث قائمة، وذلك ما أردناه)).

وإن كانت زاوية أ ب جـ أصغر من قائمة(٩٦).

جعلنا نقطة ب مركزاً وأدرنا ببعد ب أ(٩٧) دائرة د أ جـ وأقمنا ب د من ب جـ على زوايا قائمة، وأخرجنا جـ ب إلى هـ ووضعنا المسطرة على نقطة أ وحركناها على محيط دائرة جـ د هـ حتى يصير خط ح ط الذي هو بين عمود د ب وقوس د هـ مساويا لخط د ب والمسطرة لا تفارق نقطة/ أ، (ثم نجعل قوس ط ك مساويا لخط ح ب والمسطرة لا تفارق نقطة أ)(٩٨) ثم نجعل قوس هـ ك مساويا لقوس هـ ط، ونصل ك ب ونخرجه على استقامته إلى نقطة ل(٩٩)، فتكون زاوية ل ب جـ(١٠٠) ثُلث زاوية أ ب جـ، ثم نقسم زاوية أ ب ل بنصفين، وهذه صورته.

شَكْل (٣١)

(٩٦) ورد في هامش الصفحة ٧ نسخة أ: ((برهانه لنخرج خطّ ب هـ على استقامته إلى النقطة م، ونصل ط ب، فلإنّ قوسيْ ط هـ، هـ ك متساويتان، تكون زاويتا ط ب هـ، ك ب هـ متساويتين بحسب شكل لو من جـ .وزاوية ك ب هـ مساوية لزاوية ل ب جـ فزاوية ط ب هـ مساوية لزاوية ل ب جـ فتبقى زاوية ط ب ح مساوية لزاوية ط ح ب لأن خطيّ ط ب، ط ح متساويان. فزاوية ط ح ب مساوية لزاوية ل ب ح وزاوية ط ح ب مساوية ح ب أ، ب أ ح فزاوية ل ب ح مساوية لزاويتي ح ب أ، ب أ ح فنُلْقِي زاوية ح ب أ من الإشراك فتبقى زاوية ب أ ح أعني زاوية ب ط ح وهما متساويتان، ومساوية لزاوية أ ب ل وزاوية ب أ ح مثل زاوية ب ط ح لأن خط ط ب مثل أ ب لأنهما خرجا من المركز إلى المحيط. وأيضا لأن زاويتي ب ح م، ب م ح مجموعهما مساوٍ لزاوية م ب ح القائمة. وزاوية ط ب ح مساوية لزاوية ط ح ب تكون زاوية جـ م د مساوية لزاوية م ب ط فتكون زاوية ب ط ح ضعف زاوية م ب طٍ لأنها خارجة عن مثلث م ب ط. وقد كنّا بيّنا أن زاوية ح ب ط مساوية لزاوية ل ب جـ وزاوية ب ط ح مساوية لزاوية أ ب ك فزاوية أ ب ل ضعف زاوية ل ب جـ فزاوية ل ب جـ تساوي زاوية أ ب ح .وذلك ما أردنا أن نبيّن)).

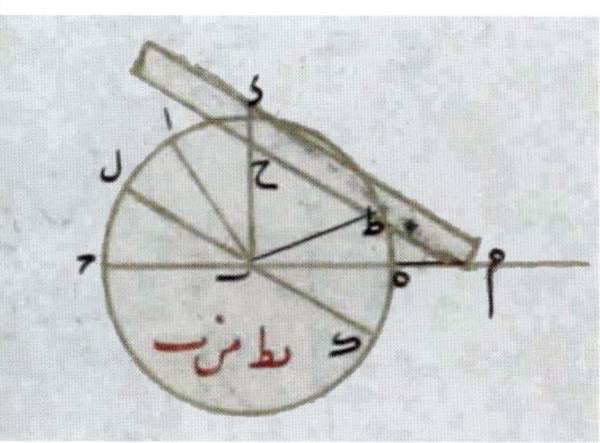

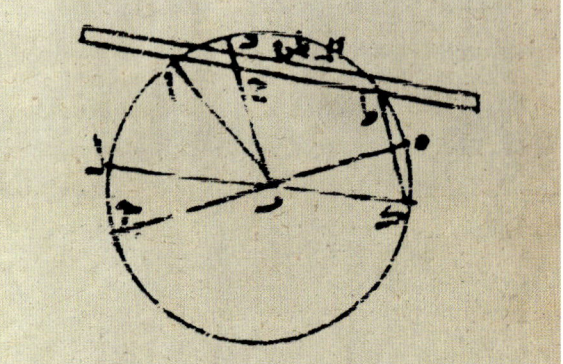

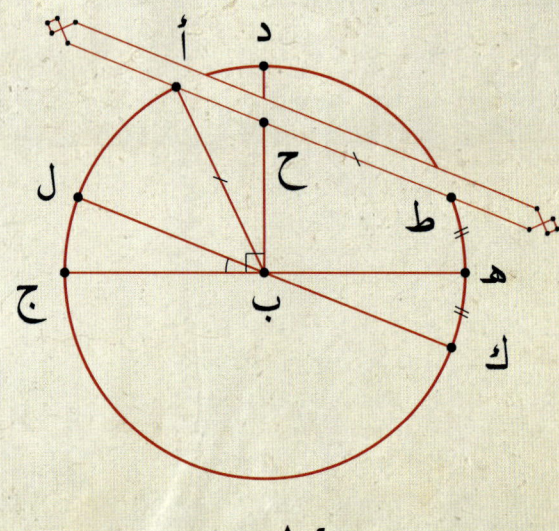

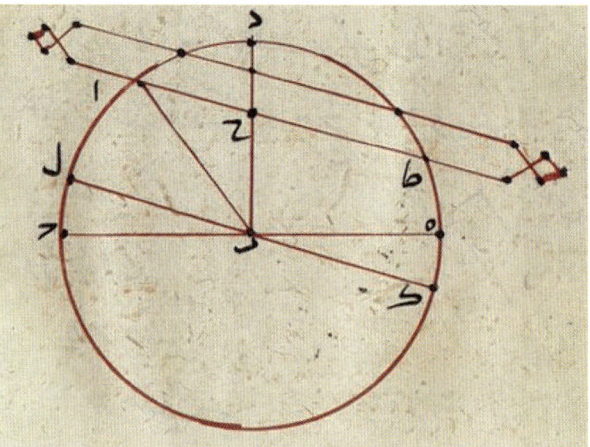

(٩٧) وردت في ق. ((بِبُعدٍ ما)).

(٩٨) غير موجود في أ.

(٩٩) غير موجود في أ.

(١٠٠) وردت في أ. ((أ ب جـ))

(ق_١٠_ظ)

صورة الشكل ٣١ من أ.

صورة الشكل ((لا)) ٣١ من ق.

صورة الشكل ٣١ من ب.

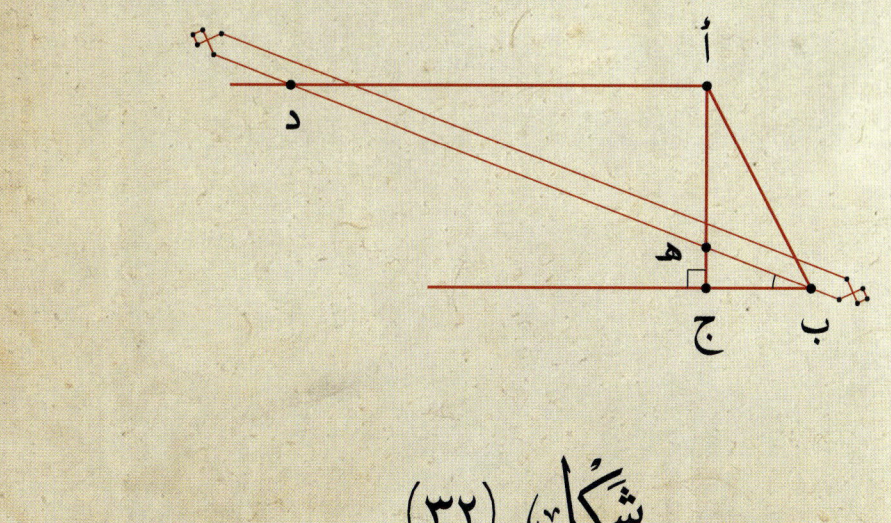

صورة الشكل ٣٢ من ب.

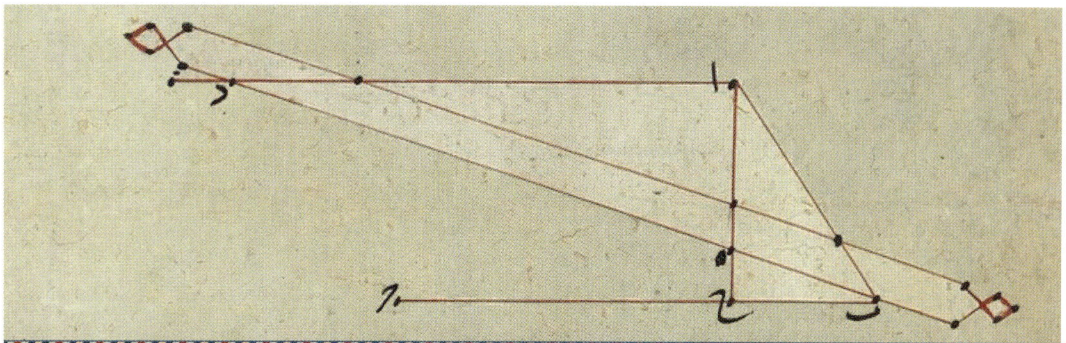

وجهٌ ثانٍ في قسمة الزَّاوية الحادّة (١٠١) بثلاثة أقسام متساوية.

نجعل الزاوية الحادة زاوية أ ب جـ ،
فإذا أردنا أن نقسمها بثلاثة أقسام متساوية
أخرجنا من نقطة أ عمود أ جـ (١٠٢) ،
وأخرجنا من نقطة أ خط أ د، موازيا لخط ب جـ ،
ووضعنا المسطرة على نقطة ب ،وحرّكناها على خطي
أ د ، أ جـ ،حتى يصير الخط الذي بين خطّي أ د، أ جـ (١٠٣)
(وهو خط هـ د)(١٠٤) مساويا لضعف خط أ ب،
(وذلك مثل خط د هـ ب وقد صار د هـ ب ضعف خط أ ب)(١٠٥)
فتكون زاوية د ب جـ ،ثلث زاوية أ ب جـ ، وهذه صورتها(١٠٦).

شكل (٣٢)

(١٠١) غير موجود في أ.
(١٠٢) وردت في أ. ((أ حـ على ب جـ))
(١٠٣) وردت في أ. ((أ حـ))
(١٠٤) غير موجود في ق.
(١٠٥) وردت في أ. ((وذلك مثل خط د هـ بَ وَ د هـ جـ ضعف خط *** .)) حيث ترك مكان اسم الخط فارغاً ، وفي ق. د هـ ب ليست صحيحة ، ويجب أن تكون خط د هـ .

(١٠٦) ورد في هامش الصفحة ٧ نسخة أ:
((برهان ذلك نقسم خط هـ د بنصفين على نقطة ح ، ونصل أ ح حتى أن نقطة ح من مركز الدائرة التي تجوز محيطها على نقط هـ أ د لأن زاوية د أ هـ قائمة ، وذلك ما أردناه أمّا إذا جعلنا نقطة ح مركزاً وأدرنا على د هـ نصف دائرة ، وقعت نقطة أ على قوس الدائرة لأنها لو لم تجز على نقطة أ وجازت فوقها أو أسفلها مثل قوس ب جـ د ووصلنا هـ ع فتكون زاوية هـ أ د قائمة ، لأنها في نصف دائرة وزاوية هـ أ د قائمة الخارجة الداخلة هذا اخلف* فهي إذاً تجوز على نقطة أ ، فتكون خطوط أ ح، ح هـ، ح د متساوية. فيكون لذلك خط أ ح مساويا لخط أ ب لأن خط هـ ب ضعف خط أ ب ، ولأن خطي أ ح، أ ب متساويان تكون زاوية ا ح ب مساوية لزاوية أ ب ح لكن زاوية أ ح ب مساوية لمجموع زاويتي أ د ح ، د أ ح المتساويتين لأن خطي أ ح ، د ح متساويان ، فزاوية أ ح ب ضعف أ د ح ، فتكون زاوية أ ب ح ضعف زاوية أ د ح ، لكن زاوية أ د ح مساوية لزاوية د ب جـ لأن خطي أ ب ، د جـ متوازيان ، فتكون زاوية أ د ح ضعف زاوية ا ب جـ ، فزاوية د ب جـ ثُلث زاوية أ ب جـ ، وذلك ما أردنا أن نبيّن)).

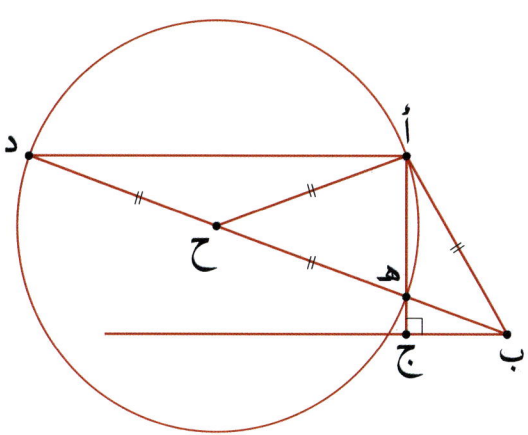

[شكل البرهان. إضافة من المحقّق]

فِي قِسمَة القَوسِ بِثلاَثة أقسَامٍ مُتسَاويَة

فإن قال: كيف نقسم قوس أ ب جـ (١٠٧) بثلاثة أقسامٍ متساوية؟

طلبنا مركز الدّائرة التي منها هذه القوس، وليكن نقطة هـ ونصل أ هـ، هـ د (١٠٨)،

ونقسم الزّاوية أ هـ د (١٠٩) بثلاثة أقسام متساوية بخطّي هـ ب، هـ جـ (١١٠)، يقطعان قوس أ ب جـ د، على نقطتي ب، جـ (١١١)،

فتكون قوس أ ب جـ د قد انقسمت بثلاثة أقسام متساوية، وهي قِسِيّ أ ب، ب جـ، جـ د، وهذه صورتها.

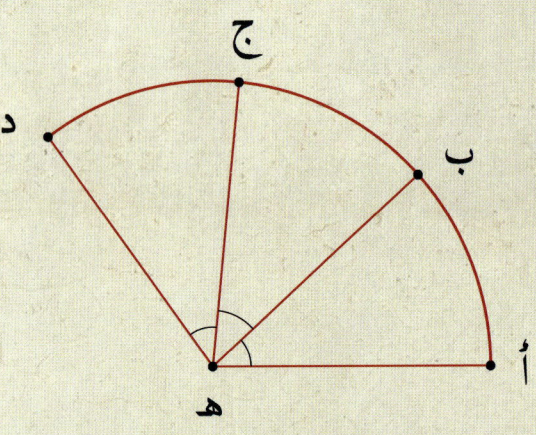

شَكل (٣٣)

[تاج عمودٍ من الحجر مزين بمقرنسات. قصر توب كابي. إسطنبول، تركيا.]

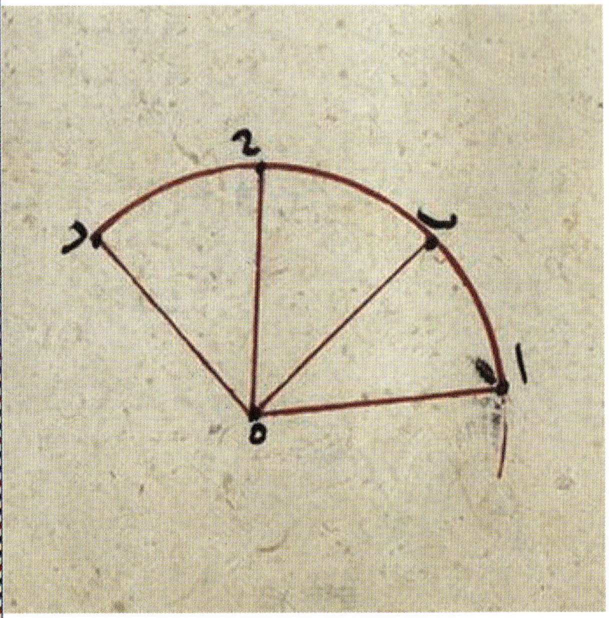

صورة الشكل ٣٣ من ب.

(١٠٧) وردت في أ. ((أ ب د)).

(١٠٨) وردت في ق. ((هـ جـ)).

(١٠٩) وردت في ق. ((هـ جـ)).

(١١٠) وردت في ق. ((هـ د)).

(١١١) وردت في ق. ((ب. د)).

نلاحظ اختلاف ترتيب أسماء النقاط (أ. ب. جـ. د) في هذه المسألة بين نسختي أ. ق.

في عمل بيت أو كرة مِثْلَيْ بيت آخر أو كرة أخرى أو غير ذلك من الأمثال (١١٢)

فإن قال: كيف نعمل بيتاً مربَّعاً مُتساوياً في الطول والعرض والسُّمك، يكون ضِعف بيتٍ آخر مربّع، أو كيف نعمل كرة مِثْلَيْ كرة أخرى، أو نصفها، أو غيرها من المناسِبات؟

جعلنا طولَ البيتِ أو قطرَ الكرة خط أب،
ونجعل خط أجـ مِثْلَيْ أب، وعلى زاوية(١١٣) قائمة منه،
ونتمّ (مسطح أب جـ د)(١١٤)، ونصل(١١٥) قطر أد ونقسمه بنصفين على نقطة ط،
ونخرج خطّي دجـ، دب على استقامتهما،
ونجعل حرف المسطرة على نقطة أ،
ونحركها على خطي رجـ، هـب حتى يصير خطّا رط، طهـ متساويين، فيكون طول البيت أو قطر الكرة خط ب هـ، وهذه صورته(١١٦).

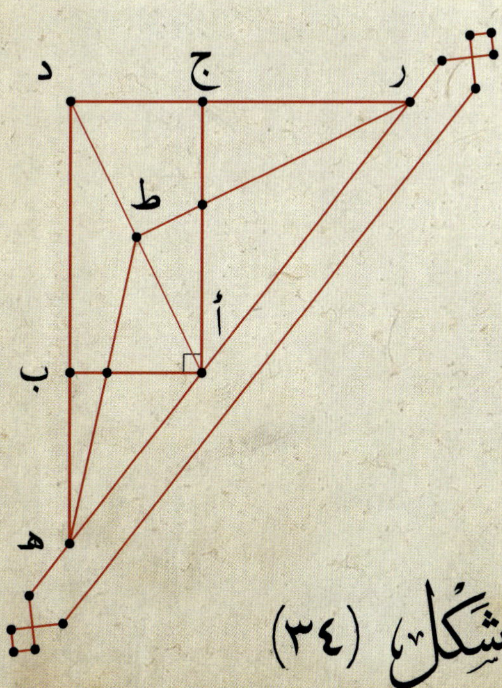

شَكل (٣٤)

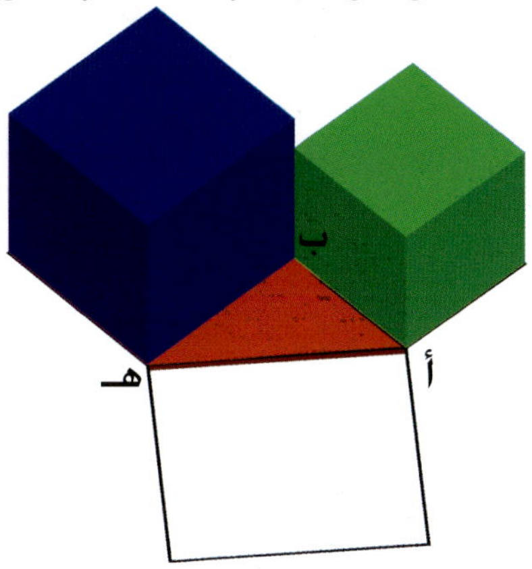

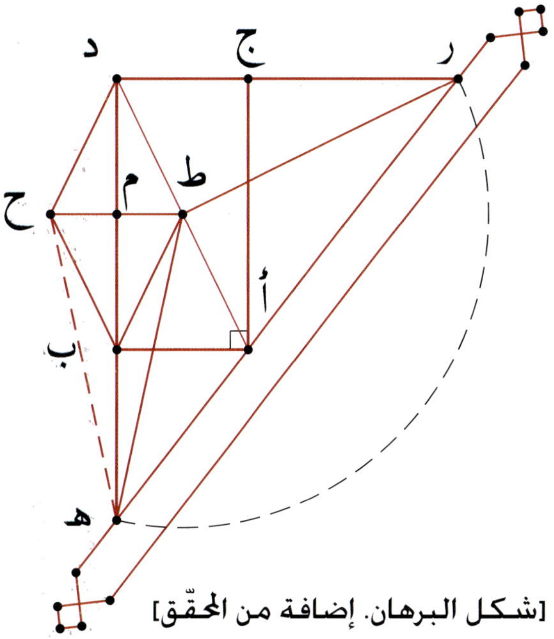

[شكل البرهان. إضافة من المحقّق]

صورة الشكل ٣٤ من ب.

أ ب = ١

ب هـ = ٣√٢

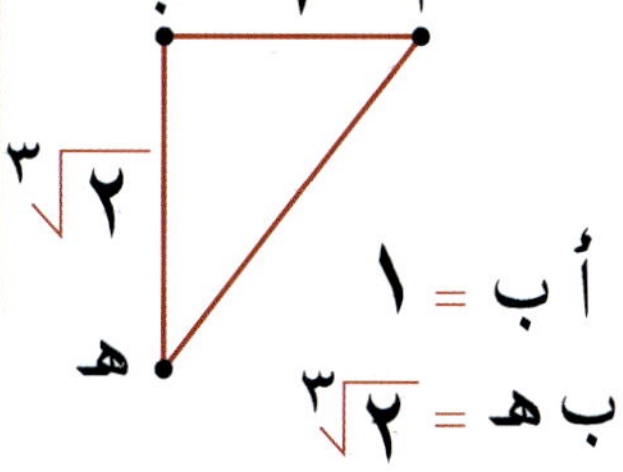

(١١٢) غير موجود في أ.

(١١٣) وردت في ق. ((زوايا)).

(١١٤) وردت في ق. ((سطح أب جـ)).

(١١٥) وردت في ق. ((ونجعل)).

(١١٦) ورد في هامش الصفحة ٨ نسخة أ: ((برهانه لنخرج عمود م ط على خط ب د ونصل ح ب، ط ب فلأنّ سطح أب جـ د قائم الزّوايا يكون نصفا قطري أد، ب جـ متساويين وبما أن م د، م ب متساويان وَ م ط عمود على د ب فيقسمه بنصفين. فلأنّ خط د ب قُسم بنصفين وزِيدَ عليه م ح يكون سطح د ح في ح ب مع مربّع ط ب مساويا لمربّع ط ح ونجعل مربّع م ط مشتركاً فيكون سطح د ح في ح ب مع مربّعي ط ب، ط هـ أعني مربّع ح ب مساوياً لمربّعي م ط، ط ح أعني مربّع م ح لكن مربّع هـ ح مساويا لمربّع م ر وذلك يبيّن أن سطح د ر في ر ح مع مربّع م جـ مساوٍ لمربّع م ر لكنّ م ب مساوٍ لمربّع م جـ فيبقى سطح د ح في ح ب مساويا لسطح د ر في ر جـ فتكون لذلك نسبة ر د إلى د ح كنسبة ح ب إلى د جـ ونسبة ر د إلى د حٍ كنسبة د ب إلى ب ح وكنسبة ر جـ إلى جـ أ فتكون نسبة أب الأوّل إلى جـ أ الرّابع كنسبة المكعّب الكائن من أب إلى المكعّب الكائن من ب ح الثاني كما بينّه إقليدس فيكون المكعّب الكائن من ب ح مِثْلَيْ المكعّب الكائن من أب، وذلك ما أردنا أن نبيّن.))

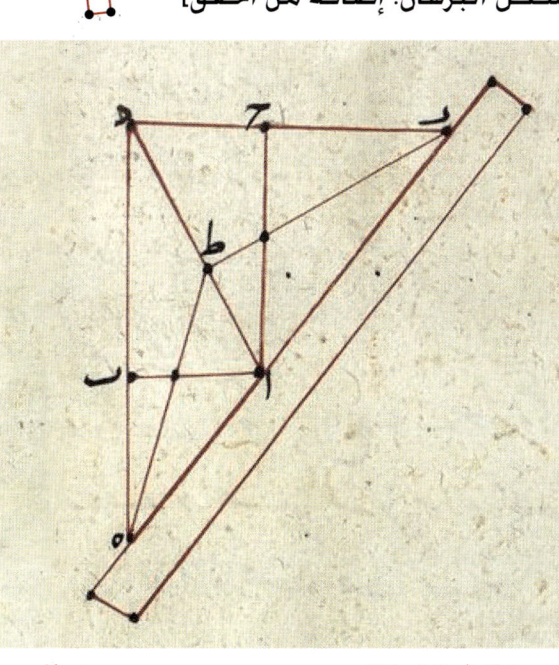

[في عمل مكعّب أو كرة، مِثْلَيْ مكعّب آخر أو كرة أخرى "يقصد الحجم". أي أنه يستخرج ضلعاً طوله الجذر التكعيبي للاثنين]

(١١٧) ورد في هامش الصفحة ٨ نسخة أ: ((برهان الغرض في هذا الشّكل أن نجد قِطعة من قِطع المخرُوط الذي يسمّى المُكافئ، الذي خاصيته أن يكون مربّع العمود الواقع على سهمه، مساوياً للسطح الذي يحيط به خط نفسه، ويقال له الضِّلع القائم، والخط الذي يفصله العمود من السّهم أما الأعمدة فهي كأعمدة ص د، ف هـ، ع ر، س ح، ن ط. وأما الضّلع القائم فخط أ جـ والخطوط المنفصلة من السّهم كخطوط جـ ط، جـ ح، جـ ر، جـ هـ، جـ د. فبقي أن نبيّن أن مربَّع ص د مساوٍ لسطح أ جـ في جـ د وذلك بيّن لأن مربَّع جـ ب مساوٍ لسطح أ د في جـ ب لأنا إن وصلنا خط أ ب كانت زاوية أ ب جـ قائمة وَ ب د عمود على قطر أ جـ فتكون نسبة أ د في جـ ب كنسبة جـ ب إلى جـ د كما بيّن في شكل ح من مقالة هـ. ومربّع جـ ب مساوٍ لمربّع ص د فمربّع ص د مساوٍ لسطحي أ جـ في جـ د، وكذلك نبيّن أن كل واحدٍ من مربّعات ف هـ، ع ر، س ح، ن ط، مساوٍ لسطح أ جـ في ما يفصله ذلك العمود من خط جـ د فإذن الخط الحادث كقطع المكافئ، وإمّا أن عليه الإحراق بهذا القطع، فسيطول شرحاً، وهذا كافٍ فيما أردنا أن نبيّن.))

في عمل المرآة المحرِقة (١١٧)

فإذا أردنا أن نعمل مرآة تحرق / بشُعاع الشّمس على أيّ بُعد أردنا.

عملنا أوّلاً المسطرة التي بها تُصحَّح المرآة، وذلك بأن نخطّ دائرة يكون نصف قطرها مساوياً للمقدار الذي نريد أن تحرق على بعده، ولتكن دائرة أ ب جـ، ونخرج قطرها وهو أ د جـ، ونفصل من خط د جـ، من عند نقطة جـ، كم شئنا من أقسام متساوية، وكلّما كانت الأقسام أصغر كان أجّود وأصحّ للمسطرة،

ولتكن أقسامه جـ ط، ط ح، ح ر، ر هـ، هـ د

ونخرج من نقط د، هـ، ر، ح، ط خطوطاً على زوايا قائمة ونبعدها في الجِهتين إلى نقط ب، ي، ك، ل، م

ونصل خطوط جـ ب، جـ ي، جـ ك، جـ ل، جـ م

ونجعل خط ط ن، مساويا لخط جـ م

وخط ح س، مساويا لخط جـ ل

وخط ر ع، / مساويا لخط جـ ك

وخط هـ ف، مساويا لخط جـ ي

وخط د صْ، مساويا لخط جـ ب

ونصل بين نقط جـ، ن، س، ع، ف، صْ،

ثم نصحِّح المسطرة على هذا الخط

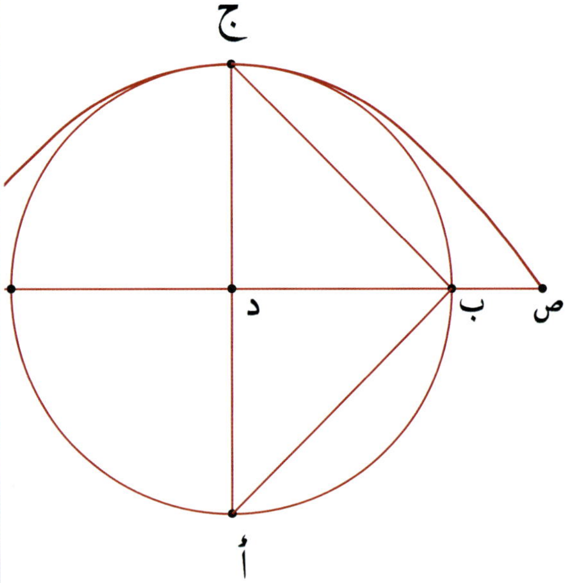

[شكل البرهان. إضافة من المحقّق.]

(ق_١١_ظ)

(أ_٨_ظ)

[زخرفة هندسية من الرُّخام مجموعة قلاوون القاهرة.]

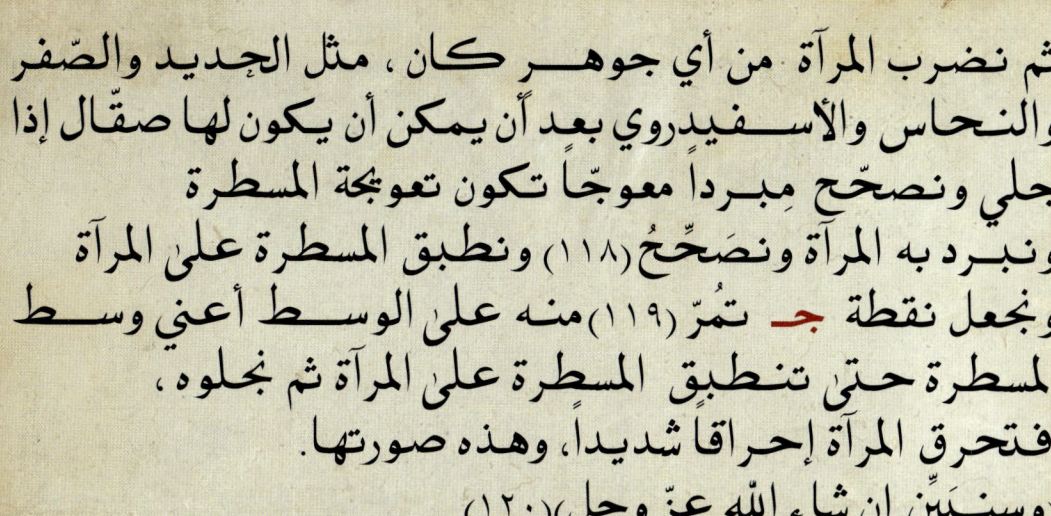

ثم نضرب المرآة من أي جوهر كان ، مثل الحديد والصفر والنحاس والأسفيدروي بعد أن يمكن أن يكون لها صقال إذا جلي ونصحح مِبرداً معوجّاً تكون تعويجة المسطرة ونبرد به المرآة ونصَحِّحُ(١١٨) ونطبق المسطرة على المرآة ونجعل نقطة جـ تمرّ(١١٩) منه على الوسط أعني وسط المسطرة حتى تنطبق المسطرة على المرآة ثم نجلوه ، فتحرق المرآة إحراقاً شديداً، وهذه صورتها.
(وسنبيّن إن شاء الله عزّ وجل)(١٢٠)

[مقرنس مئذنة المدرسة المقدّمية
حلب - سوريا.]

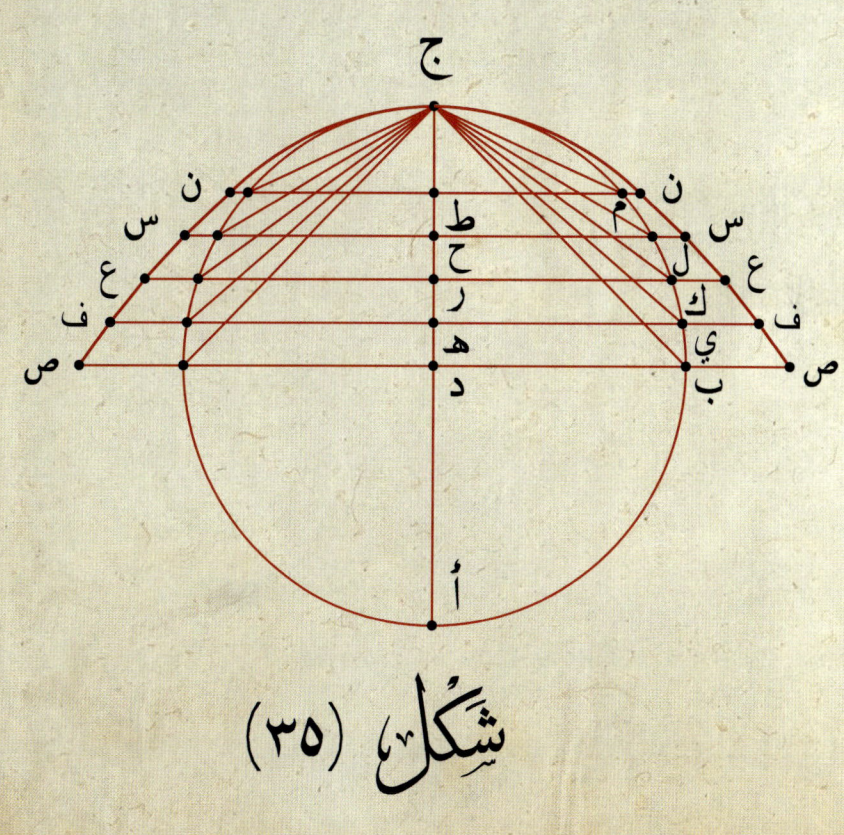

شكل (٣٥)

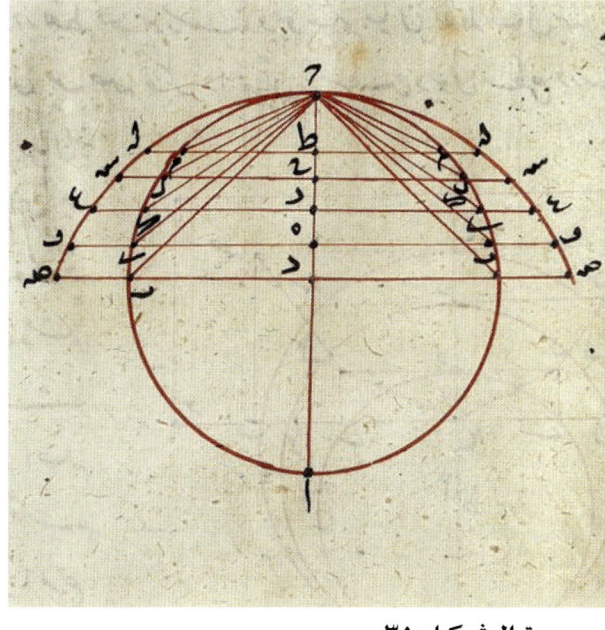

صورة الشكل ٣٥ من ب.

(١١٨) إضافة في أ.
(١١٩) إضافة في أ.
(١٢٠) إضافة في ق.

[تفاصيل من أرضية فناء مسجد السلطان حسن القاهرة. مصر.]

وجهٌ ثانٍ في عمل المسطرة للمرآة المُحرقة

فإذا أردنا ذلك جعلنا البُعد الذي نريد أن نحرق عليه نصف خط أب ، ونخرجه على استقامته إلى نقطة جـ ،
ونقيم على نقطة ب خط ب د عموداً على ب جـ في الجهتين
ونفصل من خط ب جـ ، خطوطاً متساوية أصغر ما نقدر عليه وهي خطوط ب هـ ، هـ ر، رح ، ح جـ ،
ونقسم أهـ بنصفين على نقطة ط ،
ونجعل نقطة ط مركزاً ،
وببعد ط أ دائرة تقطع خط ب د ، على نقطة ي ونخرج من نقطة ي خط ي ل موازياً لخط أ جـ ،
ومن نقطة هـ خطاً موازياً لخط ب د يلتقيان على نقطة ل
ثم نقسم خط أ ر بنصفين على نقطة م ،
ونجعل أيضاً نقطة م مركزاً ،
وببعد م أ دائرة تقطع خط ب د على نقطة ن ،
ونخرج من نقطتي ن ، ر خطي ن س ، س ر موازيين لخطي أجـ ، ب د يلتقيان على نقطة س ،
ثم نقسّم أح بنصفين على نقطة ع ،
ونجعلها مركزاً ، وببعد ع أ / دائرة تقطع خط ب د ، على نقطة ف ،

[زخرفة من الجبس
الرياض - المملكة العربية السعودية.]

(ق_١٢_ظ)

(١٢٢) ورد في هامش الصفحة ٩ نسخة أ. : ((برهانه عرضه هو ما قلنا في الشّكل الذي تقدّم وهو أن مربّع يكون مساوياً لسطح أ ب في ب هـ لأنّا إن وصلنا خطّي أ هـ . س ي كانت زاوية أ ب هـ في نصف دائرة فتكون قائمة. وخط ب ي عمودٌ على وترها وكما بيّن في شكل ح من مقالة و. يكون مربّع ب ي مساوياً لسطح أ ب في ب هـ لكن ب ي مساوٍ لمربّع ل هـ فمربّع ل هـ مساوٍ لسطح أ ب في ب هـ وأيضا لأنّا إن وصلنا خطّي أ ن . د ن كانت زاوية أ ر قائمة لأنها واقعة في نصف دائرة وخطّ ن ب عمود على وترها فيكون سطح أ ب في ب ر مساوياً لمربّع س ر وخط ب ر مساوياً لخط ر س لأنّ سطح ل ق متوازي الأضلاع فالمربّع الكائن من د س مساوٍ لسطح أ ب في ب ر وكذلك الخطوط الباقية فخط أ ب الضِّلع القائم و ب جـ بمنزلة السَّهم وخطوط ل هـ . س ر . م ح الأعمدة وخطوط بّ هـ . ب ر . ب ح هي المنفصلة من السّهم فالخط الحادث بمنزلة قطع مكافئ. وذلك ما أردنا أن نبيّن)).

ثم نخرج من نقطتي ف ، ح خطّين موازيين لخطي ب جـ ، ب د يلتقيان على نقطة صّ ،

فإذا وصلنا بين نقط ب ل س صّ بخط ب ل س صّ ، وجعلناها (١٢١) مسطرة فإذا صححنا المسطرة ، وجعلنا نقطة ب منه على وسط المرآة ، كانت تلك المرآة تحرق إحراقاً شديداً ، وهذه صورتها (١٢٢).

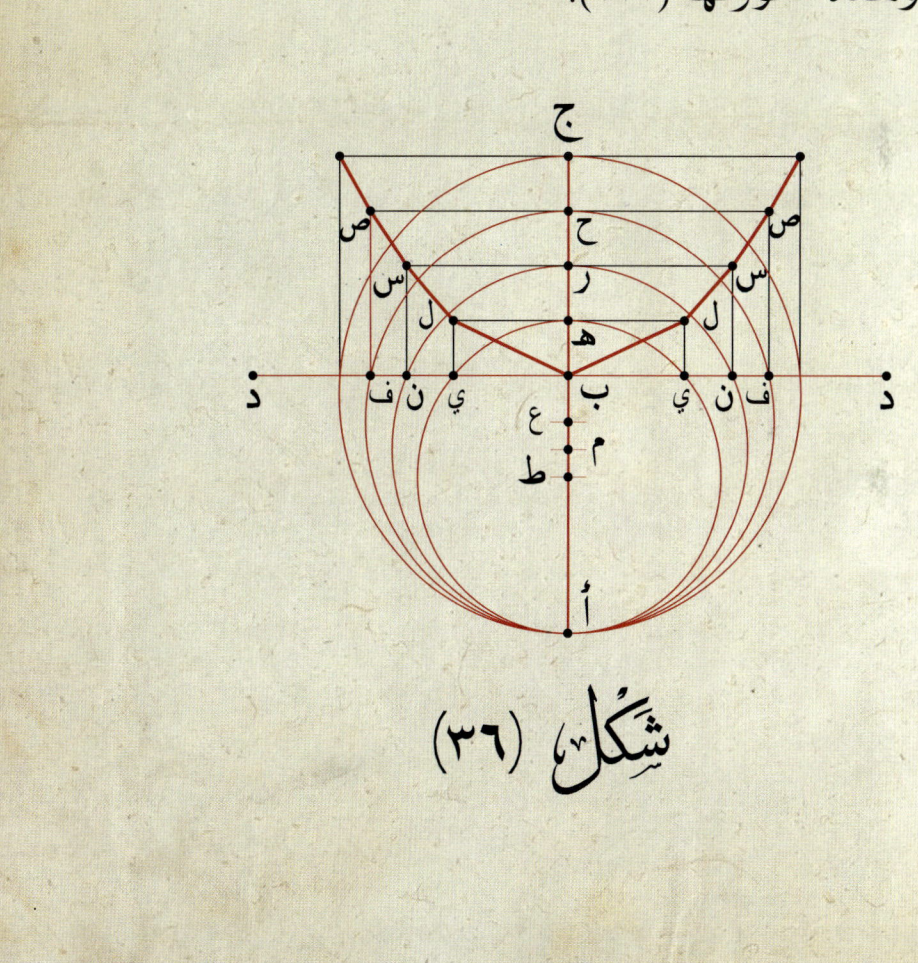

شكل (٣٦)

[نماذج زُخرفية. ايران.]

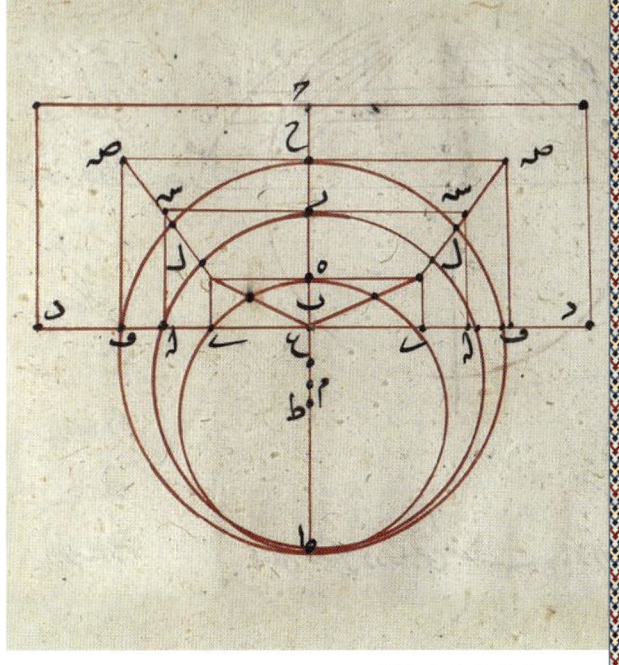

صورة الشكل ٣٦ من ب.

(١٢١) وردت في ق. ((وجعلنا خط ص ص)).

نهاية الباب الثّاني

[مقرنس مزخرف. القاهرة التاريخية.]

البابُ الثَّالِثُ

في عَمَلِ الأشْكَالِ المتَسَاوِيَةِ الأضْلَاعِ

في عمَلِ المثَلَّث

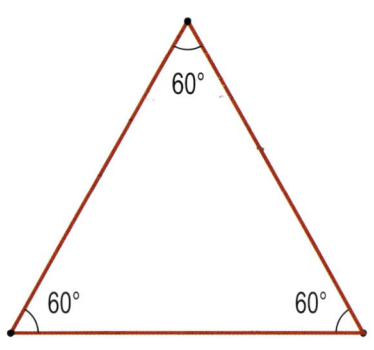

[مجموع زوايا المثلّث مساوٍ لقائمتين، وكل زاوية مقدارها ثلثي قائمة، أي ستون درجة.]

فإن قال: كيف نعمل مثلثاً متساوي الأضلاع على خط أ ب؟

جعلنـا كلَّ واحـدةٍ من نقطتـي أ، ب مركزاً وببعد أ ب دائرتين تتقاطعان على نقطة جـ، ووصلنا بين نقطة جـ ونقطتي أ، ب بخطي جـ أ، جـ ب مستقيمين، فيكون مُثلَّث أ ب جـ متساوي الأضلاع، وهذه صورته (١٢٣).

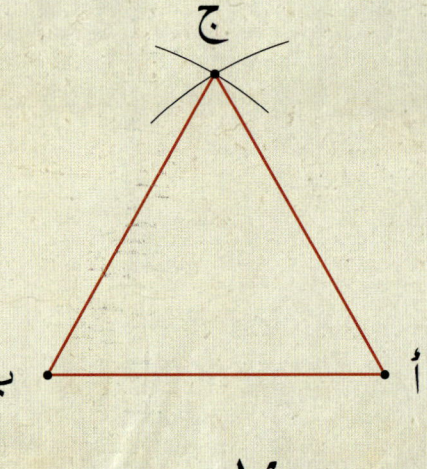

شكل (٣٧)

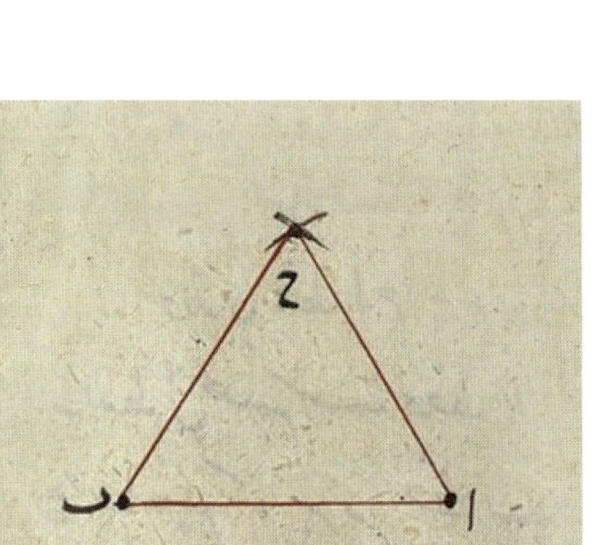

صورة الشكل ٣٧ من ب.

(١٢٣) ورد في هامش الصفحة ٩ نسخة أ: ((برهانه ظاهر)).

[أرضية من فناء مسجد السلطان حسن. القاهرة.]

في عمل المُربَّع

فإن قال: كيف نعمل مربَّعاً متساوي الأضلاع والزَّوايا على خط أ ب؟

أخرجنا من كلِّ واحدةٍ من نقطتي أ، ب عموداً مساوياً لخط أ ب،

وهما خطا أ ج، ب د،

ووصلنا ج د،

فيكون مربَّع أ ب ج د متساوي الأضلاع والزَّوايا، وهذه صورته.

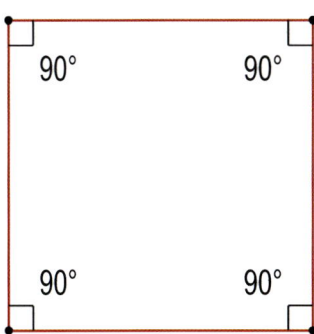

[مجموع زوايا المربَّع مساوٍ لأربع قوائم كلِّ زاوية مقدارها ٩٠ درجة.]

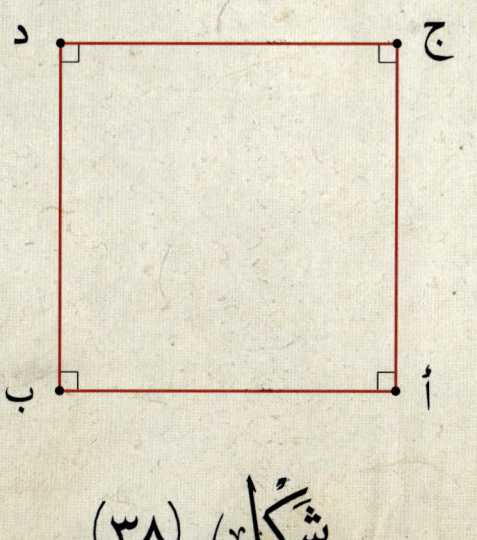

شكل (٣٨)

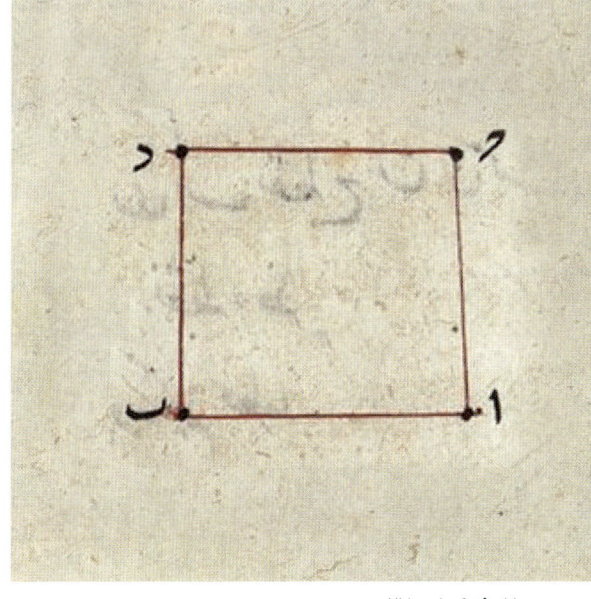

صورة الشكل ٣٨ من ب.

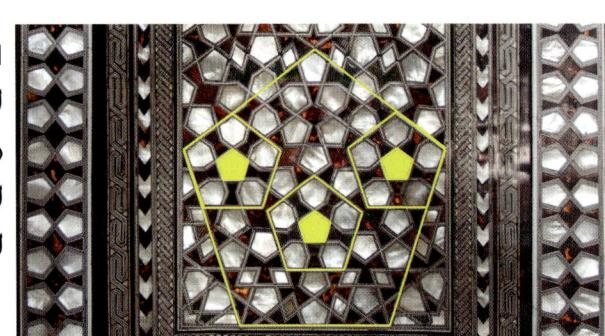

[زخرفة على شكل المخمس . متحف الفن الإسلامي الدوحة ،قطر.]

في عمل المُخمّس

فإن قال: كيف نعمل مخمّساً متساوي الأضلاع والزَّوايا على خط أ ب ؟

أخرجنا من نقطة ب عمود ب جـ مساوياً لخط أ ب وقسمنا أ ب بنصفين على نقطة د وجعلنا نقطة د مركزاً وبِبُعد د جـ قوس جـ هـ ، وأخرجنا خط أ ب حتى يلقاه على نقطة هـ ، ثم جعلنا كلّ واحدةٍ من نقطتي أ ، ب مركزاً، وببعد أ هـ قوسين تتقاطعان على نقطة ر ، ونصل خطي أ ر ، ب ر فيكون مثلث أ ر ب مثلث المخمّس ، ونحتاج إليه في أعمالٍ كثيرةٍ. ثم نجعل نقطتي أ ، ر مركزين وببعد أ ب قوسين تتقاطعان على نقطة ح ، ثم نجعل أيضاً نقطتي ب ، ر مركزين وببعد أ ب قوسين تتقاطعان على نقطة ط ونصل خطوط أ ح / ح ر / ر ط ، ط ب فيكون (من ذلك)(١٢٤) مخمّس أ ب ط ر ح متساوي الأضلاع و الزّوايا، وهذه صورته(١٢٥).

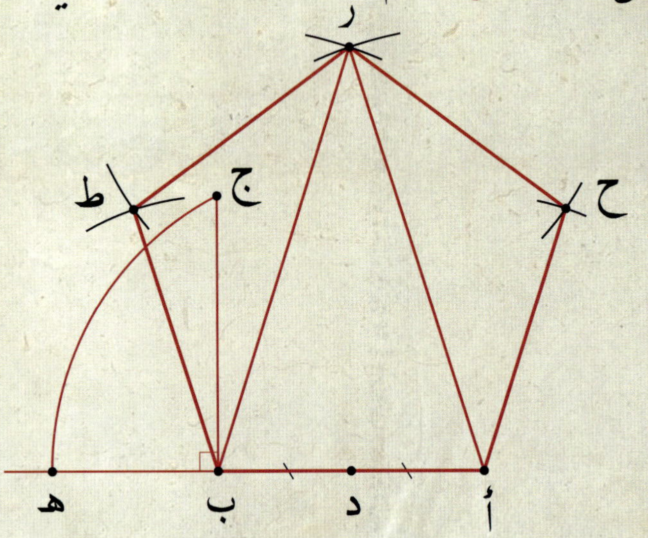

ح

شكل (٣٩)

(١٢٥) ورد في هامش الصفحة ٩ نسخة أ. : ((برهانه لما بيّن أقليدس في شكل نا من ب. قسمة خط مستقيم حتى يكون مربّع أعظم قسمته مساوٍ لسطح الخط كله في أصغر قسمته ، استعملَ ذلك فيهما وقسّم أ ب بنصفين على نقطة د وأقام خط ب ج مساوياً لخط أ ب وجعل خط د هـ مساوياً لـ د جـ فطابق من ذلك الشكل أن أعظم قِسي أ ب هو خط أ د وقد بيّن في شكل د من ب جـ أنّ الخط المقسوم على نسبة ذات وسط وطرفين وقسمته الأعظم الخط الأوّل فإذن يكون مربّع أ ب مساويا لسطح أ هـ في هـ ب وقد بيّن أقليدس في شكل ي من مقالة د أنّ المثلث المتساوي السّاقين الذي قاعدته القسم الأعظم من الخط المقسوم على ما تقدّم وصفه وكل واحدٍ من ساقيه مساوٍ للخط كله فإنّ كلّ واحدةٍ من الزّاويتين اللّتين عند القاعدة مِثْلا الزّاوية الباقية ومثلث أ ر ب قاعدته القسم الأعظم من خط أ هـ وكلّ واحدٍ من ساقيّ أ ر ، ب ر مثل خط أ هـ فمثلث أ ر ب هو مثلث المخمّس كما قال أبو الوفاء . ثم لمّا كان بُعد القوسين المتقاطعتين على نقطة ح والقوسين المتقاطعتين على نقطة ط مثل خط أ ب كانت خطوط أ ح ، ح ر ، ر ط ، ط ب ، أ ب متساوية فمخمس أ ب ط ر ح متساوي الأضلاع وأقول أنه متساوي الزّوايا وذلك لأنّ الدائرة التي تعمل على مثلث أ ب ر يمرّ محيطها على نقطتي ح ، ط إذ ليس يقوم على خطٍ واحدٍ مستقيم خطّان مستقيمان مساويان لخطين آخرين مستقيمين كلّ واحد لنظيره ويكون ملتقاهما وملتقى الآخرين في جهة واحدةٍ على نقطتين مختلفتين يماسّا الخطين المساويين لهما . وذلك ما أردنا أن نبيّن)).

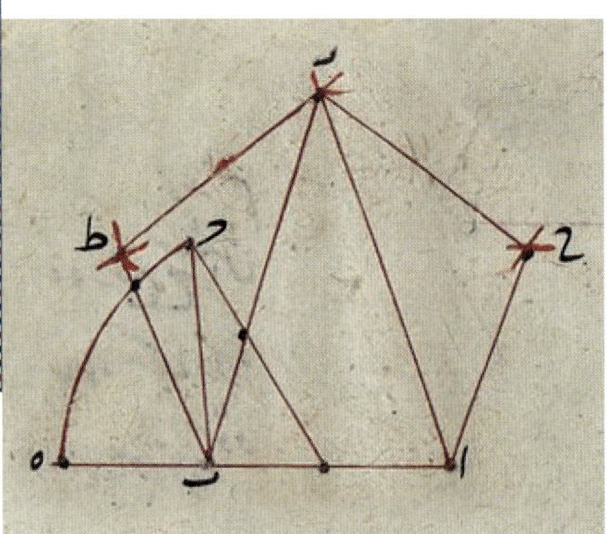

صورة الشكل ٣٩ من ب.

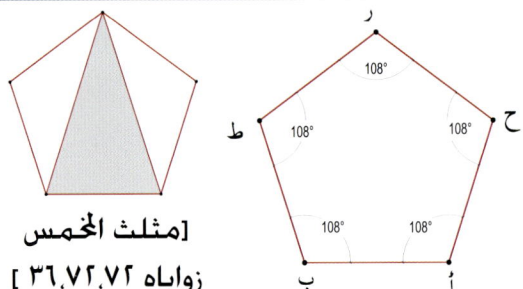

(١٢٤) إضافة في أ.

[عند تحقيق المسألة هندسياً برسمها، يتبيّن أنّ زوايا المخمس أ ب ط ر ح صحيحة ومقدار كل منها ١٠٨ درجات، ومجموع الزّوايا (ستّ قوائم) .]

ح

[مثلث المخمس زواياه ٧٢،٧٢،٣٦]

[مثلث المخمّس: هو المثلث المتساوي السّاقين الذي كلّ زاوية من زواياه التي عند القاعدة مِثْلَيْ الزّاوية الباقِية أي خُمسيّ زاويتين قائمتين.]

فإن قال: كيف نعمل على خط أب مخمّساً متساوي الأضلاع على أن يكون فتح البركار مثل خط أب، ولا يُغيره عن حاله؟

فنقيم على خط أب، خط (١٢٦) ب جـ عموداً عليه ومساوياً لخط أب، ونقسم أب بنصفين على نقطة (١٢٧) د، ونصل د جـ، (ونجعل خط دي مثل خط أب) (١٢٨) ونقسمه بنصفين على نقطة ك، ونخرج من نقطة ك عمود ك هـ يلقى خط أب على نقطة هـ، ثم نجعل كل واحدةٍ من نقطتي أ، هـ مركزاً وببعد أب قوسين تتقاطعان على نقطة م (ووصلنا ب م) (١٢٩) واخرجناه على استقامته إلى نقطة ر وجعلنا م ر مساوياً لخط أب، ووصلنا أر وجعلنا نقطتي أ، ر مركزين، وببعد أب تعلمنا نقطة ح، وجعلنا نقطتي ب، ر مركزين وببعد أب علامة ط، ووصلنا خطوط أح، ح ر، ر ط، ط ب، فيكون مخمّس أ ب ط ر ح متساوي الأضلاع والزّوايا، وهذه صورته (١٣٠).

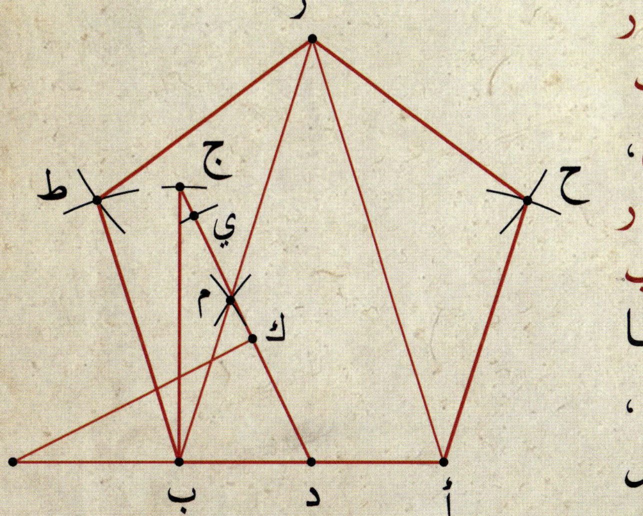

ر
م
هـ
ب

شكل (٤٠)

م
ه
ب

صورة الشكل ٤٠ من ب.

[خطوات العمل.]

(١٢٦) إضافة في أ.

(١٢٧) إضافة في أ.

(١٢٨) حُذِفت من ق. [هذه الجملة مهمة وبدونها لا يصحّ المعنى.]

(١٢٩) حُذِفت من ق. أيضاً. وصورة الشكل ((م)) من ق. لا تحتوي على موضع نقطة ي بينما في أ. ، ب. موجودة.

(١٣٠) ورد في هامش الصفحة ٩ نسخة أ. : ((برهانه غرضه في هذا الشّكل مثل الذي تقدّم إلّا من برك البركار وعلى فتحه تقتضي زيادة عمل، وذلك لأنّه أخرج عمود ب جـ على أ ب وقسم أ.ب بنصفين على د ووصل د جـ وفصل منه خط د ي مثل أ ب وقسّم د ي بنصفين على ك وأخرج عمود ك هـ على د جـ ليلقى أ ب إذا أخرج إلى نقطة هـ فيكون خط د هـ مساوياً لخط د جـ من أجل أنّ زاويتي ب . ك قائمتان وزاوية جـ د هـ مشتركة للمثلثين وضلع د ب مساوٍ لضلع د ك فيكون ضلع د جـ مساوياً لضلع د هـ فإن أردنا أن نجعل في المثلث المتساوي الذي قاعدته خط أ ب أعني المثلث الذي يكون كل واحدةٍ من الزاويتين اللّتين عند القاعدة مِثْلَيْ الزاوية الباقية وليس يقدر على تغيير البركار، تعمل مثلث أ م هـ متساوي السّاقين ووصّل ب م الذي هو ب هـ وذلك لأنّ السطح أ هـ في م ب مساوٍ لمربّع أ ب كما بيّنا فيما تقدّم . وَ أ ب مساوٍ لخط ر م فسطح أ هـ في م ب مساوٍ لمربّع م هـ فنسبة أ هـ إلى ر م كنسبة ب أ إلى م ب وزاوية م هـ ب الّتي تحيط بها الأضلاع المتناسبة مشتركة لمثلثي أ م هـ . م ب هـ فهما إذن متساويتان لكن خط أ م مساوٍ لخط م هـ فخط م ب مساوٍ لخط ب هـ . وقد جعلَ من مِثْلَ أ ب . فـَ ر ب مثلَ أ هـ ويكون لذلك سطح ر ب في ب م مساوياً لمربع أ ب فيكون نسبة ر ب إلى ب أ كنسبة ب أ إلى ب م . وزاوية أ ب ر مشتركة لمثلثي أ ب ر . أ ب م فهما إذن متشابهان فيكون بحسب شكل ر من مقالة و . نسبة ر ب إلى ب أ كنسبة أ ب إلى أ م لكن أ ب مساوٍ لخط أ م في خط ر ب إذن مساوٍ لخط أ ر فمثلث أ ب ر متساوي السّاقين وهو الذي كل زاوية من الزّاويتين اللّتين عند القاعدة أ ب مِثْلَيْ زاوية أ ر ب . وباقي البرهان على ما تقدّم في الشكل المتقدّم فلنرجع إليه)).

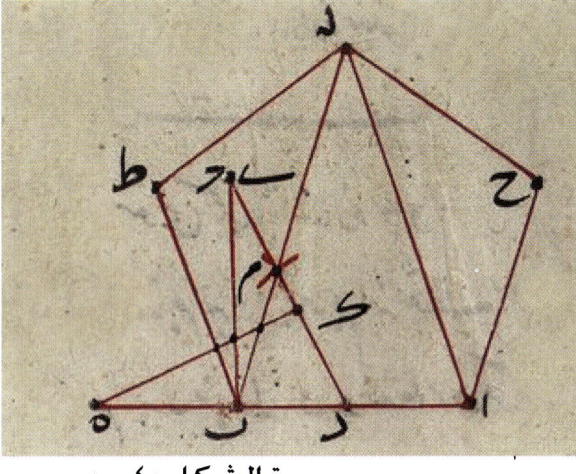

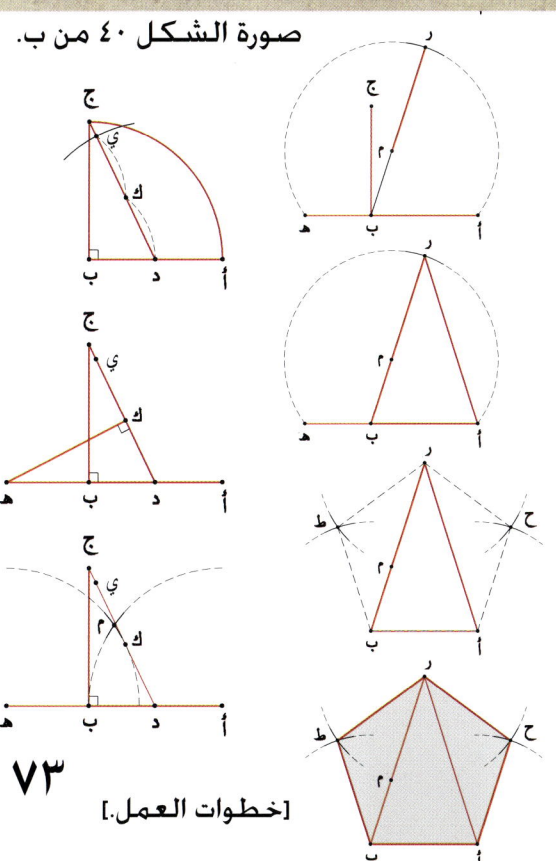

[زخرفة خشبية بأسلوب التعشيق لباب خشبي. متحف الفن الإسلامي الدوحة - قطر.]

[أرضية من الرخام - الشكل المسدس القاهرة التاريخية - مصر.]

في عمل المُسدّس

فإن قال : كيف نعمل مُسدّساً متسّاوي الأضْلاع والزّوايا على خط أب ؟

عملنا عليه مُثلّث أ ب جـ متساوي الأضْلاع، وأخرجنا خطيّ أجـ ،ب جـ على استقامتهما إلى نقطتي هـ ، ر ،وعملنا على ب جـ أيضا مُثلّث ب جـ د متسَاوي الأضْلاع (وأخرجنا خط دجـ على استقامته إلى نقطة ح (١٣١)وجعلنا خطوط جـ هـ، جـ ر، جـ ح (١٣٢) مساوية لخط جـ أ، ووصلنا خطوط د هـ ، هـ ر، ر ح ، ح أ (١٣٣) فيكون المسَدّس أ ب د هـ رح ، متسَاوي الأضْلاع والزّوايا، وهذه صورته.

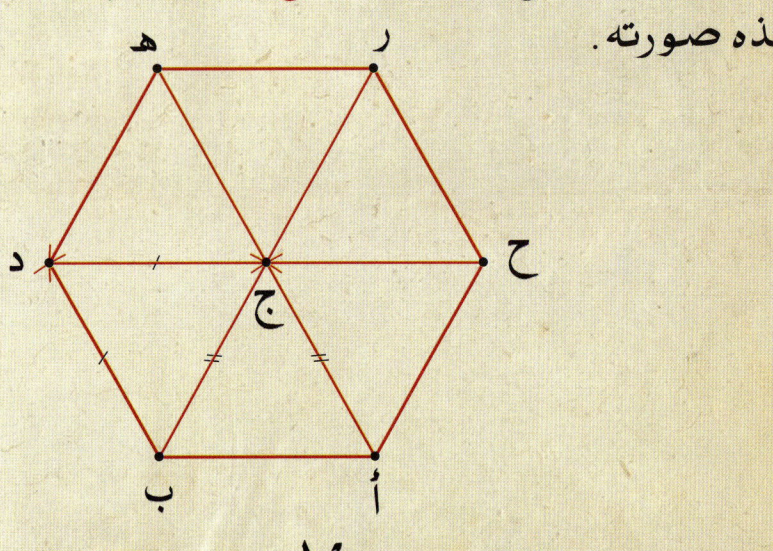

شكل (٤١)

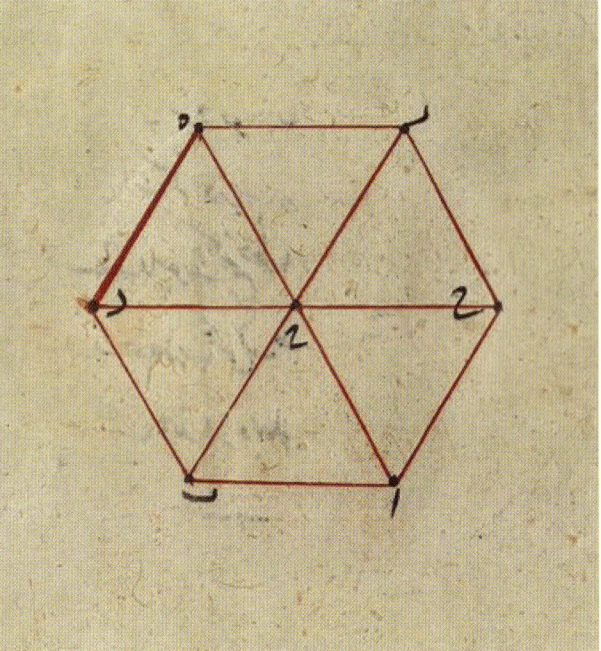

صورة الشكل ٤١ من ب.

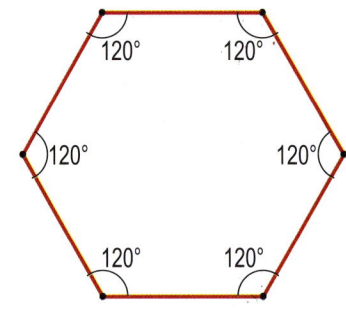

[مجموع زوايا المسدَّس مساوٍ لثماني قوائم ، كلّ زاوية مقدارها ١٢٠ْ درجة.]

(١٣١) إضافة في أ.

(١٣٢) وردت في ق. ((جـ د ، جـ ر ، جـ ح)). وقد يكون سهواً في النسخ.

(١٣٣) وردت في ق. ((د هـ ، هـ ر ، رح ، ح أ)).

(١٣٤) إضافة في أ.   (١٣٥) ورد في هامش الصفحة ١٠ نسخة أ. ((قال أبو القاسم الغندجاني : هذا العمل لا يُبرهن ، وذلك لأنه استُخرج على سبيل التّقدير بالتّقريب ، فإنّ المقدِّرين وجدوا نصف ضلع المثلّث المتساوي الأضلاع الواقع في الدائرة هو سُبعُ محيط الدّائرة من غير أن يظهر للحسّ تفاوت له قدر . فاستعمل أبو الوفاء هذا المعنى وتوصل إلى أن جعل أب وتراً في دائرة ، وهو نصف ضلع المثلّث الواقع فيها وذلك غير صحيح في الحقيقة ، وبيان ذلك ظاهرٌ بأدنى تأمّل)) .

صورة الشكل ٤٢ من ب.

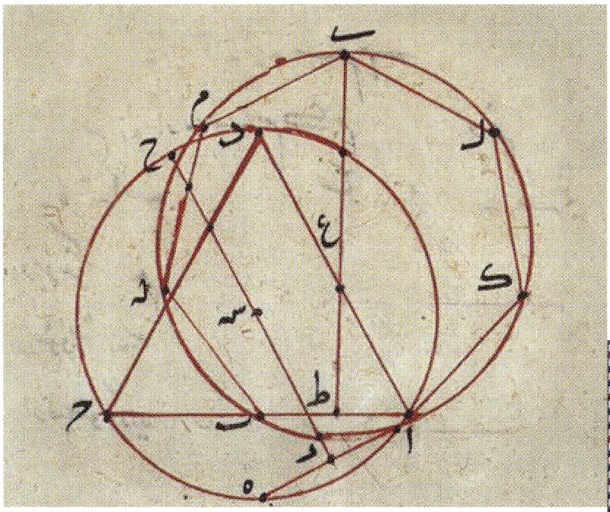

مُسبَّع

في عمل المُسبّع

فإن قال: كيف نعمل على خط أب مسبَّعاً متسَاوي الأضْلاع؟

جعلنا خط ب جـ مساوياً لخط أب ، وعمِلنا على أجـ مثلّث د أجـ متساوي الأضْلاع، وعمِلنا على المثلّث دائرة أ د جـ ، كما نبيِّنه في الباب الخامس ونخط فيها وتر(١٣٤) خط أهـ مساويا لخط أب ونقسِمُه بنصفين على نقطة ر، ونخرج عمود رح ، ينتهي إلى الدّائرة ونقسم أب بنصفين على نقطة ط، ونخرج منه عمود ط ي مساوياً لعمود رح ، ونعمل على نقط أ ، ب ، ي دائرة أ ب ي ،ونفصل قِسِي أك ، ك ل ، ل ي / ي م ، م ن ، ن ب مساويةً لقوس أب ، ونصل خطوط أك ، ك ل ، ل ي ، ي م ، م ن ، ن ب ، فيكون مسبّع أ ب ن م ي ل ك متساوي الأضْلاع والزّوايا، وهذه صورته(١٣٥) .

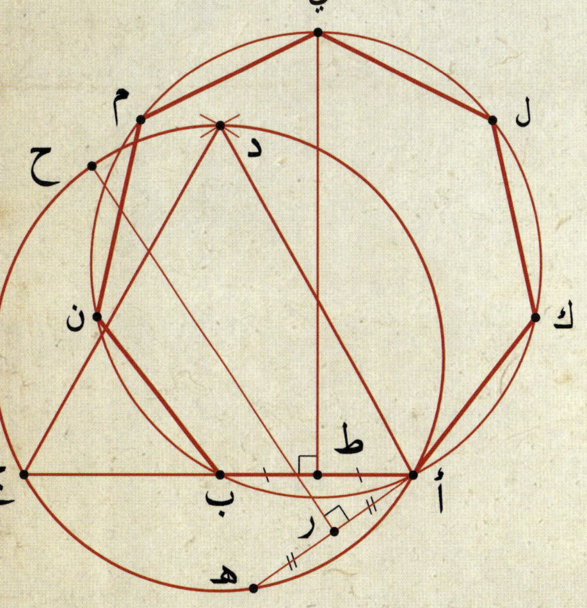

شَكْل (٤٢)

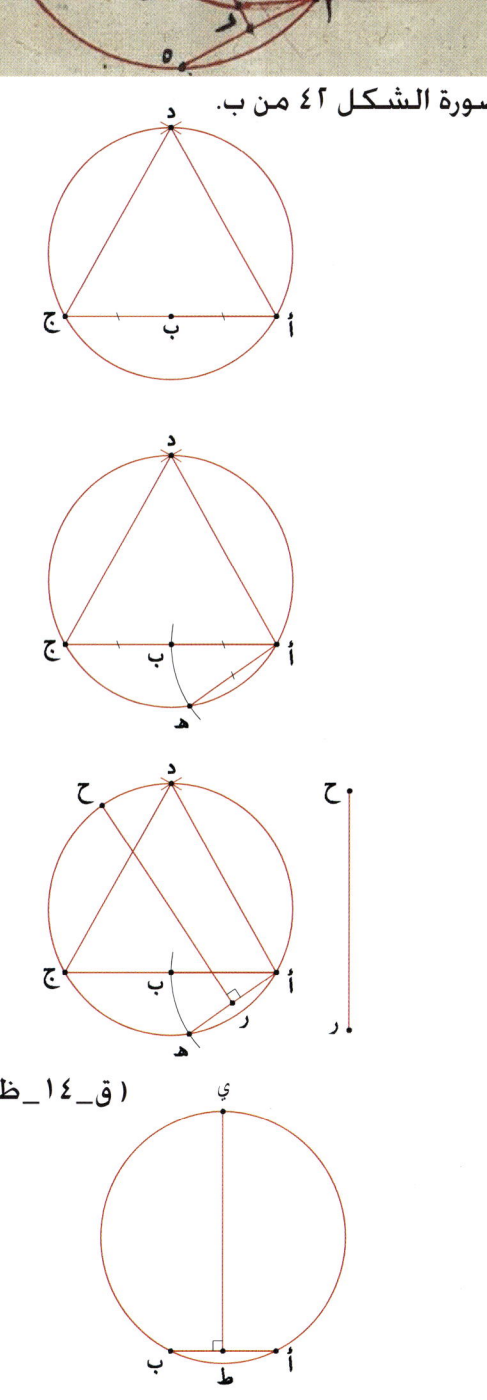

(ق_١٤_ظ)

[خطوات العمل.]

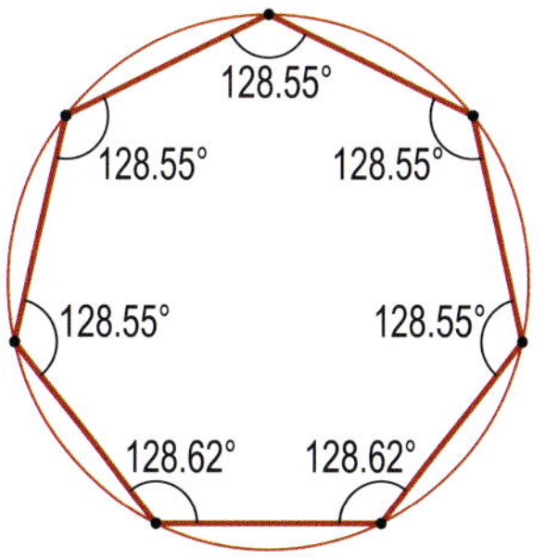

[في طريقة رسم المُسبَّع التي اتَّبعها أبو الوفاء ،نرى أن زوايا المسبَّع التي تحصّل عليها أ . ب . ن . م . ي . ل . ك .هي:
١٢٨,٦٢ - ١٢٨,٦٢ - ١٢٨,٥٥ - ١٢٨,٥٥ - ١٢٨,٥٥ - ١٢٨,٥٥ - ١٢٨,٥٥
على التوالي.
في حين أن زوايا المسبّع تساوي ١٢٨,٥٧ درجة.]

(١٣٨) ورد في هامش الصفحة ١٠ نسخة أ. : ((برهانه لما علم أن زاوية المثمّن قائمة ونصف، عمل على خطّي أ جـ ، ب د زاويتي جـ أ هـ ، د ب ر كلّ واحدةٍ منهما نصف قائمة فيبقى كل واحدةٍ من زوايتي هـ أ ب ، أ ب ر قائمة ونصف ، وجعل كل واحدٍ من خطّي هـ أ ، ر ب مثل خط أ ب وأخرج من نقطتي هـ ، ر عمودي هـ ح ، ر ك ، فحصلت كلّ واحدةٍ من زاويتي جـ هـ أ ، د ر ب نصف قائمة وتمّم مربّع ح ك فتكون لذلك زاويتا أ هـ ي ، ب ر م كلّ واحدةٍ منهما قائمة ونصف ، ولأن المربّع متساوي الأضلاع والزّوايا فإنّ أي عرضٍ في ضلعٍ من أضلاعه كذلك عرضٌ في أضلاع الأخر فتصير خطوط أ ب ، ب ر ، ر م ، م ل ، ل ط ، ط ي ، ي هـ ، هـ أ الثمانية متساوية ، فالمثمّن متساوي الأضلاع والزّوايا ، وذلك ما أردنا أن نبيّن)).

في عَمَل المُثمَّن

فإن قال كيف نعمل مُثمَّناً متساوي الأضْلاع على خط أب؟

أخرجناه على استقامته إلى نقطتي جـ ، د
وأقمنا على كلّ واحدةٍ من نقطتي أ ، ب زاويتي هـ أ جـ ، ر ب د نِصف قائمة،
وجعلنا كلّ واحدٍ من خطي أ هـ ، ب ر مساوياً لخط أ ب،
ونخرج من نقطتي هـ ، ر عموديْ هـ جـ ، ر د على خط د جـ
ونتمم مربّع جـ ح ك د،
ونصل(١٣٦) كل واحـدٍ من خطوط ح ي ، ح ط ، ك ل ، ك م، (مساوياً لخط جـ هـ)(١٣٧) ونصل ي ط ، ل م ، فيكون مثمّن أ ب ر م ل ط ي هـ متساوي الأضْلاع،
وهذه صورته(١٣٨).

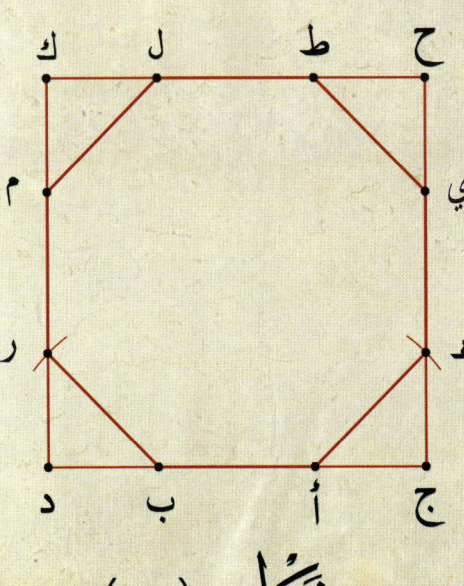

ر

شَكل (٤٣)

[زخرفة من الرخام يظهر فيها الشكل المثمّن. قصر توب كابي ، إسطنبول - تركيا.]

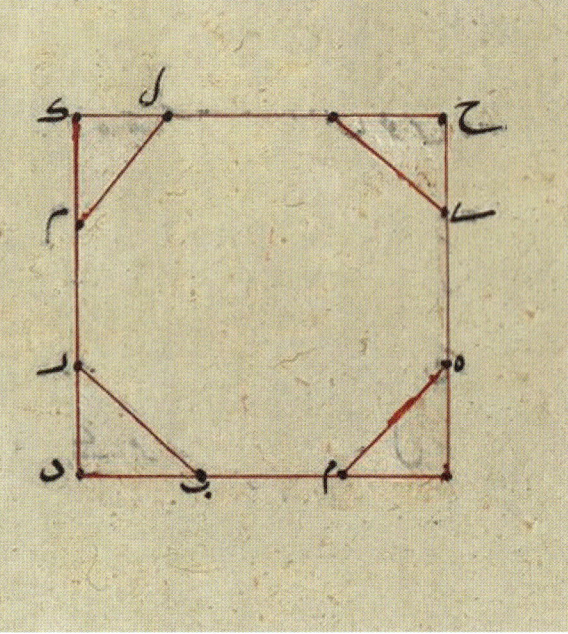

صورة الشكل ٤٣ من ب.

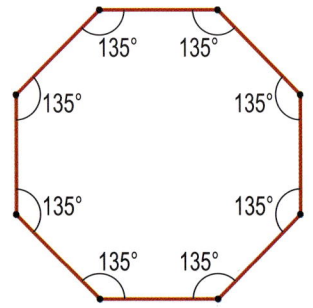

[مجموع زوايا المثمَّن مساوٍ لاثنتي عشرة قائمة ، كلّ زاوية مقدارها ١٣٥ درجة.]

(١٣٦) وردت في أ. ((ونفصل)).

(١٣٧) وردت في أ. ((مساوياً لخطّي جـ هـ ، ر د)).

[رقم الشكل ٤٣ في ق. هو ((مجـ)). هو صحيح، وفي الشكل التّالي له ، في نسخة ق. هنالك قفزٌ في رقم الأشكال عن الرقمين ((مد)) ، ((مهـ)) بدون نقصٍ في المحتوى أو قطعٍ في المخطوط ، وقد يكونا سقطا سهواً من النّاسخ.]

(١٤٢) ورد في هامش الصفحة ١٠ نسخة أ. : ((برهانه قُصِد في هذا الشكل أن نقيم على نقطتي أ ، ب زاويتين كلّ واحدةٍ منهما قائمة ونصف، لما تقدّم بيانه من غير أن نفتح البِركار . ويعمل على أب مربّع أب جـ د وأخرج قطري أجـ . ب د حتى حصلت كل واحدةٍ من زاويتي جـ أب ،أب د نصف قائمة ، لأنّ القُطر يَقسم زاوية المربّع القائِمة بنصفين. ثم أخرجهما على استقامتهما فحصل له كلّ واحدةٍ من زاويتي هـ أب ، رب أ قائمة ونصف. ثم جعل كلّ واحدٍ من خطّي هـ أ، رب مساوياً لخط أب وأمّا باقي الأعمال خطى بها لما تقدّم في الشكل المتقدّم)).

[صورة داخلية لقبّة مدخل مجموعة قلاوون في القاهرة. يظهر المثمّن وهو حلقة الانتقال الوسطية بين الدّائرة (مسقط القبّة) و المربّع (الجدران الأربعة) .]

فإن قال: كيف نعمل مثمّناً متسَاوي الأضْلاع على خط أب على أن يكون فتح البِـركار مثل فتح(١٣٩) خط أب ولا يتغيّر عن حاله؟

عملنا على خط أب مربّع أب جـ د، متسَاوي الأضلاع والزّوايا / ووصلنا خطّي جـ أ ، ب د وأخرجناهما على استقامتهما إلى نقطتي هـ ، ر

وجعلنا كلّ واحدٍ من خطّي أهـ ، ب ر مساوياً لخط أب. ووصلنا هـ ر، وأقمنا خطّي هـ ي، ر م عمودين على خط هـ ر مُساويين لخط أب، (ونصل م ي)(١٤٠) ونخرج خطّي هـ ي، رم على استقامتهما إلى نقطتي ك، ح ونقسم كل واحدةٍ من زاويتي ي م ك، م ي ح بنصفين بخطي م ل، ي ط ونجعل كلّ واحدٍ من خطي ي ط، م ل مساويا لخط أب، ونصل ط ل فيكون (من ذلك (١٤١) مثمّن أ ب ر م ل ط ي هـ متساوي الأضلاع والزّوايا، وهذه صورته(١٤٢).

شكل (٤٤)

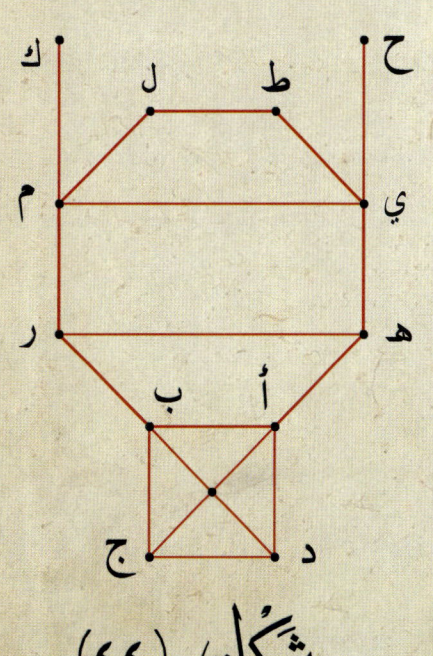

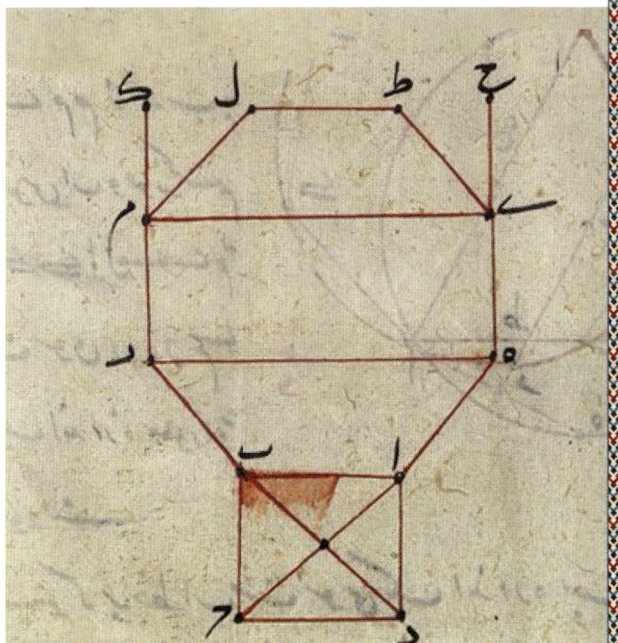

صورة الشكل ٤٤ من ب. ((مو)) ٤٦ من ق.

(١٣٩) إضافة في أ. (١٤٠) إضافة في أ. (١٤١) إضافة في أ.

[هذا الشكل يحمل الرقم ((مو)) في نسخة القاهرة ق. أي ٤٦ . وهنالك قفز في التّرقيم بدون نقص في عدد صفحات المخطوط. فالرّقمان ((مد))٤٤ ، ((مهـ))٤٥. لا وجود لهما في ق. بينما لا يظهر هذا الفرق في الترقيم في نسختي إسطنبول أ. وباريس ب. فاعتمدت في ترقيم الأشكال التسلسل العددي ، بحسب ورود الأشكال في مسائل المخطوط.]

(أ_١٠_ظ)

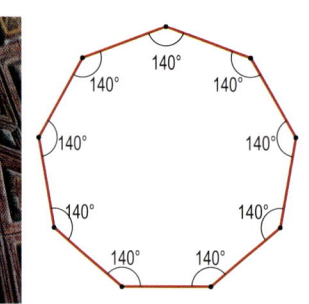

مسجد السلطان حسن . القاهرة

[مجموع زوايا المتسّع مساوٍ لأربع عشرة قائمة . كل زاوية مقدارها ١٤٠ درجة.].

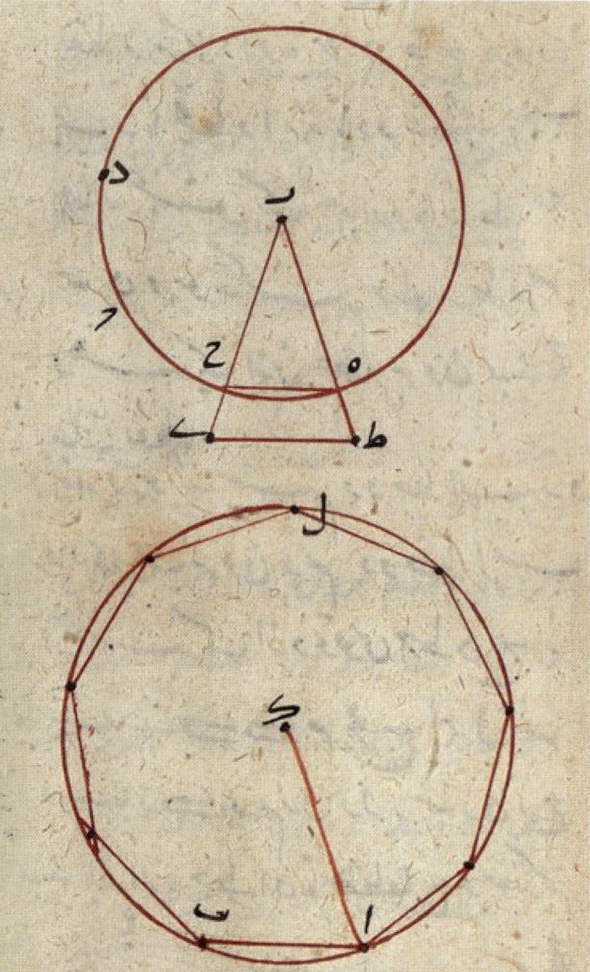

باب معدني مزخرف - الشكل المتسّع.
مسجد السلطان حسن . القاهرة

في عمل المُتسّع

فإن قال: كيف نعمل على خط أب مُتسّعاً متساوي الأضلاع والزّوايا؟

رسمنا دائرة جـ د هـ بأي مقدار أردنا / وجعلنا مركزها نقطة ر، وتعلّمنا عليها نقطة جـ وجعلناها مركزاً، وببعد نصف قطر الدّائرة علامتي هـ، د، وقسمنا قوس د هـ بثلاثة أقسام متساوية، وليكن أحدها قوسٌ هـ ح، ووصلنا خطوط هـ ر، هـ ح، ح ر، وخططنا بين خطّي هـ ر، ح ر خط ط ي مساويا لخط أب، (ويوازي خط هـ ح)(١٤٣) وجعلنا نقطتي أ، ب مركزين، وببعد ط ر، دائرتين تتقاطعان على نقطة ك، وجعلنا نقطة ك مركزاً وببعد ك أ دائرة أب ل، وقسمنا قوس أ ل ب بثمانية أقسامٍ متساوية، ووصلنا خطوط أوتارها، فيكون قد عملنا مُتسّعاً متساوي الأضلاع والزّوايا على خط أب، وهذه صورته(١٤٤).

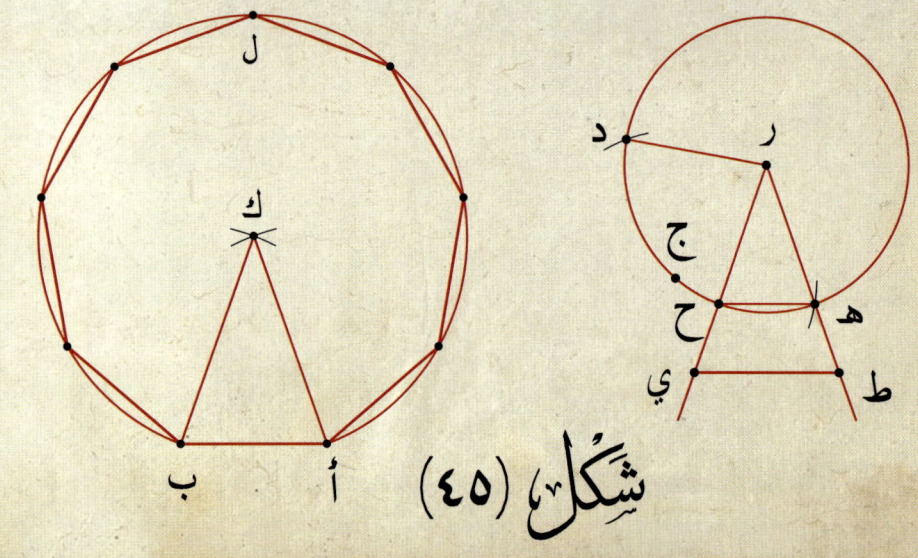

ح

شكل (٤٥)

صورة الشكل ٤٥ من ب. ((مز)) ٤٧ من ق.
(ق_١٥_ظ)

(١٤٣) إضافة في أ.

(١٤٣) إضافة في أ.

(١٤٤) ورد في هامش الصفحة ١٠ نسخة أ. : ((برهانه قصد الأوّل استخراج تُسع دائرة أيّ دائرة كانت ، حتى إذا وصل وترها كانت نسبة ذلك الوتر إلى أب كنسبة نصف قطر تلك الدائرة إلى نصف قطر الدّائرة. يريد أن يكون أب وتر تُسعها فيعمل دائرة جـ د هـ بأي قدرٍ كان وجعل قوسي جـ د ، جـ هـ كلّ واحدةٍ منهما سدُس الدّائرة وذلك بيّنٌ ظاهرٌ. فحصل جميع قوس هـ جـ د ثلث الدائرة فلمّا قسمها بثلاثة أقسام متساوية كان من ذلك في شكل كـ من باب جـ صارت قوس هـ ح تُسع دائرة د جـ هـ ، ووصل وتر هـ ح ثم جعل خط ط ي الموازي لخطّ هـ ح مساويا لخط أب . وذلك كما علّمك في شكل بد من باب ب . فصارت لتشابه مثلثي ر هـ ح ، ر ط ي نسبة ح هـ إلى ط ي كنسبة د هـ إلى ر ط . فجعل نصف قطر دائرة أب ل مساوياً لخط ط ر فحصل لذلك وتر أب وتر تُسع تلك الدّائرة فقسّم الدائرة بأوتارٍ كلّ واحدٍ منها مثل أب فحصل له المُتَسّع الذي أردنا . وذلك ما أردنا أن نبيّن)).

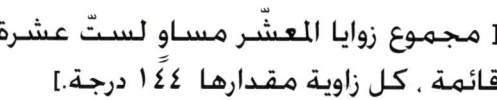

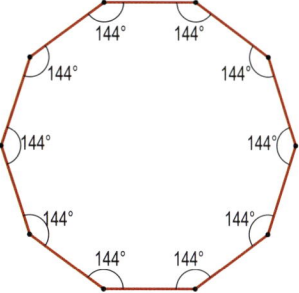

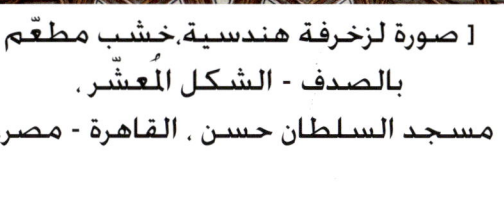

[صورة لزخرفة هندسية،خشب مطعّم بالصدف - الشكل المُعشّر .
مسجد السلطان حسن ، القاهرة - مصر.]

[مجموع زوايا المعشّر مساو لستّ عشرة قائمة . كل زاوية مقدارها ١٤٤ درجة.]

في عمل المُعشّر

فإن قال كيف نعمل على خط أب معشراً؟

قسمنا خط أب بنصفين على نقطة جـ ،
ونخرج عمود ب د على نقطة ب مساويا لخط أب ،
ونجعل نقطة جـ مركزاً ،
وببعد د جـ علامة هـ من خط أب هـ ،
ثم نجعل كل واحدةٍ من علامتي أ ، ب مركزاً ،
وببعد أ هـ قوسين تتقاطعان على نقطة ر فتكون نقطة ر مركز الدّائرة التي يكون خط أب ضلع المعشر فيها،
فإذا جعلنا نقطة ر مركزاً وببعد أ ر دائرة أ ب ح ط وأخرجنا خطي أ ر ، ب ر على استقامتهما إلى نقطتي ح ، ط ، وقسّمنا كل واحدةٍ من قوسيْ أ ح ، ب ط بأربعة أقسام متساوية، ووصلنا الأوتار، كان ذلك معشّرا متساوي الأضلاع والزّوايا،
وهذه صورته(١٤٥).

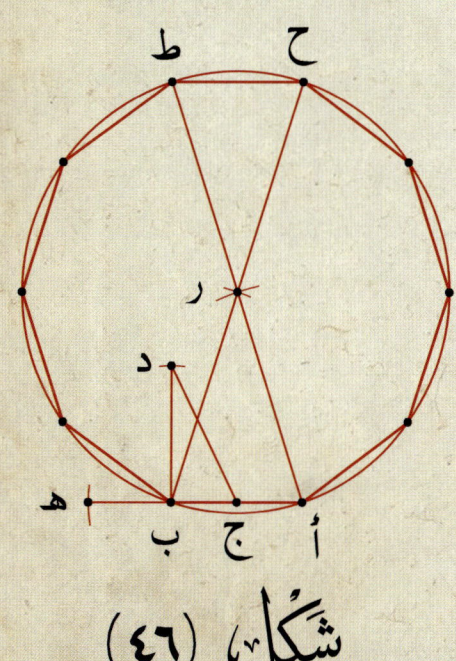

هـ
أ

شكل (٤٦)

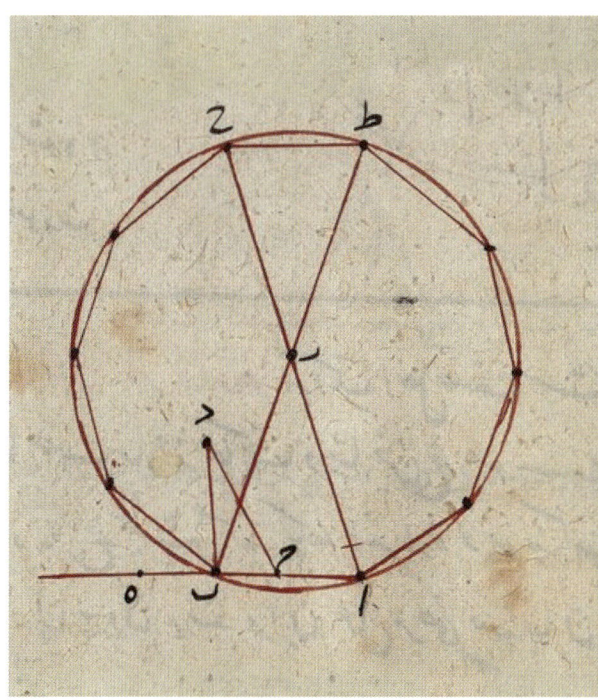

ه
ا

صورة الشكل ٤٦ من ب. ((مح)) ٤٨ من ق.

(١٤٥) ورد في هامش الصفحة ١١ نسخة أ. : ((برهانه لأنّه قد بيّن في أوّل المسألة الخامسة عشرة من كتاب "الأصول" أنّ ضلع المسدّس إذا قُسّم على نسبة ذات وسطٍ وطرفين ، قسمه الأطول هو ضلع المعشّر . وبيّنٌ بحسب هذا أنّ ضلع المعشّر إذا اتصل به خط وكان الكل منقسم على نسبة ذات وسطٍ وطرفين ، فإن ذلك الخط هو ضلعه المسدّس في الدّائرة . ولأنه قد بيّن في شكل ما من مقالة ر أنّ سطح أهـ في هـ ب مساوٍ لمربّع أب فيكون نسبة أهـ إلى أب كنسبة أب إلى ب هـ فخط أهـ مقسومٌ على نسبة ذات وسط وطرفين ، و أب ضلع المعشّر . فيجب أن يكون أهـ ضلع المسدّس في تلك الدّائرة وهو مساوٍ لنصف قطرها . فإذن يكون أهـ قد أراد أن يكون في دائرة ر أ نصف قطرها . فلهذا استخرج نقطة ر ببعدٍ مساوٍ لخط أهـ . وذلك ما أردنا أن نبيّن)).

(١٤٧) ورد في هامش الصفحة ١١ نسخة أ. : ((برهانه لما عمل على خط أ ب كما بيّنه فيما تقدّم ، قال فلتكن نقطة ر على زاويته المقابلة لخط أ ب ، فإذا وصل أ ر ، ب ر كانت زاوية أ ر ب خُمس زاويتين قائمتين ، فهي إذن تصير عُشُر أربع زوايا قائمة ، فجعل نقطة ر مركزاً للدائرة التي عملها بفتح البركار ، فتكون نسبة زاوية أ ر ب إلى أربع زوايا قائمة ، كنسبة القوس التي توترها إلى محيط الدّائرة ، فتلك القوس عُشْر الدّائرة ، ثم قسّم الدّائرة بعشرة أقسام متساوية ، وأخرج الخطوط إلى نقط ع ع ، وجعل كل واحدٍ منها مساوياً لخط أ ر ، ووصل من أطرافها بخطوطٍ مستقيمة ، فمن البيّن أنّ هذه الخطوط تكون متساوية لأنّ الأضلاع المحيطة بالزوايا المتساوية متساوية، فالقواعد تكون متساوية فالشكل الحادث المعمول على خط أ ب معشّر متساوي الأضلاع والزوايا، وذلك ما أردنا أن نبيّن)) .

فإن قال: كيف نعمل على خط أ ب معشّراً متساوي الأضلاع والزّوايا على أن يكون بفتح بركار أ ب ؟

عَمِلنا عليه مخمّساً كما تقدّم في الشّكل الرّابع (١٤٦) ولتكن نقطة ر الزّاوية المقابلة لخط أ ب ، ونصل خطيّ أ ر ، ر ب ، ونجعل نقطة ر مركزاً ، وببعد أ ب دائرة جـ د ط ح ، وأخرجنا خطيّ أ ر ، ب ر على استقامتهما إلى محيط الدّائرة / وقسّمنا كل واحدةٍ من قوسيْ جـ ط ، د ح ، بأربعة أقسام متساوية وهي أقسام ط ي ، ي ك ، ك م ، م جـ ، ح ل ، ل ز ، ز س ، س د . ووصلنا خطوط ر ط ، ر ي ، ر ك ، ر م ، ر ل ، ر ز ، ر س ، ر د ، ر جـ . ونزيد في كلّ واحد من الخطوط الخارجة من المركز إلى دائرة جـ د ح ط خطاً مساوياً لخط أ جـ ، وهي الخطوط التي على أطرافها ع . ووصلنا بينهما بخطوط مستقيمة وبين نقطتي أ ، ب ، فيكون معشر أ ب ع متساوي الأضلاع والزّوايا، وهذه صورته (١٤٧). /

شكل (٤٧)

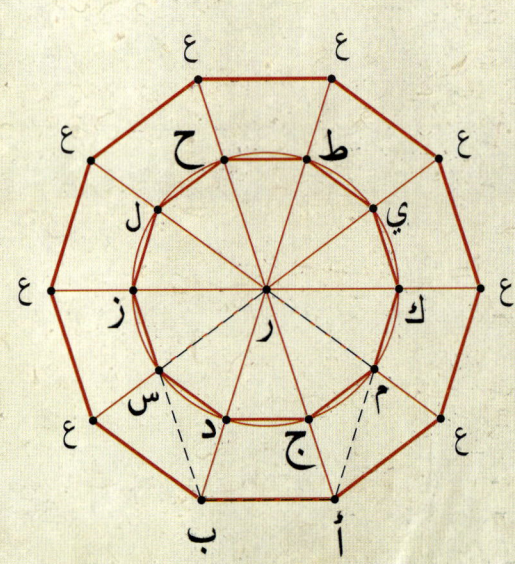

أرضية من الرخام (نموذج على شكل المعشّر) مجموعة السلطان الغوري - القاهرة.]

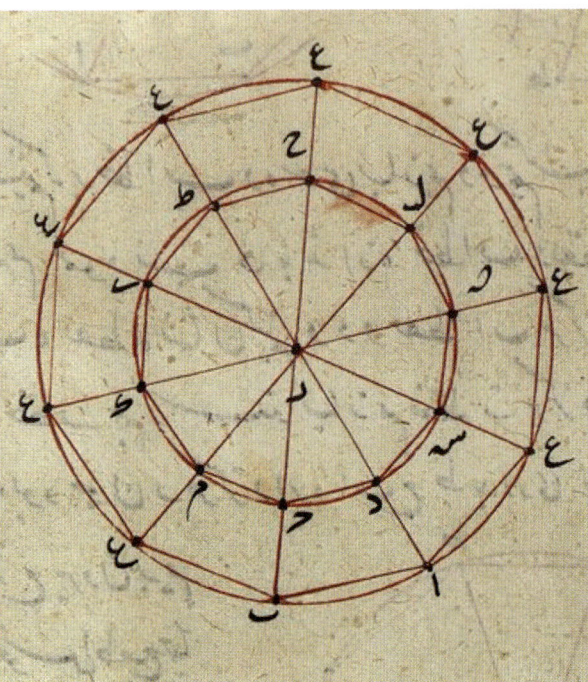

صورة الشكل ٤٧ من ب. ((مط)) ٤٩ من ق.

(١٤٦) الشكل المقصود هو شكل رقم ٤٠

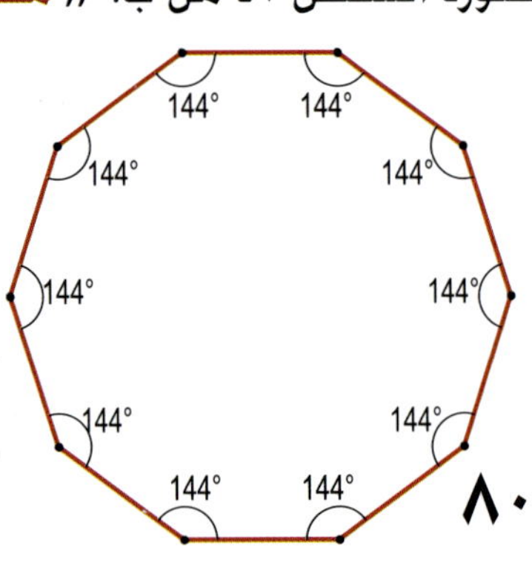

[مجموع زوايا المعشّر مساوٍ لستّ عشرة قائمة ، كلّ زاوية مقدارها ١٤٤ درجة.]

(ق_١٦_ظ)

(أ_١١_ظ)

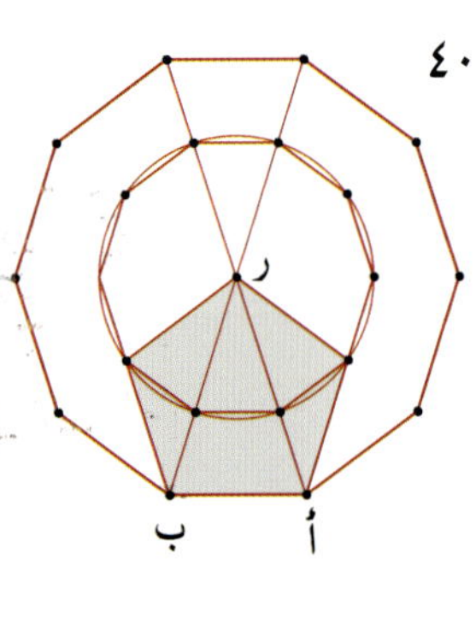

نهاية الباب الثّالث

[قطعة مزخرفة من السيراميك على شكل مثمّن ، وسط آسيا ، متحف الفن الإسلامي ، الدوحة .]

البَاب الرَّابِع

فِي عمَل الأشكَال فِي الدَّوائِر

اعلم أن الصنَّاع يعملون الأشكال في المدورات وعليها بالقسمة، وذلك أنهم إذا أرادوا مثلا أن يعملوا في دائرة مخمسا قسموها بخمسة أقسام متساوية، ووصلوا بين مواضع القسمة، أو اخرجوا من مواضع القِسمة خطوطا مماسّة لها، فيكون قد عملوا في الدّائرة مخمّساً متساوي الأضلاع أو عليها (١٤٨) وهذا العمل ليس بمُرضي عند المهندسين ولا عند الصُنّاع الحِذّاق الفره(١٤٩)، فإن الصَّنعة الجِيدة عندهم أن يبتدئ الصَّانع بضرب من (الأبواب القريبة)(١٥٠) يصل به إلى مقدار ضلع المخمّس، أو المسدّس، أو المعشّر، أو غيرها من الأشكال كما بينّا في هذا الكتاب. فإن الذي يَعمل بالقسمة يتعَب في فتح البركار وضمّه دفعات كثيرة، ولا يصل إلى ما يريد إلا بمشقة، ولا تخرج إلا بالتّقريب. فإذا كان الأمر على ما ذكر فيجب أن نسلك في استخراج الأضلاع بهذه الأشكال طريقا صناعيا قد عرف برهانه (١٥١) بالطرق الهندسية، واعلم أنك متى عملت في دائرة شكلاً من الأشكال فقد صحَّ لك عمل ذلك الشكل عليها، لأنك متى أخرجت من موضع القِسمة خطوطا مماسَّة للدائرة كان الذي تحدث من الصورة هو الشّكل المعمول عليها. فإما الدّوائر على الأشكال أو في الأشكال فإنها تختلف فَنُبيِّن كلّ واحدةٍ منها كيف تجب أن يُعمل في هذا الكتاب.

[زخرفة من الخشب المُطَعّم بالعاج والصدف على شكل نجمة من اثني عشر ضلعا . متحف الفن الإسلامي ، الدوحة ، قطر .]

(١٤٨) وردت في أ. ((متساوي الأضلاع والزّوايا عليها))

(١٤٩) غير موجود في أ.

(١٥٠) وردت في أ. ((التدبير القرنية)) .

(١٥١) غير موجود في ق.

(ق_١٧_ظ)

[زخرفة (شكل مسدّس ومثلّثات حوله)
متحف الفن الإسلامي، الدوحة - قطر.]

في عَمَلِ المثلّثِ في الدّائِرَةِ

فإن قال: كيف نعمل في دائرة مثلثاً متساوي الأضلاع؟

فإنا نجعل الدّائرة عليها أب ج، ومركزها نقطة د
ونخرج فيها قطر أ د هـ،
ونجعل نقطة هـ مركزاً،
وبِبُعد د هـ علامتي ب، ج،
نصل خطوط أ ب، أ ج، ب ج،
فيكون مثلث أ ب ج متساوي الأضلاع،
وهذه صورته (١٥٢).

شَكل (٤٨)

[زخرفة يظهر فيها الشكل المسدّس
القاهرة التاريخية.]

صورة الشكل ٤٨ من ب. ((ن)) ٥٠ من ق.

(١٥٢) ورد في هامش الصفحة ١١ نسخة أ: ((برهانه قد بيّن أقليدس أنّ وتر سُدس الدائرة مساو لنصف قطرها. وعلمنا أنّ النّصف إذا سقط منه السُّدس بقي الثُّلث بفصله عن جنبيّ قطر أ د هـ من محيط الدائرة كل واحدة من قوسي هـ ب، هـ ج سُدس الدائرة فتبقى كلّ واحدة من قوسي أ ب، أ ج ثلث دائرة. ومجموع السُّدسين هو الثلث فقِسِيُّ أ ب، ب ج، ج أ متساوية. فمثلث أ ب ج متساوي الأضلاع، وذلك ما أردنا أن نبيّن)).

٨٢

[إضافة من المحقِّق: وجه آخر في عمل المثلَّث على الدّائرة: فإذا أردنا أن نعمل على دائرة أ ب جـ مثلثاً متساوي الأضلاع. عملنا فيها مثلث أ ب جـ مثلث متساوي الأضلاع "كما في الشكل ٤٨". ونخط من نقطة أ خط ح ط موازياً لخط جـ ب، ومساوياً لضعف طوله. ونخط من نقطة ب خط ط ر، موازياً لخط أ جـ، ومساوياً لضعف طوله. ونخط من نقطة جـ خطاً موازيا لخط أ ب، ومساوياً لضعفه. فتلتقي الخطوط الثلاثة على نقاط ح ، ر ، ط ، فيكون مثلث ح ر ط متساوي الأضلاع والزوايا وقد عُمل على الدائرة كما أردنا.]

[زخرفة خشبية باستخدام الشكل المسدس
متحف الفن الإسلامي . الدوحة - قطر.]

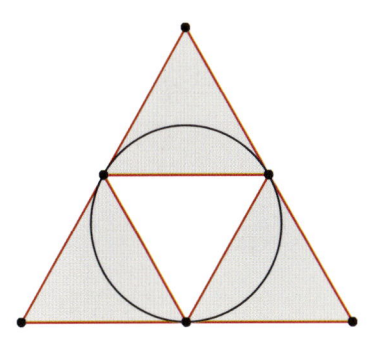

عَمَلُ المُثلَّثِ عَلَى الدَّائِرَةِ

(فإن قال: كيف نعمل على دائرة أ ب جـ مثلثاً متساوي الأضلاع)(١٥٣)؟

عملنا فيها مثلث أ ب جـ متساوي الأضلاع، وأخرجنا من كل واحدةٍ من نقط أ ، ب ، جـ خطاً مماسّاً لها، حتى تلتقي على نقط ر ، ح ، ط ، فيكون مثلث ح ر ط متساوي الأضلاع، وهذه صورته(١٥٤).

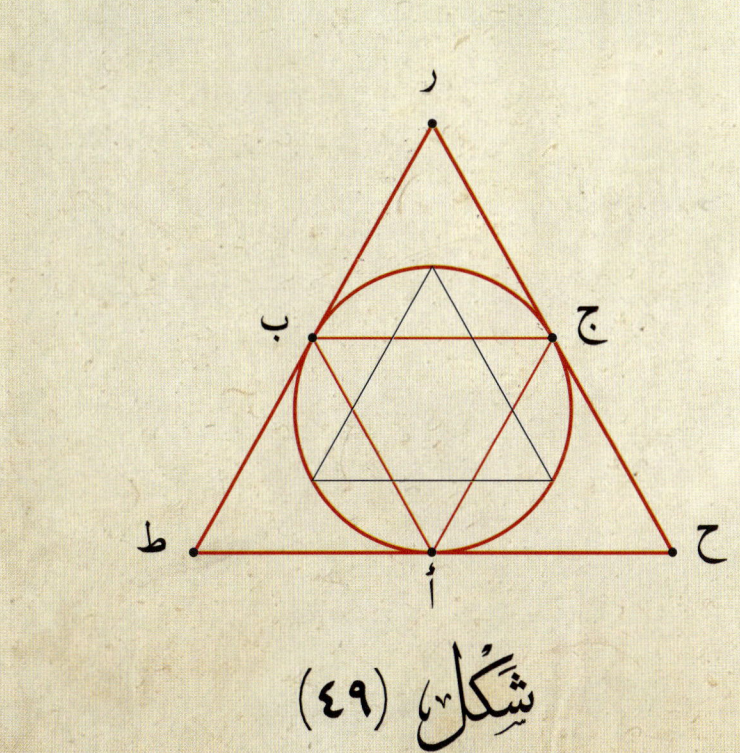

شَكل (٤٩)

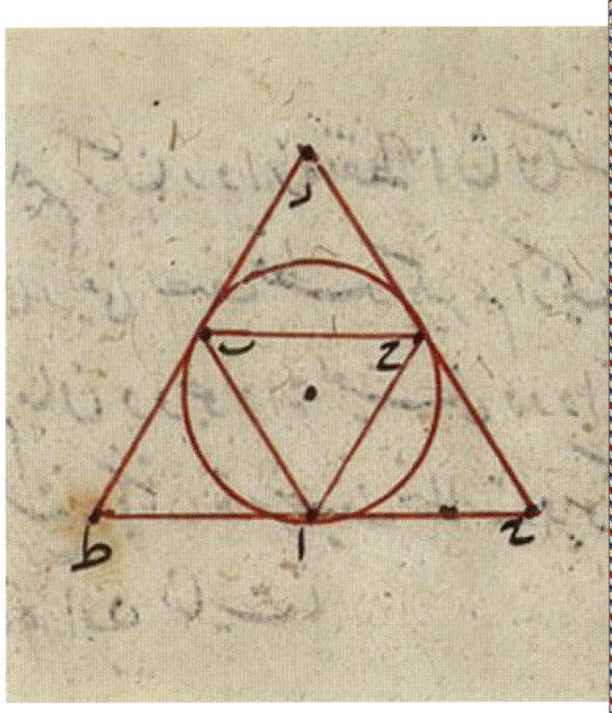

صورة الشكل ٤٩ من ب. ((نا)) ٥١ من ق.

(١٥٣) غير موجود في أ.
(١٥٤) ورد في هامش الصفحة ١٢ نسخة أ. : ((برهانه في كتاب أقليدس)).

[شكل المربّعِ في دائرة.
واجهة مبنىً مكتبة الملك فهد في الرياض.]

في عمَل المربَّع في دائِرة

فإن قال: كيف نعمل (في دائرة مربَّعاً متسَــاوي الأضْلاع) ؟(١٥٥)

جعلنـا الدّائرة عليها أ ب جـ،
واخرجنـــا فيها قطري أجـ، ب د يتـــقاطعان على زوايا قائمة، ووصلنا خطوط أب، ب جـ، جـد، د أ،
فيكون مربّع أ ب جـ د متسَاوي الأضْلاع وهذه صُورته.(١٥٦)

شَكل (٥٠)

[تصميم هندسي لأرضية رخامية.
مسجد السلطان حسن. القاهرة.]

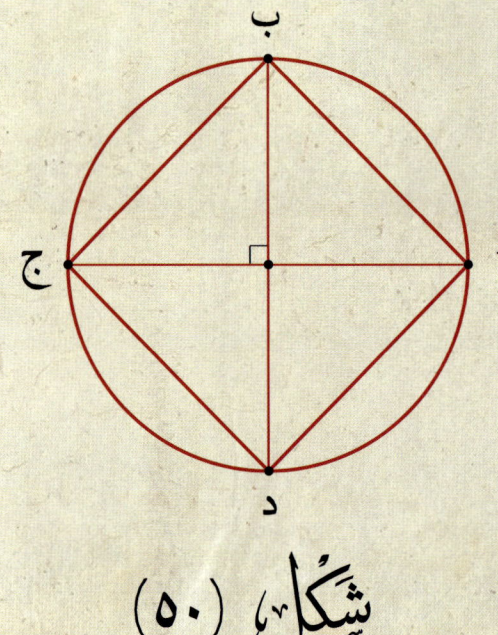

صورة الشكل ٥٠ من ب. ((نب)) ٥٢ من ق.

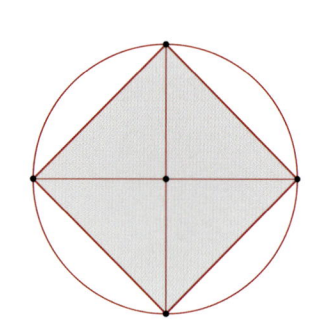

(١٥٥) وردت في ق. ((مربّعاً في دائرة متساوي الأضلاع))
(١٥٦) ورد في هامش الصفحة ١٢ نسخة أ. : ((برهانه ظاهر)).

(١٥٧) ورد في هامش الصفحة ١٢ نسخة أ. : ((برهان هذا الشّكل يحتاج إلى هذه المقدّمة إذا قطع قطر الدّائرة قوساً فيها بِنصفين فإنه يقسم وترها أيضاً بِنصفين.

مثاله: دائرة أ ب جـ د وقطر ب د قطع قوس أ ب جـ بنصفين على نقطة ب فلأنّ قوسي أ ب ، ب جـ متساويتان ، تكون قوسيْ أ د ، د جـ أيضاً متساويتين لأنهما تماما نصفي الدائرة، فلذلك تكون زاويتا أ ب د ، د ب جـ متساويتين من شكل كح من جـ.وأيضاً لأنّ قوسيْ أ ب، ب جـ متساويتان يكون وترا أب، ب جـ أيضاً متساويين وخط ر هـ مشترك وكِلى خطّي أ هـ ، ب هـ مساويان لِكِلى جـ ح ، ح ب وزاوية أ ب هـ مساوية لزاوية جـ ب ح كما بيّنا فقاعدته ر هـ مساوية لقاعدة ط ح من شكل د من أ. وترجع إلى الشكل. وليكن مركز الدائرة ل فلأنّ قطر أ جـ قطع قوسيْ هـ أ ر، ط جـ ح بنصفين نصفين ، فهو يقطع أيضاً وتريْ هـ ر ، ح ط بنصفين نصفين، فإذا قطعهما بنصفين نصفين على ما شبّه أقليدس في جـ من جـ. فإنه يقطعهما على زوايا قائمة ولأنّ وتري هـ ر ، ح ط متساويان ، تكون أيضاً أبعادهما من المركز متساوية بحسب الشكل هـ من جـ. فخط ر ي مساوٍ لخط ك ط وخط ل ي مساوٍ لخط ل ك فلأنّ كِلَى خطّيّ ر ي ، ي ك مساويان لِكِلى خطّي ط ك ، ك ي وزاويتا ر ي ك ، ي ك ط متساويتان لأنهما قائمتان فتكون قاعدة ر ك مساوية لقاعدة ط ي وسائر الزوايا مساوٍ لسائر الزوايا ، فزاوية ر ك ي مساوية لزاوية طً ي ك ولأنهما متساويتان يكون خطّا هـ ي ، ح ك متساويان ولأنّ كلى ي ل، هـ ل مساويان لِكِلى ك ل ، ل ح وقاعدة هـ ي مساوية لقاعدة ح ك فزاوية ي ل م مساوية لزاوية م ل ك فهما إذن قائمتان ، فقطرا أجـ ،ب د متقاطعان على زاويتين قائمتين فيكون لذلك مربّع أ ب جـ د متساوي الأضلاع قائم الزّوايا ، وذلك ما أردنا أن نبيِّن)).

فإن قال : كيف نعمل في دائرة أ ب جـ د مربَّعاً متساوي الأضْلاع بفتح بركار يكون مقداره مِقدار نصف قطر دائرة أ ب جـ د ؟

فنخرج قطر أ جـ ،ونجعل نقطة أ مركزاً،
وبفتح البركار نقطتي هـ ، ر ونصل خط هـ ر ،
ونجعل نقطة جـ مركزاً ، وبِبُعد أ هـ علامتي ح ، ط
و نصل ح ط ،ونصل خطي ك ر ، ي ط يتقاطعان على نقطة م ونصل بين نقطة م والمركز ،
ونخرجه على استقامته إلى نقطتي ب ، د ،
ونصل خطوط أ ب ، ب جـ ، جـ د ، د أ ،
فيكون مربّع أ ب جـ د متساوي الأضْلاع ،وهذه صورته (١٥٧).

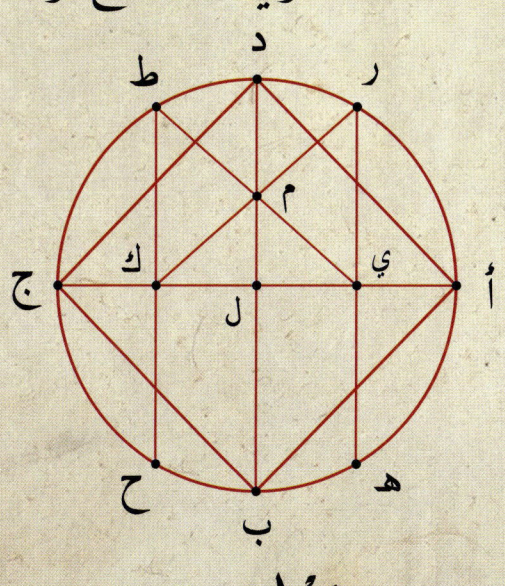

د
ي
ج

شَكل (٥١)

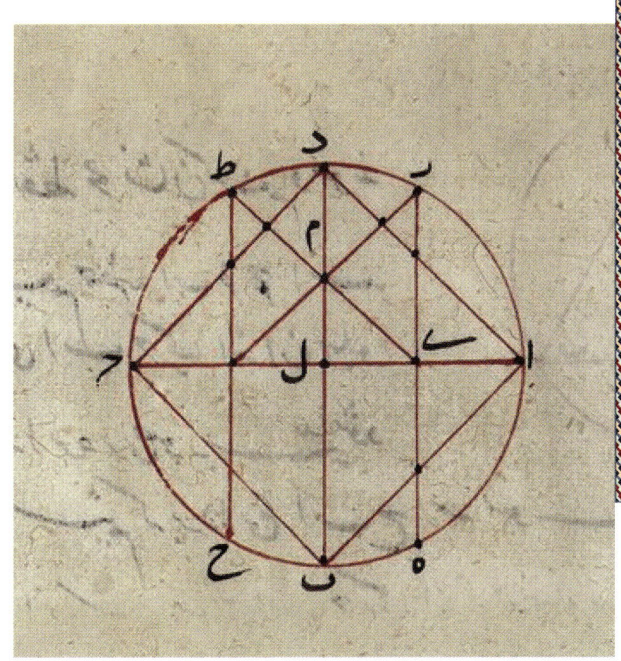

صورة الشكل ٥١ من ب. ((نجـ)) ٥٣ من ق.

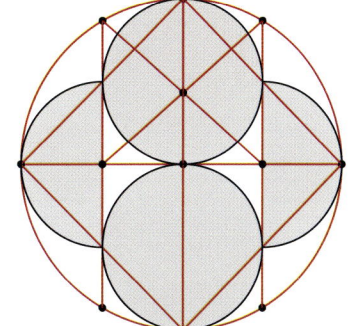

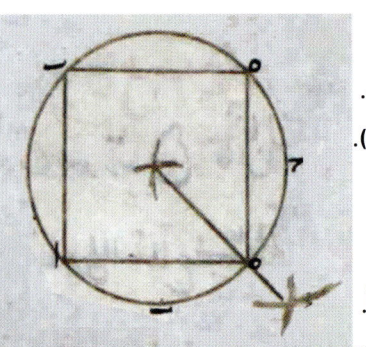

صورة الشكل ٥٢ من أ.

صورة الشكل ٥٢ من ب.

(١٥٨) هذه المسألة حذفت من ق. وذكرت في نسختي أ، ب.

(١٥٩) ورد في هامش الصفحة ١٢ نسخة أ.: ((برهانه ظاهر)).

(أ_١٢_ظ)

(١٥٨) وإن شئنا عملنا على المحيط نقطة كيف ما كانت مثل نقطة أ،

ثم بفتحه قسمين من المحيط مما يلي أ، وهما أب، ب ج،

ثم ننصِّف ب ج بأن نصل بين ج، ب، وليكن على نقطة د،

ثم نصل د أ، ونخرج من كل منهما عمودا إلى غير نهاية، يقطع الدّائرة على هـ وَ هـ،

ثم نصل هـ هـ وهو هكذا صورته والشّكل في صفحة المقابل. (١٥٩)/.

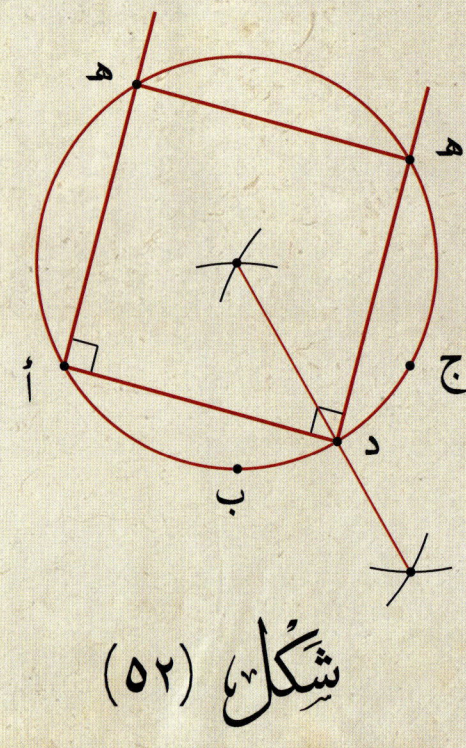

شَكْل (٥٢)

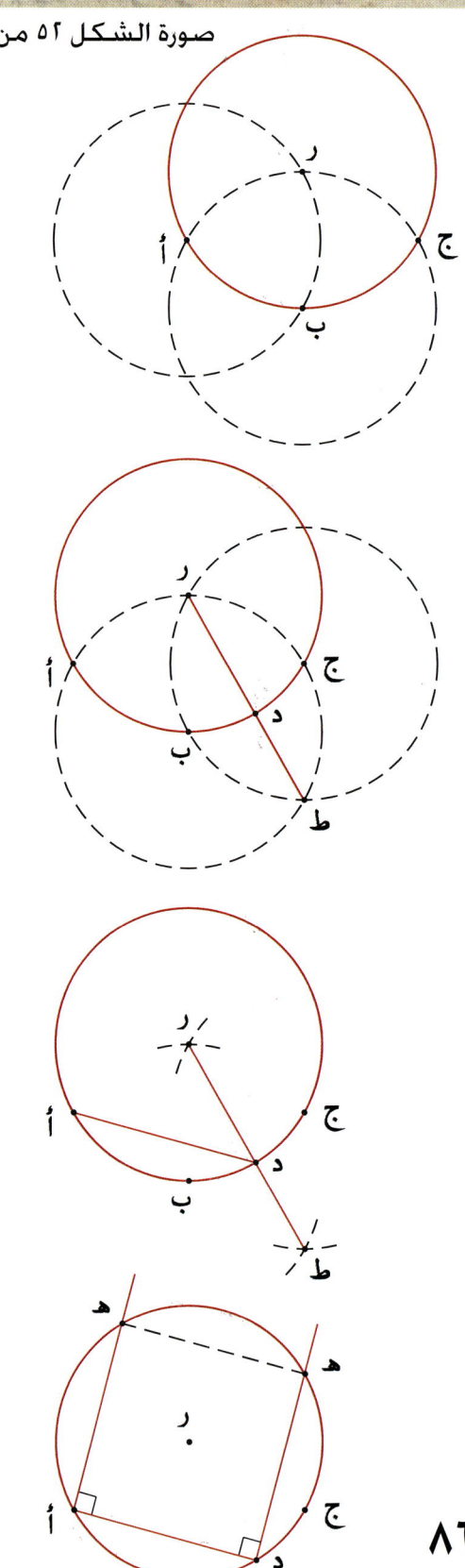

[خطوات العمل]

[خطوات العمل: نجعل أ مركزاً وببعد نصف القطر نحدد ب.

نجعل ب مركزاً وببعد نصف القطر نحدد جـ.

نجعل ب، جـ مركزين وببعد نصف القطر نحدد ر، ط يقسم قوس جـ ب بالنّصف عند نقطة د. ونصل أ د. نقيم على أ د عمودين يقطعان المحيط على نقطتي هـ، هـ.

ونصل هـ هـ، فيكون مربّع أ د هـ هـ قد عُمِل في الدّائرة.]

٨٦

(١٦٠) وردت في أ. ((علامتي)) (ق_١٨_ظ)

(١٦١) إضافة في أ.

[في هذه المسألة المقصود بنقطتي أ . جـ : هما طرفا القطر أ جـ .
والمقصود بفتح البركار : مسافة نصف القطر .]

وإن شئنا جعلنا نقطتي أ ، جـ مركزين ،
ونفتح البركار علامات هـ ، ر ، ح ، ط ،
ووصلنا خطي هـ ر ، ح ط ،
يُقاطعان خط أ جـ ، على نقطتي ي ، ك ،
وجعلنا نقطتي ي ، ك مركزين وبالبُعد ، دائرتين تتقاطعان
على نقطتي (١٦٠) ل ، م ،
ووصلنا بين ل ، م ونخرجه إلى نقطتي ب ، د / ونصل خطوط
أ ب ، ب جـ ، جـ د ، د أ فيكون مربّع أ ب جـ د ، متساوي
الأضلاع والزّوايا (١٦١) ، وهذه صورته (١٦٢).

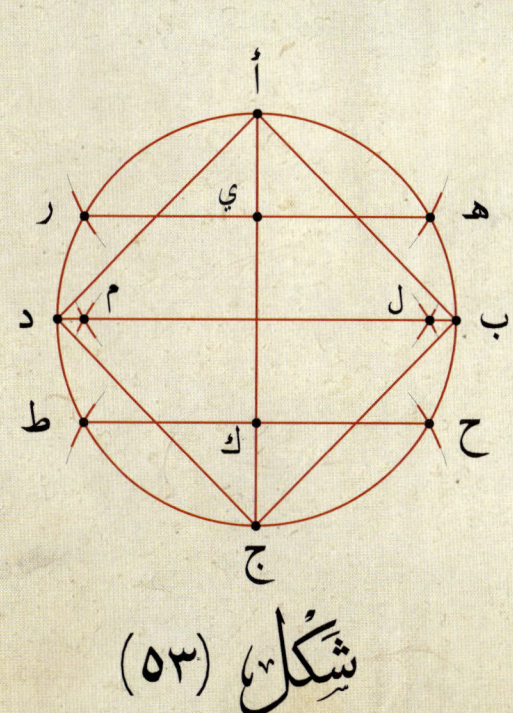

شكل (٥٣)

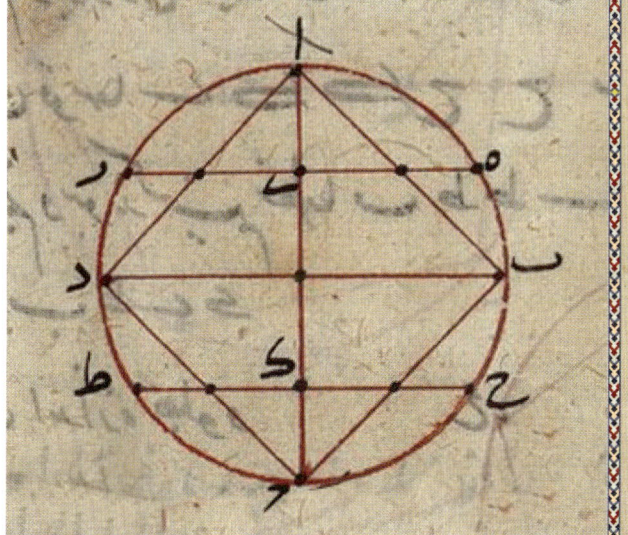

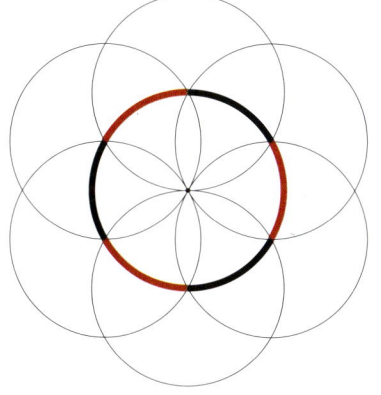

(١٦٢) ورد في هامش الصفحة ١٢ نسخة أ. : ((برهانه فلأنّه جعل نقطتي ي . ك مركزين وعمل عليهما دائرتين متساويتين تتقاطعان على نقطتي ل . م فبحسب ما بيّن في شكل من باب ر من هذا الكتاب . يقطع خط ل م خط ي ك بنصفين على زوايا قائمة فهو يمر على مركز الدّائرة . فمن البيِّن أنّ قطريْ أ جـ . ب د . أي . ي ك . ل م يتقاطعان على زوايا قائمة فيكون لذلك مربّع أ ب جـ د متساوي الأضلاع قائم الزّوايا . وذلك ما أردنا أن نبيِّن)).

[جدارية من الرخام يظهر فيها زخرفة بأشكال مربّعة . الجامع الحُسيني . عمّان - الأردن.]

صورة الشكل ٥٣ من ب. ((ند)) ٥٤ من ق

[إذا فتحنا البركار بمقدار نصف القطر فإن محيط الدائرة ينقسم إلى ستة أقسامٍ متساوية .]

وإن شئنا جعلنا علامات هـ، ر، ح، ط مراكز،
وأدرنا دوائر تتقاطع على نقطتي ي، ك،
ووصلنا خطّ ي ك، يقطع الدّائرة على نقطتي ب، د،
ووصلنا خطوط أب، ب جـ، جـ د، د أ،
(فيكون من ذلك مربّع أ ب جـ د متساوِي الأضْلاع)(١٦٣)،
وهذه صورته(١٦٤).

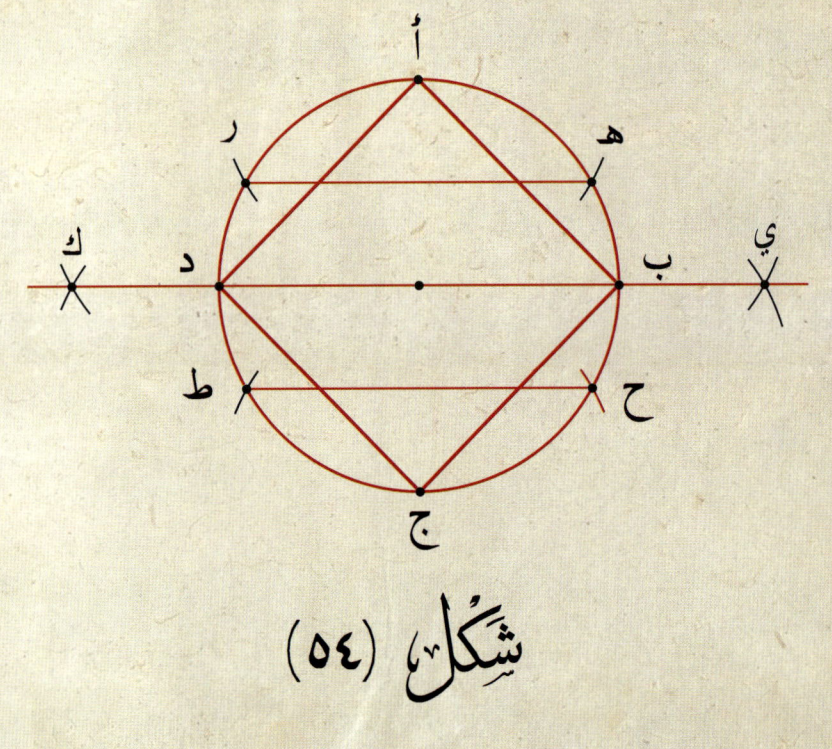

شَكل (٥٤)

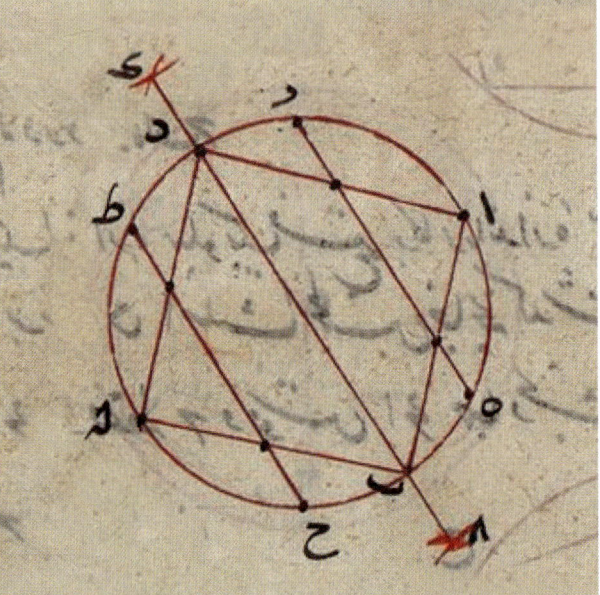

(١٦٣) وردت في ق. ((فتكون متساوية)).

(١٦٤) ورد في هامش الصفحة ١٢ نسخة أ. : ((برهانه وبرهان الخامس سواء، وكذلك النقطتين إذا وقعتا داخل الدائرة أو خارجها فاعرفْ ذلك)).

[قطعة مزخرفة،نحت في الحجر، الهند، متحف الفن الإسلامي الدوحة، قطر.]

صورة الشكل ٥٤ من ب. ((نه)) ٥٥ من ق.

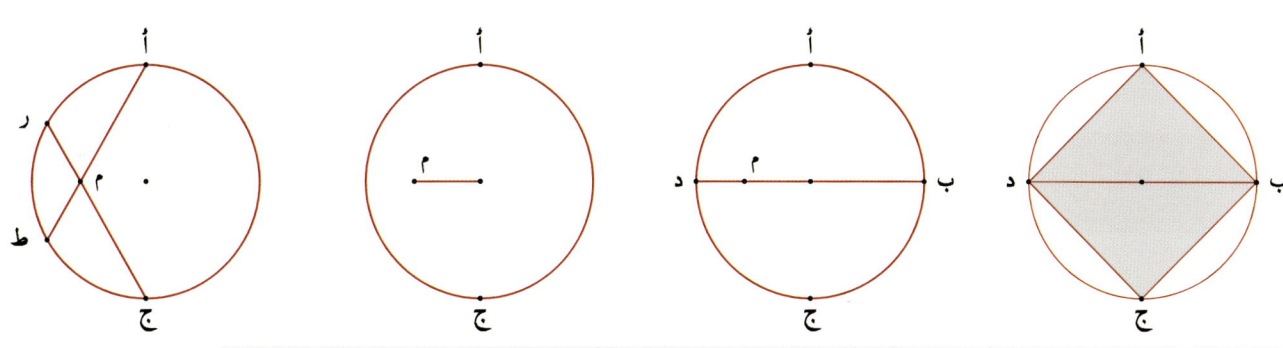

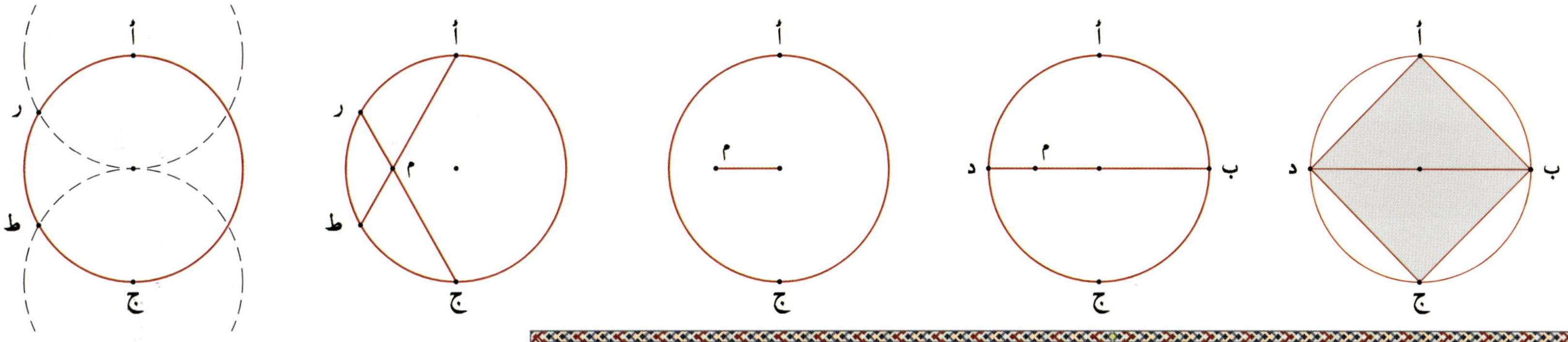

[خطوات العمل]

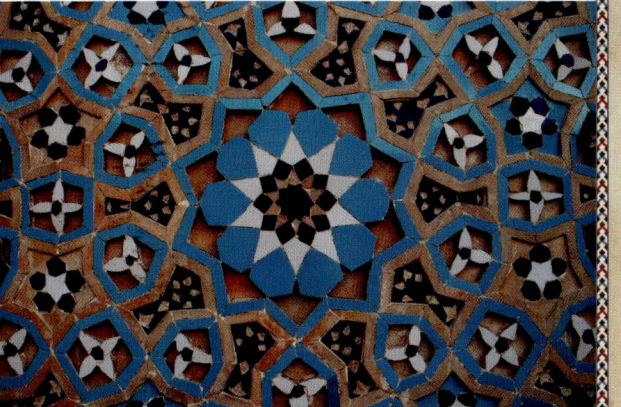

[زخرفة هندسية من الزليج. شكل المعشّر. أصفهان. إيران.]

و إن شئنا وصلنا بين نقطتي أ، ط ونقطتي ج، ر بخطي أط، جر يتقاطعان على نقطة م، ووصلنا خط بينها وبين المركز، وأخرجناه إلى نقطتي ب، د، [فيكون من ذلك مربّع أ ب ج د متساوي الأضلاع] (١٦٥)، وهذه صورته (١٦٦).

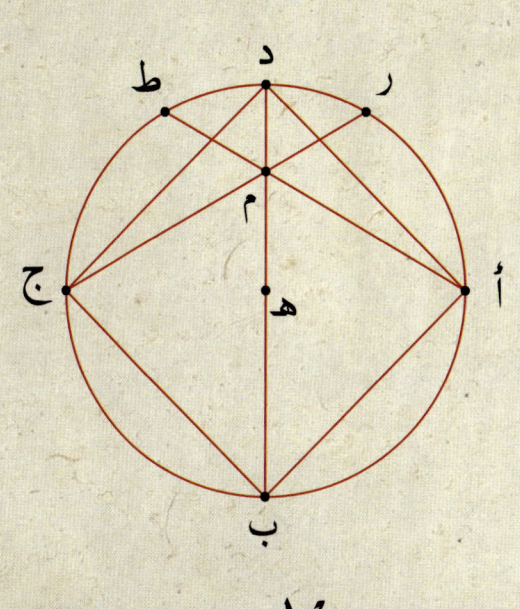

شكل (٥٥)

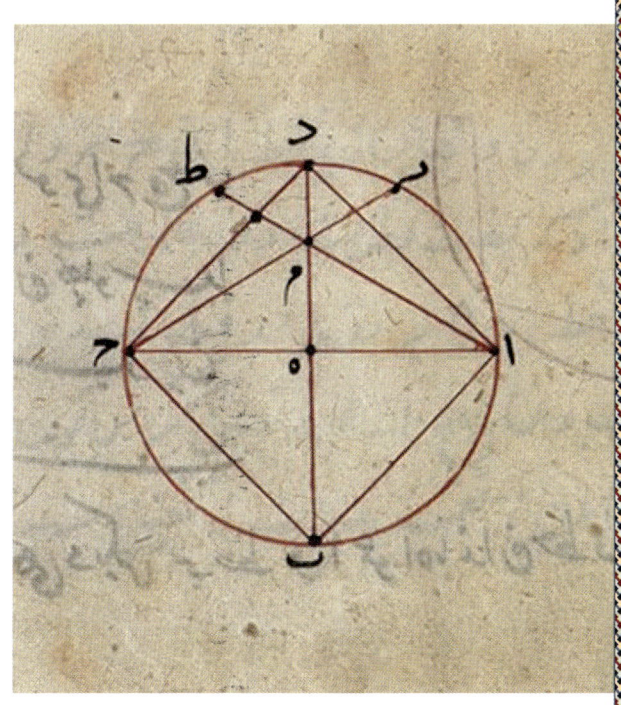

صورة الشكل ٥٥ من ب. ((نو)) ٥٦ من ق.

(١٦٥) إضافة من المحقّق.
(١٦٦) ورد في هامش الصفحة ١٢ نسخة أ.: ((برهانه فلأنّ قوسَيْ أ ر، ج ط متساويتان، تكون زاويتا أ ج ر، ج أ ط متساويتين أيضاً. ولذلك يكون خطّا أ م، م ج متساويين، ونبيّن كما بيّنّا في أواخر شكل د من هذا الكتاب، أنّ قطر ب د يقطع قطر أ ج على زوايا قائمة. فيكون لذلك شكل أ ب ج د مربّعاً، وذلك ما أردنا أن نبيّن)).

٨٩

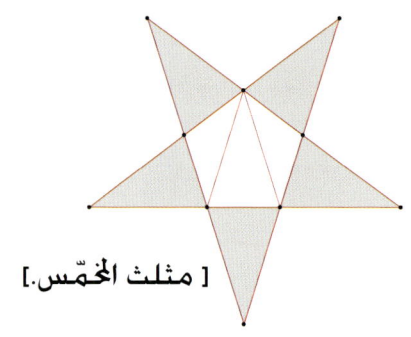

[مثلث المخمّس.]

[شكل نجمة خُماسيّة على باب خشبي ،
متحف الفن الإسلامي قطر ،الدوحة .]

عمل المخَمَّس في دائرة

فإن قال: كيف نعمل في دائرة أ ب جـ مُـخمّساً متساوي الأضلاع ؟

جعلنا المركز نقطة د وأخرجنا أ د جـ ، وأخرجنا من نقطة د عمود د ب ، وقسمنا أ د بنصفين على نقطة هـ ، وجعلنا نقطة هـ مركزاً ، وببعد هـ ب علامة ر ، وجعلنا نقطة ب مركزاً وببعد ب ر علامة ط ، فتكون قوس ب ط خُمس الدّائرة ، فإذا جعلنا قِسيّ ي ط ، ي ك ، ك ح ، ب ح مساوية لقوس ب ط ووصلنا خطوط ط ب ، ب ح ، ح ك ، ك ي ، ي ط .
كان مخمّس ب ح ك ي ط مخمّساً متساوي الأضلاع والزّوَايا(١٦٧) ، وهذه صورته(١٦٨).

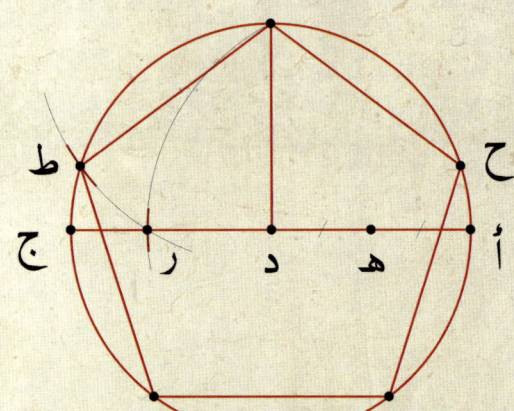

شَكل (٥٦)

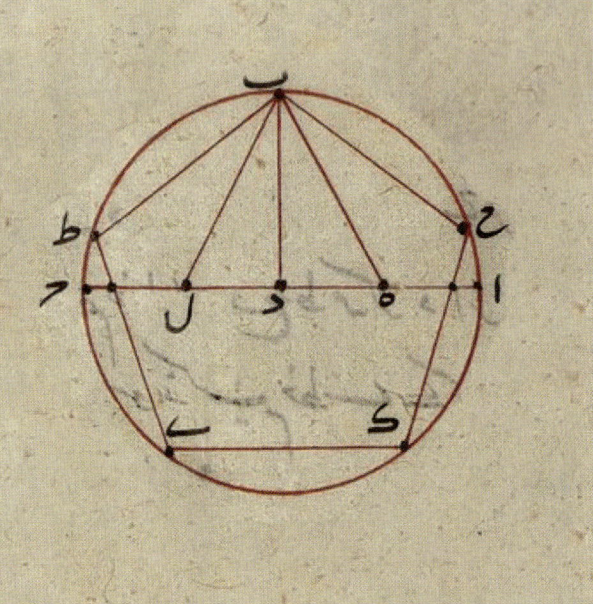

صورة الشكل ٥٦ من ب. ((نز)) ٥٧ من ق.

(١٦٧) إضافة في أ.

(١٦٨) ورد في هامش الصفحة ١٣ نسخة أ. : ((برهانه قد ذكره بطليموس في أوّل شكلٍ من المقالة الأولى من كتاب "المجسطي" ولكنا نذكره ههنا. لنصل خطي هـ ب ، ر ب فلأنّ خط أ د قُسِم بنصفين على نقطة هـ وزيد عليه خط د ر يكون سطح أ ر في ر د مع مربّع د هـ مساوياً لمربّع هـ ر وَ هـ ر مساوياً لمربّع هـ ب لأنه مساوٍ لمربّعي ب د ، د هـ لأنّ زاوية ب د هـ قائمة ويلقى مربّع د هـ من الإشراك فيبقى سطح أ ر في ر د مساويا لمربّع ب د وأعني مربّع أ د فيكون لذلك خط أ ر مقسوماً على نسبة ذات وسطٍ وطرفين وخط أ د ضلع المسدّس فخط د ر ضلع المعشّر في دائرة أ ب جـ كما بيّنَهُ أقليدس في شكل مب من مقالة مجـ ولأنّ مربّع ضلع المسدّس ومربّع ضلع المعشّر فهما كما بيّنه في شكل بجـ من مقالة مجـ . وَ د ب ضلع المسدّس وَ د ر ضلع المعشر كما بيّنّا. فخط ب ر ضلع المخمّس الواقع في دائرة أ ب جـ وَ ب ر مساوٍ لـ ب ط وَ ب ط ضلع المخمّس . فشكل ب ط ي ك ح مُخمّس متساوي الأضلاع والزّوايا . وذلك ما أردناه)).

(ق_١٩_ظ)

[يقصد بالمثلّث الذي عملناه في عمل المخمّس، أي مثلّث المخمّس وهو موضح بالشكل رقم ٤٠]

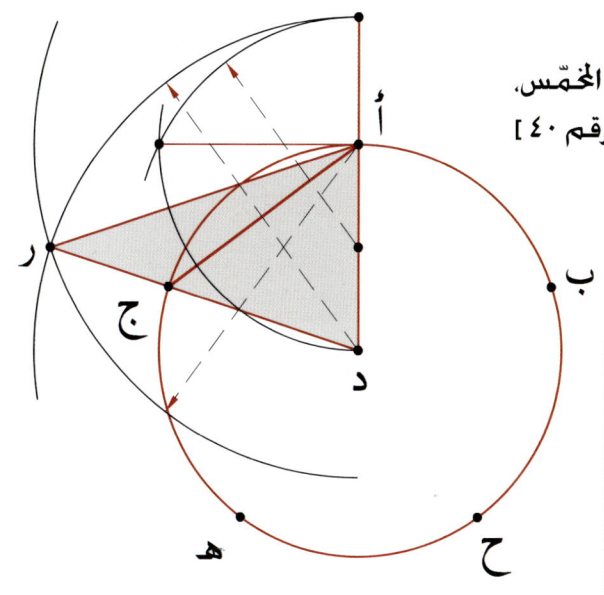

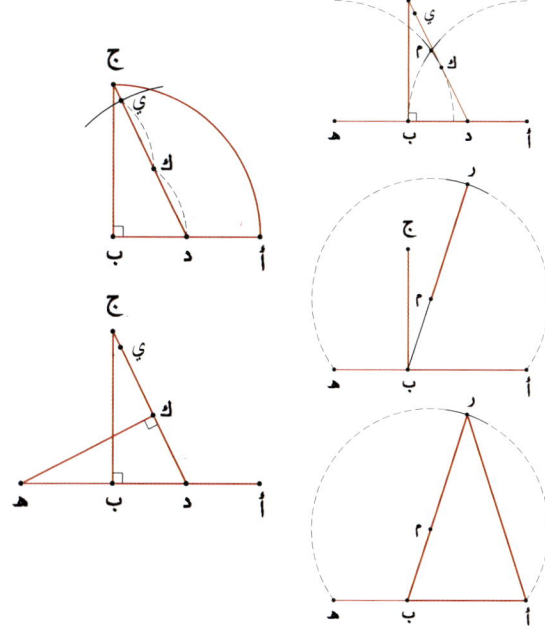

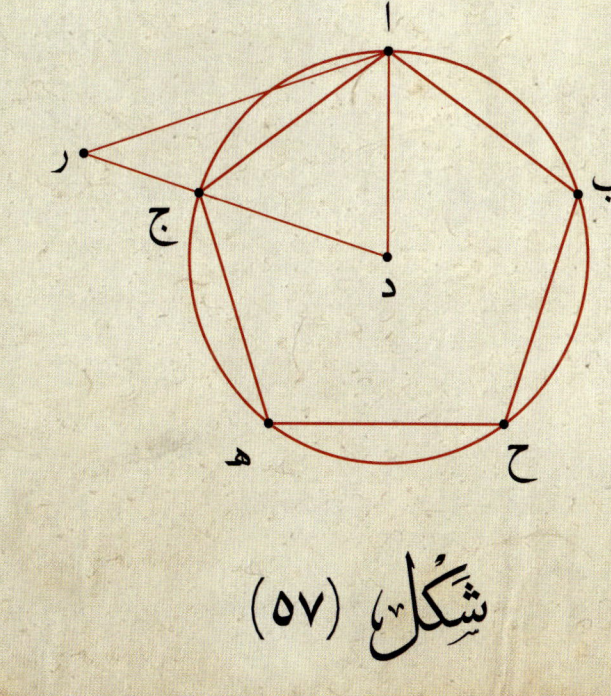

فإن قال: كيف نعمل في دائرة أ ب جـ مخمّساً متساوي الأضلاع على أنّ فتح البركار مثل نصف القطر ومركزها نقطة د ؟

عَملنا على خط د أ المثلّث الذي عمِلناه في عمل(١٦٩) المخمّس على خط أ ب، وليكن المثلّث أ د ر،

وليقطع دائرة أ ب جـ على نقطة جـ،

ونقسم قوس أ ب جـ بأربعة أقسامٍ متساوية على نقط ب، ح، هـ، جـ،

ونصل خطوط أ جـ، جـ هـ، هـ ح، ح ب، ب أ،

فيكون مخمَّس أ جـ، جـ هـ، هـ ح / ح ب، ب أ متساوي الأضلاع،

وهذه صورته(١٧٠).

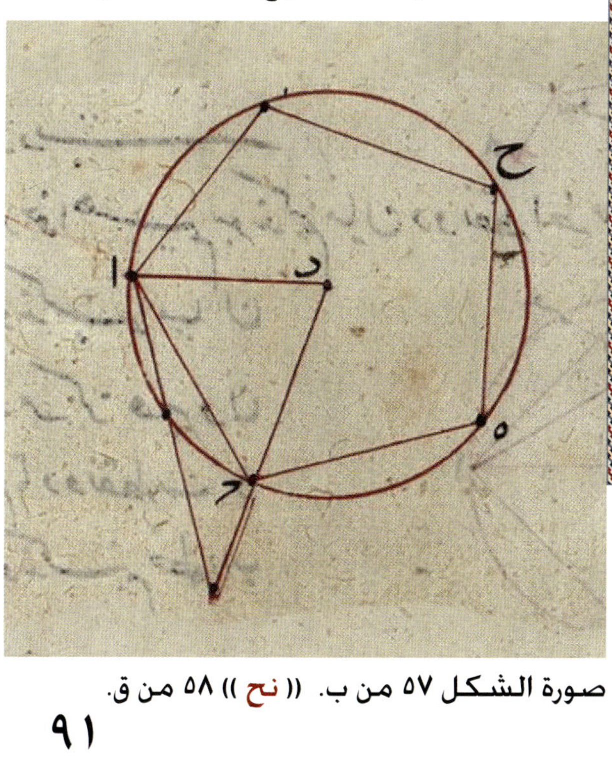

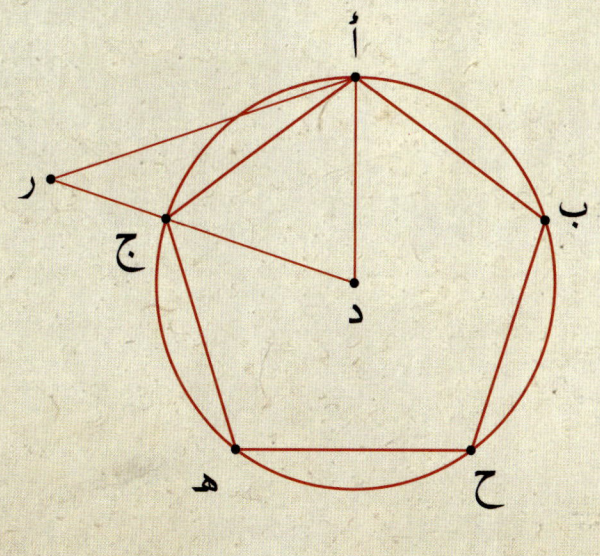

شكل (٥٧)

[خطوات استخراج مثلّث المخمّس.]

صورة الشكل ٥٧ من ب. ((نح)) ٥٨ من ق.

(١٦٩) إضافة في أ. (١٧٠) ورد في هامش الصفحة ١٣ نسخة أ. : ((برهانه في هذا العمل مشابه، إلّا أنّ فتح البركار باقٍ على حالته، وهو على بعد نصف قطر الدائرة، عمل على خط أ د الّذي هو نصف القطر مثلث المخمّس، أعني المثلث المتساوي السّاقين الذي كلّ زاوية من زواياه التي عند القاعدة مِثْلَيْ الزّاوية الباقية كما عليه في الشّكل الرّابع من باب جـ. فحصلت زاوية أ د ر خُمسيّ زاويتين قائمتين، وذلك بيِّن، فتكون هذه الزّاوية خُمسَ أربع زوايا قائمة فتكون قوس أ جـ التي توترها خُمس الدّائرة كما قلنا في شكل من باب جـ. فيكون لذلك شكل أ ب ح هـ جـ مخمّساً متساوي الأضلاع والزّوايا)).

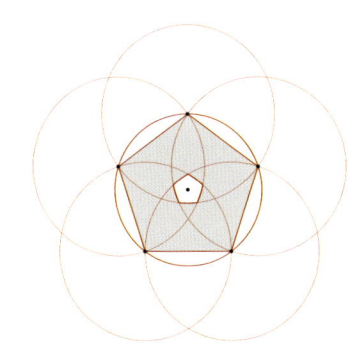

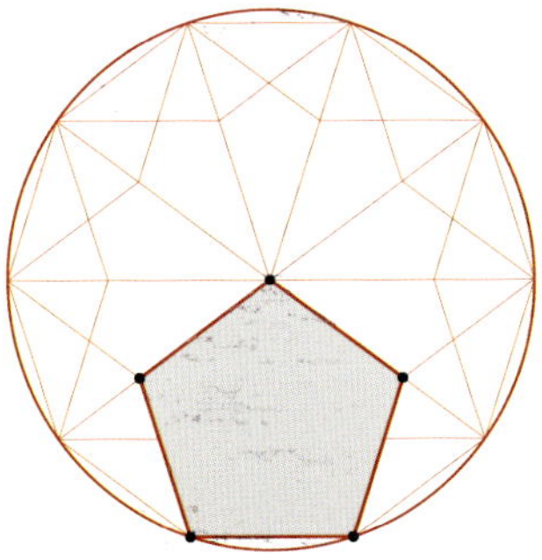

المخمّس داخل المعشّر

قطعة سيراميك على شكل مخمّس وداخلها زخرفة على شكل مسدّس . متحف الفن الإسلامي . الدوحة . قطر .

وجه آخر في عمل المخمَّس في دائرة

نقيم على خط د أ عمود أ هـ مساويا لخط د أ ونقسم خط د أ بنصفين على نقطة ر ، ونصل ر هـ ونجعل خط ر ح مثل خط أ د ونقسمه بنصفين على نقطة ط ، ونخرج عمود ط ي يلقى خط د أ على نقطة ي ونجعل نقطة ي مركزاً وببعد د أ علامتي م ، ل فتكون قوس م ل خُمس الدّائرة، وهذه صورته (١٧١).

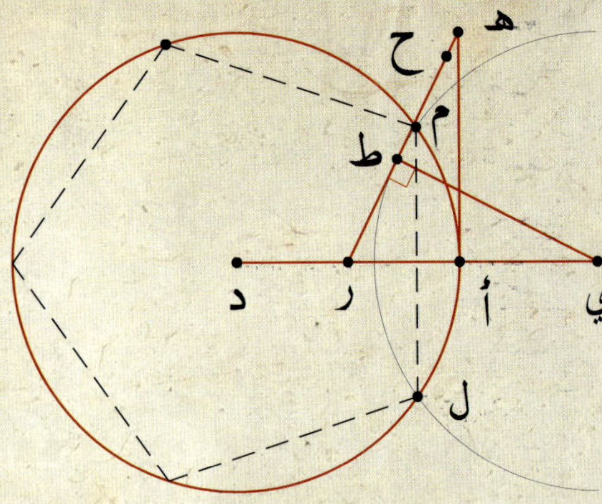

أ
ي

شَكل (٥٨)

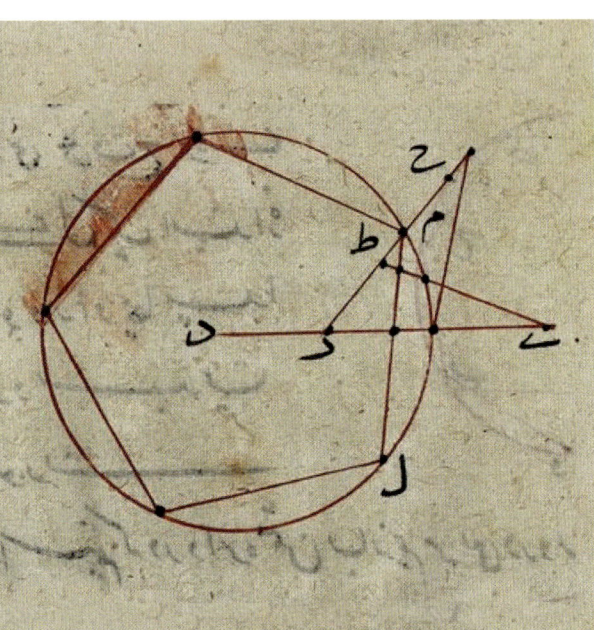

أ
ي

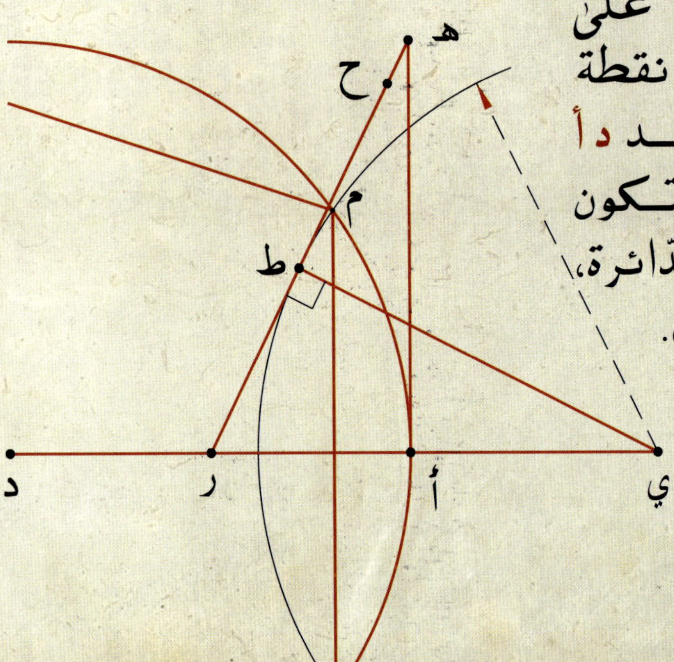

صورة الشكل ٥٨ من ب. ((نط)) ٥٩ من ق.

(١٧١) ورد في هامش الصفحة ١٣ نسخة أ. : ((برهانه، عمل هذا الشكل منذ عمل شكل د من باب جـ ، لأنّا إذا وصلنا خطوط د ل ، ل ي ، أ ل وبيّنّا مثل ما بين في شكل د من باب جـ . وذلك أنه قصد في الجميع أن يكون سطح د ي في ب أ مساوياً لمربّع أ د لكنّ أ د مساوٍ لخط ل ي فسطح د ي في ي أ مساوٍ لمربّع ل ي فنسبة د ي إلى ي ل كنسبة ر ل إلى ل أ وزاوية د ر ل مشتركة فمثلثا د ل ي ، أ ر ل متساويا الزّوايا، متناسبا الأضلاع النظائر، فتكون نسبة د ل إلى ل أ كنسبة ل ي إلى ي أ وَ د ل مساوٍ لـ ي ط فـ أ ل مساوٍ لـ ي أ لكنّ أ ي ضلع معشّر الدّائرة التي ضلع د أ ضلع مسدّسها أعني دائرة م أ ل فخط أ ل إذن ضلع عُشْر الدّائرة م أ ل فقوس أ ل مساوية لقوس أ م فهي عُشرها فجميع قوسي ل م خُمس الدّائرة . وذلك ما أردنا أن نبيّن)).

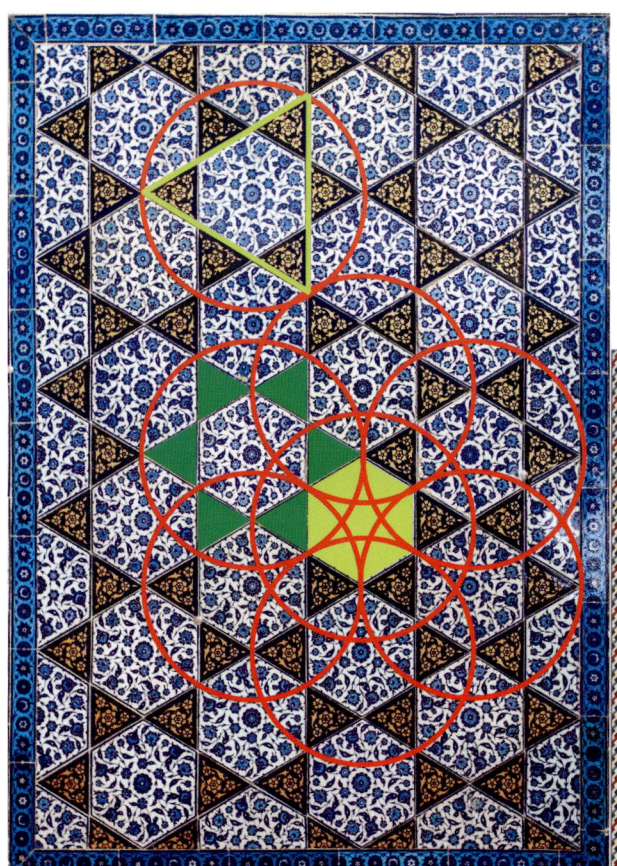

[زخرفة من السيراميك المزجج . الشكل المسدّس. في قصر توب كابي ، إسطنبول - تركيا.]

عمل المسدّس في دائرة

فإن قال : كيف نعمل في دائرة أ ب ج مسدّساً متساوي الأضلاع؟

أخرجنا قطر أ ج ،

وجعلنا كل واحدة من نقطتي أ ، ج مركزاً،

وببعد نصف القطر علامات ب ، ح ، هـ ، ر ،

ووصلنا خطوط أ ب ، ب هـ ، هـ ج ، ج ر ، ر ح ، ح أ ،

فيكون مُسَدَّس أ ب هـ ج ر ح متساوي الأضلاع والزوايا، وهذه صورته (١٧٢). /

شِكلٌ (٥٩)

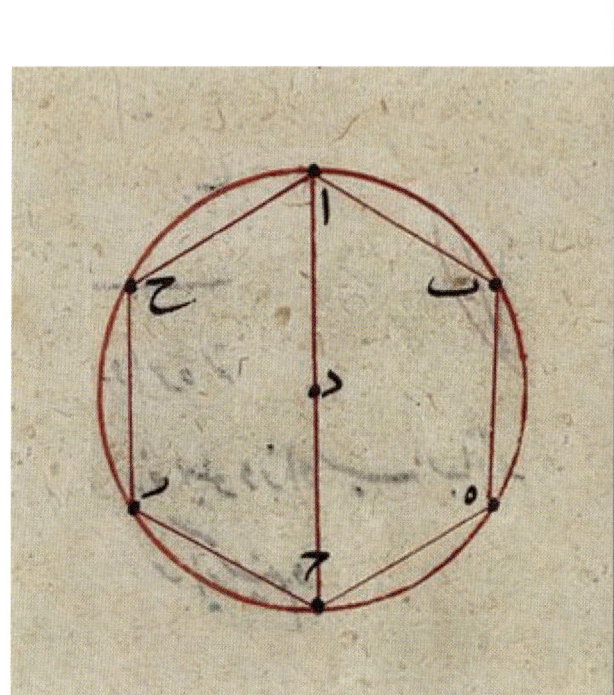

صورة الشكل ٥٩ من ب. ((س)) ٦٠ من ق.

(أ_١٣_ظ)

(١٧٢) ورد في هامش الصفحة ١٣ نسخة أ. :
((برهانه هو برهانه في المقالة الرّابعة من كتاب الأصول)).

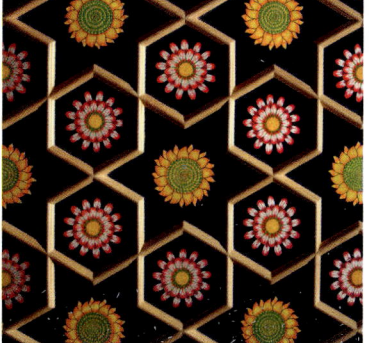

[زخرفة من القماش والخشب . متحف الفن الإسلامي . الدوحة - قطر.]

٩٣

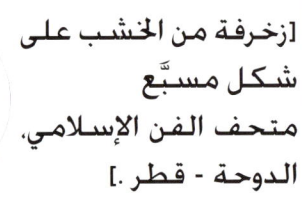

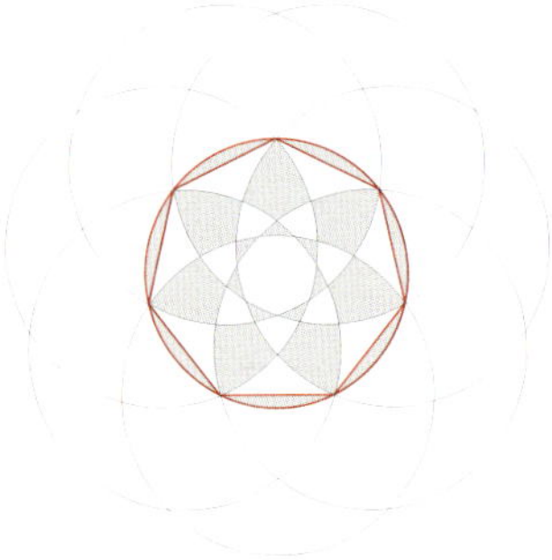

[زخرفة من الخشب على شكل مسبَّع متحف الفن الإسلامي، الدوحة - قطر.]

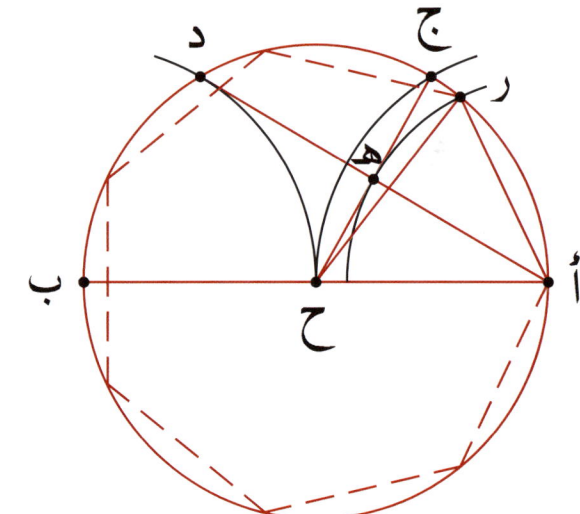

عمل المسبّع في الدَّائرة

فإن قال: كيف نعمل في دائرة أ ب جـ مسبّعاً (متساوي الأضلاع)(١٧٢) ؟

أخرجنا قطر أ د جـ وجعلنا نقطة أ مركزاً، وببعد أ د وهو نصف القطر، علامتي ب ، هـ ، ووصلنا ب هـ ، يقطع خط أ جـ على علامة ر ، وجعلنا نقطة ب مركزاً وببعد ب ر ،علامة ح ، فتكون قوس ب ح سُبع الدائرة بالتّقريب لا بالتّحقيق، فإذا فصلنا دائرة أ ب جـ بأقسام مساوية لقوس ب ح ووصلنا بين مواضع الفصل ،كان مسبّع و ب ح ط ي ك ل متساوي الأضْلاع، وهذه صورته (١٧٣).

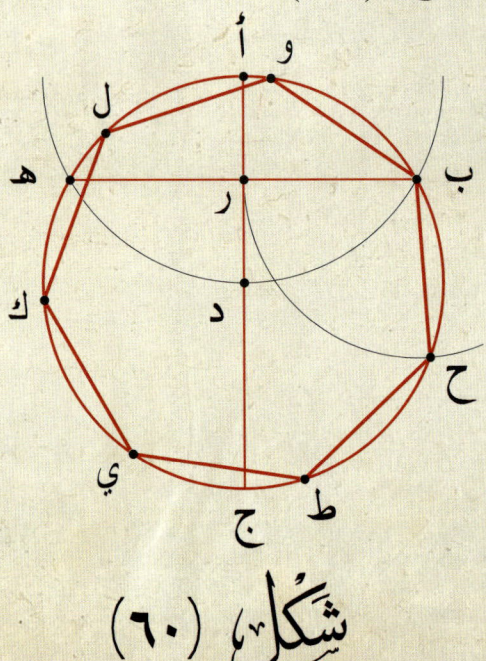

شَكل (٦٠)

[إضافة من المحقِّق.
طريقة أخرى لرسم المسبّع :
إذا أخرجنا القطر أ ب ،
وجعلنا نقطتي أ ،ب مركزين ،
وببعد نصف القطر رسمنا دائرتين تتقاطعان مع الدائرة في جـ ، د،
ووصلنا خطي أ د ، ح جـ يتقاطعان في نقطة هـ ، ثم جعلنا أ مركزاً ،
وببعد أ هـ دائرة تقطع المحيط في نقطة ر ،
فيكون خط أ ر هو ضلع المسبَّع.]

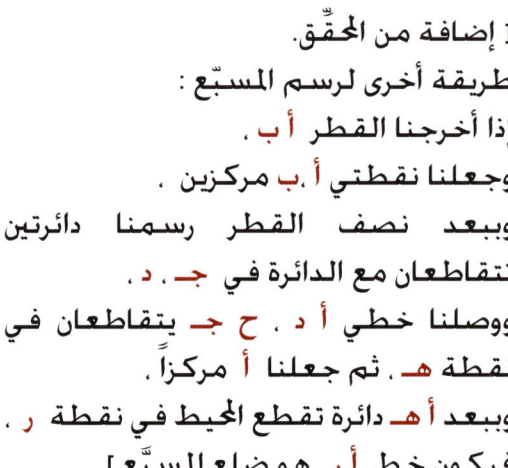

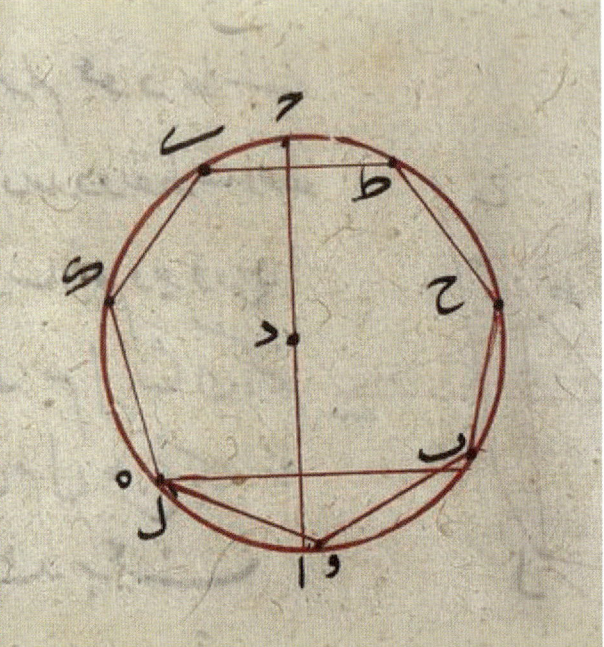

صورة الشكل ٦٠ من ب. ((سا)) ٦١ من ق.

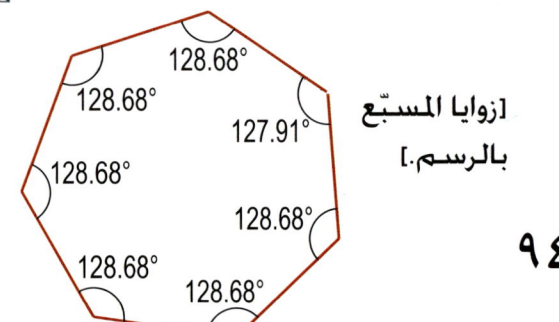

(١٧٢) إضافة في أ.

(١٧٣) ورد في هامش الصفحة ١٣ نسخة أ. : ((قال الغندجاني: هذا الشّكل لا يُبَرهن إلّا إن قصده أن يخط أوتاراً في دائرة كلّ وتر منها مثل نصف ضلع المثلّث المتساوي الأضلاع الذي يقع فيها وهذا يقرب من وتر المسبّع فاعرف ذلك وباقي أشكال هذا الباب إلى آخره ظاهرة البراهين)).

[زوايا المسبّع بالرسم.]

مسدس

مسبّع

مثمّن

[زخارف هندسية ثلاثية الأبعاد على السطح الخارجي لقبّة ضريح في صحراء المماليك. القاهرة. لاحظ : يتدرج من الأسفل إلى الأعلى أنماط زخرفية على التوالي (مثمن ، مسبع ، مسدس).]

عمل المثمَّن في دائرة

فإن قال: كيف نعمل مُثَمّناً متساوي الأضْلاع والزّوايا في دائرة ؟

عملنا فيها مربَّعاً متساوي الأضْلاع والزَّوايا،
وقسمنا كلّ قوس منها بنصفين،
ووصلنا بين مواضَع الأقسام بخطوط / مستقيمة، (ق_٢٠_ظ)
(فيحدث من ذلك مثمَّنا مُتسَاوي الاضْلاع)(١٧٤)،
وهذه صورته.

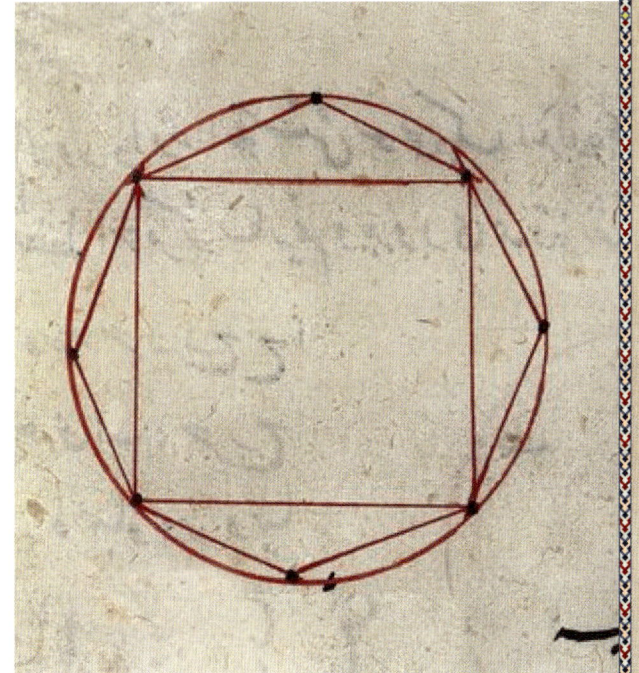

شَكل (٦١)

صورة الشكل ٦١ من ب. ((سب)) ٦٢ من ق.

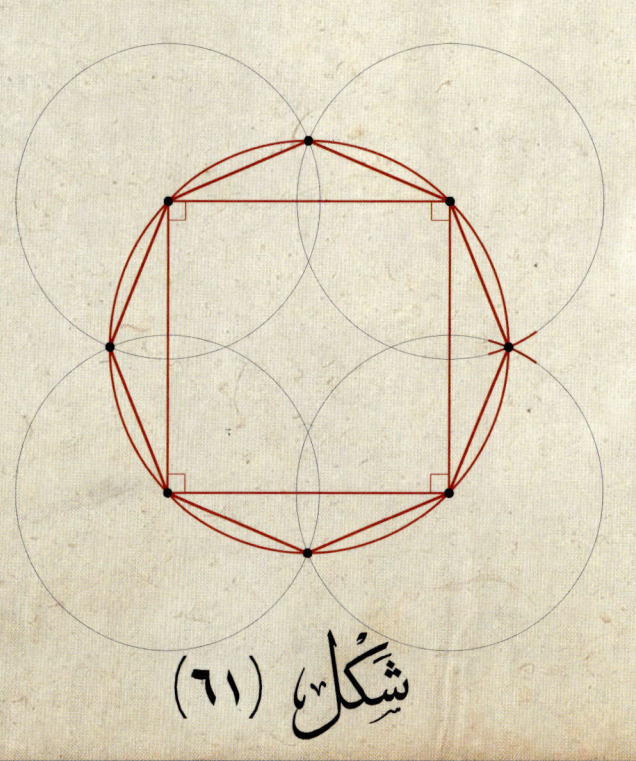

(١٧٤) إضافة في أ.

عمل المتسّع في دائرة

فإن قال: كيف نعمل في دائرة متسَّعاً (متساوي الاضْلاع)(١٧٥)؟

عملنا فيها مثلثاً متساوي الأضْلاع ،
وقسمنا كل قوس منها بثلاثة أقسامٍ متساويةٍ،
ووصلنا بين مواضع القسمة بخطوط مستقيمة(١٧٦)،
فيكون قد عملنا مُتسّعاً متساوي الأضْلاع والزَّوايا في دائرة،
وهذه صورته.

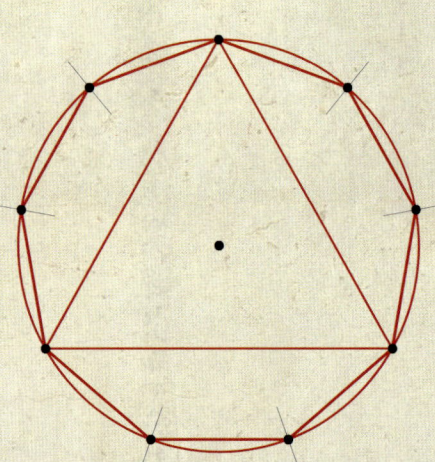

شكل (٦٢)

[زخرفة على قبّة ضريح. في صحراء المماليك ، القاهرة.] شكل متسّع

[الشكل المتسَّع.]

صورة الشكل ٦٢ من ب. ((سجـ)) ٦٣ من ق.

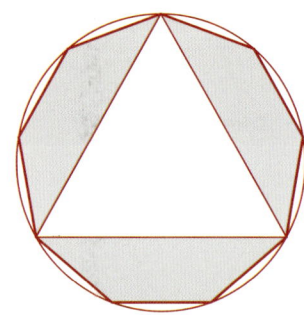

(١٧٥) إضافة في أ.
(١٧٦) إضافة في أ.

[نجمة على شكل معشّر في باب خشبي مطعّم بالعاج والصدف.
متحف الفن الإسلامي . الدوحة ، قطر .]

عمل المعشّر في دائرة

فإن قال : كيف نعمل في دائرة معشراً؟

إن شئنا عملنا فيه مُخمّساً، ثم قسمنا كل قوسٍ منها بنصفين فيكون قد عملنا فيها(١٧٧).

وإن شئنا عملنا فيها مُخمَّسا بمثل العمل الذي تقدّم ذكره (١٧٨)ثم أخذنا خط د ر منه، فهو وتر المعشّر، ثم قسمنا الدّائرة بأقسام تكون أوتارها مساوية لخط د ر ، ووصلنا بين الأقسام بخطوط مستقيمة ، فيكون قد عملنا في الدّائرة معشّراً متساوي الأضْلاع ، وهذه صورته.

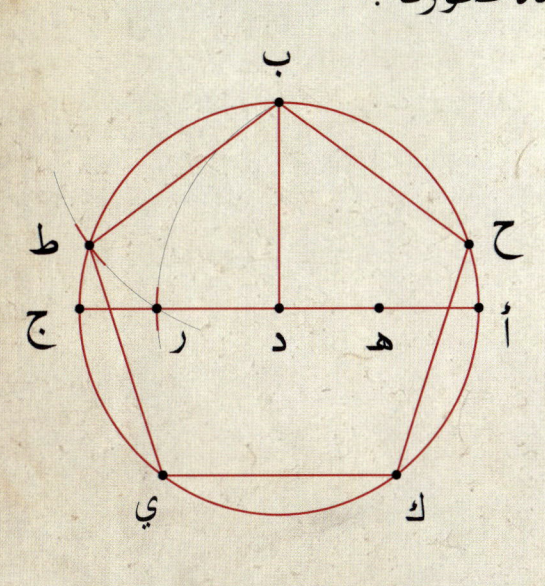

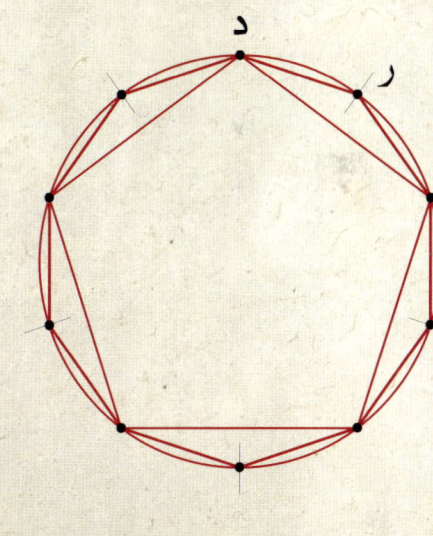

شَكل (٦٣)

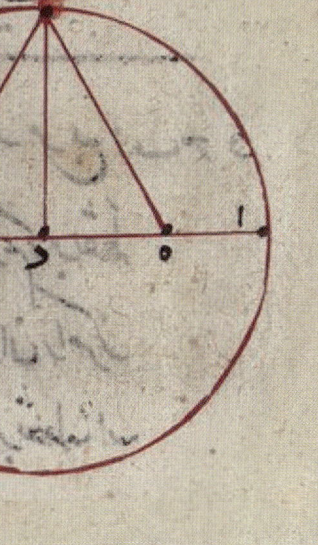

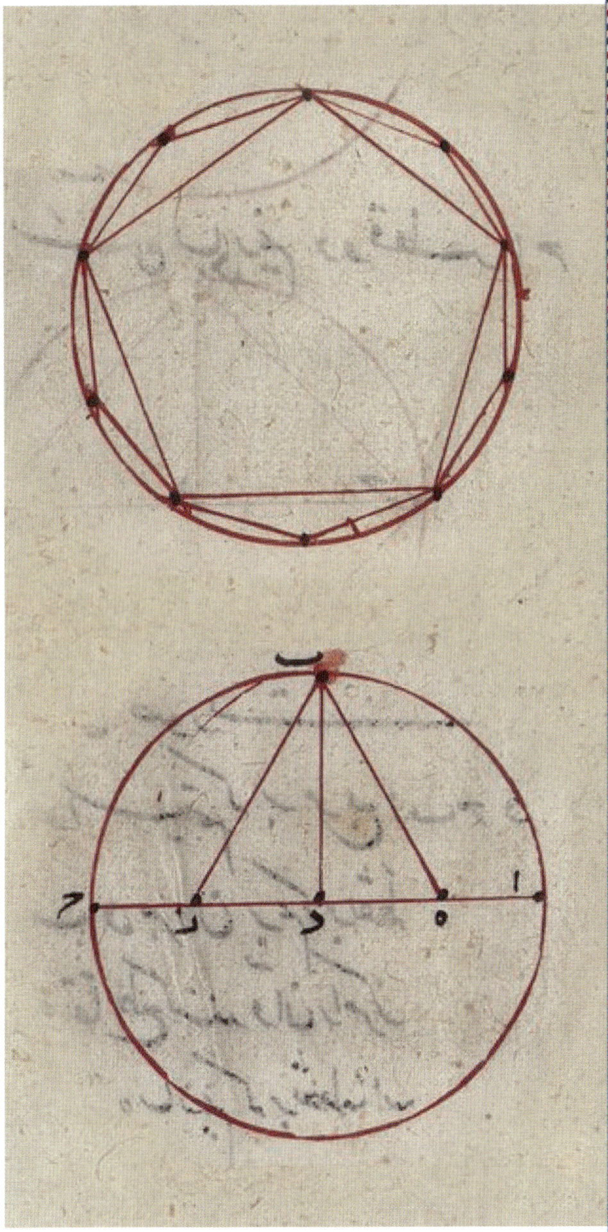

صورة الشكل ٦٣ من ب. ((سد)) ٦٤ من ق. في ق. توجد إحدى صورتي هذه المسألة فقط

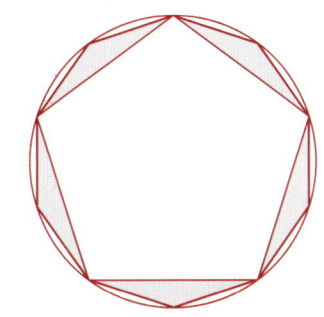

(١٧٧) إضافة في أ.

(١٧٨) [العمل المشار إليه: تجده في الشكل رقم ٥٦ ، تحت عنوان ، عمل المخمّس في دائرة.]

نهاية الباب الرّابع

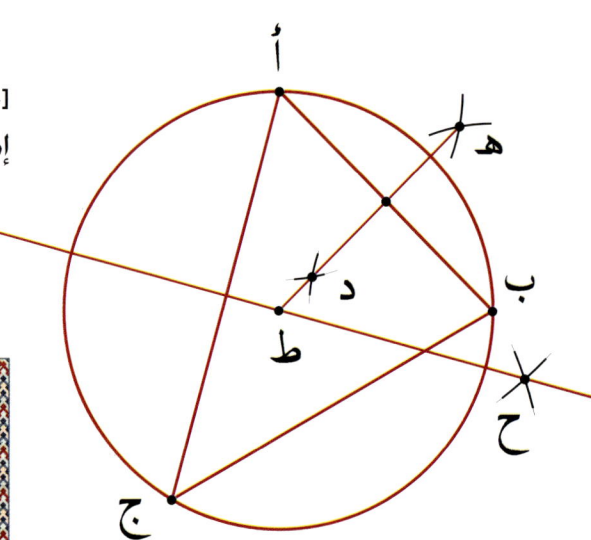

[حالة أُخرى من شكل ٦٤ ،
إضافة من المحقّق .]

البَابُ الخَامِسُ

فِي عَمَلِ الدَّائِرَةِ عَلىٰ الأشْكَالِ

فإن قال: كيف نعمل علىٰ مثلّث أب جـ دائرة ؟
أو كيف نعمل علىٰ ثلاث نقط متفرّقة ليست علىٰ خطٍ واحدٍ دائرة ، فإن الأمرين يرجعان إلى معنىً واحد؟

جعلنا نقطتي أ ، ب مركزين ، وأدرنا دائرتين تتقاطعان علىٰ نقطتي د ، هـ ، وأخرجنا خط د هـ ،
ثم جعلنا علىٰ نقطة جـ وواحدة من نقطتي أ ، ب أي نقطة كانت ، دائرتين تتقاطعان على نقطتي ر ، ح .
واخرجنا خط رح يقطع خط دهـ علىٰ نقطة ط ، فتكون نقطة ط مركز الدّائرة التي تجوز علىٰ نقط أ ، ب ، جـ ، وهذه صورتها (١٧٩).

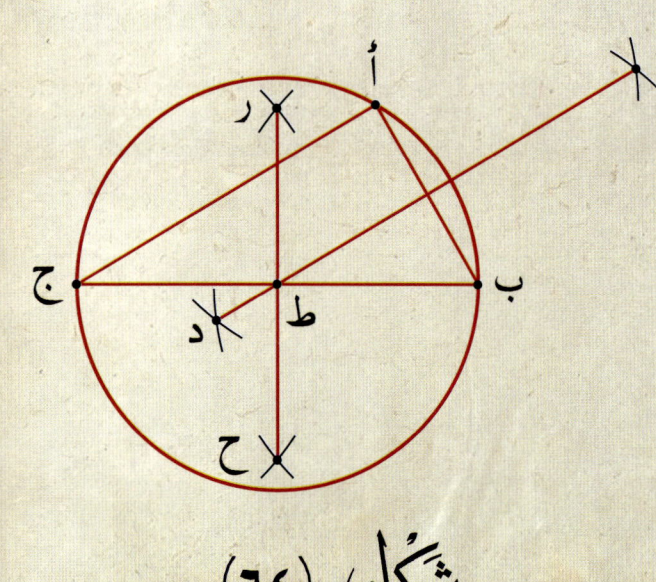

شكل (٦٤)

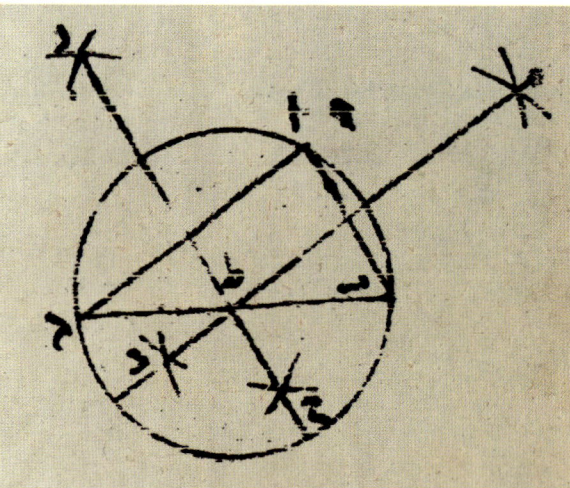

صورة الشكل ((سهـ)) ٦٥ من ق.

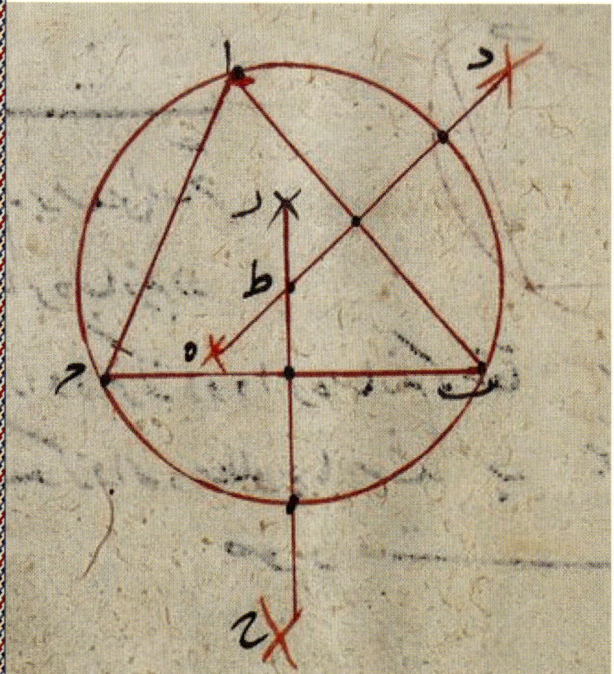

صورة الشكل ٦٤ من ب.

(١٧٩) ورد في هامش الصفحة ١٤ نسخة أ. : ((برهانه قصد أن يقسم ضلعين من أضلاعه بنصفين نصفين. ويخرج من موضعي القسمتين عمودين يتقاطعان . فتكون نقطة التّقاطع مركز الدّائرة التي تحيط بالمثلّث كما بيّنه أقليدس في شكل جـ من مقالة د . فنعمل على مركزيّ أ . ب دائرتين تتقاطعان على نقطتين نوصل بينهما بخط فذلك الخطّ يقسم خط أب بنصفين على زوايا قائمة وكذلك خط رح يقطع أجـ بنصفين على زوايا قائمة فبيِّنٌ أنّ نقطة ط الّتي يتقاطع عليها الخطّان هي مركز الدّائرة المطلوبة . وذلك ما أردنا أن نبيِّن)).

(١٨٢) ورد في هامش الصفحة ١٤ نسخة أ. : ((مقدّمة يُحتاج إليها في برهانه . فليكن مثلّث أ ب جـ زاوية أ ب جـ منه قائمة ، وقُسِم وتر أ جـ بنصفين على نقطة د ، ووصل ب د فأقول أنّ ب د مساوٍ لكل واحدٍ من خطّي أ د ، د جـ . برهانه : عمود ب هـ على خط أ د بحسب آخر شكل ح من مقالة د ، يكون ب هـ وسطاً في النسبة بين خطّي أ هـ ، هـ جـ فيكون مربّع ب هـ مساوياً لسطح أ هـ في هـ جـ وبجعل مربّع ب د مشتركا فيكون سطح أ هـ في هـ جـ مع مربّع ب د أعني بهما مربّع أ د ، مساوياً لمربّعيّ ب هـ ، هـ د أعني بهما مربّع ب د فخطُّ أ د مساوٍ لخطِّ ب د فخطوط أ د ، د ب ، د جـ متساويةٌ ولذلك تكون الدّائرة التي تخطّ على مركز د وببعد د أ تجوز على نقطتي ب ، جـ . وعلى وجهٍ آخر ، نخرج عمود د ر إلى ب جـ فيكون موازياً لخط أ ب ولذلك يكون خطُّ ب هـ مساوياً لخطِّ د ر من ر من و ، وبجعل ر د مشتركاً فكلى ب ر ، ر د مثل كِلَى جـ ر ، ر د والزاويتان قائمتان فخطّ ب د مساوٍ لخطِّ د جـ ، وذلك ما أردنا أن نبيِّن.

برهانُ الوجه الثاني: لأنّ كل واحدةٍ من زاويتي ب أ د ، ب جـ د قائمة ، وقسم وترهما وهو ب د بنصفين على نقطة هـ فالدّائرة التي نخط على مركز هـ وببُعد هـ د تجوز على نقط أ ب جـ كما بيَّنّا في المقدّمة،وذلك ما أردنا أن نُبيِّن)).

(وجهٌ ثانٍ)(١٨٠) في عَمل الدَّائِرة على المثلَّث.

وهو أنّا نقيم على نقطتي أ ، جـ من خطي أ ب ، ب جـ عمودين وهما أ د ، د جـ ويكون / إلتقاؤهما على نقطة د ، ونصل ب د ، ونقسمه بنصفين على نقطة هـ ، فتكون(١٨١) نقطة هـ مركز الدّائرة التي تدور على نقط أ ، ب، جـ ، وهذه صورتها (١٨٢) .

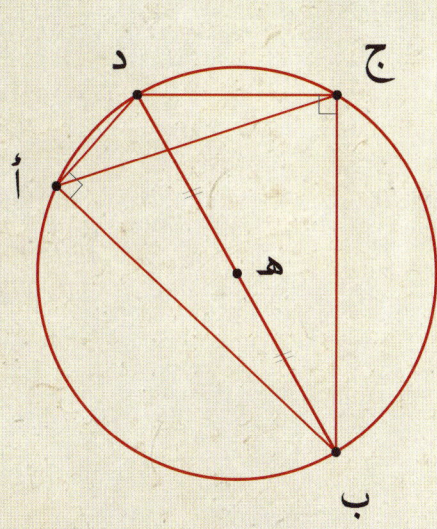

شَكل (٦٥)

[أرضية رخامية. مسجد السلطان حسن القاهرة .]

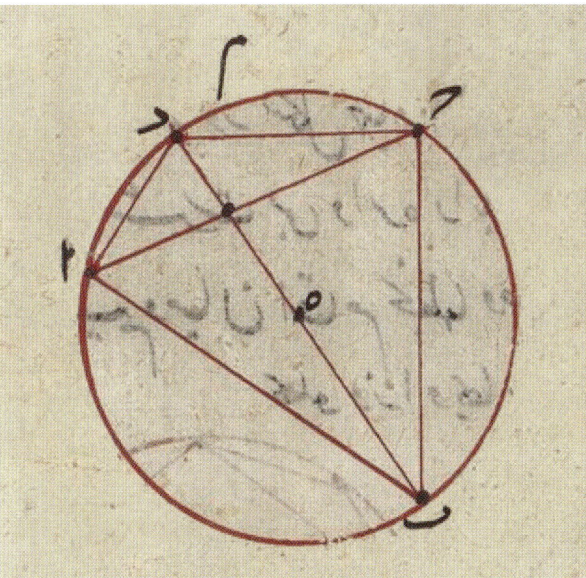

صورة الشكل ٦٥ من ب. ((سو)) ٦٦ من ق.

(١٨٠) غير موجود في أ.

(١٨١) وردت في ق. ((وبجعل)).

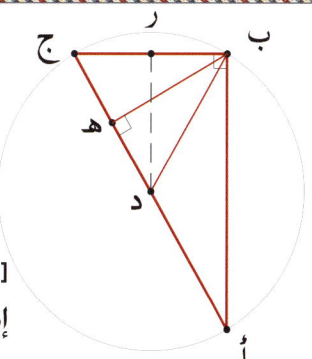

[شكل مقدّمة البرهان، إضافة من المحقّق .]

(ق_٢١_ظ)

[زخرفة من السيراميك.
نصير الملك شيراز .إيران.]

في عمل دائرة على مربّع

فإن قال: كيف نعمل على مربّع أ ب جـ د دائرة؟

أخرجنا قُطري أ جـ ، ب د (١٨٣)،
يتقاطعان على نقطة هـ ،
فتكون(١٨٤) نقطة هـ مركز الدَّائِرة التي تجوز على نقط أ ، ب ، جـ ، د ، وهذه صورتها(١٨٥) .

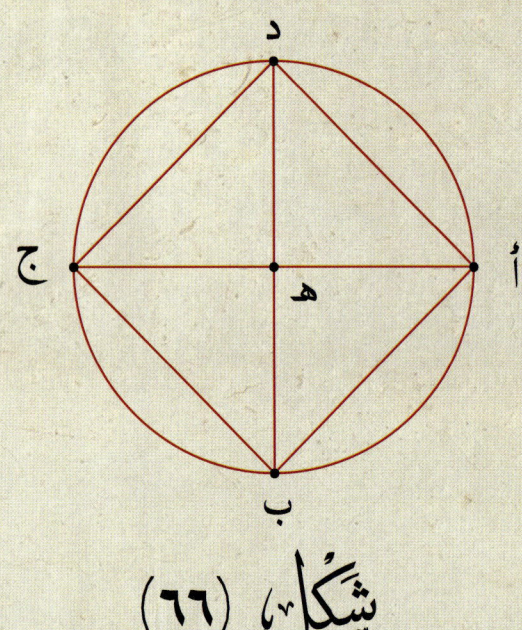

شكل (٦٦)

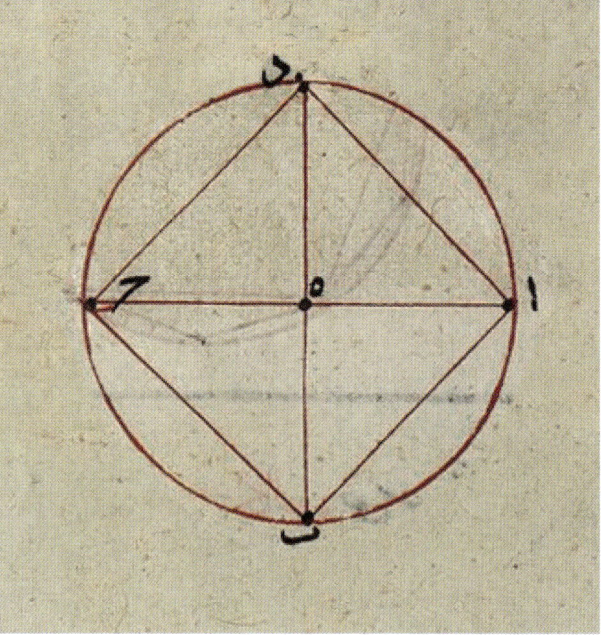

صورة الشكل ٦٦ من ب. ((سز)) ٦٧ من ق.

(١٨٣) وردت في ق. ((أجـ ، ب جـ)) وهو خطأٌ في النَّسخ.
(١٨٤) غير موجود في ق.
(١٨٥) ورد في هامش الصفحة ١٤ نسخة أ. : ((برهانه قد ذكره أقليدس)).

[أرضية من الرخام.
فناء مسجد السلطان حسن في القاهرة.]

صورة الشكل ٦٧ من ب. ((سح)) ٦٨ من ق.

في عمل دائرة على مخمس

فإن قال : كيف نعمل على مخمَّس أ ب جـ د هـ دائرة ؟ /

جعلنا نقطتي أ ، ب مركزين ،
وأدرنا دائرتين تتقاطعان على نقطتي ر ، ح ،
وأخرجنا خط ر ح ،
ثم جعلنا أيضاً نقطتي ب ، جـ مركزين ،
وأدرنا دائرتين تتقاطعان على نقطتي ي ، ك ،
وأخرجنا ي ك ، يقطع خط ح ر على نقطة ل ،
فتكون ل مركز الدَّائرة التي تجوز على نقط أ ، ب ، جـ ، د ، هـ ، وهذه صورتها(١٨٦) .

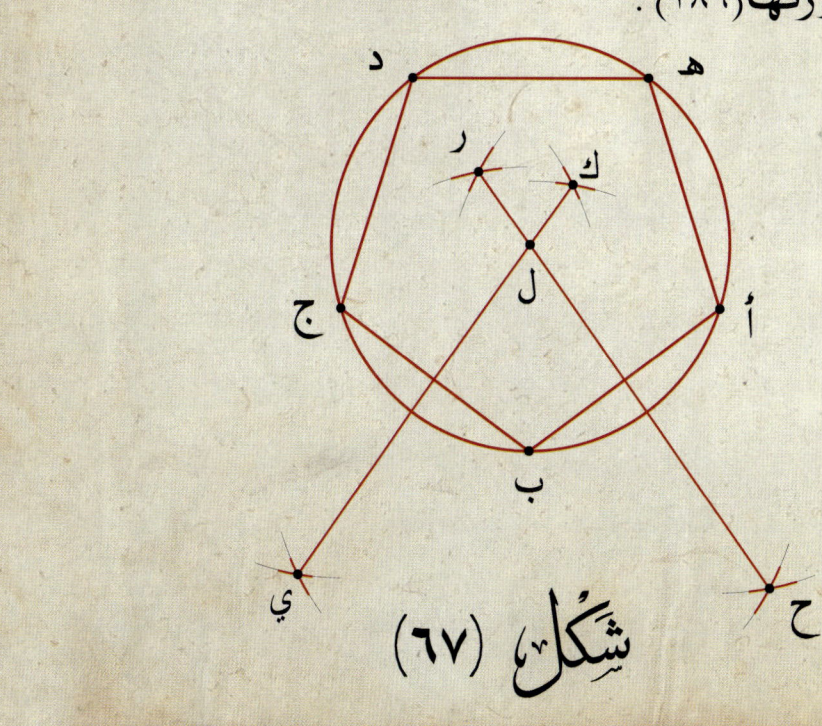

شكل (٦٧)

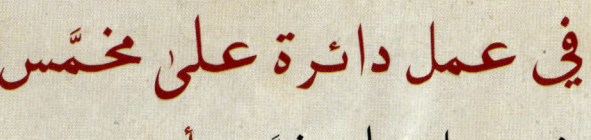

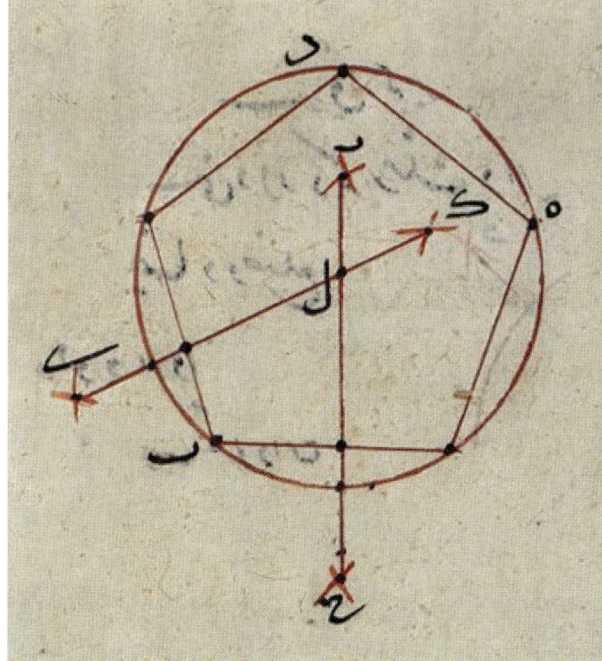

(١٨٦) ورد في هامش الصفحة ١٤ نسخة أ. ((برهانه غرضه أن نقسم ضلعين من أضلاع المخمَّس بنصفين نصفين، ونخرج من موضعيْ القِسمين عمودين يلتقيان على نقطة لنجعلها مركز الدَّائرة التي تحيط بالمخمَّس . وذلك أنّه قد بيَّن أقليدس في آخر الشّكل الأوّل من المقالة الثّالثة أنّ كلّ خطٍ يكون قائماً على وتر في دائرة على زوايا قائمة ويقسمه بنصفين فإنّ مركز الدّائرة على ذلك الخطّ القائم .وذلك ماَ أردنا أن نبيِّن. وإن شئنا أخرجنا أ هـ ثم نقسمه بنصفين. فيكون هناك المركز أو نخرج إليه من منتصف الضِّلع الأوسط عموداً . فإنّه يقطعه على المركز)).

(١٨٧) ورد في هامش الصفحة ١٤ نسـخة أ. : ((برهانه قد علم أنّ نصف القطر مساوٍ لضلع المسدّس، نعمل على ضلعٍ من أضلاع المسدّس مثلّثاً متساوي الأضلاع فيكون رأس ذلك المثلّث مركز الدّائرة التي تحيط بالمسدّس وذلك ما أردنا أن نبيّن.
قال أبو الوفاء فأمّا في الأشكال ذوات الأضلاع والزّوايا الكثيرة فإنّ عمل الدوائر عليها يكون بمثل العمل الذي بيّناه في المخمّس، وهو قسمة الأضلاع بنصفين نصفين واخراج الأعمدة وليس يعسر عمل ذلك على ما بيّناه في المخمّس، كثرت الأضلاع أم قلّت)).

[زخرفة على واجهة مسجد السلطان حسن ، القاهرة.]

في عمل دائرة على مُسدَّس

فإن قال كيف نعمل على مُسدَّس أ ب جـ د هـ ر دائرة ؟ جعلنا كل واحدةٍ من نقطتي أ ، ب مركزاً، وببعد أ ب دائرتين تتقاطعان على نقطة ح ، فتكون نقطة ح مَرْكز الدّائرة التي تجوز على نقط أ ، ب ، جـ ، د ، هـ ، ر . وهذه صُورته. (١٨٧)

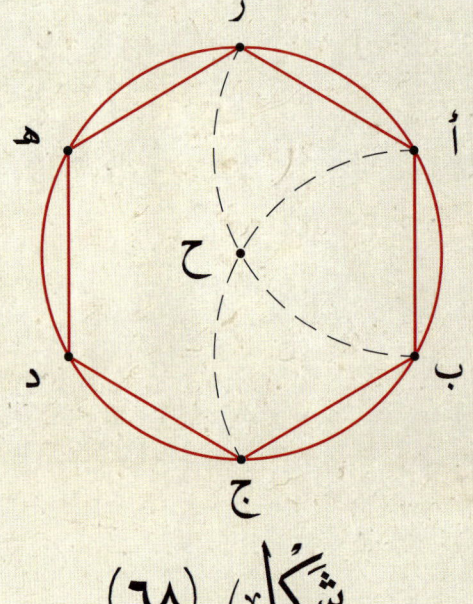

شِكْل (٦٨)

فأمّا باقي الأشكال ذوات الأضلاع الكثيرة والزّوايا الكثيرة، فإن عمل الدّوائر عليها يكون بمثل العمل الذي بيّناه في المخمّس، وهو قسمة الأضْلاع بنصْفين واخرَاج الأعمِدة، وليس يَعسُر عمل ذلك على ما بيّناه في المخمّس، كثرت الأضلاع أم قلّت.

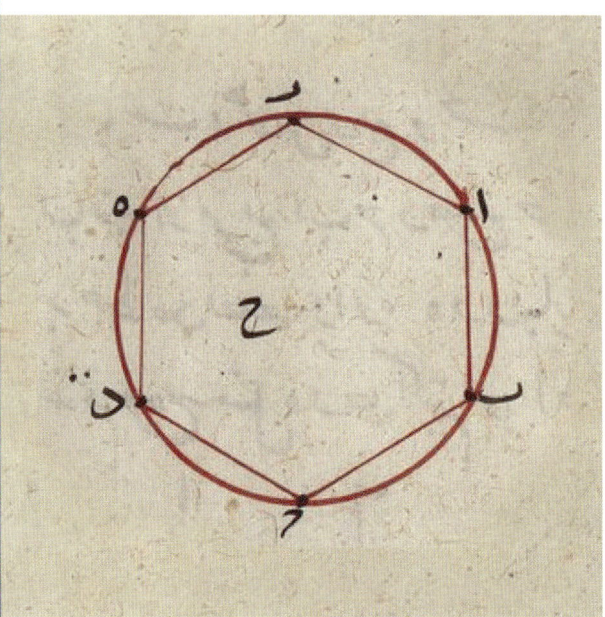

صورة الشكل ٦٨ من ب. ((سط)) ٦٩ من ق.

نهاية الباب الخامس

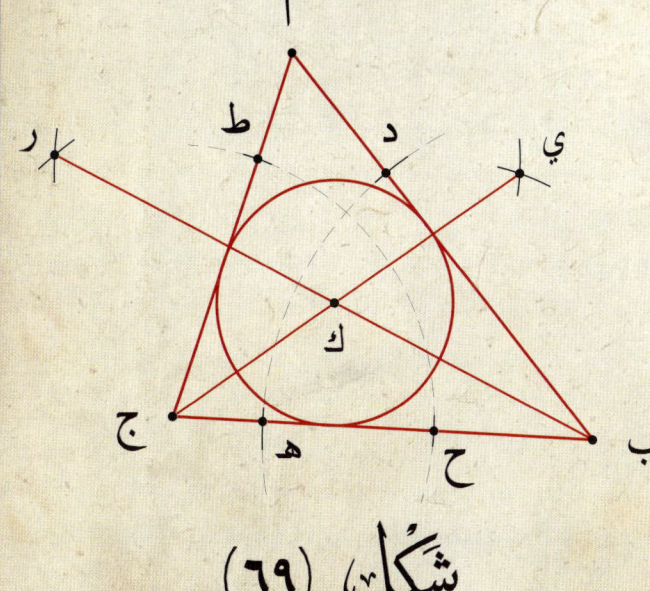

[زخرفة هندسية داخل نافورة القاهرة التاريخية.]

[زخرفة هندسية. سبيل كتخدا. القاهرة.]

(ق_٢٢_ظ)

الباب السَّادِس

في عمل الدَّائرة في الأشكال

فإن قال: كيف نعمل في مثلَّث أ ب جـ دائرة؟

جعلنا نقطة ب مركزاً، وتعَلَّمنا على خطّي أ ب، ب جـ علامتي د، هـ، وجعلنا كل واحدةٍ منهما مركزاً، وأدرنا دائرتين تتقاطعانِ على نقطة ر / ونخرج خط ب ر، ثم جعلنا نقطة جـ مركزاً، وتعلمنا على خطي أ جـ، جـ ب علامتي ح، ط، ونجعل نقطتي ح، ط مركزين، وأدرنا دائرتين تتقاطعان على نقطة ي، ووصلنا خط جـ ي يقطع خط ب ر على نقطة ك وهي مركز الدائرة التي تقع في مثلث أ ب جـ وهذه صورتها.(١٨٨).

وبهذا العمل يمكننا أن نعمل في سائر الأشكال المتساوية الأضلاع والزوايا دائرة، وهو أن نقسم زاويتين من زواياها بنصفين يكون تقاطع الخطين مركز الدائرة.(١٨٩)

شَكل (٦٩)

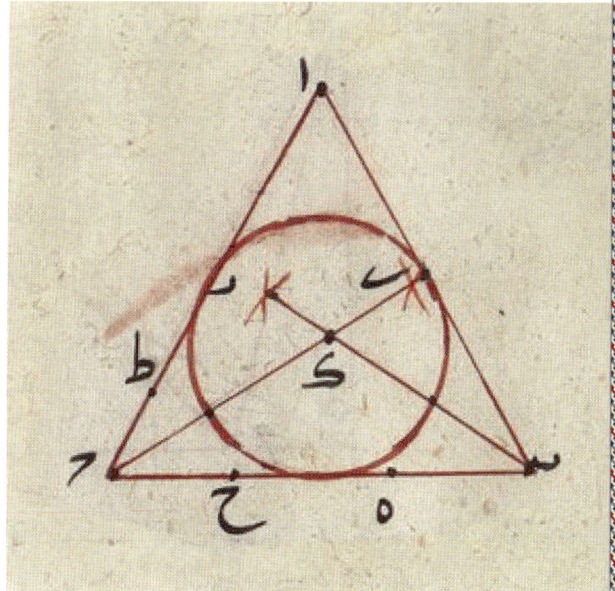

صورة الشكل ٦٩ من ب. ((ع)) ٧٠ من ق.

(١٨٨) ورد في هامش الصفحة ١٤ نسخة أ.: ((برهان ذلك هو برهان أقليدس نفسه. وقد ذكر أبو الوفاء قسمة الزَّاوية بنصفين. وذكر أقليدس فليس يحتاج إلى برهانٍ آخر)).

(١٨٩) في ق. هنالك إضافة ((التي تقع في المثلّث)).

نهاية الباب السادس

(١٩١) ورد في هامش الصفحة ١٥ نسـخة أ. : ((مقدمة يُحتاج إليها في برهانه. لتكن دائرة أ ب جـ قطرها أ جـ وَ جـ ب ضلع المسـدّس فيها ونصل أ ب فيكون هو ضلع المثلّث ، ونخرجه إلى د ونجعل أ د مساوياً لقطر أ جـ ونصل جـ د . فلأنّ قوس أ ب مِثْلَا قوس ب جـ تكون زاوية أ جـ ب مِثْلَيْ زاوية ب أ جـ ، وهما قائمة واحدة ، فزاوية أ جـ ب ثُلثا قائمة وزاوية ب أ جـ ثُلث قائمة ، فيبقى زاويتا أ جـ د ، أ د جـ قائمة وثُلثي قائمة وهما متساويتان وكلّ واحدةٍ منهما نصف قائمة وثلث ، وَ أ جـ ب ثُلثا قائمة فتبقى زاوية ب جـ د سُدس قائمة ، فقد بَـان أنّ ضِلع المسدّس وفضل القطر على ضلع المثلّث إذا أحاط بزاوية قائمة ، واخرج وترها كانت الزّاوية الصُغرى فيه ضلع قائمة ، وذلك ما أردنا أن نبيِّن.

برهان الشَّـكل لأنّ مثلّث ح ب د زاوية د منه قائمة ويخطّ بها ب د الذي هو ضلع مسـدّس دائرة هـ أ د وخطّ د ح فهو فضل قطر هـ د على هـ ر الذي هـو وتر ثلث الدّائـرة ، فلِما بيّنّا ، تكون زاوية ح ب د سُـدس قائمة ، ولأنّ خطّي ب أ ، أ ط مثـل خطّـي ب د ، د ح وزاويتا أ ، د قائمتان، تكون زاوية أ ب ط مسـاوية لزاوية ح ب د ، فزاوية ا ب ط سُـدس قائمة ، فتبقى زاويـة ط ب ح ثُلثي قائمـة ، وزاويتا ب ط ح ، ط ح ب متسـاويتان وكلّ واحدةٍ منهما ثُلثا قائمـة، فلِذلك تكون خطـوط ب ط ، ط ح ، ح ب الثّلاثـة متساوية فمثلّث متسـاوي الأضْـلاع. وذلك ما أردنا أن نبيِّن)).

ب جـ : ضلع المسدّس
أ
ب
د
ج

[إضافة من المحقِّق ، شكل مقدمة البرهان .]

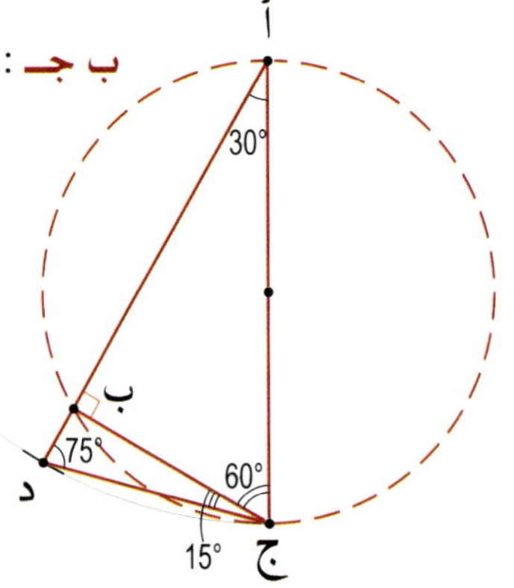

البَاب السَّابِعُ

في عَمَل الأشكال بَعضها في بَعض

عمل مثلّث في مربّع

فإن قال : كيف نعمل مثلّثاً متسـاوي الأضْلاَع والزّوايَا في مربَّعٍ متسـاوي الأضلاع (جعلنا المربّع عليه يعني أن تكون أضلاع الأعلى تماس زوايا المعمول عليه مثل أضلاع مربّع أ ب جـ د يماسُّ زوايا مثلّث ب ط ح) (١٩٠)

جعلنا المربّع عليه أ ب جـ د ، وأخرجنا خط د جـ إلى نقطة هـ ، وجعلنا جـ هـ مثل جـ د ، وعملنا على خط د هـ نصف دائرة هـ ر د ، وجعلنا نقطة د مركزاً وببعد د جـ علامة ر ، ثم جعلنا نقطة هـ مركزاً وببعد هـ ر علامة ح ، وجعلنـا أ ط مثـل د ح ، ووصلنا ب ط ، ب ح ، ط ح فيكون مثلّث ب ط ح ، متسـاوي الأضلاع ، وقد عُمل في مربـع أ ب جـ د ، وهذه صورته (١٩١).

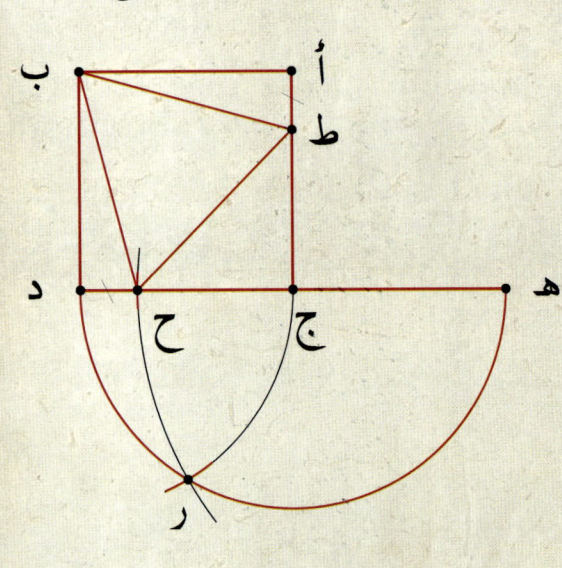

ب
أ
د
ج

شَكل (٧٠)

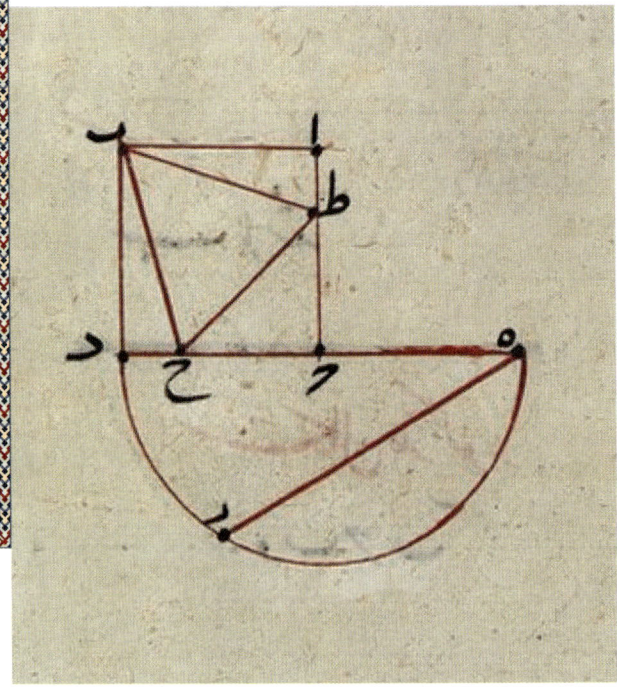

(١٩٠) إضافة في أ.

صورة الشكل ٧٠ من ب. ((عا)) ٧١ من ق.

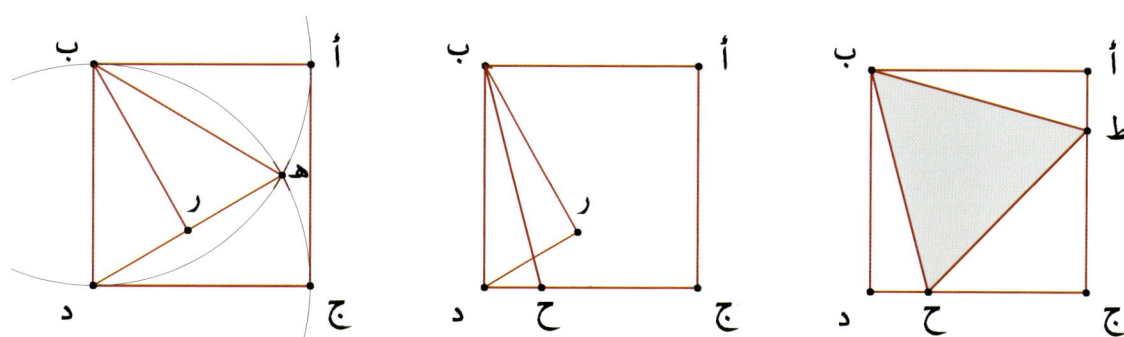

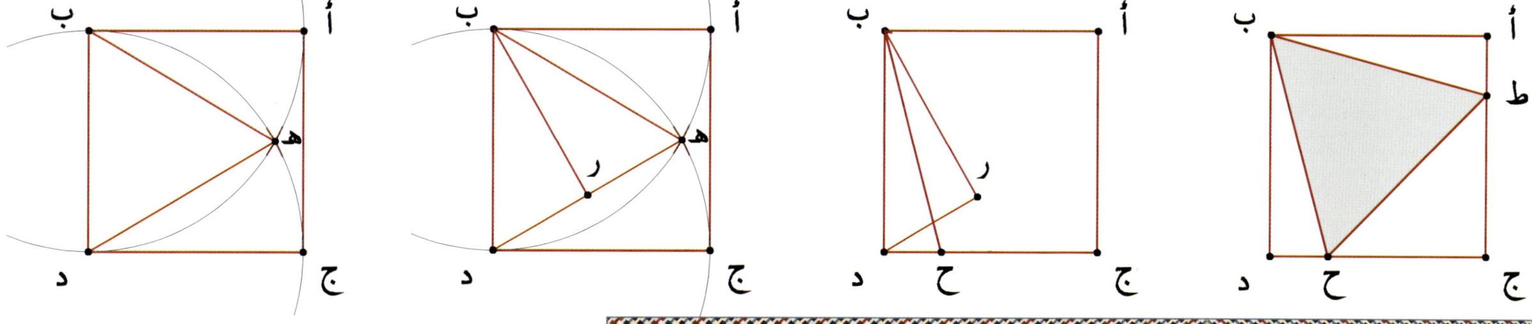

خطوات العمل [إضافة من المحقّق.]

وجهٌ ثانٍ في عمل المثّلث في المربّع

فإذا أردنا أن نعمل ذلك، عملنا على ب د مثلّث ب د هـ متساوي الأضلاع ،
وقسمنا زاوية هـ ب د بنصفين بخط ب ر ،
وقسمنا أيضا زاوية ر ب د بنصفين بخط ب ح ،
وجعلنا خط أط مساويا لخط دح ،
ووصلنا خطوط ب ح ، ب ط ، ط ح ،
فيكون مثلث ب ط ح متساوي الأضْلاع والزّوايا(١٩٢)
وقد عُمِل في مربّع أ ب جـ د المتساوي الأضلاع ،
وهذه صورته (١٩٣) .

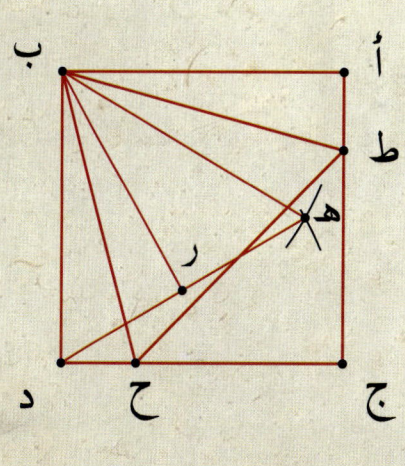

شَكل (٧١)

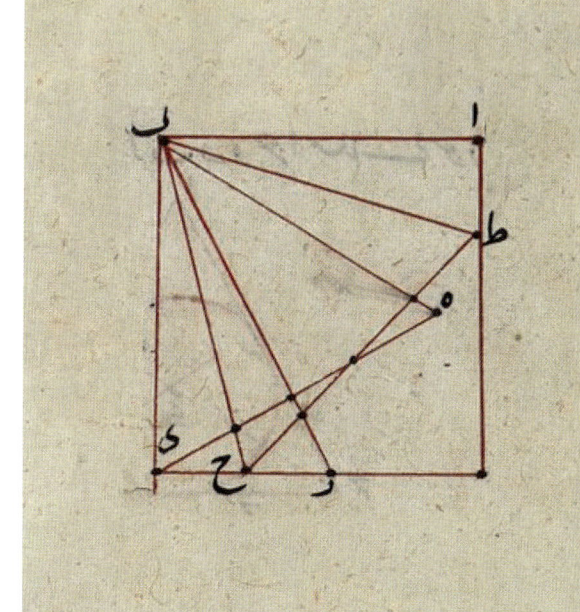

صورة الشكل ٧١ من ب. ((عب)) ٧٢ من ق.

(١٩٢) إضافة في أ.

(١٩٣) ورد في هامش الصفحة ١٥ نسخة أ. : ((برهانه لأنّ زاوية هـ ب د ثلثا قائمة ، وقسمناها بنصفين بخط ب ر ، فزاوية ر ب د ثلث قائمة. وقسمنا زاوية ر ب د أيضاً بنصفين بخط ب ح فتكون زاوية ح ب د سدُس قائمة ، وجعلنا أ ط مساوياً لِـ د ح فتكون زاوية أ ب ط مثل زاوية ح ب د فهي إذن سُــدس قائمة ، وكما بيّنّا في الشّكل الأوّل نبيِّن أنّ مثلث ط ب ح متساوي الأضلاع ، وذلك ما أردنا أن نبيِّن)).

(١٩٤) ورد في هامش الصفحة ١٥ نسـخة أ. : ((قال الغندجانـي: هذه مقدّمة يُحتاج إلى معرفتها مضافة إلى أصل الشّكل. ليكن أ ب في دائرة أ ب جـ ضلع المثلّث المتساوي الأضلاع الواقع فيها ومركز الدّائرة د وأخرج عمود د هـ إلى أ ب فأقول أنّ د هـ رُبع قطر الدّائرة برهانه. أنـّا نخرج د هـ على استقامته إلى نقطة جـ فخطّ د جـ نصف قطر الدّائرة ونصل جـ ب ، د ب فلِأنّهما متساويان تكون زاويتا جـ د ب ، د جـ ب متساويتين وزاوية د هـ ب القائمة مساوية لزاوية ب هـ جـ القائمة وضلع هـ ب مشترك لمثلثيّ د هـ ب ، جـ هـ ب فلذلك يكون د هـ مساوياً لِـ هـ جـ وهو رُبع قطر الدّائرة . وذلك ما أردنا أن نبيّن.

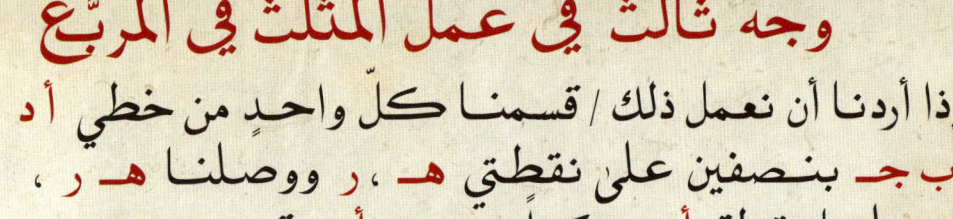

د

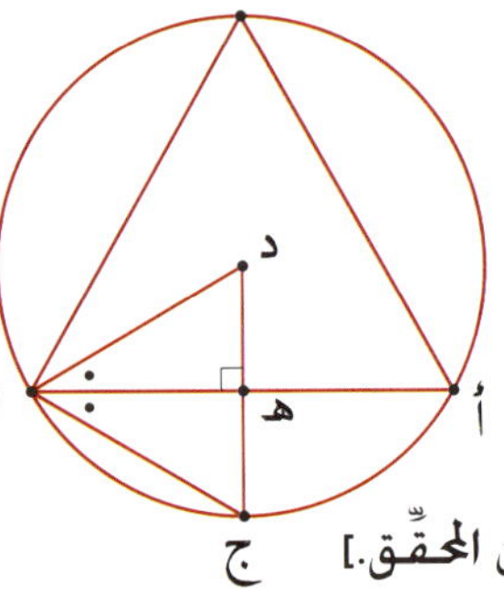

[شكل من البرهان.إضافة من المحقّق.]

فلِأنّه قد تبيّن فـي المقدّمة ان العمود الواقع بـين مركز الدّائـرة وضلع المثلّث المتسـاوي الأضلاع فيها يكـون رُبع قطرها ولأنّ خط أ د نصف قطر دائرة ب ح د وقد قسّـم بنصفين علـى نقطة هـ وزاوية أ هـ ح قائمة يكون خط هـ ح نصف ضلع المثلّـث وجعل كلّ واحـدٍ من خطّي أ ي ، جـ ط مِثْلَيْ ح ر فكلّ واحـدٍ منهما فضل قطر الدّائرة على ضلع المثلّـث فيها وكلّ واحـدٍ مـن خطّي أ د ، د جـ ضلع مسدّسها فلما بيّنّا في شكلٍ من هذا الباب في المقدّمة تكون كلّ واحدةٍ من زاويتي أ د ي ، جـ د ط سُدس قائمة فبيّن كما بيّنا أن مثلث د ط ي متسـاوي الأضلاع . وذلك ما أردنا أن نبيّن)).

وجهٌ ثالثٌ في عمل المثلّث في المربّع

إذا أردنا أن نعمل ذلك / قسمنا كلّ واحدٍ من خطي أ د ، ب جـ بنصفين على نقطتي هـ ، ر ووصلنا هـ ر ، وجعلنا نقطة أ مركزاً ، وببعد أ ب قوس ب ح وجعلنا كلّ واحدٍ من خطي جـ ط ، أ ي مِثليْ (١٩٤-١) ر ح ونصل / خطوط [د ي ، ي ط ، ط د](١٩٤-٢) فيكون مثلث [د ط ي](١٩٤-٣) متساوي الأضلاع ، وقد عُمِل في مربّع أ ب جـ د ، وهذه صورته (١٩٤) .

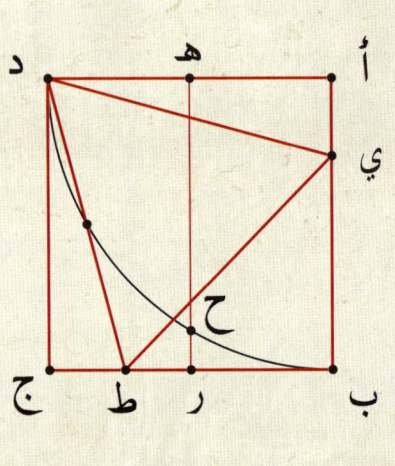

د

شَكل (٧٢)

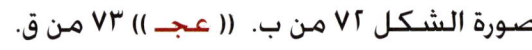

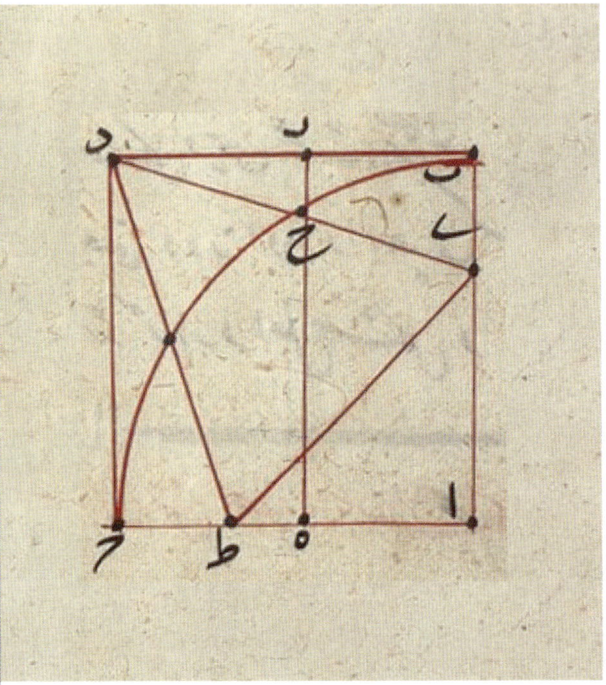

صورة الشكل ٧٢ من ب. ((عجـ)) ٧٣ من ق.

(١٩٤-١) وردت في أ. ((مثل)) وهو خطأ.

(١٩٤-٢) وردت في ق. ((ب ي ، ب ط ، ط ي)) وهي خطأ .وقد تكون من الناسخ.

(١٩٤-٣) وردت في ق. ((ب ط ي)) وهي خطأ .وقد تكون من الناسخ.

(ق_٢٣_ظ)

(أ_١٥_ظ)

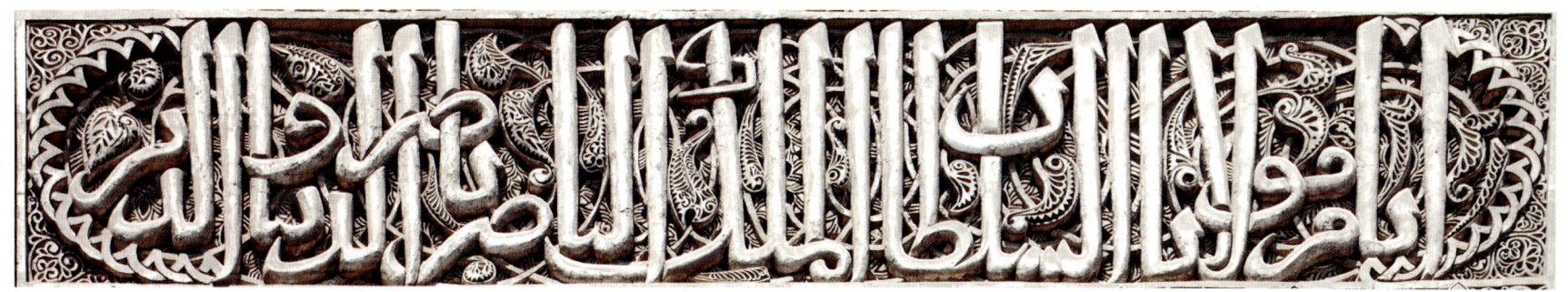

[مئذنة مسجد الناصر محمد بن قلاوون .القاهرة.]

وجهٌ رابعٌ في عمل المثلَّث في المربَّع

نعيد الصُّورة، ونقسِم كلّ واحدٍ من خطّي أ د، ب جـ بنصفين على نقطتي ح، هـ، ونصل خطّ هـ ح.
ونجعل ب مركزاً، وببعد ب جـ علامة ر،
ونخرج هـ ح على استِقامته إلى نقطة ط،
ونجعل ر ط مثل ر هـ،
ونصل ب ط يقطع أ د على نقطة ك،
ونجعل جـ ي مثل أ ك،
ونصل خطوط ب ك، ب ي، ي ك،
فيكون مثلّث ب ك ي متسَاوي الأضلاع،
وقد عُمِل في مربَّع أ ب جـ د، وهذه صورته (١٩٥).

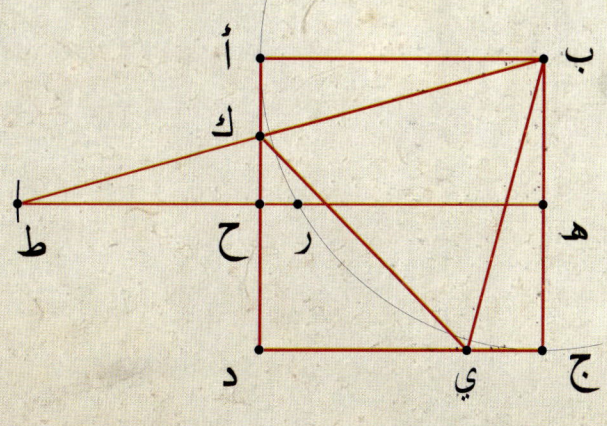

شَكل (٧٣)

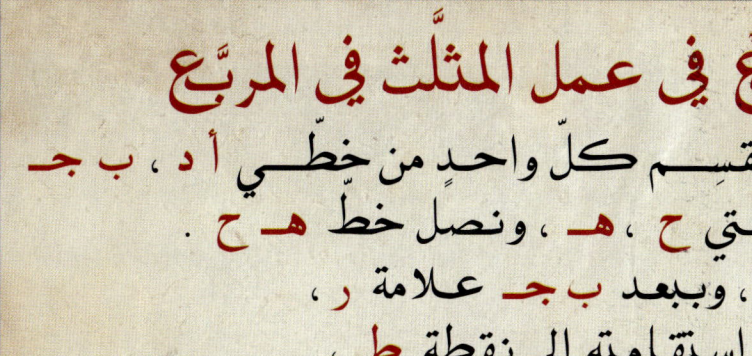

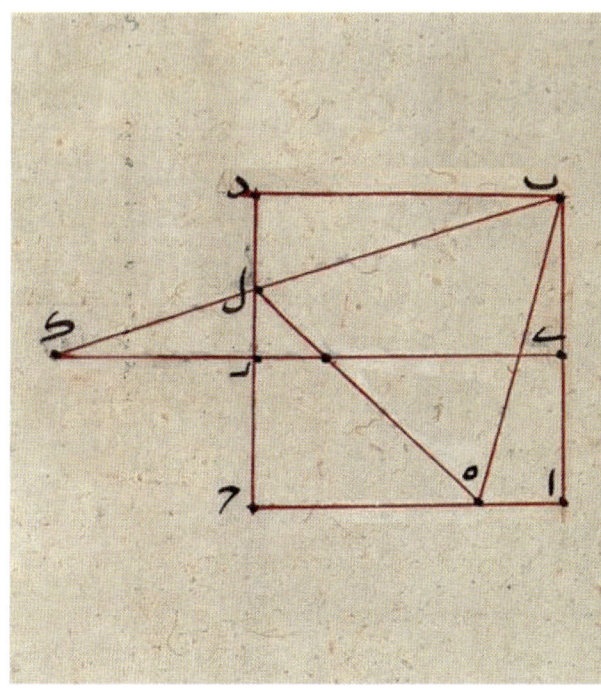

صورة الشكل ٧٣ من ب. ((عد)) ٧٤ من ق.

(١٩٥) ورد في هامش الصفحة ١٥ نسخة أ.: ((برهانه لنصل ب ر، جـ ر. فلأنّ خط هـ ر عمود على ب جـ، وخطّ ب هـ مساوي لخطّ هـ جـ. يكون خط ب ر مساوياً لخط ر جـ. وخطّ ب ر مساوياً لخطّ ب جـ. فمثلّث ب ر جـ متساوي الأضلاع وهو عمود هـ فزاوية ب ر هـ ثُلث قائمة. ولأنّ خطّي ب ر، ر ط متساويان. تكون زاويتا ر ب ط، ب ط ر متساويتين. ومجموعهما مساوٍ لزاوية ب ر هـ التي هي ثُلث قائمة. فتكون كلّ واحدةٍ من زاويتي ر ب ط، ب ط ر سدُس قائمة. وزاوية ب ط ر مساويةً لزاوية أ ب ط لأنّهما المتبادلتان. فزاوية أ ب ك سُدس قائمة وَ جـ ي مساوٍ لخطّ أ ك. فتكون زاوية جـ ب ي سُدس قائمة. فكما بيّنّا فيما تقدّم. يكون مثلّث ب ك ي متساوي الأضلاع. وذلك ما أردنا أَن نبيِّن)).

(١٩٨) ورد في هامش الصفحة ١٥ نسـخة أ. : ((برهانه فلِأنّ نقطة هـ هي التي تَقَاطَع عليها قطري مربّع أ ب جـ د ، تكون هـ مركزاً للدائرة التي تحيط بمربّع أ ب جـ د ، وقد جعل د ر، د ح مثل د هـ ، فتكون قوس ر ح ثُلث الدّائرة ، فزاوية ر ب ح ثُلثا قائمة وزاويتا أ ب ي ، جـ ب ح من البيِّن أنهما متساويتان ، فتكون كلّ واحدةٍ منهما سُدُس قائمة ، فنبيِّن كما بيَّنّا في شكل أ من هذا الباب أنّ مثلَّث ي ب ط متساوي الأضلاع ، وذلك ما أردنا أنّ نبيِّن)).

وجهٌ خامسٌ في عمل المثلَّث في المربَّع

إذا أردنا (أن نعمل)(١٩٦) ذلك عملنا على مربّع أ ب جـ د دائرة وأخرجنا قطر ب د، وجعلنا نقطة د (١٩٧) مركزاً، وببعد د هـ علامتي ح ، ر ،
ووصلنا خطي ب ر ، ب ح يقطعان خطي أ د ، د جـ على نقطتي ي ، ط ،
ووصلنا ي ط ،
فيكون مثلّث ب ط ي متساوي الأضلاع ،
وقد عُمِل في مُربّع أ ب جـ د ، وهذه صورته (١٩٨) .

شَكل (٧٤)

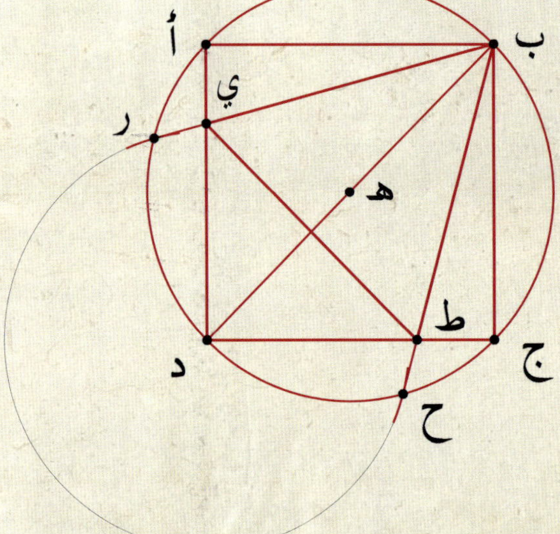

[مقرنسات المآذن تتجلى فيها الأنماط ثلاثية الأبعاد من النماذج الهندسية.]

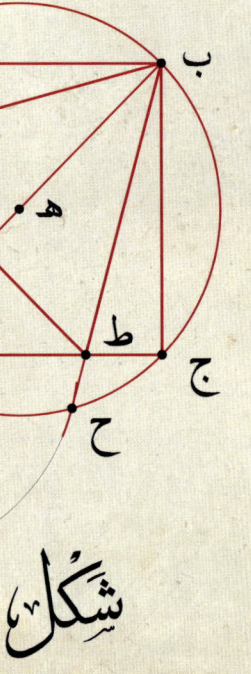

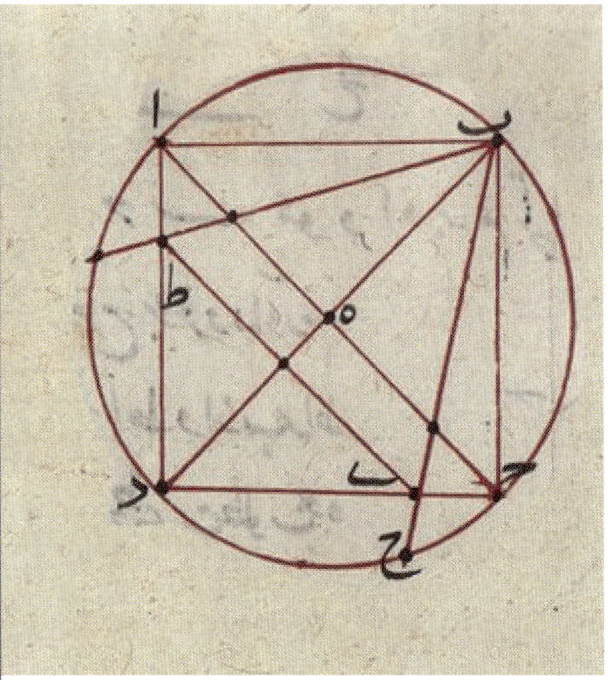

صورة الشكل ٧٤ من ب. ((عه)) ٧٥ من ق.

(١٩٦) إضافة في أ.

(١٩٧) وردت في أ. ، وأيضاً في ب. ((هـ)) .

(٢٠٢) ورد في هامش الصفحة ١٥ نسـخـة أ. : ((برهانه فلِأنّ خط أب موازٍ لخط رح ، يكون مثلّث جـ أر وَ د ب ح متشابهين ، ومثلّث أ هـ ب متساوي الأضلاع . فمثلّثٌ رهـ ح متساوي الأضلاع . وذلك ما أردنا أنّ نبيِّن)).

[زخرفة من السيراميك. أصفهان ، إيران.]

في عمل المثلَّث على المربَّع

فإن قال : كيف نعمل على مربَّع أب جـ د (١٩٩) (متسَاوي الأضْلاع)(٢٠٠) مثلَّثاً متسَاوي الأضْلاع ؟

جعلنا المربَّع الذي عليه أ ب جـ د
وعملنا على أ ب مثلّث أ هـ ب متساوي الأضْلاع ،
وأخرجنا خطي هـ أ ، هـ ب على استقامتهما ،
ونخرج خط جـ د أيضاً على استقامته حتى يلقاهما
على نقطتي ر ، ح ،فيكون مثلث هـ رح متساوي الأضلاع
(وقد عُمل على مربّع أ ب جـ د)(٢٠١) ،
وهذه صورته (٢٠٢). /

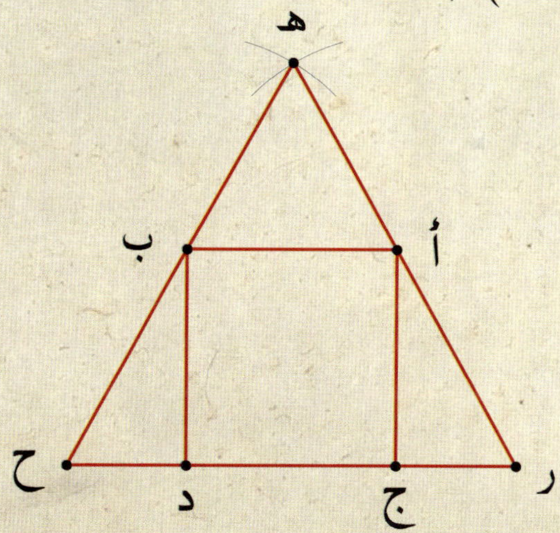

شكل (٧٥)

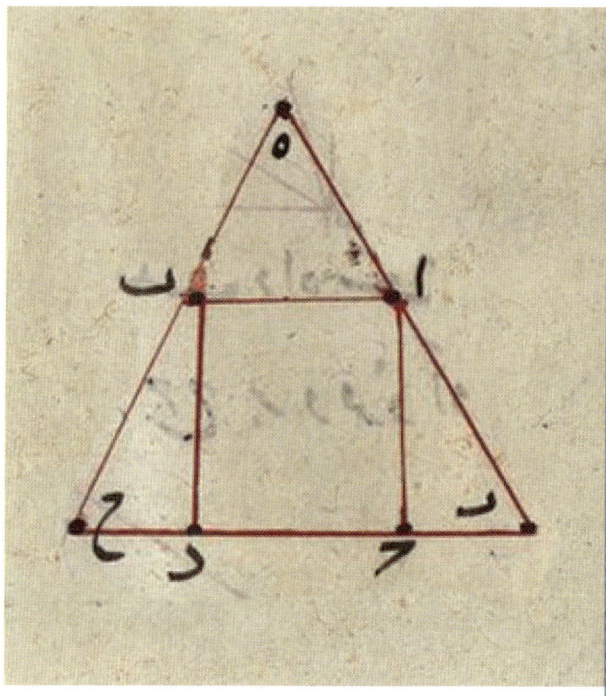

صورة الشكل ٧٥ من ب. ((عو)) ٧٦ من ق.

(١٩٩) إضـافة في أ.

(٢٠٠) تُحذف من أ.

(٢٠١) تُحذف من أ.

(٢٠٤) ورد في هامش الصفحة ١٦ نسخة أ. : ((فلِأنّ خطي أ د ، د هـ متساويان وزاوية أ د هـ قائمة، فتكون كلّ واحدةٍ من زاويتي د أ هـ ، د هـ أ نصف قائمة ، ولذلك تكون كلّ واحدةٍ من زاويتي د هـ جـ ، د جـ هـ نصف قائمة، فجميع زوايا أ هـ جـ قائمة ، وبيِّن أنّ خطّي هـ أ ، هـ جـ يكونان متساويين ولأنّ زاويتي ب أ د ، أ ب د متساويتان لزاويتي د جـ ب ، د ب جـ تبقى زاوية ب أ ر مساوية لزاوية ب جـ ح وزاويتا ب ر أ ، ب ح جـ قائمتان ، وخطّ ب أ مساوٍ لخطّ ب جـ يكون خطّ ب ح مساوياً لخطّ ب ر ، وخط أ ر مساوٍ لخطّ جـ ح ويكون أيضاً خط أ هـ مساوياً لخط هـ جـ ولأنّ زاويتي ر هـ جـ ، ب ح هـ قائمتان يكون خطّا ب ح ، ر هـ متوازيين ، وكذلك ب ر ، ح هـ يكونان متوازيين ، فسطح ب ر هـ ح مربَّع ، وذلك ما أردنا أن نُبيِّن)).

(ق_٢٤_ظ)

/ في عمل المربَّع على المثلَّث

فإن قال : كيف نعمل مُربَّعاً متساوي الأضلاع والزَّوايا على مُثلَّث متساوي الأضلاع ؟

جعلنا المثلَّث عليه أ ب جـ ، وقسَمنا أ جـ بنصفين على نقطة د ، وأخرجنا ب د إلى نقطة هـ ،

ونجعل د هـ مساوياً لخط أ د ، ووصلنا هـ جـ ، هـ أ ، واخرجنا من نقطة ب عمودَيْ ب ر ، ب ح على خطي هـ أ ، هـ جـ ، فيكون مربَّع ب ر هـ ح متساوي الأضلاع والزَّوايا(٢٠٣) وقد عُمل على مثلّث أ ب جـ المتساوي الأضلاع، وهذه صورته (٢٠٤) .

شكل (٧٦)

[مقرنس لشُرفة مئذنة عثمانيّة الطراز إسطنبول . تركيا.]

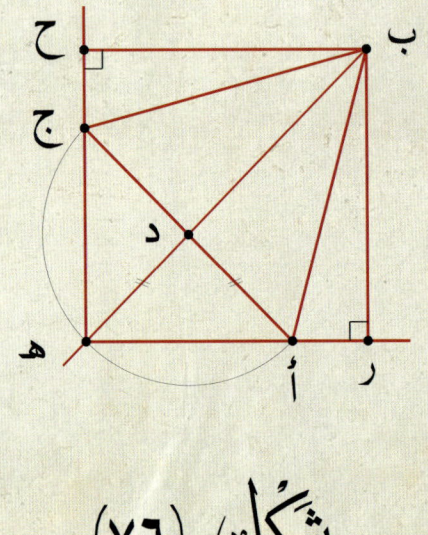

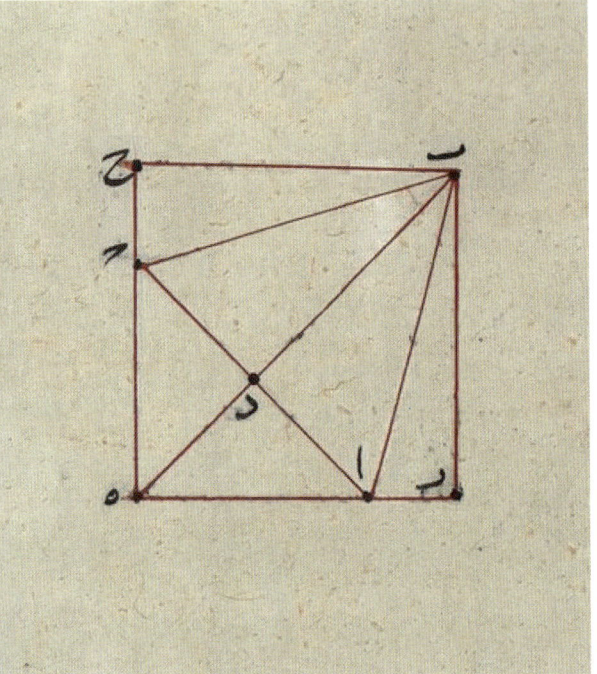

صورة الشكل ٧٦ من ب. ((عز)) ٧٧ من ق.

(٢٠٣) إضافة في أ.

(٢٠٧) ورد في هامش الصفحة ١٦ نسـخة أ. :((برهانه فلأنّ زاوية أجـ د قائمة وزاوية هـ جـ ح أيضاً قائمة فهما متسـاويتان ونلقي زاوية أجـ هـ من الإشراك . فتبقى د جـ هـ مساوية لزاوية أجـ ح وزاويتا هـ . ح من مثلثي جـ هـ د . جـ أ ح قائمتان لأنّ خطّي ح أ . د هـ متساويان وزاوية ح جـ هـ قائمة وضلع أجـ مسـاو لضلع جـ د فبحسـب شكل مو من أ . يكون خطّ جـ هـ مساوياً لخطّ جـ ح . ويكون من البيّن أنّ زاوية ب ر أ أيضاً قائمة . فسطح هـ ر جـ ح متوازي الأضلاع قائم الزّوايا . فخطا جـ ح . جـ هـ المتساويان مساويان لخطّي ح ر . ر هـ فهما إذن متساويان فسطح ر ح جـ هـ مربّع . وذلك ما أردنا أن نبيّن)).

[زخرفة هندسية محفورة على الحجر. الهند.]

في عَمل المربَّع على المُثلَّث المختلِف الأضلاع

فإن قال : كيف نعمل على مثلّث أ ب جـ المختَلف الأضْلاع مُربّعاً (متساوي الأضلاع(٢٠٥)) ؟

أخرجنا من نقطة جـ (٢٠٦) عمود جـ د على خط أجـ، وجعلناه مساويا له، ووصلنا ب د، واخرجناه على استقامته، وأخرجنا من نقطة جـ عمود جـ هـ على د ب وأقمنا على خط جـ هـ من نقطة جـ عمود جـ ح، وأخرجنا من نقطة أ خطاً موازياً لخط جـ هـ وهو ح أ ر، فيكون مربَّع ح ر هـ جـ متساوي الأضلاع وقد عُمِل على مثلّث أ ب جـ المختلف الأضْلاع، وهذه صورته (٢٠٧).

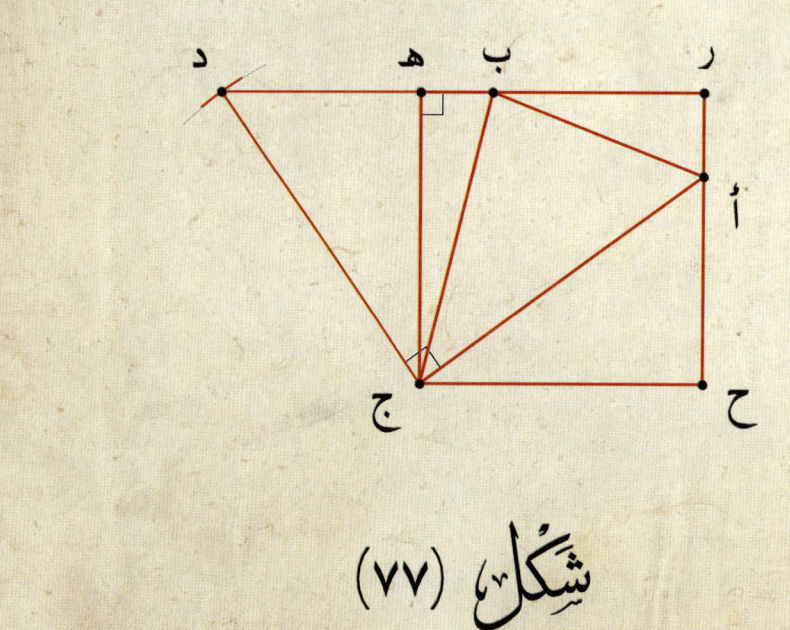

هـ

شَكل (٧٧)

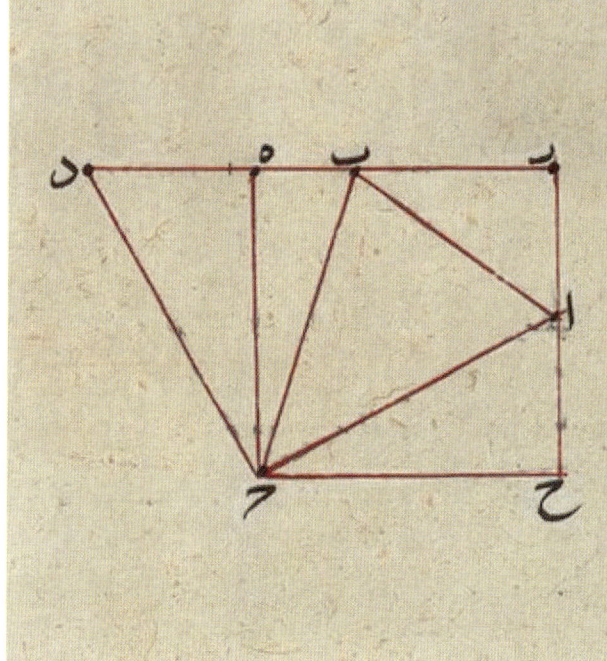

صورة الشكل ٧٧ من ب. ((عح)) ٧٨ من ق.

(٢٠٥) إضافة في أ.

(٢٠٦) إضافة من المحقّق: [النقطة جـ التي يقع عليها الإختيار في هذه المسألة ، يجب أن تكون أقلّ زاويةٍ من زوايا المثلث مقداراً ،كي يصِحّ العمل.]

(٢٠٨) ورد في هامش الصفحة ١٦ نسخة أ. : ((برهانه لنخرج من نقطة أ إلى خطّ ب ح عمود أ م يقطع ب جـ على نقطة ر. فلِأنّ زاوية ب م ر القائمة مساوية لزاوية أ د ب القائمة، وزاويتا ب ر م، أ ر د متساويتان، تبقي زاوية م ب ر مساوية لزاوية ر أ د. وزاوية أ م هـ القائمة مساوية لزاوية ب ح جـ القائمة، فتبقى زاوية أ هـ م من مثلّث أ هـ م مساوية لزاوية ب جـ ح. وضلع أ هـ مساوٍ لضلع ب جـ. فيكون إذن ضلع أ م مساوياً لضلع ب ح. ولِأنّ زوايا ب ك ط، ك ط ح، ط ح ب قائمات تبقى زاوية ك ب ح قائمة. فيكون ط ح بً ك متوازي الأضلاع قائم الزّوايا. وكذلك سطح أ ك ب م أيضاً متوازي الأضلاع. فخط أ م مساوٍ لخط ك ب. لكنّ أ م مساوٍ لِـ ب ح وَك ب مساوٍ لِـ ب ح. فتكون أضلاع ك ب، ب ح، ح ط، ط ك متساوية. فسطح ط ب مربَّع. وذلك ما أردنا أن نبيِّن.)).

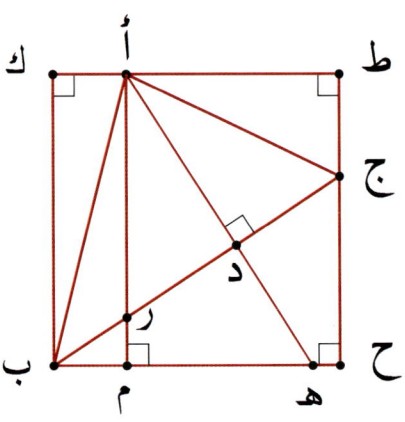

[شكل البرهان. إضافة من المحقّق.]

وجهٌ ثانٍ في عَمَل المربَّع على المثلّث المُختَلف الأضْلَاعِ

جعلنا المثلّث عليه أ ب جـ،
وأخرجنا من نقطة أ عمودَ أ د على خطّ ب جـ،
وجعلنا أ هـ مساويا لخطّ ب جـ، ووصلنا ب هـ،
وأخرجنا من نقطة جـ عمود جـ ح على ب هـ،
ومن نقطة أ عمود أ ط على جـ ح،
ومن نقطة ب عمود ب ك على خط أ ط،
فيكون مربّع ب ط متساوي الأضلاع وقد عُمِل على مثلّث أ ب جـ المختلف الأضْلاع. وهذه صُورته.(٢٠٨)

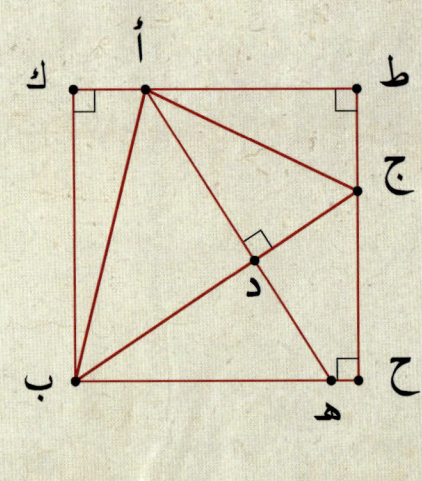

شَكل (٧٨)

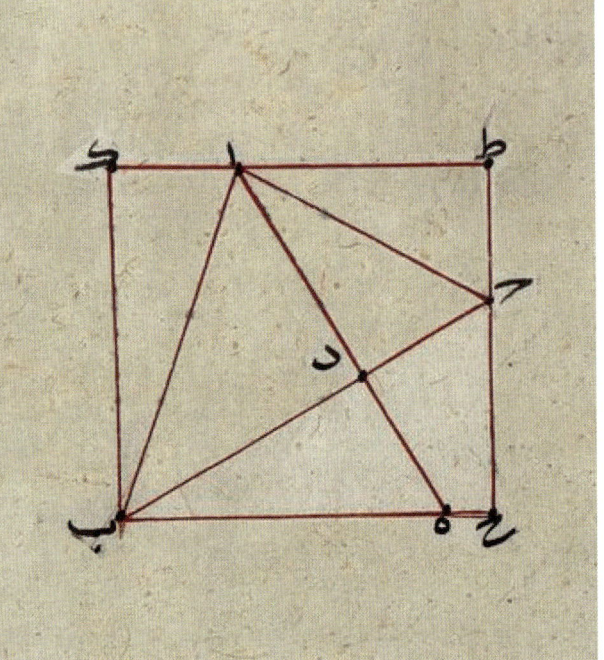

صورة الشكل ٧٨ من ب. ((عط)) ٧٩ من ق.

(٢١٢) ورد في هامش الصفحة ١٦ نسخة أ. : ((برهانه لِأنّ زوايا قائمة أ ط ح ، ط ح ر ، ح ر أ الثّلاث قائمات تبقى زاوية ط أ ر الباقية من هذه الأربعة أضلاع أ ط ح ر قائمة. وزاوية د أ ب أيضاً قائمة ، فهما متساويتان فنلقِي زاوية ط أ ب من الإشراك ، فتبقى زاوية ب أ ر مساوية لزاوية د أ ط ، وأيضا لأنّ أضلاع مثلث ر أ هـ مساوية لأضلاع مثلث أ ب جـ وخط د هـ مساوٍ لخط ب جـ ، تكون زاوية د أ هـ مساوية لزاوية ب أ جـ فتبقى إذن زاوية هـ أ ط مساوية لزاوية جـ أ ر ، وزاوية أ ط هـ القائمة مساوية لزاوية أ ر جـ القائمة ، وضلع أ هـ مساوٍ لضلع أ جـ ، فيكون ضلع أ ط مساوياً لضلع أ ر ، فأضلاع سطح ط ر متساوية وزواياه قائمة ، فسطح مربّع ، وذلك ما أردنا أن نُبَيِّن.))

وجهٌ ثالثٌ في عمل المربّع على المثلّث.

إذا أردنا ذلك : أقمنا على نقطة أ من خط أ ب عمود أ د ونجعله مساويا لخط [أ ب] (٢٠٩)

ونعمل مثلث أ د هـ مثل مثلث أ ب جـ ،

ويكون د هـ مثل [ب جـ] (٢١٠) ويكون أ هـ مثل [أ جـ] (٢١١)

ونصل خط هـ ب ،

ونخرج / من / نقطة جـ عمود جـ ح على خط هـ ب ،

ومن نقطة أ عمودَيّ أ ط ، أ ر على خطيّ هـ ب ، ح جـ ،

فيكون مربّع أ ر ح ط متساوي الأضلاع والزّوايا ، وهذه صورته. (٢١٢)

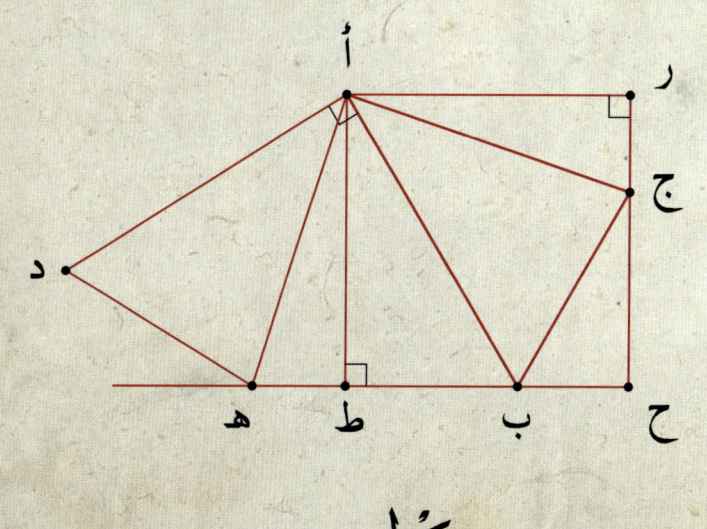

شَكل (٧٩)

[ملاحظة: بالرّغم من أن الشكل مرسوم بصورة خاطئة في نسخة أ. التي تحتوي على البرهان إلاّ أنّ مُحتوى البرهان صحيح ، حيث ذكر أنّ أ هـ مساوٍ لـ أ جـ على عكس ما ورَدَ في نص المسألة.]

(ق_٢٥_ظ)

(أ_١٦_ظ)

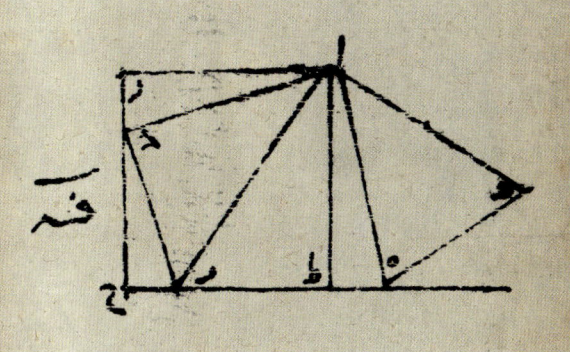

صورة الشكل ((ف)) ٨٠ من ق.

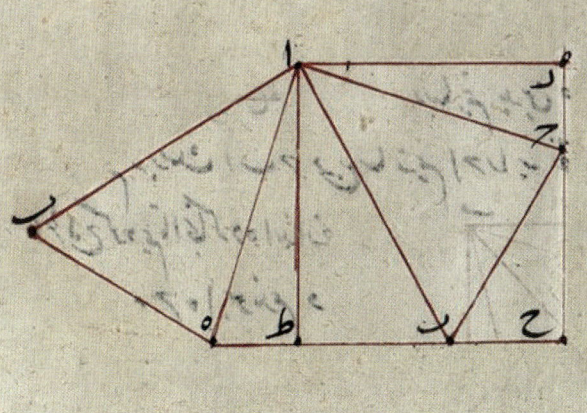

صورة الشكل ٧٩ من ب.

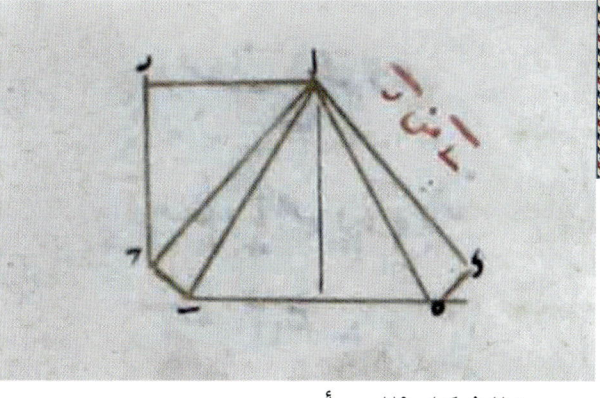

صورة الشكل ٧٩ من أ.

(٢٠٩) وردت في نسختي أ. ق. ((أ جـ))

(٢١٠) وردت في نسختي أ. ق. ((أ ب))

(٢١١) وردت في نسختي أ. ق. ((جـ ب))

[هذا، وأرجّح أنه خطأ من النّاسخ في متن النسختين أ. ق. بينما في النسخة ب. الفارسية المسمّيات صحيحة. وفي الأشكال: نسختي ب. ق. صحيحتان بينما شكل نسخة أ. اعتمد رسمه على الخطأ في النسخة التي نقل منها. فظهر الشّكل مستطيلاً بدلاً من المربّع. والله أعلم.]

(٢١٣) ورد في هامش الصفحة ١٦ نسخة أ. :((برهانه فلأنّ خطّي أب، ب جـ متساويان، تكون نسبة خط أب إلى جـ ب واحدة لكن نسبة أب إلى ب جـ كنسبة أر إلى رح لتشابه مثلثي أب جـ، أرح، وذلك بيّن، ونسبة أب إلى ب د كنسبة أر إلى رهـ من أجل أنّ مثلثي أ ب د. أ رهـ متشابهان، وذلك بيّن، فنسبة أر إلى رح وإلى رهـ واحدة. فـ رح مساوٍ لـ رهـ، ولأنّ رح، ب جـ متوازيان، تكون زاوية ب هـ ر مساوية لزاوية هـ رح، فلأنّـهما المتبادلتان، وخط ح ط عمود على ب جـ فهو أيضاً موازٍ لـ رهـ فسطح رط متوازي الأضلاع، فضلع رح مساوٍ لضلع هـ ط وضلع رهـ مساوٍ لضلع ح ط، وإذا كان ضلع هـ ر مساوياً لضلع رح فالأضلاع الأربعة متساوية والزوايا قائمة، فسطح رط مربّع، وذلك ما أردنا أن نُبيّن)).

في عمل المربّع في المثلّث

فإن قال : كيف نعمل مربّعاً في مثلث أب جـ المتساوي الأضلاع؟

أقمنا على نقطة ب عمود ب د مساوياً لخط ب جـ، ووصلنا أ د يقطع ب جـ على نقطة هـ، وأخرجنا من نقطة هـ عمود هـ ر على خط هـ ب يقطع خط أب على نقطة ر، وأخرجنا من نقطة ر خط رح، موازياً لخط ب جـ، ومن نقطة ح عمود ح ط على خط ب جـ، فيكون مربّع هـ رح ط متساوي الأضلاع، وقد عُمِل في مثلث أب جـ، وهذه صورته (٢١٣).

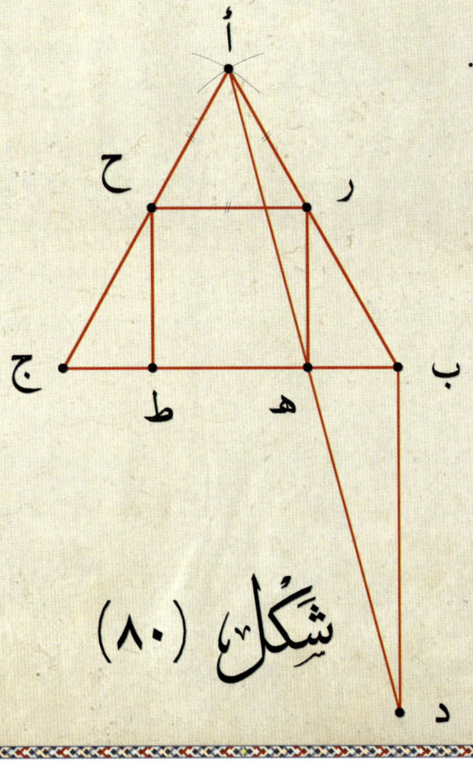

شكل (٨٠)

[زخرفة على السجّاد. إسطنبول، تركيا.]

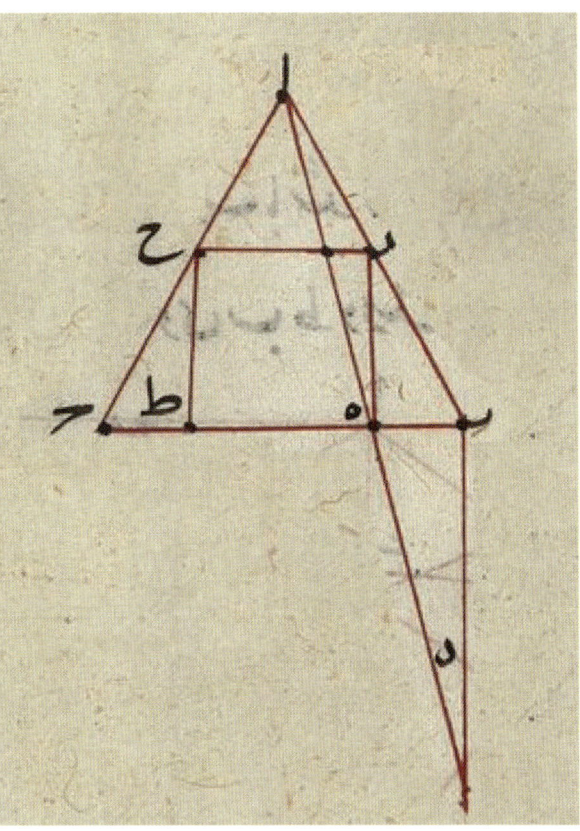

صورة الشكل ٨٠ من ب. ((فا)) ٨١ من ق.

١١٤

(٢١٥) ورد في هامش الصفحة ١٦ نسخة أ. : ((برهانه فلِأنّ خطّي د ب . رط عمودان على ب جـ ، فهما متوازيان ، فنسبة د ب إلى رط كنسبة ب هـ إلى هـ ط لتشابه مثلثي ب د هـ ، ر هـ ط ، ونسبة ب هـ إلى هـ ط كنسبة ب أ إلى أر لأنّ رط موازٍ لِـ هـ أ لأنّهما عمودان على ب جـ ، فنسبة د ب إلى هـ ط كنسبة هـ أ إلى أ ر . لكن نسبة ب أ إلى أ ر كنسبة ب جـ إلى رح لأنّ مثلثي أ ب جـ ، أ ر ح متشابهان وذلك بيِّن. فتكون نسبة د ب إلى رط كنسبة جـ ب إلى رح وَ د ب مساوٍ لِـ ب جـ فَـ رط مساوٍ لِـ ح ي وَ رح لِـ ط ي لأنّ سطح ر ي متوازي الأضلاع . فأضلاع ح ر ، رط ، ط ي ، ي ح الأربعة متساوية والزّوايا قائمة . فإنّ سطح ر ي مربّع ، وذلك ما أردناه.)).

وجهٌ ثانٍ في عمل المربّع في المثلَّث

وإن شئنا أقمنا على نقطة ب عمود ب د مساوياً لخط ب جـ في جهة نقطة أ

وأخرجنا من نقطة أ عمود أ هـ [على خط ب جـ] ،

ونصل د هـ يقطع خط أ ب على نقطة ر ،

ونخرج من نقطة ر خط ر ح موازياً لخطِّ ب جـ ،

ونخرج(٢١٤) عمودَيْ ر ط ، ي ح على خط ب جـ ،

فيكون مربّع ر ح ط ي مربّعاً متساوي الأضلاع والزّوايا وقد عُمِل في مثلّث أ ب جـ ،

وهذه صورته (٢١٥) .

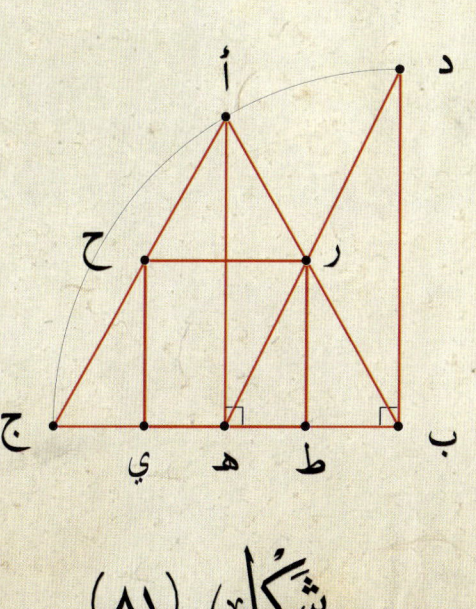

شَكل (٨١)

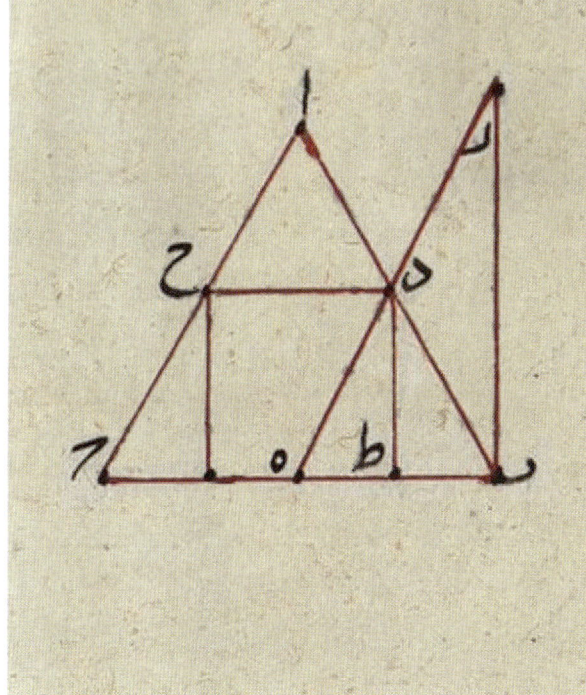

[مدخل مسجد ومجموعة قلاوون. القاهرة.]

صورة الشكل ٨١ من ب. ((فب)) ٨٢ من ق.

(٢١٤) يحذف من أ.

(٢١٦) ورد في هامش الصفحة ١٦ نسخة أ. : ((برهانه فلِأنّ زاويتي هـ جـ ر ، ر ك ح القائمتين متساويتان ، وزاويتي هـ ر جـ ، ح ر ك متساويتان، فالزّاويتَان أيضاً الباقيتان متساويتان ، فنسبة جـ ر إلى ر ك كنسبة ح ك إلى جـ هـ وَ هـ جـ ضعف جـ ر فَـ ح ك ضعف ك ر وكذلك نبيِّن أن ط ل ضعف ل ر ، ولأنّ خطّي جـ ر ، هـ جـ مســـاويان لخطّي ر ب ، ب د ، وزاويتي هـ جـ ر ، جـ ب د قائمتان ، يكون خطّا هـ ر ، د جـ متســـاويين وزاويتا ر هـ د ، ر د هـ الدّاخليتين وزاويتا ح ب ر ، ط جـ ر متساويتان ، وضلع ب ر مساوٍ لضلع ر جـ ، فيكون ط ر مساوياً لِـ ر ح ، فيكون لذلك عمود ط ل ، ولأنّ ح ك ضعف ك ر وَ ط ل أيضاً ضعف ك ر لأنّ مثلثي ح ك ر ، ط ر ل متساويان وذلك بيِّن ، فَـ ح ك مساوٍ لِـ ط ل فخطوط ح ط ، ط ل ، ل ك ، ك ح الأربعة متساوية ، وزوايا سطح ط ك قائمات ، فسطح ط ك مربَّع ، وذلك ما أردنا أن نُبَيِّن)).

في عمل المربّع في المثلّث المتساوي الأضلاع

إذا أردنا ذلك عملنا على ب جـ مربّع ب د هـ جـ ، وقسمنا ب جـ بنصفين على نقطة ر ، ووصلنا د ر ، هـ ر يقطعان خطّيّ أ ب ، أ جـ على نقطتي ح ، ط ، ووصلنا ح ط ، وأخرجنا منه عمودَيّ ح ك ، ط ل ، فيكون مربّع ح ط ل ك متساوي الأضلاع وقد عُمِل في مثلّث أ ب جـ ، وهذه صورته (٢١٦) .

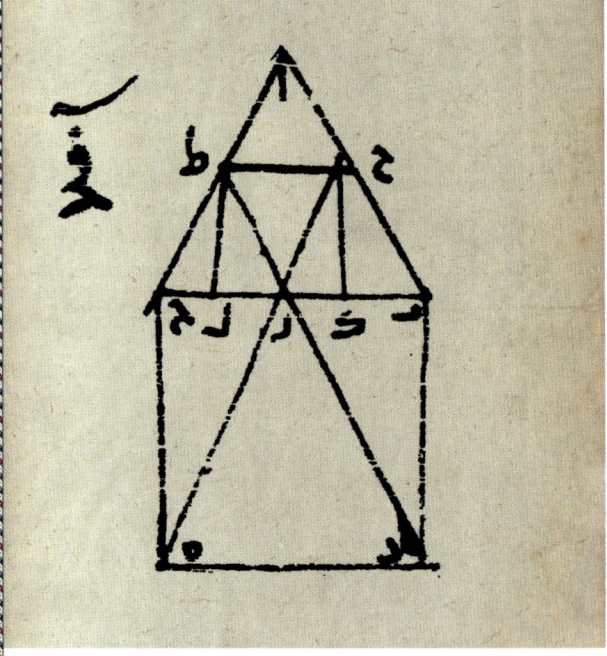

ح
ج

شَكل (٨٢)

صورة الشكل ((فجـ)) ٨٣ من ق.

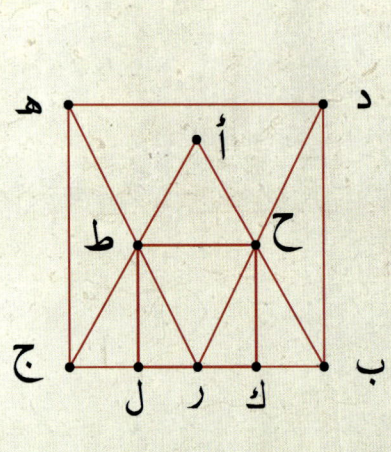

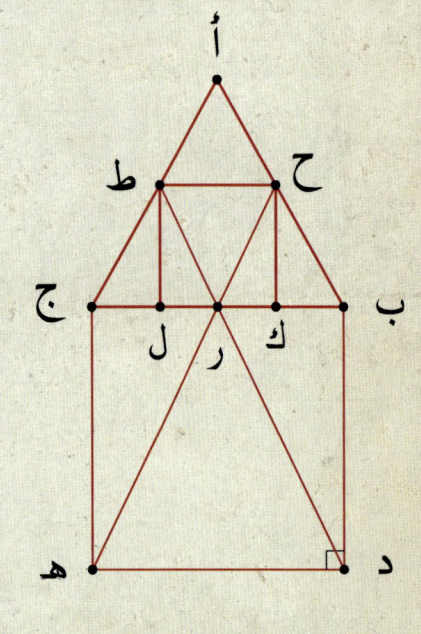

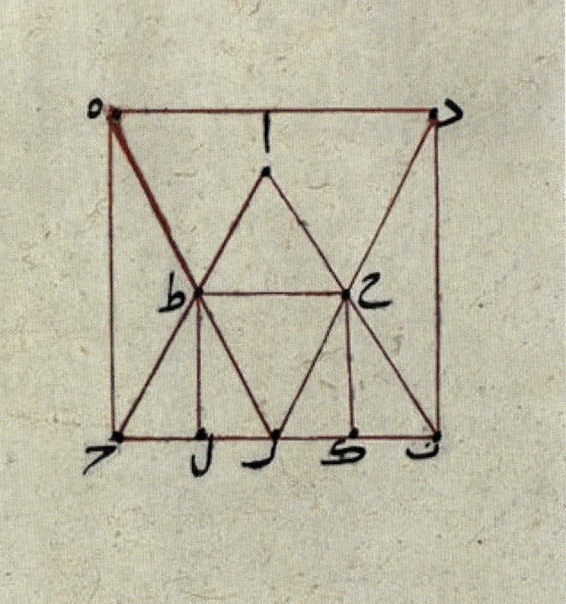

صورة الشكل ٨٢ من ب.

[طريقة تسمية الشكل رباعي الأضلاع - مربع أو منحرف أو متوازي مستطيلات - تكون بحرفيْ زاويتين متقابلتين ، فمثلا في الشكل أعلاه ، يُسمّى مربع ب د جـ هـ مربع د جـ ، أو مربع ب هـ .]

في عمل المثلَّث

المتسَاوي الأضْلاع / في المثلَّث المختلِف الأضلاع

فإن قال كيف نعمل مثلثاً متساوي الأضلاع في مثلث أ ب جـ المختلف الأضلاع ويكون أحد أضلاعه موازيا لخط ب جـ؟ (نخرج عمود أ ي)(٢١٧) فنعمل على ب جـ مثلثاً متساوي الأضلاع وهو ب د جـ ونخرج عمود د هـ ونخرج من نقطة ب عمود ب ر على ب جـ ونجعل ب ح مساويا لعمود أ ي ونجعل ح ر مساويا لعمود د هـ ونصل جـ ر ونخرج من نقطة ح خط ح ط موازيا لخط ر جـ فيكون خط(٢١٨) ب ط ضلع المثلث المتساوي الأضلاع الذي يقع في مثلث أ ب جـ ويكون أحد أضلاعه موازيا لخط ب جـ وزاويته التي نوترها(٢١٩) على خط ب جـ فإذا أخرجنا في مثلث أ ب جـ خطا موازيا لخط ب جـ ومساويا لخط ب ط وجعلنا نقطة ل مركزاً وببعد ل ن علامة م على خط ب جـ ووصلنا (خطي ل م)(٢٢٠) ن م كان مثلث ل ن م متساوي الأضلاع وقد عُمِل في مثلث أ ب جـ، وهذه صورته(٢٢١).

ي

شَكل (٨٣)

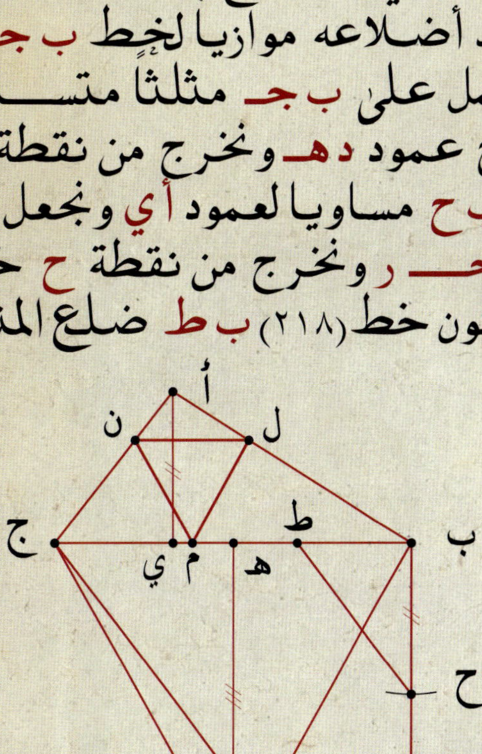

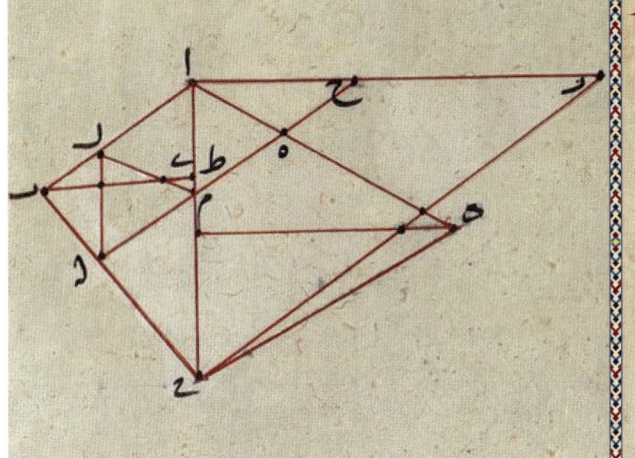

(٢١٧) إضافة في أ.

(٢١٨) إضافة في أ.

(٢١٩) وردت في ق. "بوترها"

(٢٢٠) إضافة في أ.

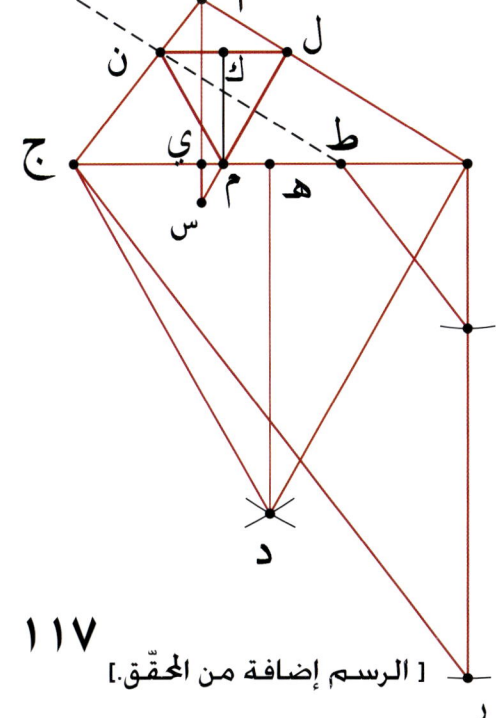

(٢٢١) ورد في هامش الصفحة ١٧ نسخة أ. : ((برهانه لنخرج خط م ك موازٍ لعمود أ ي، وليلتق عمود أ ي خط ل ن على نقطة س، فلأنّ خط ح ط موازٍ لخطّ ر جـ، تكون نسبة ر ب إلى ب ح كنسبة جـ ب إلى ب ط، ونسبة جـ ب إلى ب ط كنسبة أ ب إلى أ ل المساوية كنسبة ي أ إلى ي س، فتكون نسبة ر ب إلى ب ح كنسبة أ د إلى أ س، وإذا فصلنا كانت نسبة ر ح إلى ح ب كنسبة ي س إلى س أ وَ ي س مساوِلـ م ك وَ ر ح مساوِلـ د هـ وَ ب ح مساوٍ لعمود أ ي، فتكون نسبة د هـ إلى أ ي كنسبة م ك إلى أ س، ونسبة أ ي إلى ر جـ كنسبة أ س إلى أ ن، فبالمساواة نسبة د هـ إلى ب جـ كنسبة م ك إلى ل ن وَ ل ن مساوِلـ م ك وَ ب جـ مساوِلـ د ب، فنسبة د هـ إلى ب جـ كنسبة م ك إلى ل م وزاوية د هـ ب القائمة مساوية لزاوية م ك ل القائمة، وكلّ واحدةٍ من زاويتي د ب هـ، م ل ك أقلّ من قائمة بحسب شكل د من مقالة و، وتكون زوايا المثلّث د جـ هـ، مساوية لزوايا المثلّث م ل ك كل واحدةٍ لنظيرتها، فأضلاعهما النّظائر متناسبة، لكن د ب ضعف ب هـ فَـ ل م ضعف ل ك، وخطّ ل ط نصف خط ل ب فخطّا ل ك، ك م مساويان لخطّي ن ك، ك م، وزاويتا ل ك م، ن ك م متساويتان، فيكون خط ل م مساوياً لخط ن م، وَ ل م مساوياً لخط ل ن. فأضلاع مثلّث ل م ن متساوية، وذلك ما أردنا أن نُبَيِّن)).

صورة الشكل ٨٣ من ب. ((فد)) ٨٤ من ق.

ي

[نخرج من نقطة ط خط ط ن موازٍ لخط أ ب لنحدد نقطة ن]
انظر الرسم.

[الرسم إضافة من المحقّق.]

(ق_٢٦_ظ)

مئذنة قطب منار، الهند

في عمل مثلّث متساوي الأضْلاع على مثلّثٍ مختلف الأضْلاع

فإن قال: كيف نعمل مثلّثاً متساوي الأضْلاع على مثلّث أ ب جـ المختلف الأضلاع، بخط موازٍ لخط ب جـ؟

عملنا على خط ب جـ مثلّث ب د جـ متساوي الأضْلاع وأخرجنا خطيّ د ب، د جـ على استقامتهما، وأخرجنا من نقطة أ خط ر أ هـ موازياً لخط ب جـ يلقى خطي ب د، د جـ على نقطتي هـ، ر، فيكون مثلّث د هـ ر متساوي الأضْلاع، وهذه صورته (٢٢٢).

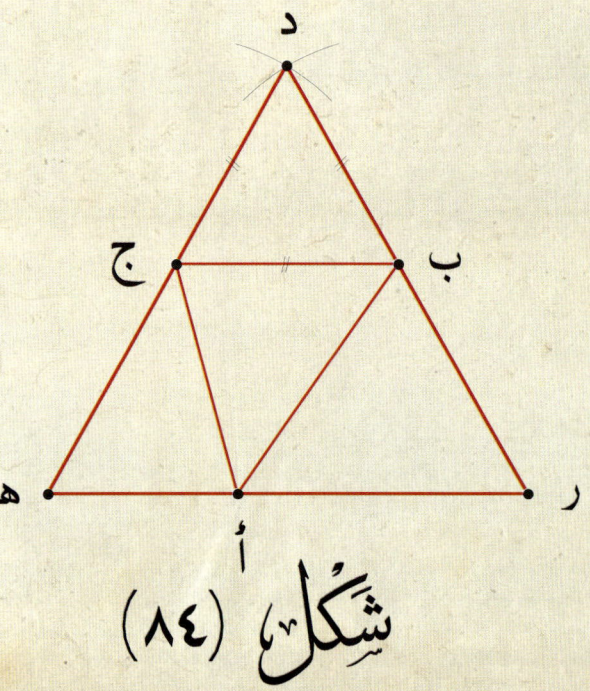

د

شَكل (٨٤)

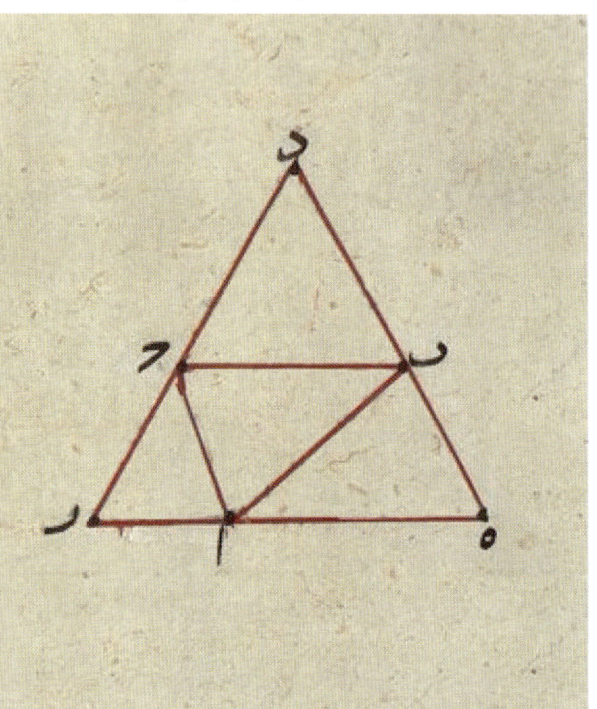

صورة الشكل ٨٤ من ب. ((فه)) ٨٥ من ق.

(٢٢٢) ورد في هامش الصفحة ١٧ نسخة أ. : ((برهانه لأنّ خط ب جـ موازٍ لخطّ هـ ر، تكون كلّ واحدةٍ من زاويتي د ب جـ، د جـ ب الدّاخليتين مساوية لنظيرتها من زاويتي د ر هـ، د هـ ر الدّاخليتين المقابلتين لهما، وزاوية ب د جـ مشتركة، فمثلّثا د ب جـ، د هـ ر متساويا الزّوايا، ومثلّث ب جـ د متساوي الأضلاع، وذلك ما أردنا أن نُبيِّن)).

(٢٢٣) ورد في هامش الصفحة ١٧ نسخة أ. : ((برهانه نصل خطّا ط ر، ط ك. فلأنّ رط مساو لـ رح الذي هو نصف القطر. فقوس رط سُدُس دائرة. فتكون زاوية ط ب ر ثُلث قائمة كماً بيّنّا. ولذلك نبيِّن أنّ زاوية ر ب ك أيضاً ثلث قائمة. فجميع زوايا ط ب ك ثُلثا قائمة. ومن ذلك نبين أن مثلث ط ب ك متساوي الأضلاع وخط ل م موازٍ لخطّ ط ك . فكما بيّنّا يكون مثلث م ب ل متساوي الأضلاع. وذلك ما أردنا أن نُبَيِّن)).

[زخرفة - قطب منار، الهند.]

(ق_٢٧_ظ)

(أ_١٧_ظ)

صورة الشكل ٨٥ من ب. ((فو)) ٨٦ من ق.

عمل المثلّث في المُخمّس

فإن قال: كيف نعمل في مخمّس أ ب جـ د هـ المتساوي الأضلاع مثلثاً متساوي الأضلاع؟

أخرجنا من نقطة ب عمود ب د، وقسمناه بنصفين على نقطة ح، وجعلنا نقطة ح مركزاً، وأدرنا ببعد ح ر دائرة ب ر، وجعلنا نقطة ر مركزاً، وببعد رح علامتي ط، ك على محيط الدّائرة. نصل خطي ب ك، ب ط يقطعان خطي أ هـ، جـ د على نقطتي م، ل، ونصل / خطوط ب م، ب ل، م ل. فيكون مثلث ب م ل / متساوي الأضلاع وقد عمل في مخمّس أ ب جـ د هـ، وهذه صورته(٢٢٣).

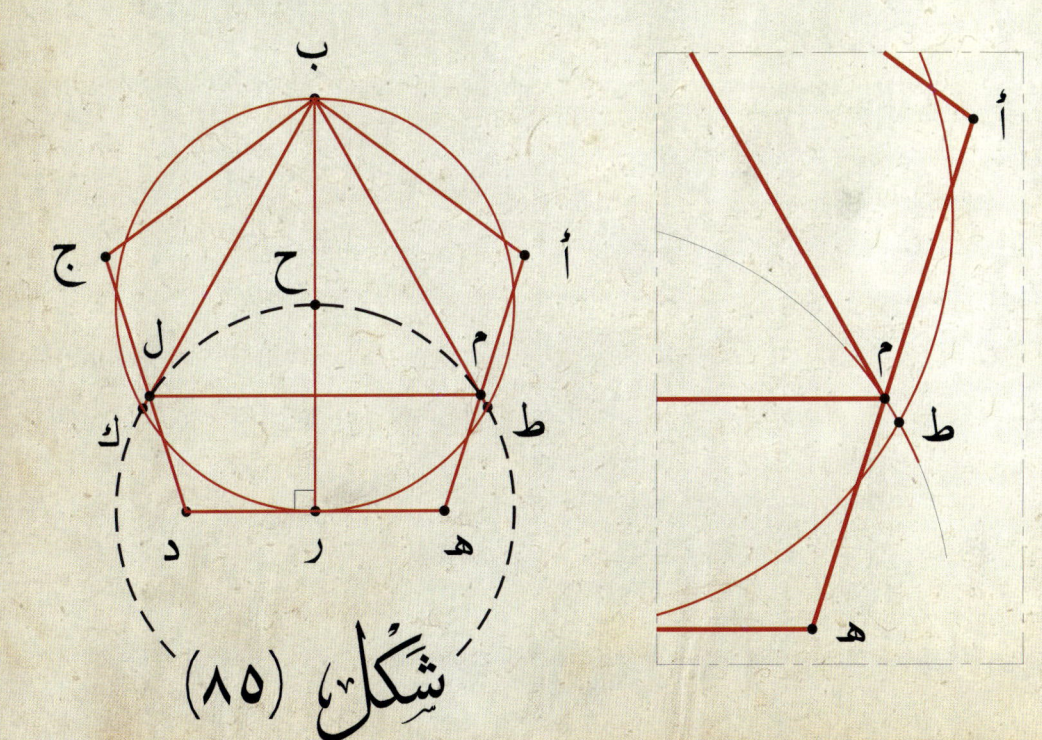

شكل (٨٥)

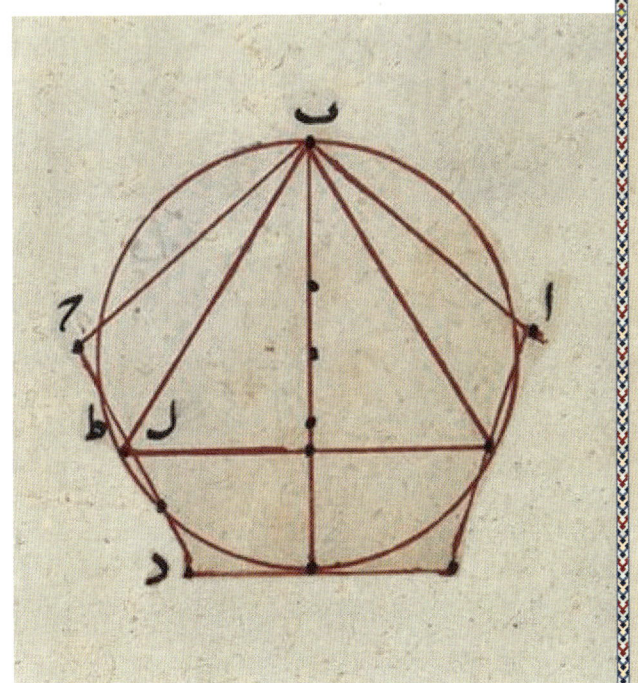

(٢٣٢) ورد في هامش الصفحة ١٧ نسخة أ. : ((برهانه قريبٌ مما تقدّم . وذلك أنّ خطوط ك ط ، ط ل ، ل ك الثلاثة المحيطة بمثلّث ط ك ل موازية لخطوط ب ر ، ب ح ، رح الثلاثة المحيطة بمثلّث ب رح المتساوي الأضلاع . فيكون مثلّث ط ك ل أيضاً متساوي الأضلاع . وذلك ما أردنا أن نُبَيِّن)).

(عَمل المُثلَّث علىٰ المخَمَّس)(٢٢٤)

فإن قال: كيف نعمل مثلّثاً متساوي الأضلاع والزّوايا(٢٢٥) على مخمّس أ ب جـ د هـ (متساوي الأضلاع)(٢٢٦) ؟

فنعمل فيه(٢٢٧) مثلّثاً متساوي الأضلاع (كما تقدّم)(٢٢٨) وهو مثلّث ب رح ، ونجيز على نقطتي أ ، جـ خطّي ط ل ، ط ك مستقيمين (٢٢٩) موازيين لخطّي ب ر ، ب ح ، ونخرج خط د هـ (في الجهتين)(٢٣٠) إليهما (حتى يلقاهما على نقطتي ل ، ك)(٢٣١) ،

فيكون مثلّث ط ل ك متساوي الأضلاع ، وقد عُمِل على مخمّس أ ب جـ د هـ ، وهذه صورته .(٢٣٢)

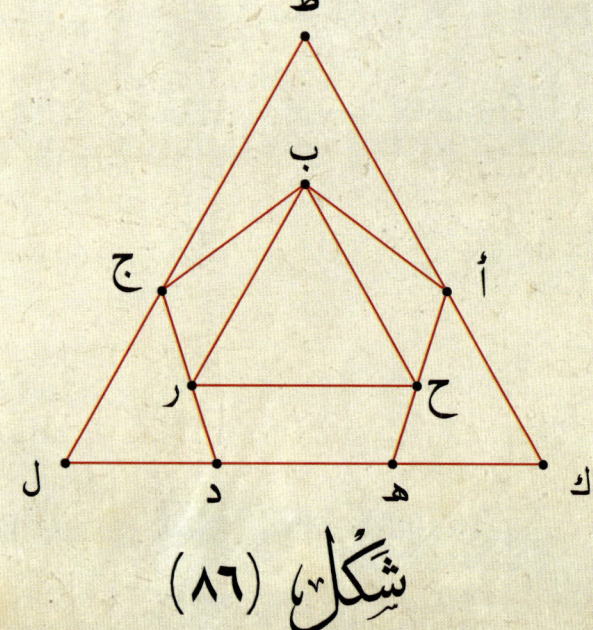

شكل (٨٦)

[مسجد الجمعة في أصفهان ، إيران.]

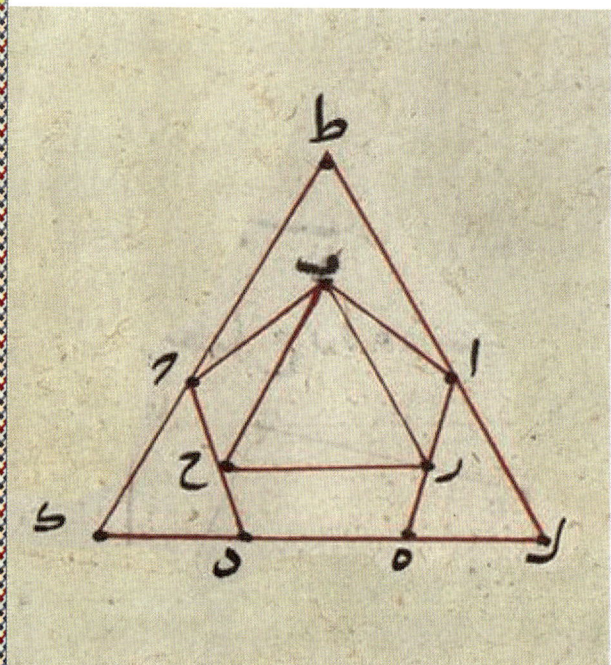

صورة الشكل ٨٦ من ب. ((فز)) ٨٧ من ق.

(٢٢٤) إضافة في أ.
(٢٢٥) إضافة في أ.
(٢٢٦) إضافة في أ.
(٢٢٧) وردت في أ. ((في المخمّس)).
(٢٢٨) إضافة في أ.
(٢٢٩) إضافة في أ.
(٢٣٠) إضافة في أ.
(٢٣١) إضافة في أ.

(٢٣٤) ورد في هامش الصفحة ١٧ نسخة أ. : ((برهانه لأنّ جـ ح مساوٍ لـ ر ح وَ ح ط مشترك وزاويتا ط ح جـ ، ط ح ر قائمتان ، يكون خط ط جـ مساوٍ لـ ط ر وكذلك بيّن أنّ ك جـ مساوٍ لـ ك ر ، وأيضاً لأنّ ط ح مساوٍ لـ ح ك إذ هو موازٍ لخط أ هـ المستقيم المقسوم بنصفين بخطّ جـ ر ، وزاويتا ح قائمتان ، فيكون خط ح ط مساوياً لخطّ ح ك ، فسطح جـ ط ر ك متساوي الأضلاع فقط ، وليس قائم الزّوايا فهو إذن مبيّن كما بيّناه في آخر هذا الباب)).

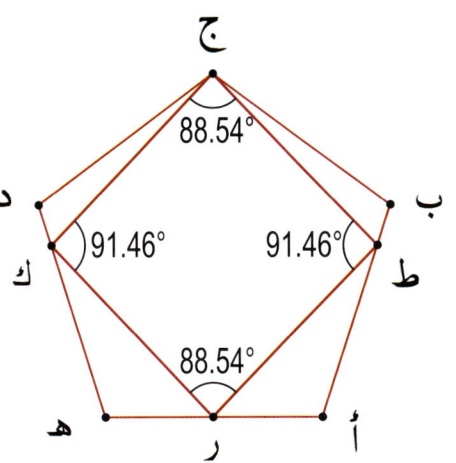

[زوايا الشكل جـ ط ر ك .]

في عمل مربّعٍ في مخمّس

فإن قال : كيف نعمل مربّعاً متساوي الأضلاع في مخمّس أ ب جـ د هـ المتساوي الأضلاع والزوايا ؟

فنخرج عمود ر جـ [على خط أ هـ] ،
ونقسمه بنصفَين على ح ،
ونجيز عليها خط ط ح ك يوازي خط أ هـ ،
ونصل خطوط جـ ط ، جـ ك ، ك ر ، ط ر .
فيكون مربع جـ ط ر ك متساوي الأضلاع(٢٣٣) ،
وهذه صورته (٢٣٤).

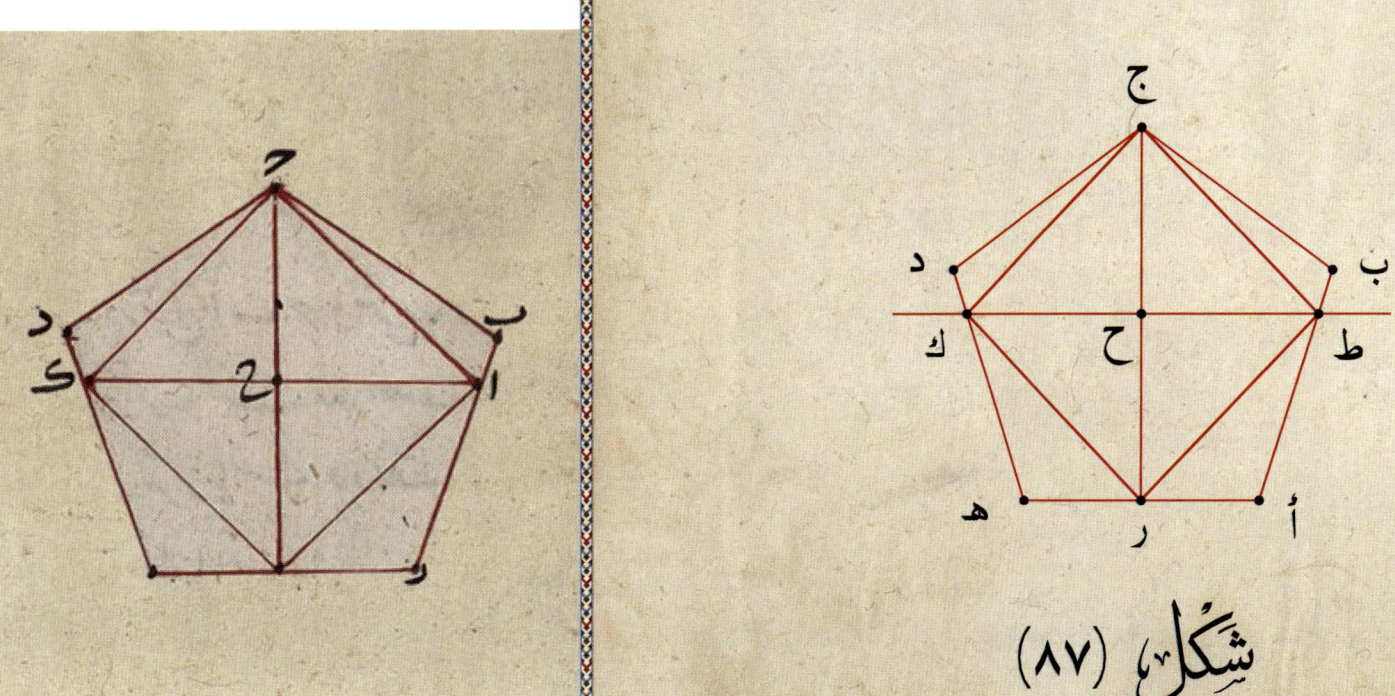

شكل (٨٧)

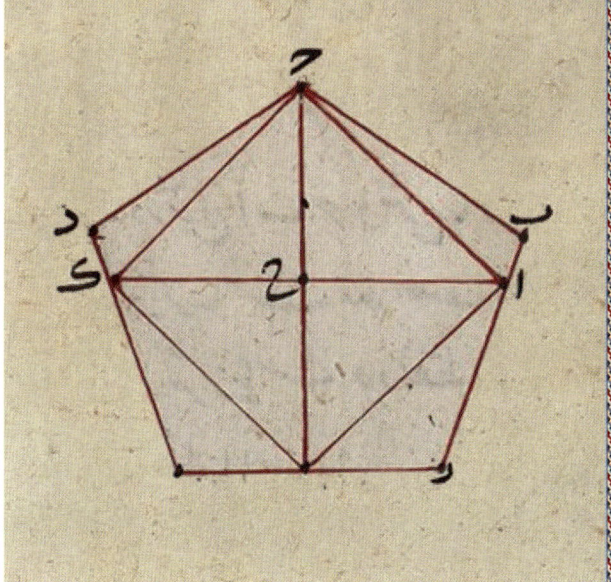

صورة الشكل ٨٧ من ب. ((فح)) ٨٨ من ق.

(٢٣٣) [الشكل جـ ط ر ك مربّع متساوي الأضلاع ، وليس متساوي الزّوايا ، حيث إنّ زواياه ليست قائمة : ٩١،٤٦ ، ٨٨،٥٤ درجة .
مع ملاحظة أنّه في نسخة أ. أُضيف وصف "متساوي الزّوايا" ولم يُضَف في نسخة ق.
والبرهان في هامش صفحة ١٧ أ. أيضا يوضّح أنه غير متساوي الزّوايا.]

(٢٣٥) ورد في هامش الصفحة ١٧ نسخة أ. : ((برهانه فلأنّ أ ر مساوٍ لـ ر هـ .وعمود ر ح مساوٍ لكلّ واحدٍ منهما . يكون خطّا أ ح . ح هـ متساويين . وبيّن أنّ زاوية أ ح هـ قائمة لأنها مجموع زاويتين كلّ واحدة منهما نصف قائمة لتساوي خطوط أ ر . ر هـ . ر ح. ولأنّ زاويتي ب أ هـ . هـ أ ح مجموعهما مساوٍ لزاويتي ح هـ أ . أ هـ د . فتبقى زاويتا ب أ ط . د هـ ل متساويتان .وزاويتا ط . ل قائمتان وخطّ أ ب مساوٍ لخطّ د هـ . فيكون خطّا أ ط . هـ ل متساويين . وخطّا ب ط . د ل متساويين أيضاً . من شكل كو من أ. فلأنّ زاويتيْ ح . ط قائمتان يكون خطّا ط ك . ح ل متوازيين . ولذلك يكون خطّا ط ح . ك ل متوازيين . فسطح ك ط ح ل متوازي الأضلاع لأن ط ح مساوٍ لـ ح ل . وزوايا سطح ط ك ل ح كلّها قائمة . فيكون مربّع متساوي الأضْلاع قائِم الزّوايا . وذلك ما أردنا أن نُبَيِّن)).

[زخرفة باستخدام الشكل المخمّس.]

في عمل مربّع على مخمّس

فإن قال : كيف نعمل مربّعاً متساوي الأضلاع على مخمّس أ ب جـ د هـ المتسَاوي الأضْلاع؟

قسمنا خط أ هـ بنصفين على ر ، وأخرجنا عمود ر ح مثل ر هـ ، ونصل ح هـ ، ح أ ونخرجهما على استقامتهما، ونخرج من نقطتي ب ، د عموديّ ب ط ، د ل على خطي ح ط ، ح ل ، ونخرجهما حتى يلتقيا على نقطة ك ، فيكون مربّع ط ك ل ح متسَاوي الأضلاع ، وقد عُمِل على مخمّس أ ب جـ د هـ المتساوي الأضلاع ، وهذه صورته (٢٣٥).

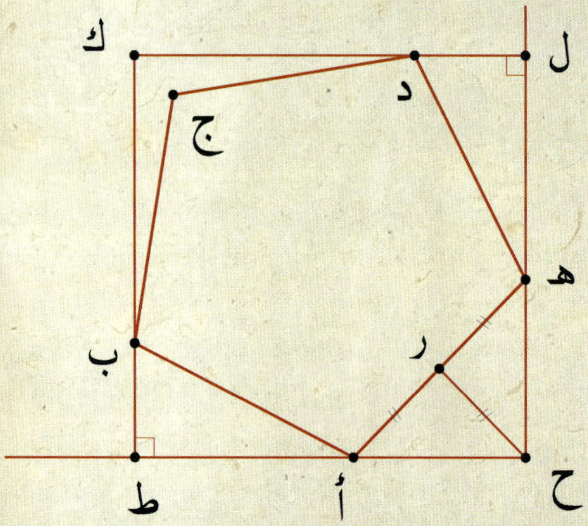

شَكْل (٨٨)

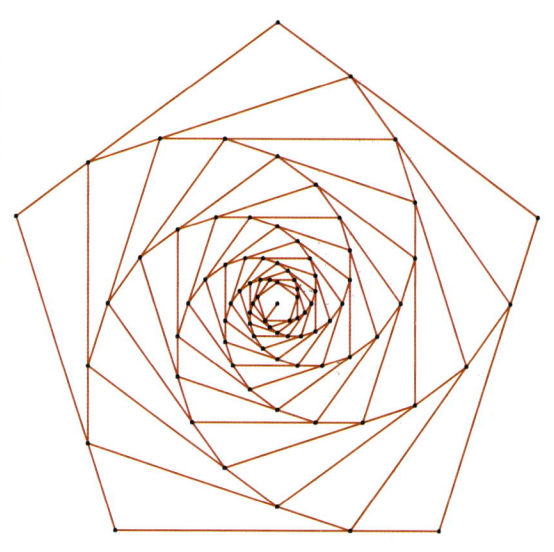

صورة الشكل ٨٨ من ب. ((فط)) ٨٩ من ق.

عمل مُخمّس في مُربّع

فإن قال : كيف نعمل في مربّع أ ب جـ د (المتساوي الأضلاع)(٢٣٦) مخمَّساً متساوي الأضلاع (على أيّ قدر شئنا)(٢٣٧) / والزّوايا على قطره على مثال مخمّس هـ ر ح ط ي ؟ عملنا مخمّس ك ل م ن س (متساوي الأضلاع)(٢٣٨) على

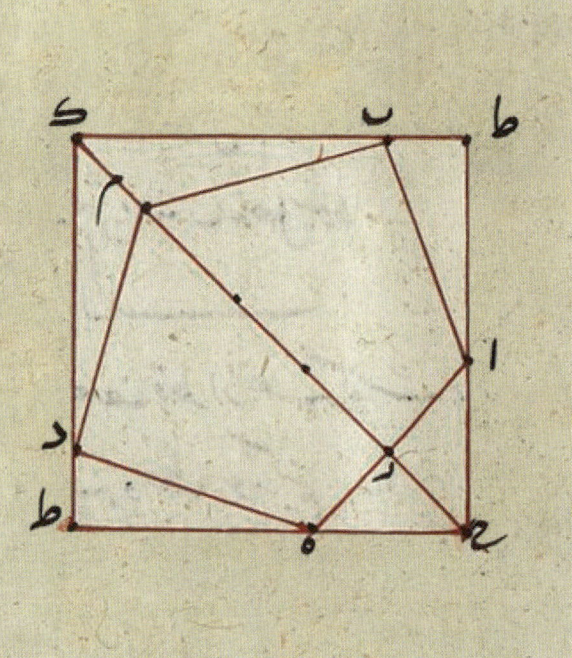

(٢٣٦) إضافة في أ.

(٢٣٧) إضافة في أ.

(٢٣٨) إضافة في أ.

(ق_٢٨_ظ)

(٢٤٣) ورد في هامش الصفحة ١٨ نسخة أ. : ((برهانه لنصل خط د س فلِأنّ خط ف ر مواز لِـ ص ت ، تكون نسبة و ف إلى ف ر كنسبة و ص إلى ص ت ، وخطُّ و ف مساوٍ لخطّ د جـ وَ ف ر مساوٍ لخط جـ س ، فنسبة د جـ إلى جـ س كنسبة و ص إلى ص ت ، وَ جـ س مساوٍ لِـ س ط لأنّ زاوية س قائمة ، وزاوية ط جـ س نصف قائمة، فتبقى زاوية جـ ط س نصف قائمة وخطّ ص م مساوٍ لخطّ ب ن بمثل ما تقدَّم في هذا، فتكون نسبة د جـ إلى س ط كنسبة و ص إلى ت ن ، ولكنّ خطّ ط س ح ضعف خط ط س وذلك بيِّن ، وخطّ م ن ضعف خطّ ت ن فنسبة د جـ إلى ط ح كنسبة و ص إلى م ن وخطُّ و ص ضلع مربَّع ع ص ، وَ م ن ضلع المخمَّس فيه، وَ د جـ ضلع مربّع أ جـ فخطّ ط ح ضلع المخمّس فيه فإذن مخمّس هـ ر ح ط ي متساوي الأضلاع وبيّنا أنه متساوي الزّوايا أيضاً لأنّ مخمّس ك ل م ن س متساوي الأضلاع والزوايا ، وذلك ما أردنا أن نُبَيِّن)).

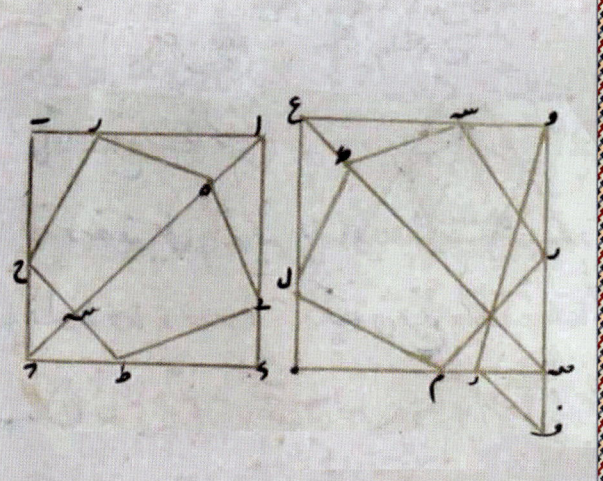

صورة الشكل ٨٩ من أ.

أي قدر شئنا، وعملنا عليه مربَّعاً يكون أحد أضلاعه ص و (٢٣٩) ووصلنا خط ص ع .(٢٤٠) وجعلنا خط ف و مساويا لخط أ ب ، وأخرجنا من نقطة ف خط ف ر موازياً لخط ص ع (وأخرجنا من نقطة و خطاً موازياً لخط ك ل يلقاه على نقطة ر)(٢٤١). ووصلنا أ جـ وجعلنا جـ س مساويا لخط ف ر ، وأخرجنا ح س ط يقوم على خط أ هـ جـ على زوايا قائمة، وجعلنا نقطتي ح ، ط مركزين، وببعد ح ط علامتي ر ، ي ونجعل نقطتي ر ، ي مركزين، وببعد ر ح علامة هـ ووصلنا خطوط ح ر ، ر هـ ، هـ ي ، ي ط فيكون مخمّس هـ ر ح ط ي متساوي الأضلاع (والزَّوايا وقد عُمِل في مربّع أ ب جـ د)(٢٤٢)، وهذه صورته (٢٤٣) .

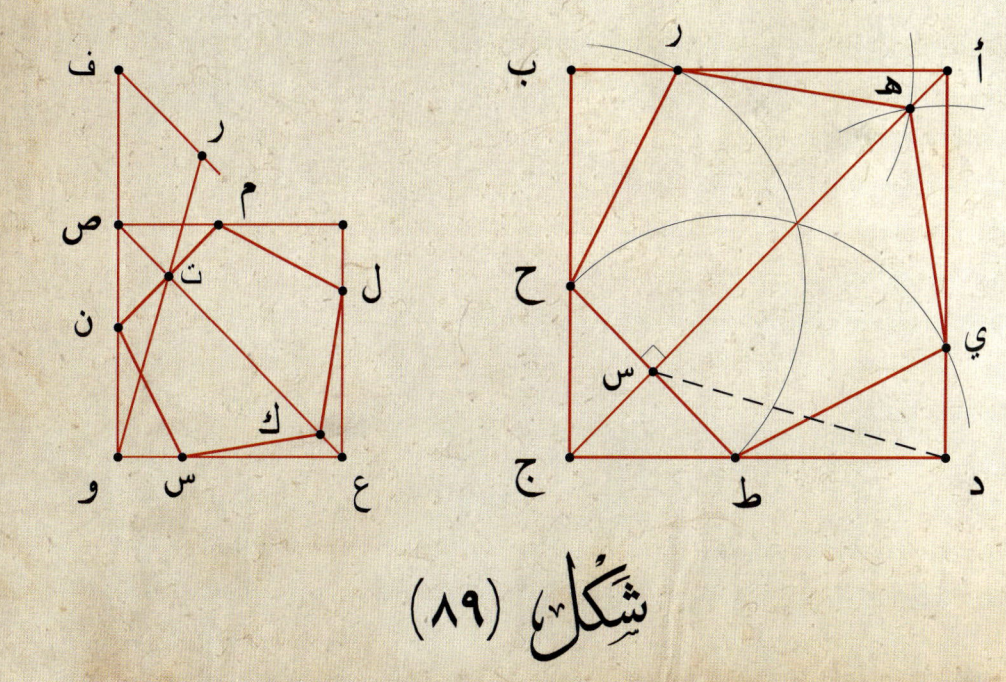

ج
ط

شكل (٨٩)

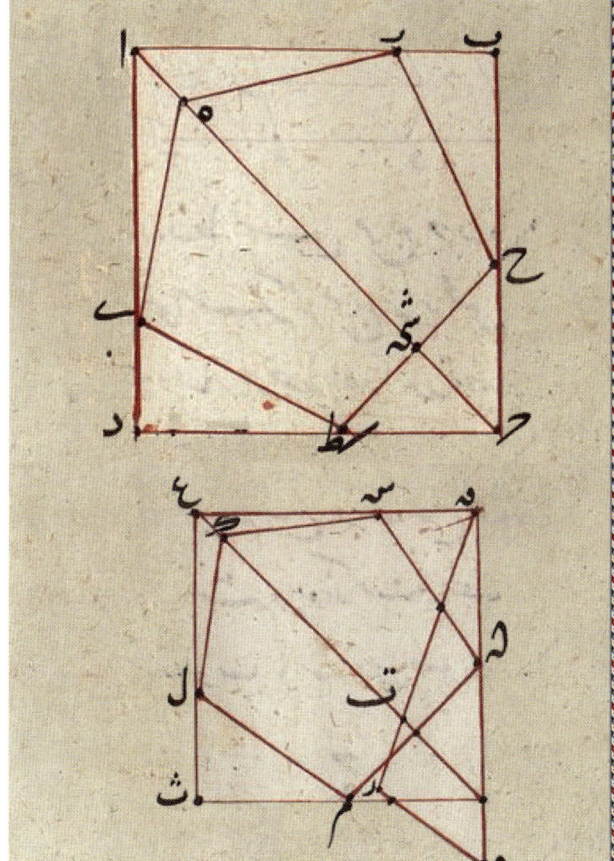

صورة الشكل ٨٩ من ب. ((ص)) ٩٠ من ق.

(٢٣٩) وردت في أ. ((م ن)) وهو خطأ حيث إنّ المقصود ضلع المربَّع

(٢٤٠) إضافة من المحقِّق : [يقطع ضلع المخمّس م ن على نقطة ت ووصلنا ، وَ ت ر يقطع خط ف ر على نقطة ر .]

(٢٤١) هذه الجملة وردت في نسختي ق. أ. وهي خطأ ولا تُنتِج الحلّ الصحيح المتوافق معه البرهان والشكل الوارد في نسخة أ. حيث إنّ خط ك ل لا يوازي خط و ر ، ولكن خط و ر يمر بنقطة ت ، وهي منتصف ضلع المخمَّس م ن بحسب البرهان وهو الصحيح.

(٢٤٢) إضافة في أ.

في عمل مثمَّن في مربَّع

فإن قال: كيف نعمل مثمّناً (متساوي الأضلاع)(٢٤٤) في مربّعٍ متساوي الأضلاع والزَّوايا(٢٤٥)؟

جعلنا المربَّع عليه أ ب جـ د، وأخرجنا قُطريه يتقاطَعان على نقطة هـ، وجعلنا نقطة هـ مركزاً وببعد نِصف ضلع المربَّع علامة ر، وجعلنا نقطة ر مركزاً وببعد نقطة ب علامتي ح، ط وفصلنا من عند كل زاوية من أضلاع المربّع مثل خط ب حـ وهي خطوط د ل، د م، أ ن، أ س، جـ ك، جـ ي ونصل خطوط ي ك، ل م، س ن

فيكون مُثمّن ي ك ل م ن س ح ط متسَاوِي الأضْلاع والزّوايَا، وهذه صورته(٢٤٦).

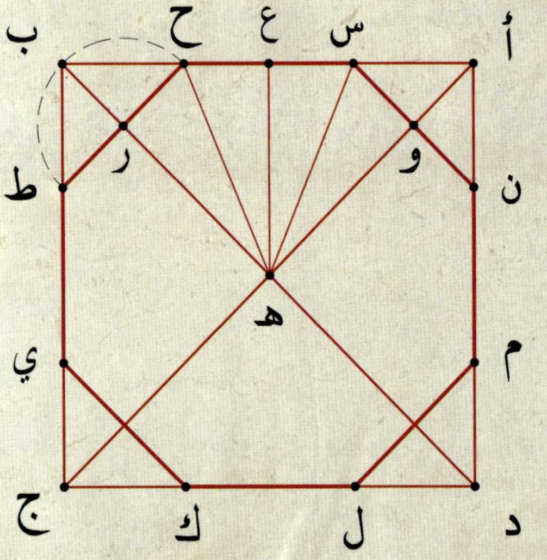

شَكل (٩٠)

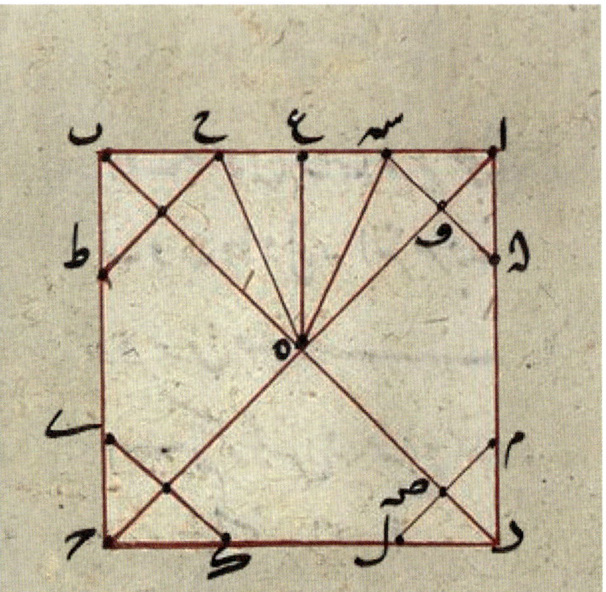

صورة الشكل ٩٠ من ب. ((صا)) ٩١ من ق.

(٢٤٤) إضافة في أ.

(٢٤٥) إضافة في أ.

(٢٤٦) ورد في هامش الصفحة ١٨ نسـخة أ.: ((برهانه نصل خطّي هـ ح، هـ س، ونخرج عمود هـ ع على أ ب وليقطع أ هـ خط ن س على نقطة و، فلأن خطّي أ ن، أ س مساويان لخطّي ب ح، ب ط، وزاويتي أ، ب قائمتان، يكون خطّ ح ط مساوياً لخطِّ ن س، ولأنّ كِلى ن أ، أ و مثل كِلى س أ، أ و، وزاويتا ن أ و، س أ و متساويتان، يكون خط ن و مساوٍ لخطّ و س، وكذلك يتبيّن أنّ ح ر مساوٍ لـ ر ط، فيكون و س مساوياً لـ ح ر وَ ح ر مساوياً لِـ ب ر، ويكون أيضاً و س مساوياً لِـ و أ، فيبقى هـ ر مساوياً لِـ هـ و، ولأنّ س و، و هـ مساويان لِـ ح ر، ر هـ، وزاويتا و، ر قائمتان، يكون هـ س مساوياً لِـ هـ ح، فزاويتا هـ س ح، س ح هـ متساويتان، وزاويتا ع قائمتان، فخطّ س ع مساوٍ لِـ ح ع، وأيضاً لأنّ مربّعي هـ ع، ع ح مساويان لمربّع هـ ح، ومربّع هـ ح مساو لمربّعي ح ر، ر هـ ومربّع هـ ع مساوٍ لمربّع هـ ر، لأنّهما مساويان لنصف ضلع مربّع أ ب جـ د ويكون خطّ ع ح مساوياً لخطِّ ح ر، ويكون س ح مساويا لِـ ح ط، ولذلك بيِّن أنّ أضلاع ح ط، ط ي، ي ك، ك ل، ل م، م ن، ن س، س ح متساوية، فالمثمَّن متساوي الأضلاع والزوايا، وذلك ما أردنا أن نُبَيِّن)).

وجهٌ آخر / في عمل المثمَّن في المربَّع

إذا أردنا ذلك فتحنا البركار ببعد أهـ ،
(وهو نصف قطر المربّع)(٢٤٧)
وجعلنا كل واحدةٍ من زوايا المربَّع مركزاً ،وبِبُعْدِ أهـ
علامات م ، ن ، س ، ح ، ط ، ي ، ك ، ل ،
ونصل خطوط ل م ، س ن ، ح ط ، ي ك ، فيكون مُثمّن
ل م ن س ح ط ي ك متساوي الأضلاع / والزّوايا ،
وهذه صورته (٢٤٨) .

أ
ك
هـ

شَكل (٩١)

[زخرفة نباتية، حفرٌ في الخشب.
آسيا الوسطى.]

(أ_١٨_ظ)

(ق_٢٩_ظ)

صورة الشكل ٩١ من ب. ((صب)) ٩٢ من ق.

(٢٤٧) إضافة في أ.

(٢٤٨) ورد في هامش الصفحة ١٨ نسخة أ. : ((برهانه لنصل خطّي ل هـ . ك هـ ونخرج عمود هـ ع على أ ب . فلِأنّ خطّي أ ك . أ هـ متساويان تكون زاويتا أ هـ ك ، أ ك هـ متساويتين . وزاوية هـ أ ك نصف قائمة وكلٌّ واحدةٍ من زاويتي أ هـ ك . أ ك هـ ثلاثة أرباع قائمة . وزاوية ب ك ي نصف قائمة . تبقى زاوية هـ ك ي ثلاثة أرباع قائمة . وزاويتا ع ك ي . هـ ك ب متساويتان . وزاويتا ع . ب قائمتانِ وذلك بيِّن . وضلع هـ ك مشترك لمثلثي هـ ك ف . ك ع هـ . فبحسب شكل هو من المقالة أ . يكون ع هـ مساوياً لِـ ف هـ . وَ ف ك مساوياً لِـ ك ع وبيِّن أنّ ل ك ضعف ك ع . وَ ك ي ضعف ك ع فخطّ ل ك مساوٍ لخطّ ك ي . ولذلك بيِّن أنّ أضلاع المثمَّن متساوية . وذلك ما أردنا أن نُبَيِّن)).

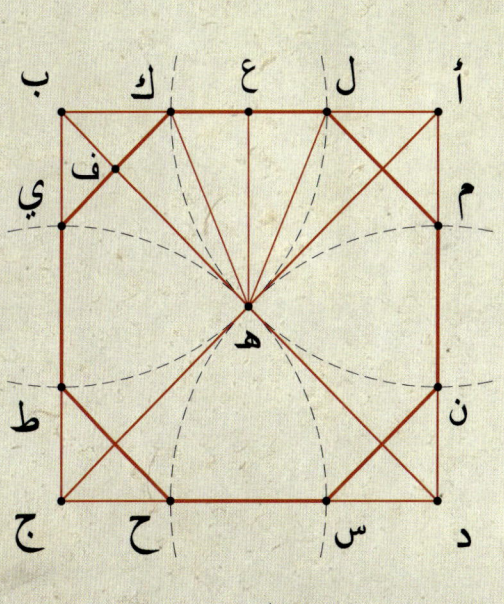

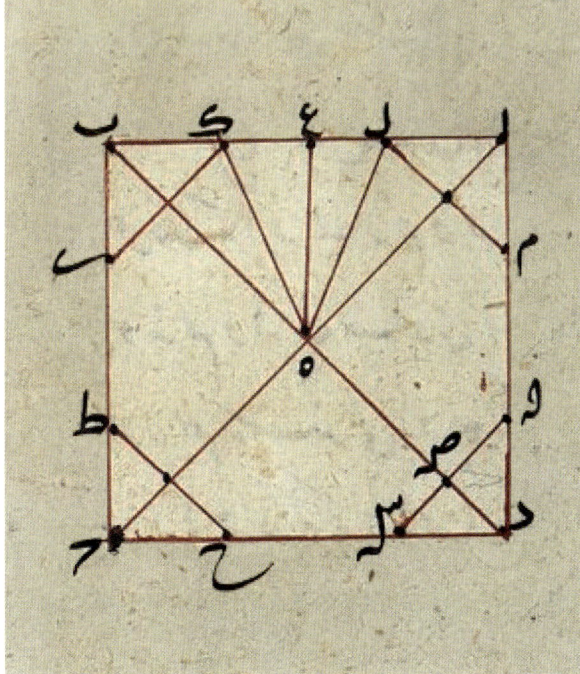

في عمل المربّع على المثمّن

فإن قال: كيف نعمل مربّعاً متساوي الأضلاع على مثمّن أ ب جـ د هـ ر ح ط المتساوي الأضلاع؟

أخرجنا خطوط أ ب، جـ د، هـ ر، ح ط حتى تلتقي على نقط ي، ك، ل، م.

فيكون مربّع ي ك ل م متساوي الأضلاع والزّوايا، وقد عُمِل على مثمّن أ ب جـ د هـ ر ح ط، وهذه صورته (٢٤٩).

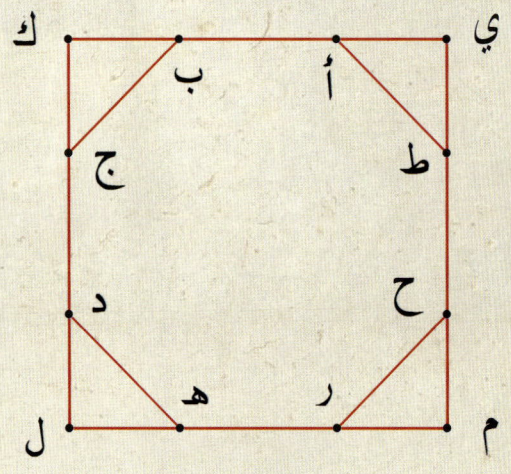

شَكل (٩٢)

[زخرفة هندسية لسطح قبّة داخلي، إيران.]

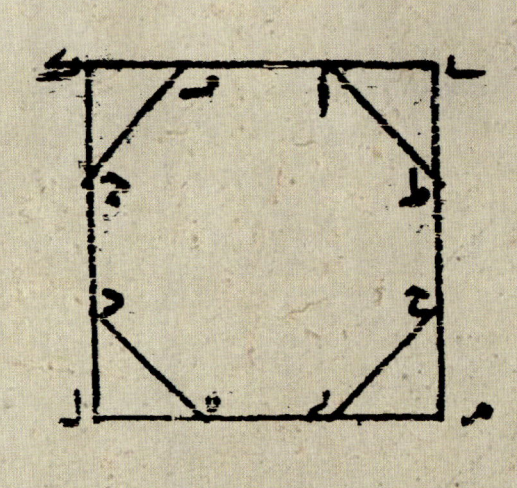

صورة الشكل ((صجـ)) ٩٣ من ق. - ٩٢ من أ.
وهذا الشكل لم يرد في نسخة ب.

(٢٤٩) ورد في هامش الصفحة ١٨ نسخة أ.: ((برهانه لأنّ مثلّثات ي أ ط. ك ب جـ. د هـ ل. م رح القائمة الزّوايا متساويات. لأنّ المثمّن متساوي الأضلاع والزّوايا. فيكون المربّع متساوي الأضلاع قائم الزّوايا. وذلك ما أردنا أن نُبيِّن)).

نهاية الباب السّابع

البَابُ الثَّامِن

في قِسْمَة المُثَلَّثات

فإن قال كيف نقسم مثلّث أ ب جـ بنصفين بخطٍ يخرج من إحدى زواياه ؟

فإنَّا نجعل الزَّاوية التي يخرج منها الخط زاوية أ ،
ونقسم خط ب جـ بنصفين على نقطة د ،
(ونصل خط أ د)(٢٥٠) ،
فيكون مثلث أ ب جـ قد انقسم بنصفين بخط أ د ، وهذه صورته (٢٥١) .

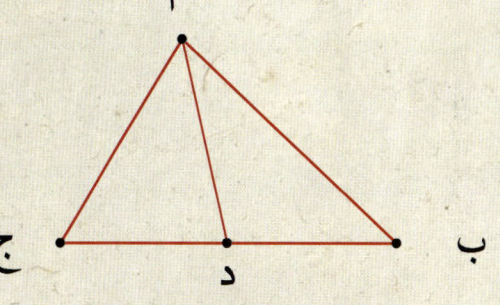

شَكل (٩٣)

[زخرفة على شكل مسدّس حفرٌ في الخشب. آسيا الوسطى.]

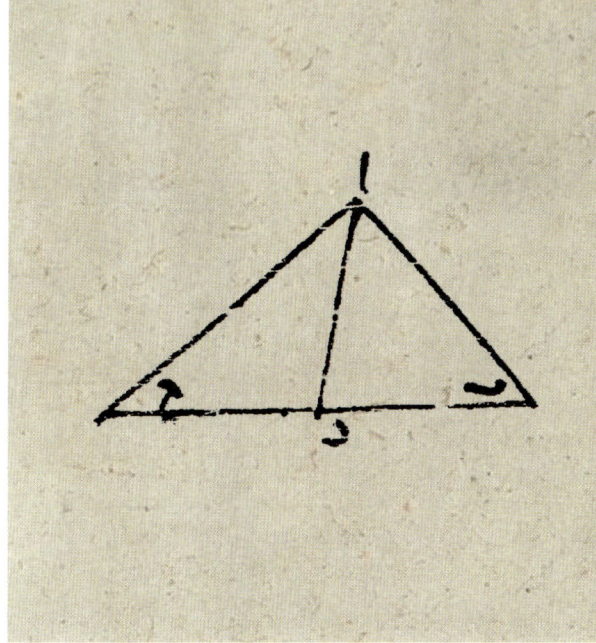

صورة الشكل ((صد)) ٩٤ من ق. - ٩٣ من أ.
هذا الشكل لم يرد في نسخة ب.

(٢٥٠) إضافة في أ.
(٢٥١) ورد في هامش الصفحة ١٨ نسخة أ. : ((برهانه ظاهر)).

(٢٥٢) ورد في هامش الصفحة ١٨ نسخة أ. : ((برهانه لأنّ مثلثيّ أ هـ ر ، د هـ ر على قاعدة واحدة وهي هـ ر وفيما بين خطّي هـ ر ، أ د المتوازيين . يكون مثلثا أ هـ ر، د هـ ر متساويين بحسب شكل لو من أ . ونجعل مثلّث ر هـ جـ مشتركا فيكون مثلّث أ هـ جـ نصف مثلّث أ ب جـ لأنّ جـ هـ نصف ب جـ فمثلّث د ر جـ إذن نصف مثلّث أ ب جـ فقد قسم مثلث أ ب جـ بنصفين بخط د ر ، وذلك ما أردنا أن نُبَيّن)).

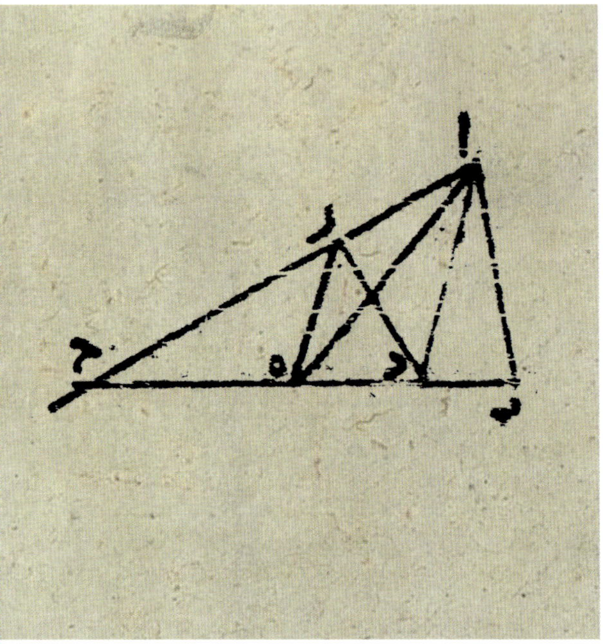

[سقف خشبي ، شكل المثمّن
مجموعة قلاوون، القاهرة.]

فإن قال : كيف نقسم مثلّث أ ب جـ بنصفين بخط يخرج من نقطة على أحد أضلاعه وهي نقطة د ؟

فإذا أردنا ذلك قسمنا خط ب جـ بنصفين ،
فإن وقعت القسمة على نقطة د ، أخرجنا أ د ،
فيكون مثلّث أ ب جـ قد انقسم بنصفين بخط أ د ،
وإن لم تقع على د ، ووقعت على نقطة أخرى مثل نقطة هـ
فإنّا نصل أ هـ ، أ د ،
ونخرج من نقطة هـ خط هـ ر موازيا لخط أ د ،
ونصل د ر ، فينقسم مثلّث أ ب جـ بنصفين بخط د ر ،
وهذه صورته (٢٥٢) .

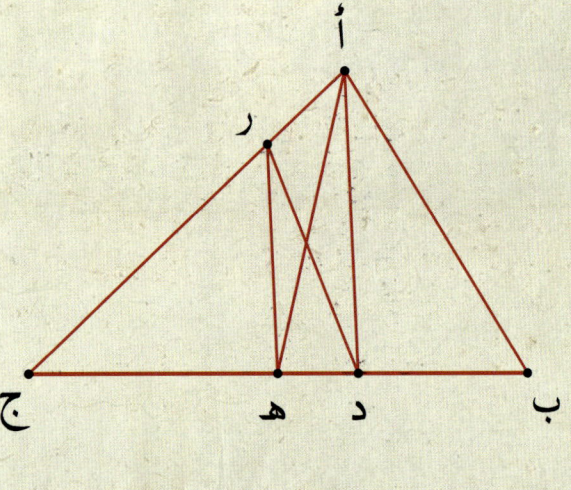

شَكل (٩٤)

صورة الشكل ((صه)) ٩٥ من ق. - ٩٤ من أ.
وهذا الشكل لم يرد في نسخة ب.

فإن قال: كيف نقسم مثلّث أ ب جـ بأربعة أقسامٍ متساوية بخطوط تخرج من نقطة د ؟

قسمنا ب جـ بأربعة أقسامٍ متسَاوية وهي ب هـ، هـ ر، ر ح، ح جـ، ووصلنا أ د، وأخرجنا من مواضع القِسمة خطوط هـ ل، ر ك، ح ط موازية لخط أ د، ووصلنا خطوط د ل، د ك، د ط. فيكون مثلث أ ب جـ قد انقسم بأربعة أقسام متسَاوية وهي: ب د ل، ل د ك أ، ك د ط، ط د جـ، وهذه صورته(٢٥٣)./ وكذلك نعمل إن أردنا أن نقسم المثلث بثلاثة أقسام (أو خمسة أقسام)(٢٥٤) أو ماشئنا من الأقسَام المتسَاوية كثُرت أم قَلت.

شَكل (٩٥)

(٢٥٣) ورد في هامش الصفحة ١٩ نسخة أ.: ((برهانه فلأنّ مثلثي د هـ ل، أ ل هـ على قاعدة واحدة وهي هـ ل وفيما بين خطّي ل هـ، أ د المتوازيين يكونا بينهما متساويين، ونجعل مثلث ل ب هـ مشتركاً فيكون مثلّثا د ل ب، أ ب هـ متساويين. لكنّ مثلث أ ب هـ ربع مثلّث أ ب جـ، وذلك أن قاعدة ب هـ ربعٍ قاعدة ب جـ، ونسبة المثلّث إلى المثلّث كنسبة القاعدة إلى القاعدة إذا كان الإرتفاع واحداً بحسب شكل آ من د فمثلّث د ل ب ربع مثلّث أ ب جـ وأيضاً نصل أ ر فلِأنّ مثلّثي أ هـ د، أ ل د على قاعدة أ د وبين خطّي أ د، ل هـ المتوازيين يكون مثلّثا أ هـ د، أ ل د متساويين. وأيضاً لأنّ مثلثي أ د ر، أ د ك على قاعدة أ د وبين خطّي أ د، ر ك المتوازيين يكون مثلّثا أ د ر، أ ل د متساويين، فإذن مثلثا أ هـ د، أ د ر مجموعين مساويان لمثلثي أ ل د، أ دك مجموعين فإذن مثلّث أ هـ ر مساو لمنحرف أ ل د ك لكنّ مثلّث أ هـ ر ربع أ ب جـ لأنّ خطّ هـ ر ربع ب جـ، فإذن منحرف أ ل د ك ربع مثلّث أ ب جـ ونصل أ ح فمثلثا أ ح ط، د ط ح على قاعدة ح ط وبين خطّي أ د، ح ط المتوازيين فهما متساويان، فنجعل مثلّث ط جـ ح مشتركاً فيكون جميع مثلّث أ ح جـ مساوياً لمثلث د جـ ط لكنّ مثلث أ ح جـ ربع أ ب جـ، فمثلث د ط جـ ربع مثلث أ ب جـ، وذلك ما أردنا أن نُبَيِّن)).

(ق_٣٠_ظ)

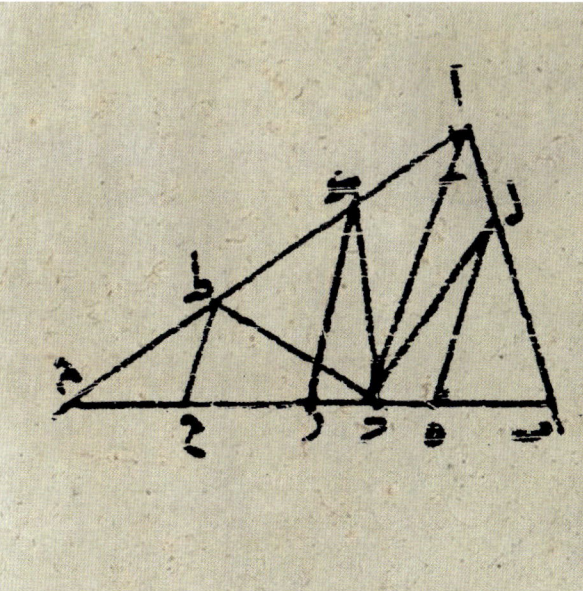

صورة الشكل ((صو)) ٩٦ من ق. - ٩٥ من أ.
وهذا الشكل لم يرد في نسخة ب.

(٢٥٤) إضافة في أ.

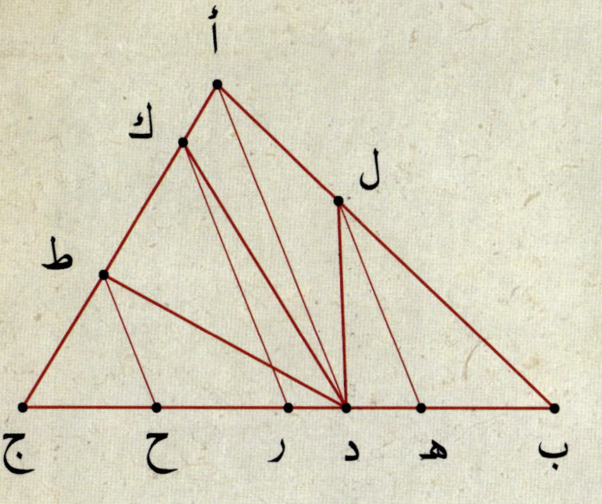

(٢٥٨) ورد في هامش الصفحة ١٩ نسخة أ. : ((برهانه لنصل جـ هـ . هـ د فتكون زاوية د هـ جـ قائمة . لأنها في نصف دائرة وخط أ هـ عمود على جـ د . فعلى ما بان في آخر شكل ح من و. تكون نسبة جـ أ إلى أ هـ كنسبة أ هـ إلى أ د . فيكون لِما بيّنه أقليدس في لح من و . نسبة جـ أ إلى أ د كنسبة الشكل المعمول على جـ أ إلى الشكل المعمول على أ هـ الذي يشبهه وعلى وضعه . وكنسبة الشكل المعمول على أ د إذا كانا متشابهين وكانا على وضع واحدٍ . وينبغي أن يفهم هذا الباب ويتصوره لأنّه يستعمل في مواضع كثيرة لكيلا يحتاج إلى إعادة ذكره كلّ مرَّة . ومنهما الشكل المعمولَ على جـ أ لأنّ أ ر مساوٍ لخطِّ أ هـ وَ جـ أ ضعف أ د فمثلّث أ ح ر ضعف مثلث أ ب جـ فهو إذن نصف مثلث أ ب جـ . وذلك ما أردنا أن نُبَيِّن)).

فإن قال: كيف نقسم مثلّث أ ب جـ بنِصفين بخط يوازي ضِلعاً من أضْلاعه وليكن ذلك الضِّلع ب جـ ؟

فإذا أردنا ذَلك أخرجنا أ د مثل أضْلاعه (٢٥٥) نصف أ جـ علىٰ استقامته وعملنا علىٰ د جـ نصف دائرة،
واخرجنا عمُود أ هـ (علىٰ د جـ) (٢٥٦)،
وجعلنا أ ر مسَاوياً لخطّ أ هـ،
وأخرجنا (من نقطة ر خط) (٢٥٧) ر ح موازياً لخط ب جـ،
فيكون مُثلث أ ب جـ قد قسمنَاه بنصفين بخط ر ح،
وهذه صورته (٢٥٨).

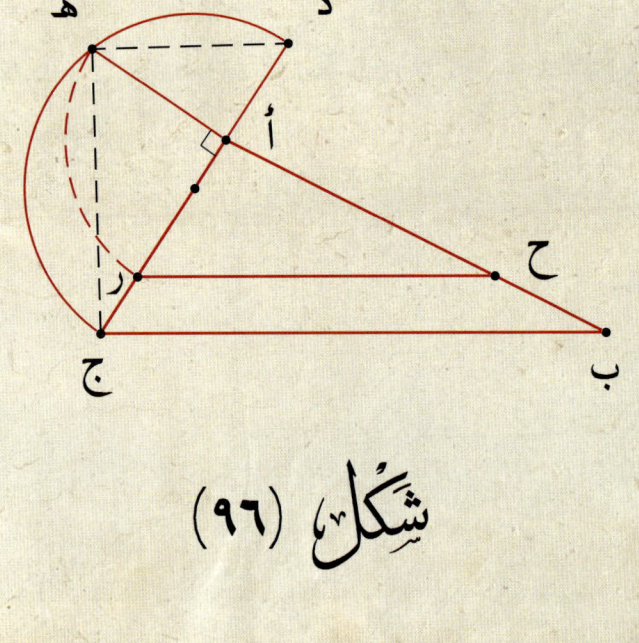

شَكل (٩٦)

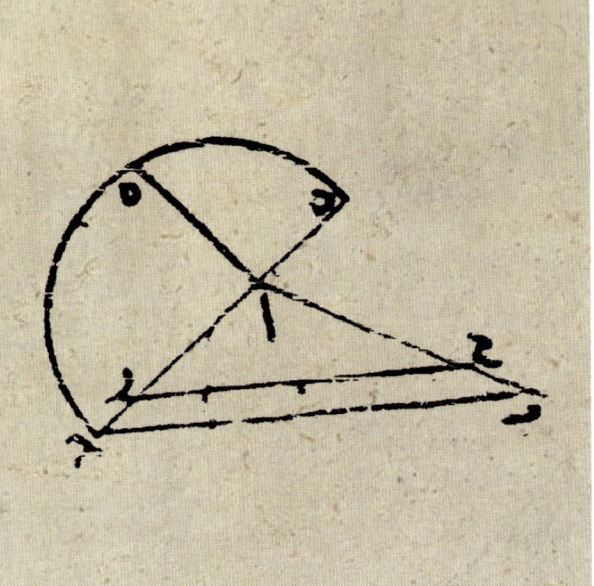

صورة الشكل ((صز)) ٩٧ من ق. - ٩٦ من أ.
وهذا الشكل لم يرد في نسخة ب.

(٢٥٥) إضافة في ق.
(٢٥٦) إضافة في أ.
(٢٥٧) إضافة في أ.

(٢٦٠) ورد في هامش الصفحة ١٩ نسخة أ.: ((برهانه لأنّ أ جـ ثلاثة أمثال أ د يكون لما بيّناه في الشّكل المتقدّم. مثلّث أ ب جـ ثلاثة أمثال أ ل ط إذ هما متشابهان ووضعهما وضعٌ واحد. وأيضاً لأنّ أ هـ ثلثا أ جـ يكون مثلّث أ ك ي ثلثي مثلّث أ ب جـ ومثلّث أ ل ط ثلث مثلّث أ ب جـ فيكون منحرف ل ط ك ي ثلث مثلّث أ ب جـ ويبقى منحرف ك ب جـ ي ثلث مثلّث أ ب جـ، وذلك ما أردنا أن نُبيّن)).

فإنْ قال: كيف نَقسم مثلّث أ ب جـ بثلاثة أقسامٍ مُتساوية بخطين موازيين لخط ب جـ؟

أخرجنا خط أ د ثُلث خطِّ أ جـ، وجعلنا خط أ هـ ثلثي خط أ جـ، وعملنا على كل واحد من خطي د جـ، جـ هـ نصف دائرة، وأخرجنا عمود أ ح على خط أ جـ وجعلنا خط أ ط مثل خط أ ر، وخط أ ي مثل خط أ ح وأخرجنا خطي ي ك، ط ل موازيين لخط ب جـ، فيكون مثلّث أ ب جـ قد قُسِّم بثلاثة أقسام متساوية، وهي أقسام أ ل ط، ل ك ي ط، ك ي جـ ب، وهذه صورتها.

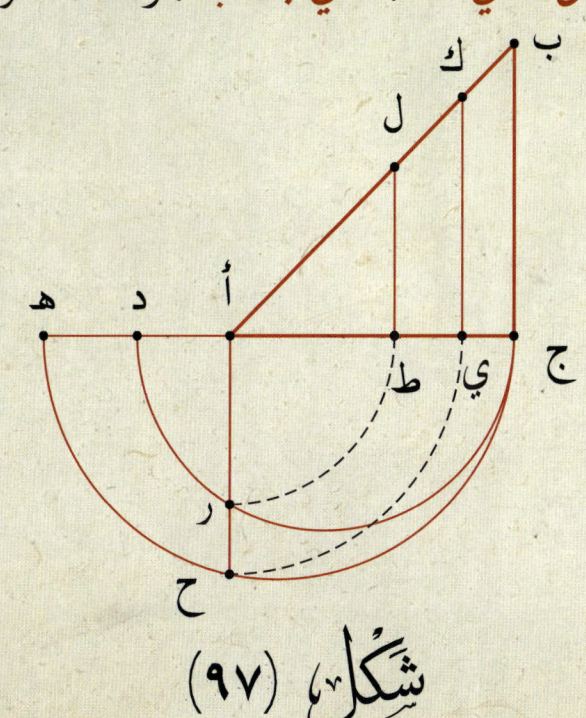

شكل (٩٧)

وكذلك (إن أردنا)(٢٥٩) أن نقسم المثلث بأربعة أقسامٍ أو أكثر فاعلم.(٢٦٠)

(٢٥٩) إضافة في أ.

[زخرفة على الحجر، الهند.]

(أ ـ ١٩ ـ ظ)

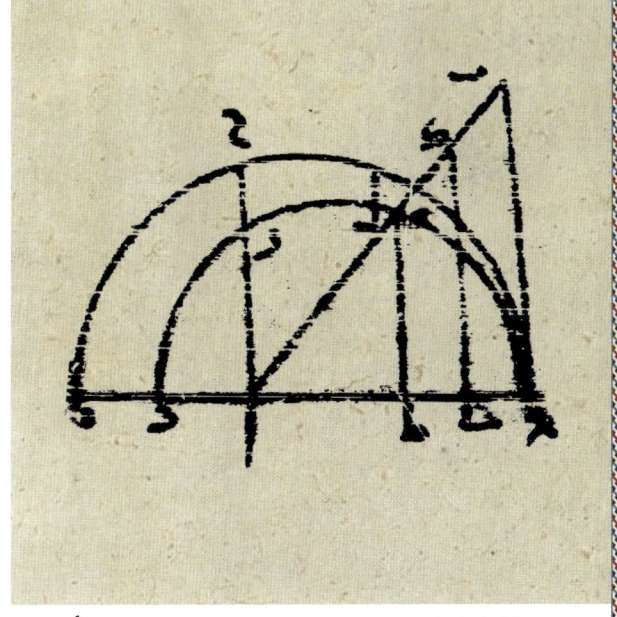

صورة الشكل ((صح)) ٩٨ من ق. ـ ٩٧ من أ. وهذا الشكل لم يرد في نسخة ب.

١٣١

وجهٌ ثانٍ في قِسمَة المثلَّث بثلاثة أقسَامٍ مُتسَاوِية

وإن شئنا جعلنا خط أد ثُلثي خط أجـ ،
وعمِلنا على خط دجـ نصف دائرة ،
وأخرجنا عمود أهـ ،
وجعلنا خط أر ، مساوياً لعمود أهـ ،
وأخرجنا خط رح موازياً لخط ب جـ ،
ثم قسمنا مثلّث أرح بنصفين كما عمِلنا فيما تقدّم من هذا الباب . فيكون مُـثلّث أب جـ قد انقسم بثلاثة أقسام متسَاوية وهي أط ي ، ط ي رح ، رح ب جـ ،
وهذه صورته (٢٦١) .

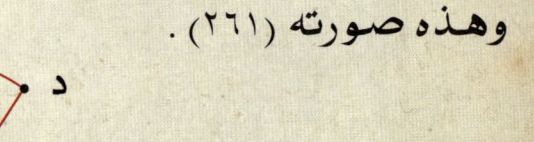

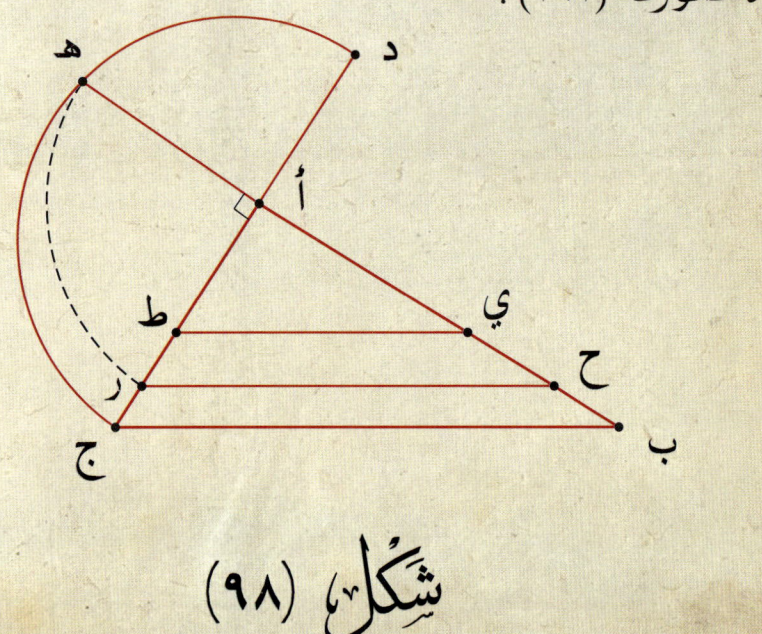

شَكل (٩٨)

(٢٦١) ورد في هامش الصفحة ١٩ نسخة أ. : ((برهانه وبرهان الشّكل المتقدِّم سواء)).

[قصر الحمراء ، إسبانيا.]

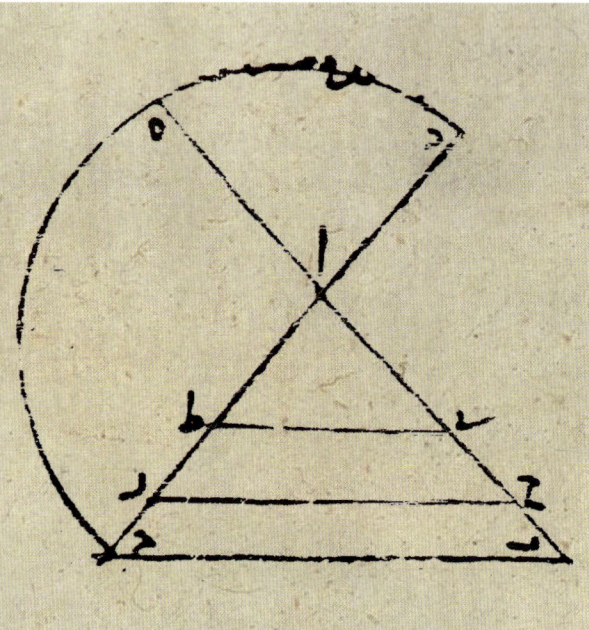

صورة الشكل ((صط)) ٩٩ من ق. - ٩٨ من أ.
وهذا الشكل لم يرد في نسخة ب.

[زخرفة من السيراميك، على شكل مسدّس أصفهان . إيران.]

(ق_٣١_ظ)

نوعٌ آخر من المثلَّثات

فإن قال : كيف نَزِيدُ في مثلث أب جـ مِثله بخط موازٍ لخط ب جـ ؟

زدنا في خط أجـ ضعفه وهو أد، وندير على خط جـ د نصف/ دائرة د هـ جـ، ونخرج عمود أهـ على خط أجـ، ونجعل خط أح مثل خط أهـ، ونخرج من نقطة ح خط ح ر موازيا لخط ب جـ، ونخرج أب حتى يلقاه، فيكون سطح جـ ر مثل مثلث أب جـ، «فقد زدنا في مثلث أب جـ مثله»(٢٦٢)، وهذه صورته(٢٦٣).

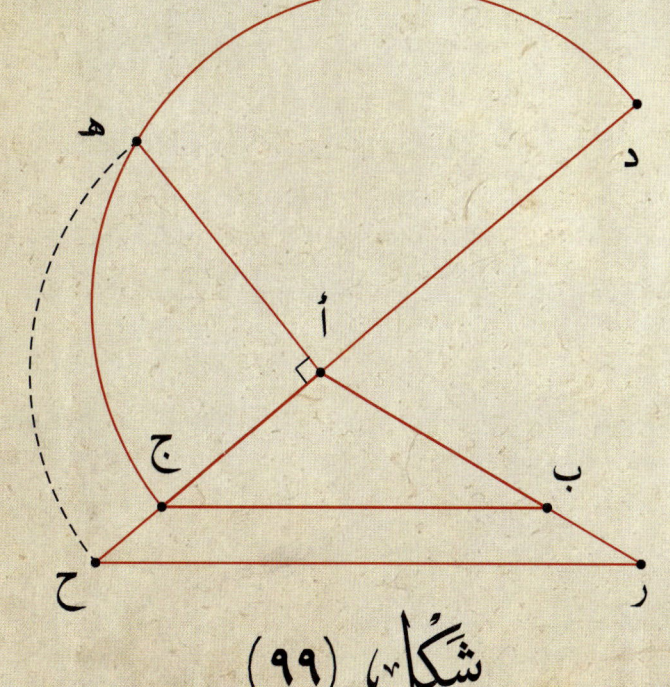

شَكل (٩٩)

وكذلك نعمل إن أردنا أن نزيد عليه ثلاثة أمثالِه، أو أكثر من ذلك من الأمثال.

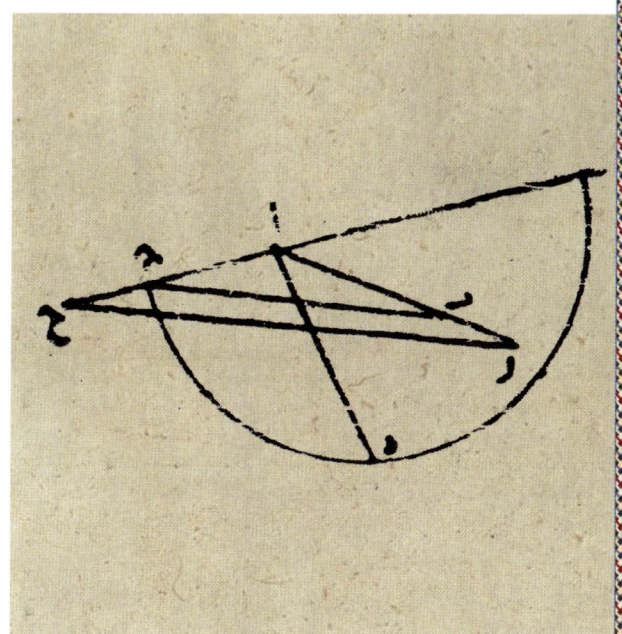

صورة الشكل «ق» ١٠٠ من ق. - ٩٩ من أ. وهذا الشكل لم يرد في نسخة ب.

(٢٦٢) إضافة في أ.

(٢٦٣) ورد في هامش الصفحة ١٩ نسخة أ. : «وكذلك نعمل إذا أردنا أن نزيد عليه بثلاثة أمثاله أو أربعة أمثاله أو غير ذلك من الأمثال. برهانه لأنّ أجـ نصف أد وَ أح مساوٍ لعمود أهـ يكون مثلّث أب جـ نصف مثلّث أح ر. فمثلّث أح ر ضعف مثلّث أب جـ. وذلك ما أردنا أن نبيِّن».

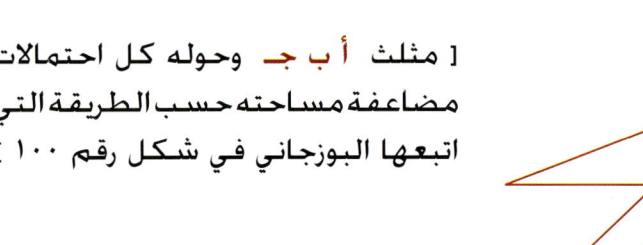

[مثلث أ ب جـ وحوله كل احتمالات مضاعفة مساحته حسب الطريقة التي اتبعها البوزجاني في شكل رقم ١٠٠]

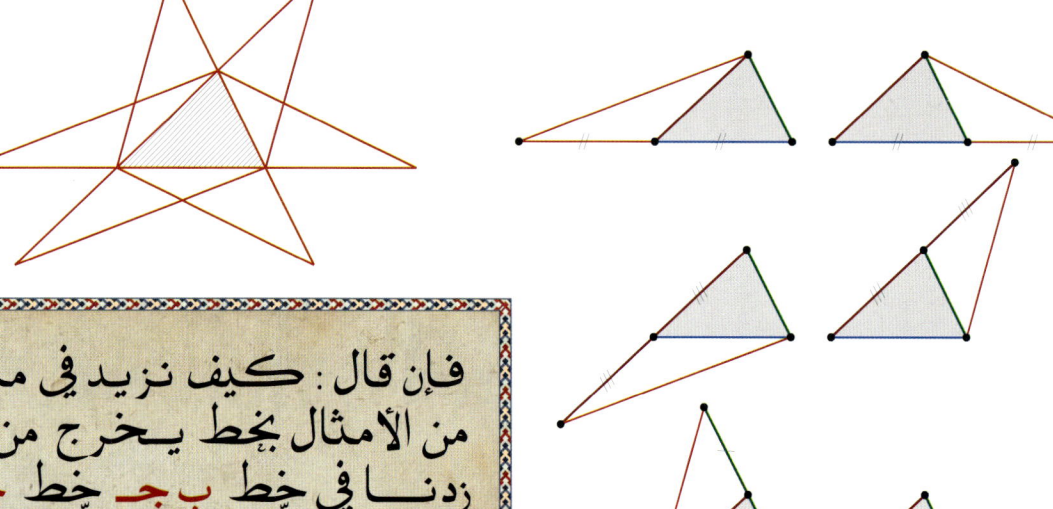

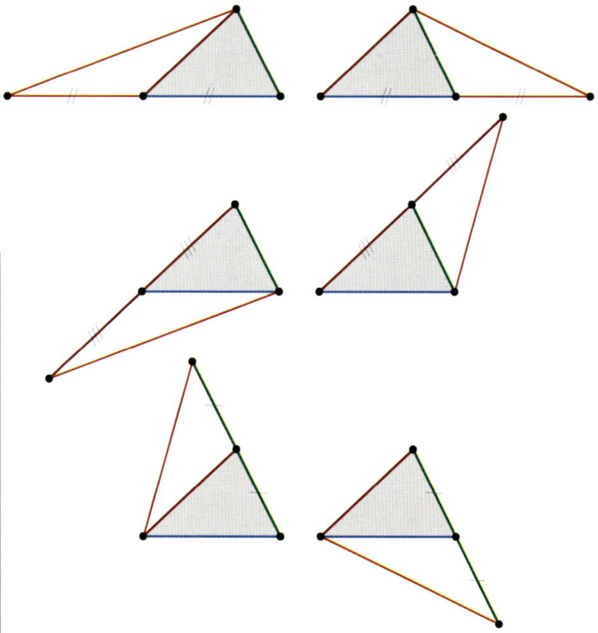

[احتمالات مختلفة لمثلث أ ب جـ الذي تزداد مساحته لمثله (أي ضعف). حيث نستطيع مدّ أي ضلع من أضلاعه بالمقدار الذي نريد من الأمثال.]

فإن قال: كيف نزيد في مثلث أ ب جـ مثله أو مثليه أو غيره من الأمثال بخط يخرج من نقطة أ ؟

زدنا في خط ب جـ خط جـ د مثله أو مثليه. ووصلنا أ د فيكون مثلث مثل مثلث أ جـ ب أو مِثليه، وهذه صورته(٢٦٤).

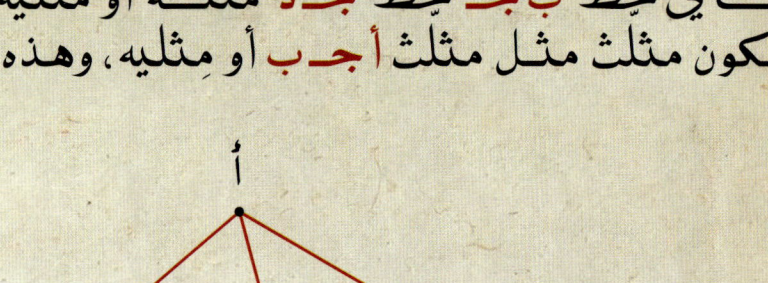

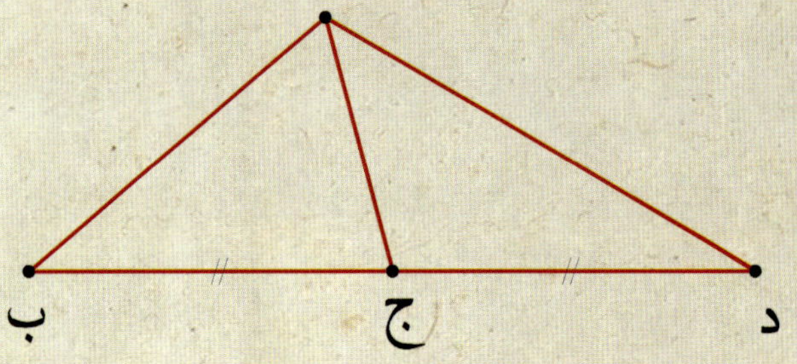

شكل (١٠٠)

فإن قال: كيف نعمل داخل مثلث أ ب جـ مثلثاً شبيها به ويكون مثل نصفِه أو ثُلثِه أو أيّ جزءٍ شئنا ؟

تعلّمنا في داخله نقطة د ، أي موضع وقعت، ووصلنا خطوط أ د ، ب د ، جـ د ،
وأخرجنا د أ على استقامته إلى نقطة هـ ،
وجعلنا هـ أ نصف أ د ، أوْ ثلثه أو ربعه ،
وأدرنا على هـ د نصف دائرة، وأخرجنا عمود أ ر ،

صورة الشكل ((قا)) ١٠١ من ق. - ١٠٠ من أ.
وهذا الشكل لم يَرِدْ في نسخة ب.

(٢٦٤) ورد في هامش الصفحة ١٩ نسخة أ. : ((برهانه ظاهر)).

(٢٦٦) ورد في هامش الصفحة ٢٠ نسخة أ. ((برهانه فلأنّ د أ ثلاثة أمثال أ هـ وَ د ح مساوٍ لعمود أ ر يكون الشَّكل المعمول على د ح إذا كانا متشابهين وعلى وضع واحد لذلكَ الشَّكل المعمول على ب د ثلاثة أمثال الشَّكل المعمول د ط على ذلك المِثال وَلأنّ خطوط أ د . د ح . أ هـ الثلاثة متناسبة تكون نسبة د أ إلى د ح متساوية كنسبة د أ إلى أ هـ التي هي نسبة الثّلاثة أمثال . وكذلك تكون نسبة ب د إلى د ط متساوية كنسبة الثّلاثة أمثال . ولذلك تكون نسبة جـ د إلى د هـ متساوية كنسبة الثّلاثة أمثال وهذا بيِّن . فتكون نسبة أ د إلى د ح متساوية كنسبةِ ب د إلى د ط . ولذلك يكون خطّ ط ح موازياً لخطِّ أ ب . فكلّ واحدةٍ من زاويتي د أ ب . د ب أ وزاوية ب د أ مشتركة فزوايا مثلثي ح ط د . أ ب د النظائر متناسبة فهما متشابهان . فكما تقدَّم يكون أ ب د ثلاثة أمثال مثلّث د ح ط . ومثلّث أ د جـ ثلاثة أمثال مثلّث ح د ي ومثلّث ب د جـ ثلاثة أمثال مثلّث د ط ي . فإذن مثلّث أ ب جـ ثلاثة أمثال مثلّث ح ط ي فمثلّث ح ط ي ثُلُث مثلّث أ ب جـ . وذلك ما أردنا أن نبيِّن)).

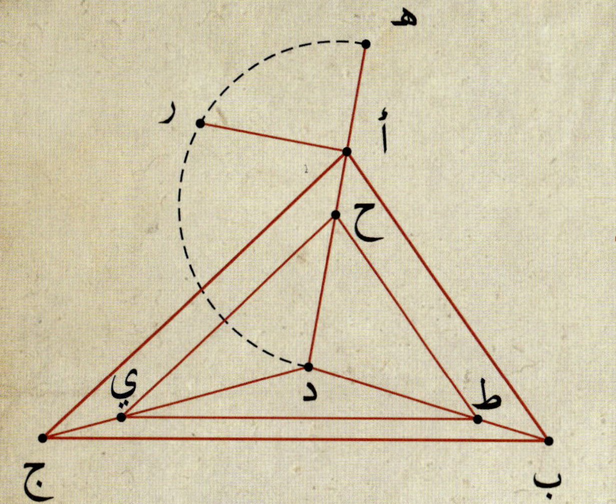

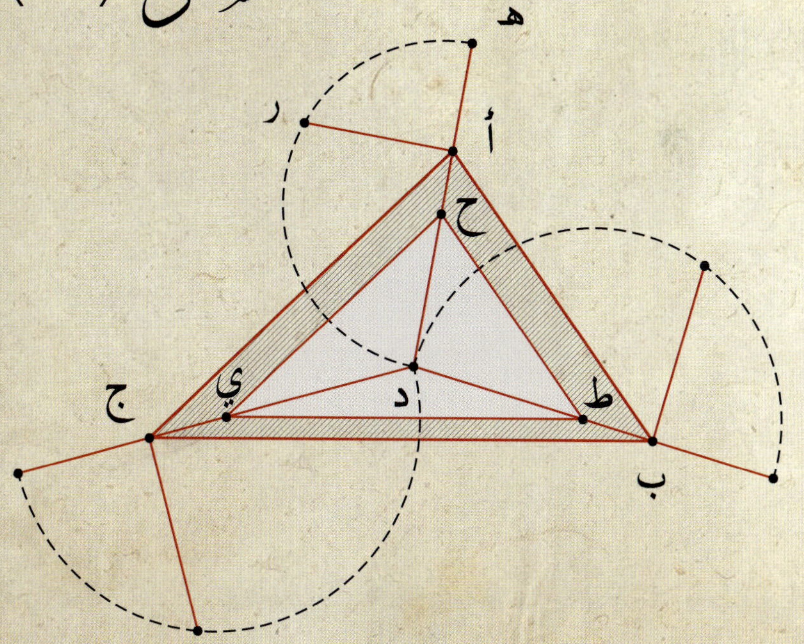

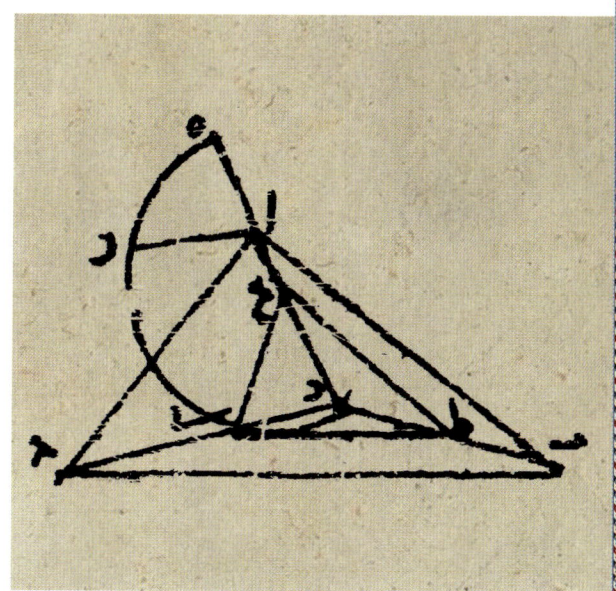

وجعلنا د ح مثل أ ر ، وكذلك باقي الخطوط حتى تحصل لنا نقط ح ، ط ، ي (ثم وصلنا خطوط ح ط ، ح ي ، ي ط فيكون مثلث ح ط ي)(٢٦٥) قد عملناه في داخل مثلث أ ب جـ وعلى صورته، وعلى الحدّ الذي أردناه، وهذه صورته(٢٦٦).

شَكل (١٠١)

صورة الشكل ((قب)) ١٠٢ من ق. - ١٠١ من أ.
وهذا الشكل لم يرد في نسخة ب.

(٢٦٥) غير موجود في أ.

نهاية الباب الثَّامن

(٢٦٨) ورد في هامش الصفحة ٢٠ نسخة أ. : ((برهانه . لنصل خطّي أ ر . ر ج . وليقطع أ ح . ر ج على نقطة ط . فلأنّ خط د ر مساو لخط ر ب يكون مثلّث أ د ر مساوياً لمثلّث أ ب ر بحسب شكل ب ج من آ. ولذلك بعينه . يكون مثلّث د ج ر مساوياً لمثلّث ب ج ر فيكون منحرف أ ر ج ب نصف سطح أ ب ج د . ولأنّ مثلّثي أ ح ر . ج ر ح على قاعدة واحدة وهي ر ح وبين ر ح . أ ج المتوازيين يكون مثلّثا ج ر ح . أ ر ح متساويين نسقط مثلّث ح ر ط من الإشراك فيبقى مثلّث ج ط ح مساوياً لمثلّث أ ط ر وتجعل منحرف أ ط ج ب مشتركاً فيكون جميع منحرف أ ب ج ح مساوياً لمنحرف أ ر ج ب لكن منحرف أ ر ج ب نصف سطح أ ب ج د . فمنحرف أ ب ج ح نصف سطح أ ب ج د . وذلك ما أردنا أن نبيّن)).

البَابُ التَّاسِعُ
في قِسْمَةِ المُرَبَّعَاتِ

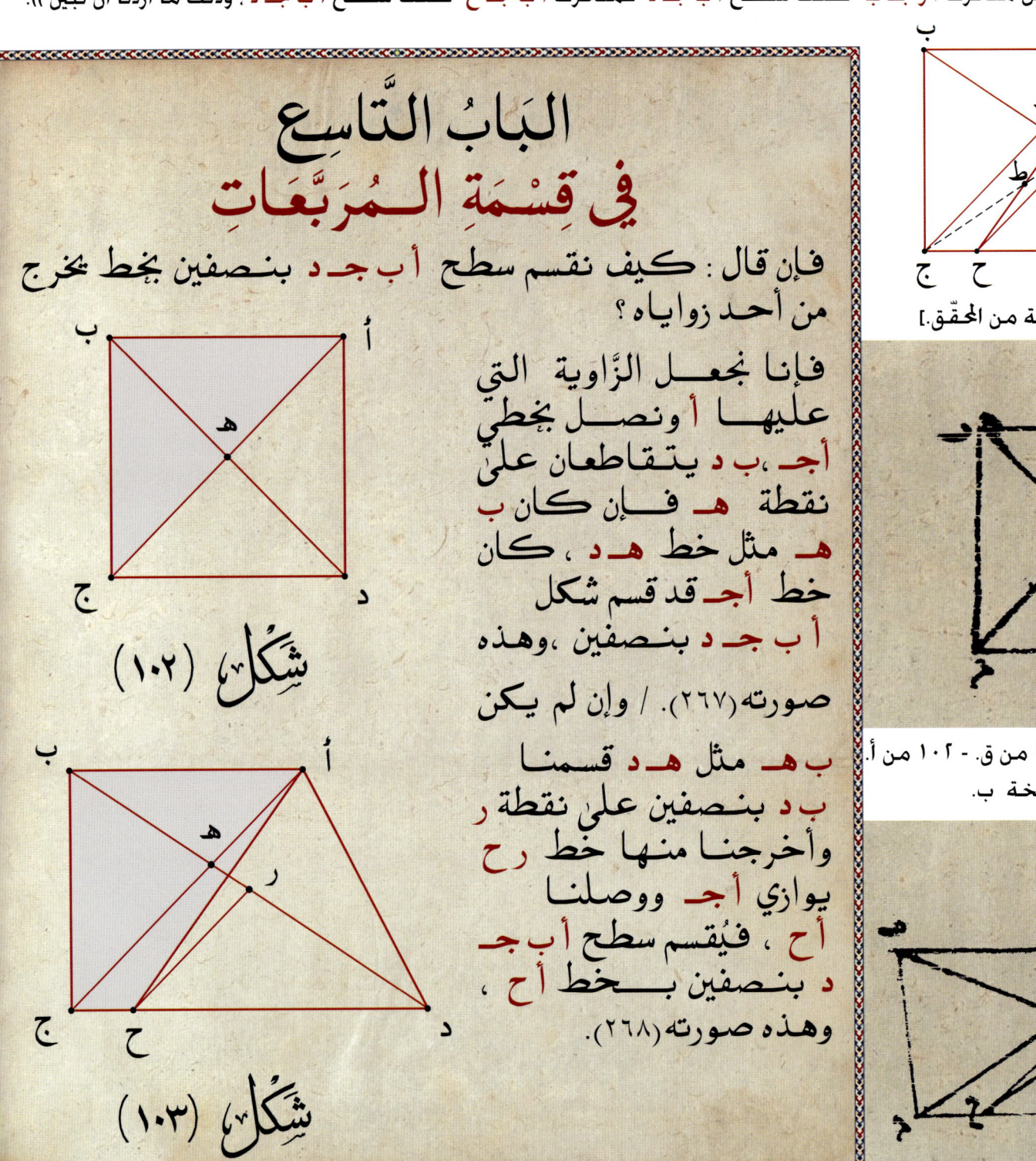

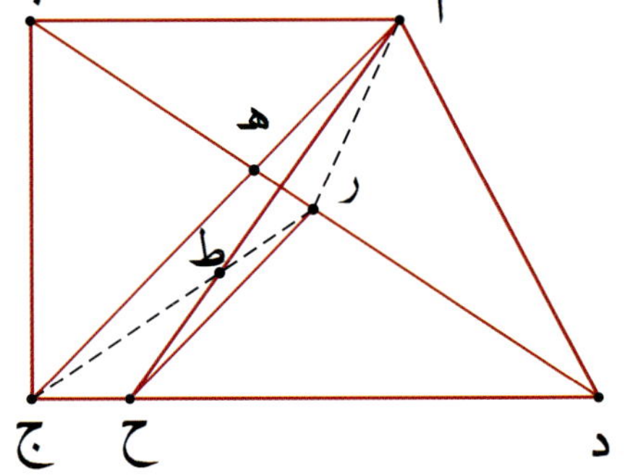

[شكل البرهان . إضافة من المحقّق.]

فإن قال : كيف نقسم سطح أ ب ج د بنصفين بخطٍ يخرج من أحد زواياه ؟

فإنا نجعل الزاوية التي عليها أ ونصل بخطّي أ ج . ب د يتقاطعان على نقطة هـ فإن كان ب هـ مثل خط هـ د ، كان خط أ ج قد قسم شكل أ ب ج د بنصفين ، وهذه صورته (٢٦٧). / وإن لم يكن ب هـ مثل هـ د قسمنا ب د بنصفين على نقطة ر وأخرجنا منها خط ر ح يوازي أ ج ووصلنا أ ح ، فيُقسم سطح أ ب ج د بنصفين بخط أ ح ، وهذه صورته (٢٦٨).

شِكْل (١٠٢)

شِكْل (١٠٣)

صورة الشكل ((قج)) ١٠٣ من ق. - ١٠٢ من أ. وهذا الشكل لم يرد في نسخة ب.

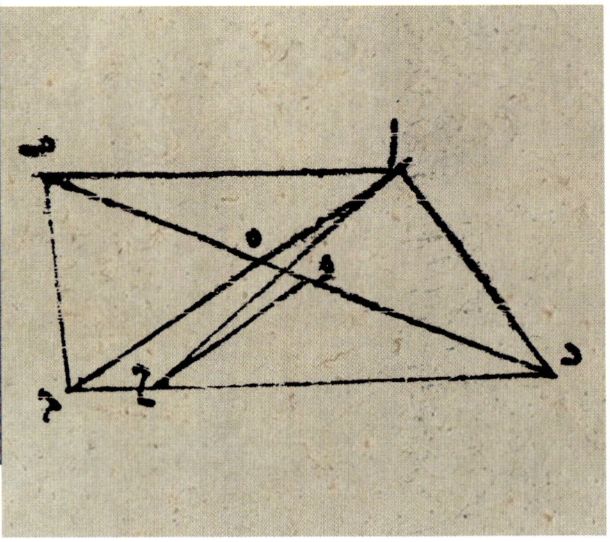

صورة الشكل ((قد)) ١٠٤ من ق. - ١٠٣ من أ. وهذا الشكل لم يرد في نسخة ب.

(٢٦٧) ورد في هامش الصفحة ٢٠ نسخة أ. : ((برهانه ظاهر)).

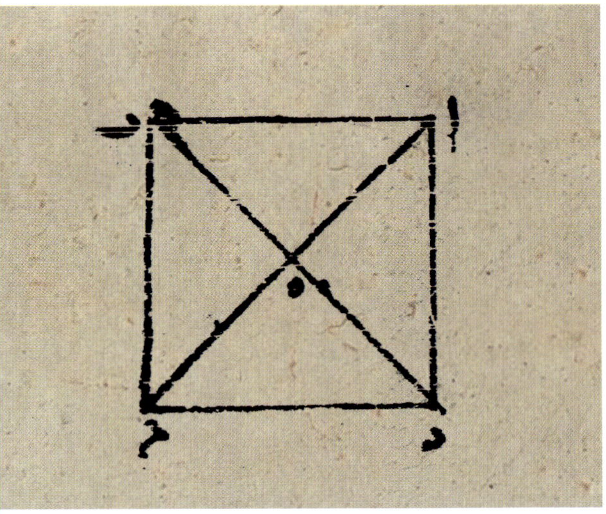

(٢٦٩) ورد في هامش الصفحة ٢٠ نسخة أ. : ((برهانه . ليتقاطع خطّا ب ر ، هـ ح على نقطة ط فلأنّ مثلثيّ هـ ر ب ، هـ ر ح على قاعدة هـ ر وبين خطّي هـ ر ، ب ح المتوازيين يكونان متساويين ونسقط مثلث هـ ط ر من الإشراك . فيبقى مثلّث ب ط هـ مساوياً لمثلّث ط ح ر . ونجعل منحرف جـ ب ط ح مشتركاً فيكون مثلّث ر ب جـ مساوياً لمنحرف جـ ب هـ ح . لكنّ مثلث ب ر جـ نصف سطح أ ب جـ د فمنحرف جـ ب هـ ح نصف سطح أ ب جـ د . وذلك ما أردنا أن نبيّن)).

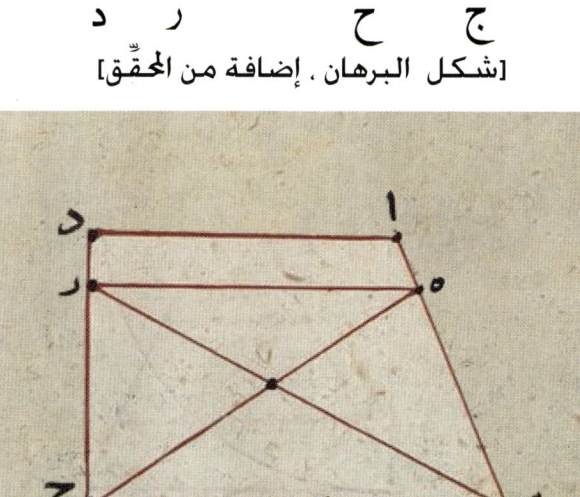

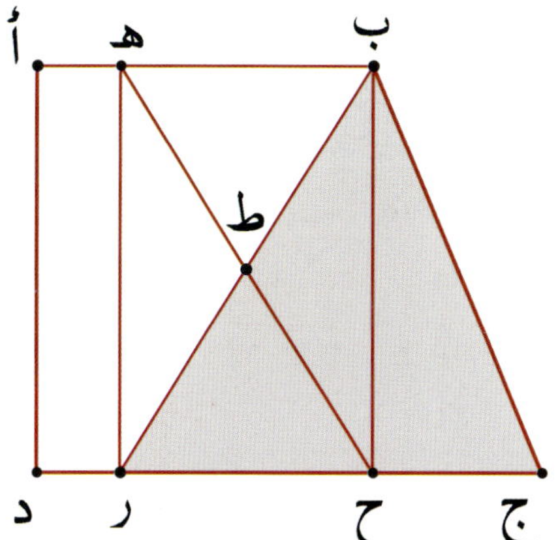

[شكل البرهان ، إضافة من المحقّق]

فإن قال : كيف نقسم سطح أ ب جـ د بنصفين بخط تخرج من نقطة على ضلع من أضلاعه مثل نقطة هـ ؟

قسمنا شكل أ ب جـ د بنصفين بخط تخرج من نقطة ب وهو خط ب ر كما بيّنا في شكل (قد) ووصلنا هـ ر ، هـ جـ فإن كان هـ ر موازيا لخط ب جـ فإن خط هـ جـ قد قسم شكل أ ب جـ د بنصفين بخط هـ جـ ، وهذه صورته (٢٦٩).

شَكل (١٠٤)

صورة الشكل ١٠٤ من ب. ((قه)) ١٠٥ من ق.

(وإن لم يكن)(٢٧٠) خط هـ ر موازيا لخط ب جـ ونخرج من نقطة ب خط ب ح موازيا لخط هـ ر فهو إمّا أن يقع داخل الشكل أو خارجا منه. فليقع أولاً داخل الشّكل ونصل هـ ح فيكون خط هـ ح قد قسم شكل أ ب جـ د بنصفين (بخط هـ ح) (٢٧١)، وهذه صورته.

شَكل (١٠٥)

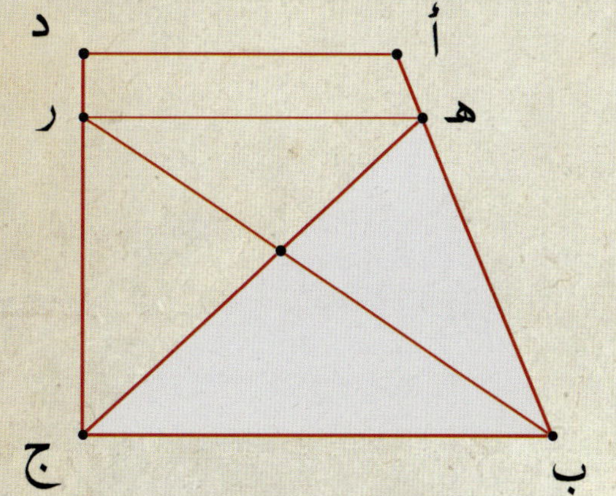

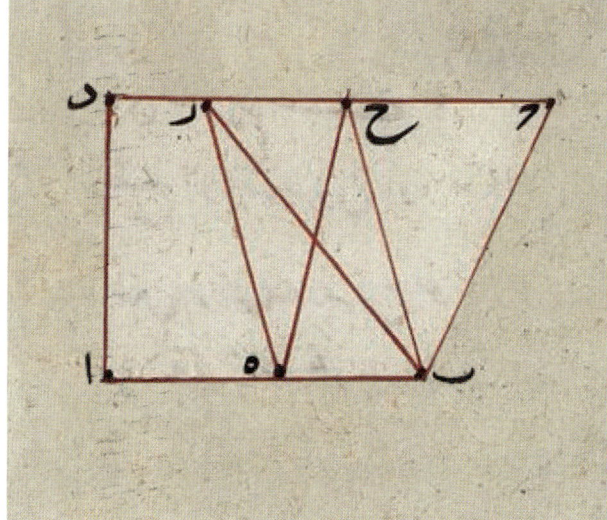

صورة الشكل ١٠٥ من ب.

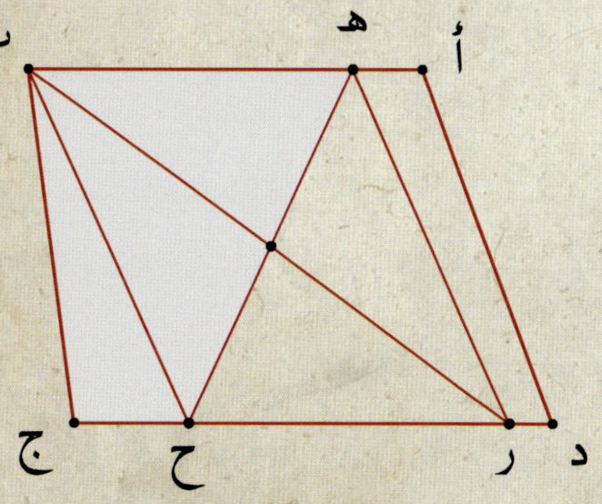

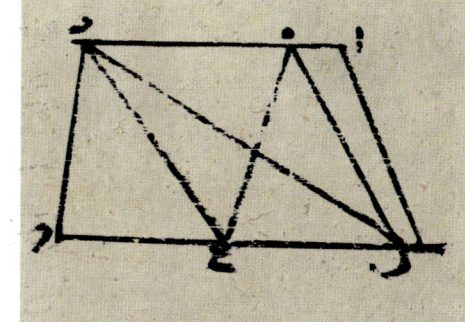

(٢٧٠) وردت في أ. ((وأيضاً فلا يكونَنَّ))

(٢٧١) إضافة في أ.

صورة الشكل ((قو)) ١٠٦ من ق.

(٢٧٢) ورد فـي هامـش الصفحة ٢٠ نسـخة أ. : ((برهان ذلك هو أن يقع ب ح خارجاً فنصِل هــ ك ح ، فلِأنّ مثلثي ب هـ ح ، ب ر ح على قاعدة واحدة وهي ح ب وبين خطّي ب ح ، هـ ر المتوازيين يكون مثلّثا ب هـ ح ، ب ر ح متساويين ، ويُلغى مثلّث ب ك ح من الإشراك فيبقى مثلّث ك ب هـ مساوياً لمثلثي ب جـ ر ، جـ ح ك وأيضاً لأنّ خطّي ح ط ، جـ هـ متوازيان يكون مثلّثا ح ط هـ ، جـ ط ح متساويين لأنهما على قاعدة واحدة هي ح ط وبين خطّي ح ط ، جـ هـ المتوازيين ، ونلغي مثلّث ح ك ط من الإشراك فيبقى مثلّث جـ ك ح مساوياً لمثلّث ك ط هـ فنلغيهما من الجهتين، فيبقى مثلّث هـ ب ط مساوياً لمثلث جـ ب ر ، ومثلّث جـ ب ر هو نصف سطح أ ب جـ د فمثلث هـ ب ط نصف سطح أ ب جـ د فقد انقسم المنحرف بخطّ هـ ط بنصفين)).

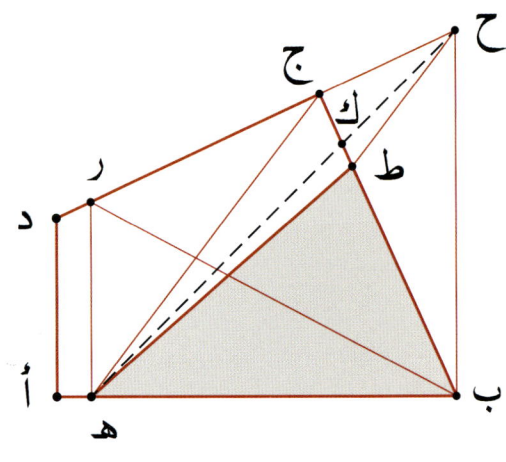

وأيضا فليقع / خط ب ح خارجاً من شكل أ ب جـ د ،
ونخرج خط د جـ حتى يلقاه على نقطة ح ،
ونخرج من نقطة ح خط ح ط موازياً لخط هـ جـ ،
ونصل خط هـ ط ،
فيكون خط هـ ط قد قسم شكل أ ب جـ د بنصفين ،
وهذه صورته (٢٧٢).

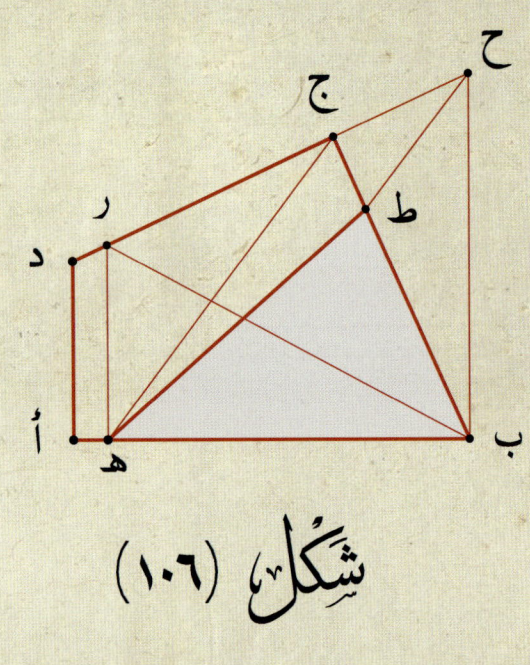

شكل (١٠٦)

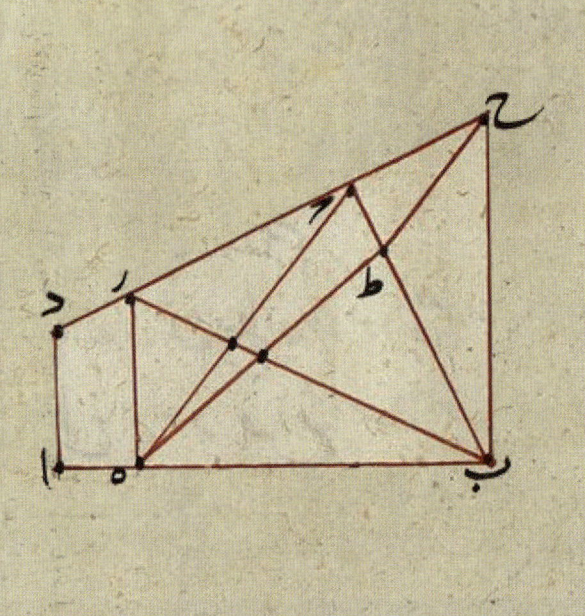

[شكل البرهان. إضافة من المحقّق.]

(أ_٢٠_ظ)

صورة الشكل ١٠٦ من ب. ((قز)) ١٠٧ من ق.

فإن قال: كيف نقسِم مُنحَرِف أ ب جـ د بنصفين بخطٍ موازٍ لخط د جـ؟

فإنّا نخرج خطَّي أ جـ، ب د حتى يلتقيا نقطة هـ، ونخرج من نقطة هـ (٢٧٣) عمود هـ ر على خط هـ د مساوٍ لخط ب هـ، ونصل د ر، ونخرج ر ح مثل نصف ر د، ونعمل على ح د نصف دائرة ح ط د، ونخرج عمود ر ط، ونجعل هـ ي مساوياً لعمود ط ر، ونجعل ي ك موازياً لخط جـ د، فيكون منحرف أ ب جـ د / قد قُسِم بنصفين بخط ك ي (٢٧٤)، وهذه صورته (٢٧٥).

(ق_٣٣_ظ)

شكل (١٠٧)

(٢٧٣) وردت في أ. ((ب)) وهي خطأ

(٢٧٤) إضافة في أ.

(٢٧٥) ورد في هامش الصفحة ٢٠ نسخة أ.: ((برهانه. فلِأنّا قد بيّنا فيما تقدَّم من أمثال ذلك أن نسبة د ر إلى ر ح كنسبة مربّع د ر إلى مربّع ر ط ونسبة د ر إلى ر ح نسبة الضِّعف فيكون مربّع د ر ضعف مربّع ر ط لكنّ مربّع د ر مساوٍ لمربّعي د هـ، هـ ر ومربّع ر ط مساوٍ لمربّع ح ط، هـ ب فمربّعي د هـ، هـ ر ضعف مربّعٍ خط هـ ي ونسبة المربّعات التي تكونٍ على الخطوط بعضها إلى بعض كنسبة نظائرها من الأشكال التي تعمل على تلك الخطوط بعضها إلى بعض إذا كانت متشابهة وموضوعة كوضعها بحسب شكل كب من مقالة د.

فيكون إذن مثلّثا هـ جـ د، هـ ب أ ضعف مثلّث هـ ك ي لأنهما متشابهان وعلى وضع واحدٍ فإذا فصلنا كان مجموع منحرف ك جـ دَ ي ومثلّث أ هـ ب مساوياً لمثلّث هـ ك ي ويُلغى مثلّث أ هـ ب من الإشراك. فيبقى منحرف أ ب ك ي مساوياً لمنحرف جـ ك ي د فقد انقسم منحرف أ ب جـ د بنصفين بخطّ ك ي. وذلك ما أردنا أن نُبَيِّن)).

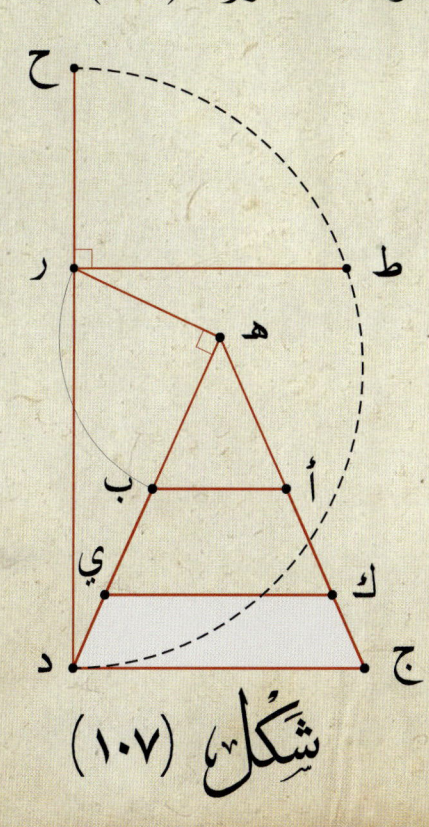

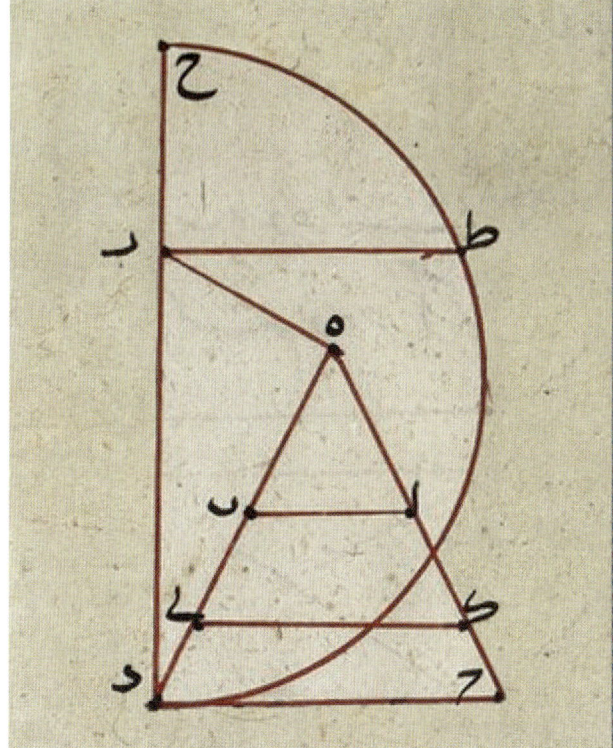

صورة الشكل ١٠٧ من ب. ((قح)) ١٠٨ من ق.

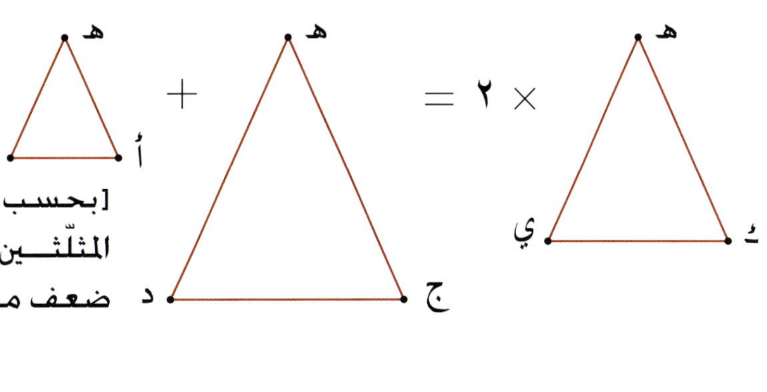

[بحسب البرهان: مجموع مساحتي المثلّثين أ هـ ب، هـ جـ د تساوي ضعف مساحة المثلّث هـ ك ي]

فإن قال : كيف نقسم سطح أ ب جـ د المتوازي الأضلاع بنصفين بخط تخرج من نقطة على أحد جوانبه مثل نقطة هـ التي هي على خط جـ د ؟

فصلنا من خط أ ب خط أ ر مساوياً لخط د هـ ، ووصلنا خط ر هـ ،
فيكون منحرف أ ر هـ جـ مساوياً لمنحرف ب ر هـ د ، وهذه صورته (٢٧٦).

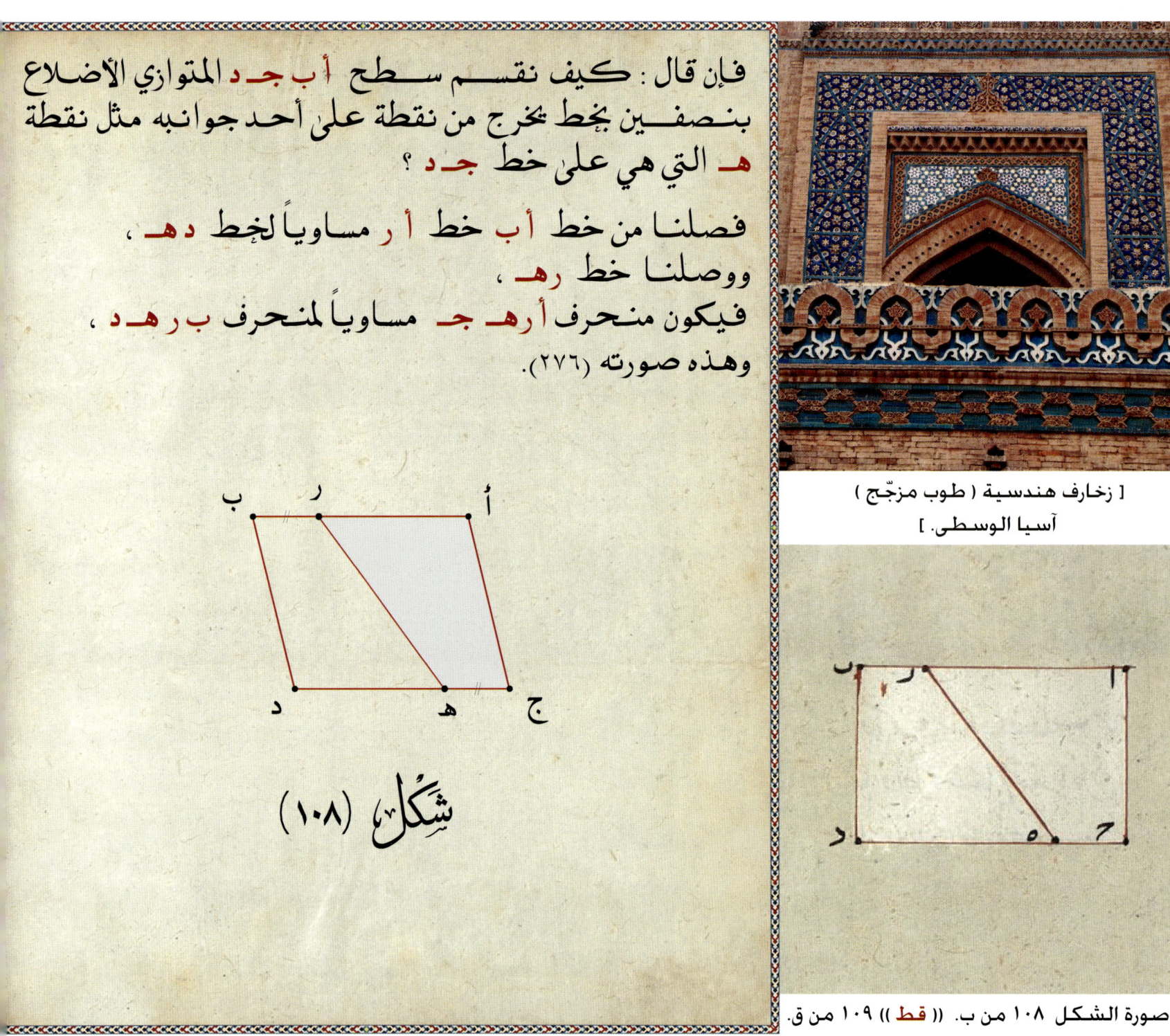

شَكل (١٠٨)

[زخارف هندسية (طوب مزجّج) آسيا الوسطى.]

صورة الشكل ١٠٨ من ب. ((قط)) ١٠٩ من ق.

(٢٧٦) ورد في هامش الصفحة ٢٠ نسخة أ. : ((برهانه ظاهر)).

فإن قال: كيف نفصل من سطح أ ب جـ د المتوَازي الأضْلاع جزءاً منه بخطٍ يخرج من نقطة على ضلع أ د ؟

نجعل الجزء الثُّلث والنُّقطة هـ
ونخرج من نقطة هـ خط هـ ر
موازيا لخط أ ب ،
فإن كان أ هـ ثلث أ د
فإنّا قد فصلنا من سطح
أ ب جـ د ثلثه ،
وهو سطح أ ب ر هـ .
(ظاهر البرهان)(٢٧٧).

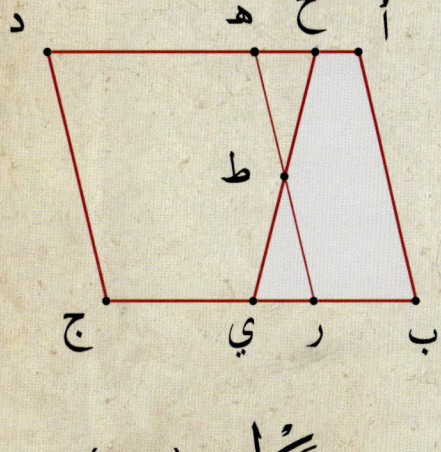

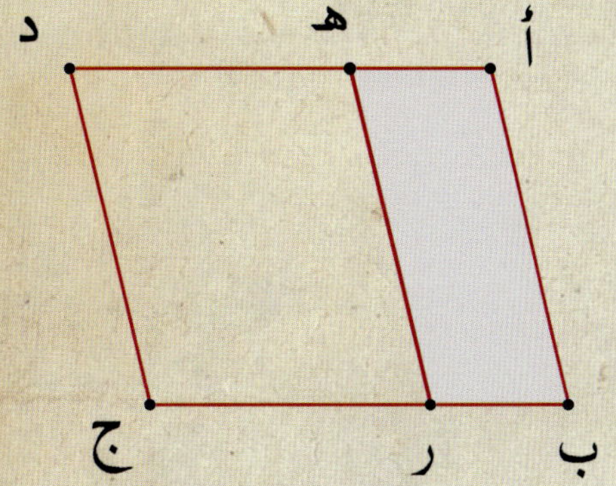

شكل (١٠٩)

وإن لم يكن أ ح (٢٧٨) ثُلُثَ أ د
فإنّا نجعل أ هـ (٢٧٩) ثُلثُ أ د
فنقطة ح إمــا أن تكون على
خط أ هـ ،
وإما أن تكون على خط د هـ ،
فإن كانت على خط أ هـ مثل
ما في الصُّورة الأولى فإنا نقســم
هـ ر بنصفين على نقطة ط
ونخرج خط ح ط ي ،
فيكون منحرف أ ب ي ح ثُلث
سطح أ ب جـ د ،
وهذه صورته (٢٨٠).

شكل (١١٠)

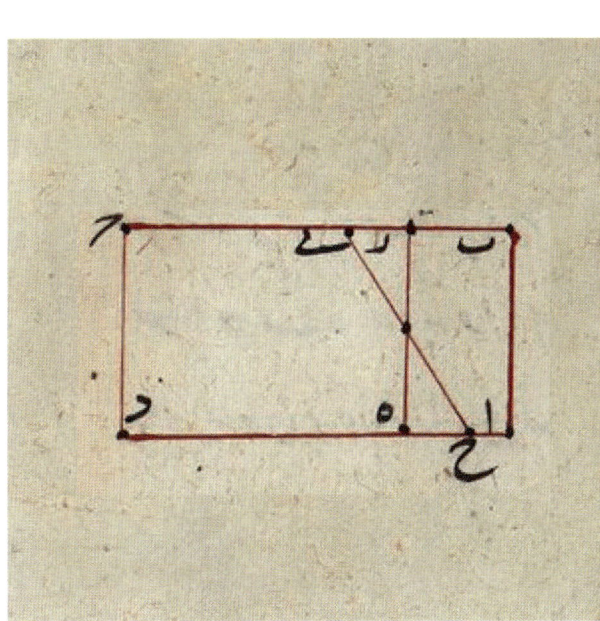

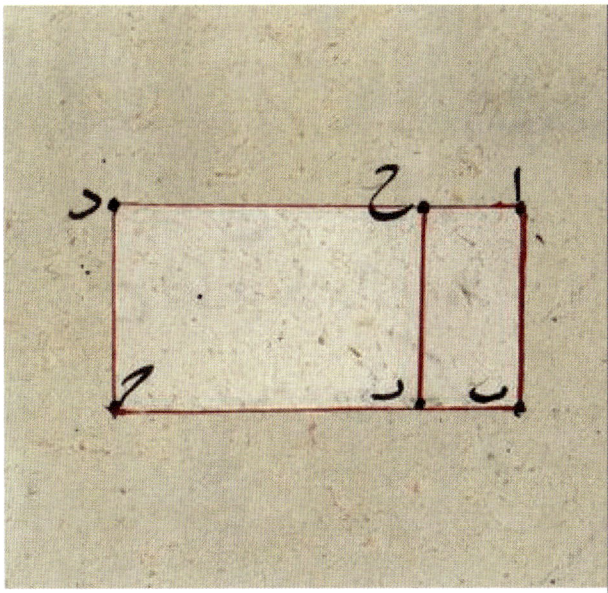

صورة الشكل ١٠٩ من ب. ((قي)) ١١٠ من ق.

صورة الشكل ١١٠ من ب. ((قيا)) ١١١ من ق.

(٢٧٧) إضافة في أ.

(٢٧٨) وردت في نسختي أ. ق. ((أ هـ)) وهي خطأ بحسب سياق المسألة والمسائل اللاحقة.

(٢٧٩) وردت في نسختي أ. ق. ((أ ح)) وهي خطأ بحسب سياق المسألة والمسائل اللاحقة.

(٢٨٠) برهانه وارد ضمناً في برهان المسألة التالية

(٢٨١) ورد في هامش الصفحة ٢١ نسـخة أ. : ((برهان ذلك فلِأنّ هـ ر في الصورة الأولى مساو لـ ر أ وَ ر أ مساو لـ ب ح يكون هـ ر مساوياً لـ ب ح وموازياً له . فيكون مثلّث هـ ر ط مساوياً لمثلّث ب ط ح ونجعل منحرف أ ر ط بً مشتركاً فيكون مثلّث أ هـ ب مساوياً لسطح أ ح الذي هو ثُلُث سطح أ جـ . فمثلّث أ هـ ب ثلث سطح أ جـ .

وأمّا في الصورتين الباقيتين فلِأنّ هـ ح موازٍ لـ ط ر ، تكون زاويتا ب ط ح ، ط ح د المتبادلتان متساويتان، وزاويتا ي المتقابلتين متساويتين، وضلع ر ط مساو لضلع هـ ح فيكون مثلث ي ر ط مساوياً لمثلّث ح هـ ي ، ونجعل شكل أ ب ط ي هـ الخمسة الأضلاع مشتركاً فيكون منحرف ح ط ب أ مساوياً لسطح ج ح الذي ثلث أ ب جـ د، وذلك ما أردنا أن نبيّن)).

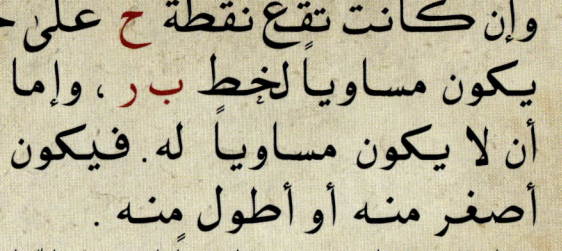

د

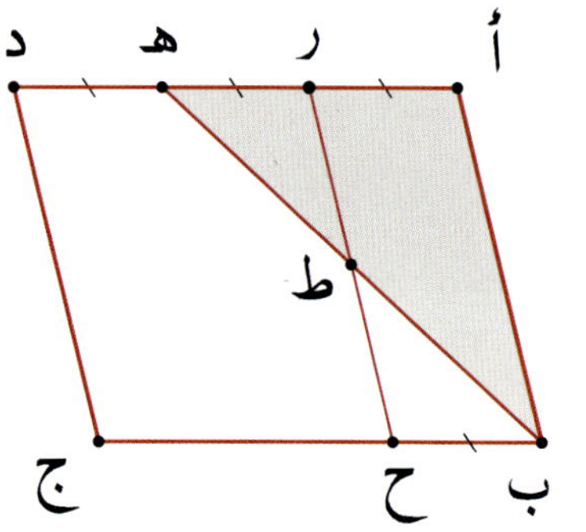

وإن كانت تقع نقطة ح على خط هـ د ، فإن خط هـ ح إمّا أن يكون مساوياً لخط ب ر ، وإما أن لا يكون مساوياً له . فيكون أصغر منه أو أطول منه .

فإذا كان مساوياً له ، فإنّا نصل ب ح ،

فيكون مثلث أ ب ح ثُلث سطح أ ب جـ د ، وهذه صورته (٢٨١).

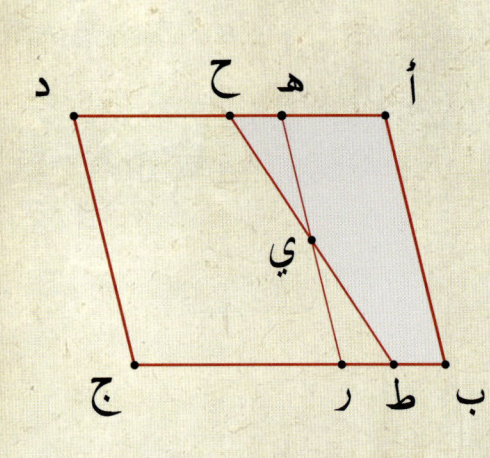

د

شَكل (١١١)

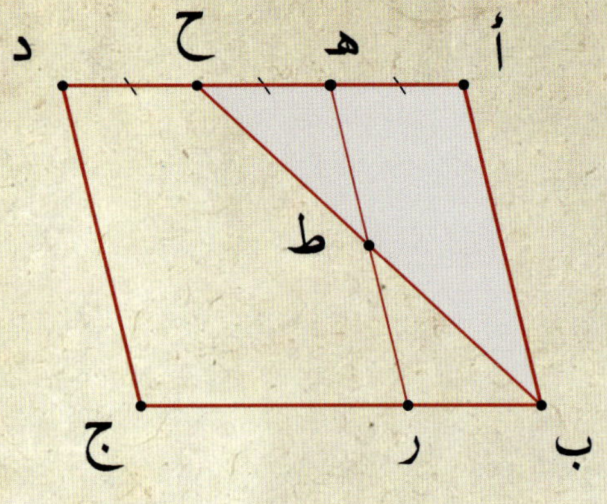

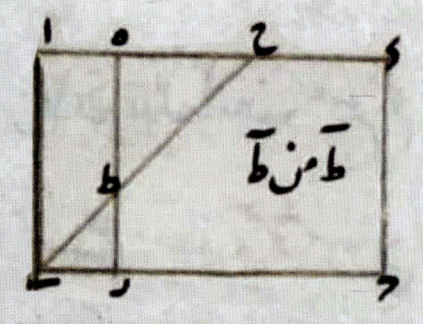

وإن كان خطُّ هـ ح أصغر من خطّ ب ر ،

فإنّا نجعل خطّ ط ر مساوياً لخط هـ ح ،

ونصل خطّ ح ط ،

فيكون منحرف أ ب ط ح ثُلث سطح أ ب جـ د ، وهذه صورته.

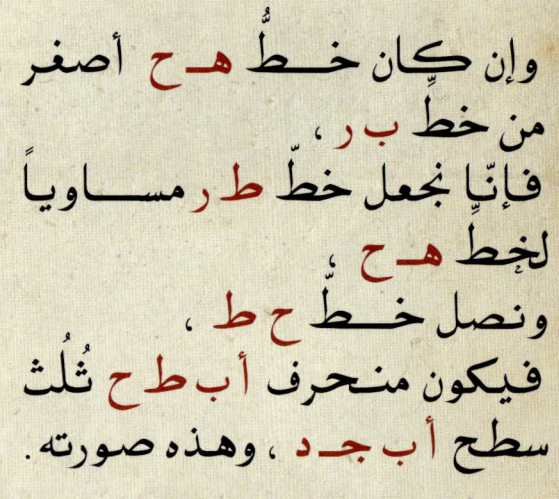

د

شَكل (١١٢)

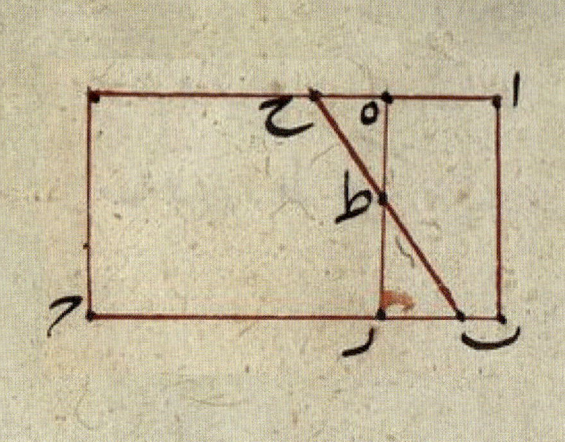

صورة الشكل ١١١ من أ. ((قيب)) ١١٢ من ق.

لم ترد صورة هذا الشّكل في ب.

صورة الشكل ١١٢ من ب.

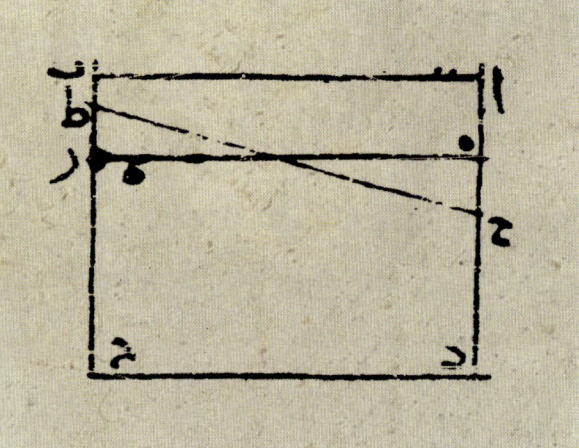

صورة الشكل ((قيجـ)) ١١٣ من ق.

(٢٨٤) ورد في هامش الصفحة ٢١ نسخة أ. : ((برهانه فإن كان هـ ر أعظم من أ ر فإنّا نصل هـ ط ونخرجه إلى نقطة وهي تقع خارجاً عن سطح أ ب جـ د ونخرج جـ ب حتى يلقاه على نقطة ك فبيّن أن ك ح مساوياً لِـ هـ ر ونصل ط ك ونخرج خطّ ك ل موازياً لِـ هـ ب ونصل هـ ل فيكون مثلّث أ هـ ل ثلث سطح أ جـ . برهان ذلك فلأنّ مثلث ح هـ ك مساوٍ لمثلث ك ط ح كما بيّنّا فيما تقدّم فنجعل منحرف ط ي هـ [المظلل] مشتركاً لهما ، فيكون مثلّث هـ ح ط مساوياً لسطح ط هـ ل كٍ مع مثلث ب ك ل وأيضاً لأنّ مثلثي ك هـ ل ، ل ك ب على قاعدة واحدة ك ل وبين خطّي ك ل ، هـ ب المتوازيين يكون مثلثا ك هـ ل ، ك ل ب متساويين ونلقي ل ك م من الإشراك فيبقى مثلث ل هـ م مساوياً لمثلث م ك ب فنلقيهما من الإشراك فيبقى مثلث أ هـ ل مساوياً لسطح أ ر ح ب الذي هو ثلث سطح أ ب جـ د فمثلث أ هـ ل ثلث سطح أ ب جـ د . وذلك ما أردنا أن نبيّن)).

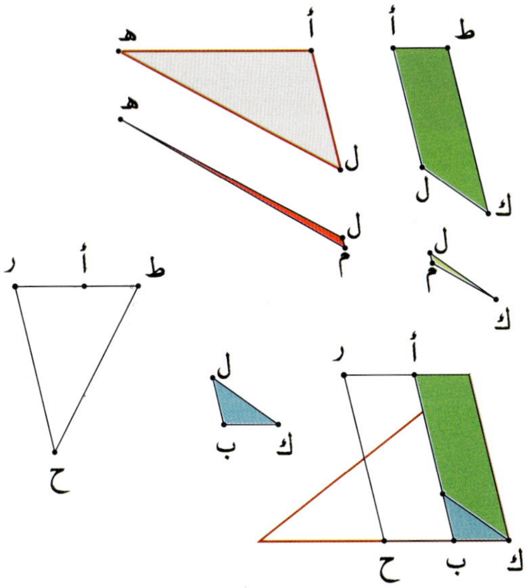

ب
ك

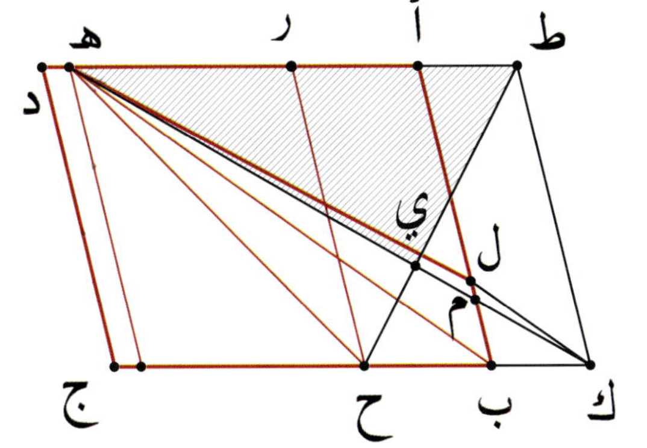

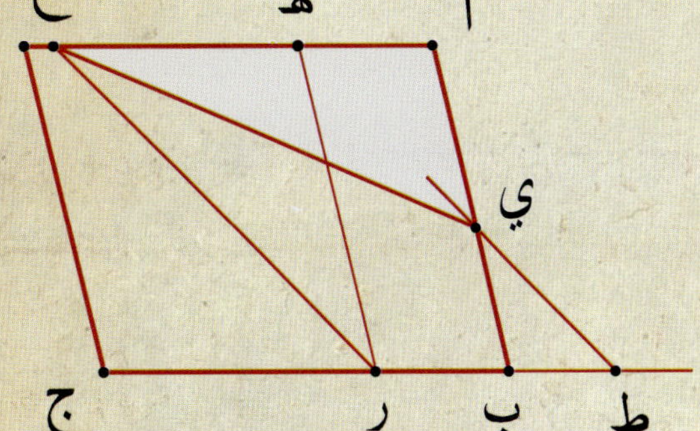

[شكل البرهان. إضافة من المحقّق.]

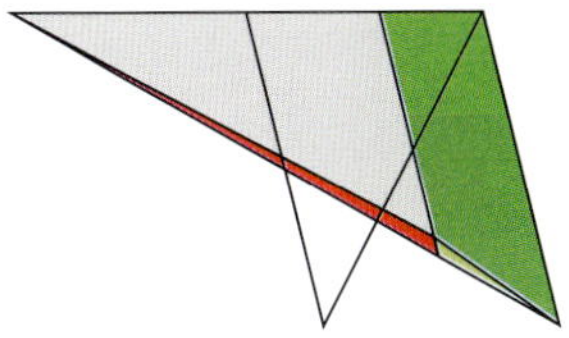

(ق_٣٤_ظ)

وإن كان خط هـ ح أطول من خط/ ب ر . (٢٨٢)

فإنّا نخرج ر ب إلى نقطة ط ونجعل ر ط مساوياً لخط هـ ح ونصل ح ر ، ونخرج خطاً (ط ي)(٢٨٣) موازيا لخط ح ر ، ونصل خط ي ح ، فيكون مثلث أ ي ح ثُلث سطح أ ب جـ د ، وهذه صورته (٢٨٤) .

ب

شكل (١١٣)

تصحيح من المحقِّق:

[وإن كان خط هـ ح أطول من خط ب ر ، فإنّا نخرج ر ب إلى نقطة ط ونجعل ر ط مساوياً لخط هـ ح ، ونصل ح ب ، ونخرج من نقطة ط خط ط ي موازيا لخط ح ب ويقطع خط أ ب على نقطة ي ، ونصل خط ي ح ، فيكون مثلث أ ي ح ثُلث سطح أ ب جـ د ، وهذه صورته .]

ب

شكل (١١٣)*

صورة الشكل ١١٣ من أ. ((قيد)) ١١٤ من ق.

(٢٨٢) [خطوات حلِّ هذه المسألة لا تتفق مع البرهان الذي ورد في هامش الصفحة ٢١ من أ. رغم أنها وردت في جميع نسخ المخطوط أ. ب. ق. بهذا السّياق الخاطئ بينما البرهان صحيح. وأرفق حلّاً صحيحاً لهذه المسألة معتمداً على برهان أبي القاسم الغندجاني.

قد يكون الخطأ من النّاسخ. والله أعلم.

انظر أيضاً شكل ١٢٦ يحتوي على مسألة وبرهان مشابهين.]

(٢٨٣) إضافة في أ.

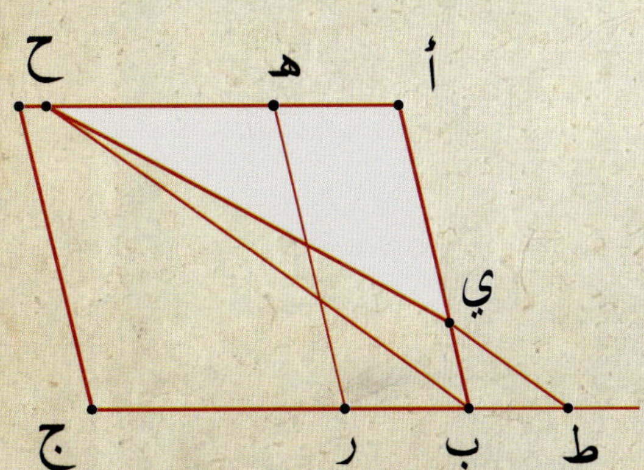

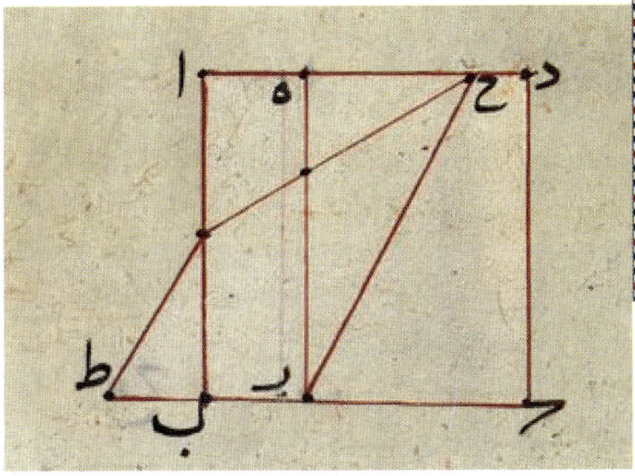

(٢٨٥) ورد في هامش الصفحة ٢١ نسخة أ. : ((برهانه إنّما يصحّ عمله بأن يكون خطّا أ د ، ج ب متوازيين . وإذا كانا كذلك . وصلنا خطّي أ ر ، د ر . فيكون مثلّثا أ ر ب . ج ر د متساويين لأنهما على قاعدتين متساويتين . وفيما بين خطين متوازيين . وكذلك مثلّثا أ ر هـ . هـ ر د متساويين . لأن قاعدتي أ هـ . هـ د متساويتان . فجميع منحرف أ ب ر هـ مساوٍ لجميع منحرف هـ ر ج د . وذلك ما أردنا أن نبيّن)).

[مئذنة مسجد الملك عبد الله الثاني ، تصميم د. خالد عزّام ، عمّان - الأردن.]

فإن قال كيف نقسم مُنحرف أ ب ج د بنصفين بخطٍ يخرج من نقطةٍ على أعلاه ، مثل نقطة هـ ؟
فنقسم خط ب ج بنصفين على نقطة ر ، ونصل ر هـ ،
فإن كان أ هـ مساوياً لخط د هـ ،
فإن خط هـ ر قد قَسَم سطح هـ ب ج د بنصفين ، وهذه صورته (٢٨٥) .

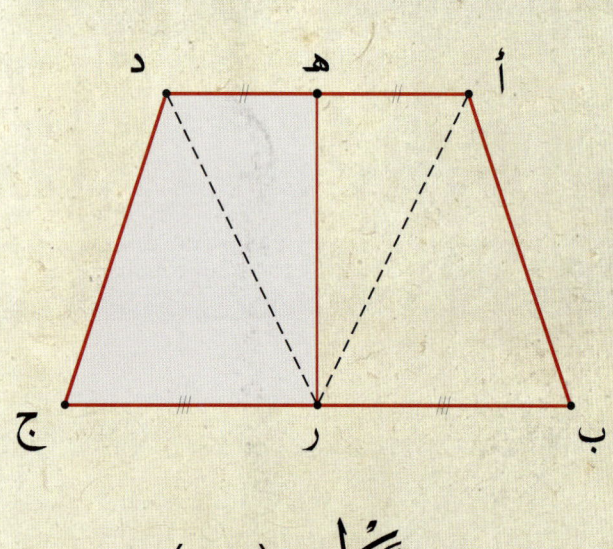

شكل (١١٤)

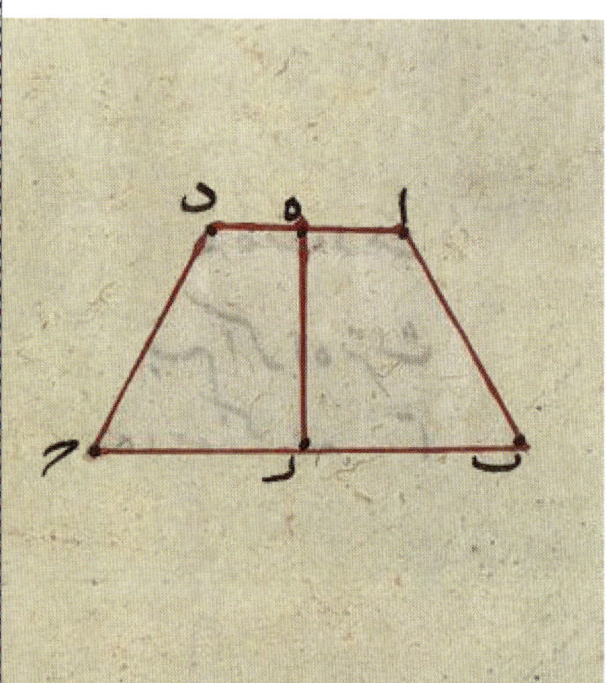

صورة الشكل ١١٤ من ب. ((قيه)) ١١٥ من ق.

(287) ورد في هامش الصفحة ٢١ نسخة أ.: ((برهانه فلأنّ خطّي هـ ح ، رك متوازيان تكون زاويتا ط هـ ح ، ط ك ر المتبادلتان متساويتين، وزاويتا ط المتقابلتان متساويتين. وضلع ح ط مساوٍ لضلع ط ر ، يكون مثلّث هـ ط ح مساوياً لمثلّث ط ر ك ، وجُعل شكل أ هـ ط ر ب الخمسة الأضلاع مشتركاً فيكون منحرف أ ح ر ب مساوياً لمنحرف أ هـ ك ب . لكنّ منحرف أ ح ر ب نصف منحرف أ ب ج د . فيكون منحرف أ هـ ك ب إذن نصف سطح أ ب ج د . وذلك ما أردنا أن نبيّن)).

وإن لم يكن خطّ / أهـ مساوياً لخط هـ د .
فإنّا نجعَل خطّ أ ح مساوياً لخط ح د ،
(وخط ب ر مساوياً لخط ر ج)(٢٨٦)،
ونصل ح ر ونقسمه بنصفين على نقطة ط ،
ونخرج هـ ط ك ،
فيكون خط هـ ط ك قد قسم مُنَحِرف أ ب ج د بنصفين،
وهذه صورته (٢٨٧) .

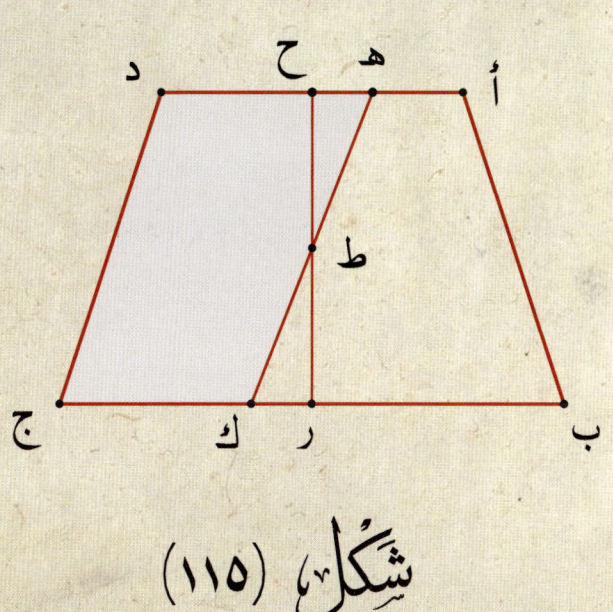

شكل (١١٥)

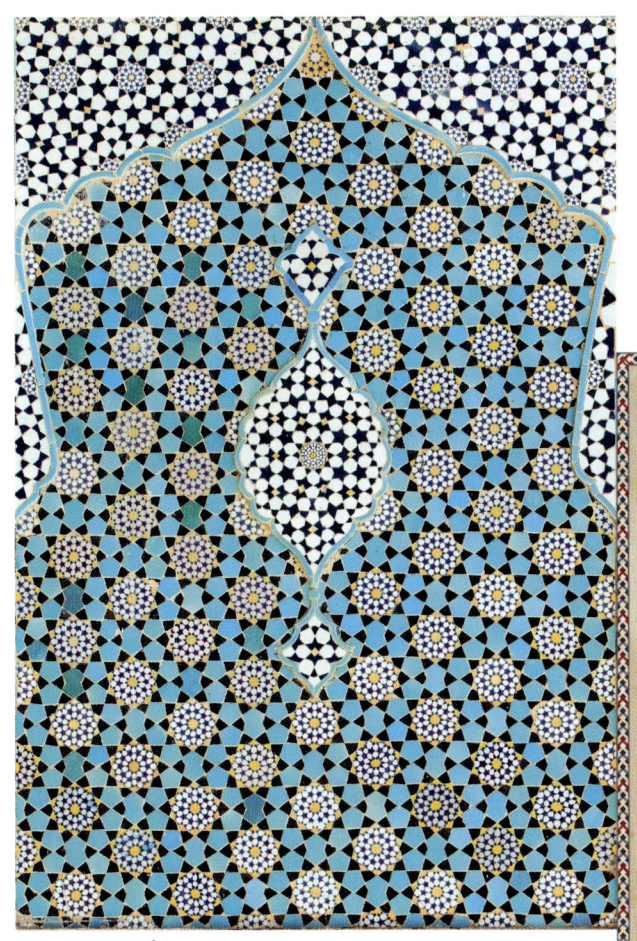

[زخرفة هندسية . مسجد الجمعة . أصفهان.]

(أ_٢١_ظ)

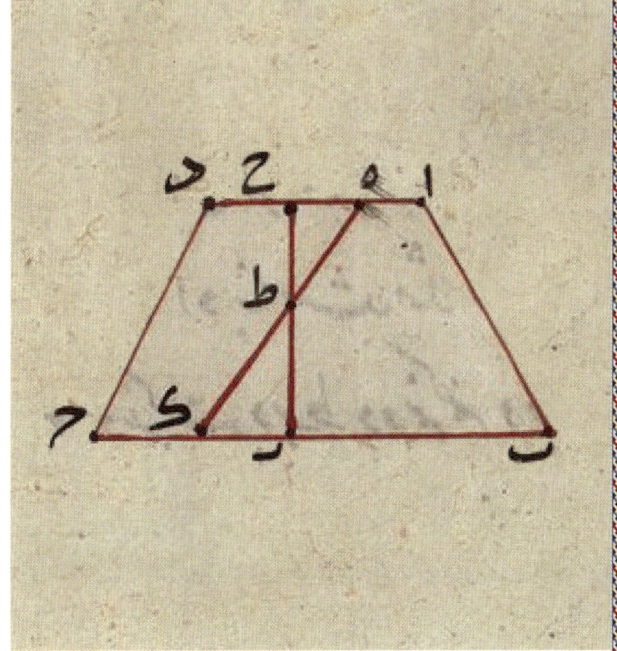

صورة الشكل ١١٥ من ب.   ((قيو)) ١١٦ من ق.

(٢٨٦) إضافة في أ.

١٤٥

نوعٌ آخر

فإن قال: كيف نقسم سطح أ ب جـ د المتوازي الأضلاع بنصفين بخط تخرج من نقطة خارجة منه مثل نقطة هـ ؟

فإنا نصل أ د ونقسمه بنصفين على نقطة ر ،

ونخرج هـ ر ح فيقسم سطح أ ب جـ د بنصفين بخط هـ ر ح ، وهذه صورته (٢٨٨) .

شَكل (١١٦)

[زخرفة هندسية، أصفهان ، إيران.]

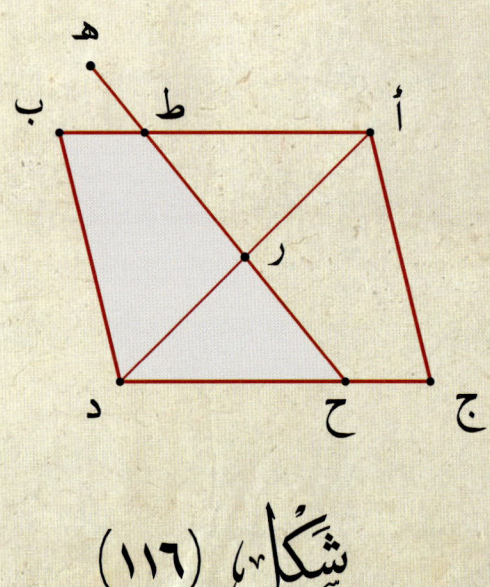

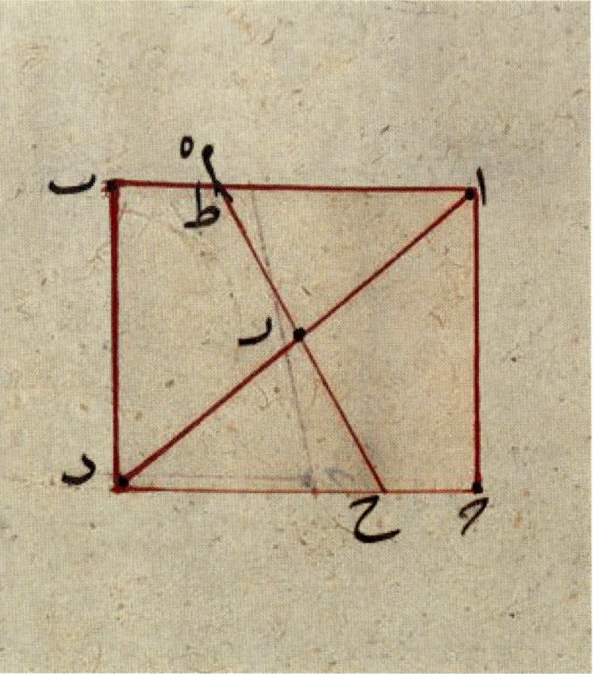

صورة الشكل ١١٦ من ب. ((قيز)) ١١٧ من ق.

(٢٨٨) ورد في هامش الصفحة ٢١ نسخة أ. : ((برهانه فَإِنّ سطح أ ب جـ د متوازي الأضلاع وَ أ د قطره فإنّه يقسم السَّطح بنصفين ولِأنّ خطّا أ ب ، جـ د متوازيان وَ أ ر مساوٍ لِـ ر د يكون مثلَّث أ ر ط مساوياً لمثلَّث ح ر د ، ونجعل منحرف أ ر ح جـ مشتركاً ، فيكون منحرف أ ط ح جـ مساوياً لمثلَّث أ جـ د ، فيكون منحرف أ ط ح جـ إذن نصف سطح أ ب جـ د ، وذلك ما أردنا أن نبيِّن)).

[مقرنس هندسي. مسجد نصير الملك. شيراز.]

فإن قال: كيف نفصِل من سَطحِ **أ ب ج د** المتوازي الأضلاع ثُلثَه أو رُبعَه أو أيَّ جزءٍ شِئنا، بخطٍّ يخرج من نقطة خارجة منه مثل نقطة **هـ** وليكن الجزء الثُّلث؟

فنفصِل من سطحِ **أ ب ج د** ثُلثَه بخطٍ موازٍ لخطِّ **أ ب** كما بيَّنا قبل، وهو خطُ **ر ح**،

ونخرج من نقطة **هـ** خطًا يقسم **ر ح ج د** بنصفين بخط **هـ ط ي**،

فيكون منحرف **ط ي د ج** ثُلث سطح (٢٨٩) **أ ب ج د**، وهذه صورته (٢٩٠).

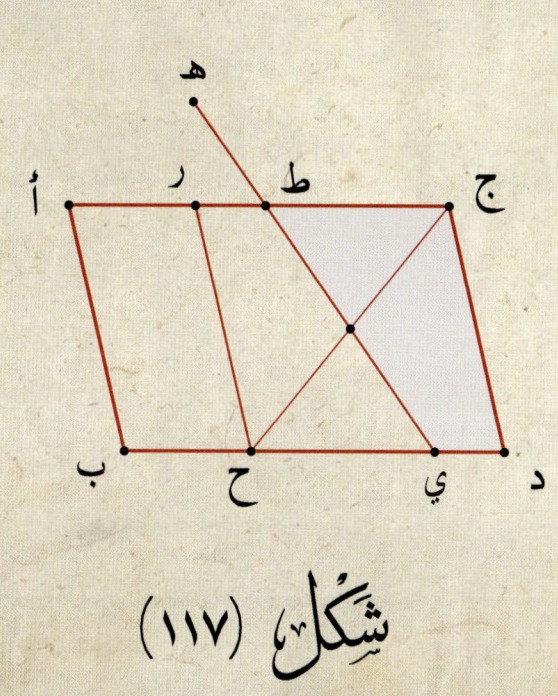

شكل (١١٧)

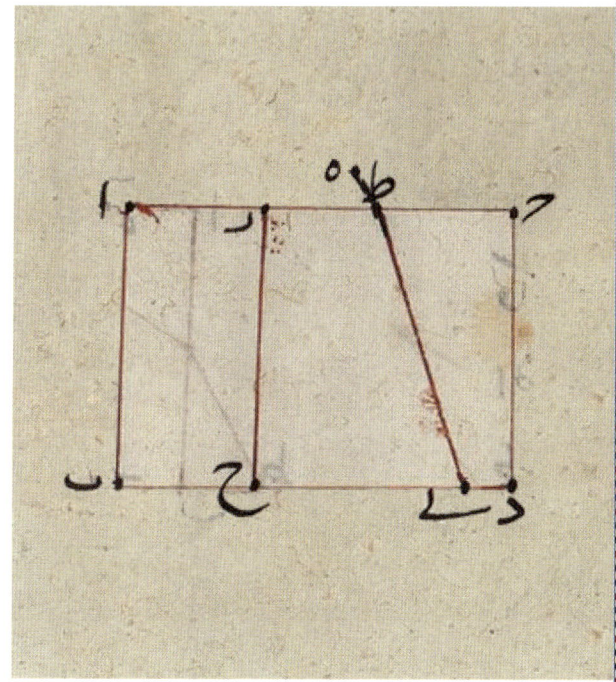

صورة الشكل ١١٧ من ب. ((قيح)) ١١٨ من ق.

(٢٨٩) إضافة في أ.
(٢٩٠) ورد في هامش الصفحة ٢١ نسخة أ : ((برهانه ظاهر)).

(ق_ ٣٥_ ظ)

فإن قال: كيف نفصل من مُنحرف أ ب ج د ثُلثَه أو رُبعه أو أي جزءٍ شِئنا من نقطة على أعلاه مثل نقطة هـ ويكون أ د موازيا لخط (٢٩١) ب ج وليكن الجزء الثُلث؟

فنجعل خط ب ر ثُلث خط ب ج،
ونصل هـ ر،
فإن كان أ هـ ثُلث أ د،
وكان ب ر ثُلث ب ج،
فيكون خط هـ ر قد فصل من مُنحرف أ ب ج د الثُلث، وهذه صورته (٢٩٢).

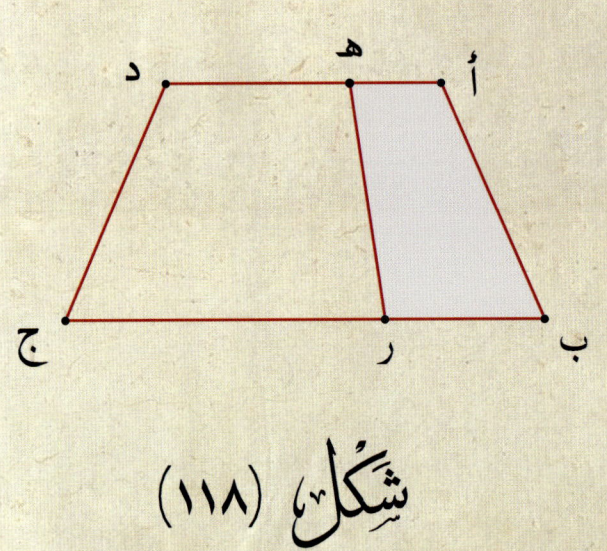

شكل (١١٨)

[محراب مزخرف، إيران.]

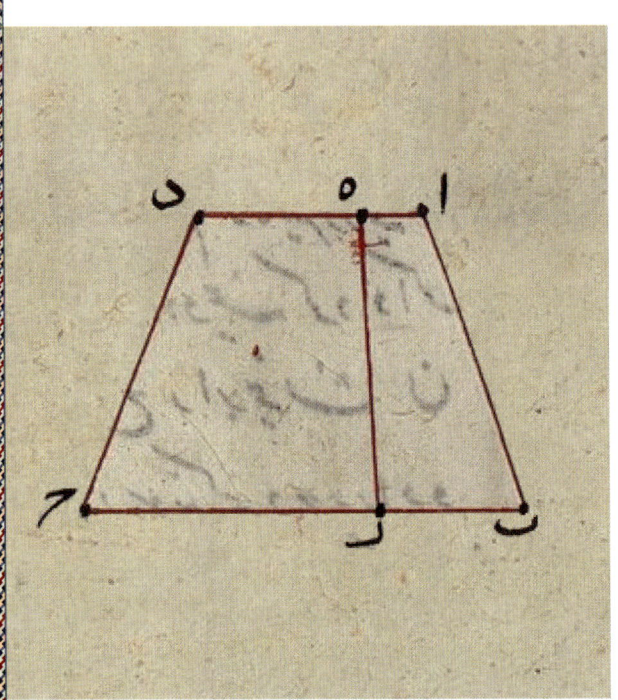

صورة الشكل ١١٨ من ب. ((قيط)) ١١٩ من ق.

(٢٩١) إضافة في أ.
(٢٩٢) ورد في هامش الصفحة ٢١ نسخة أ.: ((برهانه ظاهر لما تقدّم)).

١٤٨

وإن لم يكن أهـ ثُلث أد :

فإنا نجعل أر ثُلث أد ، وليكن أقصر من أهـ ،
ونجعل أيضا ب ح ثُلث ب جـ ،
ونصل خط رح ونقسمه بنصفين على نقطة ط ،
ونصل خط هـ ط ، ونخرجه إلى ي ،
فيكون خط هـ ط ي قد فصل من مُنحرف أ ب جـ د ثُلثه
وهو مُنحرف أ هـ ي ب ،
وهذه صورته (٢٩٣) .
وإن كان أهـ أصغر من أر بيَّناه بمثل ما تقدّم ذكره (٢٩٤).

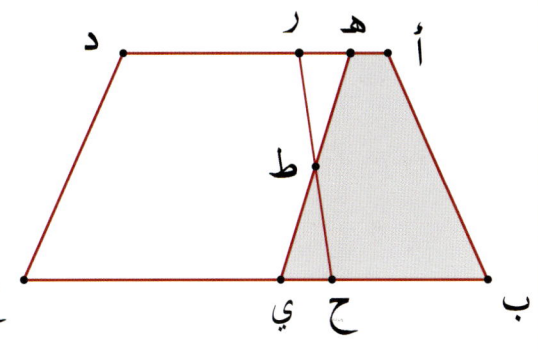

شَكل (١١٩)

[شكل إضافي من المحقّق: وإن كانت أهـ أصغر من أر، نتبع نفس الخطوات.]

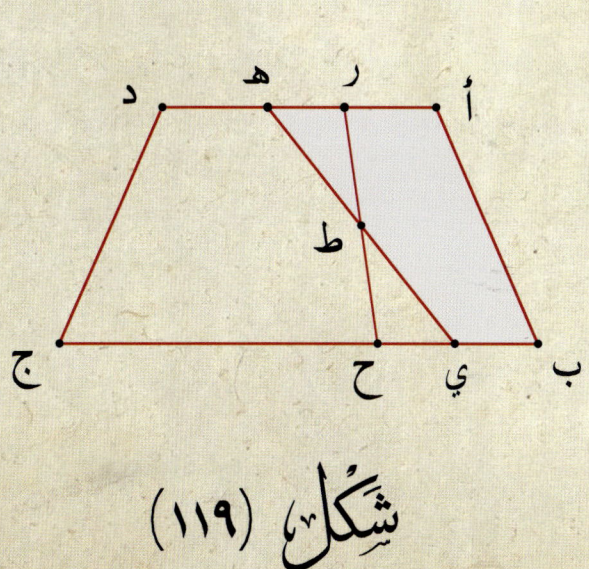

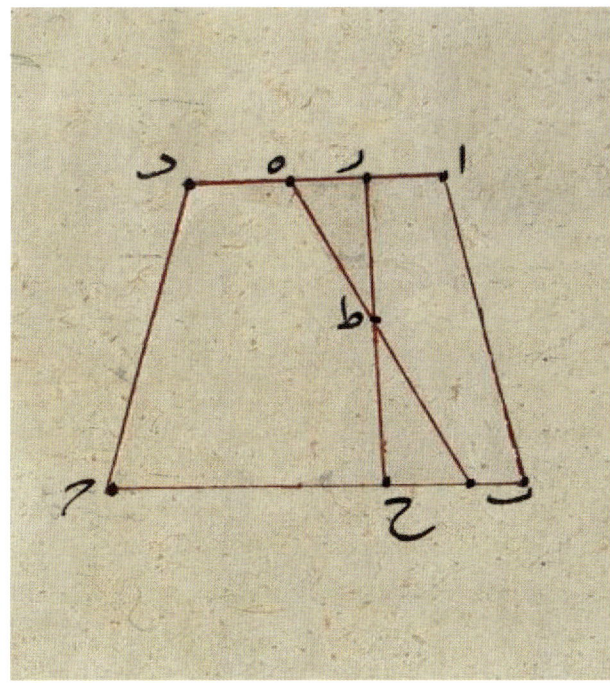

صورة الشكل ١١٩ من ب. ((قكـ)) ١٢٠ من ق.

(٢٩٣) ورد في هامش الصفحة ٢٢ نسخة أ. : ((برهانه فلِأنّ خطّ هـ ر موازٍ لخطّ ح ي وخطّ ر ط مساوٍ لخطّ ط ح يكون لِما بيَّنّاه من رأ ومثلّث هـ ر ط مساوٍ لمثلَّث ط ح ي ونجعل شكل أ ر طٍ ي ب ذي الأضلاع الخمسة مشتركاً ، فيكون منحرف أ هـ ب ر مساوٍ لمنحرف أ ر ح ب الذي هو ثُلُث منحرف أ ب جـ د كما تبيَّن في ما تقدَّم فيكون منحرف أ هـ ي ب ثُلُث منحرف أ ب جـ د ، وذلك ما أردنا أن نبيِّن)).

٢٩٤) انظر الشكل الإضافي لهذه المسألة .

فإن قال : كيف نقسم مُنحرف أ ب جـ د بنصفين بـــخط يـخرج من نقطة خارجة عنه مثل نقطة هـ ؟

قسمنا خط أ ب بنصفين على نقطة ر ،

ونخرج (من نقطة ر)(٢٩٥) خط ح ر ط موازياً لخط جـ د ،

ونخرج خط أ د حتى يلقاه على نقطة ح ،

فيكون سطح ح ط جـ د متوازي الأضلاع ،

ونخرج من نقطة هـ خط هـ ي ك يفصل من سطح ح ط جـ د بنصفين ،

فيكون خط هـ ي ك قد قسم منحرف أ ب جـ د بنصفين ،

وهذه صورته (٢٩٦) .

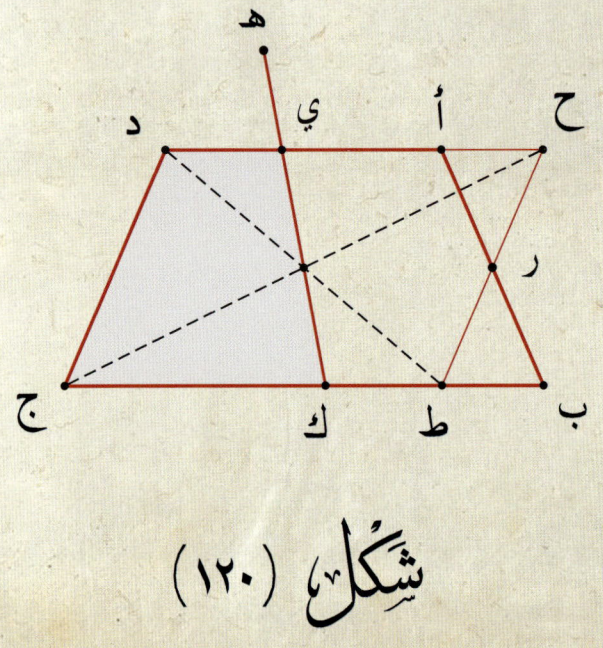

شَكل (١٢٠)

[زخرفة هندسية في محراب. القاهرة.]

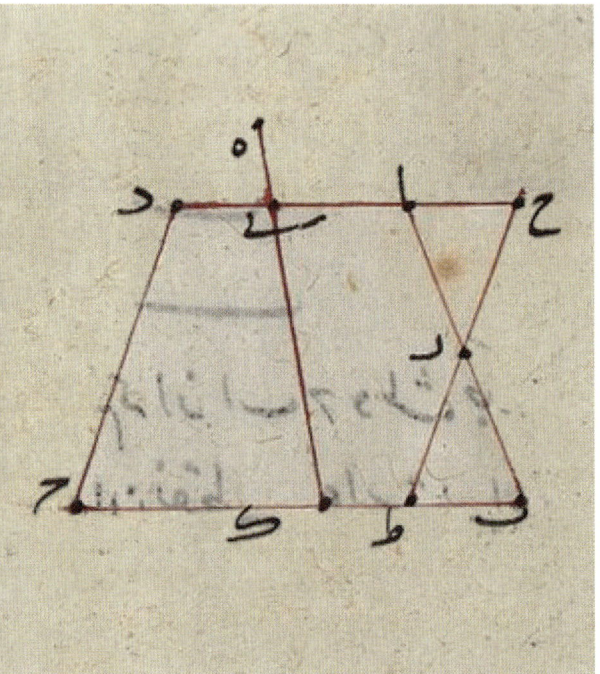

صورة الشكل ١٢٠ من ب. ((قكا)) ١٢١ من ق.

(٢٩٥) إضافة في أ.

(٢٩٦) ورد في هامش الصفحة ٢٢ نسخة أ. : ((برهانه ظاهر لأدنى عاقل)).

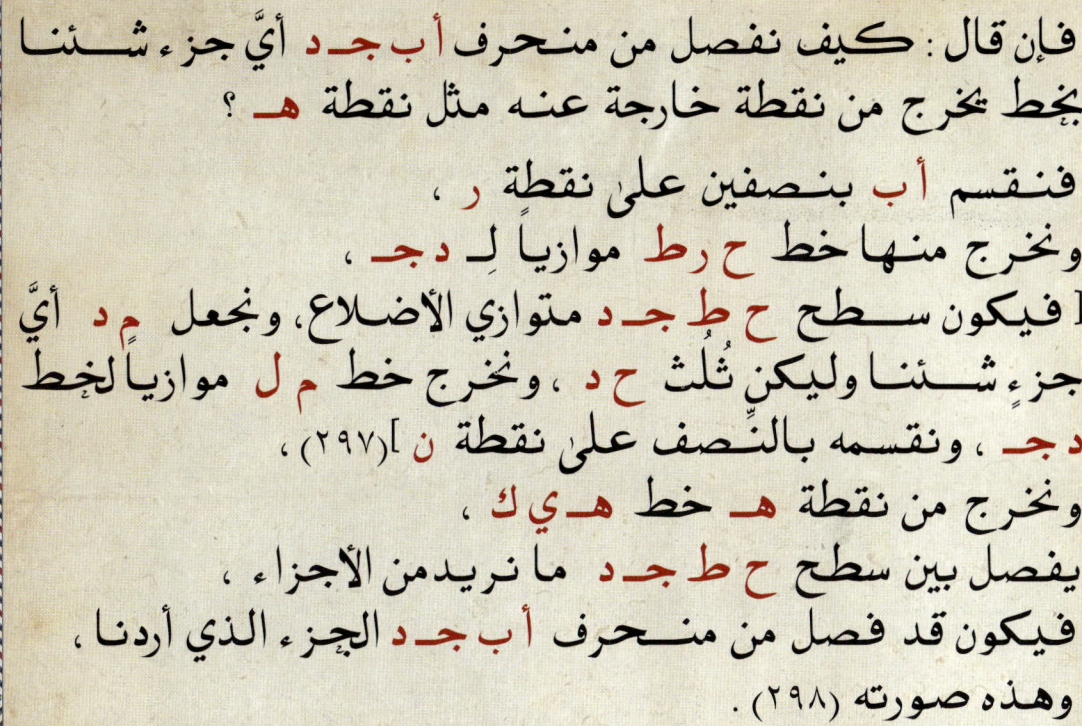

[مقرنس هندسي، مسجد نصير المُلك، شيراز.]

فإن قال : كيف نفصل من منحرف أ ب جـ د أيَّ جزء شـئنا بخط يخرج من نقطة خارجة عنه مثل نقطة هـ ؟

فنقسم أ ب بنصفين على نقطة ر ،
ونخرج منها خط ح ر ط موازياً لِـ د جـ ،
[فيكون سطح ح ط جـ د متوازي الأضلاع، ونجعل م د أيَّ جزءٍ شـئنا وليكن ثُلث ح د ، ونخرج خط م ل موازياً لخط د جـ ، ونقسمه بالنِّصف على نقطة ن](٢٩٧) ،
ونخرج من نقطة هـ خط هـ ي ك ،
يفصل بين سطح ح ط جـ د ما نريد من الأجزاء ،
فيكون قد فصل من منحرف أ ب جـ د الجزء الذي أردنا ،
وهذه صورته (٢٩٨) .

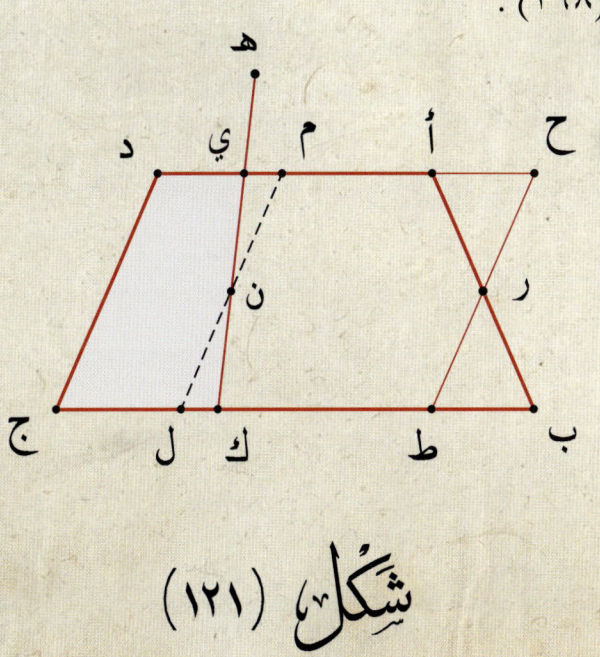

شكل (١٢١)

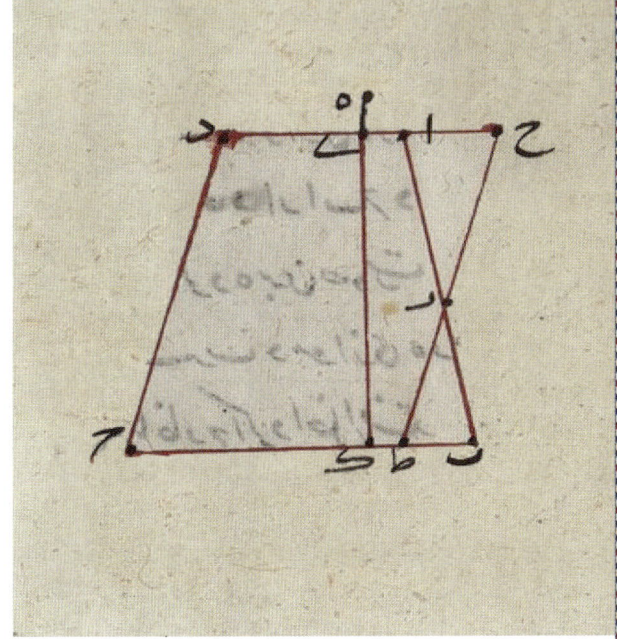

صورة الشكل ١٢١ من ب. ((قكب)) ١٢٢ من ق.

(٢٩٧) إضافة من المُحقِّق.

(٢٩٨) ورد في هامش الصفحة ٢٢ نسخة أ. : ((برهانه ظاهر)).

[زخــرفة من السيـراميك .
مقام زين المُلك ، أصفهان.]

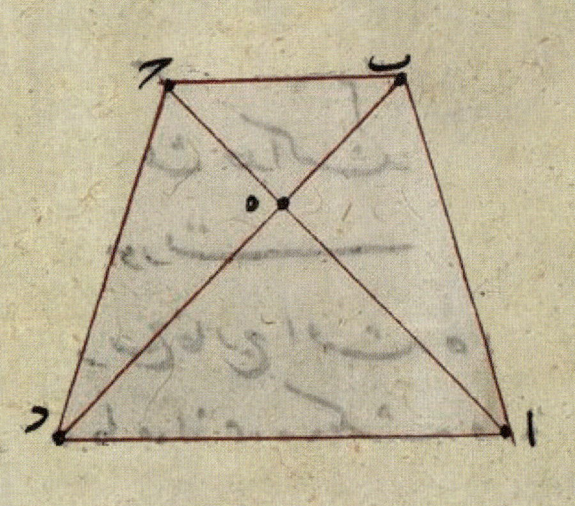

فإن قال : كيف نفصل من شكل أ ب جـ د ثُلثه ؟

فإنَّا نصل أ جـ ، ب د ،

فإن كان ب هـ ثُلث ب د فإنَّ شكل أ ب جـ د قد إنفصل/منه ثُلثه ، وهو مثلّث أ ب جـ ، وهذه صورته.(٢٩٩)

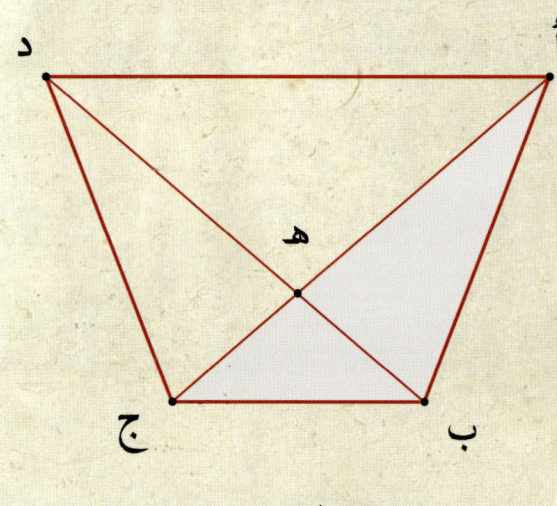

شَكل (١٢٢)

صورة الشكل ١٢٢ من ب. ((قكجـ)) ١٢٣ من ق.

(٢٩٩) ورد في هامش الصفحة ٢٢ نسخة أ. : ((برهانه فلِأنّ نسبة المثلّث إلى نسبة القاعدة كنسبة القاعدة من أ هـ ب ، وإذا كان الإرتفاع واحداً ، تكون نسبة مثلّث أ ب هـ إلى مثلّث أ ب د كنسـبة ب هــ إلى ب د ، وَ ب هـ ثُلث ب د فمثلَّـث أ ب هـ ثُلث مثلَّث أ ب د وكذلك نتبيَّن أنّ مثلَّث ب هـ جـ ثلث مثلّث ب د جـ ، فيكون جميع مثلّث أ ب جـ ثُلُث شكل أ ب جـ د وذلِك ما أردنا أنّ نبيِّن)).

(٣٠٠) ورد في هامش الصفحة ٢٢ نسخة أ.: ((برهانه لنصل خطًا أر، طجـ فلأنّ ب ر ثُلُث ب د يكون مجموع مثلّثي أ ب ر، ب ر جـ ثُلُث شكل أ ب جـ د وذلك ظاهر من شكل كا من هذا الباب. وأيضاً لأن المثلّثين أ ر ح، ر جـ ح على قاعدة واحدة ر ح وبين خطّي أ جـ، ر ح المتوازيين يكونان متساويين. ويُلغى مثلّث ر ح ط من الإشراك فيبقى مثلّث أ ر ط مساوياً لمثلّث ح ط جـ ونجعل شكل أ ر ط ح ب ذا الأضلاع الخمسة مشتركاً. فيكون مثلّث أ ب ح مساوياً لمجموع مثلّثي أ ب ر، ر ب جـ الذي هو مساوٍ لثُلثِ شكل أ ب جـ د وذلك ما أردنا أنْ نبيّن)).

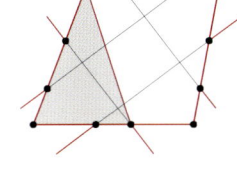

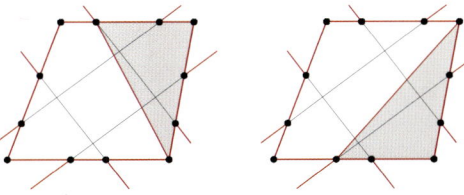
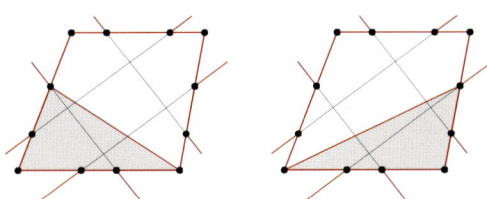
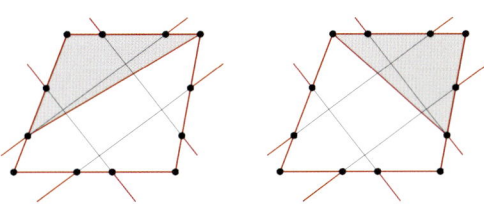

[أمثلة مختلفة على قسمة المنحرف إلى الثُلث بنفس الطريقة في الشكل ١٢٣، مع اختلاف اختيار القُطر، واتجاه فصل الثُلث منه.]

وإن لم يكن ثُلثه:
فإنّا نفصِل من ب د مثل ثُلثِه وهو ب ر،
ونُخرج خط ر ح يوازي خط أ جـ،
ونصِل أ ح، فيكون قد فصَلنا من شكل أ ب جـ د ثُلثه،
وهذه صورته. (٣٠٠)

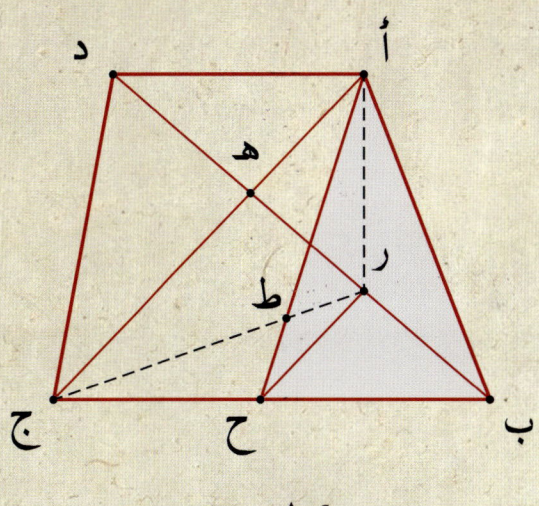

شَكل (١٢٣)

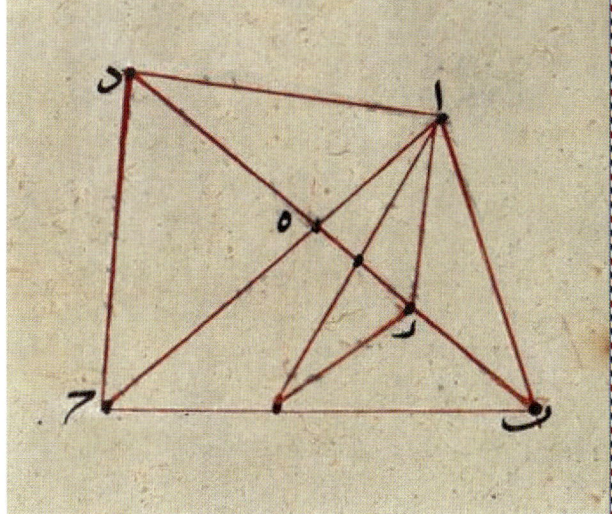

صورة الشكل ١٢٣ من ب. ((قكد)) ١٢٤ من ق.

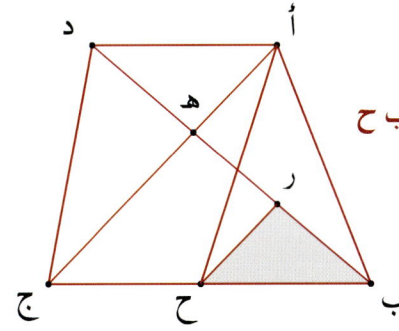

[مثلّث ب ر ح مساوٍ لثلث المثلّث أ ب ح وهو أيضًا تُسع المنحرف أ ب جـ د.]

١٥٣

• إضافة من المحقّق.

[إذا كان هـ ر موازياً لـ أ جـ ، يكون مثلّث هـ د ر ثُلُث شكل أ ب جـ د. لأن مثلّثي ب د ر ، هـ د ر مشتركان بقاعدة واحدة د ر ولهما نفس الإرتفاع وبين خطيّن متوازيين هما ب هـ ، د ر ، إذن فهما متساويان . ومثلّث ب د ر ثُلُث شكل أ ب جـ د بحسب الشكل ١٢٣.]

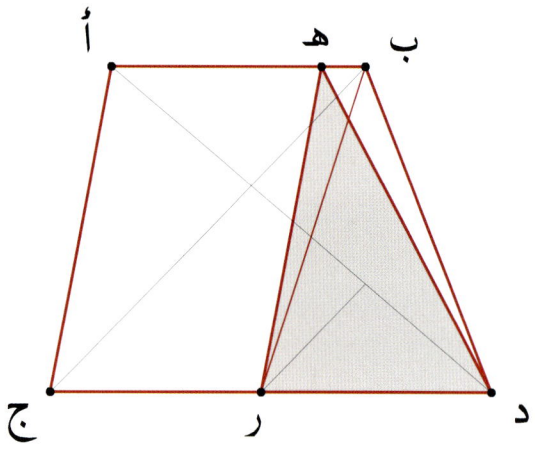

[شكل البرهان ، إضافة من المحقّق.]

فإن قال : كيف نفصل من شكل أ ب جـ د ثُلثه بخطٍ يخرج / من نقطة على ضلعٍ منه وهي نقطة هـ ؟

فإنَّا إذا أخرجنا من نقطة ب خط ب ر يفصل من شكل أ ب جـ د الثُّلث (٣٠١) ونصل خطي د هـ ، هـ ر ،
فإن كان ب د يوازي هـ ر ، فإن خط د هـ قد فصل من شكل أ ب جـ د الثُّلث. وهذه صورته.(٣٠٢)

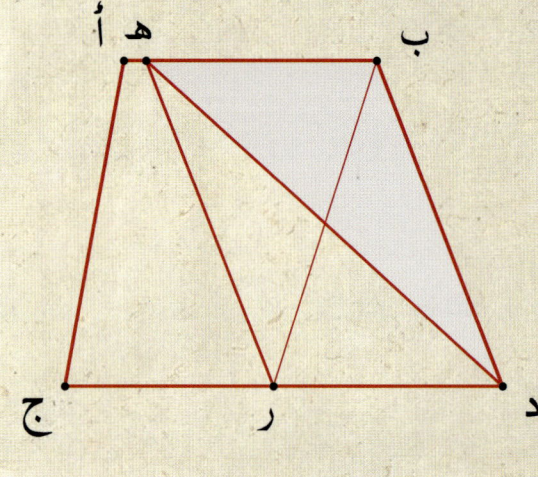

شكل (١٢٤)

وإن لم يكن ب د موازياً لـ هـ ر .

فإنا نخرج من نقطة ب خط ب ح يوازي هـ ر ، فهو يقع داخل الشكل أو خارجا منه .

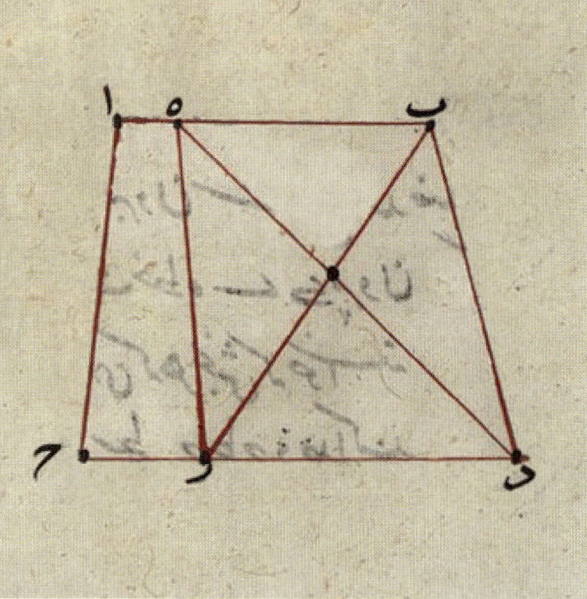

صورة الشكل ١٢٤ من ب. ((قكه)) ١٢٥ من ق.

(٣٠١) يقصد الشكل السابق ١٢٣ في إيجاد ب ر

(٣٠٢) ورد في هامش الصفحة ٢٢ نسخة أ. : ((برهانه فلأنّ مثلّثي ب هـ د ، ب هـ ر على قاعدة واحدة وهي ب هـ ، وبين خطّي ب د ، هـ ر المتوازيين ، يكون مثلّث ب هـ د مساوياً لمثلّث ب هـ ر الذي هو ثُلث شكل أ ب جـ د ، وذلك ما أردنا أنّ نبيِّن)).

(٣٠٣) ورد في هامش الصفحة ٢٢ نسـخة أ. : ((برهانه فلِأنّ مثلّثي ب ح ر ، ب هـ ح على قاعـدة واحدة وهـي ب ح وبين خطّي هـ ر ، ب ح المتوازيين يكونان متسـاويين ونجعل مثلّث ب د ح مشتركاً فيكون منحرف ب د ح هـ مساوياً لمثلّث ب د ر الذي هو ثُلث شكل أ ب جـ د وذلِك ما أردنا أنّ نبيِّن)).

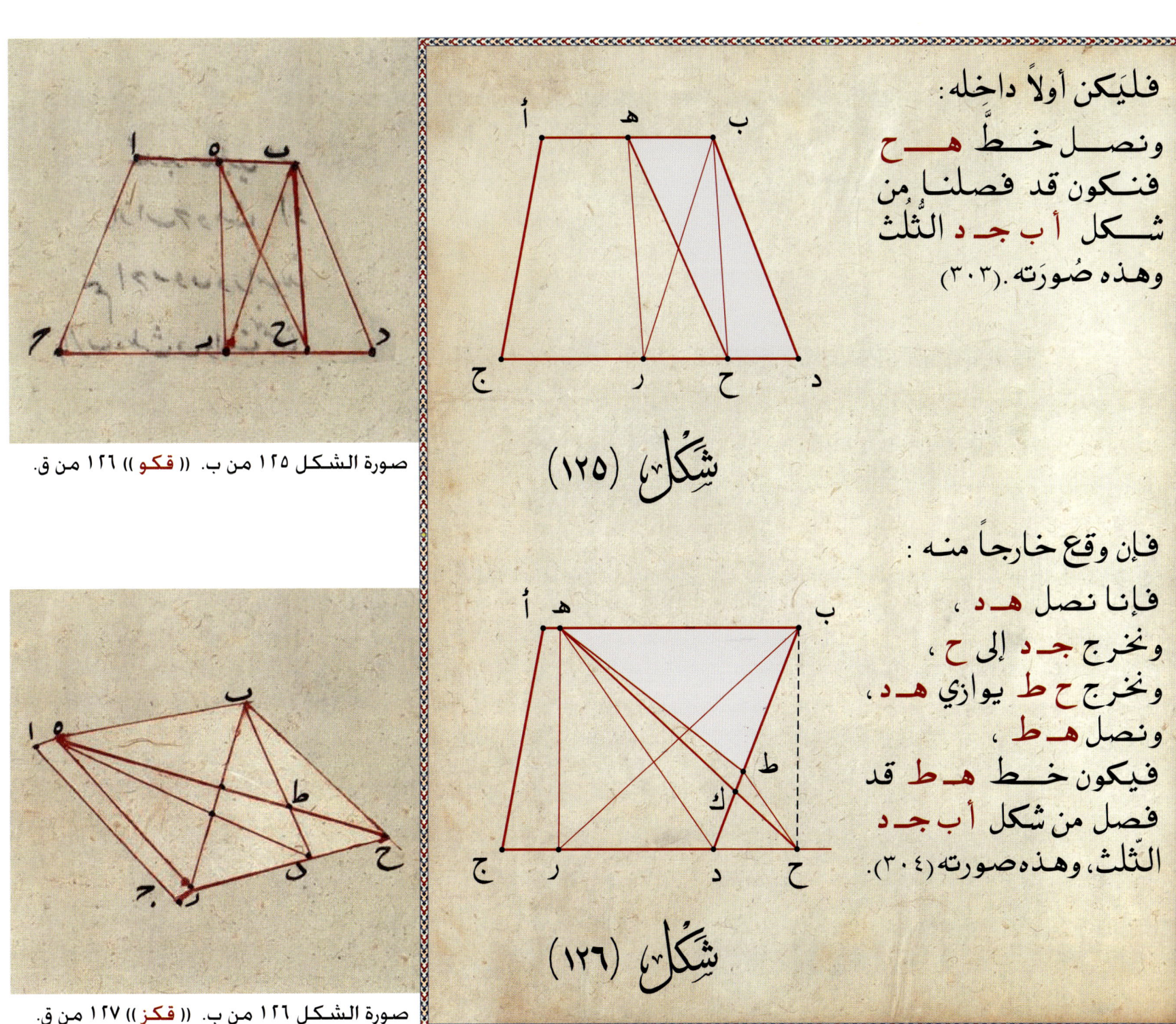

فليَكن أولاً داخِله:
ونصل خطّ هـ ح فنكون قد فصلنا من شكل أ ب جـ د الثُّلث وهذه صُورَته.(٣٠٣)

شكل (١٢٥)

صورة الشكل ١٢٥ من ب. ((قكو)) ١٢٦ من ق.

فإن وقع خارجاً منه:
فإنا نصل هـ د ،
ونخرج جـ د إلى ح ،
ونخرج ح ط يوازي هـ د ،
ونصل هـ ط ،
فيكون خط هـ ط قد فصل من شكل أ ب جـ د الثّلث، وهذه صورته(٣٠٤).

شكل (١٢٦)

صورة الشكل ١٢٦ من ب. ((قكز)) ١٢٧ من ق.

(٣٠٤) ورد في هامش الصفحة ٢٢ نسخة أ. : ((برهانه يشبه برهان الشّكل الثاني عشر ، لنوصل خط هـ ك ح فلِأنّ مثلّثي ب ح هـ ، ب ح ر على قاعدة ب ح وبين خطّي ب ح ، هـ ر المتوازيين يكونان متساويين ، ونسقط مثلّث ب ك هـ مساويا لمثلّثي ب د ر ، ح د ك ولِأنّ خطّي ح ط ، د هـ متوازيان يكون مثلثا ح ط هـ ، ط د ح متساويين ويسقط مثلث ط ح ك المشترك فيبقى مثلّث ط ك هـ مساوياً لمثلّث ح ك د ، ونسقطهما من مثلّث ب ك هـ ، ومجموع مثلّثي ب د ر ، ح ك د المتساويين، فيبقى مثلّث ب ط هـ مساوياً لمثلّث ب د ر الذي هو ثُلث شكل أ ب جـ د وذلِك ما أردنا أنّ نبيِّن)). [يقصد برهان الشكل الثاني عشر : الشّكل ١١٣ في ترتيب هذا الكتاب.]

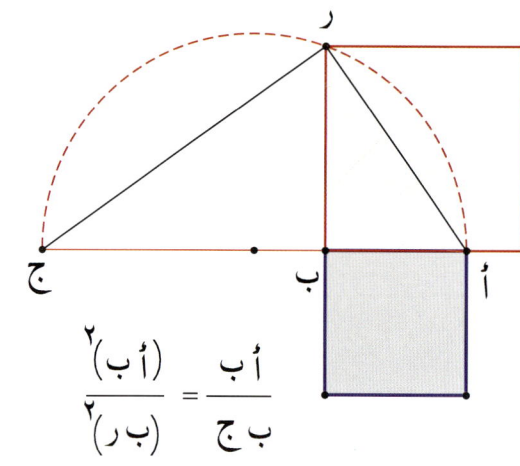

فإن قال: كيف نزيد في مربَّع أب جـ د مِثلَه وهو على صورته من جميع الجَّوانب.؟

أخرجنا خطَّ ب د على إستِقامته إلى نقطة هـ ،
وجعلنا ب هـ مِثْليْ ب د ،
وأدرنا على خطّ د هـ نصف دائرة ر د هـ ،
وأخرجنا خطّ أب إلى نقطة ر ،
وزدنا في كلّ جانب من جوانِب المربَّع خطّاً مثل نصفِ خطّ أر ، وتمَّمنا المربَّع فيكون قد زدنا في مربّع أب جـ د مِثلَهُ ، وهذه صورته.(٣٠٥)

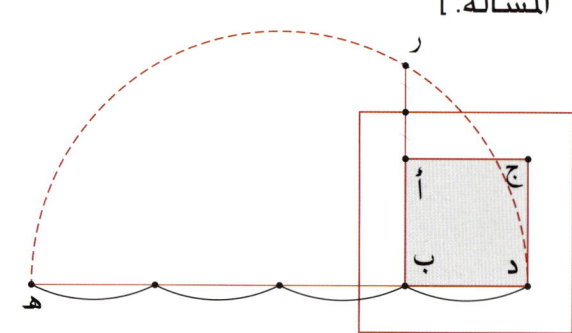

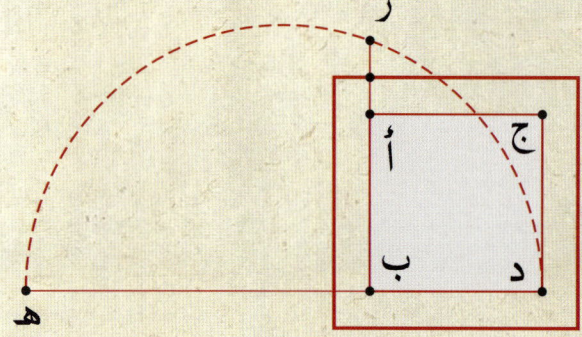

شَكل (١٢٧)

وكذلك إن أردنا أن نزيد فيه مِثلَيه أو ثلاثة أمثالِه فإنَّا نجعل / خطَّ ب هـ مثل تلك الأمثال.

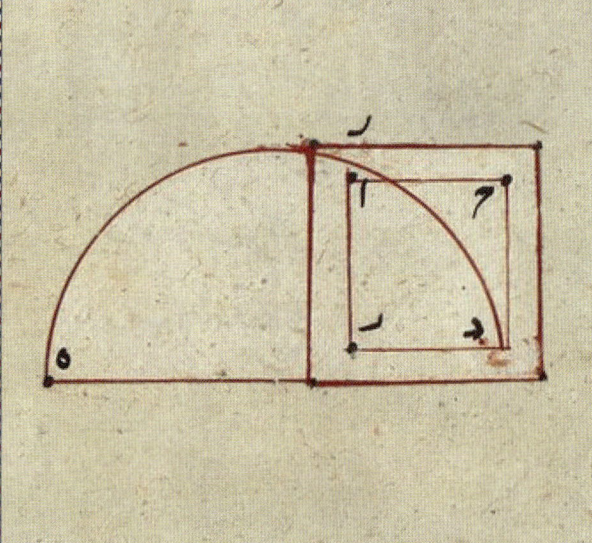

$$\frac{أب}{ب ج} = \frac{(أب)^2}{(ب ر)^2}$$

[النسبة بين قسميّ القطر ومساحة المربّعين على عمود الوتر، التي استعملت لبرهان المسألة.]

[زيادة مساحة المربع أب جـ د بثلاثة أمثالِه.]

صورة الشكل ١٢٧ من ب. ((قكح)) ١٢٨ من ق.

(٣٠٥) ورد في هامش الصفحة ٢٢ نسخة أ. : ((برهانه فَلِأنَّا إذا وصلنا خطّي د ر ، هـ ر كانت زاوية د ر هـ قائمة، وَ ر ب عمود على وترها فهو وسط في النِّسبة بين قسميّ د هـ أعني د ب ، ب هـ فيكون لما بينّا في آخر شكل ع من مقالة و. نسبة د ب إلى ب هـ كنسبة مربّع د ب إلى مربّع ب ر لكِّنَ د ب نِصف ب هـ وَ ب هـ ضعف د ب فمربّع ب ر يكون نصف ب هـ وَ ب هـ ضعف د ب فمربّع ب ر يكون ضعف مربّع د ب أعني مربّع أ ب جـ د فإذا عمل على ضلع مساوٍ لـ ر ب مربّعاً كان ضعف مربّع أب جـ د فلمّا أراد أن نخطَّ من جوانبه بالسَّـواء أر بنصفين وزاد في طرفي كلّ ضلعٍ من مربّع أ ب جـ د مثل نصف أر فصار المربّع الحادث ضعفه وذلِك ما أردنا أنّ نبيِّن)).

(ق_٣٧_ظ)

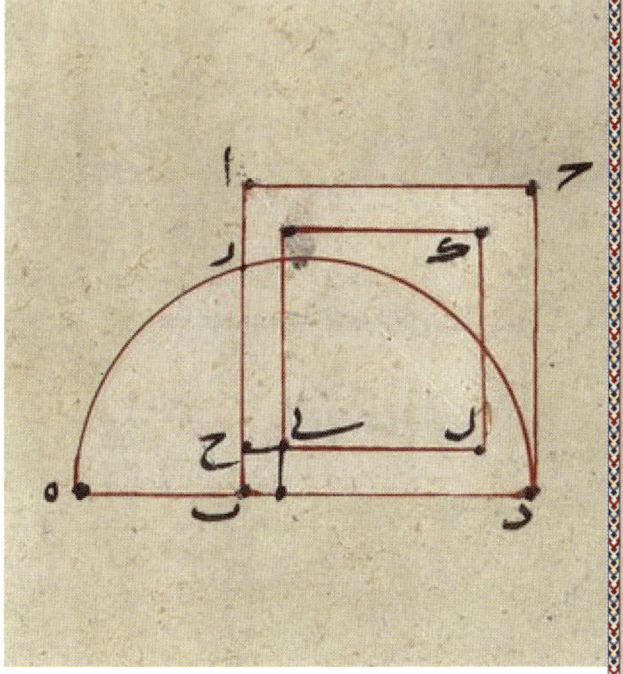

فإنْ قَالَ : كيف نأخُذ من وسطِ مربَّع أ ب جـ د مربَّعاً يكون نِصفَه وعلى صورته ؟

زدنا في خطّ ب د خطّ ب هـ نِصفَه ،

وأدرنـا على خطّ د هـ نصف دائـرة د ر هـ تقطع خطّ أ ب عند نقطة ر ،

ونجعل خطّ ب ح نصف خطِّ أ ر ،

ونفصل من عند زوايا أ ب جـ د خطوطاً مثل خطِّ ح ب ونصل بين مواضع الفصول ،

فيكون مربَّع ط ي ل ك في وسـط مربَّع أ ب جـ د وهو نِصفه وهذه صورته .(٣٠٦)

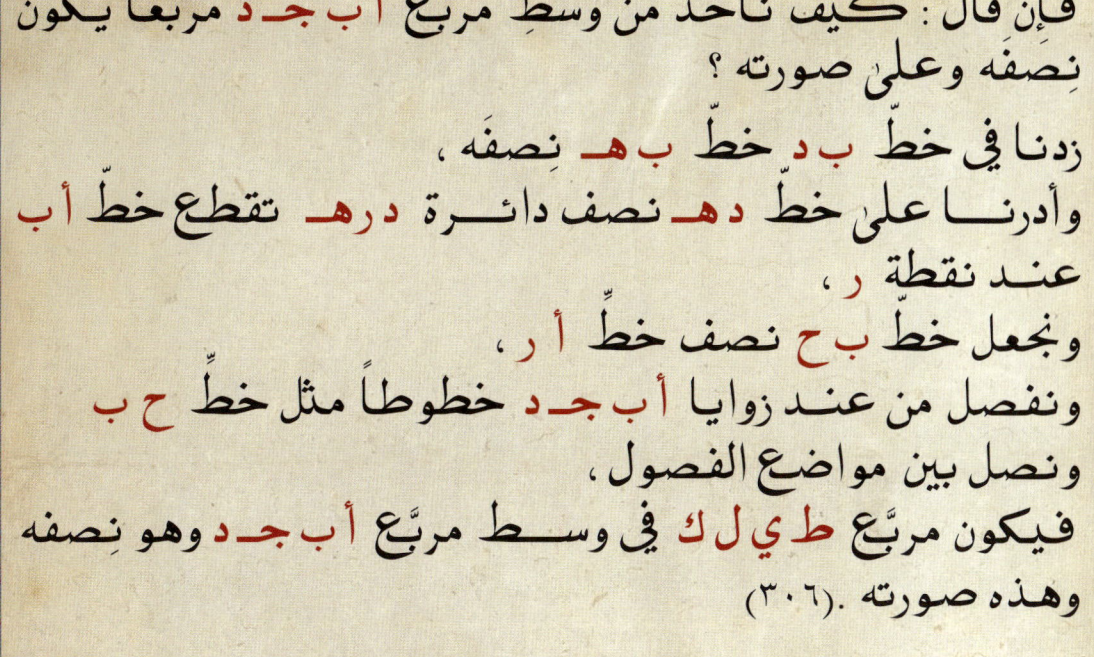

شَكل (١٢٨)

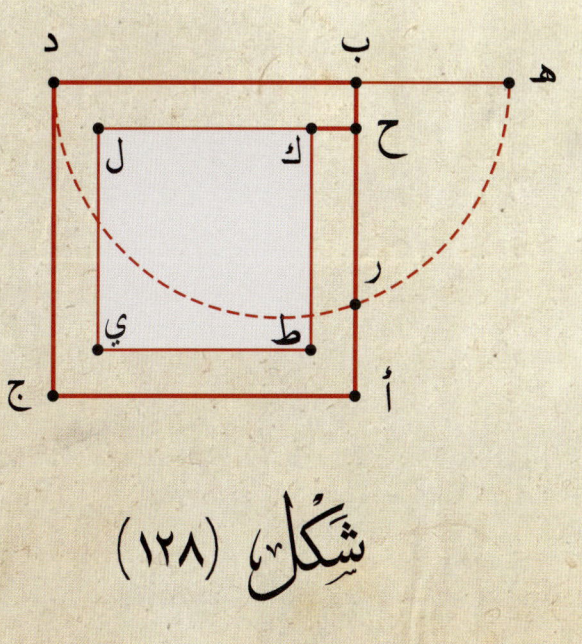

(٣٠٦) ورد في هامش الصفحة ٢٣ نسـخة أ. : ((برهانه قريب من برهان شكل ١٢٧ وإنّما الفرق بينهما أنّ المربَّع الحادث ضعف المربّع المفروض في شـكل ١٢٧ . وأما في هذا الشّكل فإنّ المربّع الحادث نصف المربّع المفروض وذلِك ما أردنا أنّ نبيِّن)).

[زخرفة من السيراميك. ايران.]

صورة الشكل ١٢٨ من ب. ((قكط)) ١٢٩ من ق.

(٣٠٩) ورد في هامش الصفحة ٢٣ نسخة أ. : ((برهانه لنصل خطوط د أ ، د جـ ، أ ب فلِأنّ خطّي أ جـ ، د ب متوازيان يكون مثلّث أ د جـ مساوياً لمثلّث أ ب جـ ونجعل قطعة أ هـ جـ مشتركة فيكون قطاع د أ هـ جـ مساوياً لقطعة أ هـ جـ ب لكِّن قطاع د أ هـ جـ ثُلث دائرة أ ب جـ فقطعة أ هـ جـ ب ثلث دائرة أ ب جـ وأيضاً لأن خطّي هـ ر ، جـ ب متوازيان ، تكون قوسا هـ جـ ، ب ر متساويتين كما نُبيِّنه في آخر الشّكل . لكنّ قوس هـ جـ مساوية لقوس أ هـ فقوس أ هـ مساوية لقوس ب ر ونجعل قوس هـ جـ ب مشتركة فتكون قوس أ جـ ب مساوية لقوس هـ جـ ب ر فلذلك يكون خطُّ أ ب مساوٍ لخطِّ هـ ر فقطعة أ هـ جـ ب مساوية لقطعة هـ جـ ب ر ونلغي القطعة التي بها خطّ جـ ب المستقيم وقوس جـ ب من الإشراك فتبقى قطعة أ هـ جـ ب التي قد بيَّنّا أنها ثُلث دائرة أ ب جـ مساوية للقطعة التي يحيط بها خطّا هـ ر ، جـ ب المستقيمان وقوسا هـ جـ ، ب ر فهذه القطعة إذن مساوية لثُلث الدّائرة وذلِك ما أردنا أنّ نبيِّن)).

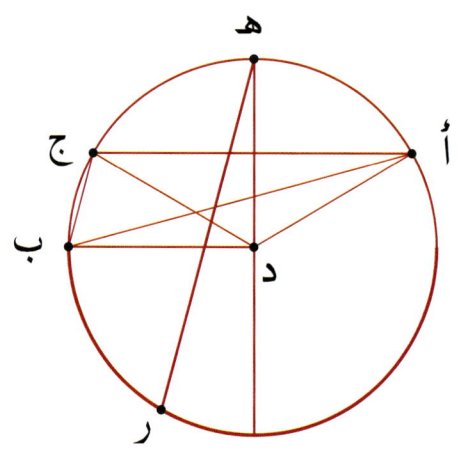

ب

[شكل البرهان. إضافة من المحقّق.]

في قِسمَة الدَّوائِر (٣٠٧)

فإن قال : كيف نفصل من دائرة أ ب جـ ثُلثها أو رُبعها أو أي جزء شِئنا بخطين متوازيين ؟

فنجعل مركز الدّائرة نقطة د ،
ونخرج في الدّائرة وتر ثُلثِها وهو خط أ جـ (٣٠٨)
ونخرج خط د ب يوازي أ جـ ونصل ب جـ ،
ونقسم قوس أ جـ بنصفين على نقطة هـ ،
ونخرج من نقطة هـ خط هـ ر يوازي خط ب جـ ،
ويكون شكل ر ب جـ هـ الذي فيما بين الخطين المتوازيين ثُلث الدّائرة ، وهذه صورته. (٣٠٩)

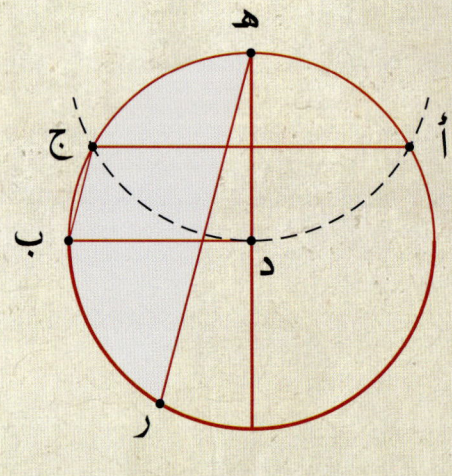

ب

شكل (١٢٩)

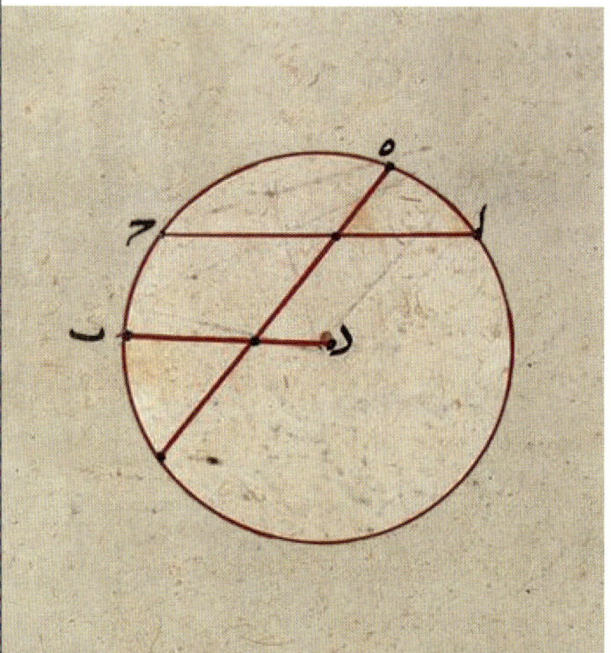

صورة الشكل ١٢٩ من ب. ((قل)) ١٣٠ من ق.

(٣٠٧) فقط في النسخة ب. ورد باب "في قسمة الدّوائِر" بعد بابيْ "باب في قسمة المثلّثات" وَ "باب في قسمة المربّعات" .

(٣٠٨) وتر ثُلث الدّائرة هو ضلع المثلّث المتساوي الأضلاع المرسوم في الدَّائرة.

(٣١٠) ورد في هامش الصفحة ٢٣ نسـخة أ. : ((برهانه قال: "إن كان خطّ أب مثل خطّ أجـ فإذن خطّ أد قد قسـم الشّكل بنصفين" ، برهانه لنوصل خطّا ب د ، جـ د فلِأنّ خطّا ب أ ، أ د مسـاويان لِخطّي جـ أ ، أ د وقاعدة ب د المسـتقيمة مساوية لقاعدة جـ د المستقيمة، فزاوية ب أ د مساوية لزاوية جـ أ د ومثلّث أ ب د مساوٍ لمثلّث جـ أ د ، ولِأنّ خطّي ب د ، د جـ متساويان يكون بحسب شكل ك ط من مقالة جـ .قطعة ب د مساوية لقطعة جـ د فإذن جميع شكل بٍ أ د مساوٍ لجميع شكل جـ أ د والبُرهان على الوضع الذي لا يكون فيه خطّا أ ب ، أجـ متساويين فنصل خطّي أ هـ ، هـ د ، فلأنّ خط ب هـ مساوٍ لخط هـ جـٍ يكون مثلّثا أ ب هـ ، أ جـ هـ متساويين ومثلّثا ب هـ د ، د هـ جـ أيضاً متساويين ، وقطعة ب د مساوية لقطعة جـ د فيكون شكل أ ب د هـ نصف شكل أ ب د جـ وأيضاً لأنّ مثلثي أ هـ د ، أ ر د على قاعدة واحدة وهي قاعدة أ د وفيما بـين خطّي أ د ، هـ ر المتوازيين فيكون مثلّث أ هـ د مسـاوياً لمثلّث أ ر د ونجعل شـكل أ د جـ مشتركاً فيكون أ ر د جـ مساوياً لشكل أ ب د هـ ، فإذن يكون شـكل أ ر د جـ نصف شكل أ ب د جـ فقد قسم خطّ د ر الشّكل بنصفين ، وذلِك ما أردنا أنّ نبيِّن)).

فإن قال : كيف نقسم قطاع أ ب د جـ بنصفين ؟

فنقسم قوس ب جـ ،
بنصفين على نقطة د،
ونصل أ د،
فإن كان جـ أ مثل أ ب
فإن شكل أ ب د جـ قد قسم
بنصفين بخط أ د .

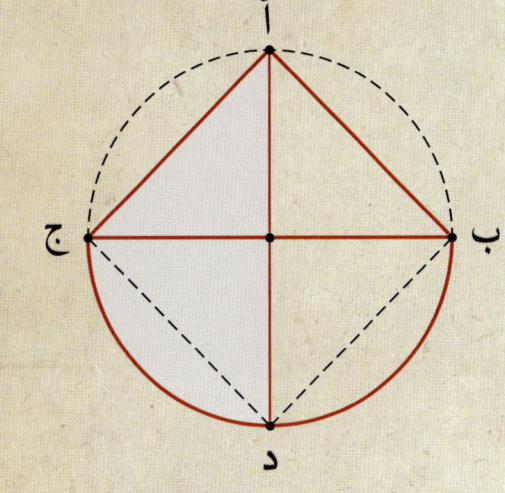

د

صورة الشكل ١٣٠ من ب. لم يرِد في ق.

وإن لم يكن خط أجـ مثل أ ب ، قسمنا ب جـ بنصفين على نقطة هـ ،
ونخرج هـ ر
موازيا لخط أ د ،
ونصل د ر ،
فيكون قد انقسم شكل
أ ب جـ د بنصفين بخط
د ر ،
وهذه صورة ذلك .(٣١٠)

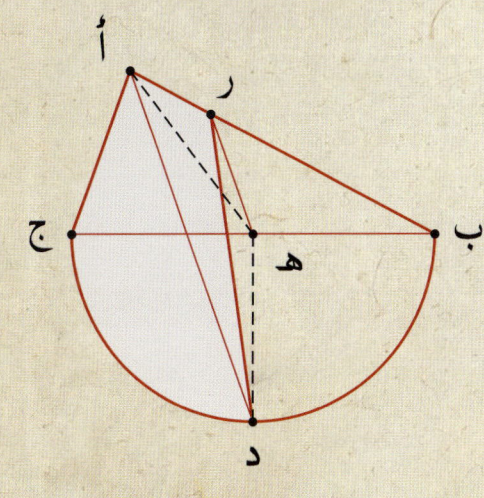

د

شكل (١٣٠)

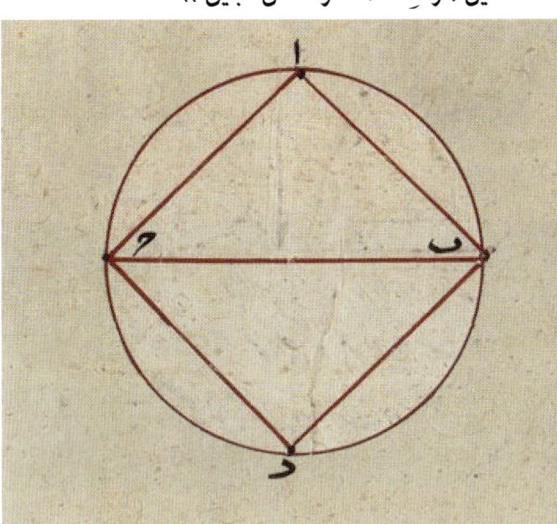

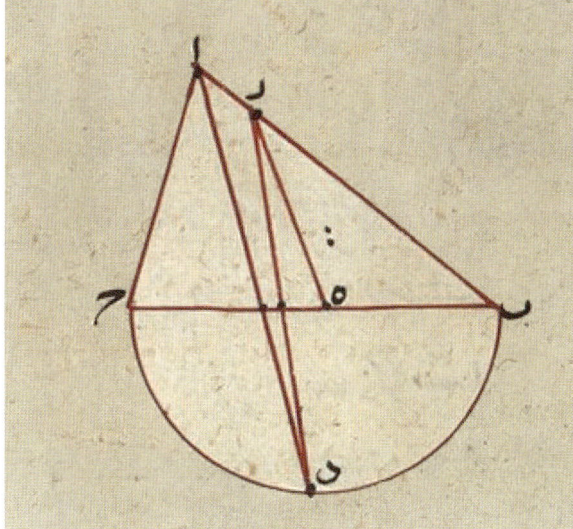

صورة الشكل ١٣٠ من ب. ((قلا)) ١٣١ من ق.

[مقرنس ، إيران.]

(٣١٤) ورد في هامش الصفحة ٢٣ نسخة أ.: ((برهانه فلأنّ خطّ ك هـ موازٍ لخطّ أ ل تكون نسبة جـ ك إلى ك ل كنسبة جـ هـ إلى هـ أ. لكن ك جـ مساوٍ لخطّ أ ب وَ ك ل مساوٍ لـ جـ ح فنسبة أ ب إلى جـ ح كنسبة جـ هـ إلى هـ أ. فيكون سطح أ ب الأوّل في هـ أ الرّابع مساوياً لسطح جـ ح الثاني في جـ هـ الثالث وسطح أ ب في أ هـ هو سطح هـ ب وسطح جـ ح في جـ هـ هو سطح جـ ط فسطح هـ ب مساوٍ لسطح جـ ط وذلك ما أردنا أنّ نبيّن)).

ج ك / ك ل = ج هـ / هـ أ

أ ب = ج ك

ج ح = ك ل

أ ب / ج ح = ج هـ / هـ أ

أ ب × هـ أ = ج ح × ج هـ

سطح هـ ب = سطح ج ط

في رفع الطَّريق

فإن قال: كيف نقسم مربّع أ ب جـ د بنصفين ونرفع بينهما طريقاً يكون عرضُه د ح ؟

فنخرج جـ أ (٣١١) على استقامته إلى م (٣١٢) ونجعل أ م مثل جـ ح، ونخرج أ ب على استقامته إلى ل،
وندير على مركز جـ، وببعد جـ م دائرة تقطع خط ب أ على نقطة ل، ونصل ل جـ، ونفصل ل ك (٣١٣) مثل جـ ح، ونخرج خط ك هـ ط ر موازياً لخط ب أ ل،
ونخرج ح ط موازياً لخط د ب فيكون سطح ح هـ مثل سطح هـ ب، وهذه صورته. (٣١٤) /

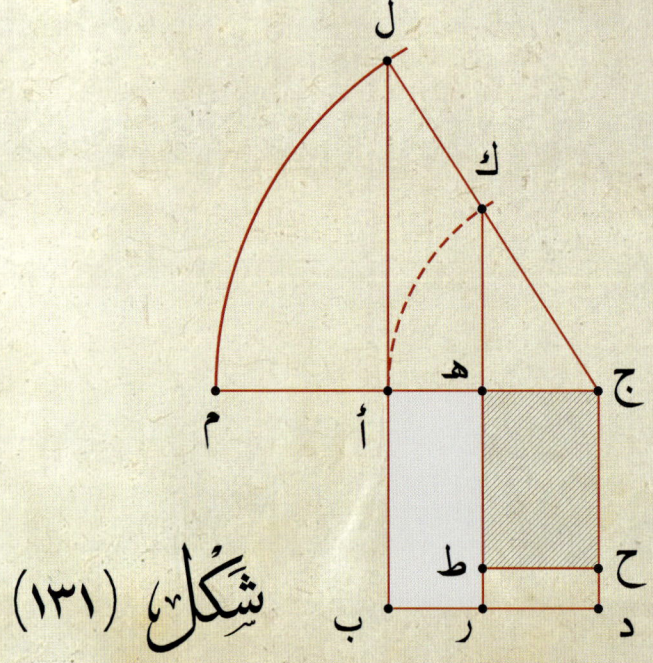

شكل (١٣١)

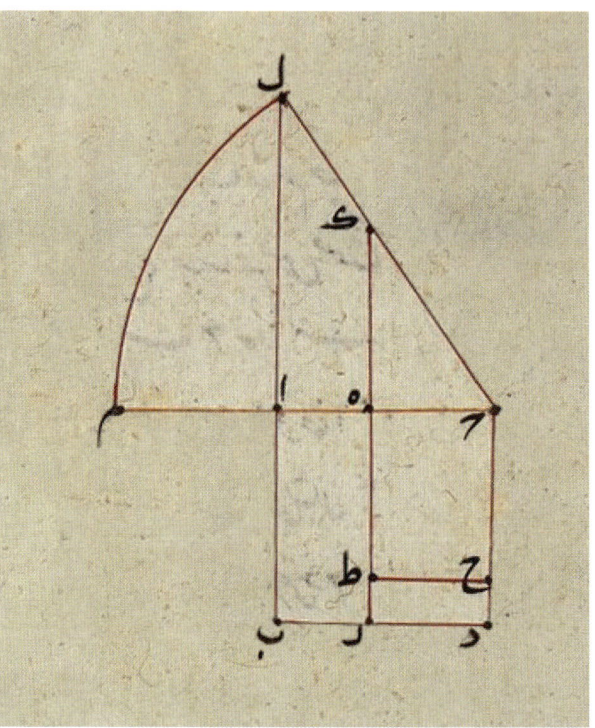

(ق_٣٨_ظ)

صورة الشكل ١٣١ من ب. ((قلب)) ١٣٢ من ق.

(٣١١) وردت في ق. ((ب أ)) وهو خطأ يتعارض من مسمّيات الشكل (قلب) من ق.

(٣١٢) إضافة في أ.

(٣١٣) وردت في ق. ((جـ ك)) وهو خطأ قياساً بنسختي أ. ، ب. وأيضاً تحقيق المسألة هندسياً قد يكون المقصود ((نفصل جـ ك مثل أ ب)) حيث إنّ جـ ك مساوٍ لضلع المربّع أ ب وَ جـ أ

[هذه المسألة، والمسائل التّالية لها في باب "رفع الطريق"، كانت مهمة في تقسيم الأراضي، وتخطيط المدن، وأعمال المساحة، ومرتبطة بتطبيق علم المواريث.]

(٣١٩) ورد في هامش الصفحة ٢٣ نسخة أ. : ((برهانه فلِأنّ خط رح في مثلّث هـ أ جـ موازٍ لخطّ أ هـ تكون نسبة جـ ر إلى رهـ كنسبة جـ ح إلى ح أ من شكل ب من و. وَ جـ ر مساوٍ لخطّ أ بٍ وذلك بيِّن من أجل أنّ جـ ر مساوٍ لخط أ جـ وَ أ جـ مساوٍ لخطّ أ ب وَ رهـ مساوٍ لِـ جـ مٍ. فنسبة أ ب إلى جـ م كنسبة جـ ح إلىٍ ح أ . فيكون لذلك سطٍح أ ب في أ ح أعني سٍطح أ ل مساوياً لسطح م ح وسطح د ط مساويا لسطح م ح . فالسطوح الثّلاثة متساوية . وذلِك ما أردنا أنّ نبيِّن)).

/ فإن قال : كيف نقسِم مربَّع أ ب جـ د بثلاثة أقسام متساوية ونـرفَع بينها(٣١٥) طريقاً بعرضْ م ن المعلوم ، وهو فيما بين قسمين منها متساويين(٣١٦) ؟

فنخرج جـ أ إلى ي ، ونجعل أ ي مثل جـ م ،
ونخرج ب أ على استقامته إلى هـ ،
ونجعل نقطة جـ (٣١٧) مـــركزاً ، وببعد جـ ي دائرة تقطع خط ب هـ على نقطة هـ ، ونصل جـ هـ ، ونفصل من خط جـ هـ خط هـ ر مساوياً لخط جـ م ، ونخرج من نقطة ر خط رح ل موازيا لخط ب أ هـ ، ومن نقطتي م ، ن خطي م ط ، ن ك موازيين لخط أ جـ ، فتكون سطوح م ح ، ن ل ، أ ل متساوية وقد عملنا ما أردنا)(٣١٨) ، وهذه صورته .(٣١٩)

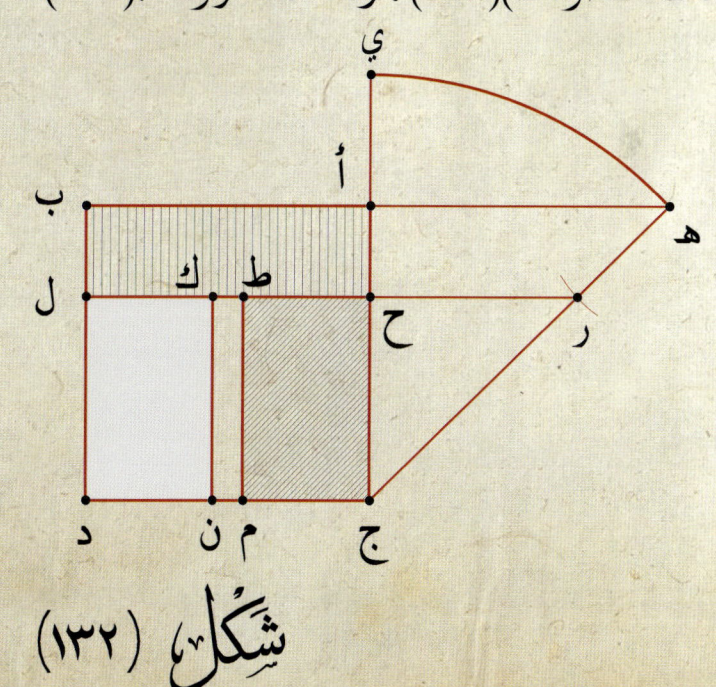

شكل (١٣٢)

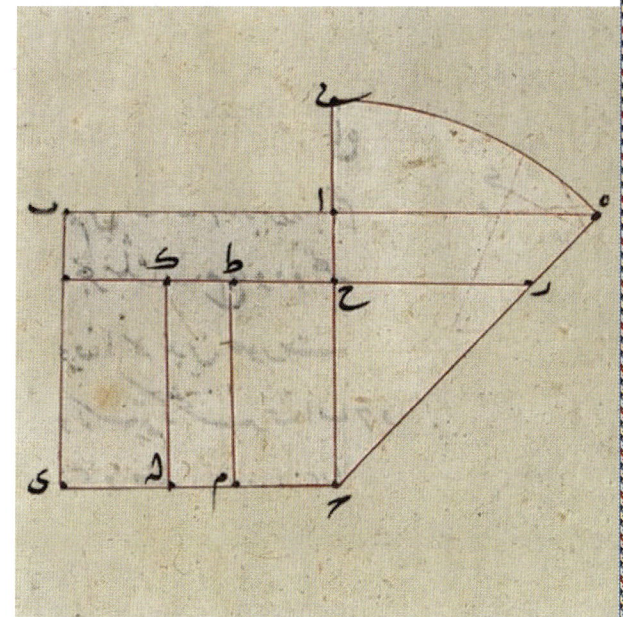

جـ ر / ر هـ = جـ ح / ح أ

جـ ر = أ ب = أ جـ

ر هـ = جـ م

أ ب / جـ م = جـ ح / ح أ

أ ب × ح أ = جـ م × جـ ح

سطح أ ل = سطح م ح

[وسطح م ح يساوي سطح ن ل افتراضاً ، حيث إنّ عرض الطريق م ن يتوسط ضلع جـ د.]

(أ_٢٣_ظ)

صورة الشكل ١٣٢ من ب. ((قلجـ)) ١٣٣ من ق.

(٣١٥) إضافة في أ.
(٣١٦) إضافة في أ.
(٣١٧) وردت في أ. ((م))
(٣١٨) إضافة في أ.

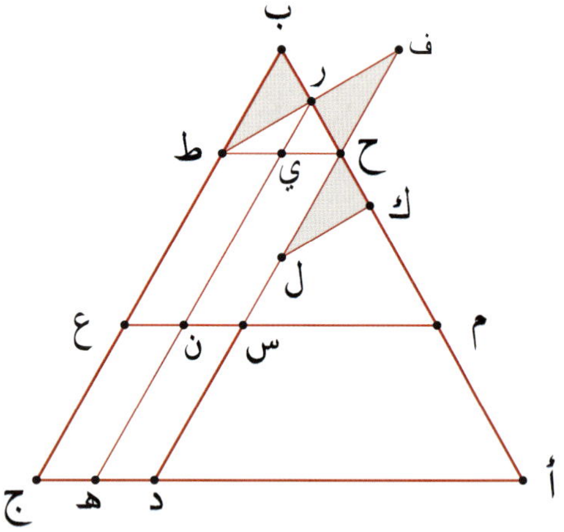

فإن قال : كيف نقسم مُثلّث أ ب جـ بقسمين متساويين ونرفع بينهما طريقاً متوازي الأضلاع في عرضٍ معلوم ؟

فنجعل عرضَ الطريق جـ د ونقسمه بنصفين على نقطة هـ ونخرج هـ ر ، د ح يوازيان ب جـ ، ونخرج ح ط يوازي أ جـ ، ونصل ر ط ، ونجعل ح ك مثل ح ر ،
ونخرج ك ل يوازي ر ط ،
ونجعل مثلث ر م ن نصف منحرف أ ل وشبيها بمثلث(٣٢٠) أ ب جـ ونخرج ن م إلى ع ،
فيكون قسمنا مثلث أ ب جـ بمثلث ب م ع ومنحرف أ م س د المتساويين ، ورفعنا بينهما طريق س جـ في عرضِ جـ د ، وهذه صورته . (٣٢١)

شَكل (١٣٣)

(٣٢١) ورد في هامش الصفحة ٢٣ نسخة أ . : ((برهانه لنخرج خطّا ط ر ، د ح حتّى يلتقيان على نقطة ف ، وليتقاطع خطّا هـ ر ، ط ح على نقطة ي فلِأنّ خطّي ح ل ، ب ط متوازيان وخطّا ح ر ، ر ب متساويان يكون لما بيّنّا على دفعات، فإن مثلّثا ر ح ف ، ر ب ط متساويان ، وأيضاً لأنّ خطّي ط ف ، ل ك متوازيان ، وخطّا ر ح ، ك ح متساويان يكون مثلّثا ل ك ح ، ر ح ف متساويين، ولأنّ مثلّث ر م ن قد جعله مساوياً لنصف منحرف أ ك ل د يكون منحرف أ ك ل د ضعف مثلّث ر م ن ولِأنّ مثلّثي ح ر ف ، ب ط ر متساويان، ومثلّثي ح ر ي ، ر ط ي متساويان ومثلّث ر ح ف قد تبيّن أنّه مساوٍ لمثلّث ح ك ل يكون مجموع مثلثي ح ك ل ، ب ط ح ضعف مثلّثي ب ط ر ، ر ط ي أعني منحرف ب ر ط ي وسـطح ح ع المتوازي الأضلاع ضعفُ سطح ط ن المتوازي الأضلاع فإذن مجموع مثلّـث ح ك ل ومنحرف ب ح س ع ضعف منحرف ب ر ن ع وقد كان منحرف أ ك ل د ضعف مثلّـث ر م ن فيكون من البيِّن أن مجمـوع مثلّـث م ب ع ومنحرف أ م س د ضعف مثلّث ب م ع المساوي لمنحرف أ م س د . وذلِك ما أردنا أنّ نبيِّن)).

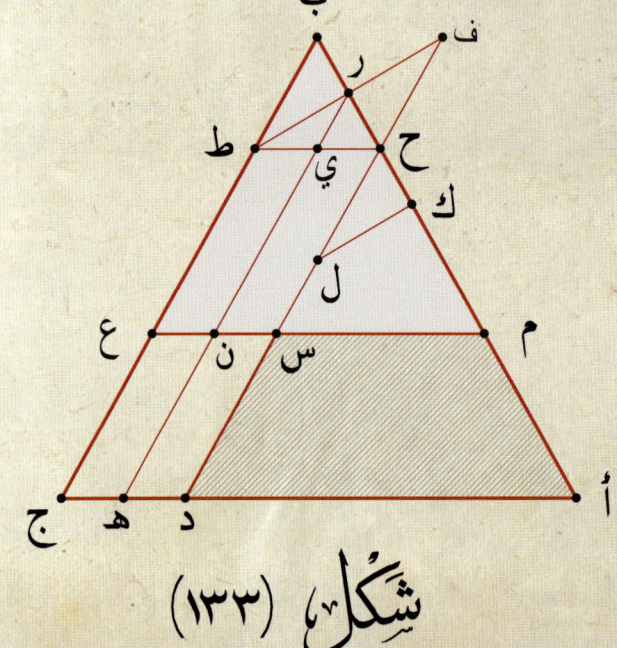

[شكل البرهان ، إضافة من المحقِّق.]

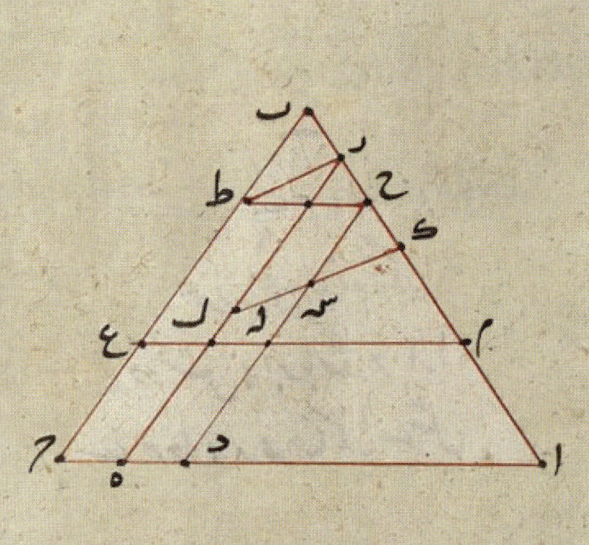

صورة الشكل ١٣٣ من ب. ((قلد)) ١٣٤ من ق.

(٣٢٠) وردت في أ. ((بمثل))

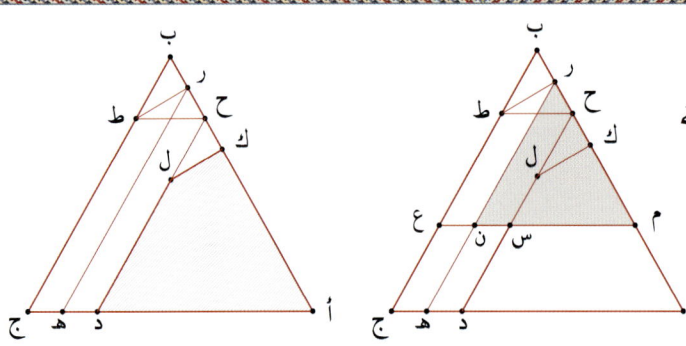

[لم يشر شرح المسألة إلى طريقة رسم مثلث ر م ن المساوي لنصف مساحة المنحرف أ ك ل د .]

فإن قال: كيف نقسم مثلّث أ ب جـ بين ثُلث وثُلثين ونرفع بينهما طريقاً يكون عرضه جـ د ؟

فإنا نجعل جـ هـ ثُلث جـ د ،

ونخرج خطّي د ح ، هـ ر يوازيان ب جـ ،

ونخرج من نقطة ح خط ح ط موازياً لخط أ جـ ،

ونصل ر ط ،(ونجعل ح ك مساوياً لـ ح ر، ونخرج ك ل يوازي ر ط)

(٣٢٢) ونجعل مثلّث ر م ن ثُلث منحرف أ ل ،وشبيه بمثلث أ ب جـ

ونخرج م س إلى ع ، فيكون قد قسمنا مثلث أ ب جـ بثلث وثلثين ، ويكون الثلث مثلّث ب م ع ، والثُلثان منحرف أ س ،

وهذه صورة ذلك .(٣٢٣)

ط

شكل (١٣٤)

[مقرنس أندلسي ، الحمراء ، إسبانيا.]

صورة الشكل ١٣٤ من ب. ((قله)) ١٣٥ من ق.

(٣٢٢) إضافة في أ.

ط

ط

[شكل البرهان ، إضافة من المحقِّق.]

(٣٢٣) ورد في هامش الصفحة ٢٤ نسخة أ. : ((برهانه يقرب من برهان الشّكل المتقدّم ، وذلك لأن مثلّث ر م ن ثُلث منحرف أ ل فيكون منحرف أ ك ل د ثلاثة أمثال مثلّث ر م ن وسطح ح ع ثلاثة أمثال سطح ط ن لأن خطّ د جـ ثلاثة أمثال جـ هـ فلأنّ خطّ ر ح ضعف خطّ ر ب يكون مثلّث ر ح ط ضعف مثلّث ر ط ب فجميع ب ح ط ثلاثة أمثال مثلّث ب ر ط ولأنّ ك ح مثل ح ر يكون مثلّث ر ن ح مساوياً لمثلّث ح ك ل كما بيّنّا على دفعات فيما تقدَّم من الأشكال، ومثلّث ر ح ط ثلاثة أمثال ر ط ي لأنّ خطّ ح ط ثلاثة أمثال ط ي فإذن من البيِّن أنّ مجموع مثلّثي ح ك ل ، ح ر ط ثلاثة أمثال ب ر ي ط ، وكان سطح ح ع ثلاثة أمثال سطح ط ن ومنحرف أ ك ل د ثلاثة أمثال مثلّث ر م ن فإذا جمعت النظائر يكون ب م ع ومنحرف أ م س د ثلاثة أمثال مثلّث ب م ع فيكون إذن منحرف أ م س د ضعف مثلّث ب م ع ، وذلك ما أردنا أنّ نبيِّن)).

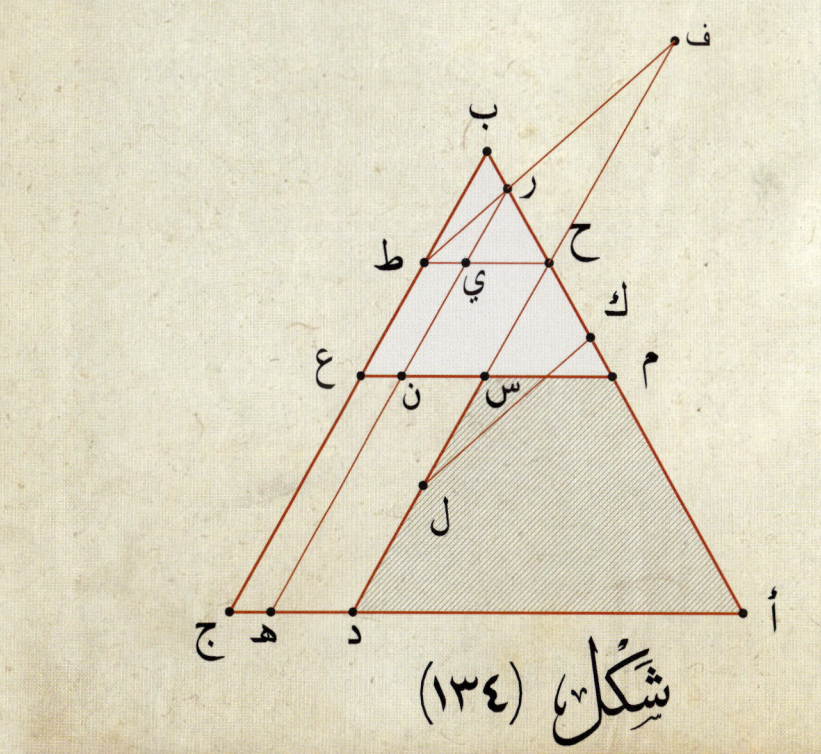

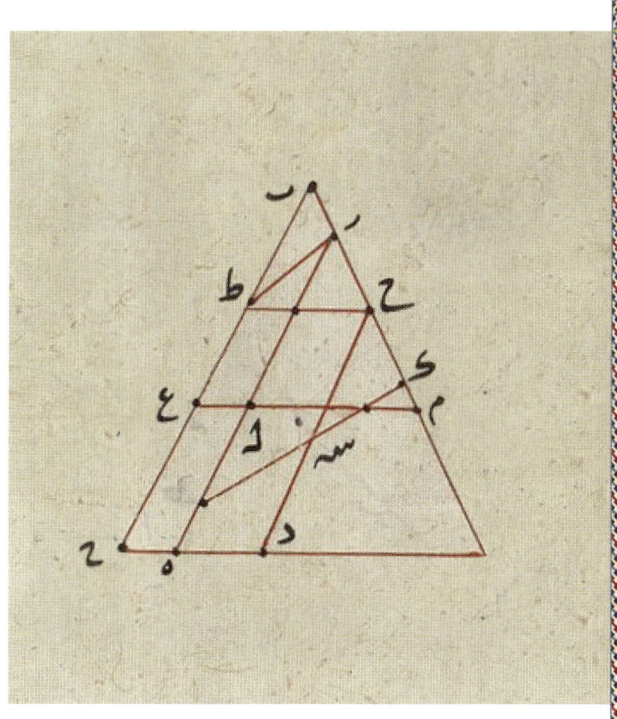

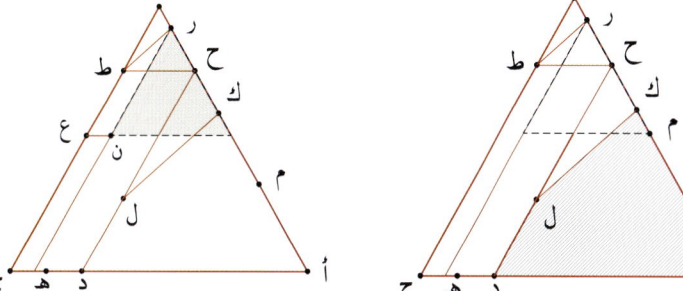

(٣٢٥) ورد فـي هامش الصفحة ٢٤ نسـخة أ. : ((برهانه فلأنّ مثلّث م ك ل نصف مجموع منحـرف أ ط وضعف مثلّث ح م ب يكون مجموع منحرف أ ط وضعف مثلّث ح م ب . ضعف مثلّث م ك ل فإذا اسـقطنا من مثلّث م ك ل مثلّث ح م ب بقي منحرف ب ك ل ح فإذا اسـقطنا ضعف مثلّث م ك ل من مجموع منحرف أ ط وضعف مثلّث ح م ب . بقي منحرف أ ط فيكون إذن منحرف أ ط ضعف منحرف ك ح بحسب شكل هـ من هـ . ولأنّ سـطح رجـ ضعف سطح ل جـ يكون إذا جمعنا كان منحرف أ ط وسطح رجـ ضعف منحرف ك ج وذلك بيِّن . لكنّ منحرف أ ط مع سطح س جـ هو مع منحرف أ س مع منحرف ك ج . فإذن منحرف أ س مساوٍ لمنحرف ك ج فيكون أ س مساوٍ لمنحرف ك جـ فقد تبَيَّن أن منحرف ن ك ب جـ مساوٍ لمنحرف أ ك س هـ والطّريق هي هـ س ن د . وذلك ما أردنا أنّ نبيِّن)).

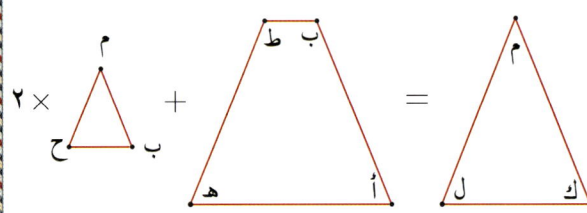

/ فإن قال : كيف نقسم مُنحَرف أ ب جـ د بنِصفين ونرفع بينهما طريقاً عرضه هـ د علىٰ أن خط ب جـ موازيا لخط أ د ؟

فنقسم د هـ بنصفين علىٰ نقطة ر ،
ونخرج ر ح ، هـ ط يوازيان جـ د ،
ونخرج أ ب ، ر ح حتىٰ يلتقيان علىٰ م ،
ونجعل مثلث ك م ل نصف منحرفِ أ ط ،
(وضعف مثلث ح م ب)(٣٢٤) وشبيها بمثلث م أ ر ،
ونخرج ك س ل ن موازيا لخط أ د ،
فيكون منحرف ن جـ ب ك مثل منحرف س ك أ هـ ،
والطّرِيق ن س هـ د ، وهذه صورته.(٣٢٥)

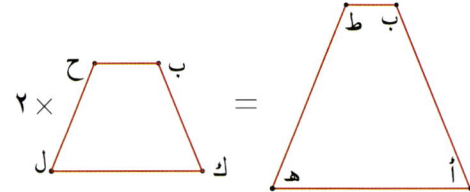

شكل (١٣٥)

(ق_٣٩_ظ)

[شكل البرهان. إضافة من المحقّق.]

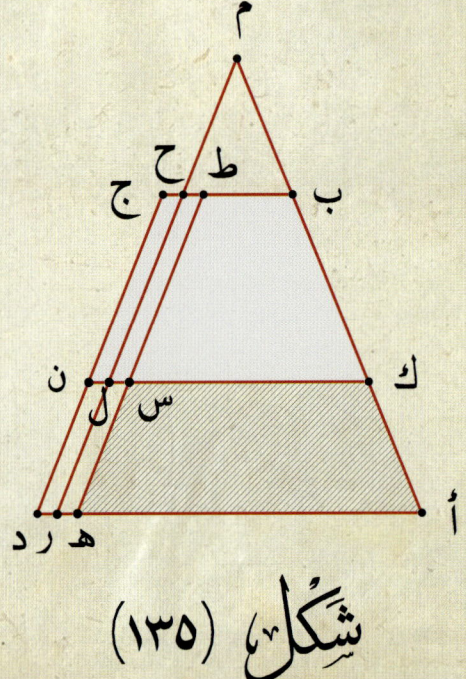

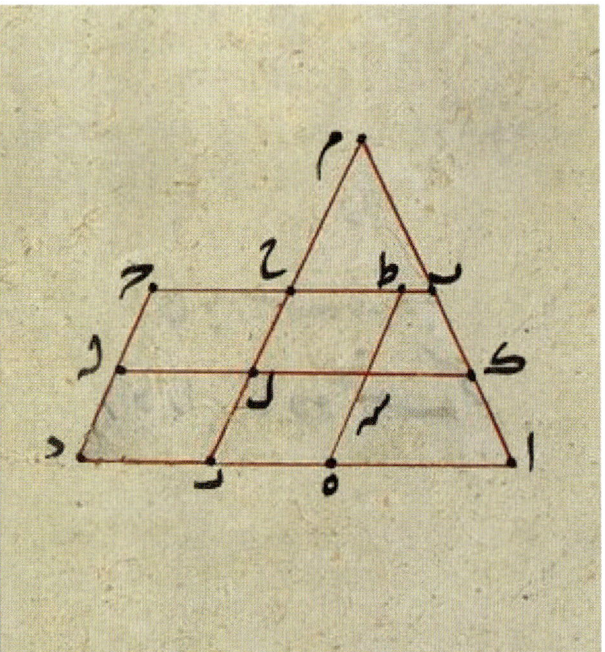

صورة الشكل ١٣٥ من ب. ((قلو)) ١٣٦ من ق.

[مثلث ك م ل = نصف مجموع (منحرف أ ط + ضعف مثلّث ح م ب)
ضعف مثلّث ك م ل = منحرف أ ط + ضعف مثلّث ح م ب
ضعف (مثلّث ح م ب + منحرف ك ح) = منحرف أ ط + ضعف مثلّث ح م ب
ضعف منحرف ك ح = منحرف أ ط]

(٣٢٤) إضافة في أ. وبدونها لا يتمّ المعنى

نهاية الباب التّاسِع

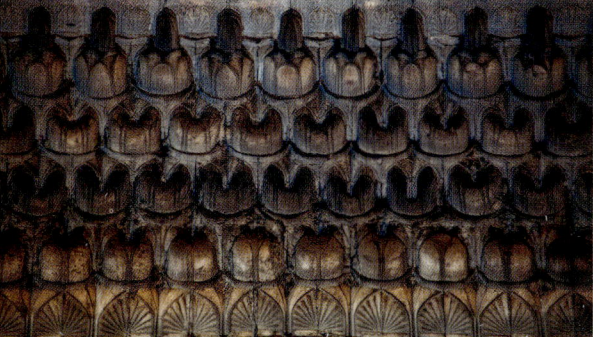

البَابُ العَاشِر
في قِسْمَة المربَّعَاتِ وتَألِيفِهَا

قد قدَّمنا في الأبواب التي تقدّمت من هذا الكتاب عمل(٣٢٦) الأشكال بعضها في بعض، وبعضها على بعض، وقسمتها على أنواع مختلفة، وما يكثر استعمال الصنَّاع لها بما أرجو أن تكونَ فيه كفاية لمن له دون أدنى فهم ورياضة.

فأما في هذا الباب فإنّا نذكر فيه تقطيع الأشكال التي يكثر استعمال الصنَّاع لها، والمسألة عنها، وهو قسمة المربَّعات وتأليفها وما يتركّب منها، ونجعل لها قوانين يُرجع إليها، فإن جميع ما يستعمله الصنّاع في هذا الباب بلا أصول يُعمل عليها، (وجُلّ أولئك)(٣٢٧) يقع لهم الغلط الكثير(٣٢٨) فيما يقسمونه ويرتّبونه، وإذا ادبّر الأمر على واجبه يسهل الأمر فيما يراد من هذا الباب إن شاء الله.

فنقول إن من الأعداد ما هو مربّع ومنها ما هو غير مربّع أمَا المربّع فهو الذي يوجد له عددا إذا ضُرب في مثله كان ذلك / العدد. وذلك مثل أربعة فإنَّها يوجد لها عدد إذا ضُرب في مثله كان أربعة وهو اثنان، فإن الاثنين متى ضربا في الاثنين كان أربعة.

ومثل خمسة وعشرون فإنه قد يوجد عدداً إذا ضُرِب في مثله كان خمسة وعشرين، وهو خمسة.

فكل عدد يوجد له عدد إذا ضُرِب في نفسه(٣٢٩) كان ذلك العدد يقال له مُربّع.

[مئذنة ومقرنس. مسجد السلطان حسن. القاهرة ٧٥٧-٧٦٤هـ-١٣٥٦-١٣٦٢م.]

(٣٢٦) إضافة في أ.
(٣٢٧) وردت في أ. ((ولأجل ذلك))
(٣٢٨) إضافة في أ.
(٣٢٩) وردت في أ. ((مثله))

(أ_٢٤_ظ)

[أعمال التعشيق في حِرفة النجارة. (ق_ ٤٠_ظ)
صورة لباب يظهر وجهه وظهره. والصورة توضح كيفية تعشيق قطع الخشب التي تكون صحن النجمة بدون أي مسامير أو غراء. متحف أندرسون. القاهرة.]

ويقال للعدد الذي ضُرب في مثله ضلع ذلك العدد المربّع وجذره. فأما ما هو غيرُ مربّعٍ فهو إما أن يكون مؤلفا من مربعين وإما أن لا يكون مؤلفا من /مربعين.

أمّا **المؤلّف من مربّعين** فمثل ثلاث عشرة، فإنه مؤلف من مربعين، وهما تسعة وأربعة، فإن التسعة مربّع وضلعه ثلاثة والأربعة مربّع وضلعه اثنان. ومثل واحد وأربعين فإنه مؤلف من مربعين، أحدهما ستة عشر والآخر خمسة وعشرون وضلع أحدهما خمسة والآخر أربعة.

وأمّا ما هو (٣٣٠) **غير مؤلَّف من مربعين**، فمثل سبعة فإنه لا يوجد مربّعان إذا جُمعا كانا سبعة. ومثل أحد عشر فإنه لا يوجد أيضا مربّعان إذا جُمعا كانا إحدى عشر. فإذا سُئلتَ عن عدد مربعات يؤلف منها مربعا أو عن مربّع يُقسَم بمربعات فانظر إلى ذلك العدد، فإن كان مربعا أو مؤلفا من مربعين، فإن الأمر يسهل فيه و يقرب. وإن لم يكن مربعا ولا مؤلفا من مربعين فإن الأمر يكون فيه أبعد. ونحن نبيّن العمل في كل واحدٍ من هذه الأصناف بأقرب الوجوه وأسهلها.

فنقول إذا سُئلنا عن مربّعٍ واحدٍ كيف يقسم بمربعات متساوية أعدادها مربّعة. قسمنا كل واحد من أضلاع المربع بأقسام متساوية عددها مساوٍ لضلع المربع الذي يقسم به المربع الواحد، ونخرج من مواضع القسمة خطوطا مستقيمة إلى نظرائها من الأضلاع المقابلة لها فيقسم المربع بتلك المربعات.

(٣٣٠) إضافة في أ.

١٦٦

[زخرفة هندسية على سطح كروي، متحف أندرسون. القاهرة.]

مثال ذلك :

أنّا إذا أردنا أن نفصل مربّعاً واحداً بتسعِ مربَّعات.

قسمنا كلِ واحدٍ من أضلاع المربَّع بثلاثة أقسام متساوية وهي جذر التّسعة.

ثم أخرجنا من كل واحدٍ من مواضع[٣٣١] القِسمة إلى نظيره من الضلع المقابِل له خطاً مستقيماً. فينقسِم المربَّع بتسعة أقسام مربّعات متساوية وهذه صورته.[٣٣٢]

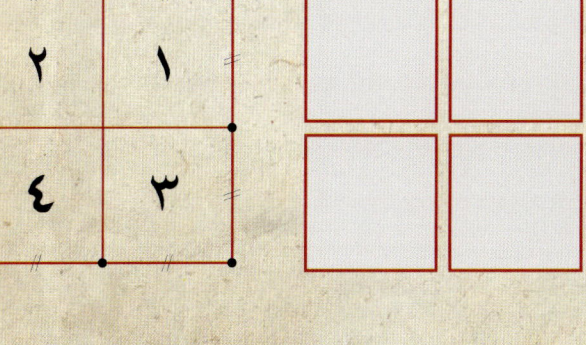

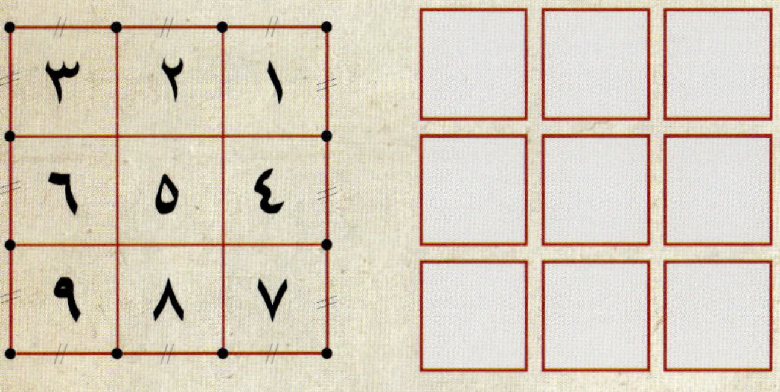

شَكل (١٣٦)

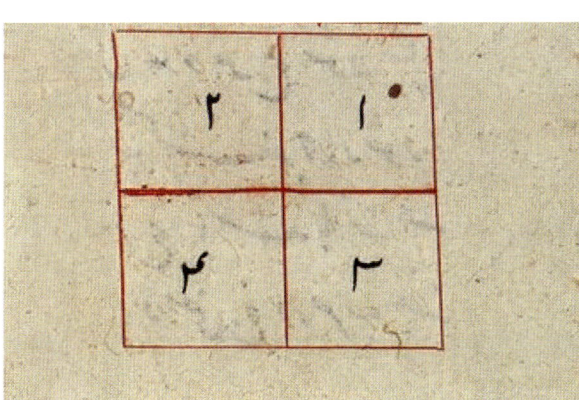

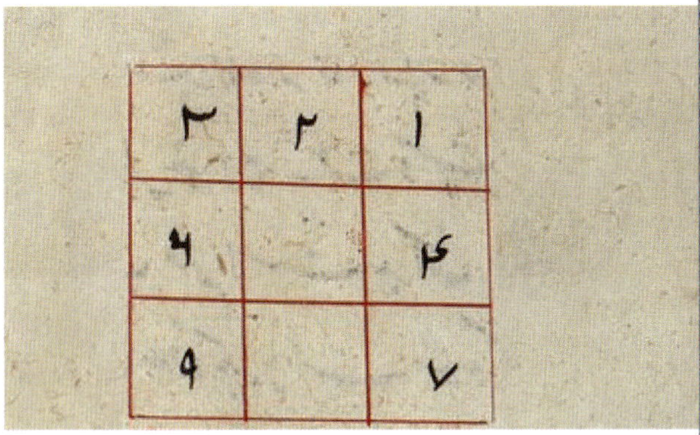

صورة الشكل ١٣٦ من ب. ((قلز)) ١٣٧ من ق.

وكذلك لو أردنا أن نقسم المربّع بأربعة مربّعات. قسمنا كل واحد من أضلاعه باثنين وهما ضلع الأربعة، ونصل بين الأقسام المتقابلة فينقسم المربَّع بأربعة أقسام متساوية، وهذه صورته.[٣٣٣]

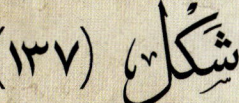

شَكل (١٣٧)

صورة الشكل ١٣٧ من ب. ((قلح)) ١٣٨ من ق.

(٣٣١) وردت في ق. ((تقاطع)).

(٣٣٢) ورد في هامش الصفحة ٢٥ نسخة أ. : ((برهانه قريب التبيان)).

(٣٣٣) ورد في هامش الصفحة ٢٥ نسخة أ. : ((برهانه ظاهر)).

[مقرنس مدخل
مسجد السّلطان حسن . القاهرة.]

في عَمَل مُربَّعٍ من مُربَّعاتٍ عَددُها مُربَّع

فإذا أردنا أن نعمل من مربّعات كثيرةٍ عددها مربّع / مربّعاً واحداً.
عملنا مربّعاً ضلعه مساوٍ لضلعِ تلك المربّعات فنجعل لنا مربّعاً واحداً مساوياً لتلكَ المربّعات .

مثال ذلك :

أنّا إذا أردنا أن نعمل مربّعاً من ستّة عشر آجرة.
صففنا أربع آجرّات في صفٍّ ،
وضممْنا الباقي إليها حتى تصير مربّعاً واحداً .
وهذه صورةٌ في تأليفها . (٣٣٤)

٤	٣	٢	١
٨	٧	٦	٥
١٢	١١	١٠	٩
١٦	١٥	١٤	١٣

شكل (١٣٨)

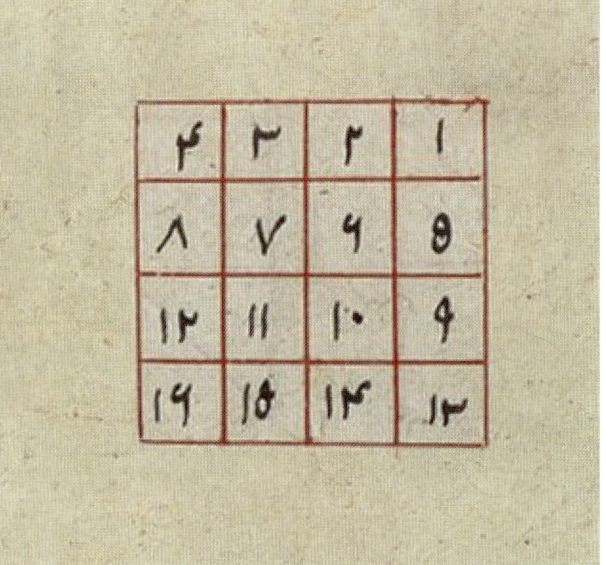

٤	٣	٢	١
٨	٧	٦	٥
١٢	١١	١٠	٩
١٦	١٥	١٤	١٣

صورة الشكل ١٣٨ من ب. ((**قلط**)) ١٣٩ من ق.

(٣٣٤) ورد في هامش الصفحة ٢٥ نسخة أ. : ((برهانه ظاهر)).

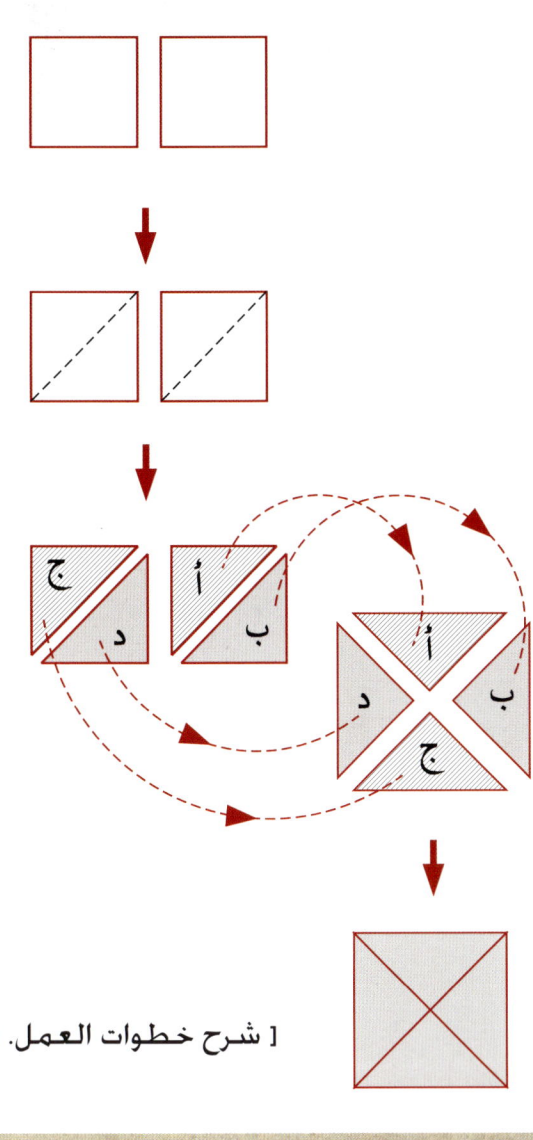

[شرح خطوات العمل.]

في تَأليف المربَّعات المؤلَّفة من مُربَّعين وقِسمَتها

فإذا أردنا أن نعمل من مربَّعاتٍ عددُها مؤلَّفٌ من مربَّعين نظرنا إلى المربَّعين فإن كانا متسَاويين، ركَّبنا من تلك المربَّعات مربَّعين مُتساويين،

ثم قسَمنا كل واحد منهما(٣٣٥) على قُطره، فيصير أربعَ مثلَّثاتٍ متساوياتٍ، أقطارها مسَاوية لضلع المربَّع المطلوب. فإذا جمعناها على الزَّاوية القائمة، كانت مربَّعاً متسَاوي الأضلاع.

مثال ذلك:

إذا أردنا أن نعمل من آجرَّتين مربَّعاً.
قطعنا كل واحدةٍ منهما على قطرها.
فتصير أربعَ مثلَّثاتٍ متساوياتِ الأقطار،
فإذا ركَّبنا المثلَّثات على الزَّوايا القائمة، صارت مربَّعاً ضلعه أقطار المثلَّثات، وهذه صورته (٣٣٦).

 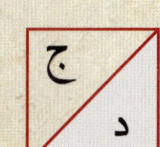 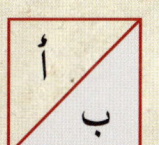

شكل (١٣٩)

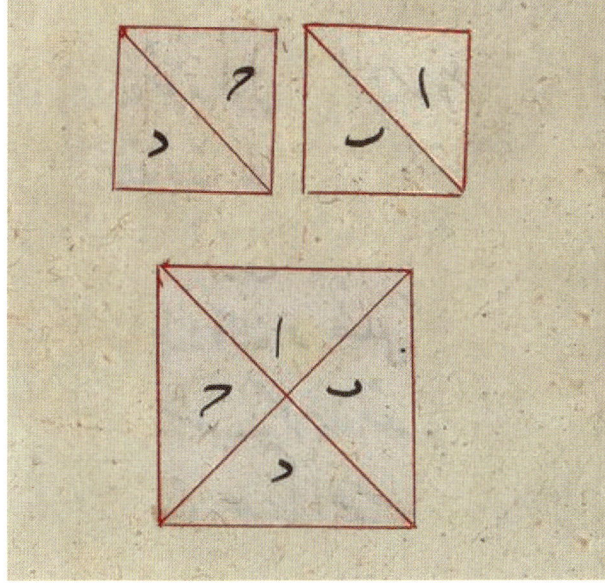

صورة الشكل ١٣٩ من ب. ((قم)) ١٤٠ من ق.

(٣٣٥) وردت في ق. ((منها))
(٣٣٦) ورد في هامش الصفحة ٢٥ نسخة أ. : ((برهانه ظاهر)).

[شرح خطوات العمل.]

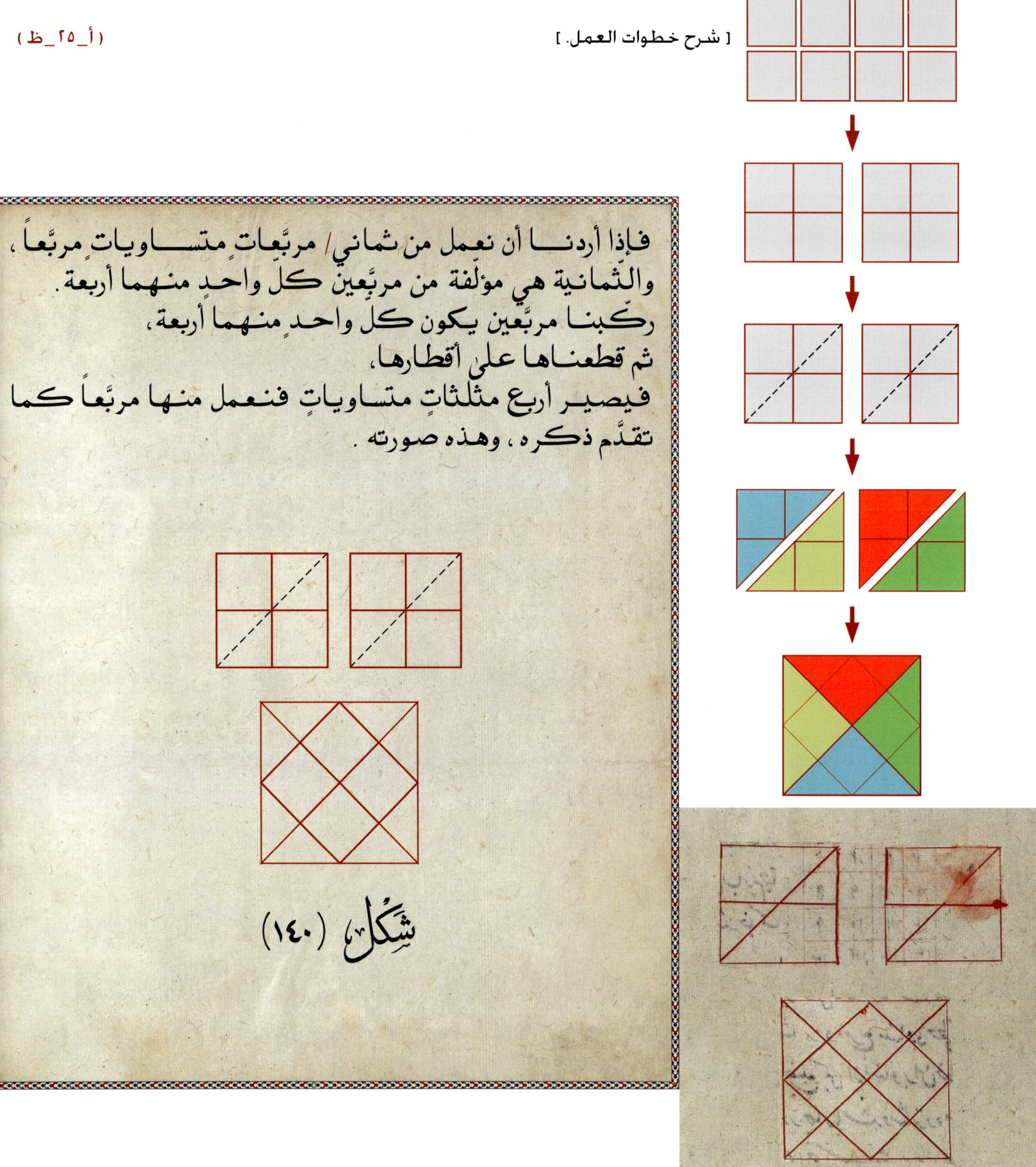

فإذا أردنــا أن نعمل من ثماني/ مربَّعات متســاويات مربَّعاً ، والثّمانية هي مؤلّفة من مربّعين كلّ واحدٍ منهما أربعة.
ركّبنا مربَّعين يكون كلّ واحدٍ منهما أربعة،
ثم قطعناها على أقطارها،
فيصير أربع مثلثاتٍ متساوياتٍ فنعمل منها مربَّعاً كما تقدَّم ذكره ، وهذه صورته .

شَكل (١٤٠)

صورة الشكل ١٤٠ من ب. ((قما)) ١٤١ من ق.

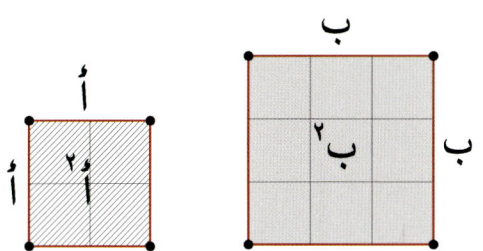

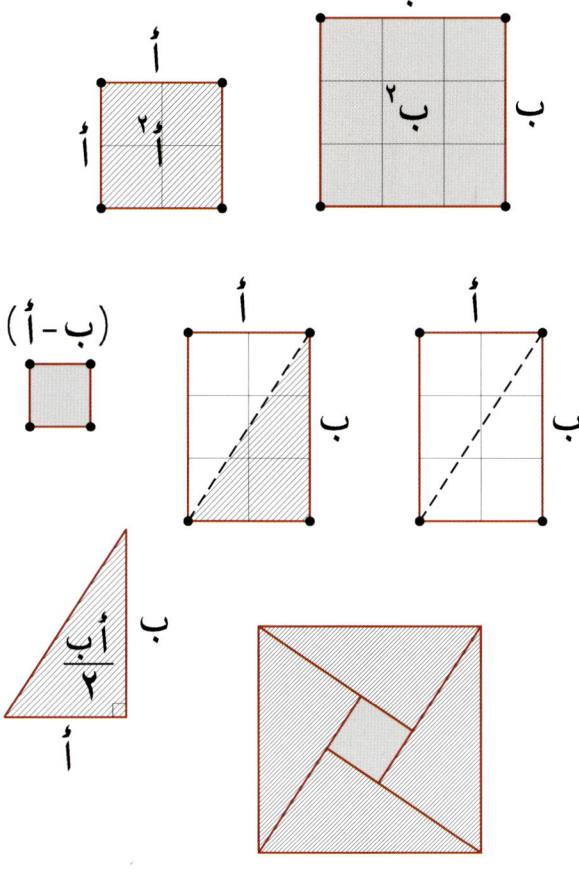

فإن كانَت المربَّعَات التي معَنا عَددُها مُؤلَّف من مربَّعين مختلِفين

ركَّبنا مستطيلين طول كلّ واحدٍ منهما مثل ضلع أكبر المربّعين وعرضه مثل أصغر المربّعين.
وقطعنا كل واحد منهما بنصفين على القطر.
فيصير لنا أربع مثلّثات متساويات بضلعين مساويين لضلعيّ المربّعين، وقطر مساوٍ لضلع المربّع المطلوب.
ويبقى لنا من المربّعات عدد مربّع
فنركبّها مربّعاً في الوسط ونضعُ(٣٣٧) أضلاع المثلّثات عليه/ فيحصل لنا مربّعٌ واحدٌ معمُول من المربَّعات.

مثال ذلك :

إذا أردنا أن نعمل(٣٣٨) من **ثلاث عشرة** مربّعة متساويات الأضلاع والأقطار مربّعة واحدة، وهي مؤلفة من مربّعين، أحدهما تسعَة وضلعه ثلاثَة، والآخر أربعَة وضلعه اثنان.
(ركّبنا مربّعين مستطيلين أحد أضلاعهما ثلاثة والآخر اثنان)(٣٣٩) فيكون مستطيلين مركّبين (كل واحدٍ)(٣٤٠) من ستّ مربّعات، ثم قطعناهما على قطريهما فيصير لنا أربع مثلّثات طول كل مثلّث منهم ثلاثة وعرضه اثنان،

$$أ^{٢} + ب^{٢} = ٢\,أب + (ب - أ)^{٢}$$

$$(ب - أ)^{٢} = ب^{٢} - ٢\,أب + أ^{٢}$$

[تحليل الطريقة التي استعملها البوزجاني لتأليف مربّع من مربّعين مختلفين،
هي تطبيق هندسي لحل المعادلة من الدرجة الثانية في الرياضيات.
مثال:
مساحة المربع الكبير $ب^٢$ وضلعه ب
مساحة المربع الصغير $أ^٢$ وضلعه أ
مساحة المستطيل أب، حيث طوله ب وعرضه أ
مساحة المربع الذي في الوسط $(ب-أ)^٢$ وضلعه (ب-أ) .]

(ق_٤٢_ظ)

(٣٣٧) وردت في أ. ((ونركّب))
(٣٣٨) وردت في أ. ((نعمل مرّبعاً))
(٣٣٩) إضافة في أ.
(٣٤٠) إضافة في أ.

صورة الشكل ١٤١ من ب. ((قمب)) ١٤٢ من ق.

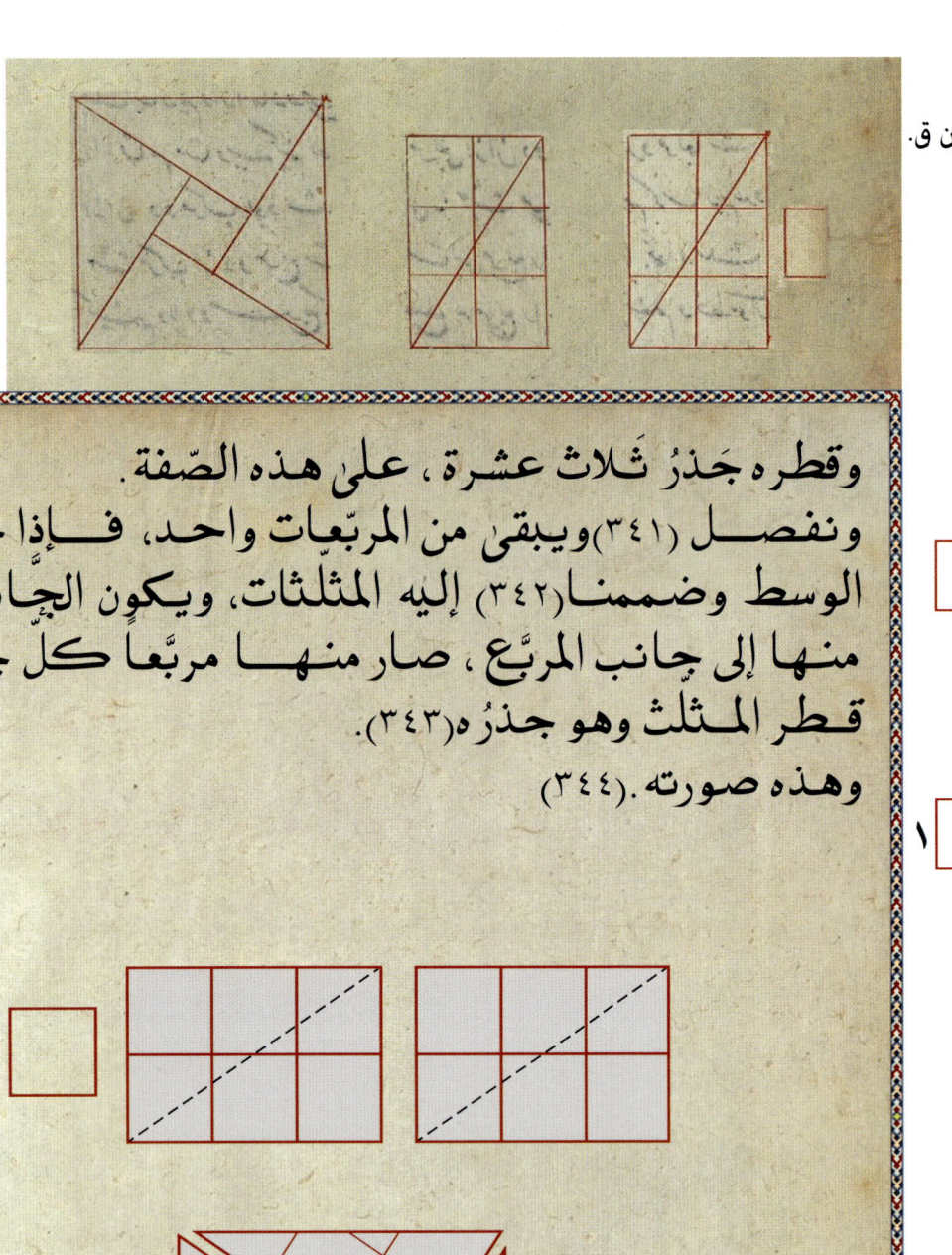

وقطره جَذرُ ثَلاث عشرة، علىٰ هذه الصّفة.
ونفصل (٣٤١) ويبقىٰ من المربّعات واحد، فإذا جعلناه في الوسط وضممنا(٣٤٢) إليه المثلّثات، ويكون الجانب الأطول منها إلىٰ جانب المربّع، صار منها مربّعاً كلّ جانبٍ منه قطر المثلّث وهو جذرُه(٣٤٣).
وهذه صورته. (٣٤٤)

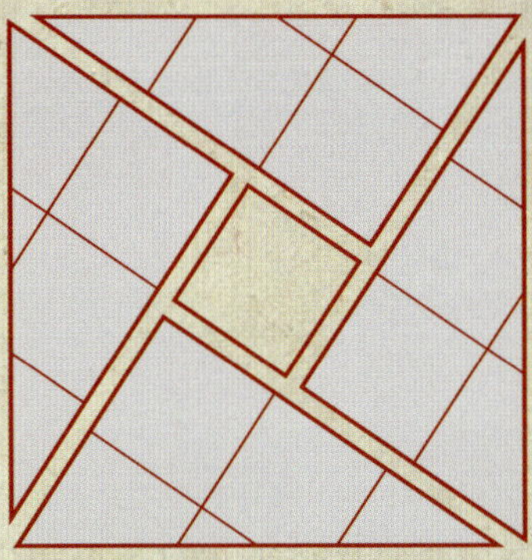

شِكْل (١٤١)

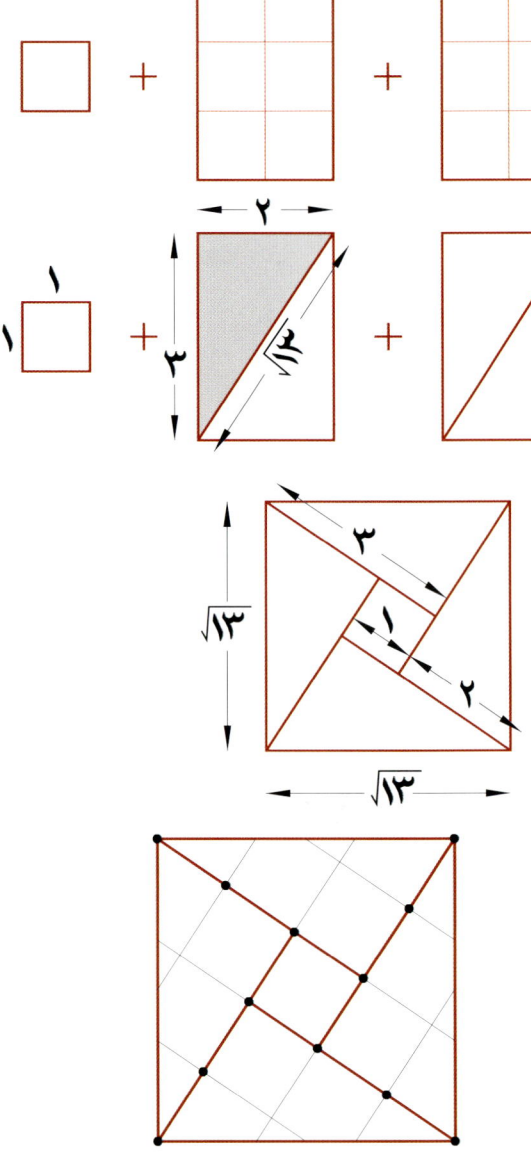

[إذا أردنا أن نعمل من ثلاث عشرة مربعاً متساويا ،مربعاً واحداً : فإن ضلع المربّع المطلوب هو جذر مجموع عدد المربّعات التي يُؤلف منها. وهو جذر ثلاث عشرة.]

(٣٤١) إضافة في أ. (٣٤٢) وردت في أ. ((وأضفنا))

(٣٤٣) وردت في أ. ((وهو جذر ثلاث عشرة)).

(٣٤٤) ورد في هامش الصفحة ٢٥ نسخة أ. : ((برهانه فلأنّ مربّع قطر المستطيل مساوٍ للمربّعين ولننقص من ضلع المربّع الكبير ضلعَ المربّع الصغير فيكون من البَيّن أنّ مجموعَ المربّعين مساوٍ لضعف سطح ضلع المربّع الكبير في ضلع المربّع الصغير ومربّع الخطّ الباقي فإذا أخذ من مجموع المربّعين المستطيلين بقي الفاضل مربّعاً فجعله في الوسط وضمّ المثلّثات إليه فحصّل شكل مربّع صحيحٌ . وذلك ما أردنا أن نبَيِّن)).

[صورة من المسجد الجامع في أصفهان- إيران زخرفة هندسية من الزليج ،والتصميم مبني على نموذج من حلول أبو الوفاء البوزجاني لتقسيم المربع بمربعات مختلفة.]

فإن أردنا أن نعمل من عشر لَبِنَاتٍ متساوياتٍ مربّعة واحدة. نظرنا إلى العشرة فوجدناها مؤلّفة من مربّعين أحدهما تسعة (٣٤٥) (وضلعه ثلاثة)(٣٤٦) والآخر واحد (وضلعه واحد) (٣٤٧) ركّبنا مستطيلين أحد الضِّلعين منهما ثلاثة، والضلع الآخر واحد. وقطعناهما بنصفين على القطر على هذه الصُّورة. ويبقى من العشرة، أربع مربّعات نجعلها مربّعاً في الوسط ونركّب المثلّثات على جوانبه، فيحصل لنا مربّعا واحداً كل جانب منه مساوٍ لقطر المثلث على هذه الصّورة وعلى هذا ينبغي أن نركب مربّعا واحداً من المربّعات التي عددها مؤلف من مربّعين.(٣٤٨)

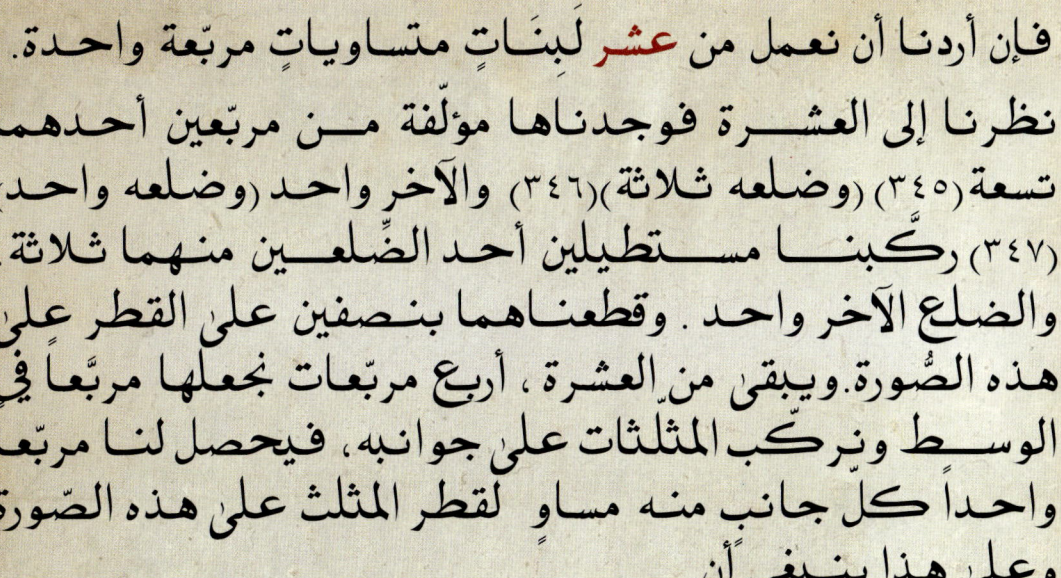

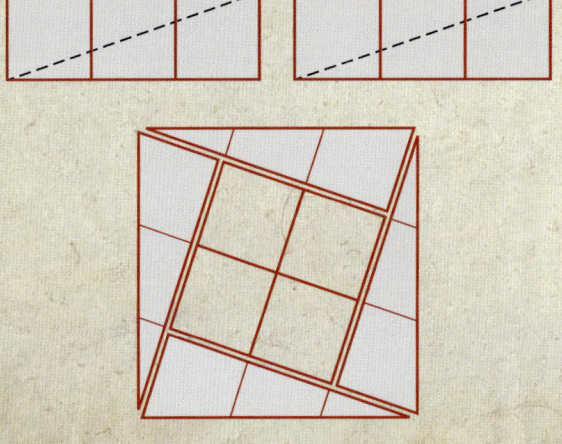

شكل (١٤٢)

صورة الشكل ١٤٢ من ب. ((قمجـ)) ١٤٣ من ق.

(٣٤٥) وردت في ق. ((ثلاثة)).

(٣٤٦) إضافة في أ.

(٣٤٧) إضافة في أ.

(٣٤٨) ورد في هامش الصفحة ٢٦ نسخة أ. : ((برهانه مثل برهان الشّكل المتقدّم)).

[شرح خطوات العمل.]

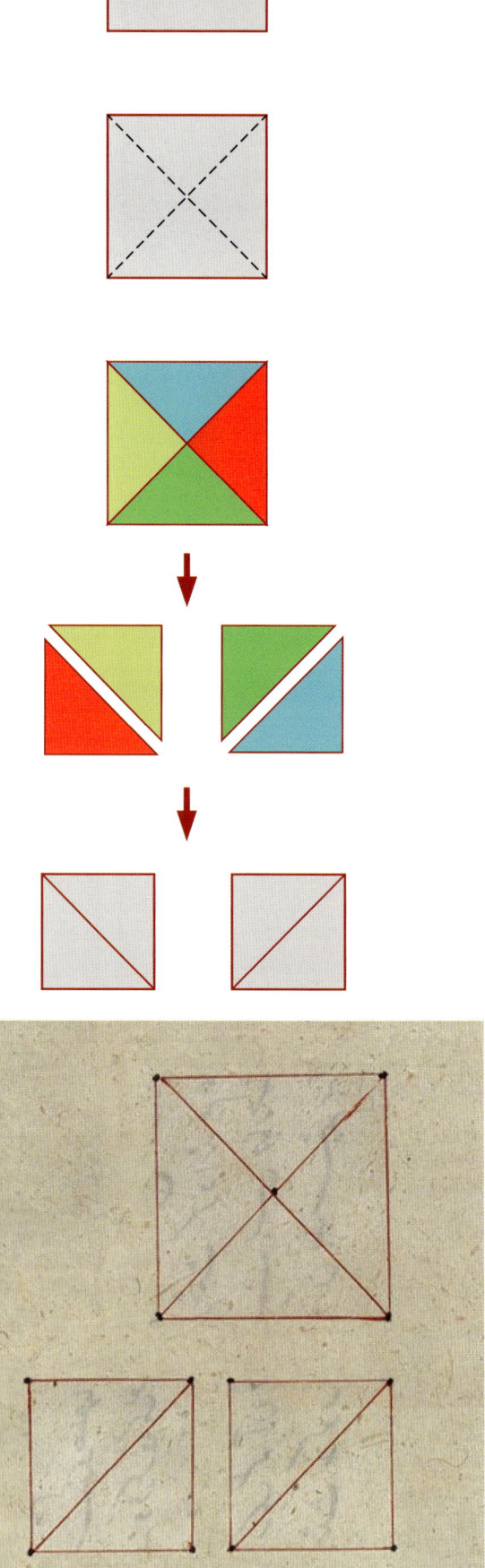

في قِسمَةِ المربّعِ الواحدِ بمربّعاتٍ عَدَدُها مؤلفٌ مِن مُربّعين

فإن كان معنا مربّعاً وأردنا أن نقسمه بمربّعات عددها مؤلّف من مربّعين، نظرنا إلى المربّعين فإن كانا متساويين قسمنا المربّع بقطريهِ، فيصير لنا أربعُ مثلّثات متساويات، فإذا ركّبنا كل اثنين منها على ضلع من أضلاع المربّع صار لنا مربّعين كل واحد منهما مركب من مثلثين، على/ هذه الصُّورة. (٣٤٩)

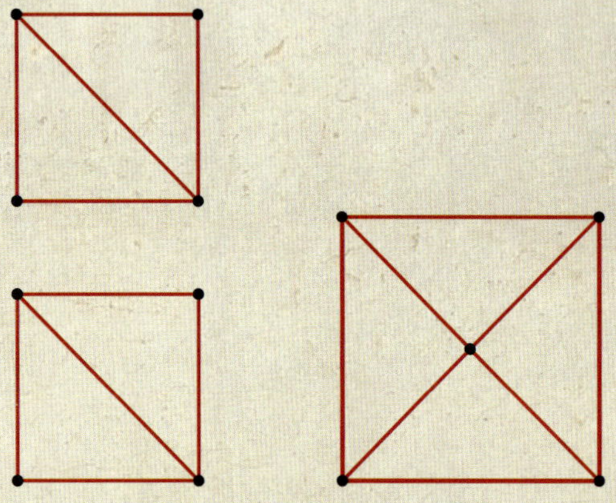

شكل (١٤٣)

(٣٤٩) ورد في هامش الصفحة ٢٦ نسخة أ. : ((برهانه واضح)).

صورة الشكل ١٤٣ من ب. ((قمد)) ١٤٤ من ق.

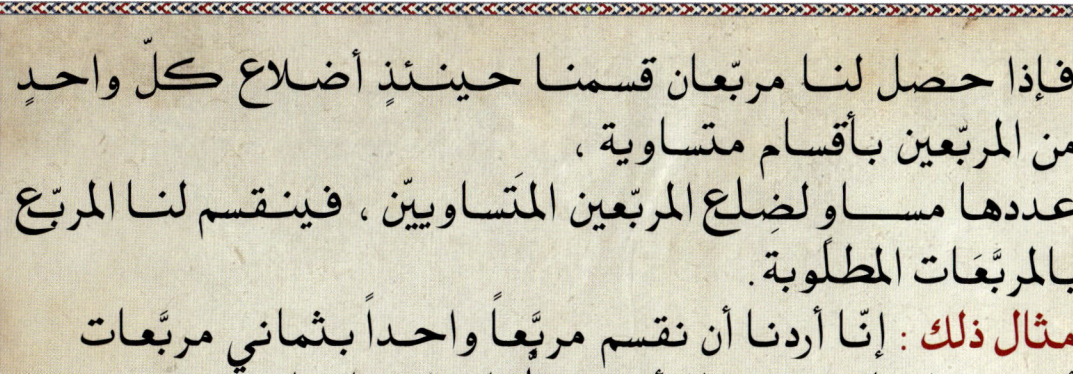

زخرفة هندسية يتوسطها اسم الله جل وعلا . والنموذج الهندسي بأحد عشر ضلعاً. ضريح مؤمنة خاتون في أذربيجان

فإذا حصل لنا مربّعان قسمنا حينئذٍ أضلاع كلّ واحدٍ من المربّعين بأقسام متساوية ،
عددها مساوٍ لضِلع المربّعين المتَساويين ، فينقسم لنا المربّع بالمربَّعَات المطلُوبة .

مثال ذلك : إنّا أردنا أن نقسم مربَّعاً واحداً بثماني مربَّعات أخرجنا قطريه فصار أربع مثلّثات متساويات ركَّبنا كل مثلّثين منها مربَّعاً على هذه الصُّورة.

(فصار مربّعان)(٣٥٠) ثم قسمنا ضلع كلّ واحدٍ منهما، أعني من المربَّعين، بقسمَين متساويين ووصلنا بين مواضع الأقسام المتقابلة بخطوطٍ مستقيمة فصار لنا ثماني مربَّعات متساويَات ، على هذه الصُّورة .(٣٥١)

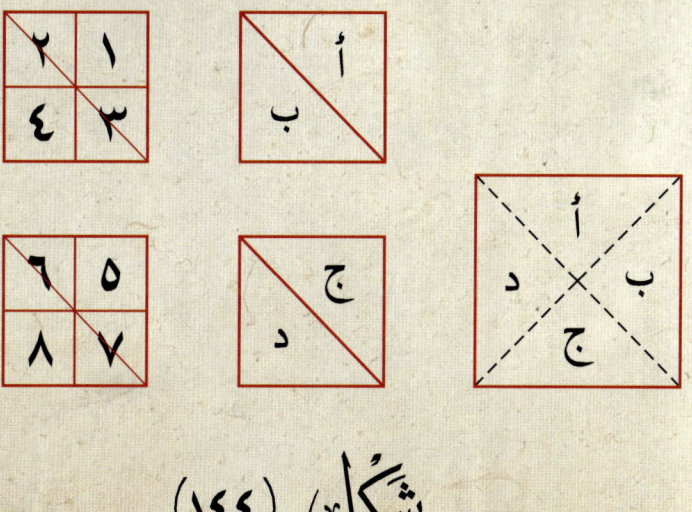

شكل (١٤٤)

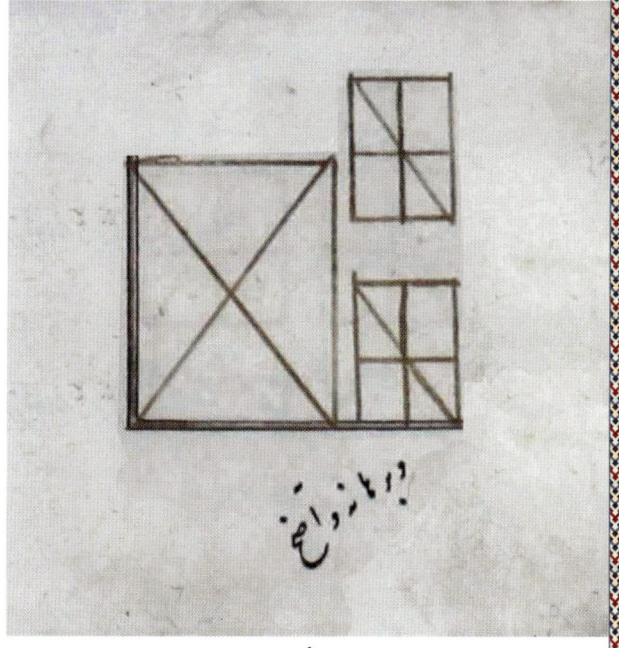

صورة الشكل ١٤٤ من أ. ((قمه)) ١٤٥ من ق.

(٣٥٠) إضافة في أ.

(٣٥١) ورد في هامش الصفحة ٢٦ نسخة أ. : ((برهانه واضح)).

(أ_٢٦_ظ)

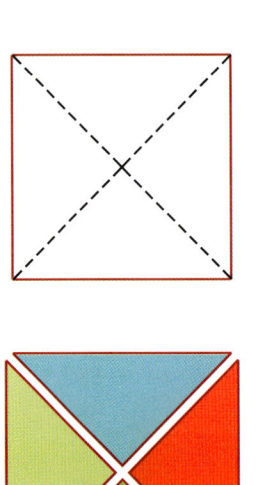

وكذلك لوْ أردْنا أن/ نَقسِم مُربّعاً بثمانِية عَشر مربّعا متسَاويات.

أخرجنا قطريه وعمِلنا منه مربّعين على هذه الصُّورة.

ثم قسمنا كلّ واحدٍ من أضلاع المربّعين بثلاثة أقسام متساوية،

ووصلنا بين مواضع الأقسام بخطوط،

فتحدث لنا ثمانية عشر مربّعاً متساويات الأضْلاع والزَّوايا وهذه صورتها.(٣٥٢)

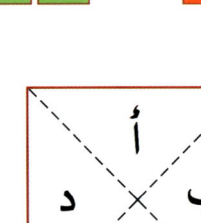

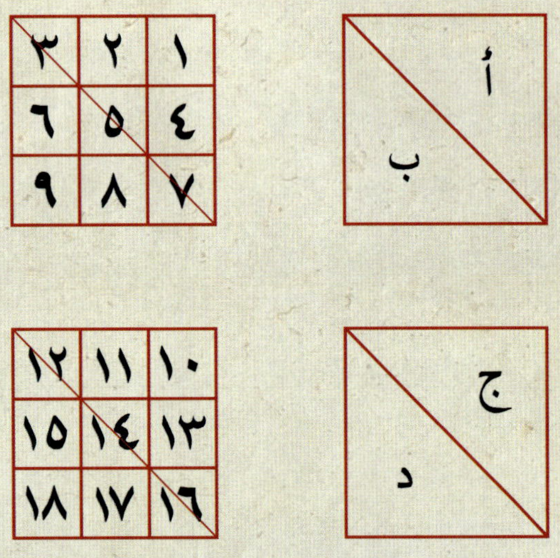

شَكل (١٤٥)

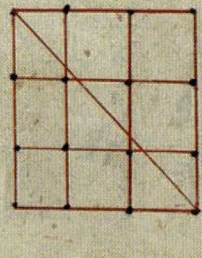

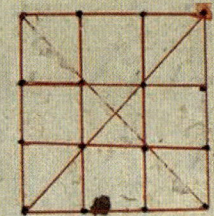

(٣٥٢) ورد في هامش الصفحة ٢٦ نسخة أ. : ((برهانه واضح)).

صورة الشكل ١٤٥ من أ. ((قمو)) ١٤٦ من ق.

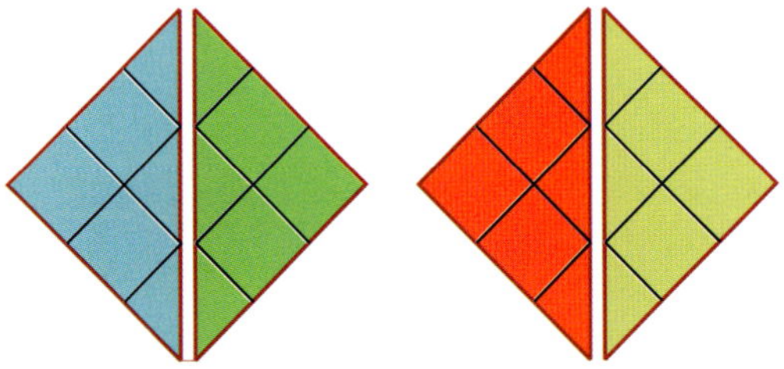

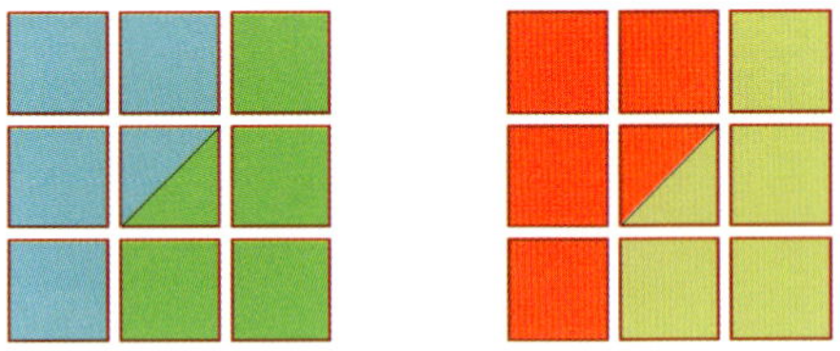

[صورة من المسجد الجامع في أصفهان- إيران
زخرفة هندسية من الزليج.]

في قِسمَة مُربَّع بمُربَّعَاتٍ عَددُها مُؤلّف من مُربّعين غير مُتسَاويين

فإن كان عدد المربّعات التي نريد أن نقسم المربّع الواحد بها مؤلفاً من مربّعين مختلفين.

قسمنا أحد أضلاع المربّع أقساماً متساوية عَددُها مثل ضلع أعظم المربّعين اللّذين أُلّف منهما العدد.

ثم فصلنا من كلّ ضلع من أضلاعه من عند إحدى زواياه على التّوالي مثل ضلع أصغر المربّعين.

وأخرجنا من كل زاويةٍ من زوايا المربّع التي تقابلها إلى مواضع الفصل على التّوالي خطوطا مستقيمة.

فيحصل/ لنا مربّع في الوسَط وأربع مثلّثات حوله

أما المربّع فإنه يكون مساوياً لمربّع تفاضل الضّلعين .(٣٥٣)

فإذا قسمنا ضِلعه بأقسَام التّفاضل حصل مربّعات بعدد مربّع التّفاضل.

وأما المثلّثات فإن كلّ اثنين منها (يَكون منه) (٣٥٤) سطح مستطيل طوله مثل ضلع أعظم المربّعين ، وعرضه مثل ضلع أصغر المربّعين،

فإذا ركّبنا منه مستطيلين ،

وقسمنا أضلاعهما بعدد أضلاع المربّعين،

حصل لنا باقي المربّعات المطلوبة.

(٣٥٣) [ناتج تفاضل الضّلعين : هو الضِّلع الأعظم مطروحا منه الضّلع الأصغر
مربّع تفاضل الضلعين : هو المربّع الناتج من ضلع مقداره تفاضل الضلعين
مثال ذلك : إذا كان الضلعان (٣، ٧) فإن تفاضلهما هو ٤ ومربّع التفاضل ١٦ .]

(٣٥٤) إضافة في أ.

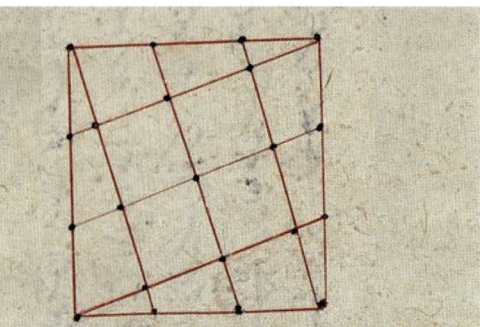

صورة الشكل ١٤٦ من أ. ((قمز)) ١٤٧ من ق.

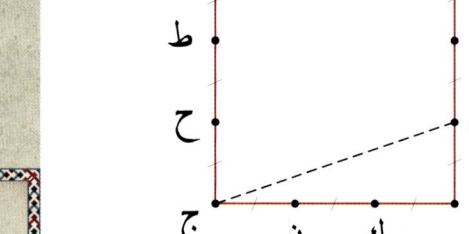

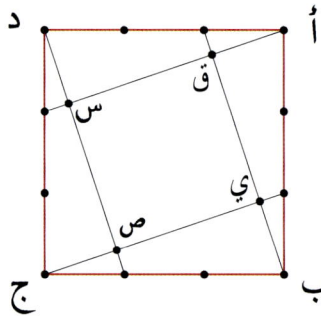

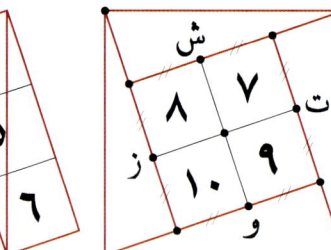

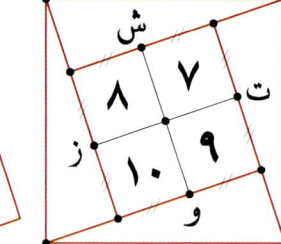

مثال ذلك :

إذا أردنا أن نقسم مُربَّعاً واحداً بعشرة مربّعات.

وجدْنا العَشرة مؤلفَة من مرَّبعَين أحَدُهما تِسعَة وضِلعه ثَلاثة والآخر واحد وضِلعه واحد .

قسمنا أحد أضلاع المربَّع بثلاثة أقسامٍ متساويات و فصلنا من كل ضلع منها (مثل واحد منها)(٣٥٥) وأخرجنا من الزَّوايا إلىٰ مواضع القِسمة خطوطاً مستقيمة فيحصل لنا مربَّع في الوسط وأربع مثلَّثات حوله علىٰ هذه الصورة .

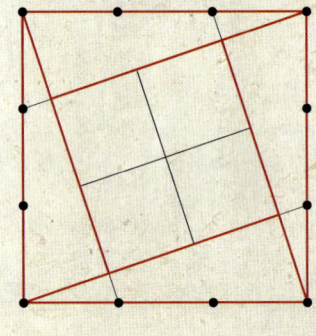

ثم قسمنا ضلع المربَّع الذي في الوسط باثنين ، وهما تفاضل ضلعي المربَّعين اللذين تألفت منهما العشرة .

وأخرجنا الخطوط المتوازية ، فيحصل لنا أربع مربَّعات في الوسط ،

شَكل (١٤٦)

ونعمل من كل مثلّثين مستطيلاً ، طوله ثلاثة ، وعرضه واحد ، وقسمناها بثلاثة مربَّعات ، فيصير عشر مربَّعات .(٣٥٦)

(٣٥٥) إضافة في أ.

(٣٥٦) ورد في هامش الصفحة ٢٧ نسخة أ. :((برهانه عكس برهان الشّكلين السّادس والسّابع. فتأمّله. بيّن ذلك إن شاء الله تعالى)).

[تحليل: الطريقة التي استعملها البوزجاني في قسمة مربع بمربعات عددها مؤلف من مربعين غير متساويين. هي تطبيق هندسي لحل المعادلة من الدرجة الثانية في الرياضيات.]

$$\text{أ}^{٢} + \text{ب}^{٢} = ٢\ \text{أ ب} + (\text{ب} - \text{أ})^{٢}$$

$$(\text{ب} - \text{أ})^{٢} = \text{ب}^{٢} - ٢\ \text{أ ب} + \text{أ}^{٢}$$

[مربع أ ب جـ د المراد قسمته بعشرة مربعات.
العشرة مكونة من مربعين
المربع الأعظم تسعة وضلعه ثلاثة
المربع الأصغر واحد وضلعه واحد
تفاضل ضلعي المربعين هو ٣ - ١ = ٢ اثنين
نقسم الضلع أ ب بثلاثة أقسام متساوية هي أ م . م ل . ل ب وكذلك بقية الأضلاع
وعدد القسمة هو ضلع المربع الأعظم أي ثلاثة .
نصل من زوايا المربع أ ب جـ د إلى أول نقطة قسمة . وهي ضلع المربّع الأصغر.
تقاطع هذه الخطوط يعطينا المربع الأوسط
المربع الأوسط هو ق س ص ي
نقسمه بتفاضل ضلعي المربعين الأعظم والأصغر أي نقسمه (٣-١=٢) باثنين
يحصل لنا من قسمة المربع الأوسط أربعة مربعات . ونضم مثلثي أ ق ب . ب ي جـ على ضلع الوتر فيتكون مستطيل طوله ثلاثة وعرضه واحد. نقسمه إلى ثلاثة مربعات وكذلك نعمل مع مثلثي جـ ص د . د س أ . فنحصل على ثلاثة مربعات أخرى.وبذلك نحصل على العشر مربعات المطلوبة.]

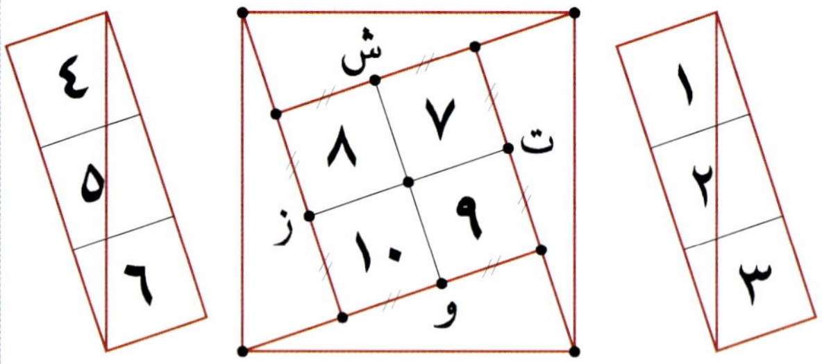

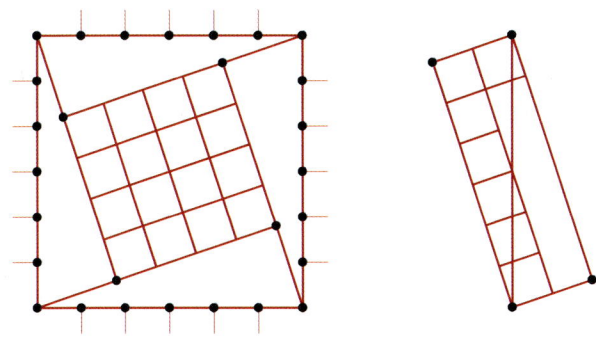

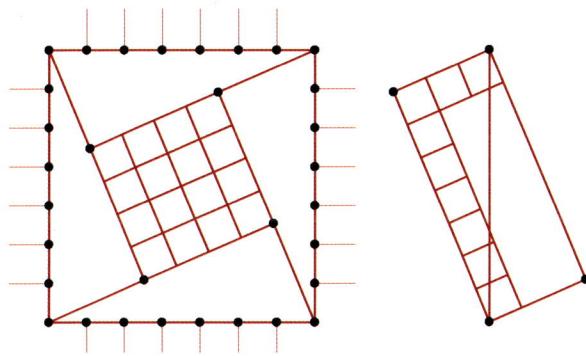

صورة الشكل ١٤٧ من أ. ((قمح)) ١٤٨ من ق.

(٣٥٧) ورد في هامش الصفحة ٢٧ نسخة أ. ((برهانه كبرهان الذي قبله وعلى هذا ينبغي أن نعمل في قسمة المربَّعات المؤلَّفة من المربَّعين)).

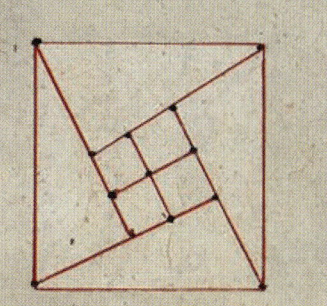

وكذلك لو أردنا أن نقسم مربَّعاً واحداً بعشرين مربَّعاً

فكان العشرون مؤلَّفاً من مربَّعين أحدهما ستَّة عشر وضلعه أربعة، والآخر أربعة وضلعه اثنان.
قسمنا ضلع المربَّع بأربعة أقسام متساوية، وفصلنا من الأضلاع مثل اثنين منها، وأخرجنا خطوطاً من الزَّوايا فيحصل لنا مربَّع في الوسط ضلعه اثنان، مثل تفاضل ضلعي المربَّعين وأربع مثلثات حوله كل اثنين منها مستطيل طوله أربعة وعرضه اثنان، فنحصل من المربَّع الأوسط أربع مربَّعات، ومن المستطيلين ستّة عشر مربَّعاً فذلك عشرون مربَّعاً، وهذه صورته. (٣٥٧)

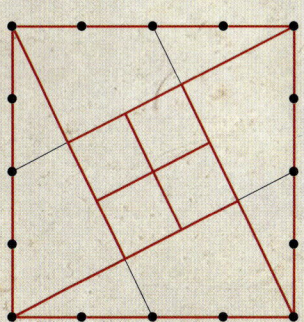

شكل (١٤٧)

وعلى هذا ينبغي أن يُعمل في / قسمة جميع المربَّعات المؤلَّفة من مربعين.

[تحليل الطريقة التي استعملها البوزجاني في قسمة مربع بمربعات عددها مؤلف من مربعين غير متساويين،

$\text{أ}^2 + \text{ب}^2 = ٢\,\text{أ}\,\text{ب} + (\text{ب}-\text{أ})^2$

$٧^2 + ٣^2 = ٢ \times ٧ \times ٣ + (٧ - ٣)^2$

$٤٩ + ٩ = ٢ \times ٢١ + (٤)^2$

$٤٩ + ٩ = ٤٢ + ١٦$

مثال : قسمة مربع إلى ثمانية وخمسين مربعاً
حيث إنّ مربعي العدد هما أ ، ب
ضلع المربع الأوسط (ب-أ) وهو تفاضل الضلعين

باستخدام المعادلة من الدرجة الثانية حل شيخنا الفاضل رحمه الله هذه المسألة.]

[مثال : قسمة مربَّع إلى أربعين مربَّعاً

$\text{أ}^2 + \text{ب}^2 = ٢\,\text{أ}\,\text{ب} + (\text{ب}-\text{أ})^2$

$٦^2 + ٢^2 = ٢ \times ٦ \times ٢ + (٦ - ٢)^2$

$٣٦ + ٤ = ٢ \times ١٢ + (٤)^2$

$٤٠ = ٢٤ + ١٦$

باستخدام المعادلة من الدرجة الثانية، حل البوزجاني رحمه الله هذه المسألة.]

[مثال : قسمة المربّع بأربعين مربّعاً
الأربعون تتألف من مربّعين ٤٠ = ٣٦ + ٤
المربّع الأعظم ٣٦ وضلعه ٦
المربّع الاصغر ٤ وضلعه ٢
تفاضل الضلعين هو ٦-٢ = ٤ (المربّع الأوسط)
المربّع الاوسط يعطينا مربّع التفاضل أي $٤^2 = ١٦$
المثلثات الأربعة تعطينا مستطيلين ٦ x ٢
كل مستطيل يعطينا ١٢ مربّعاً
أي ٢x١٢ = ٢٤ للمستطيلين
المجموع ٢٤+١٦ = ٤٠ مربّعاً.]

[مثال : قسمة المربّع بثمانية وخمسين مربّعاً
الثمانية وخمسون تتألف من مربّعين ٤٩ + ٩
المربّع الأعظم ٤٩ وضلعه ٧
المربّع الاصغر ٩ وضلعه ٣
تفاضل الضلعين هو ٧-٣ = ٤ (المربّع الأوسط)
المربّع الأوسط يعطينا مربع التفاضل أي $٤^2 = ١٦$
المثلثات الأربعة تعطينا مستطيلين ٧ x ٣
كل مستطيل يعطينا ٢١ مربعا
أي ٢x٢١ = ٤٢ للمستطيلين
المجموع ٤٢+١٦ = ٥٨ مربّعاً.]

(ق_٤٥_ظ)

في تركيب المربّعات وقسمتها إذا لم يكن عددها مؤلفاً من عددين مربّعين

قد غلط جماعة من المهندسين والصُّنّاع في أمر هذه المربّعات وتركيبها، أمّا المهندسون فلقلة دربتهم بالعمل، وأما الصُّنّاع فلخُلوّهم من علم البراهين، وذلك أن المهندس إذا لم تكن له دِربة بالعمل يصعب عليه تقريب ما يصحُّ له بالبراهين الخطوطية على مايلتمسه الصَّانع، فإن الصَّانع غرضه ما يُقرّب عليه العمل، فتظهر له صحة ما يراه في الحسّ والمشاهدة ولا يبالي بالبُرهان على الشّيء المتوهم والخطوط.

والمهندس فإذا قام له البُرهان على الشّيء المتوَهَّم / لم يبالِ صحّ ذلك بالمشاهدة أم لم يصحّ، على أنّا لا نشكّ أن جميع ما يراه الصَّانع إنما هو مأخوذٌ ممّا يعمله المهندس أولاً وقام له البُرهان على صحته، فإن الصَّانع والماسِح إنما يأخذ من الشيء زُبدته، ولا يُفكر في الوجوه التي ثبتت صحَّة ذلك بها، ولأجل ذلك قد يقع عليه الغلط والخطأ.

فأما المهندس فقد علم صحَّة ما يريد بالبرهان إذا كان هو المستخرج للمعاني التي عمل عليها الصَّانع والماسِح وإنما يصعب عليه دربة ما يعمله البرهان إلى العمل إذا لم تكن له دربةٌ بما يعمل الصَّانع والماسِح، فإن حذَّاق هؤلاء المهندسين إذا سُئلوا عن شيء من قسمة الأشكال أو شيء من ضرب الخطوط تحيّروا فيه واحتاجوا إلى فكر طويل، وربَّما سَنَح لهم هذا وقرب عليهم، وربما صعب ولم يتأتّ لهم عمله.

ولقد حضرت في بعض المجالس، وفيه جماعة من الصُّنّاع والمهندسين وسُئلوا عن عمل مربَّع من ثلاث مربّعات أما

[أرضية رخامية. مسجد السلطان حسن. القاهرة.]

[تطعيم الخشب بالصدف والعاج . القاهرة.]

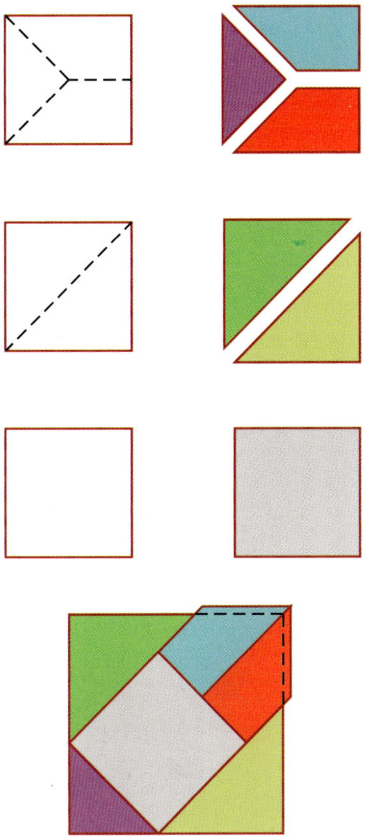

(ق_٤٦_ظ)

[في هذا الشكل يظهر فساد القسمة التي أشار إليها البوزجاني أثناء شرحه للطرق المستعملة من قبل الصنّاع في تأليف مربع من ثلاث مربعات . ويظهر أن الشكلين المنحرفَين البرتقالي والأزرق ، أكبر من موضعهما في المربّع .]

المهندس، فإنه يستخرج خطًا يقوى على **ثلاث مربّعات** بسهولة . ولم يرض أحدٌ من الصُنّاع بما عمله .

فإن الصّانع يريد أن يقسم تلك المربّعات بأقسام يؤلف منها مربعًا واحدًا كما عملنا مربعين وخمس مربعات . وأما الصنّاع فإنهم أوردوا فيه عدّة وجوهٍ قام البرهان على بعض وبطل البعض ، إلا أن ما لم يقم البرهان عليه كان مقاربًا للصحة في المنظر يتخيّل لمن ينظر إليه أنه صحيحٌ ، ونحن نورد تلك الوجوه ليُعلم الصحيحَ منهُ من الفاسد ولا يقع على الناظر في هذا المعنى غلطٌ في قبول ما هو فاسد إن شاء الله .

وذلك أن / بعض الصُنّاع وضع أحد المربّعات في الوسط ، وقطع إلى الثاني منها بنصفين بالقطر ، ووضعه عن جنبتي المربّع ، وأخرج من وسط الثالث إلى زاويتين منه على غير القطر خطين مستقيمين وخطًا منه إلى وسط الضلع المقابل للمثلث الذي حدث بالخطين فانقسم المربّع بمنحرفين وبمثلث ، ثم وضع المثلث أسفل المربّع الأول ، ووضع المنحرفين فوقه ، وضمَّ الضلعين الأطولَين أحدهما إلى الآخر في الوسط فصار له مربعًا على مثل هذه الصورة .

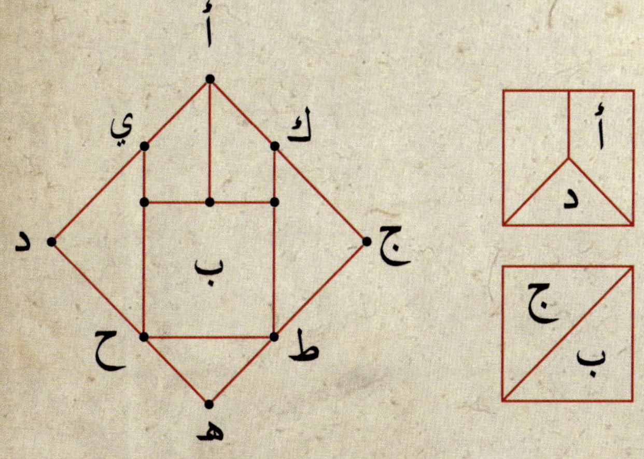

شكل (١٤٨)

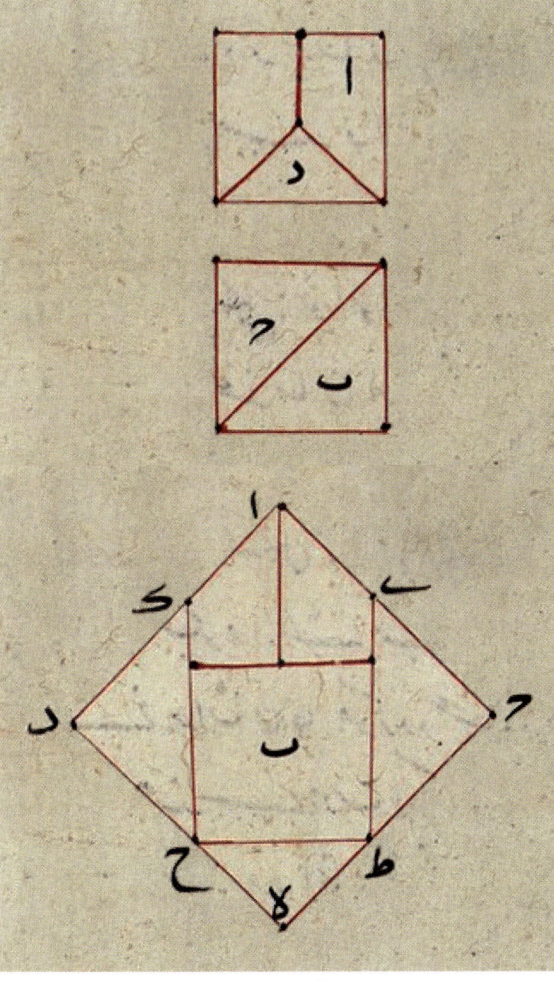

صورة الشكل ١٤٨ من أ . ((قمط)) ١٤٩ من ق .

قال أبو الوفا:

أمَّا صُورة ما عمِله فهو في التَّخيل لمن لا تكون له دِربة بالصِّناعة والهندَسة يرى أنه صحيح، وإذا كشف عنه علم أنه خطأ.

إمّا أنّه يتوهَّم أنه صحيح، فمن جهة صحّة(٣٥٨) الزّوايا وإستواء الأضلاع، فإن زوايا المربّع صحيحة كل واحدةٍ منها قائمة، وأما الأضلاع فإنها متساوية، ولأجل هذا يتخيل أنه صحيح، وذلك أن زوايا مثلثات(٣٥٩) جـ، ب، د التي هي زوايا المربَّع، كلّ واحدةٍ منها قائمة، والزّاوية الرّابعة مركّبة من زاويتين كلّ واحدةٍ منهما نصف قائمة، وهما زاويتا المنحرفين.

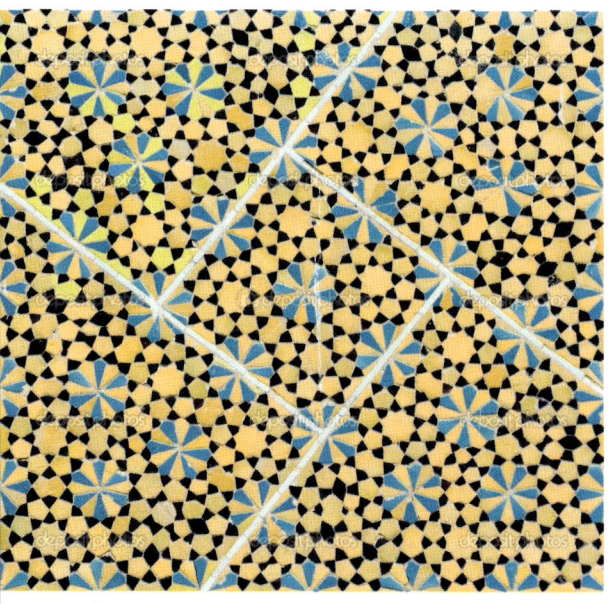

وأما الأضلاع فمستقيمة ومتساوية، وذلك أن كلّ واحدٍ من هذه الأضلاع مركّبٌ من ضلع أحدِ المربّعات، ومن نصف قطره، فهي متساوية، وأما أنها مستقيمة في التركِيب، فهو بيّن أيضاً، فإنّ الزّوايا المجتمعَة عند إلتِقاء الخطوط كلها مساوية لقائمتين لأن الثلاث زوايا التي عند نقطة ح مساوية لقائمتين لأنها زاوية مربَّع وزاويتا مثلّث كلّ واحدةٍ منها نصف قائمة، وكذلك زاوية ط وأمّا زاوية ي فإنّ عندها زاويتين أحدهما زاوية المثلّث وهي نصف قائمة والأخرى زاوية المنحرف وهي قائمة ونصف وكذلك الزّاويتان اللّتان عند نقطة ك.

وإذا كانت الزّوايا قائمة والأضلاع متساوية مستقيمة

[زخرفة هندسية من الزليج، المسجد الجامع في أصفهان- إيران.]

(٣٥٨) إضافة في أ.

(٣٥٩) إضافة في أ.

(أ_٢٨_ظ)

(ق_٤٧_ظ)

يتخيّل لكلّ واحدٍ أنها مربّعة عملت من ثلاث مربّعات. ولا يفطنون للموضع الذي دخل عليهم الغلط منه، وإنما تبيّن ذلك أنّا قد علمنا أن كلّ ضلع من أضلاع هذا المربّع / قد صار مساويا لضلع أحد المربّعات ولنصف قطره.

فليس يجوز أن يكون ضِلع المربّع المؤلَّف من ثلاث مربّعاتٍ (هذا المقدار فإنه أكثر منه، وذلك أن ضِلع المربّع المؤلّف من ثلاث مربّعاتٍ)(٣٦٠) إذا / جعلنا ضلع كلّ مربّع عشر أذرع تقريبا على المتعلم وهو سبعة عشر ذراعا وثلث بالتّقريب، وضلع هذا المربّع هو سبعة عشر ذراعا ونصف سُبع، وبينهما تفاوت كثير.

وأيضا فإن مربّع ب ج لما قسمناه بنصفين، ووضعنا كلّ نصف منه إلى جانب مربّع أ وقع قطر مربّع ب ج على خطّي ح ي، ط ك، وليس يجوز أن يقع عليه ذلك لسببين: أحدهما أن قطر مربّع ب ج لا ينطبق به وخطّ ح ي منطبق وهو مثل ضلع مربّع ب ج ومثل نصفه، والثّاني أنه أصغر منه وذلك أن قطر مربّع ب ج هو أربعة عشر وسُبع بالتّقريب، وضلع ح ي هو خمسة عشر فقد تبيّن فساد هذه القسمة والتّركيب(٣٦١).

وقد قسّم بعض النّاس هذه المربّعات بنوع آخر من القسمة أظهر فسادا من القسمة الأولى، وذلك أنّه قد فصّل من قطر مربّعين منها في وسطه مثل أحد ضلعها. وقطع من طرفي القطر أربع

---

(٣٦٠) إضافة في أ.

(٣٦١)

	حساب الصنّاع في المسألة	حساب أبو الوفاء	القيمة الحقيقية
ضلع المربع الكبير :	سبعة عشر وثلث	سبعة عشر ونصف السبع	
	١٧٫٣٣٣٣٣	١٧٫٠٧١٤٢	١٧٫٠٧١٠٦
قطر المربع الصغير:	خمسة عشر	أربعة عشر وسُبع	
	١٥	١٤٫١٤٢٨٥	١٤٫١٤٢١٣

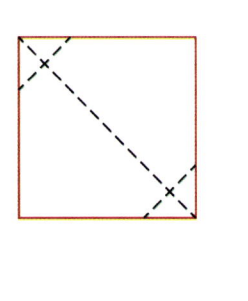

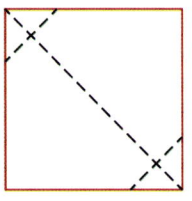

مثلّثات فيصِير المربّعين أربع مخمّساتٍ مختلفات الأضلاع وأربع مثلّثات.

ثم وضع كلّ مخمّس إلى ضلع المربّع الثّالث، فيصير في أربع زواياه موضع أربع مثلّثات، فنقل المثلّثات الباقية من المربّعين إليها، فصار مربّعاً مؤلفاً من ثلاث مربّعات على هذه الصّورة.

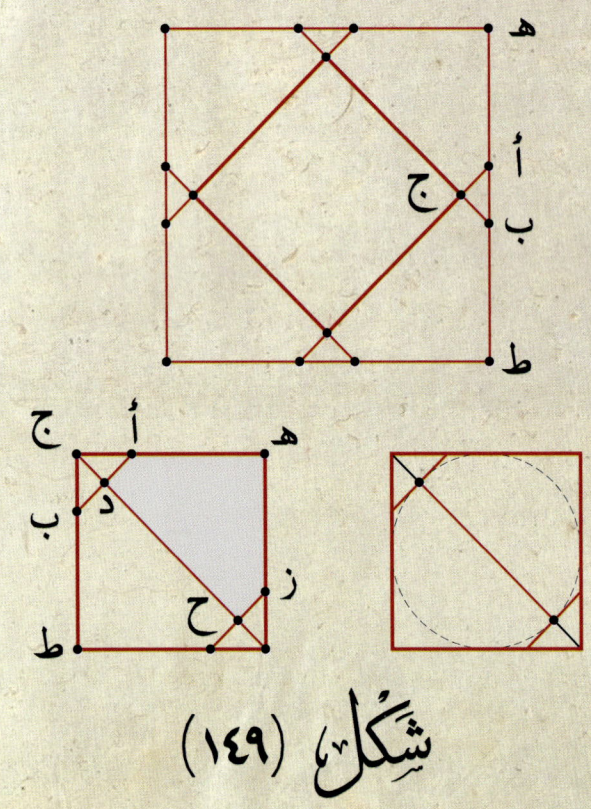

شكل (١٤٩)

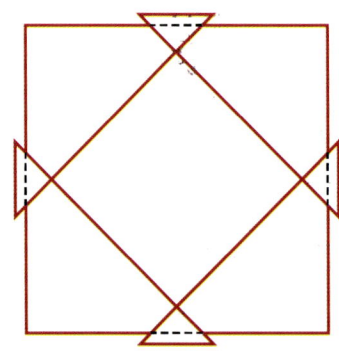

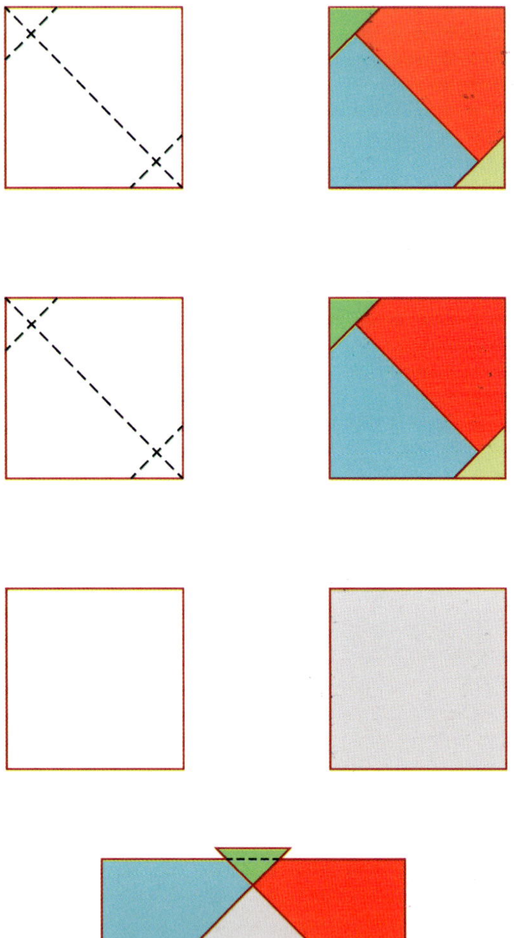

[المثلّثات النّاتجة من عملية القِسمة والتي بَيّنَ البوزجاني فساد قسمتها، حيث إنّ المثلّثات أكبر من الفراغ المتبقّي في زوايا المربّع التي ضُمت إليه المخمّسات]

(٣٦٢) وردت في ق. ((ضلع)).

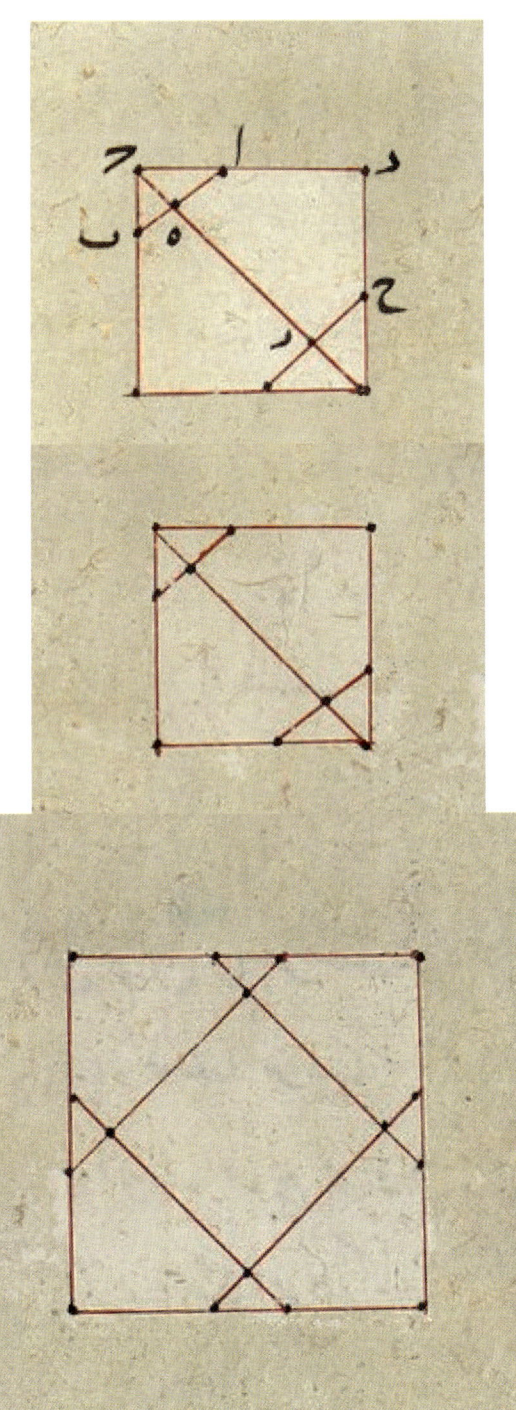

صورة الشكل ١٤٩ من أ. ((قن)) ١٥٠ من ق.

وهذا أيضاً يُتخيَّل لمن لا يكون له دِربة بالهندَسة والبُرهان أنَّه صحيح، ومتى تأمَّل ظهر أنه فاسدٌ خطأ.

وذلك أن المثلّثات التي نقلها إلى المواضع الفارغة من زوايا المربَّع هي أكبر من مواضعها، وذلك أن المواضع الفارغة تحيط بكلّ واحد منها ضلعين(٣٦٢) وقطر كلّ ضلع منها مساوٍ لنصف قطر المثلَّث الذي قُطع من المربَّع، ووتره مساوٍ للقطر وهذا مُحال.

ومِثال ذلك أنَّا نجعل أحد المثلَّثات عليها أ ب جـ وأحد المخمَّسات أ هـ ز ح جـ، فإذا نُقِل وسط المخمَّس إلى أضلاع المربَّع والمثلّثات إلى مواضعها، وقعت نقطة جـ من مثلّث أ ب جـ على نقطة جـ من المربَّع، ووقع أ جـ من المثلّث على أ جـ من المخمّس، لكن أ جـ من المخمَّس مساوٍ لـ أ د(٣٦٣) من المثلّث وهو نصف الوتر، فصار نصف الوتر من المثلّث القائم الزّاوية مساوياً لضلعه، وهو أ جـ وهذا مُحال لا يجوز./

وأيضا فإن أ ب ضلع المثمّن الذي يقع في المربّع أ هـ، ب ط هو مساوٍ لمثْلي ضلع المثمَّن ولفضل ضلع المربَّع على ضلع المثمّن، فيصير خط هـ ط مساوٍ لثلاثة أمثال ضلع المثمّن ولفضل ضلع المربّع على ضلع المثمّن، وهذا أيضا مُحال، فإن ضلع المربّع المؤلف من ثلاث مربعات هو أقل من هذا بكثير.

فقد تبيّن فساد ما عملوه.

(كما ذكرنا في هذا الفصل)(٣٦٤).

(٣٦٣) وردت في ق. ((أ جـ)).

(٣٦٤) إضافة في أ.

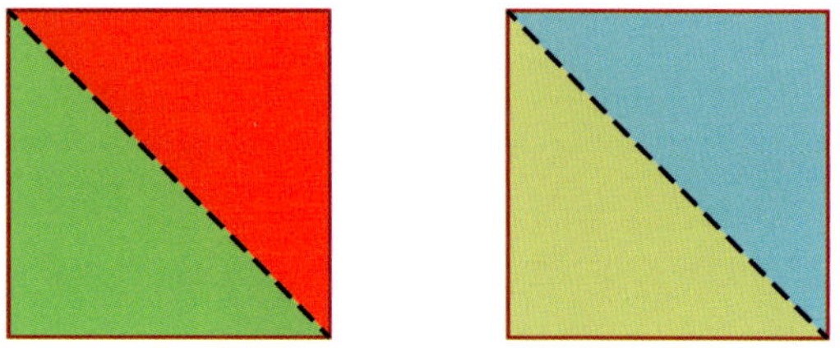

[يُعتبر حل هذه المسألة لأبي الوفاء البوزجاني واحدةً من أقدم وأسهل البراهين لنظرية فيثاغورس في المثلّثات : "مساحة المربّع المُنشأ على وتر المثلّث قائم الزّاوية مساوٍ لمجموع مساحتي المربّعين المُنشئين على ضلعيه الآخرين".]

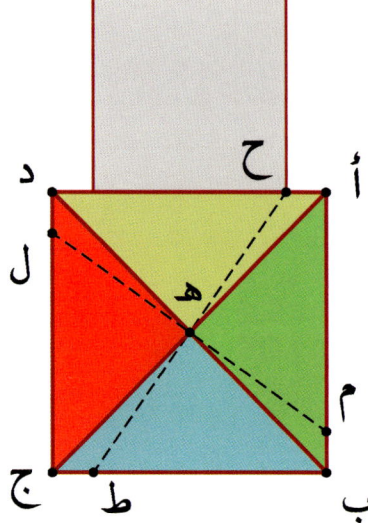

فأما قِسمة المربَّعات على الوجهِ الصَّحِيح وعلى ما يلزم عليه البُرهان فإنَّا سنبيّن ذلك على الوجه الذي نذكر.

وهو أنّا نقسم مربَّعين منها بنصفين نصفين على الأقطار ونضيف كلّ واحدٍ منها إلى ضلع من أضلاع المربّع الثّالث ونجعل الزّاوية الـتي هي نصف قائمة من المثلّث على زاوية من زوايا المربّع والقطر منـــه على الضِّلع ويفضل لنا من المثلّث من عند الزَّاوية الأخرى بعضه ،

ثـم يُوصل بين زوايا المثلّثات القائِمــة الزّوايا بخُطوط مُستــقيمة فيكون ذلك ضلع المربّع المطلوب، وينفصل لنا من كلّ مثّلث كبيـر مثلّث صغيـر فنُورِكه وننقله إلى موضع المثلّث الحادِث عند الضِّلع الآخر.

مثال ذلك : /

إذا أردنا أن نعمل من ثلاث مربّعاتٍ متساوياتٍ وهي مربّعاتُ أ ب جـ د ، هـ و ز ح ، ط ي ك ل مربّعاً.

قسمنا مربعين من المربّعات بنصفين نصفين على قطريهما بخطي أ جـ ،[هـ ز] (٣٦٥)

ونقلنّاها إلى أضلاع المربّع ، ثم وصلنا بين الزّوايا القائمة من المثلثات بخطوط ب ز ، ز و ، و د ، د ب .

وحدث في كل جانب من أضلاع المثّلث مثلّث صغيـر مساوٍ للمثلّث الذي انفصل من المثلّث الكبيـر ،

فصار مثلّث ب جـ م مساوٍ لمثلّث م و ح ،

(أ_٢٩_ظ)

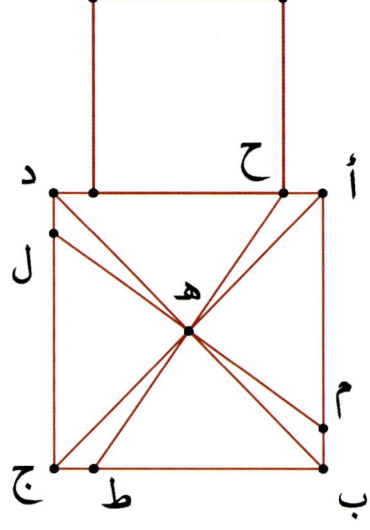

[الشكل إضافة من المحقّق.]

إضافة من المحقّق: [طريقة أخرى لقسمة المثلّثات الكبيرة والصّغيرة :أن نقسم مربّعين على قطريهما ، فنحصل على أربع مثلثات نضمُّها لنحصل على مربّع أ ب جـ د ،ثم نضع ضلع المربع الثالث في وسط ضلع أ د ، يقطع أ د على نقطتين إحداهما ح ، ونجعل د ل ، جـ ط ، ب م مثل أ ح ، ونصل ح ط ، ل م ، ثم نقطع المثلثات الصغيرة من المثلثات الكبيرة ونضمّها إلى المربّع الثّالث كما شرح شيخنا البوزجاني رحمه الله في شكل ١٥٠.]

(٣٦٥) وردت في ق. ((هـ ح)). وهو لا يماثل الرّسم في ق. فتم تصحيحيها إلى هـ ز.

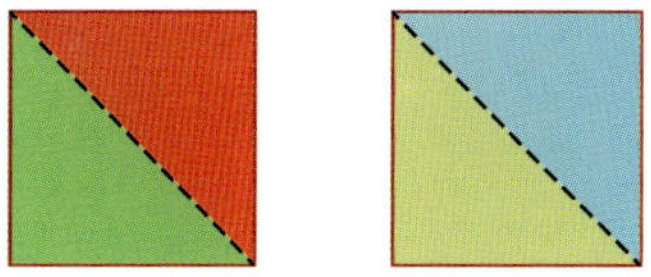

(٣٦٦) وردت في ق. ((للمثلّث)).

[تعتبر هذه المسألة من أشهر مسائل الكتاب وتجدها منشورة عن أبي الوفاء في عدّة دراسات غربيّة.]

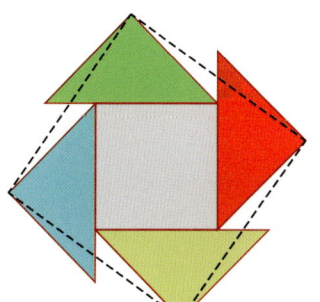

لأن زاوية جـ نصف قائمة وزاوية ح نصف قائمة، والزّاويتان المتقابلتان من المثلثين عند م متساويتان، وضلع ب جـ مساوٍ لضلع ح و. فصار باقي الأضلاع للمثلثات (٣٦٦) مساوياً لباقي الأضلاع، والمثلث مساوٍ للمثلث.

فإذا أخذ مثلث ب جـ م، ووضع في مثلث م و ح صار خطّ ب و ضلع المربّع المعمول من ثلاث مربّعات.

وهذا هو وجهٌ صحيحٌ أقرب مما عُمل قد قام البُرهان عليه وهذه صورته.

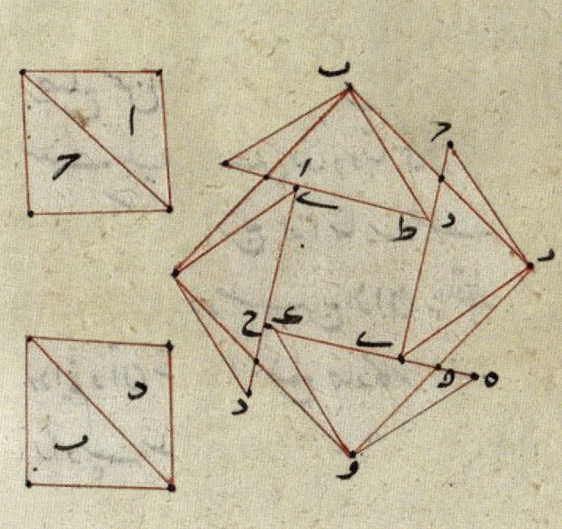

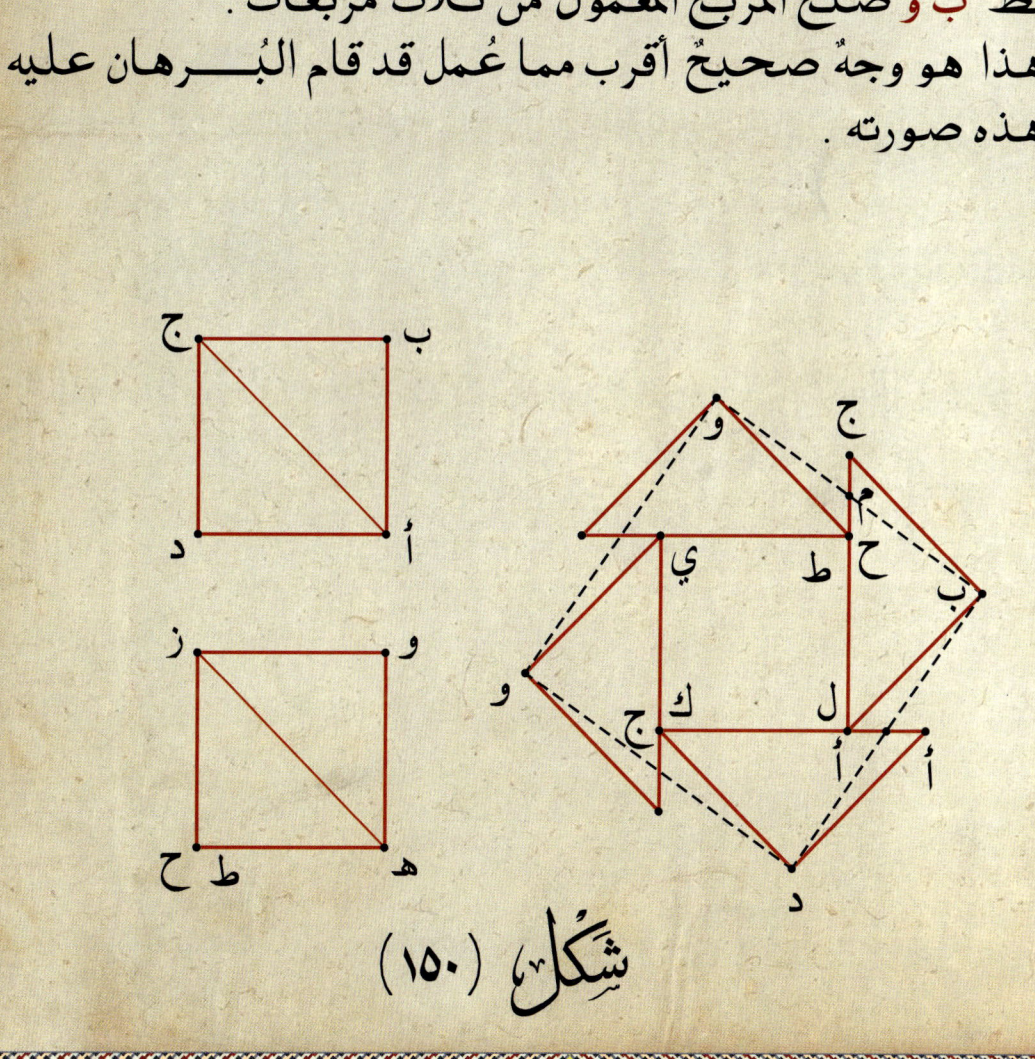

شكل (١٥٠)

صورة الشكل ١٥٠ من أ. ((قنا)) ١٥١ من ق.

إضافة من المُحقَّق

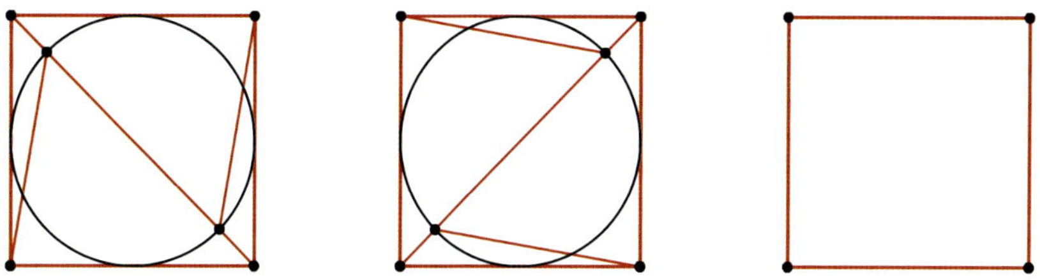

[إذا رسمنا دائرة في المربع، فإنها تقطع قطر المربع على نقطتين، وإذا وصلنا خطين من نقطتي التقاطع إلى الزاويتين المقابلتين، فنكون قد حصلنا على مثلثين كبيرين ومثلثين صغيرين، كما في الشكل رقم ١٥٠]

(ق_٤٩_ظ)

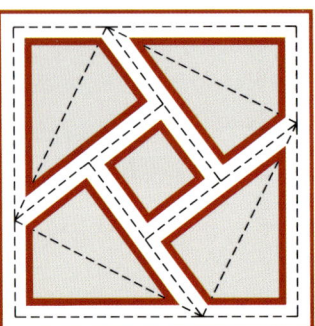

[زخرفة هندسية من الزليج. والتصميم بناءً على حلول أبو الوفاء البوزجاني لتقسيم المربع بمربعات مختلفة. وهذا النموذج والنمط يظهر في مواضع مختلفة في الفنّ الإسلامي كأعمال الخشب والسيراميك والرخام في الأرضيات وغيرها.]

فأمّا المهندِس فإنّه إذا سُئل عن عمل مربع من مربعات قلّت أو كثرت،

فإنه يوجدك الخطّ الذي يقوى على تلك المربعات / ولا يبالي بتقطيع المربعات كيف كانت. وذلك أنه إذا سُئل عن عَمل مربع من ثلاث مربعات فإنّه يصل قطر أحد المربعات، ويقيم على أحد طرفي القطر خطاً يكون عموداً عليه مساوياً لضلع المربع ويصل بين طرفه وبين طرف القطر بخط مستقيم، فيكون ذلك ضلع المربّع المؤلف من ثلاث مربعات.

مثال ذلك:

إنّا أردنا أن نعمل مربعاً واحداً مساوياً لثلاث مربعات كل واحدٍ منها مساوٍ لمربّع أ ب جـ د

[صورة من المسجد الجامع في أصفهان- إيران.]

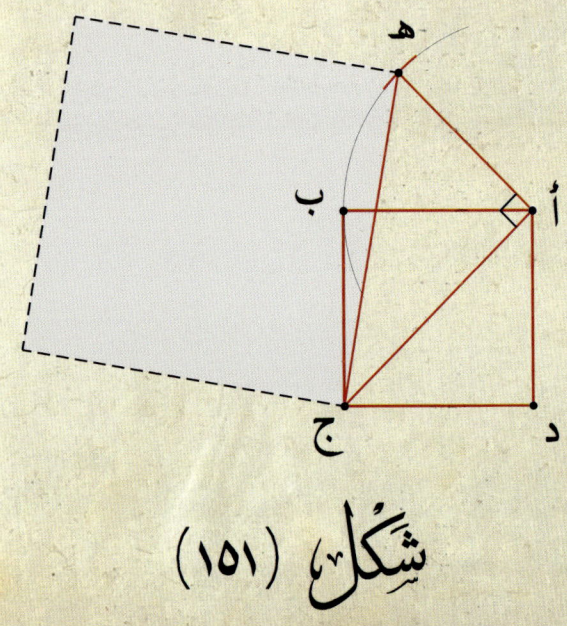

شكل (١٥١)

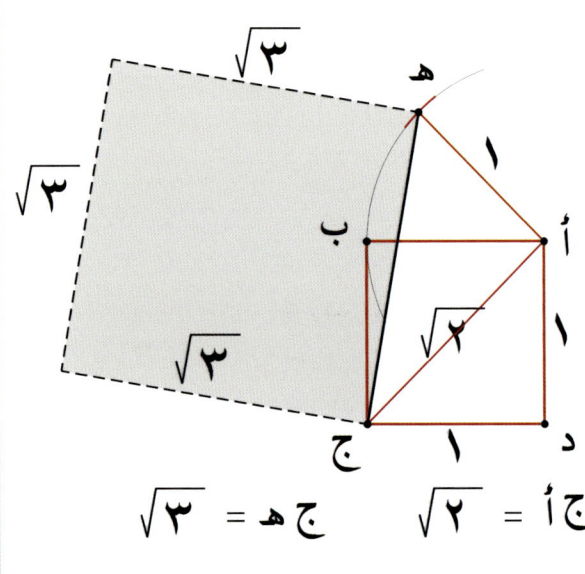

$$ج أ = \sqrt{٢} \qquad ج هـ = \sqrt{٣}$$

[شكل توضيحي.]

[الشكل يوضّح كيفية استخراج أضلاع المربعات التي تتألف من أمثال مربع. كمربع أ ب جـ د في المثال السابق. وهكذا نستمر في إقامة الأعمدة على التوالي. وكل مرّة بنفس طول ضلع المربع أ ب جـ د. لتنتج أضلاع تلك المربعات التي هي أمثال تكرار عدد الأقطار المُقامة. أي نستطيع بهذه الطريقة وعن طريق الرّسم إيجاد قيم الأعداد التّالية: "جذر٢، جذر٣، جذر٤، جذر٥، جذر٦، جذر٧، جذر٨،.. وهكذا". انظر الشكل في الصفحة المقابلة.]

١٨٨

أخرجنا قطر أجـ فيكون أجـ ضلع المربّع المركَّب من مربّعين، ثم أقمنا على نقطة أ من خط أب عمود أهـ مساويا لخطّ أب (٣٦٧)

ووصلنا هـجـ فيكون هـجـ ضلع المربع المساوي لثلاث مربعات كل واحد منها مساو لمربع أب جـ د،

فإذا حصل عند المهندس هذا الخط لم يبال بعد ذلك كيف كانَ تقطيع المربّعات وقال أنه متى عمل على خط هـجـ مربّعاً كان مساوياً للمربَّعات الثّلاثة.

وكذلك لو أردنا أن يكون المربّع مساويا لأكثر من ثلاث مربّعات أو أقل.(٣٦٨)

صورة الشكل ١٥١ من أ.

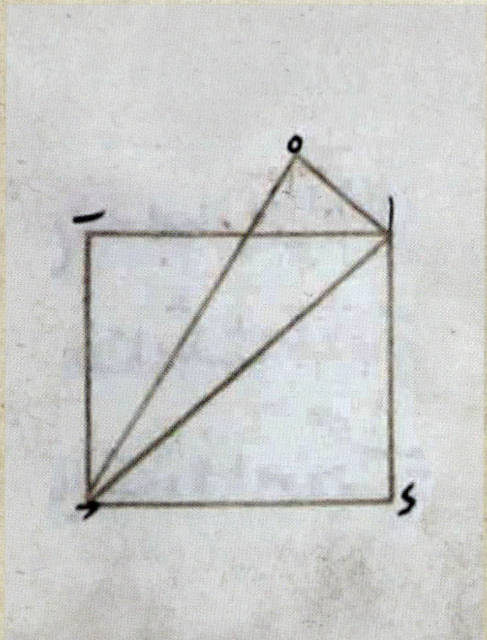

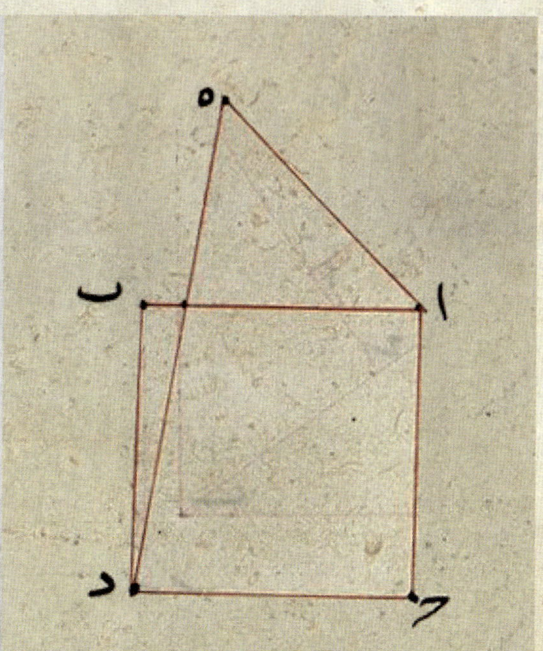

صورة الشكل ١٥١ من ب. ولم يرد هذا الشّكل في ق.

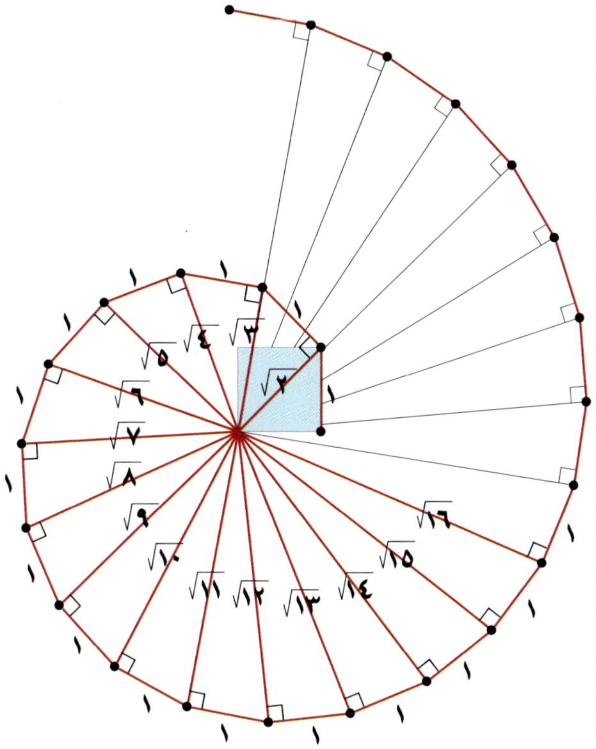

(٣٦٨) نصل قطر أجـ في مربّع أب جـ د. فيكون ضلع أجـ هو ضلع المربّع المساوي لمثْلَيْ المربّع أب جـ د أي مقداره جذر الاثنين. ثم نقيم عمود هـأ على القطر بطول ضلع المربّع أب جـ د، ونصل أهـ فيكون ضلع المربّع المساوي لثلاث مربّعات كمربّع أب جـ د ونستمر بإقامة أعمدةٍ على طرف الأقطار مساويةٍ لضلع المربّع أ ب جـ د كلّ مرّة. ونصل بين طرفي هذه الأعمدة وبين نقطة جـ لنحصل على طول ضلع المربّع التّالي وهكذا... . هذا ما قصده شيخنا الجليل أبو الوفاء حين وصف عمل المهندسين بإقامة "خط يَقوَى على تلك المربّعات". بينما يحتاج الصنّاع إلى طريقة عمَلِية لتقطيع وتأليف المربّعات في أعمالهم الحِرفية.]

(٣٦٧) وردت في ق. ((أجـ)).

(٣٦٨) [شكل إضافي من المُحقِّق لتوضيح مقصد البوزجاني.]

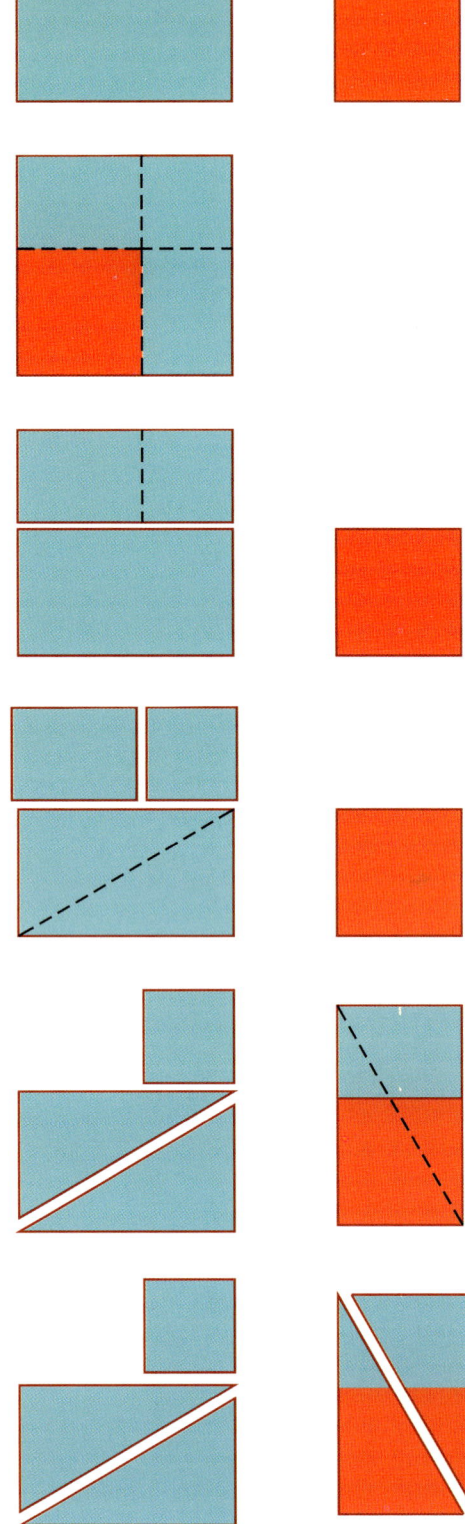

فِي عمل مربَّع من مربَّعين مختلَفين
لا يُعلم مِقدار أضلاعِهما

فإذا كان الأمر على ما ذكرنا في عمل المربَّعات فيجب أن نذكُر عملاً عامًّا لعمل مربَّع من مربّعين مختلفين كيف اتّفقا. فإنّ الامر في جميعها يرجع إليه.

وذلك أنّا متى أردنا أن نعمل مثلاً من ثلاث مربّعات مربّعاً عملنا من مربّعين مربّعاً فيصير لنا مربّعاً كبيراً، وهو المركّب من مربّعين، ومربّعاً صغيراً، وهو الثّالث، فإذا عملنا منهما مربّعا كنّا قد وصلنا إلى مطلوبنا.

فإذا أردنا أن نعمل ذلك ركّبنا المربّع الصَّغير على المربّع الكبير، وركّبنا إحدى زواياه على زاويته وضلعين منه، ثم قطعنا ما فضل من المربّع الكبير مع ضلع المربّع الصَّغير على موازاة الضِّلع الآخر،

فيبقى من المربّع الكبير سطحٌ مستطيلٌ، ونقطع من المستطيل الذي قطعناه من المربّع الكبير مقداراً يتمّ به مع المربّع الصَّغير مستطيل آخراً فيبقى منه مربّع صغير فنحفظه،

ثم نقطع المستطيلين على قطريهما، فيصير أربع مثلّثات قطرها هو ضلع المربّع المطلوب،

وجعلنا المربّع الصَّغير الذي حفظناه في الوسط،

[شكل يوضّح خطوات العمل.]

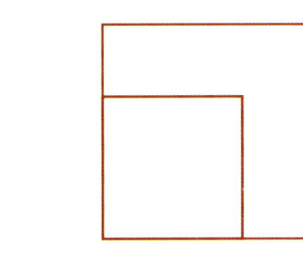

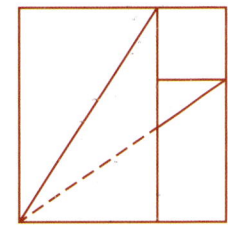

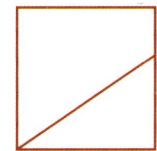

(أ_٣٠_ظ)

(ق_٥٠_ظ)

ونضيف إليـــه الأربع مثلّثات، كلّ واحدٍ منـها إلى ضلع من أضلاعه، ونجعل الزّاوية القائمة منه إلى زاوية / من زوايا المثلّث فيحصل لنـا مربّعـاً كبيـراً من مربّعين، وهـذه صورة ذلك ./ ولِنُـبَيِّن ذلك ونصحّح.

شَكل (١٥٢)

فإنّا نجعل المربّع الكبير عليه أ ب جـ د والمربّع الصّغير عليه هـ ز ح ط، ونركّب المربّع الصّغير على المربّع الكبير، ونجعل زاوية ط على زاوية د،

[الشرح:

أ : هو ضلع المربّع الصغير

ب : هو ضلع المربّع الكبير

وبالتالي مجموع مساحتي المربّعين هي أ^{٢} + ب^{٢}

حسب حلّ أبي الوفاء فإن المربّع ينقسم إلى:

أربع مثلّثات قائمة ضلعيها أ، ب ومساحة المثلث تكون: ١/٢ أ×ب .(نصف القاعدة في الإرتفاع)

ومربع صغير في الوسط ضلعه (ب - أ)

بالتالي يمكننا كتابة طريقة الحل الهندسي رياضيا كالتالي:

أ^{٢} + ب^{٢} = ٤ (١/٢ أ ب) + (ب - أ)^{٢}

أي: أ^{٢} + ب^{٢} = ٢ أ ب + (ب - أ)^{٢}

أي: أ^{٢} - ٢أب + ب^{٢} = (ب - أ)^{٢}

وهو حلٌّ للمعادلة من الدرجة الثانية في الرياضيات.]

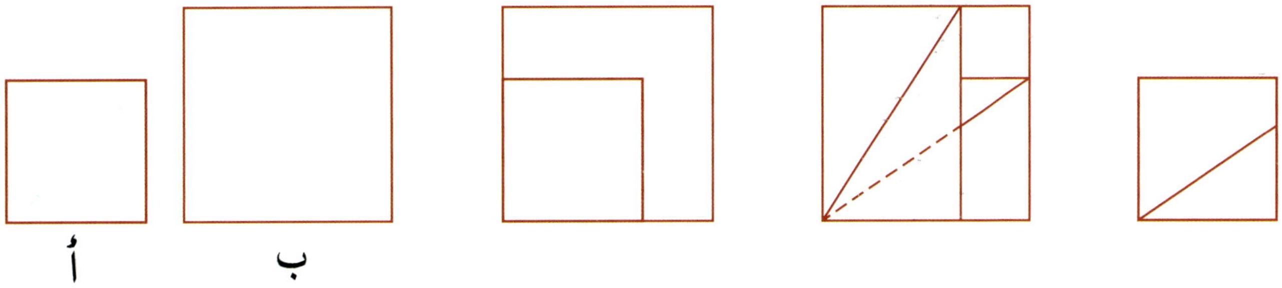

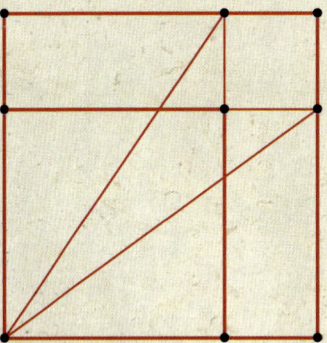

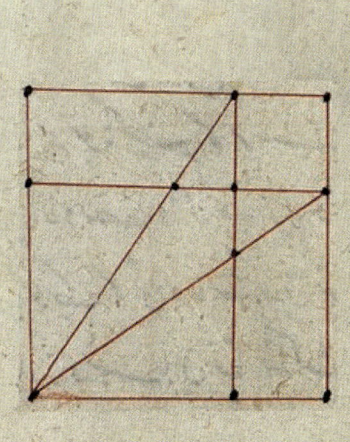

صورة الشكل ١٥٢ من ب.

ولم يرِد هذا الشّكل في ق. وَ أ.

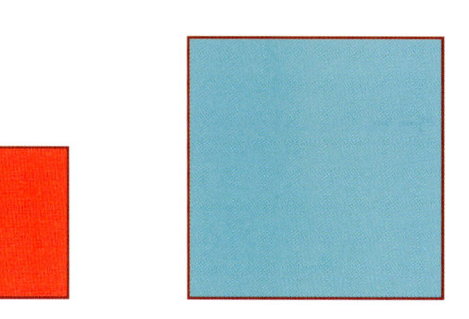

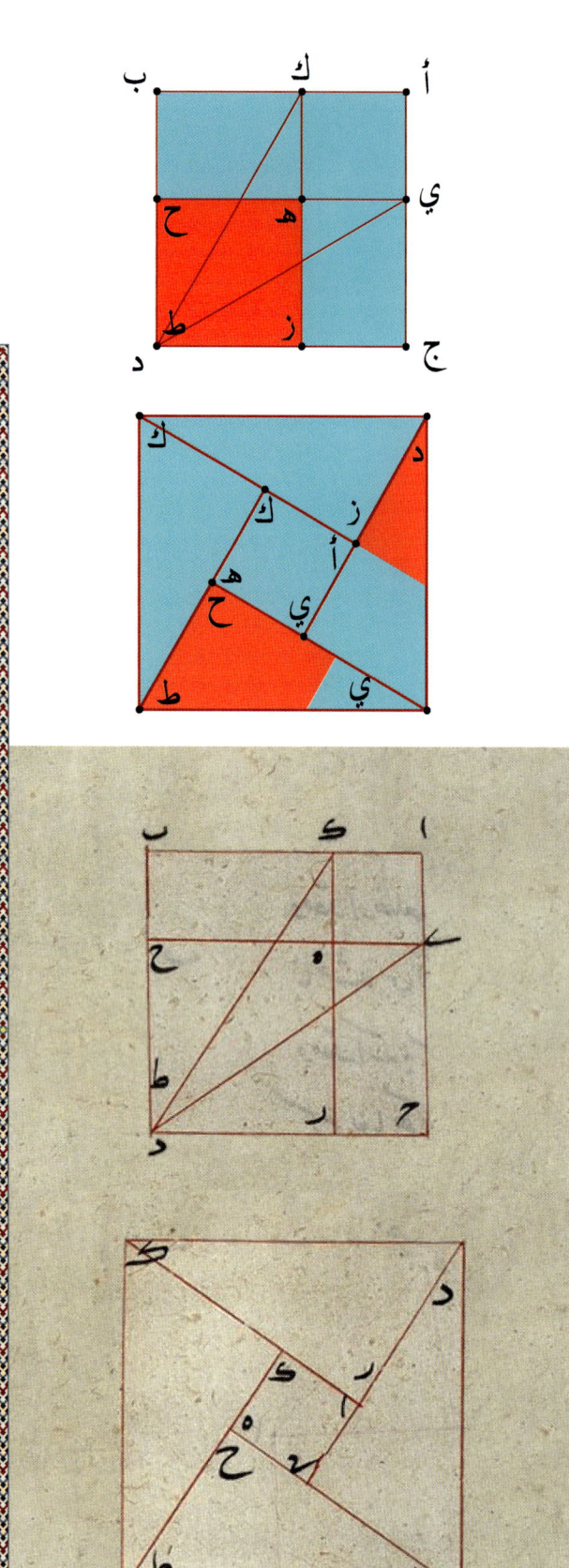

وخط ز د على خطّ جـ د، وخطّ ح ط على خط ب د، ونقطع المربَّـع الكبير مع ضلع ح هـ إلى نقطـة ي (٣٦٩) فيبقى من المربّع الكبير مستطيل ي ح د جـ، ونقطع من مستطيل أ ب ح ي مستطيل ب ح هـ ك مساوياً لمستطيل ي هـ ز جـ ونركبه عليه، ويبقى من المربَّع الكبيـر مربع أ ي ك هـ، فنحفظه ثم نقطع من المستطيلين على قطريهما، فيصيـر لنا أربع مثلثات ومـربّع صغير، فنجعل المربّع الصغيـر في وسطه، ونضمُّ إليه الـمثلّثات الأربعـة حولـه، ثم نجعل زاوية د من مثلّث د جـ ح إلى زاويَة ك، وضِلع د جـ إلى ضِلع ك أ، وزاوية د مـن المثلث تحت مثلث جـ ح د إلى زاوية أ، وخط جـ د أيضاً إلى ضلع أ ي ونركّب باقي المثلثات كما ركّبنا هذين الـمثلّثين، فيصير على ما مثّلنا في الصُّورة التي تقدمت.

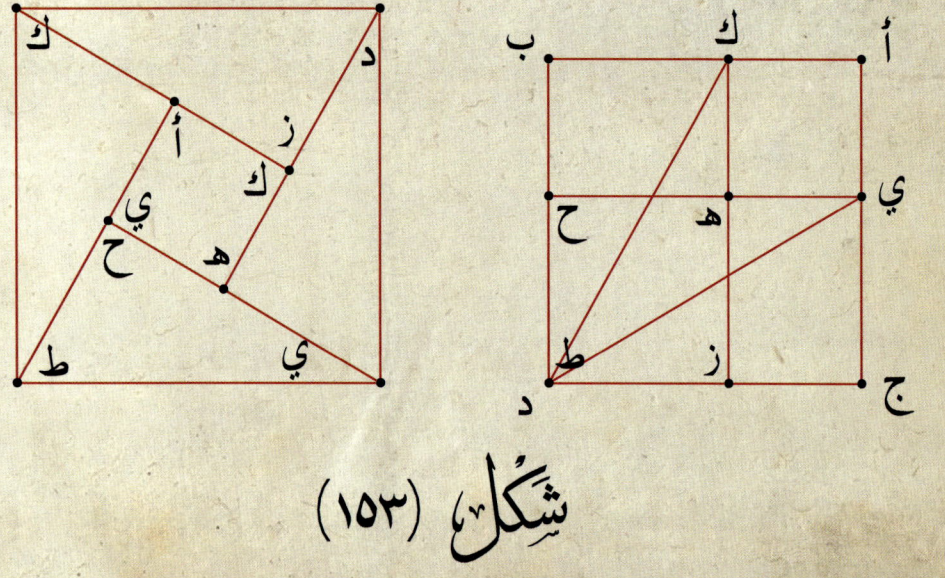

شكل (١٥٣)

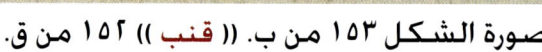

صورة الشكل ١٥٣ من ب. ((قنب)) ١٥٢ من ق.

(٣٦٩) وردت في ق. ((د)). بينما في أ. ((ي))

في قِسمَة مربَّع واحدٍ بمُربَّعاتٍ غير مُؤلّف عددُها من مُربَّعَين

ينبغي أن نُبيِّن في هذا الموضِع قسمَة مربّع واحد بمربعين كبير وصغير، ويجب أن يكون أحد المربَّعين مقدار ضلعه معلوم، فإنه متى لم يكن معلوما ساغ أن يقسم دفعات كثيرة بمربّعين، وإنما يسأل عن هذه المسألة فيقال: كيف نفصل من مربَّع كبير مربَّعاً صغيراً مقداره كذا وكذا ونعمل من الباقي مربعا؟

فإذا كان الأمر على ما ذكرنا فيجب أن نعكس الأمر فيما قدمناه من الأعمال، فإنه متى كان لنا مربَّع صغير ومربَّع كبير (مثل مربع أ ب جـ د ومربع صغير مثل مربع هـ)(٣٧٠) وقيل لنا كيف نفصل من المربَّع الكبير مثل أصغرهما ونعمل من الباقي مربعاً؟ (٣٧١)

عملناه على ما ذكرناه في هذا المثال،

وهو أنا أردنا أن نفصل من مربع أ ب جـ د مربعا مثل مربع هـ ونعمل من الباقي مربعاً.

عملنا على كل ضلع من أضلاع مربَّع أ ب جـ د نصف دائرة وجعلنا كل نقطة من زوايا أ، ب، جـ، د مركزا وببعد ضلع مربع هـ، علامات على أنصاف الدّوائر مثل علامات ر، ح، ط، ي ووصلنا خطوط أ ر ح، ب ي ر، د ح ط، جـ ط ي كل واحدٍ منها مساوٍ لضلع المربَّع / الأصغر،

[واجهة ضريح سلجوقي، برجيّ خراقان، ايران.]

(٣٧٠) إضافة في أ.

(٣٧١) ورد في هامش الصفحة ٣٠ نسخة أ. : "قال الغندجاني في الشّكل استخرج مربّع تفاضل الضّلعين وقسّم الباقي إلى مستطيلين، قسمهما إلى أربع مثلّثات، يضمُّها حول مربّع مساوٍ للمربّعين، وبرهان ذلك مثل برهان السّادس والسّابع".

(ق_٥١_ظ)

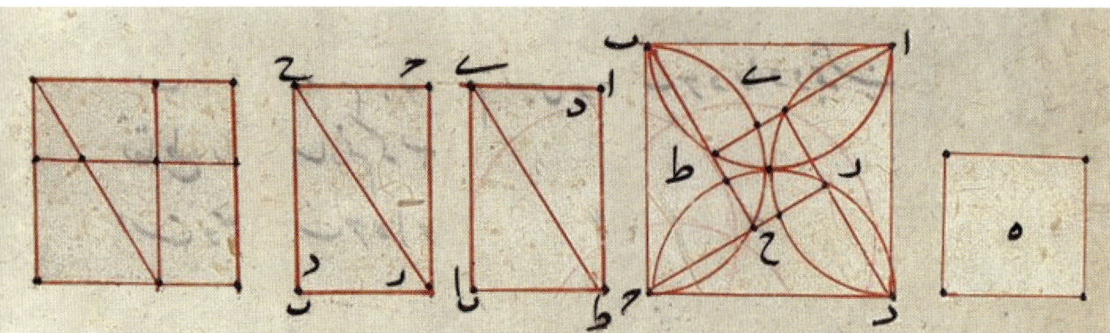

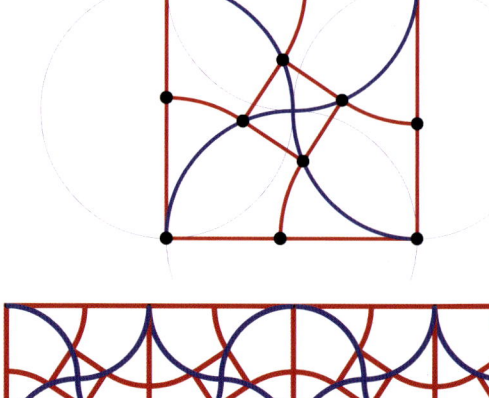

صورة الشكل ١٥٤ من ب.

فيحصل لنا أربع مثلّثات ومربَّـعٌ صغيرٌ، عمِلنَـا من كلّ مُـثلّثين منها مستطيلا، وضمَمنَـا المربَّع الذي في الوسَط إلى إحداهما، وقطعنـا من الآخر مـا يَفضل من طولِه على طُول المربَّع، فيكون ذلك أصغر المربَّعين ، وما قُطِع منه يُضاف إلى المستطيل الآخر والمربَّع فيحصُل لنَـا، الـمُربَّع الكبيـر، وهـذه صورته.(٣٧٢)

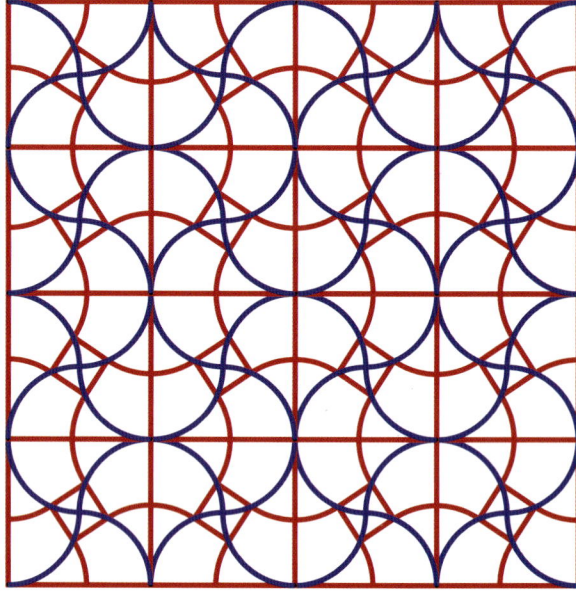

شَكل (١٥٤)

[نموذج زخرفي مكرر من الوحدة الناتجة عن حل المسألة بطريقة شيخنا الجليل أبو الوفاء.]

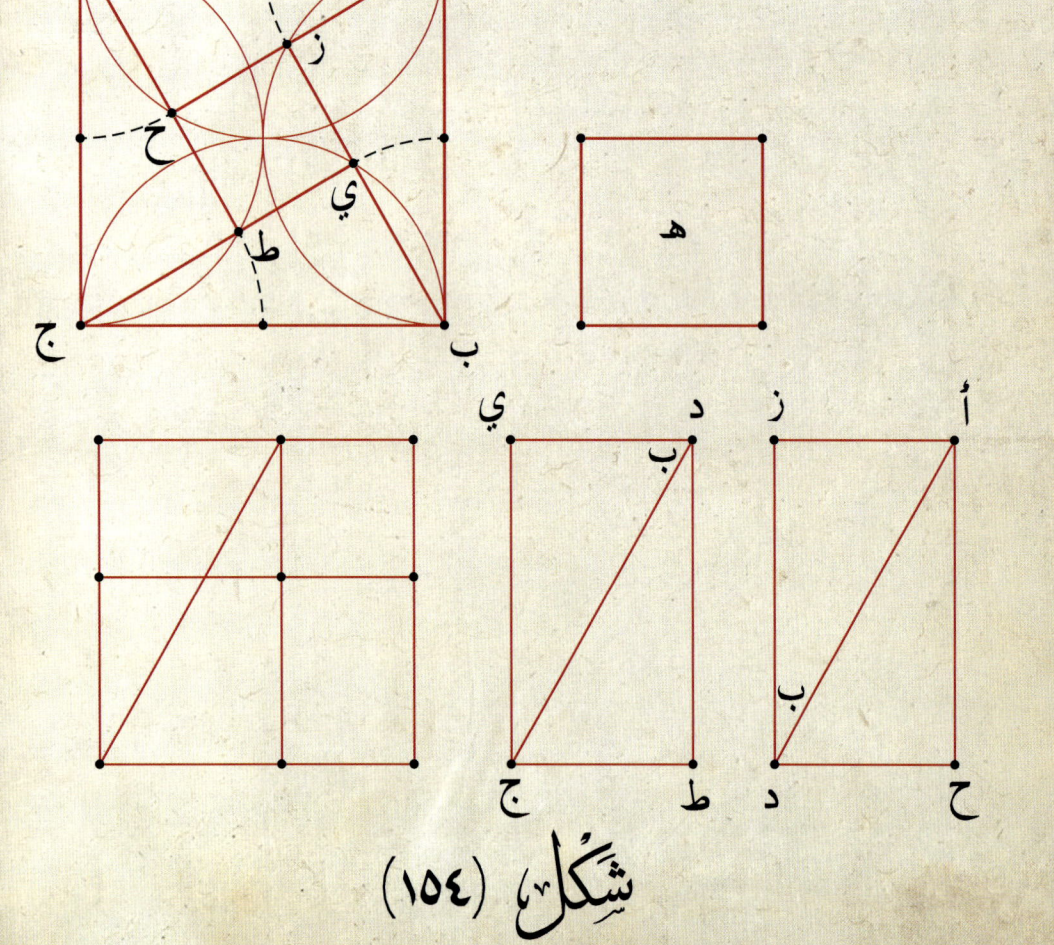

(٣٧٢) برهانه، انظر الصفحة التالية

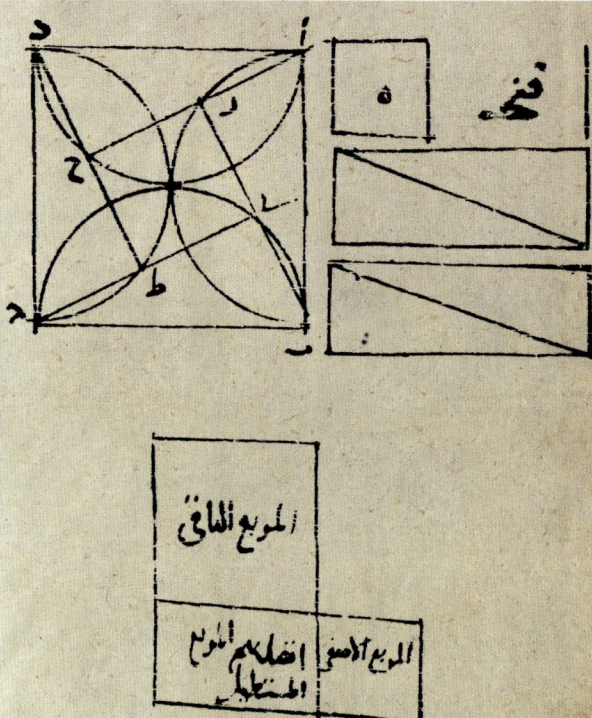

صورة الشكل ((قنجـ)) ١٥٣ من ق.

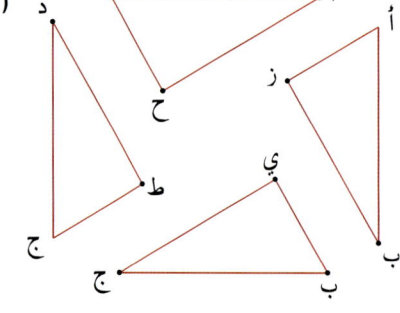

نهَـايَة البَابِ العَـاشِر

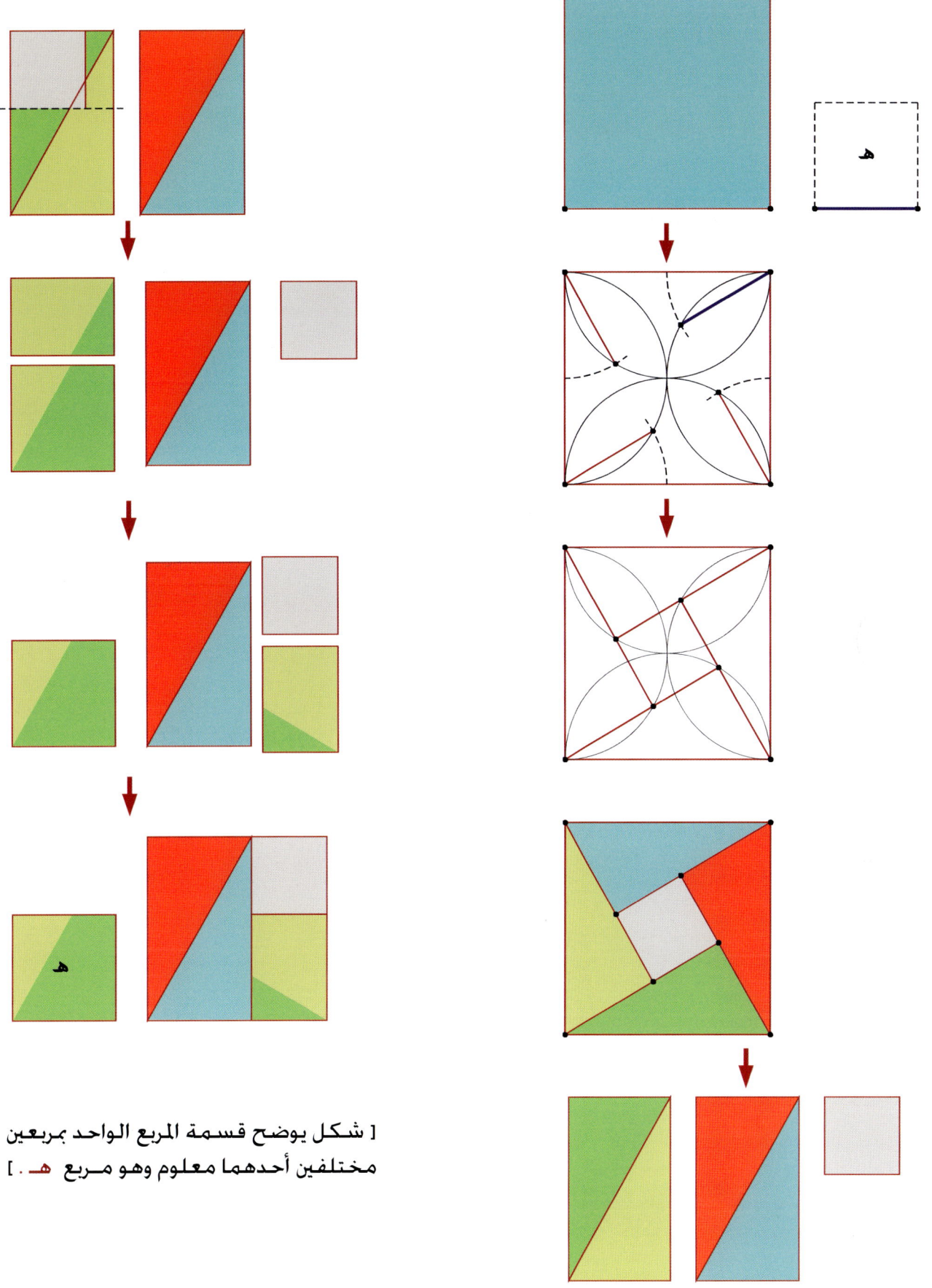

[شكل يوضح قسمة المربع الواحد بمربعين مختلفين أحدهما معلوم وهو مربع هـ .]

(٣٧٢) ورد في هامش الصفحة ٣١ نسخة أ. : ((برهان ذلك لأنّ مربّع أ ب مساو لمربّعي أ ز . ز ب لأنّ زاوية أ ز ب قائمة من أجل أنها في نصف دائرة لكنّ مربّع أ ز مساو لمربّع هـ لأن أ ز مساو لضلع مربّع. فلأنّ مربّع أ ب مساو لمربّع هـ ومربّع ز ب ومربّع أ ب هو مربّع ز ح ط ي والمثلّثات الأربع التي هي أ ز ب . ب ي جـ . جـ ط د . د ح أ ويكون كلّ مثلّثين منهما مستطيلاً مساوياً لسطح ز ب في ب ي مع مربّع ب ي من جـ من ب الذي هو مساو لمربّع هـ فإذا أخذ منه ب ي بقي سطح ب ي في ي ز فإذا زيدَ عليه مربّع ز ط الذي هو مثل المربّع الكائن من ي ز في ي والمستطيل الآخر هو مساو لسطح ز ب في ز ي كما قلنا لكنّ مربّع د ب هو مساو لهذين السّطحين كما تبيّن في شكل ب من مقالة ب من الأصول. فإذن مربّع أ بّ الأخير مثل مربّع هـ ومربّع ب ز . وذلك ما أردنا أن نبيّن)).

البَاب الحَادِي عَشَر

فِي قِسمَة الكُرَة

فإن قال: كيف نخطُّ على كُرَةٍ أعظم دائرة تقع عليها؟

فإنَّا نخُـط عليها دائرة كيف ما اتفقــت، مثل دائرة أب وعلى قطب جـ،

ثم نقسِّم دائرة أ ب ز (٣٧٣) بنصفَين على نقطَتي أ، ب ونخطُّ على الكُرَةِ دائرة تجوز على نقط أجـب مثل دائرة أجـب د فتــكون تلــك الدَّائرة أعظم دائرة تقع عليها، وهذه صورتها. (٣٧٤)

شَكل (١٥٥)

(٣٧٣) وردت في ق. ((أ ب جـ)).

(٣٧٤) ورد في هامش الصفحة ٣١ نسخة أ.: ((قال الغندجاني قوله. نقسم دائرة أ ب بنصفين إنّما يتمّ وبهما عمل ذلك بما عمله بادوسيوس في بط من مقالة أ. لأنّ الدّائرة التي تجوز على نقط أ ب جـ تقطع الدّائرة أ ب بنصفين، وتجوز على أحد قطبيها وقطر أ ب مشترك بين الدائرتين، والخطّ الذي يصل بين قطب جـ ومركز الدّائرة أ ب ينتهي إلى القطب الآخر، ولكن هذا الخطّ في سطح دائرة أ جـ ب فدائرة أ جـ ب تجوز على القطب الآخر، فهي إذن عظيمة، لأنّ الخطّ الفاصل بين القطبين هو قطر الكرة، وذلك ما أردنا أن نبيّن)).

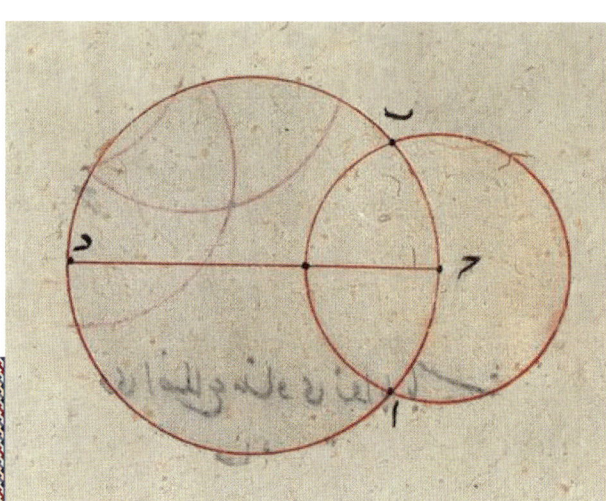

[تنويه: في هذا الباب المخصّص للكرة، يشرح شيخنا الجّليل أبو الوفاء البوزجاني المسائل ويرسمها رسما ثنائيُ الأبعاد كإسقاطٍ للأشكال ثلاثيّة الأبعاد. ويترك للدارس تخيُّل و فهم المراد منها. ولقد قمت برسم الأشكال بصورةٍ ثلاثية الأبعاد ليسهل تخيّلها على الدارس.]

صورة الشكل ١٥٥ من ب. ((قند)) ١٥٤ من ق.

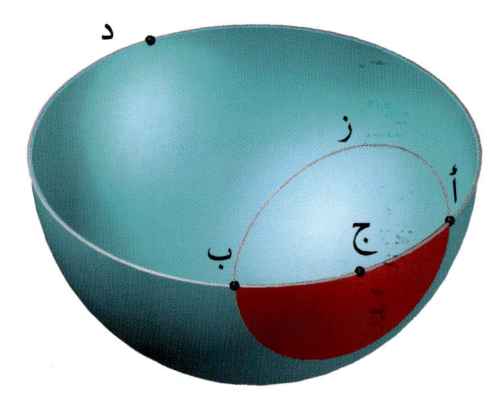

[شكل نصف كرة يوضح عليه أعظم دائرة رسمها على الكرة وتظهر نقطة د .]

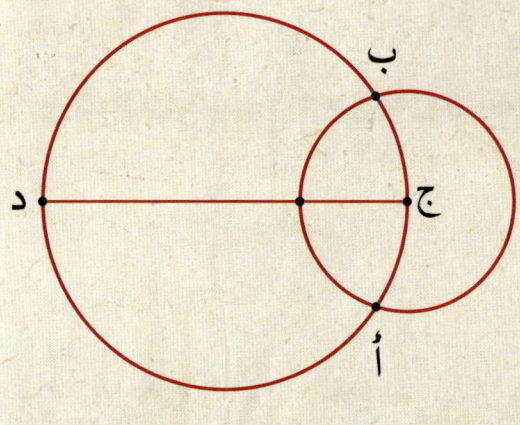

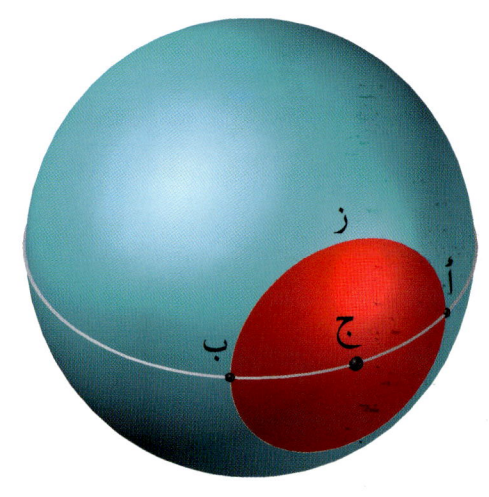

[شكل يوضح الكرة المراد رسم أعظم دائرة تقع عليها حيث رسم دائرة أ ب ز كيف ما اتفق من قطب جـ، ونَصّفَها في نقطتي أ، ب ثم رسم دائرة تجوز على نقطتي المنتصف والقطب، وهي أعظم دائرة تقع على الكرة.]

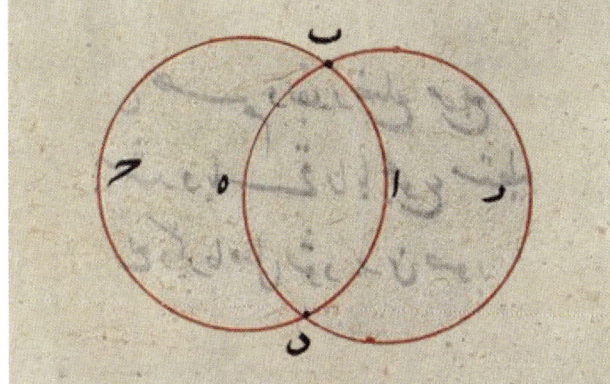

فإن قال : كيف نعمل على كرة دائرتين عظيمتين تتقاطعان على زوايا قائمة ؟

فإنّا نخطُّ عليها دائرة عظِيمة مثل دائرة أ ب جـ د ونقسمها بأربعة أقسام متساوية على نقط أ ، ب ، جـ ، د ثم نجعل نقطة أ قطباً ، أو غيرها وببعد نقطتي ب ، د (٣٧٥) دائرة وهي دائرة ب هـ د ر فتكون دائرتا أ ب جـ د ، ب هـ د ر عظيمتين وقد تقاطعتا على زوايا / قائمة وهذه صورتها. (٣٧٦)

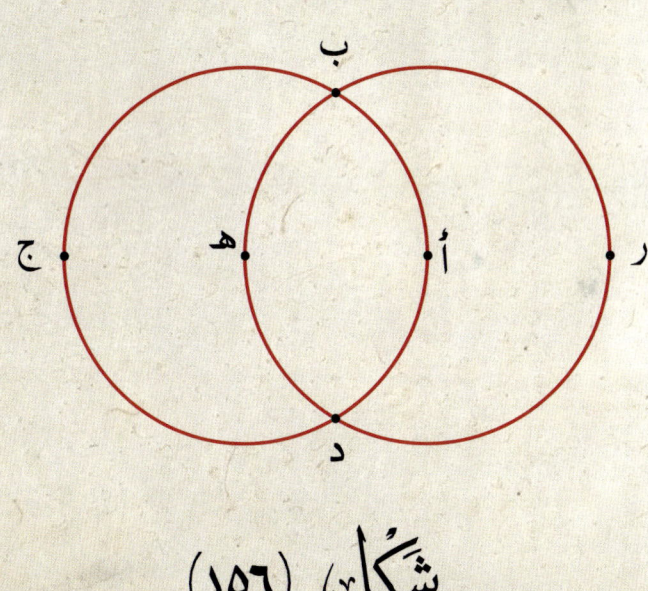

شَكل (١٥٦)

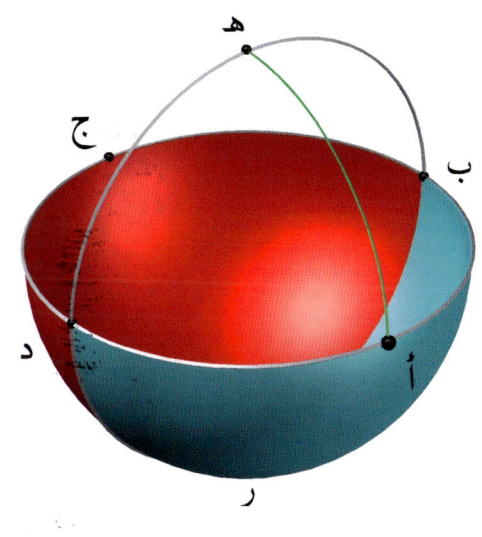

(٣٧٥) وردت في ق. ((ب . جـ)) وهي خطأ وفي نسختي أ . ب. صحيحة

(٣٧٦) ورد في هامش الصفحة ٣١ نسخة أ. :((برهانه فلِأنّ دائرة ب هـ د ر عُمِلت على قطب أ وببعد ضلع المربّع الواقع في دائرة أ ب جـ د ومرَّت بقطبي دائرة ب هـ د ر وقطعتهما بنصفين ، تكون قائمة عليها على زوايا قائمة ، وذلك ما أردنا أن نبيِّن)).

صورة الشكل ١٥٦ من ب. ((قنه)) ١٥٥ من ق.

(أ_٣١_ظ)

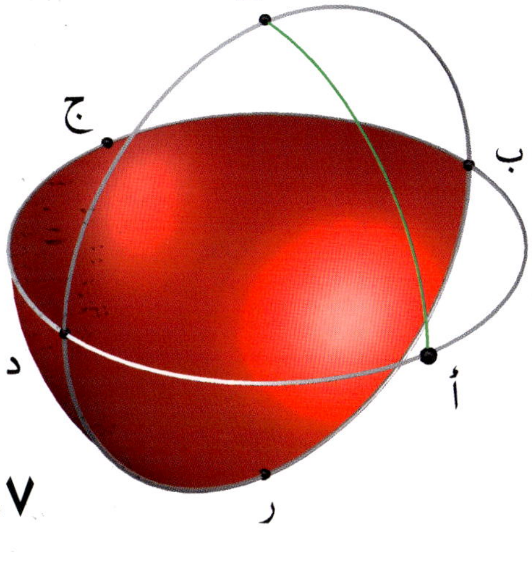

[شكل رُبع كرة ، يُوَضِّحُ عليه الدّائرة العَظيمة أ ب جـ د ، ونقطة القطب أ التي رسمنا منها دائرة عظيمة جازت على نقاط ب ، د ببعد ربع الدّائرة أي قوس ب جـ ، والقوس باللون الأخضر هي قوس الدائرة العظيمة ب هـ د ر المرسومة من قطب أ.]

فإن قال: كيف نعمل على كرة ثلاث دوائر عظام تتقاطع على زوايا قائمة ؟

رسمنا عليها دائرتين عظيمتين كما تقدّم تتقاطعان على زوايا قائمة على نقطتي أ ، جـ وهما دائرتا أ ب جـ د ، ب هـ د ر ، ثم نقسم قوس ب جـ د بنصفين على نقطة جـ ، ونجعل نقطة ب قطباً ، وببعد ب جـ دائرة جـ ر أ هـ ، فتكون دوائر ب هـ د ر ، جـ هـ أ ر ، أ ب جـ د الثلاثة(٣٧٧) قد قاطع بعضها بعضاً على زوايا / قائمة، وهذه صورتها.(٣٧٨)

صورة الشكل ١٥٧ من ب. ((قنو)) ١٥٦ من ق.

شكل (١٥٧)

(فقد تبيّن بهذا العمل كيف نقسم الكرة بثمانية أقسامٍ مثلّثاتٍ متساوياتِ الأضلاع والزّوايا)(٣٧٩).

(٣٧٧) إضافة في أ.

(٣٧٨) ورد في هامش الصفحة ٣١ نسخة أ. :((برهانه فلِأنّ دائرة جـ ب د أ ر خُطَّت على قطب ب الذي يقاطع دائرتي أ ب جـ د ، ب هـ د ر وببعد ضلع المربّع الواقع في دائرة عظيمة تكون دائرة جـ ي أ ر عظيمة وتقاطع كلّ واحدةٍ من دائرتي أ ب جـ د ، ب هـ د ر على زوايا قائمة لأنّهما جازتا بقطبيهما كما تبيّن في شكل _ من مقالة _ من كتاب الأكر. وذلك ما أردنا أن نبيِّن. قال أبو الوفاء فقد تبيَّن بهذا العمل كيف نقسم الكرة بثمانية أقسامٍ متساوياتٍ مثلّثاتٍ متساوياتِ الأضلاعِ والزّوايا)).

(٣٧٩) غير موجود في أ.

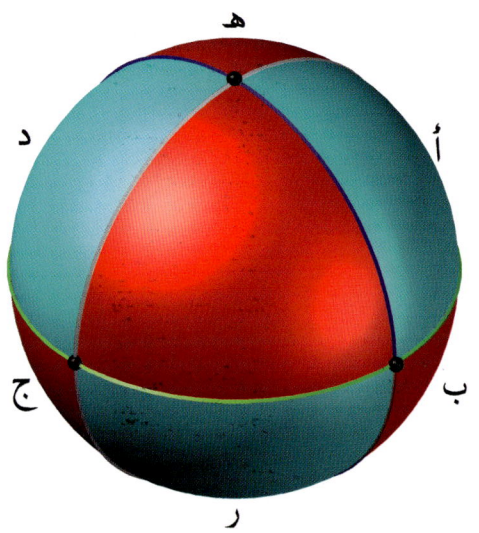

(ق_٥٢_ظ)

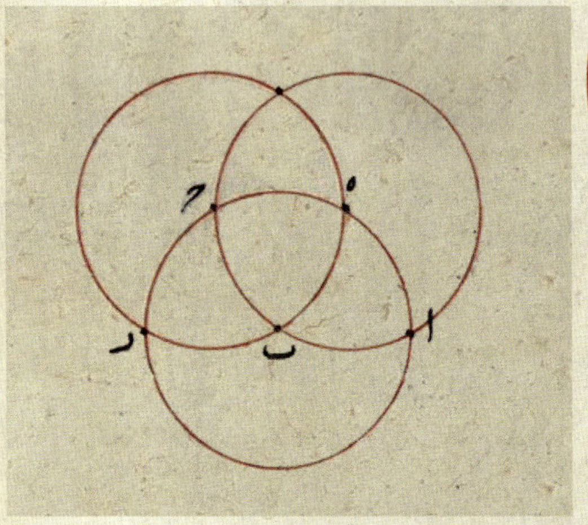

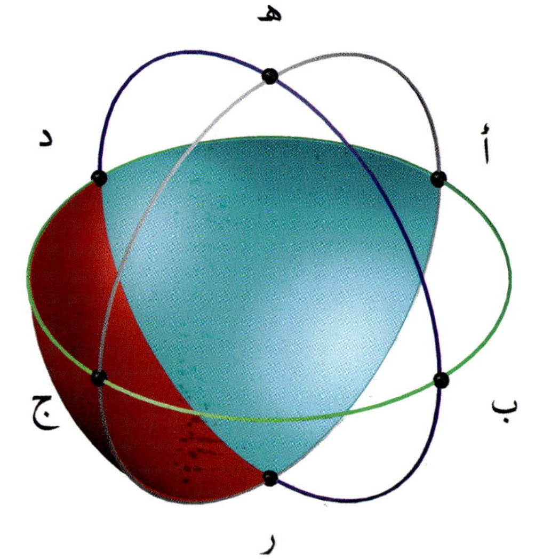

[شكل ربع كرة عليه الدّائرتان العظيمتان أ ب جـ د ، ب هـ د ر ونقطة القطب ب التي رسمنا منها دائرة عظيمة ببعد ربع الدائرة قوس ب جـ والدّائرة الثّالثة هي دائرة جـ هـ أ ر المرسومة من قطب ب .]

[كيفية قسمة الكرة بثمانية أقسام مثلّثات متساويات الأضلاع والزّوايا، عن طريق رسم ثلاث دوائر عِظام متقاطعة بزوايا قائمة.]

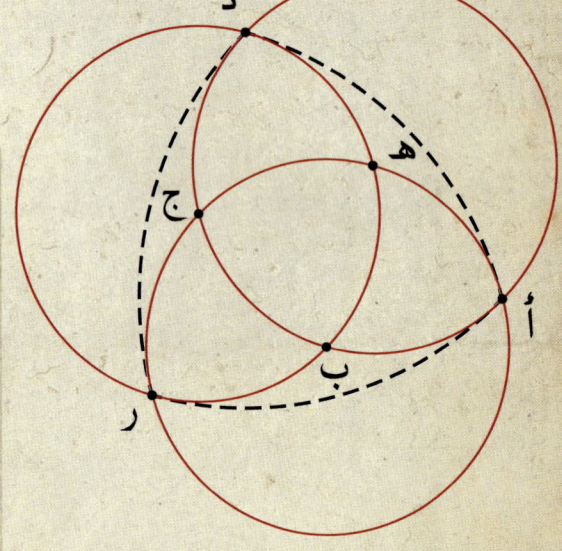

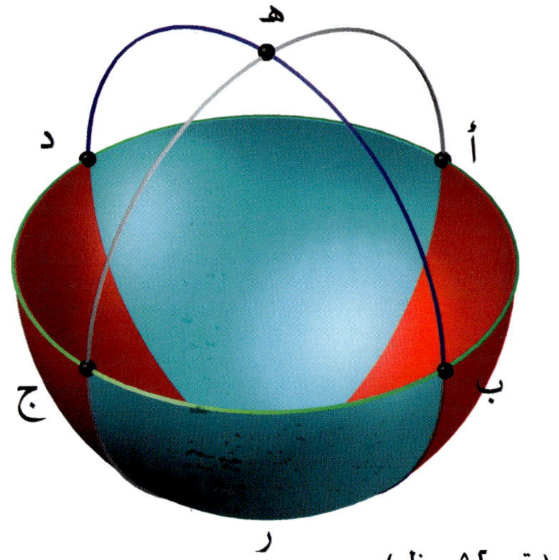

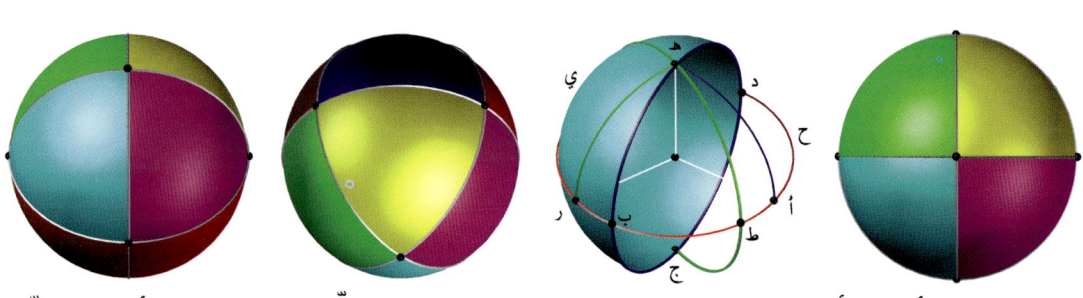

رسم ثلاثي الأبعاد / أيزومتري للكرة التي انقسمت بثمانية مثلّثات متساويات الأضلاع والزّوايا

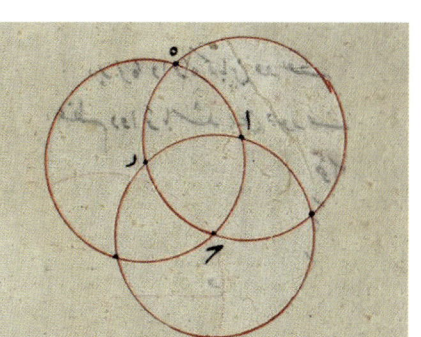

صورة الشكل ١٥٨ من ب. ((قنز)) ١٥٧ من ق.

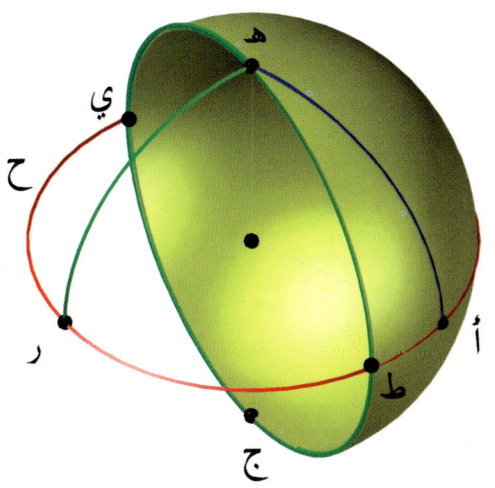

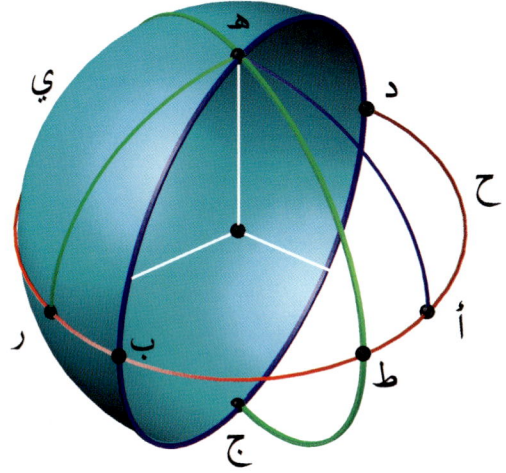

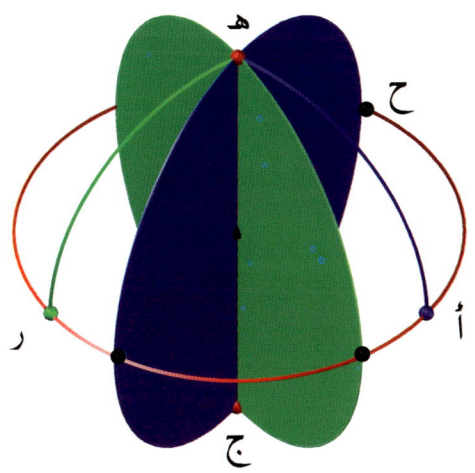

فإن قال: كيف نخطّ دائرة عظيمة تجوز على نقطتين على كُرة؟

جعلنا كلَّ واحدة من النقطتين قطباً، (وهما نقطتي أ، ر) (٣٨٠) وعملنا بِبُعد رُبع أعظم دائرة تقع عليها دائرتي جـ د هـ ب، جـ ر هـ أ تتقاطعان على نقطتي جـ، هـ. ثم جعلنا مواضع التّقاطع قطباً، وببعد النقطتين رسمنا دائرة أ ب ح، فتكون تلك الدّائرة عظيمة (فقد خططنا دائرة أ ب جـ عظيمة) (٣٨١) كما أردنا وهذه صورتها. (٣٨٢)

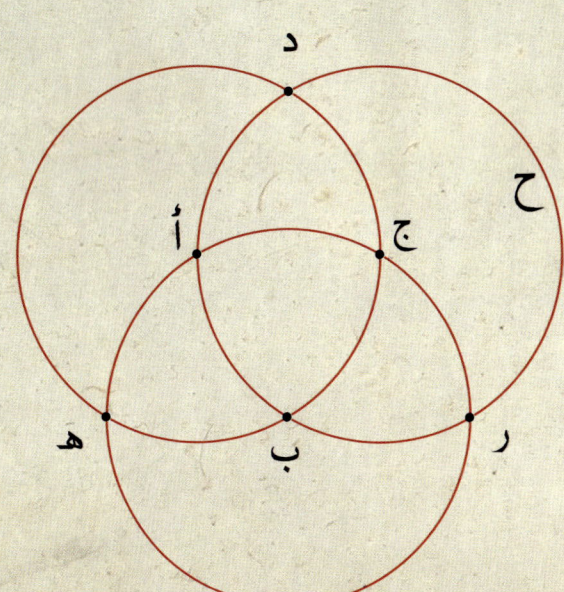

شَكل (١٥٨)

(٣٨٠) إضافة في أ. (٣٨١) إضافة في أ.

(٣٨٢) ورد في هامش الصفحة ٣١ نسخة أ. :((برهانه فلأنّ بعد النّقطة جـ من كلّ واحدة من النقطتين المعلومتين مثل ضلع المربّع الواقع في دائرة عظيمة تكون الدّائرة التي تَخطّ على نقطة جـ وببعد النقطتين المفروضتين دائرة عظيمة أعني دائرة أ ب ح. وذلك ما أردنا أن نبيّن)).

[نجعل نقطة ر قطباً ونعمل ببعد ربع دائرة عظيمة دائرة من النقطة المفروضة ر وهي دائرة جـ ط هـ ي تظهر باللون الأخضر.]

[نجعل نقطة أ قطباً ونعمل ببعد ربع دائرة عظيمة دائرة من النقطة المفروضة أ وهي دائرة جـ ب هـ د تظهر باللون الأزرق.]

[تتقاطع الدّائرتان العظيمتان المرسومتان من قطبيّ أ، ر على نقطتي هـ، جـ. نجعل أيّاً منهما قطباً ونرسم دائرة أ ر ح تجوز على نقطتي أ، ر المفروضتين.]

(٣٨٥) ورد في هامش الصفحة ٣٢ نسخة أ. :((قال الغندجاني قوله. مركز المثلّث نعني قطب الدّائرة التي يجوز محيطها على زوايا المثلّث لأنّ بعد أب مساوٍ لوتر الثّلث في الدّائرة التي يجوز محيطها على نقط أب هـ فتمكننا أن نجد قطره وليكن خطّ ط ك . ولنجد أيضاً دائرة مساوية لأعظم الدّوائرٍ التي تقع في الكرة ولتكن دائرة ط ل ك حتى يكون ط ك وتراً فيها ويمكن وجود ذلك بما بيّنه ثاوديوس في شكل ك. ونقسم قوس ط ك بنصفين على نقطة ل ثم نخطّ على نقطتي أ . ب وببعدٍ مساوٍ لـ ط ك دائرتين تتقاطعان على نقطة ولتكن نقطة ح فنقطة ح تكون قطب الدّائرة التي يجوز محيطها على نقط أب هـ وبرهان ذلك بيّن إذا أدّنى وعلى هذا المثال نجد مراكز المثلّثات الأخرى فلأنّ الأبعاد بين المراكز تكون متساوية فتكون القِسى التي تجوز عليها متساويات فتكون مثلّثات ح ط ك . ك ي ح . ط ك ي متساوية الأضلاع والزّوايا . وذلك ما أردنا أن نبيّن)).

فِي قِسمَةِ الكُرَةِ بأربَعَةِ أقسَامٍ مُتسَاوِيَة مُثلّثات متسَاويات الأضلاع

فإن قال : كيف تقسيم الكُرة بأربعة أقسامٍ متساوية مثلّثات متساوياتِ الأضْلاع والزَّوايَا ؟

عملنا عليها ثلاث دوائر عظيمة وهي دوائر أ ب جـ د ، ب هـ د ر ، جـ هـ أ ر ،

فنقسم الكرة بثماني مثلَّثات متسَاويات الأضْلاع وهي مثلّثـات أ ب هـ ، أ هـ د ، أ د ر ، أ ر ب ، جـ ب هـ ، جـ هـ د ، جـ د ر ، جـ ر ب .

ثم نرسم على مركز (٣٨٣) كلّ واحدٍ من المثلّثات قِسى من دوائر عظام نخرجها إلى مراكز المثلّثات التي تليها ،

فإذا إنتهى القِسى إليها عملنا على تلك المراكز أيضا وعلى الزّاويتين الباقيتين من كلّ مثلّث قوسين حتى ينتهي إلى مراكز المثلّثات ،

وتنقسم الكرة بأربعة أقسام وهي أربع مثلّثات متساويَات الأضْلاع والزّوايَا وهي مُثلّثات:

رح ط ، ب ح ر ، رك ح ، ك م أ ، ط ي ك .(٣٨٤)

وهذه صورتها .(٣٨٥)

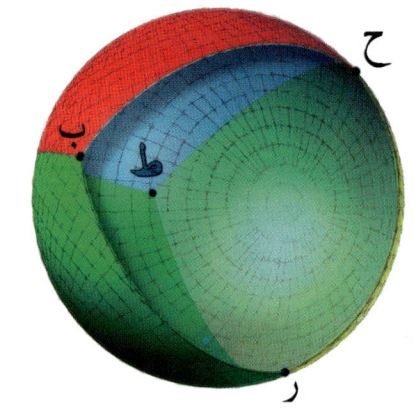

(٣٧٤) المثلّثات الأربعة هي رح ط ، ب ح ر ، ب ح ط ، ب ط ر

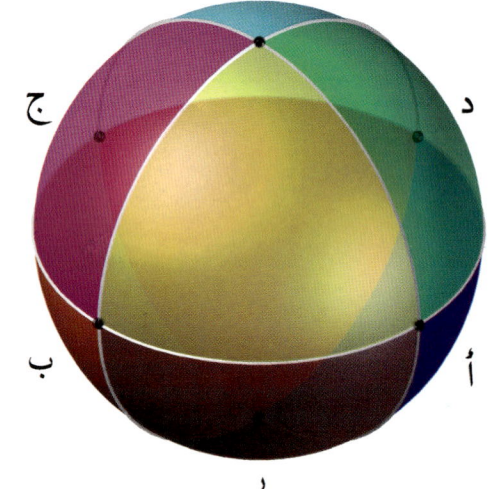

نرسم الدوائر العظيمة أ ب جـ د ، ب هـ د ر ، جـ هـ أ ر .

[تنقسم الكرة بثمانية مثلّثات متساويات، ثم نستخرج مركز كلّ مثلّث مثل مثلّث أ ب هـ وذلك برسم خطوط ب ح ، أ ي ، هـ ط من زوايا المثلّث إلى منتصفات الأضلاع المقابِلة لزواياه، تتقاطع على نقطة ك ،وهي نقطة مركز المثلث .]

(٣٨٣) استخراج مركز كل مثلّث باستخدام الطريقة المذكورة سابقا عن المثلّثات شكل رقم ٦٤ . وكيف نعمل على مثلّث أ ب جـ دائرة . فالمركز المستخرج للدائرة التي تجوز على زوايا المثلّث هو مركز المثلّث . حيث نصل قِسى من كل زاوية من زوايا المثلّث إلى منتصف الضّلع المقابل . ونقطة تقاطعها هي مركز المثلّث أو مركز الدّائرة التي تجوز على زوايا المثلّث .
(٣٨٤) أسماء المثلّثات خطأ وهي خمسة وليست أربعة.انظر الشكل الجانبي

[رسم ثلاثي الأبعاد / أيزومتري للكرة التي انقسمت بأربعة مثلّثات متساويات الأضلاع والزّوايا.]

شَكل (١٥٩)

صورة الشكل ١٥٩ من ب. ((قنح)) ١٥٨ من ق.

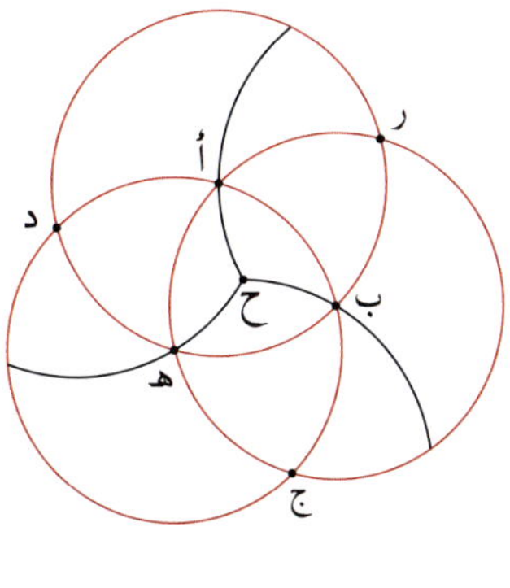

[القِسى التي تصل بين مراكز المثلثات الثمانية والقِسى من الدوائر العظام قد قسّمت الكرة إلى ٤٨ مثلثاً حيث قُسِم كلّ ثُمنٍ إلى ستّة مثلثات صِغار.]

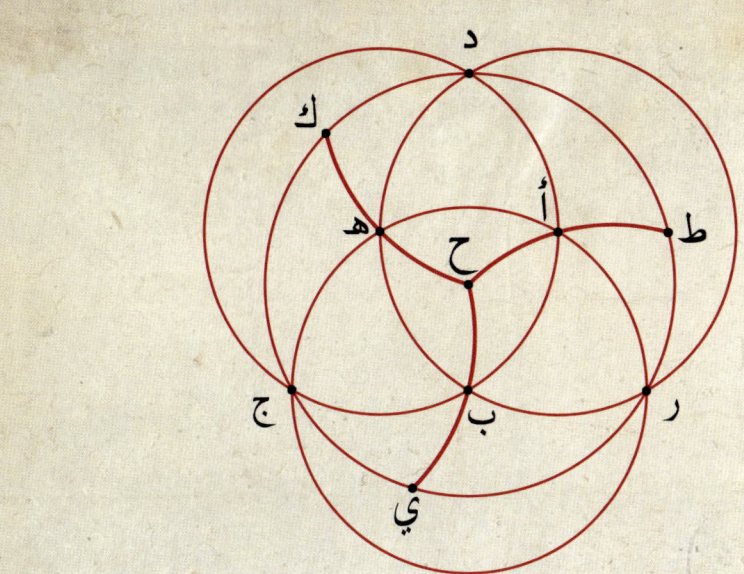

[تنقسم الكرة إلى أربعة مثلّثات كبار كل مثلّث يتكون من١٢ مثلّثاً صغيراً. زوايا المثلّث الكبير هي مراكز المثلّثات التي حدثت من الدّوائر العِظام.]

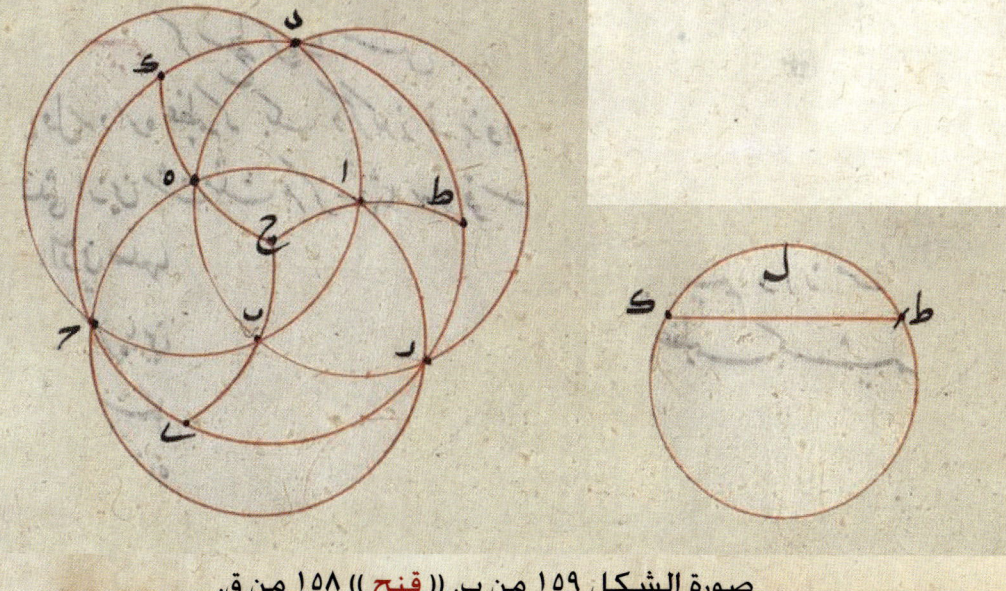

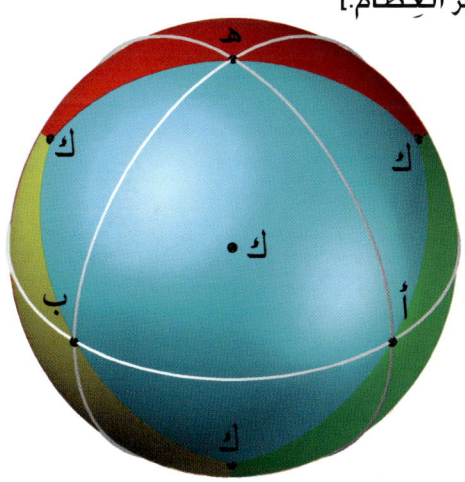

[نصل قِسى من دوائر عظام تجوز على مركزين ك من مراكز المثلّثات الثّمانية. وتكون الأقطاب أ ، ب ، جـ ، د ، هـ ، ر ، منتصفات الأضلاع فتنقسم الكرة بأربع مثلثات متساويات.]

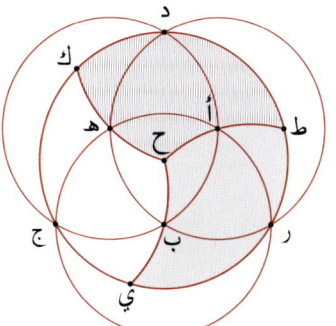

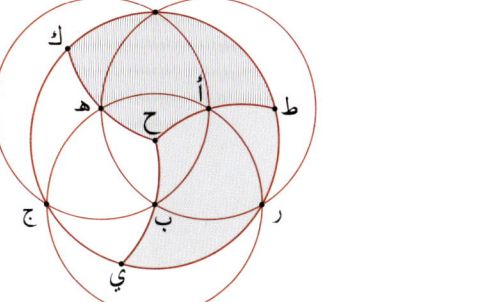

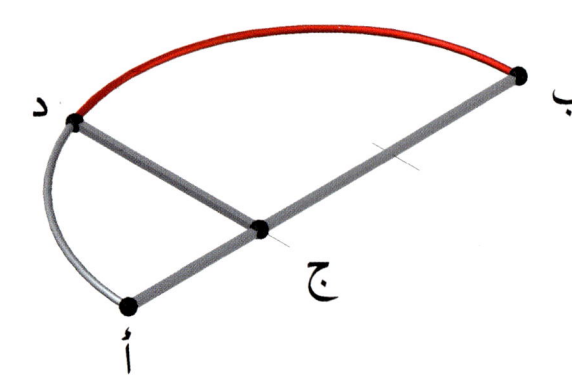

وجهٌ ثانٍ(٣٨٦)

فِي قِسمَة الكُرة بأربَع مثلّثات متساويات الأضلاعِ والزّوايَا إذا كان قُطرُها مَعلُوماً

فإن قال : كيف نقسم كرة بأربع مثلّثات متساويات الأضلاع والزّوايا إذا كان قُطرها معلوماً / مثل خط أ ب ؟
عمِلنا على خط أ ب نصف دائرة ،
وجعلنا خط أ جـ ثُلث أ ب ،
وأخرجنا خط جـ د عموداً على خط أ ب حتى ينتهي إلى نصف دائرة أ ب إلى نقطة د ،
وتعلّمنا على الكرة علامة ي ،
وجعلناها قطباً ،
وببعد ب د دائرة ط رح ،
وقسمناها بثلاثة أقسام متساوية على نقط ط، ر، ح ،
ورسمنا على القطب وعلى كل واحدٍ من نقط ر، ح، ط قوساً من دائرة عظيمة تلتقي على نقطة ي ،
وعلى كل نقطتين من نقط ر، ح، ط قوساً من دائرة عظيمة فتكون الكرة قد انقسمت بأربع مثلّثات متساويات الأضلاع والزّوايا وهي مُثلّثات : ي ح ر ، ي رط ، ي ط ح ، رح ط ،
وهذه صورة ذلك. (٣٨٧)

[نعمل على القطر أ ب نصف دائرة أ د ب نجعل خط أ جـ ثُلث القطر أ ب ، نخرج خط جـ د عمودي على القُطر أ ب ، طول قوس ب د هو البُعد المستعمل لاحقاً.]

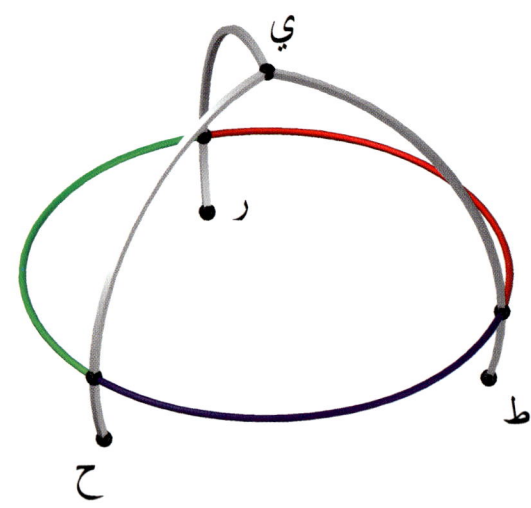

[نرسم من القطب ي ، أعظم دائرة على الكرة ونقسمها بالثُّلث، ثم نرسم قِسي عِظام ونضع علامات ببُعد قوس ب د وهي نقاط ر، ح، ط]

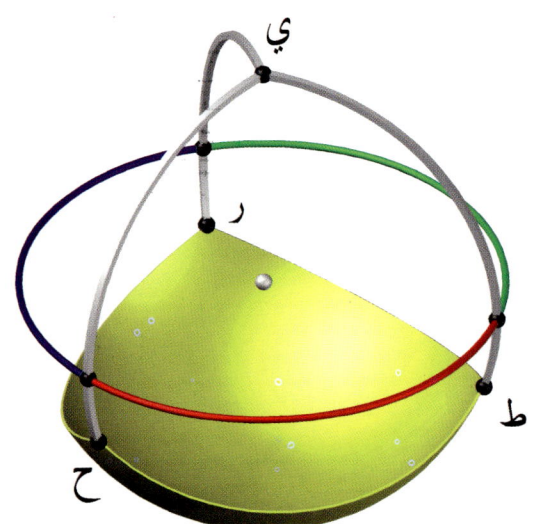

[نصل قِسي ط ر، ط ح، ح ر، فتنقسم الكرة بأربعة مثلّثات كما هو موّضح بالشّكل.]

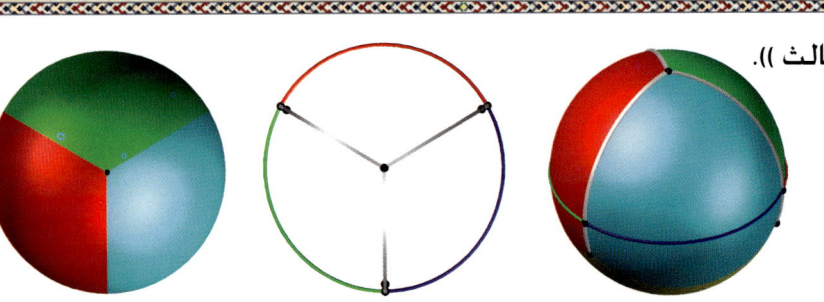

[مساقط مختلفة لتقسيم الكرة بأربعة مثلّثات.]

(٣٨٦) وردت في أ. ((ثالث)).

(٣٨٧) ورد في هامش الصفحة ٣٢ نسخة أ. :((برهان ذلك، لأنّ بعد ر د مساوٍ لضلع الشّكل المجسّم الذي تحيط به أربع مثلّثات متساويات الأضلاع والزّوايا كما بيّنه أقليدس في شكل ط من مقالة ي. فتكون قِسي ي ر، ي ح، ي ط الثّلاثة متساوية وهي التي يوترها أضلاع ذلك الشّكل. ولأنّ دائرة أ د ب من الدّوائر العظام في الكرة يكون من البيّن أنّ نصف قطر دائرة رح ط مساوٍ لخط جـ د ولأنّ نسبة مربّع ب د إلى مربّع جـ د كنسبة خط أ ب إلى خط أ جـ أعني نسبة ثلاثة أمثال. فمربّع ب د ثلاثة أمثال مربّع جـ ط فخط ب د إذن مساوٍ لضلع المثلّث الواقع في تلك الدّائرة وهي دائرة رح ط فإذاً قِسي رح، رط، ط ح متساوية ومساوية لِقِسي ط ي، ر ي، ح ي، وذلك ما أردنا أن نبيّن)).

(ق_٥٣_ظ)

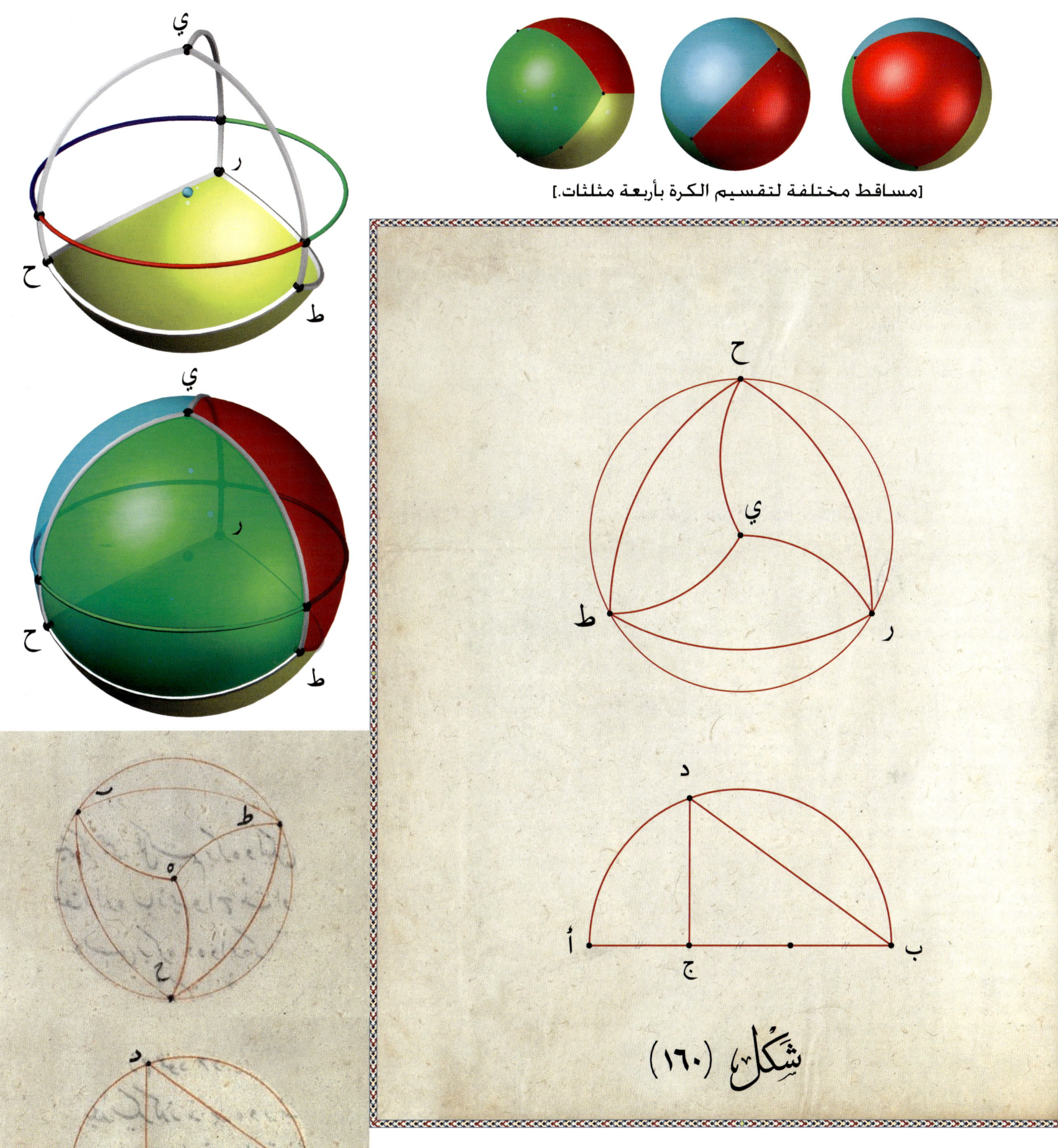

[مساقط مختلفة لتقسيم الكرة بأربعة مثلثات.]

شكل (١٦٠)

صورة الشكل ١٦٠ من ب. ((قنط)) ١٥٩ من ق.

٢٠٣

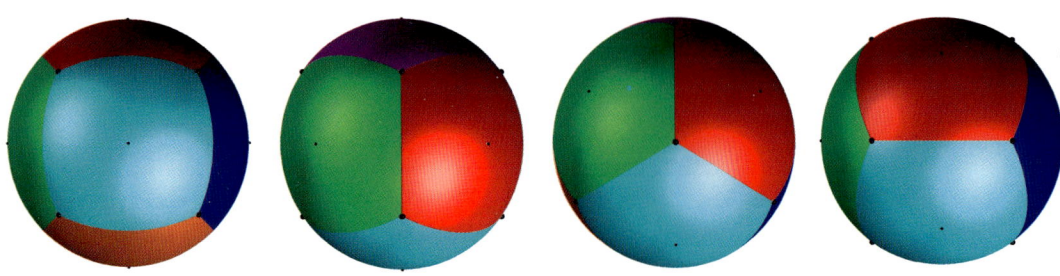

[مساقط مختلفة لتقسيم الكرة بسِتّةِ مربعات.]

فِي قِسمَة الكُرة بِسِتّةِ أقسَام مُتسَاوِيَاتٍ مربَّعات متسَاوياتِ الأضْلاع والزَّوَايَا

فإذا أردنا ذلك: رسمنا على الكرة ثلاث دوائر عظام تتقاطع على أنصافها على زوايا قائمة.

ثم رسمنا على مركز كل مثلّثين من الثّماني المثلّثات التي نجعل على الكرة، قوساً من دائرة عظيمة،

فتنقسم الكرة بستٍّ / مربّعات متساويات الأضْلاع والزّوايا،

(فقد عملنا ما أردنا أن نعمله)(٣٨٨) وهذه صورته.

شِكل (١٦١)

صورة الشكل ((قس)) ١٦٠ من ق.

صورة الشكل ١٦١ من ب.

(٣٨٨) إضافة في أ.

[القِسى التي تصل بين مراكز المثلّثات الثّماني تقسم الكرة إلى سِتّة مربّعات ، مراكز المثلّثات - نقاط ك - تمثل المكعَّب المرسوم داخل الكُرة كما هو مبيَّن في الشّكل].

[نرسم الدّوائر العظيمة أ ب جـ د ، ب هـ د ر ، جـ هـ أ ر
فتنقسم الكرة بثمانية مثلّثات متساويات.]

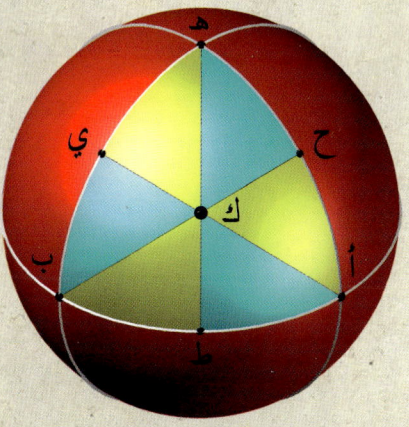

[ثم نستخرج مركز كل مثلّث، كمثلّث أ ب هـ
نقطة ك هي مركز المثلّث وتنتج بتقاطع القِسى المرسومة من زوايا المثلّث
إلى منتصفات الأضلاع المقابلة ، أو مركز الدّائرة التي تجوز على زوايا المثلّث]

[مراكز المثلثات هي زوايا هذا المكعّب.]

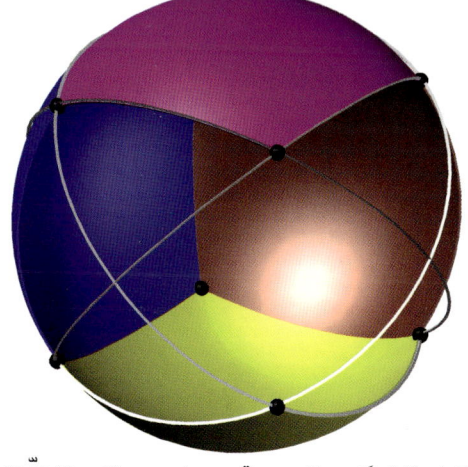

[شكل القِسَى التي تجوز على مراكز المثلّثات.]

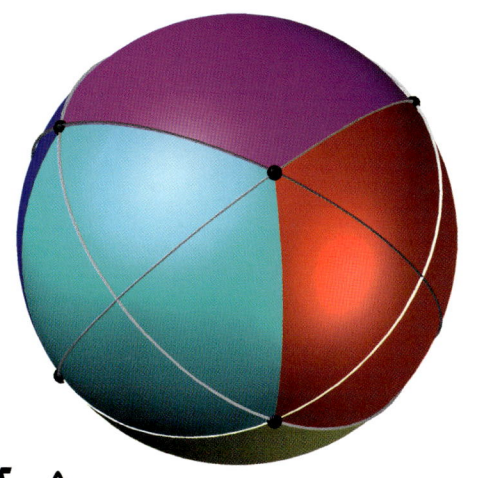

وجهٌ آخر في قسمة الكرة بستّـةِ أقسامٍ مربَّعات مُتسَاويَاتِ الأضْلاع والزَّوايا

على جهةٍ أخرى، فإن قال: كرة قطرها أب كيف نقسمها بستِ مربّعات متّساويات الأضْلاع والزَّوايَا؟

عملنا على خط أب نصف دائرة وجعلنا خطّ أجـ ثُلث أب، وأخرجنا من نقطة جـ عمود جـ د[٣٨٩] على خط أب ورسمنا على الكرة دائرتين تتقاطعان على زوايا قائمة على نقطتي هـ، ر وجعلنا نقطتي هـ، ر مركزاً قطباً، وعملنا بِبُعد أد[٣٩٠] علامات ح، ط، ي، ك، ل، م، ن، س ورسمنا على هذه النُّقط دوائر عظام، أعني على نقط ح، ط، ي، ك أربع قِسى وعلى نقط ل، م، ن، س أربع قِسى فتنقسم الكرة بستّةِ/ أقسام مربّعات متساويات الأضلاع والزّوايا. وهذه صورتها[٣٩١]

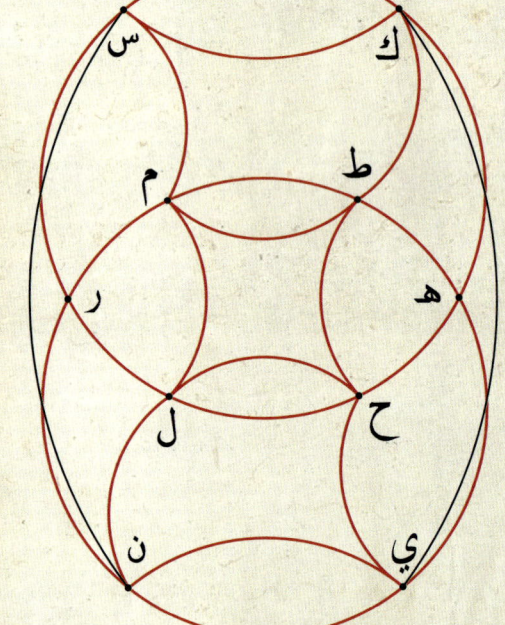

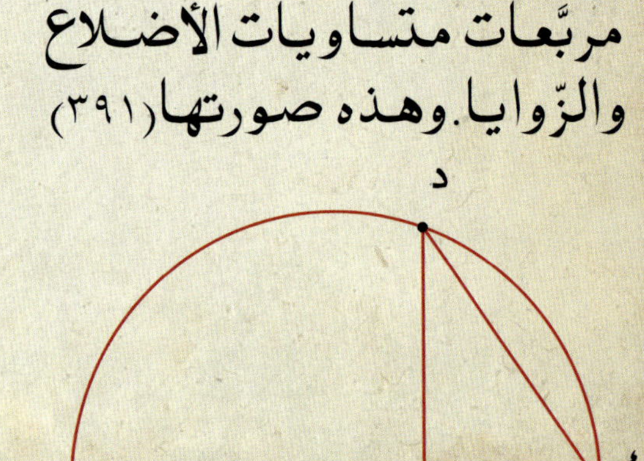

شكل (١٦٢)

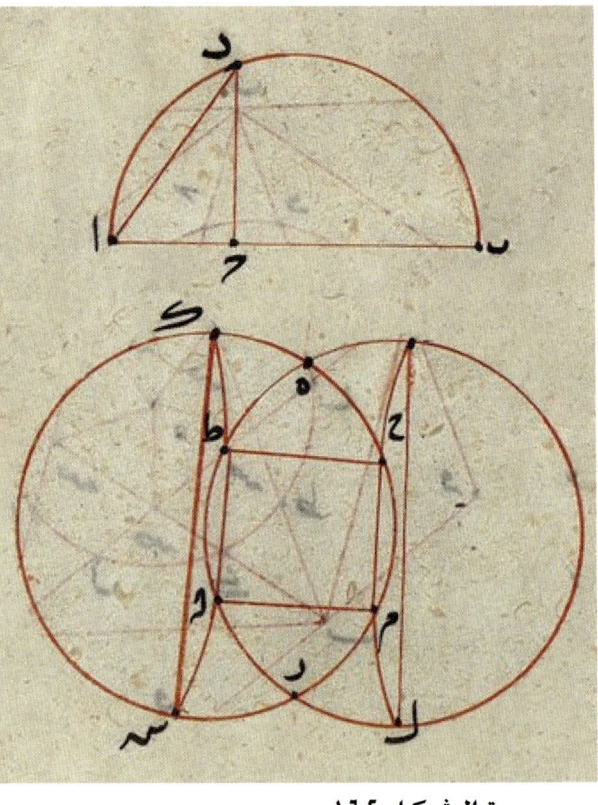

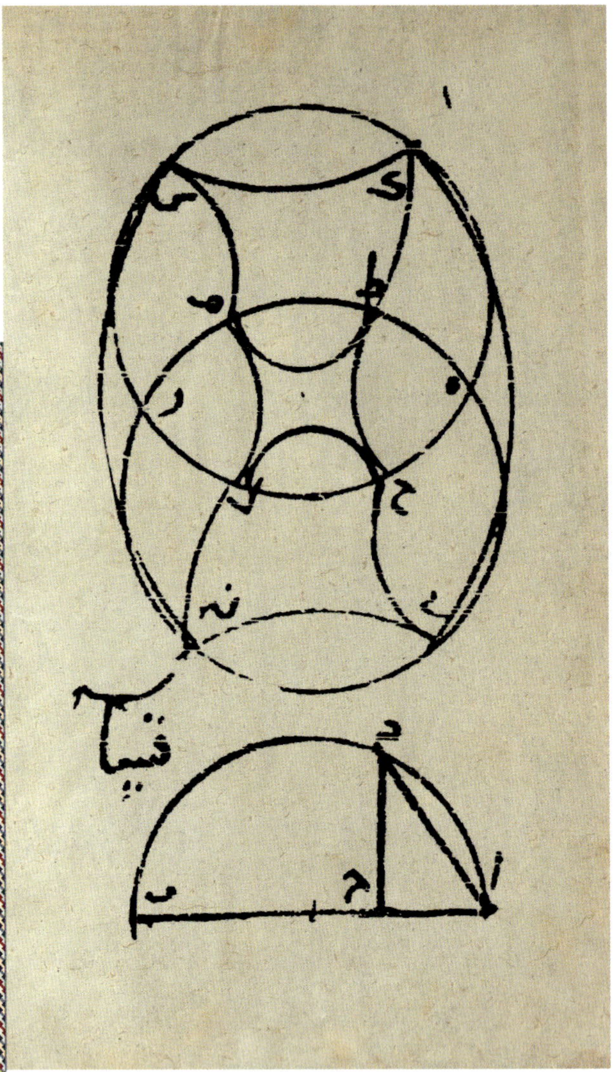

صورة الشكل «قسا» ١٦١ من ق.

صورة الشكل ١٦٢ من ب.

(٣٨٩) وردت في أ. «أجـ»

(٣٩٠) وردت في أ. «أجـ»

(٣٩١) انظر الصفحة المقابلة.

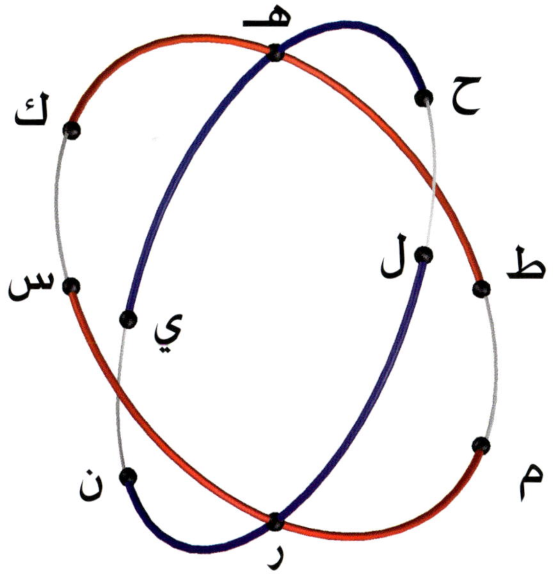

(٣٩١) ورد في هامش الصفحة ٣٢ نسخة أ. :((قال الغندجاني قوله، جعلنا كلّ واحدةٍ من نقطتي هـ ، ر قطباً وعملنا ببعد أ د نقط ح ، ط ، ي ، ك ، ل ، م ، ن ، س يجب أن يكون هكذا وعملنا ببعد وتر نِصْفِ قَوسِ د ب نقط ح، ط، ي، ك، ل، م، ن، س فيكون من البيِّن أنّ قِسى ح ك ، ط ي ، ن م ، ل س الأربع المتساوية كلّ واحدةٍ منها مساوية لقوس ب د لأنّ كلّ واحدةٍ من الدّائرتين المتقاطعتين على الكرة مساوية لدائرة أ ب وذلك أنّ خطّ أ ب قطر الكرة المفروضة ويكون قطر الدّائرة التي تجوز على نقط ح ، ط ، ي ، ك إذ بعد هذه النّقط من قطب ر متساوية ومساوياً لنصف وتر د ب والدّائرتان متقاطعتان على زوايا قائمة وهذه الدّائرة تنقسم بأربعة أقسامٍ فيكون المربّع الكائن من قطرها ضعف المربّع الكائن من كلّ واحدةٍ من أوتار ح ط ، ط ك ، ك ي ، ي ح لكنّ مربّع د ب أيضاً ضعف المربّع الكائن من خطّ أ د لأنّ خط ب جـ ضعف خطّ أ جـ فيكون كلّ واحدٍ من أوتار قِسى ح ط ، ط ك ، ك ي ، ي ح مساوياً لخطّ أ د وكذلك نبيِّن أن كلّ واحدٍ من أوتار ب ل ، ل م ، م ن ، ن س مساوٍ لخطّ أ د وأيضاً لأن مجموع قوسَي هـ ح ، ح ل مساوٍ لقوس ب د ونصف دائرة أ د ب مساوٍ لنصف دائرة هـ ح ل ر فتبقى قوس ح ل إذاً مساوية لقوس أ د وكذلك نبيِّن أنّ أوتار قِسى ي ن ، ط م ، ك س مساوٍ كلّ واحدٍ منها لوتر أ د فهذه القِسى الاثني عشر متساوية فقد انقسمت الكرة بستِّ مربّعاتٍ متساوياتٍ ، وذلك ما أردنا أن نبيِّن)).

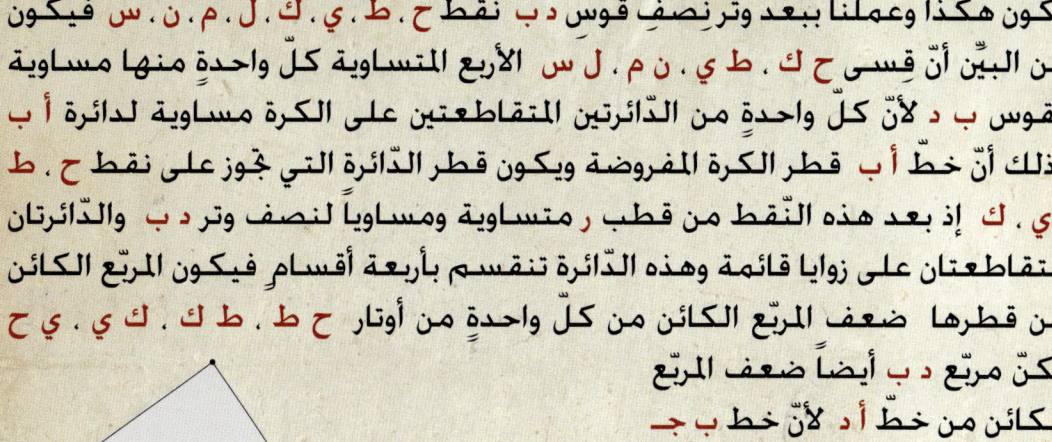

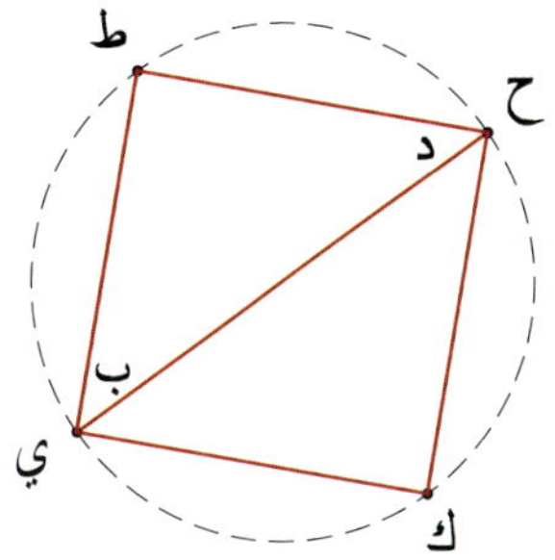

[الدائرة التي تجوز على نقط ح ، ط ، ي ، ك قطرها مساوٍ لخط د ب.]

١/٢ = أ ج/ج ب = (أ ج)²/(ج د)² = (ج د)²/(ج ب)² = (أ د)²/(د ب)²

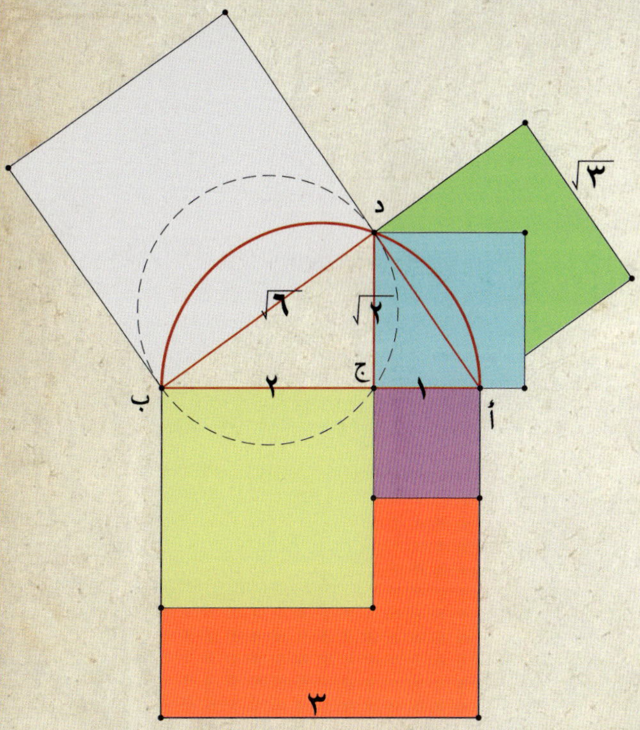

[الشكل إضافة من المحقّق.]

[هذه الصفحة هي برهان المسألة وردت على هامش الصفحة ٣٢ من مخطوطة أ. وليست جزءاً من الكتاب.]

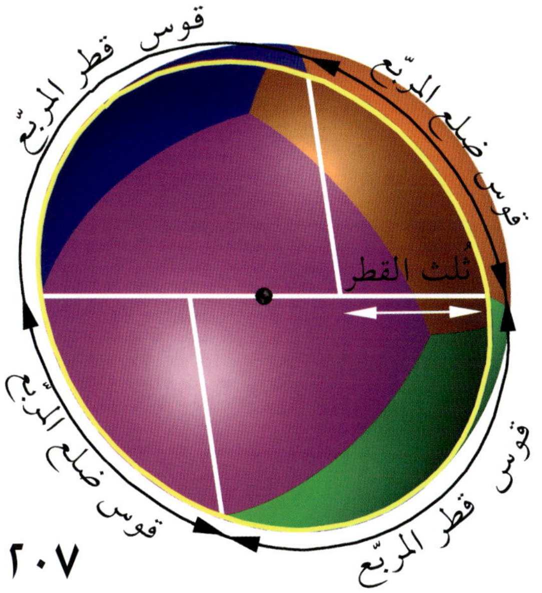

نصف كرة موضّح عليه قوس ضلع المربّع وقطر المربّع

[أيزومتري لنصف كرة ، عليه نقط ص ، ق
والدائرة العظيمة المقسّمة بعشر نقط.]

[أيزومتري للكرة المقسّمة بعشرين مثلثاً.]

[مسقط أفقي للكرة المقسّمة بعشرين مثلثاً.]

قِسمَة الكُرة بعِشرين قِسماً مُتسَاوِية مُثلَّثــات الأضْــلاع والزَّوَايا

فإن قال: كيف نقسم كرة بعشرِين قسماً متسَاوية ، مُثلَّثات متسَاويات الأضلاع والزَّوايَا ؟

خططنا على الكرة أعظم دائرة تقع عليها ، ولتكن دائرة أب جـ د وقطباها قطبا(٣٩٢) هـ ، ر ،

ونقسمها بعشرة أقسام متساوية ، وهي أقسام أب ، ب جـ ، جـ د ، د ح ، ح ط ، ط ك ، ك ل ، ل م ، م ن ، ن أ ،

ونجعل على كلّ واحدةٍ من نقطتي أ ، ب مركزاً ،

وببعد قوس ب جـ دائرتين تتـقـاطعان على نقطة صٓ في جهة قطب هـ ،

ثم نجعل نقطتي ب ، جـ أيضا قطبين ،

وببُعد قوس ب جـ ، دائرتين تتـقاطعان على نقطة ق في جهة قطب ر ،

ونعمل على كلّ قسم من الأقسام العَشرة من الدَّائرة العَظِيمة المقسُومة دوائر تتـقاطع على نقطة صٓ في جهة قطب هـ ، وعلى نقطة ق في جهة قطب ر ،

فيحصل لنا(٣٩٣) خمس نقط في جهة قطب هـ عليها صٓ وخمس نقط من جهة قطب ر عليها ق ،

ثم نجيز على علامتين من تلك العلامـات ، أعني علامات صٓ وعلامات ق قسيّاً من دوَائر عِظام فتحصل لنا عشر

(٣٩٢) وردت في أ. ((نقطتا))
(٣٩٣) إضافة في أ.

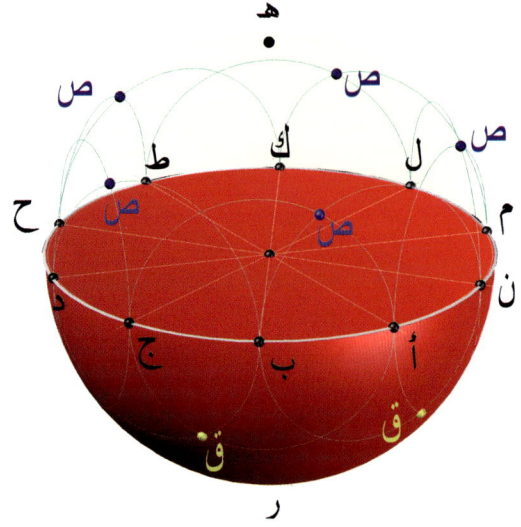

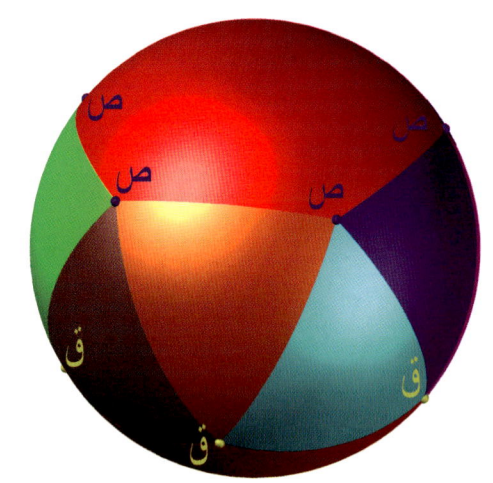

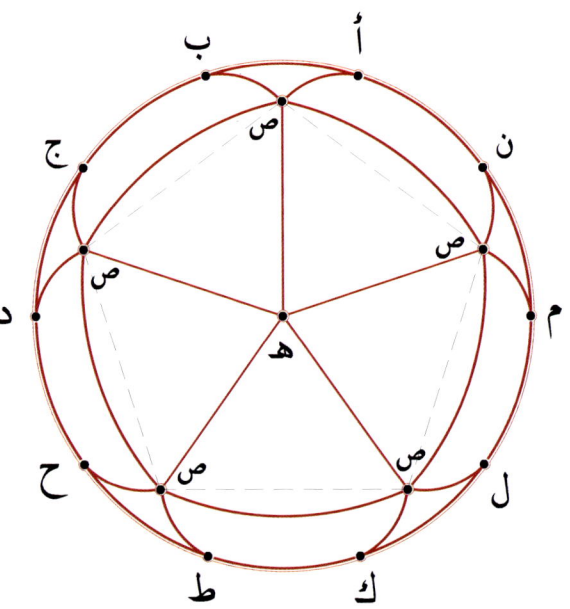

مُثلَّثـات رؤوسِّها صَ صَ وقواعدها ق ق ،
ثم نجعل كلٍّ واحدةٍ من علامات صَ وقِطب هـ ، وببُعد
هـ جـ قوساً من دائرة عظيمة ، وعلى كل واحدٍ من علامات
ق وقطب ر قوسـا من دائرة عظيمـة، فتحصل لنا خمس
مثّلثات رُؤوسها نقطة هـ وخمس مُثلّثات رؤوسها نقطة ر
وتنقسم الكرة بعشرين مثلثاً متساويات الأضلاع والزَّوايَا
وهذه صورتها .

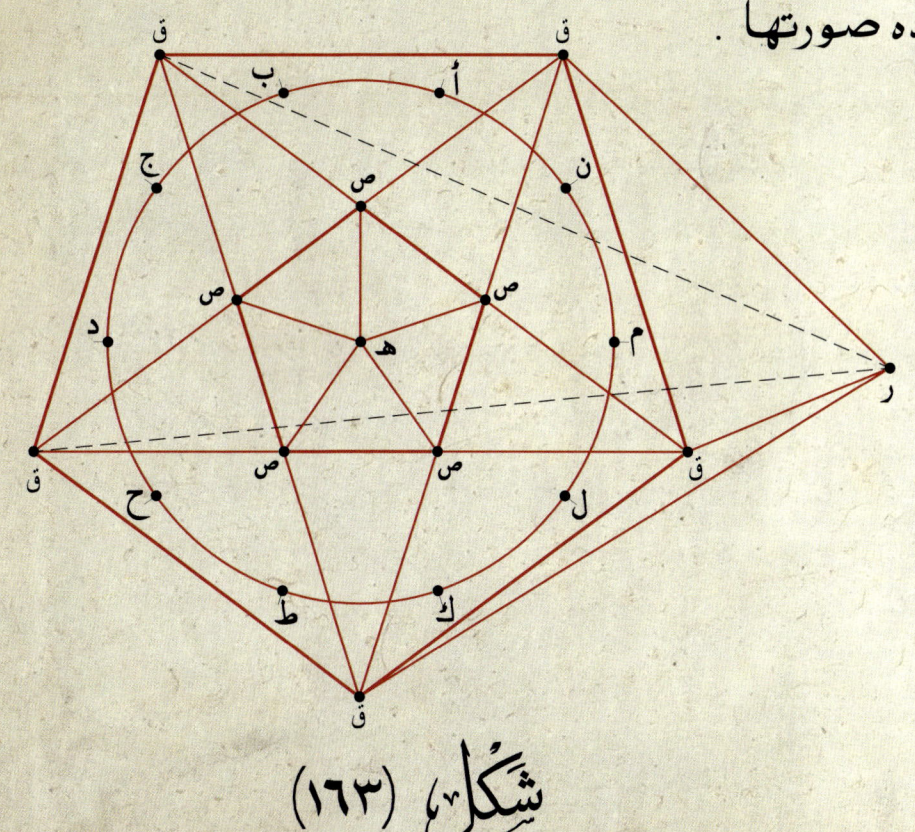

شَكل (١٦٣)

[يوجد هذا التنويه بجانب الرسم الأصلي.]

"هذه الخطوط المستقيمة بدل عن القِسِيِّ."

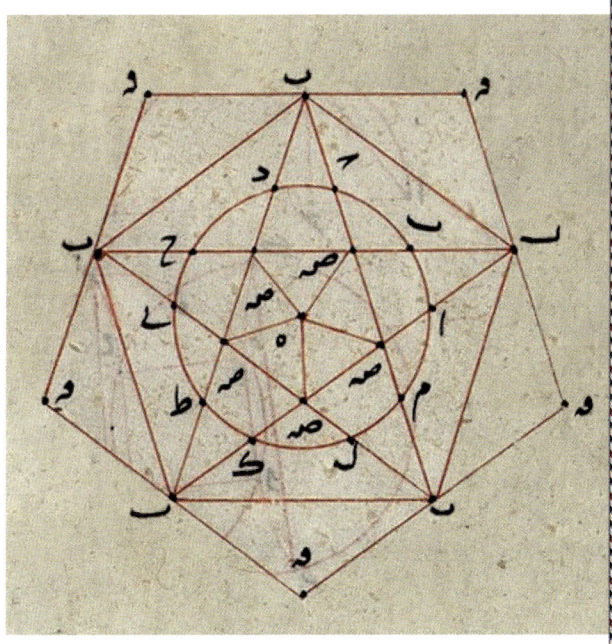

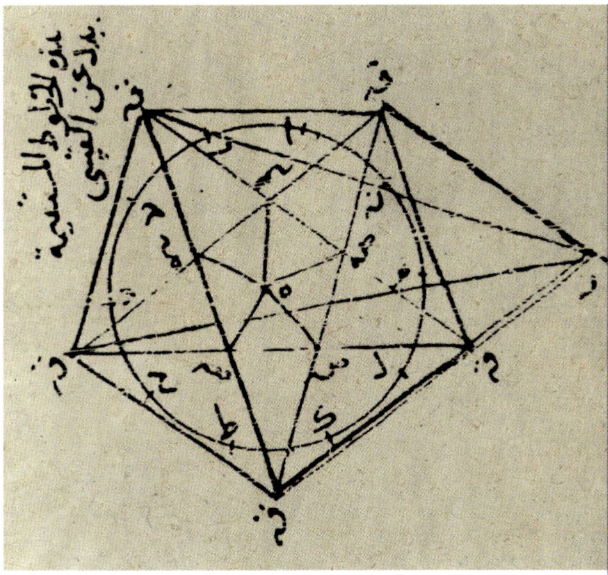

صورة الشكل «قسب» ١٦٢ من ق.

صورة الشكل ١٦٣ من ب.

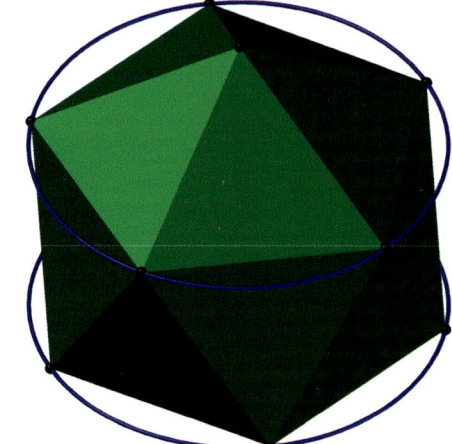

(ق_٥٥_ظ)

(أ_٣٣_ظ)

[شكل أيزوميتري لذي العشرين قاعدة ، يوضح رؤوس المثلّثات ، والدّائرتين اللّتين قُسِّمتا إلى خمسة أجزاءٍ ، باللّون الأزرق.]

عمل ذلك على وجهٍ آخر /

فـإذا أردنا أن نقسِـم الكُرة بعشـرين قسـماً(٣٩٤) مُثلّثات مُتساويَات الأضْلاع والزّوايا قُطرها مثل خطِّ أب عملنا أيضاً على خط أب نصف دائِرة أجـب وجعلنا أد(٣٩٥) خُمس أب و أخرجنا عمود دجـ على خطّ ب د وجعلنا نقطة أ مركزاً وبِبُعد جـأ دائرة جـهـر ، وجعلنا قوس جـهـ خُمس دائرة جـهـر وتعلّمنا على الكرة نقطة ح كيـف ما اتفقت وجعلناها قطباً، وببعد جـهـ دائرة على الكرة وقسمنا الدّائرة بخمسة أقسامٍ متساويةٍ عليها ط ط ورسمنا على كلّ نقطتين منها قوساً من دائرة عظيمة وعلى كل نقطة منها وعلى القطب أيضاً قوساً من دائرة عظيمة، فتحصّل لنا على الكرة خمس مثلّثات متساويات الأضلاع والزّوايا رؤوسها نقطة ح وقواعدها قِسي ط ط ثم جعلنا كلّ واحدةٍ من نقط ط / قطباً وأدرنا ببُعد الأخرى دوائر تتقاطع على نقطة ي ثم جعلنا على كل نقطتين من نقط ط وكل نقطتين من نقط ي قسيّاً من دوائر عظام فتحصّل لنا عشر مُثلّثات متساويات الأضلاع والزّوايا ثم نجعل (كلّ نقطتين من نقط)(٣٩٦) ي قطباً

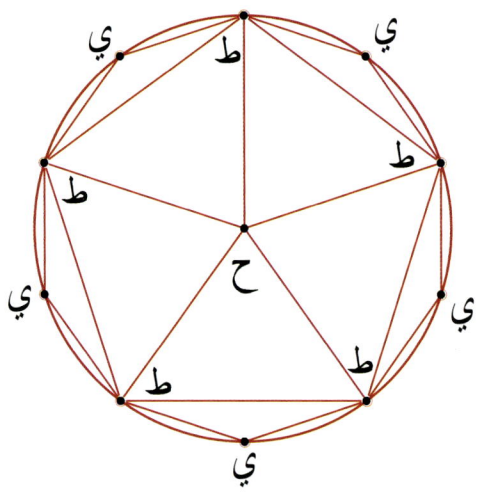

[مسقط أفقي لنقاط التقسيم.]

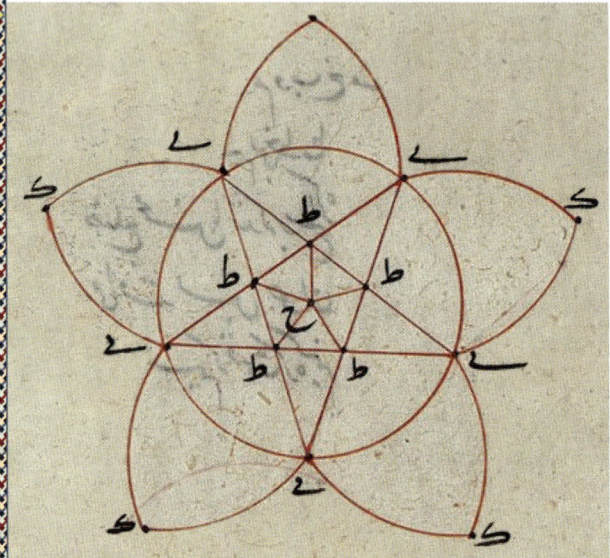

صورة الشكل ١٦٤ من ب.

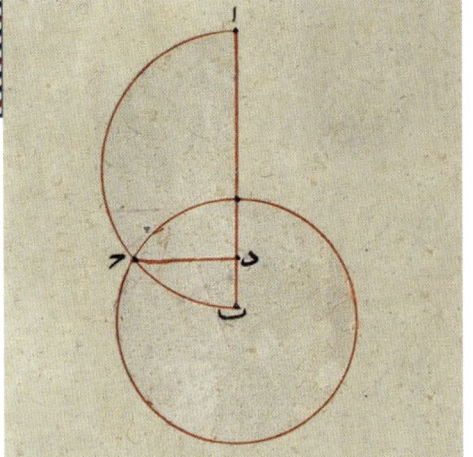

(٣٩٤) إضافة في أ.

(٣٩٥) وردت في ق. ((ب د)) خطأ والصواب حسب الشّكل ونسخة ب.

(٣٩٦) وردت في ق. ((نقطة من قطب)).

وببعد الأخرى دوائر تتــقاطع على نقطة ك، ثم نرسم على كلّ واحدةٍ من نقط ي وعلى نقط ك قِسياً من دوائر عِظام فتحصل لنا خمسة مثلّثات متساويات الأضلاع، وتنقسم الكـرة بعشّرين قِسما مثلّثات متساويات الأضلاع والزّوايـا وهـذه صورتهما(٣٩٧). /

شِكْل (١٦٤)

(٣٩٧) ورد في هامش الصفحة ٣٣ نسخة أ. :((برهانه أنّ أقليدس في شكل بط من قول بجـ من الأصول. أنّ مربّع قطر الكُرة خمسة أمثال مربّع قطر الدّائرة التي ضلع مُخمّسها هو ضلع ذي العشرين قاعدة الواقع في تلك الدّائرة . فبيِّنٌ إذن أنّ دائرة هـ جـ ر هي الدّائرة التي ضلع مخمّسها ضلع ذي العشرين قاعدة الواقع في تلك الكرة التي قطرها أ ب وقوس جـ ر هي خُمس هذه الدّائرة ووترها إذن ضلع مثلّث ذي العشرين قاعدة وقد خطّ على الكرة على نقطة ح وببعد وتر جـ ر دائرة ط ط وهي إذن الدّائرة التي ضِلع مُخمّسها ضِلع مثلّث ذِي العشرين قاعدة كما بيّن هذا في الشّكل المقدّم ذكره .وفي الشّكل الأخير من هذه المقالة.

وقد قُسِمت بخمسة أقسامٍ على نقط ط ، ط وأوتارها ط ط هي أضلاع المثلّث ذي العشرين قاعدة فإذن قِسي ح ط . ح ط الخمس وقِسي ط ط الخمس التي كلّ واحدةٍ منها من دائرة عظيمة متساوية وهذه المثلّثات الخمس متساوية الأضلاع التي هي قسي تمرّ على كلّ نقطة من نقط ط .ط وببعد النّقطة الأخرى قسيّاً من دوائر عظام وهي قِسي ط ي فبيّنٌ أنّها كلّها مُتساوية ولذلك القِسي التي تتبقّى أعني التي عليها ك ي . ك ي متساوية لأن نقطة ك هي القطب المقابل لنقطة ح. فقد عمل شكل ذو عشرين قاعدة قسيّاً متساوية على بسيط الكرة .وذلك ما أردنا أن نبيِّن)).

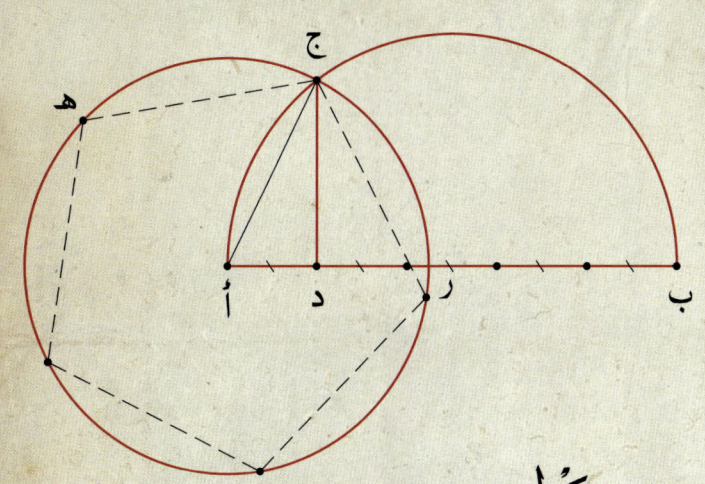

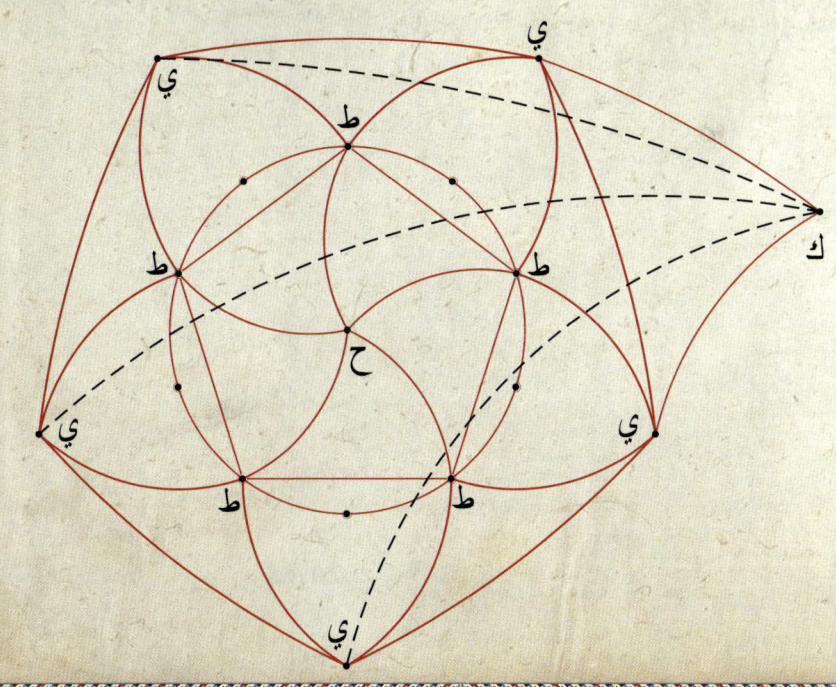

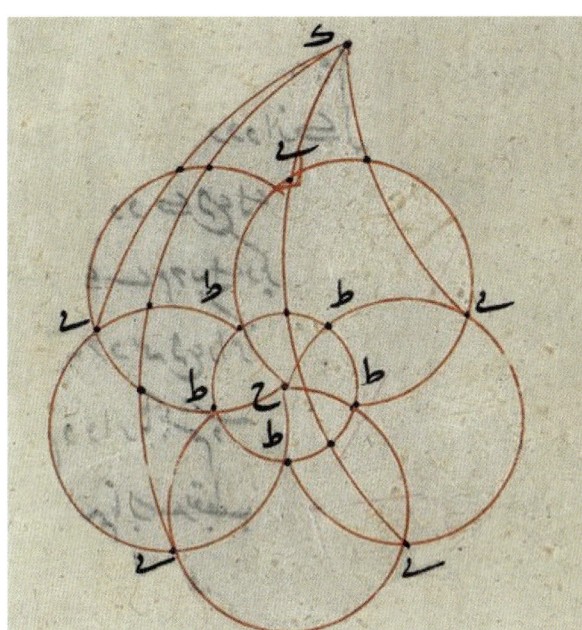

صورة شكل آخر ١٦٤ من ب.

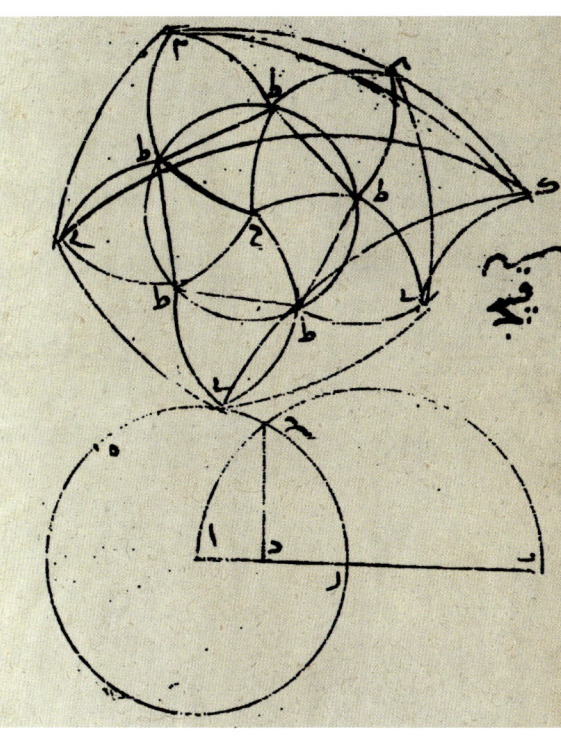

صورة الشكل ((قسجـ)) ١٦٣ من ق.

[أيزومتري يوضّح القِسي من القطب ح إلى نقط ط ط .]

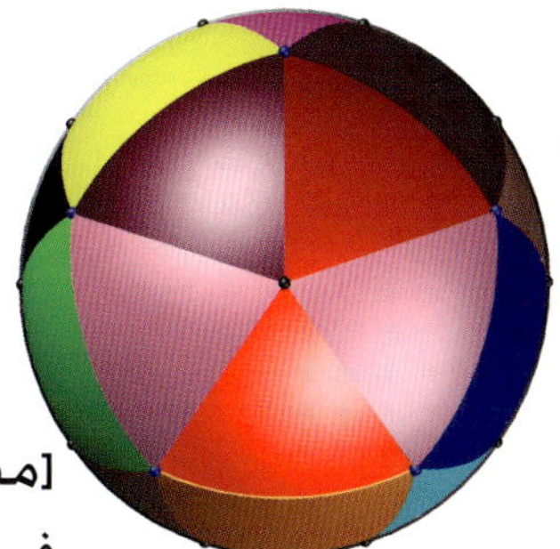

[مسقط أفقي للكرة تظهر فيه خمس مثلّثات في الأعلى على شكل مخمّس حول القطب.]

(ق_٥٦_ظ)

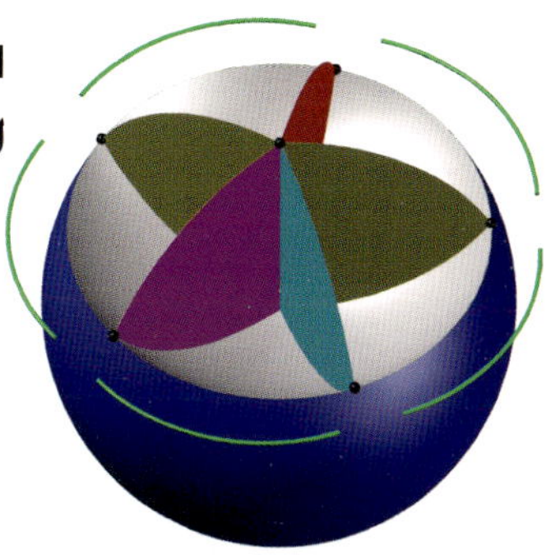

(٣٩٨) ورد في هامش الصفحة ٣٣ نسخة أ. :((برهانه لأنّ شكل ذي العشرين قاعدة له اثنتا عشرة زاوية مجسّمة وكلّ زاويةٍ يحيط بها خمس زوايا من زوايا المثلّثات فتكون مراكز المثلّثات التي تحيط بتلك الزّوايا خمسة . فالخّطوط الخّمس التي تصل بينها خمس خطوط والأبعاد التي بين المراكز متساوية . لِتساوي المثلّثات فتكون الخطوط الخمس متساوية . فذلك الشّكل الذي يحدث مُخمّس مُتساوي الأضلاع لأنّ أبعاد المَراكز من زاويتين من المثلّثات المجتمعة عند نقطة واحدة متساوية . فالدّائرة التي نخطّ على تلك النّقطة وببعد مركز من مراكز المثلّثات من تلك النّقطة يجوز محيطها على المَراكز البَاقية . فذلك المخمّس المتساوي الأضلاع هو مُتساوي الزّوايا لإحاطة الدّائرةً كما بيّنه أقليدس في شكلٍ نا من مقالة د. ولذلك كلّ المخمّسات التي تحدث ممّا يلي الزّوايا البَاقِية المخمّسة وقد قلنا أنّهَا اثنتي عشرة فالمخمّسات اثنا عشر مخمّساً . فالشّكل الحادث هو ذو اثنتي عشرة قاعدة مخمّسات متساويات الأضلاع والزّوايا . وذلك ما أردنا أن نبيِّن)).

قِسْمَة الكُرَة باثني عَشر قِسْمَاً مُتسَاوِية مُخمَّسَاتٍ متسَاويَاتِ الأضْلاع

فإذا أردنا ذلك قسَمنا الكُرة بعشرين قِسماً متسَاوية مثلّثاتٍ متساوِياتِ الأضْلاع والزَّوايا ثم رسمنا على مراكز المثلّثات قسِيّاً من دوائر عِظام فتنقسم الكُرة باثنيْ عشر قسماً مخمّسَاتٍ متساوياتِ الأضْلاَع والزَّوايَا وهذه صورتها . (٣٩٨)

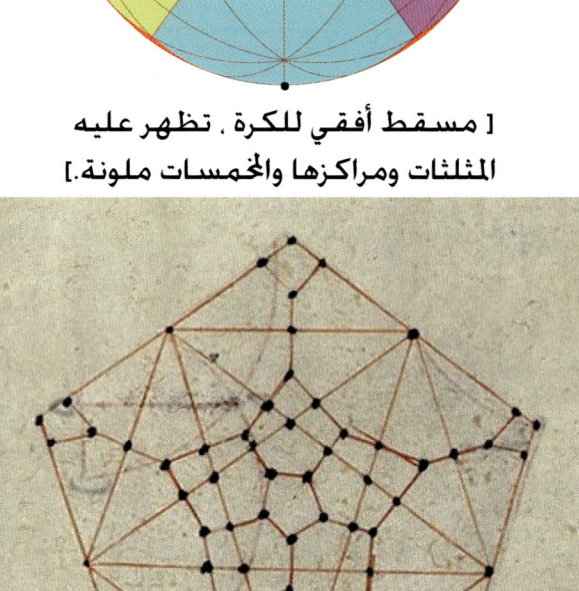

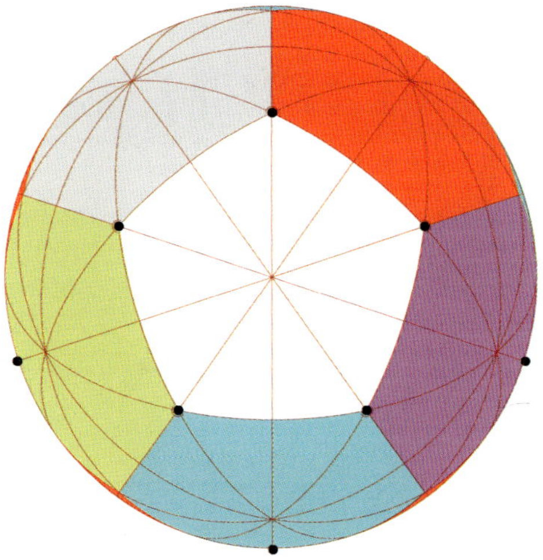

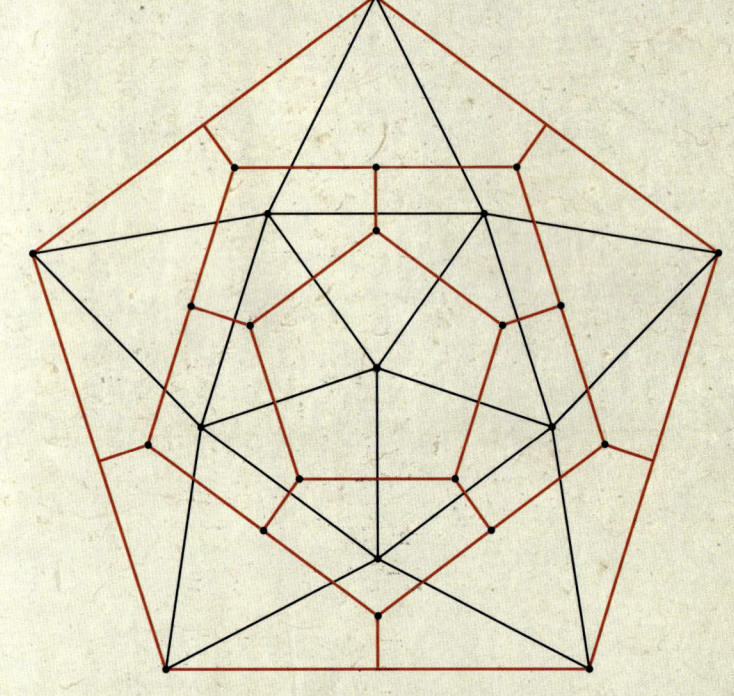

شَكْل (١٦٥)

[يوجد هذا التنويه بجانب الشّكل ((قسد)) من ق.]

" هذه الخطوط المستقيمة بدل عن القِسِيّ . "

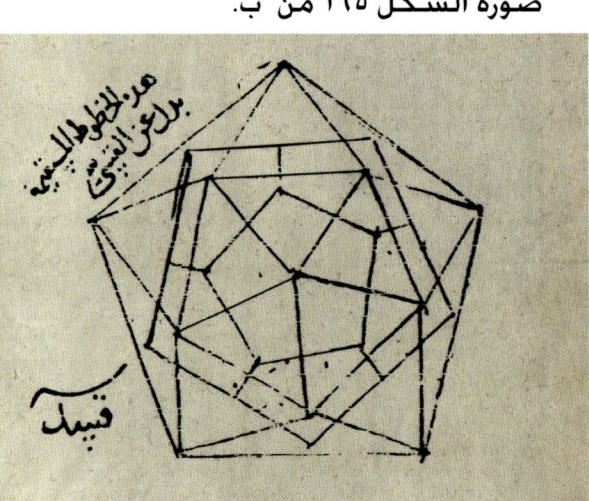

[مسقط أفقي للكرة . تظهر عليه المثلثات ومراكزها والمخمسات ملونة.]

صورة الشكل ١٦٥ من ب.

صورة الشكل ((قسد)) ١٦٤ من ق.

[أيزومتري للكرة تظهر فيه المخمسات ومراكز المثلثات.]

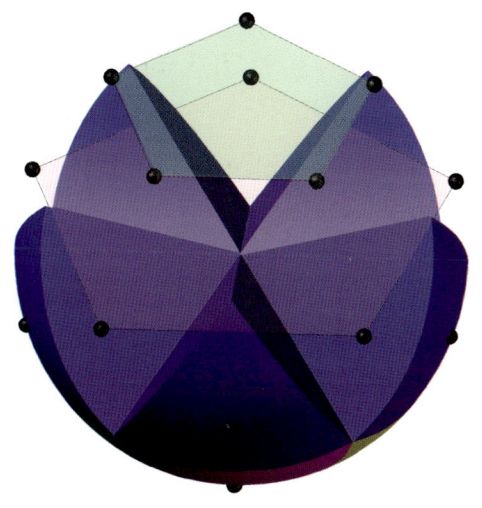

مسقط افقي للكرة تظهر فيه
المثلّثات ومراكزها

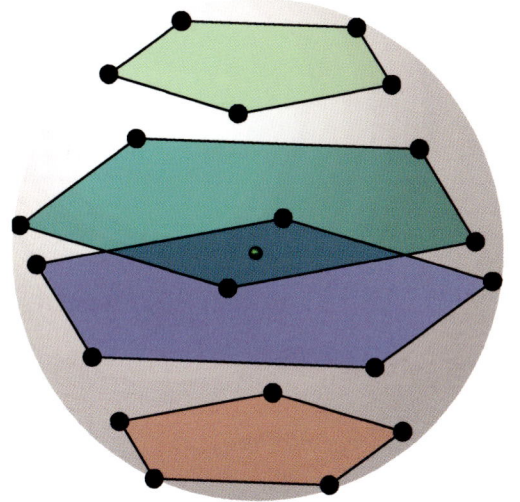

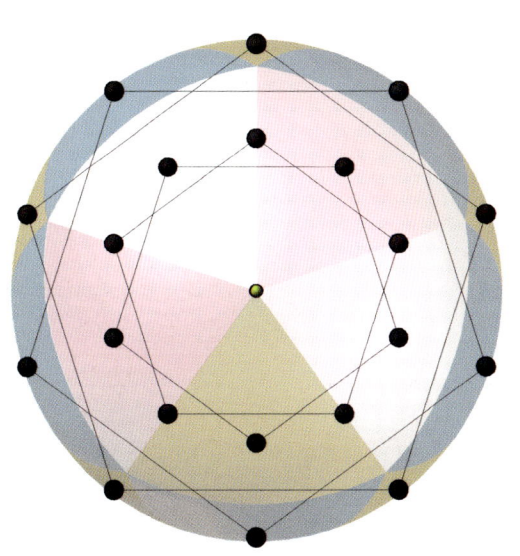

أيزومتري للكرة تظهر فيه
المثلّثات ومراكزها

مسقط افقي للكرة تظهر فيه
المخمّسات ملونة وتظهر أيضا
القِسى التي تجوز على مراكز المثلّثات

أيزومتري للكرة تظهر فيه الكرة
وقد انقسمت إلى اثني عشر قسماً
مخمّساً

[أيزومتري للكرة تظهر فيه المثلّثات ومراكزها.]

[أيزومتري للكرة تظهر فيه مراكز المثلثات
وخطوط الوصل بينها.]

[مسقط أفقي لمراكز المثلثات.]

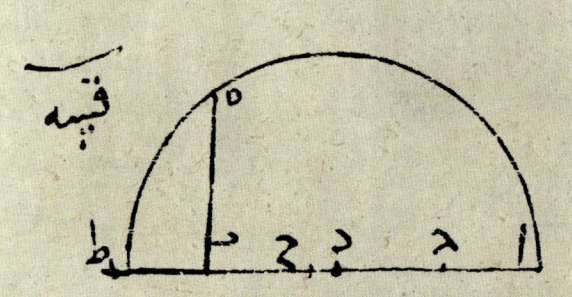

صورة الشكل ((قسه)) ١٦٥ من ق.
ورد الشكل الرئيسي في ق. برقم آخر: ((قسو)) ١٦٦ . مع الإشارة إلى وجود مكان فارغ في صفحة ق_٥٨_و في الركن الأيمن الأعلى.

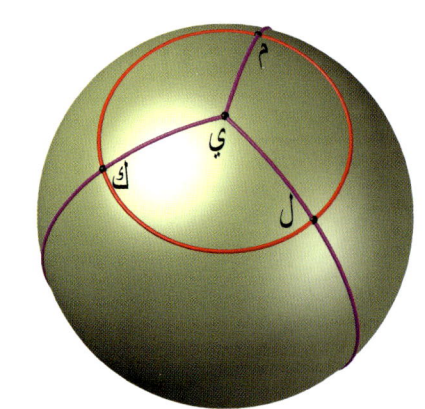

[نرسم دائرة من القطب ي ببعد ضلع المخمس ب ط ونقسمها بالثُّلث على نقاط ل ، م ، ك.]

وَجهٌ ثانٍ في قِسْمَة الكُرة باثنيْ عَشر قِسماً مُخَمَّسَات مُتسَاوِيَات الأضْلاع والزَّوايَا إذا كان قُطرُهَا مَعْلُومَاً.

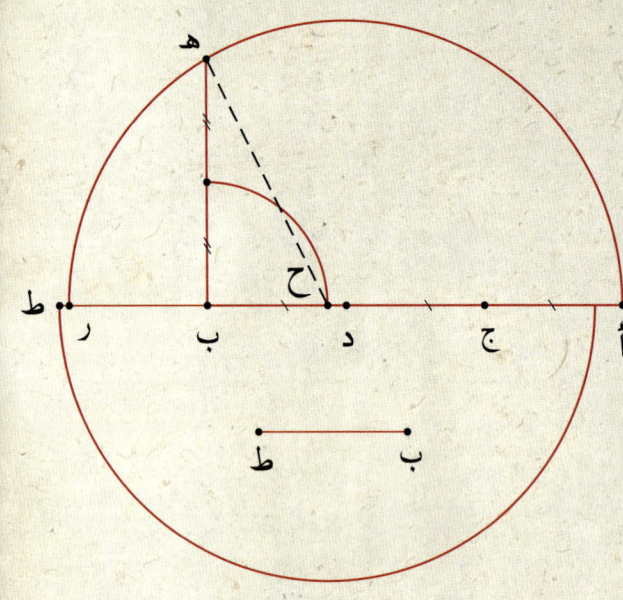

فنجعل قطر الكُرة أب ونقسمه بثلاثة أقسام متساوية وهي أجـ ، جـد ، دب (ونجعل نُقطة د مركزا)(٣٩٩) وببُعد د أ نصف دائرة أهـ ر ،ونخرج من نقطة ب عمُود ب هـ على خـط أب ونجعل خط ب ح مثل نصف ب هـ، ونجعل نقطة ح مركزاً وببُعد ح هـ علامة طَ فيكون خطّ ب ط ضلع المخمَّس الذي يقع في الكرة وهذه صورته.

ط
ط

فإذا أردنا أن نقسِم الكرة باثنيْ عشر قِسمَاً متساوية مخمَّسات متسَاويَات الأضْلاع والزَّوايَا، تعلَّمنا على الكرة نقطة كيف ما إتفقت وهي نقطة ي وجعلناها قطباً وأدرنا ببعد خطّ ط ب دائرة ك ل م وقسمنا الدَّائرة بثلاثة أقسَام مُتسَاوية على نقط ك ، ل ، م وأخرجنا على القطب وعلى كلّ واحدٍ منها قوسا من دائرة عظيمة ثم جعلنا كلّ واحدةٍ من علامات ك ، ل ، م قطباً وببُعد ي ك دوائر وقسمنا كلّ دائرة منها أيضا بثلاثة أقسام متساوية على نقط ب ، جـ ، د ، س ، ن ، ع وإبتدأ الأقسام من نقطة ي ورسمنا على كلّ واحدةٍ من

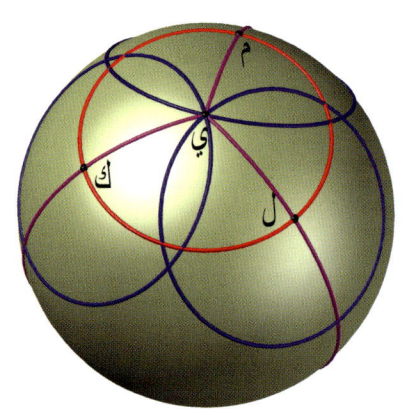

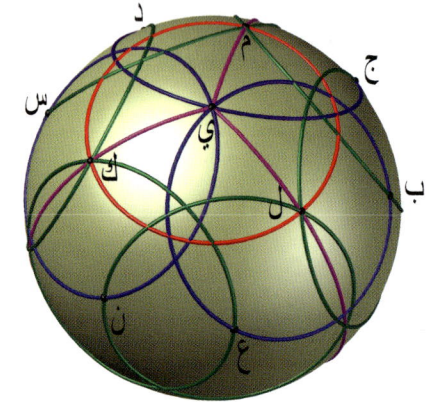

[نجعل نقط ل ، م ، ك أقطاباً ، وببعد ضلع المخمّس دوائر -الدوائر باللون الأزرق-.]

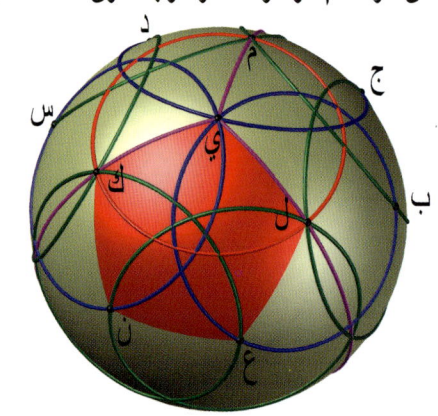

[نقسم -الدوائر باللون الأزرق- بالثُّلث وأيضا نجعل نقاط القِسمة أقطاباً ، وببعد ضلع المخمس نرسم دوائر -الدوائر باللون الأخضر-]

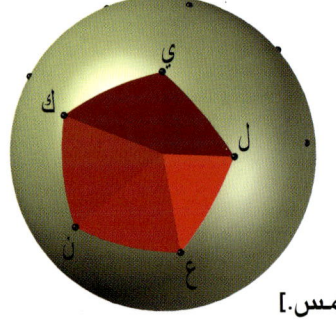

(٣٩٩) إضافة في أ.
لهذه المسألة شكلان وردا برقمين متتالين في نسخة ق. ((قسه، قسو)) ويوجد مكان فارغ في سياق الشرح في صفحة ق_٥٨_و

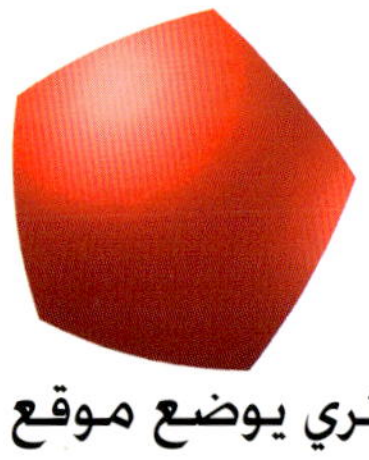

[أيزومتري يوضع موقع المخمس.]

الأقسام وعلى كلّ واحدٍ من ك ، ل ، م قسيّاً من دوائر عِظام فتحصل لنا ثلاث مخمَّسات متساويات الأضلاع (٤٠٠) وهي مخمَّسات ي ك ن ع ل ، ي م د س ك ، ي م جـ ر ل ، ولا نزال نفعل كذلك بكل واحد من الأقسام ثم نجعل أيضا نقط ب جـ د س / ن ع أقطابا وبِبُعد ضلع المخمَّس دوائر ونقسمها كما قسمنا إلى أن تلتقي الأقسام على القطب المقابل لنقطة ي فتنقسم الكرة باثني عشر قسماً مخمَّسات متساويات الأضلاع والزَّوايا وهذه صورته. (٤٠١)

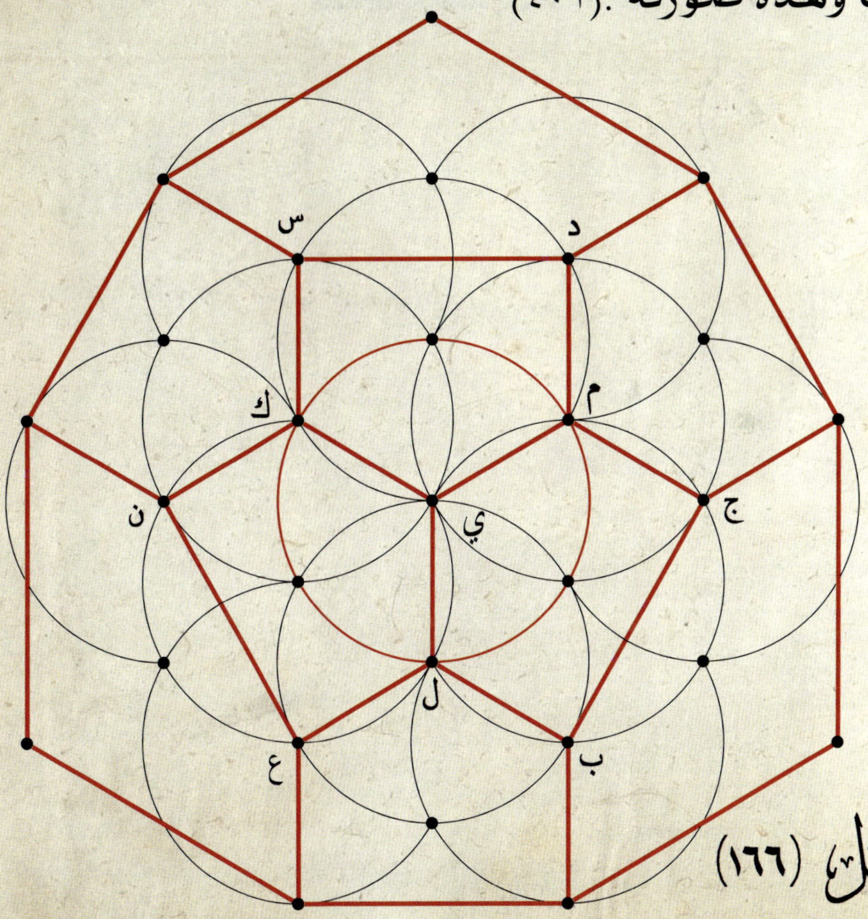

د

شَكل (١٦٦)

(٤٠١) ورد في هامش الصفحة ٣٣ نسخة أ. :((برهانه ذلك لمّا قسم أ ب الذي هو مثل قطر الكرة بثلاثة أقسامٍ على نقطتي جـ ، د ، وعمل على مركز د وببعد د أ نصف دائرة أ هـ ر صارت ب ر مساويةً لكلّ واحدٍ من أ جـ ، جـ د ، د ب ، واخرج عمود ب هـ فصار مربّع ب هـ مساوياً لسطح أ ب في د ب الذي هو ثلث مربّع أ ب ، وقد بيّن أقليدس في شكل نو من مقالة د. أنّ مربّع قطر الكرة ثلاثة أمثال مربّع ضلع المكعّب الذي يقع في الكرة التي قطرها أ ب ، وقد تبيّن في شكل ك من بجـ . أنّ ضلع المكعّب إذا قسم على نسبة ذات وسطٍ وطرفين فإنّ قسمه الأعظم يكون مساوياً لضلع مخمّس ذي الاثنتي عشرة قاعدة الواقع في تلك الكرة . فأراد أن يقسم ب هـ على نسبةٍ ذات وسطٍ وطرفين حتى يحصل له ضلع المخمّس الذي نريد ، فحصل خطّ ب ح نصف خطّ ب هـ الذي هو عمود عليه ، وجعل خط ط ح مساوياً لخطّ ح هـ ، وبيّن مما تقدّم في شكل ما من مقالة نه. إنّ خط ب ط هو القسم الأعظم من قسمي خطّ ب هـ ، ولهذا قال أن ب ط ضلع المخمّس الذي لمجسّم ذي الاثني عشر قاعدة فاستعمل هذا الخط في تخطيط الشّكل ذي الاثنتي عشرة قاعدة على الكرة التي قطرها مثل خطّ أ ب ، فلمّا قدّم هذه المقدّمة خطّ على بسيط الكرة على نقطة ما ، جعلها قطبا وببعد ب ط الذي هو ضلع المخمّس المطلوب دائرة وقسمها بثلاثة أقسامٍ متساويةٍ ، ووصل بين كل واحدة منها وبين ذلك القطب بقِسي من دوائر عظام وإنّما قسمها بثلاثة أقسام متساوية ، لأنّ كل زاوية من زوايا المخمّس ذي الاثني عشرة قاعدة يحيط بها ثلاث زوايا فقط ، وهي متساوية ثم بعد ذلك يخط على طرف كل قوس من هذه وببعد ذلك الضلع دوائر يقسمها بثلاثةٍ أقسام ، ويجيز على كلّ نقطتين قوساً من دائرة عظيمة فبيِّن أنّه يحدث شكل ذو اثنتي عشرة قاعدة ، مخمّسات متساويات الأضلاع والزّوايا ، وذلك ما أردنا أن نبيِّن)).

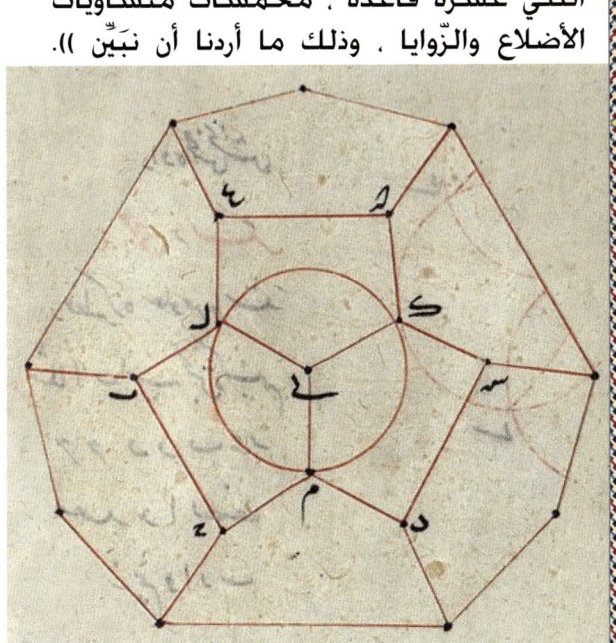

صورة الشكل ١٦٦ من ب.

(ق_٥٧_ظ)

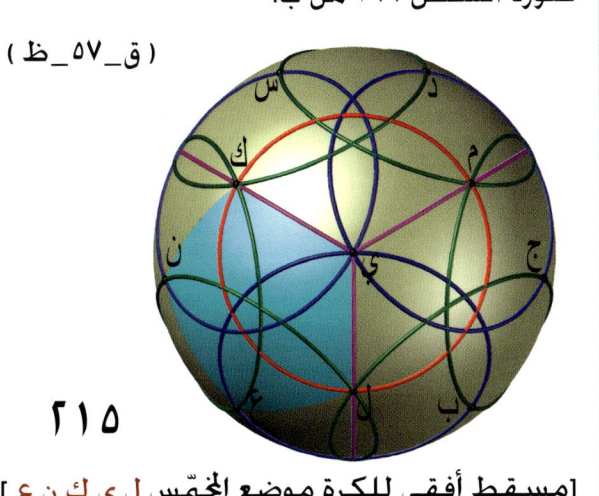

د

[مسقط أفقي للكرة موضع المخمّس ل ي ك ن ع]

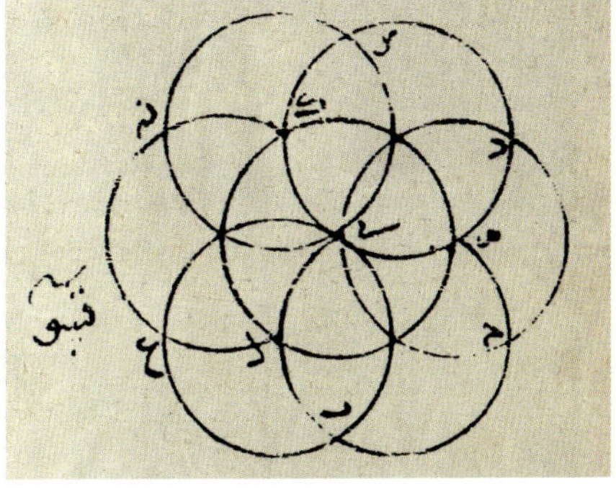

صورة الشكل ((قسو)) ١٦٦ من ق.

(٤٠٠) إضافة في أ.

صورة الشكل ١٦٦ من ب.

(٤٠٥) ورد في هامش الصفحة ٣٤ نسخة أ. : ((قال الغندجاني في مقدِّمة هذا العمل هو قسمة الكرة باثني عشر مخمّساً متساويات الأضلاع والزّوايا فإذا فعل ذلك وصل بين مراكز المخمّسات بخمس قِسى تقطع أضلاع المخمّسات بنصفين نصفين فتجمّع عند كلّ مركز خمس زوايا متساوية من زوايا المثلّثات المتساوية الأضلاع لأنّ أبعادها من مراكز المخمّسات متساوية لتساوي المخمّسات فتقسم بسيط الكرة بعشرين قسماً متساوية مثلّثات متساويات الأضلاع والزّوايا . وذلك ما أردنا أن نبيِّن)).

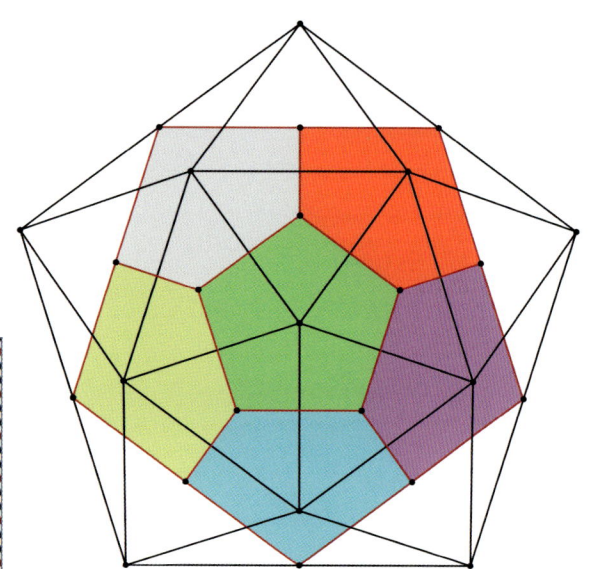

وجهٌ ثالثٌ في قِسمة الكُرة بعشرين قِسماً مُتساوِيَة مُثلَّثات مُتساويات الأضلاع

فإذا قدَّمنا كيفية العَمل في قِسمة الكُرة باثنيْ عشَر قِسماً مخمَّسات متساويات، فقد يُمكننا أن نقسم الكرة بعشرين قِسماً مثلّثات منها،

وذلك أنّا متى قسمنا الكرة باثنيْ عشر قسماً مخمَّسات، رسمنا على مراكزها قسيًّا من دوائر عِظام

فنخرج من مركز كل مخمَّس خمس مثلَّثات(٤٠٢) قواعِدها القِسى التي بين مراكز الـمُخمَّسات المتّصلة بها، وتنقسم الكرة بعشرين مثلثاً وهذه صورة نصف الكرة، (يعني الشّكل الخطوطي الذي في هذه الصفحة)(٤٠٣)

التي فيها ستّ مخمَّسات وقد أخرج من مركز / المخمَّس الأوسط خمس مثلّثات، (وهذه صورتها)(٤٠٤). (٤٠٥)

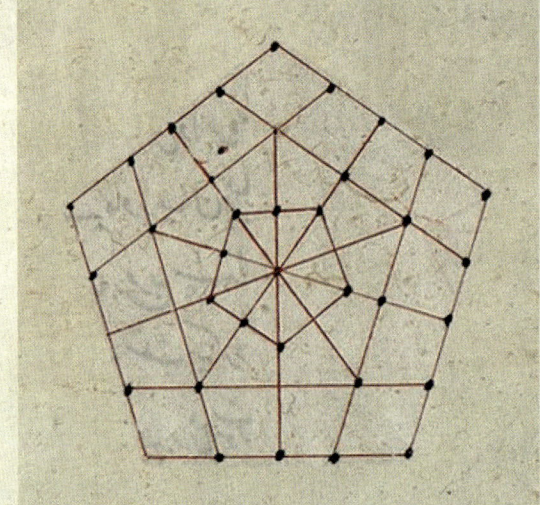

صورة الشكل ١٦٧ من ب.

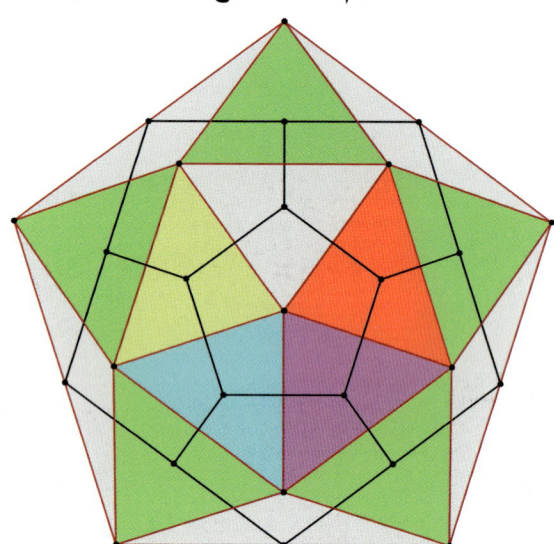

(٤٠٢) وردت في أ. ((مخمّسات)) وهي خطأ

(٤٠٣) إضافة في ق. مؤشرٌ عليها بالإزالة

(٤٠٤) إضافة في أ.

[النصف العلوي من الكرة يظهر فيه ست مخمسات نقوم باستخراج منتصفاتها.]

[في الوسط خمس مثلثات ، رؤوسها مركز المخمّس ، وعشر مثلثات أخرى حولها.]

[أيزومتري للكرة يظهر فيها المخمّسات والمثلّثات.]

[كرة مقسمة باثني عشر مخمّساً متساويات.]

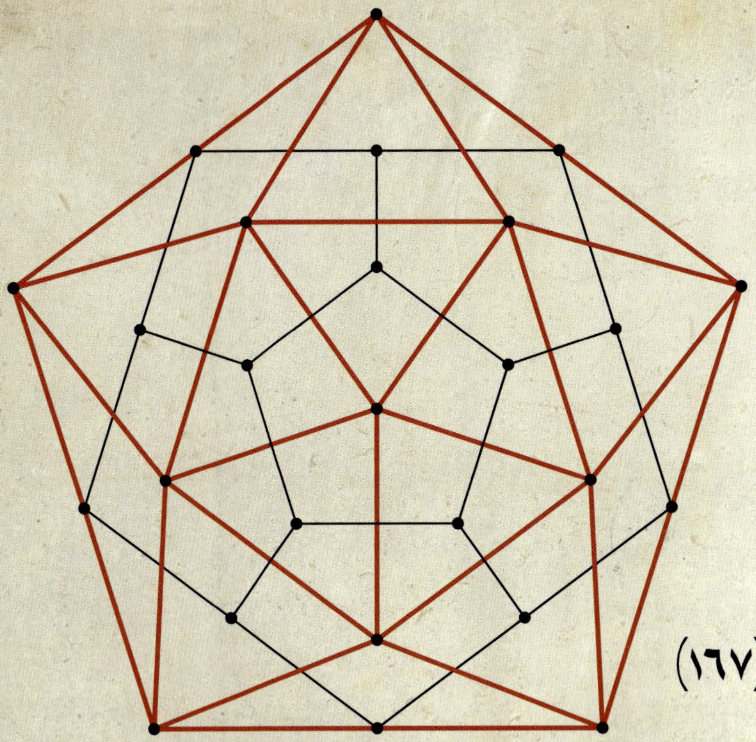

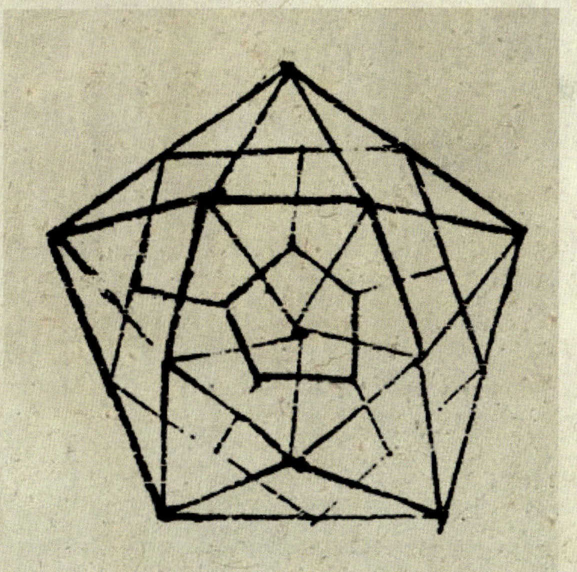

[نصل بين مراكز المخمّسات بقِسيّ]

[فتنقسم الكرة بعشرين مثلّثاً متساويات]

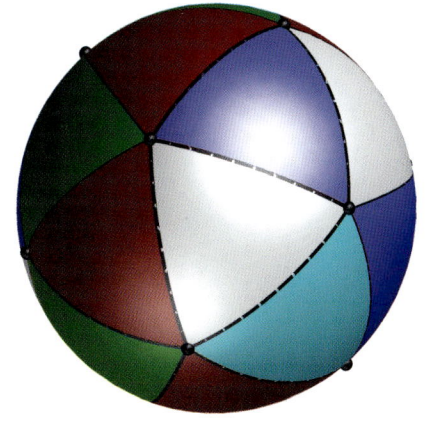

شكل (١٦٧)

صورة الشكل ((قسز)) ١٦٧ من ق.

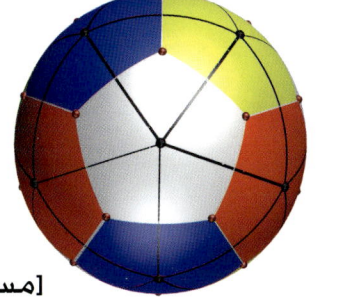 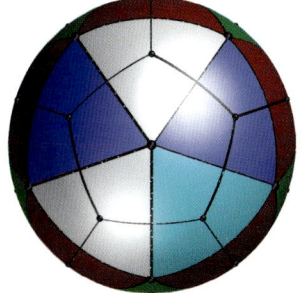 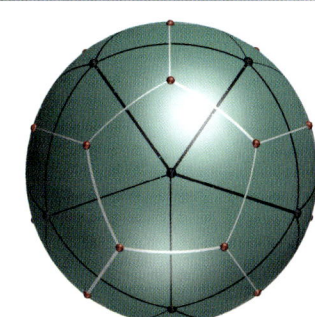

[مساقط أفقية للكرة.]

(٤٠٦) ورد في هامش الصفحة ٣٤ نسخة أ. :((برهانه أنّه لمّا قسم الكرة بثلاث دوائر عِظام متقاطعة على زوايا قائمة في بسيط الكرة انقسمت بثمانية مثلّثات متساويات الأضلاع ، لأنّ كلّ ضلعٍ منها رُبع دائرة عظيمة ، ثم قسم هذه القِسى كلّ واحدةٍ منها بنصفين ووصل بينها بقِسى من دوائر عظام ، فحدث في وسط كلّ مثلّثٍ منها مثلّثٌ تحيط به قِسى متساوية ، وحدث في كل نقطة تقاطعت عليها الدّوائر مربّع تحيط به قِسى متساوية ، وهي التي تحيط بالمثلّثات وذلك بيِّن ولمّا كانت المثلّثات الأولى وجدت في وسط كلّ واحدٍ منها مثلّث ، حصل ثمانية مثلّثات ، ولمّا كانت النقاط ستّةَ نقاطٍ ، وحدث حولها مربّعات صارت المربّعات ستة فقد انقسمت الكرة على ما أراده ، وذلك ما أردنا أن نبيِّن)).

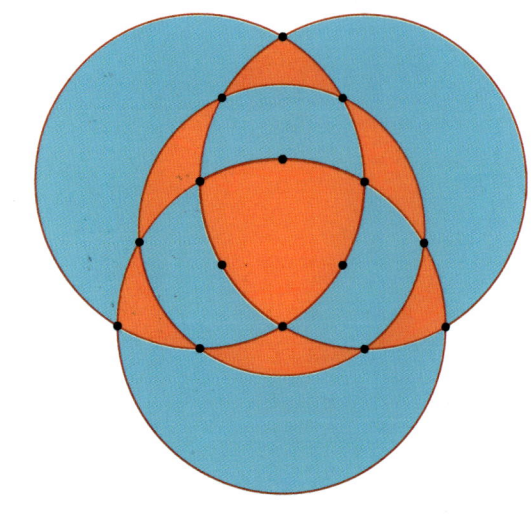

قسمة الكُرَة بأربَعَة عشر قِسماً منها سِتُّ مُربَّعات مُتسَاويَات الأضْلاع والزَّوايَا وثماني مُثلَّثات مُتسَاويَات الأضْلاع والزَّوايَا.

فإذا أردنا ذلك عملنا عليها ثلاث دوائر عِظام تَتقاطَع على أنصافها على زوايا قائمة،
ثم قسمنا كلَّ ضِلعٍ من أضلاع المثلَّثات بنصفين،
ورسمنا على كل عَلامتين من مواضع القِسمَة قَوساً من دَائِرة عَظِيمة، فتنقسِم الكُرة بسِتِّ مُربَّعات مُتسَاويَات الأضْلاع والزَّوايا وثماني مُثلَّثات مُتسَاويَات الأضْلاع والزَّوايا وهذه صورتها.(٤٠٦)

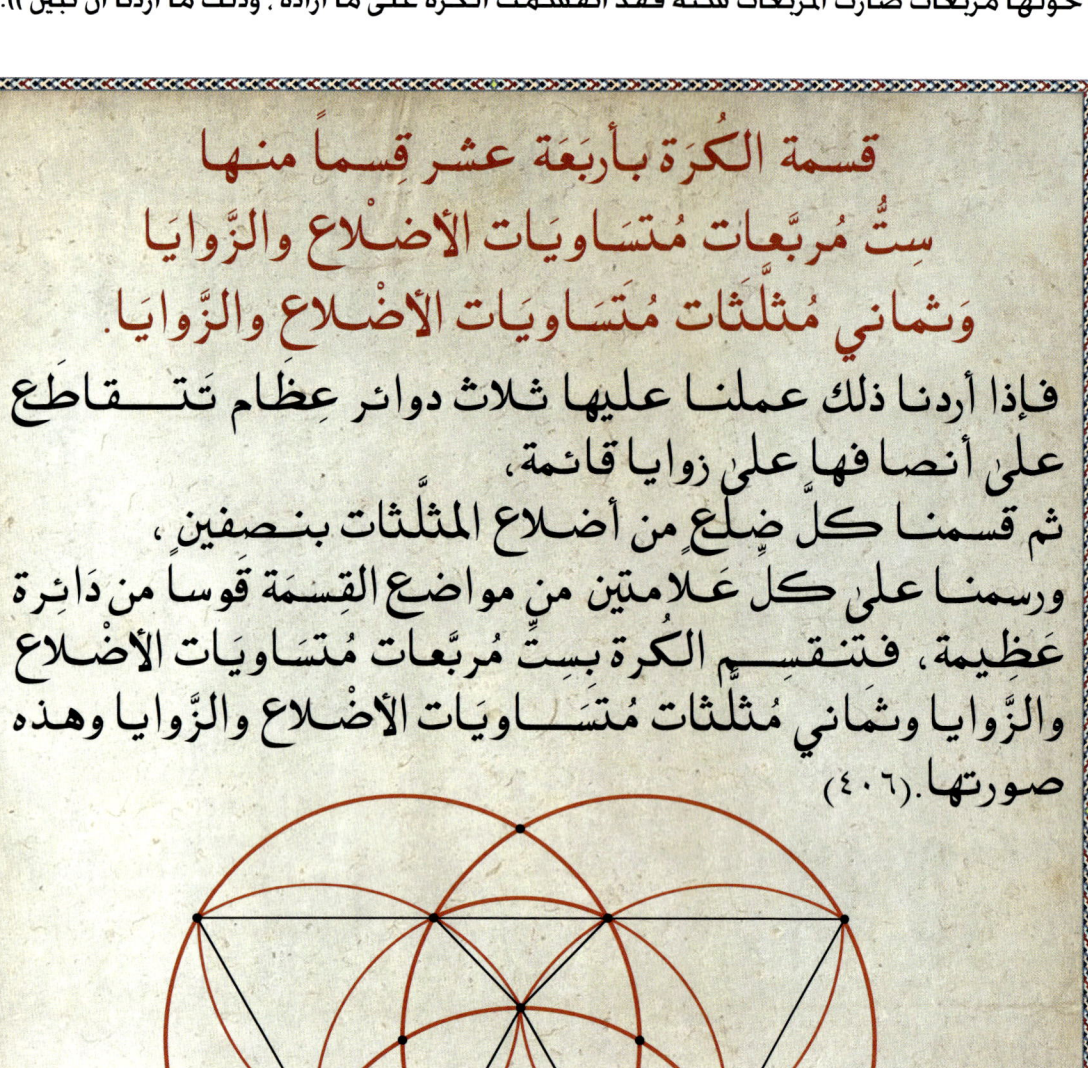

شَكل (١٦٨)

صورة الشكل ١٦٨ من ب. ((قسح)) ١٦٨ من ق.

صورة الشكل ١٦٨ من أ.

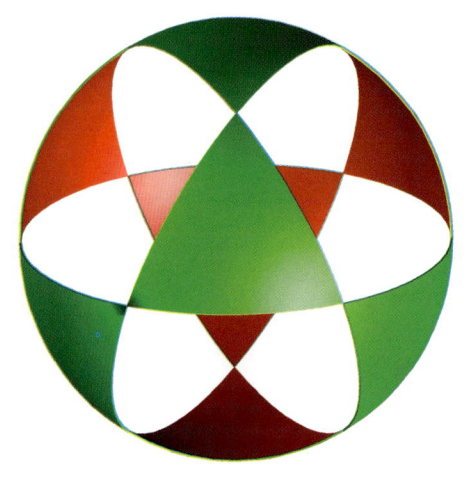

[تظهر في هذا الشكل المثلثات الثمانية.]

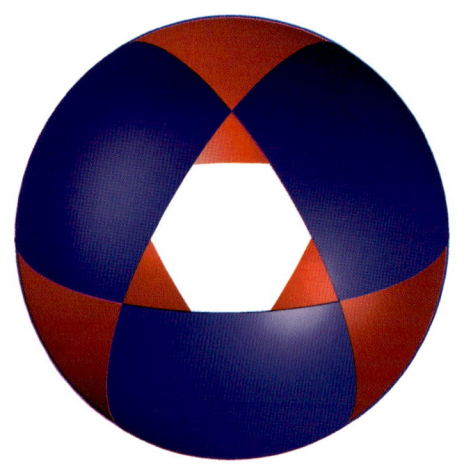

[تظهر في هذا الشكل المربعات الستة.]

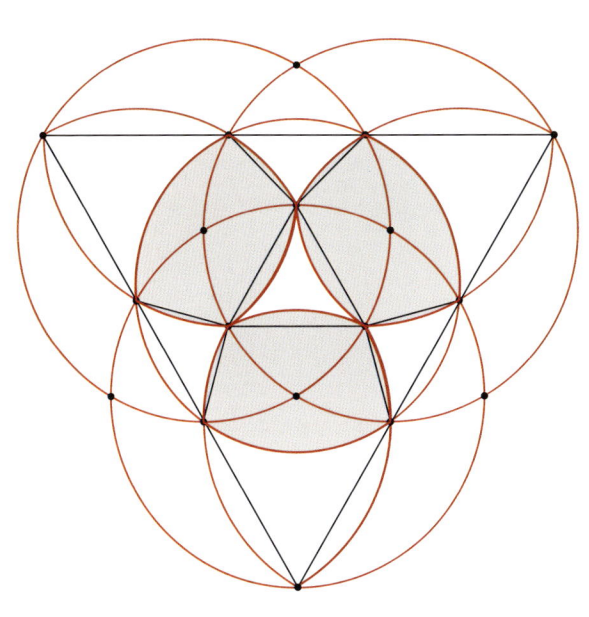

[أيزومتري تظهر عليه القِسيّ التي تصل بين نقاط منتصفات أضلاع المثلثات.]

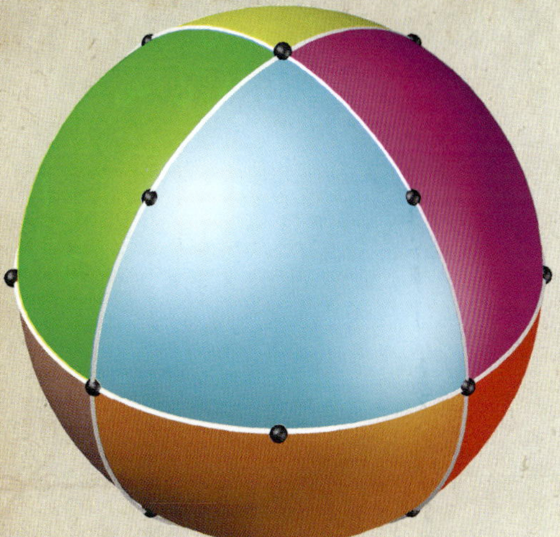

[أيزومتري للكرة يظهر عليه ثلاث دوائر عظام متقاطعة على زوايا قائمة ونقاط منتصفات أضلاع المثلثات.]

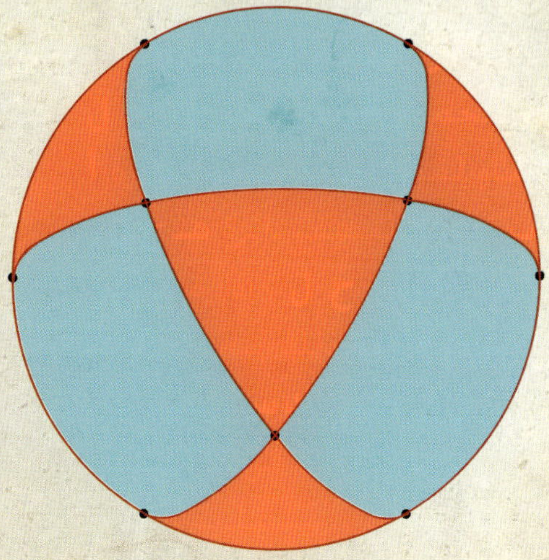

[مسقط أفقي للكرة]

[مسقط افقي للكرة التي انقسمت إلى ستّةِ مربعات و ثمانية مثلثات.]

(٤٠٧) ورد في هامش الصفحة ٣٤ نسخة أ. :((برهانه أنّه لمّا قسم الكرة فيما سلف وقسم كلّ ضلع من أضلاعها بنصفين ووصل بين كلّ موضعين بقوس من دائرة عظيمة، فلأنّ المربّعات متّساويات ، تكون القِسى التي توصل بين أنصاف أضلاعها متساوية، لأنّ كلّ نقطة من النقاط الثّماني التي عند زوايا الشّكل المربّع* تخرج منها ثلاثة قِسِيٍ من أضلاع الشّكل المربّع* ووصل بين أنصافها بقِسى فيكون الشّكل الذي يحدث مثلّثاً والنقاط ثماني نقاط فالمثلّثات تكون ثمانية ، ولأنّ المربّعات ستّة ، فقد انقسمت الكرة بأربعة عشر قسماً كما أردنا ، وذلك ما أردنا أن نبيّن)). * :وردت "المسدّس" سهواً

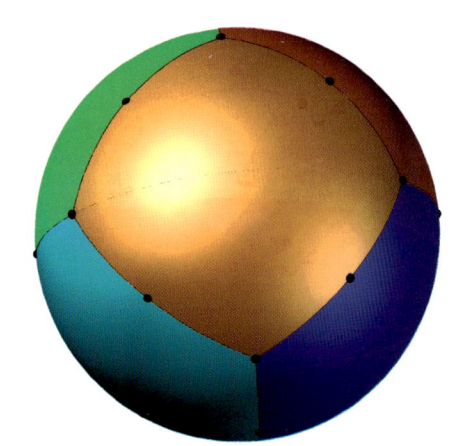

[نقسّم الكرة بستّةِ مربّعات ، ونحدد نقاط منتصفات الأضلاع لهذه المربّعات.]

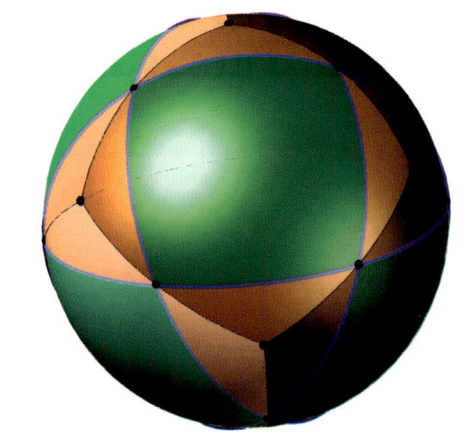

في قسمة الكرة بهذه الأقسام على وجه آخر

إذا أردنا ذلك قسمنا الكرة بستِّ مربَّعات
وقسمنا كلّ ضلع من أضلاعها بنصفين،
ورسمنا على كلّ موضعين من مواضع القسمة/ قوساً من دائرة عظيمة،
فتنقسم الكُرة بستِّ مربَّعات وثَماني مثلّثات
وهذه صورتها.(٤٠٧)

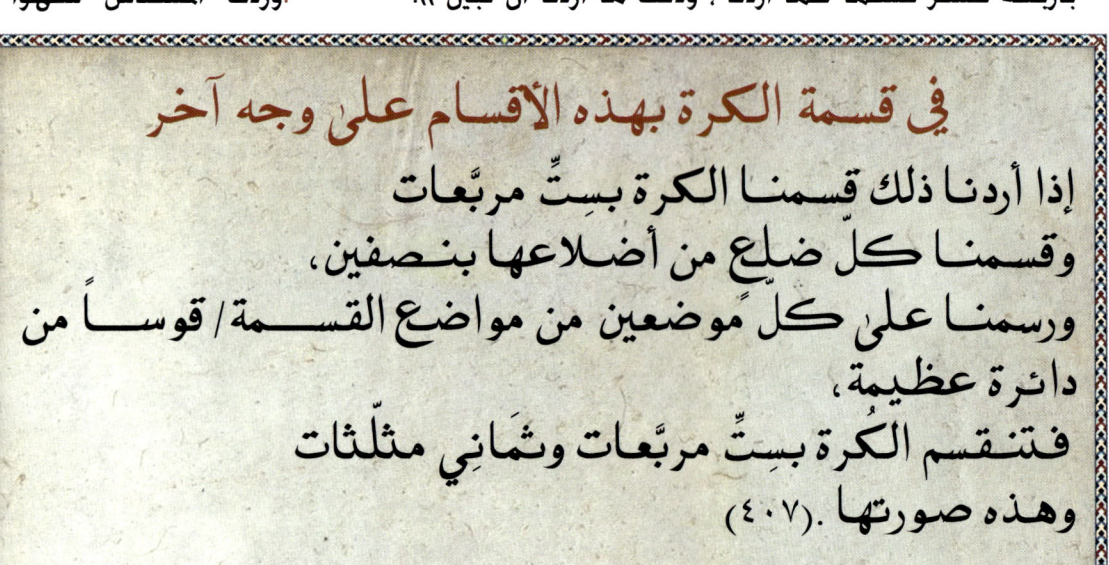

شكل (١٦٩)

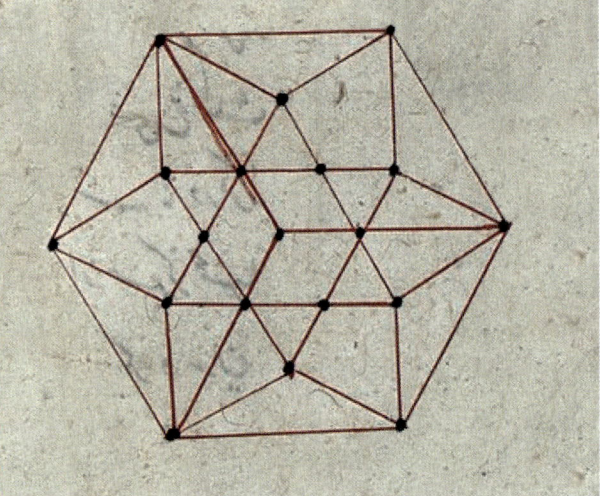

[نصل بين منتصفات المربّعات بقِسى فتنقسم الكرة بستّةِ مربّعات وثمانية مثلّثات.]

صورة الشكل ١٦٩ من ب.((قسط)) ١٦٩ من ق.

(ق_٥٨_ظ)

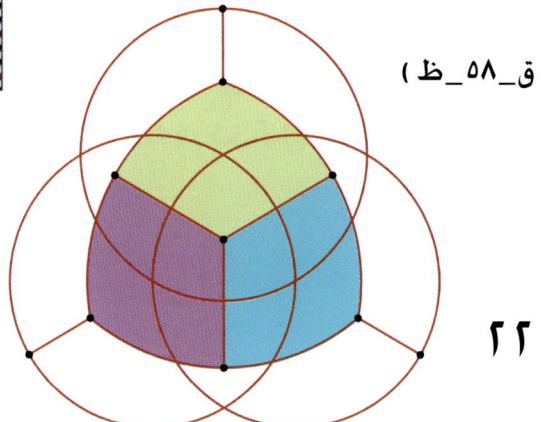

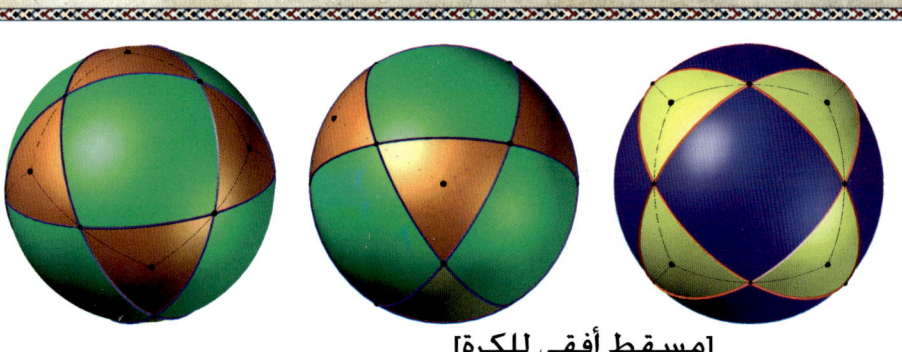

[مسقط أفقي للكرة]

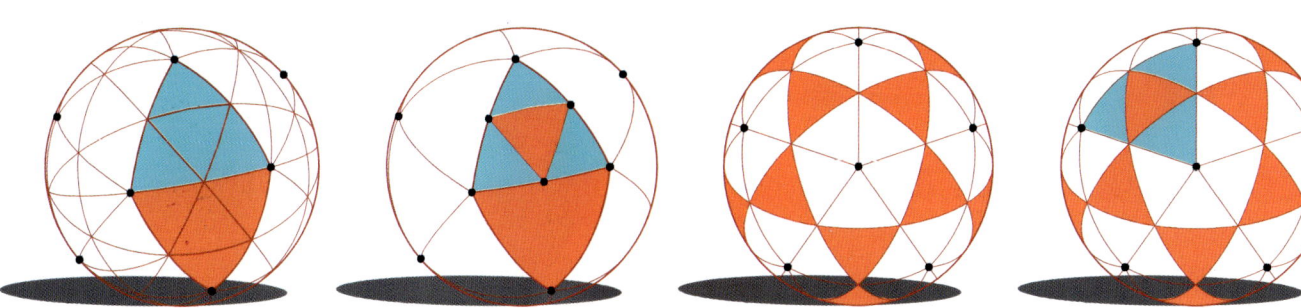

[شكل يوضّح المخمسات المتكونة حول مراكز المثلثات الأولى]

صورة الشكل ١٧٠ من ب. ((قع)) ١٧٠ من ق.

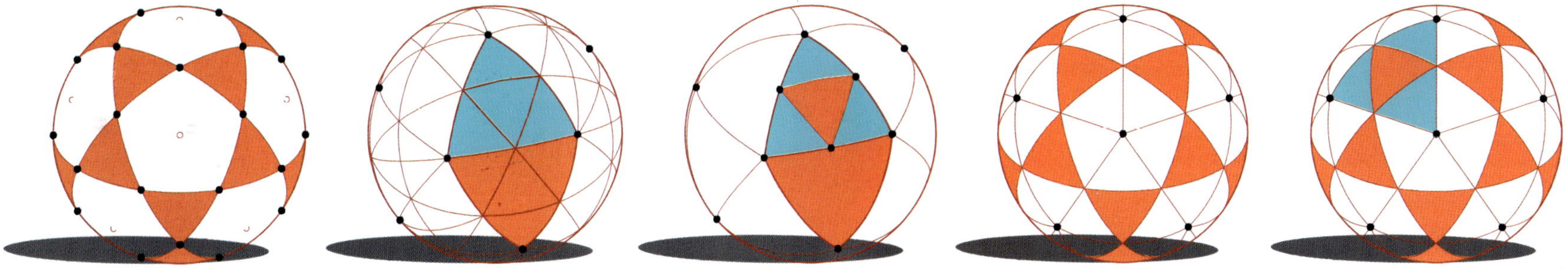

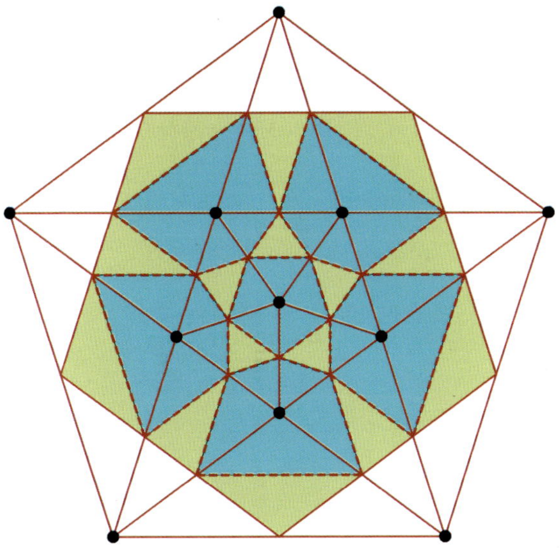

في قسمَة الكُرة باثنيْ عَشر مخمَّساً (٤٠٨) متسَاويَات الأضْلاع والزَّوايا وعشرِين مثلّثا متسَاويَات الأضْلاع والزَّوايا.

فإذا أردنا ذلك قسمنَاها بعِشرين مثلثاً متسَاويات الأضْلاع والزَّوايا، ثم قسمنا كلَّ ضلعٍ من أضلاعه بنصفين ورسمنا على مواضع الأقسام دَوائر عِظام، فتنقسم الكرة بثمانِين قسمَاً مثلَّثات متسَاوِيَات الأضْلاع والزَّوايا، فإذا أسقطنا من هذه المثلَّثات سِتّين مثلثاً وهي المثلَّثات المجتمعة عند رؤوس المثلَّثات الأولى، ومحَونا مواضع رسومها، صارت الكرة مقسومةً باثنيْ عشر مخمَّسا وعشرين مثلّثا متسَاويَات الأضْلاع والزَّوايا وهذه صورة نِصف الكرة. (٤٠٩)

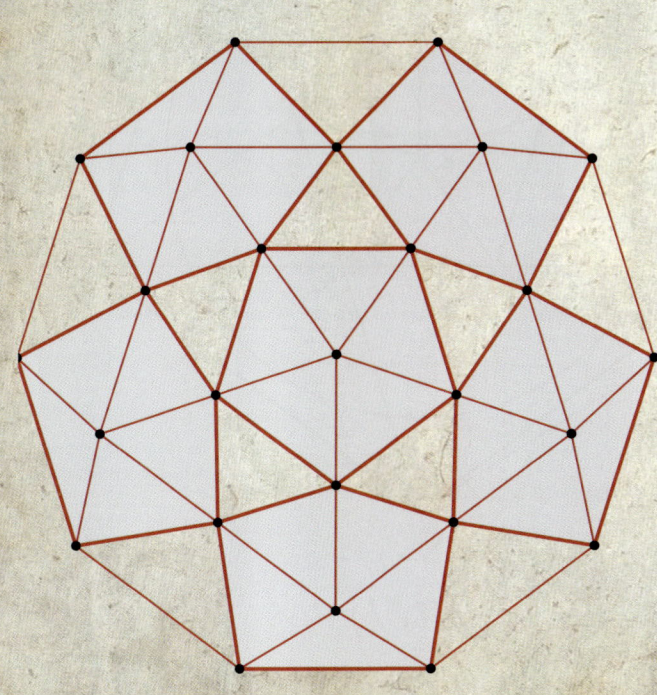

شكل (١٧٠)

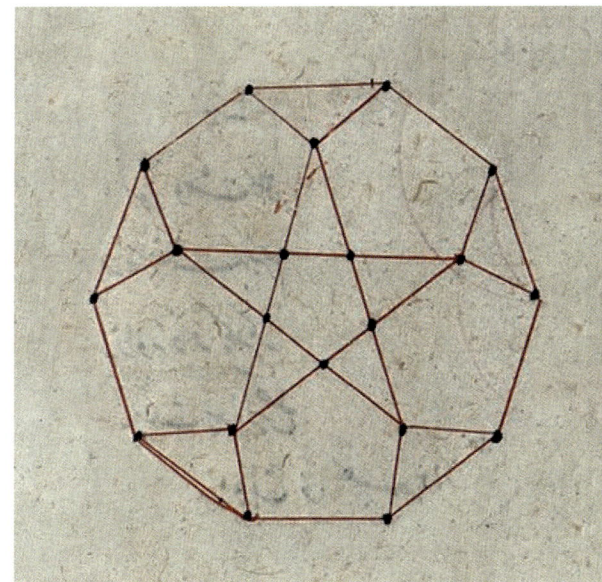

(٤٠٨) وردت في ق. ((مخمّسات)).

(٤٠٩) ورد في هامش الصفحة ٣٤ نسخة أ. :((برهان ذلك أنّ كلّ مثلّث نقسم أضلاعه بنصفين نصفين ، ونصل بين كلّ موضِعين منها، فإنه ينقسم أربعة مثلّثات متساويات وذلك بيِّن. فلمّا قسم الكرة بعشرين مثلّثاً وقسم كل مثلّث بأربعة مثلّثات ، حدث ثمانون مثلّثاً ، ولأنّ كلّ نقطة من نقاط ذي العشرين قاعدة تحيط بها خمس زوايا مسطّحة متساوية ، فيحدث من القِسي التي نوترها أعني التي نوصل بها بين أنصاف أضلاع المثلّثات، يحدث مخمَّس متساوي الأضلاع والزّوايا وذلك بيِّن . فإذا نحسب لك القِسي الخمسة المجتمعة عند كلّ نقطة من النّقاط الاثني عشر، نسقط من جملة الثّمانين مثلّثاً ستّين مثلّثاً ويبقى عشرون مثلّثاً واثنا عشرة مخمّساً وذلك بيِّن لما تقدّم، وذلك ما أردنا أن نبيِّن)).

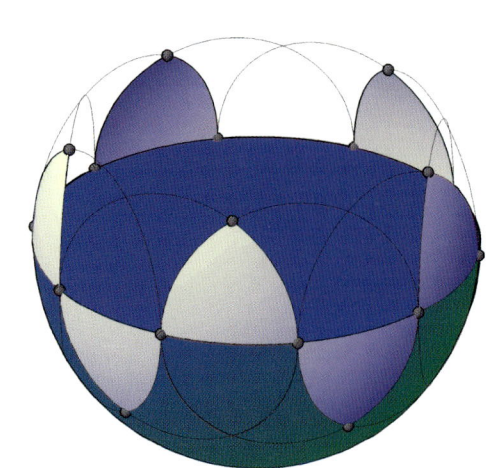

[مسقط أفقي للكرة.]

[نقسم دائرة عظيمة بعشرة أقسام ونرسم عليها مثلثات متساوية الأضلاع مخالفة في إتجاه القطب.]

وجهٌ ثانٍ في عمَل اثنيْ عَشر مُخمَّساً وعِشرين مُثلثاً علَى الكرة متسَاويَات الأضْلاع والزَّوايا

فإن شئنا رسَمنا علىٰ الكُرة أعظم دَائرة تقع عليها وقسمناها بعشرَة أقسام متسَاوية
وعملنا عليها مثلّثات متسَاويَات الأضْلاع مُخالِفَات، خمسَة منها في ناحية إحدىٰ القطبين، وخمسة منها في النّاحية الأخرىٰ، كما عملنا ذلك في قِسمة الكُرة بعشرين قسمَاً مثلّثات، ثم جعلنا رُؤوس المثلّثات أقطاباً، ورسمنا عليها ببُعدِ الأقسَام العشرَة دوائر تتقاطع علىٰ عَلامَات، ونوصِل بين تلك العَلامات،
فتنقسم الكُرة باثنيْ عشر مخمَّساً وعِشرين مُثلَّثاً مُتسَاويات الأضْلاع والزَّوايَا (٤١٠) وهذه صُورة نِصف الكُرة.

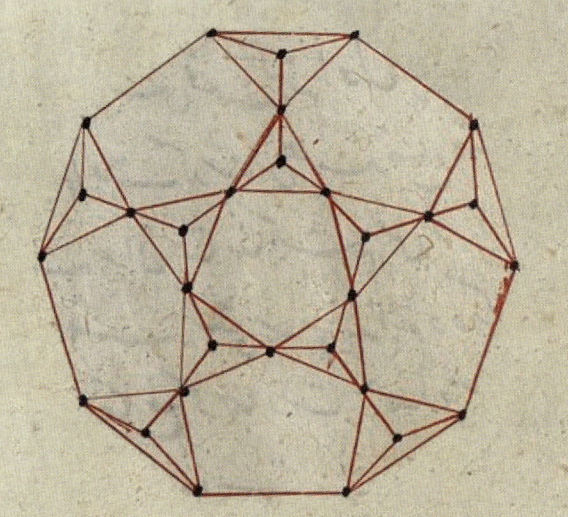

شَكل (١٧١)

(٤١٠) إضافة في أ.

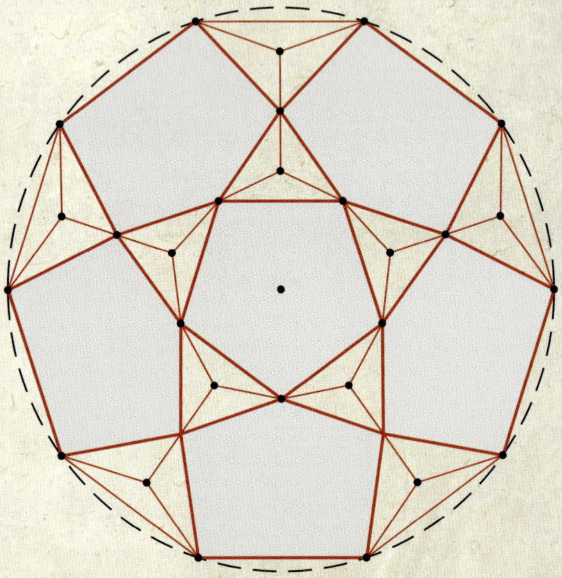

صورة الشكل ١٧١ من ب. ((قعا)) ١٧١ من ق.

[أيزومتري يوضح رؤوس المثلثات وكيفية قسمة الكرة باثني عشر مخمسا وعشرين مثلثاً.]

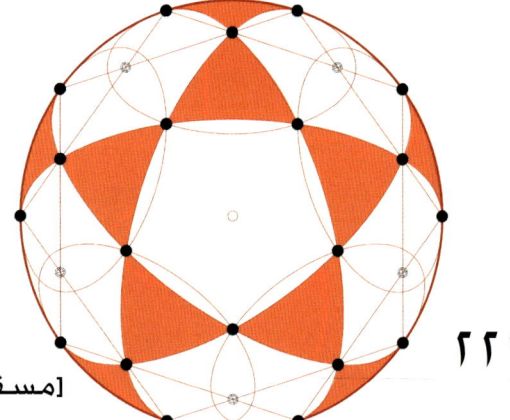

[مسقط أفقي للكرة.]

(٤١٢) ورد في هامش الصفحة ٣٥ نسخة أ. :((برهانه أنّه لمّا قسم الكرة باثني عشرة مخمّساً وعشرين مثلّثاً كما تقدّم عمل ذلك. حصل عند كلّ ضلع مخمّسٍ مثلّث زواياه مقابلة لمثلّث آخر. وبينها كان في نقطةٍ واحدةٍ. وقد علم أنّ نقطة زوايا ذي الاثني عشرة قاعدة عشرون نقطة. بعدد مثلثات ذي العشرين قاعدة فإذا وصل من كلّ مركزين من مراكز المثلثات التي لذي العشرين قاعدة بقوسٍ من دائرة عظيمة جازت القوس على النقطة المشتركة للمثلّثين ولأنّ أبعادها من المراكز متساوية تكون القسي متساوية ولأنّ كل مخمّس حوله خمس مثلثات إذا وصل بين مراكزها حدث مخمّس متساوي الأضلاع. والمخمّسات اثنا عشر. فيحدث اثنا عشرة مخمّساً متساوية الأضلاع على بسيط الكرة. وذلك ما أردنا أن نبيّن)).

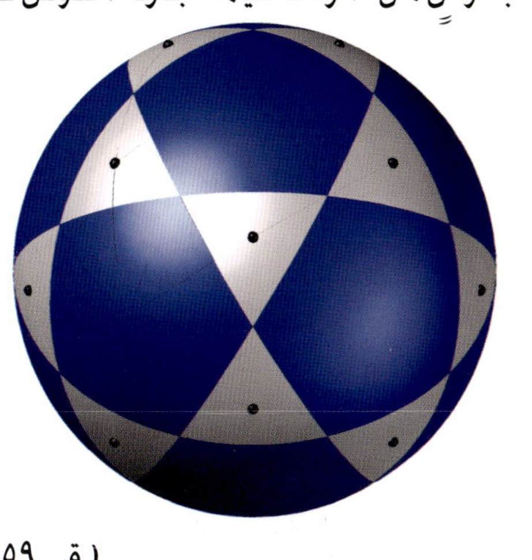

(ق_٥٩_ظ)

[نصل بين مراكز المثلّثات بقسيٍ. فتنقسم الكرة باثني عشرة مخمّساً.]

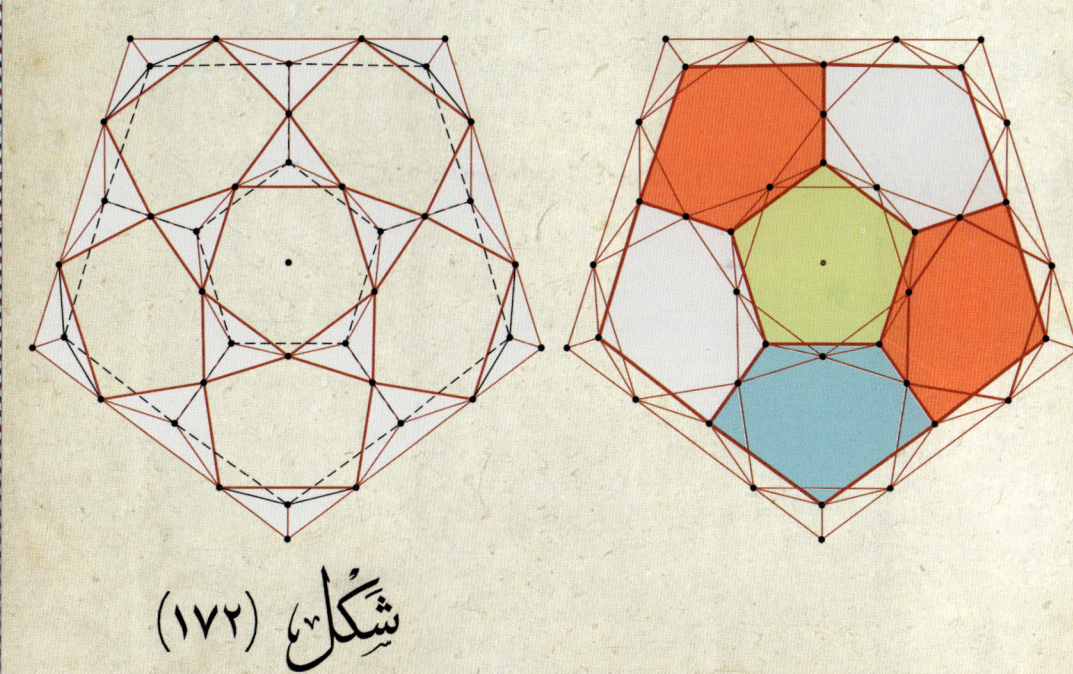

في قِسمَة الكُرَة باثنيْ عَشَرَ مُخَمَّساً مُتَساويَات الأَضْلاع والزَّوَايا على وجهٍ آخَر (٤١١)

إذا أردنا ذلك قسمناها باثنيْ عشر مخمّساً وعشرين مثلّثاً ثمّ رسمنا على مراكز المثلثات قسيّاً من دوائر عِظام فتنقسم الكرة باثنيْ عشر مخمّساً متساويات / الأضلاع والزوايا وهذه صورة نصف الكرة. (٤١٢).

شَكْل (١٧٢)

[هذه آخر مسألة وردت في نسخة ق. (٥٩ و) ولم يرد الشكل المرافق لها والصفحة التالية من المخطوط (٥٩ ظ) هي من كتابٍ آخر في المناظر.]

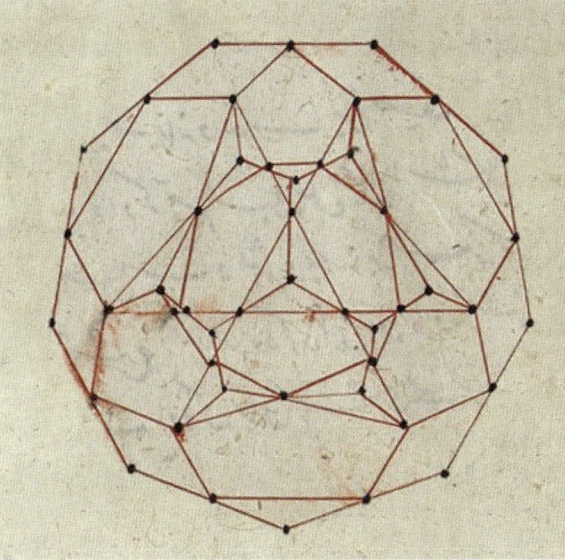

صورة الشكل ١٧٢ من ب.

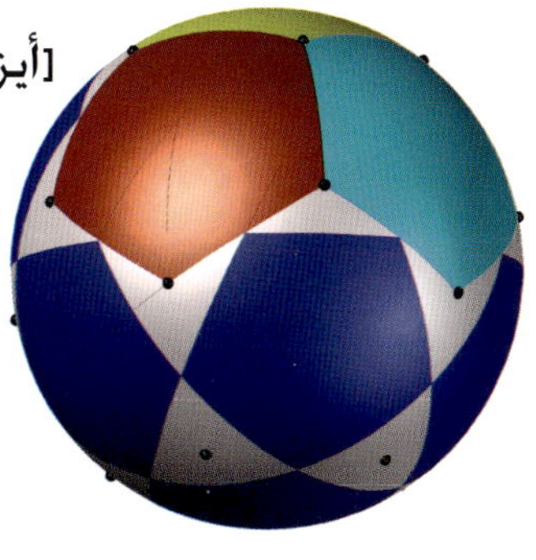

[أيزومتري يوضح نقاط رؤوس المثلثات.]

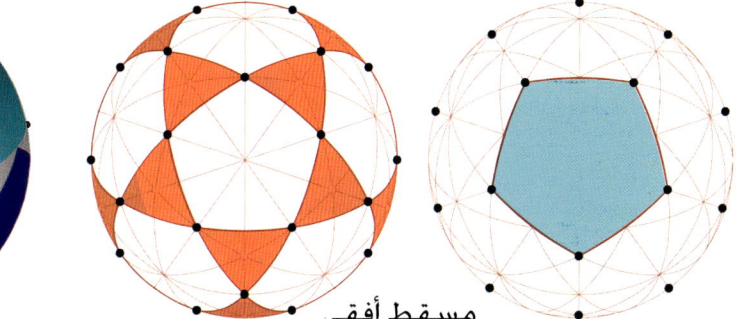

(٤١١) هنا موضع القطع في المخطوط ق. صفحة(٥٩ و) من نسخة ق. إنتهت المخطوطة بقطع مفاجئ واعتمدتُ على نسخة أ. ونسخة ب. لبقية مسائل هذا الكتاب

مسقط أفقي

٢٢٣

(٤١٣) ورد في هامش الصفحة ٣٥ نسخة أ. :((برهانه لأنّ كلّ مثلّث متساوي الأضلاع إذا قُسم كلّ ضلع من أضلاعه بثلاثة أقسامٍ ووصل بين مواضع القسمة حدث ثلاثة مثلّثات ومسدّس واحد على ما في الصّورة، ولأنّ مثلّثات ذي العشرين قاعدة إذا قسمت على ما قلنا ووصل بين كلّ قوسين بقوس كما وصفنا حدث في داخل كلّ مثلّث مسدّس فيحدث في الكرة عشرون مسدّساً متساوية الأضلاع لِأنّ كلّ واحدةٍ مِن زوايا ذي العشرين قاعدة يحيط بها خمس مثلّثات. ويحدث من الخطوط التي نوصل علِى ما وصفنا مخمّساً متساوي الأضلاع وعدّدنا زوايا ذي العشرين قاعدة اثنتا عشرة فيحدث اثنا عشرة مخمّساً. فقد انقسمت الكرة على ما أراد. وذلك ما أردنا أن نبيِّن)).

[«كرة القدم» مثالٍ على قِسمة الكرة باثني عشرة مخمّساً وعشرين مسدّساً.]

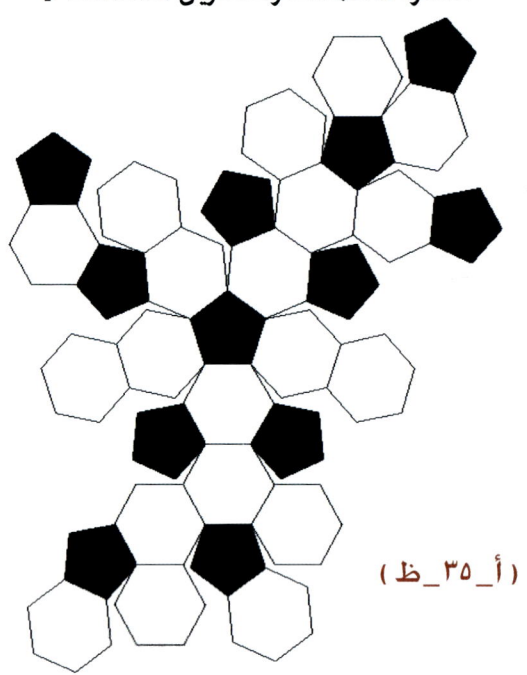

في قِسمَة الكُرة باثنيْ عَشَر مُخمَّساً / وعِشْرِين مُسَدَّساً مُتساويَات الأضْلاع والزَّوايَا

فنقسم الكرة بعشرين قِسماً مثلَّثات متساويَات الأضْلاع والزَّوايا،
ونقسِم كلَّ ضلع من أضلاع المثلَّث بثَلاثة أقسام متساوية ونرسُم على مواضع الأقسام قِسياً من دوائر عِظام
فتنقسم الكرة بعشرين مُسدَّساً واثنيْ عشر مُخمَّساً وهذه صورة نصف الكرة، فيحصل لنا في وسط كل مثلّث مسدَّساً وعند الزَّوايا مُخمَّسات، وهذه صورتهما.(٤١٣)

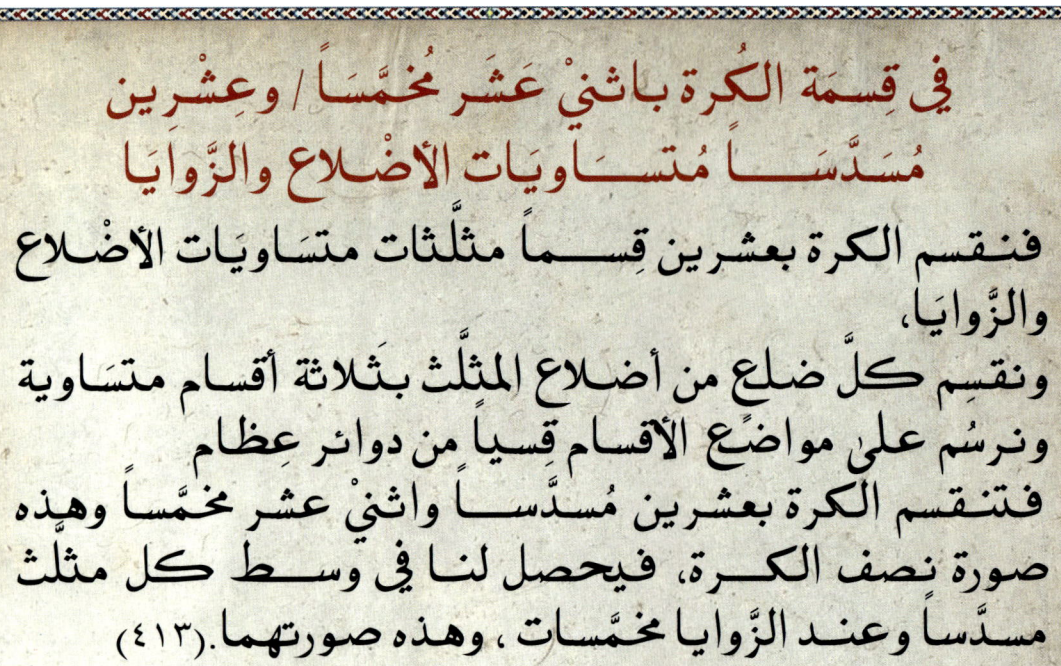

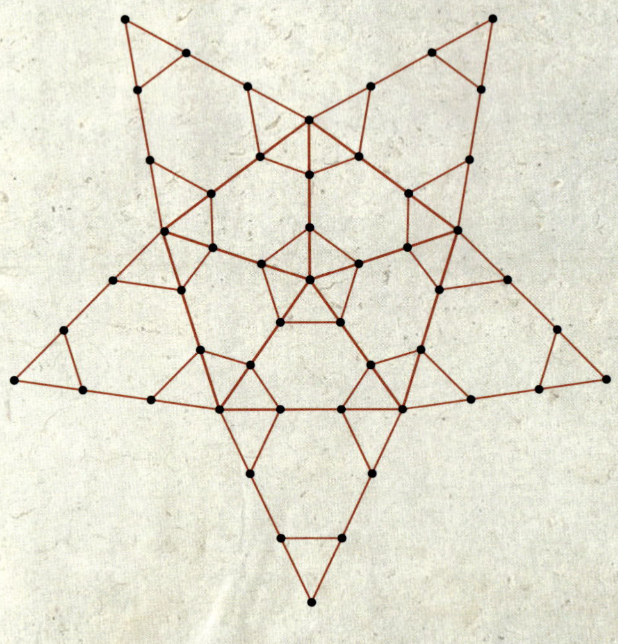

شَكل (١٧٣)

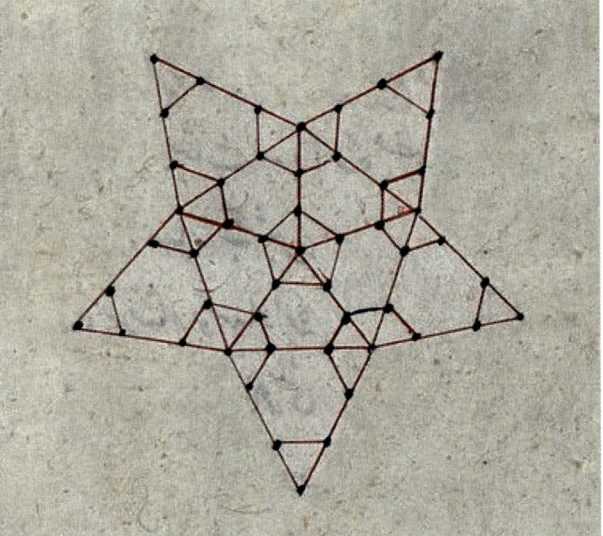

(أ_٣٥_ظ)

[إفراد السّطوح للكرة.]

صورة الشكل ١٧٣ من ب.

[نقسم ضلع المثلّث بالثُّلث ونرسم القِسى، فينتج عشرين مسدّساً في وسط المثلّثات.]

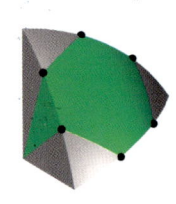

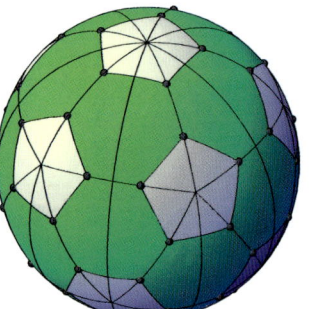

(٤١٤) ورد في هامش الصفحة ٣٥ نسخة أ. :((برهانه لِأنّ ذي الثماني قواعد يحيط به ثمانية مثلّثاتٍ ، وكلّ مثلّث إذا قسم كل واحدٍ من أضلاعه بثلاثة أقسام ، حدث مسدّس وثلاثة مثلّثات ، فيحدث على الكرة ثمانية مسدّسات ، ولأنّ زوايا ذي الثماني قواعد ستّ يحيط بكلّ واحدةٍ منها أربع زوايا مسطّحة ، فيحدث من الخطوط التي توصل وتره بها مربّع، فيحدث في الكرة ستّة مربّعات متساوياتِ الأضلاع فقد قسم الكرة على ما أراد أن يبيّن)).

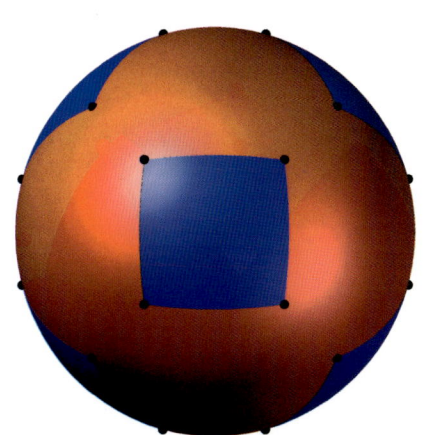

[مسقط أفقي للكرة.]

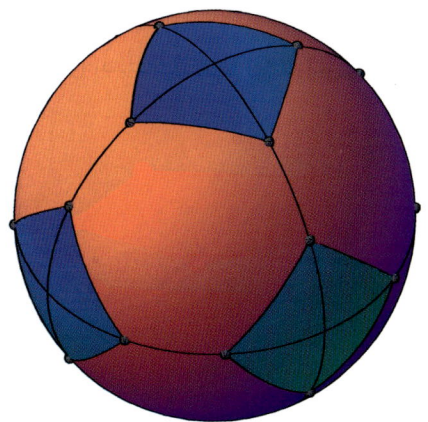

في قسمة الكرة بستٍّ مُربَّعات وثماني مُسدَّسات مُتساويات الأضلاع والزَّوايا

إذا أردنا ذلك : قَسَمنا الكُرة بِثمانية مُثلّثات مُتساوِيَات الأضْلاع والزّوايا،
وقَسَمنا كلّ ضلع من أضْلاعه بثلاثة أقسام مُتساويات ورسمنا على مواضِع الأقسام قِسِيّاً من دوائر عِظام فتنقسم الكرة بستٍّ مُربَّعاتٍ وثمانِية مُسدَّسات وتكون المسدَّسات في وسط المثلّثات التي قسمنا الكرة فيها والمربَّعات عند الزَّوايا وهذه صورة نصف الكُرة .(٤١٤)

شكل (١٧٤)

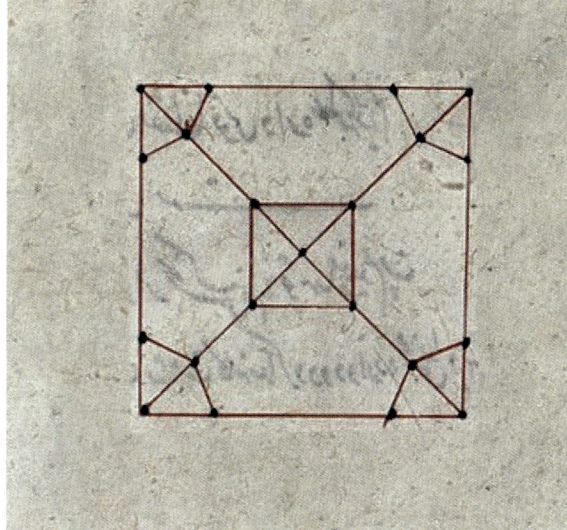

[أيزومتري للكرة بعد قسمة أضلاع المثلّثات بثلاثة أقسام.]

صورة الشكل ١٧٤ من ب.

[نرسم ثلاث دوائر عظام تتقاطع على زوايا قائمة فتنقسم الكرة إلى ثمانية مثلّثات.]

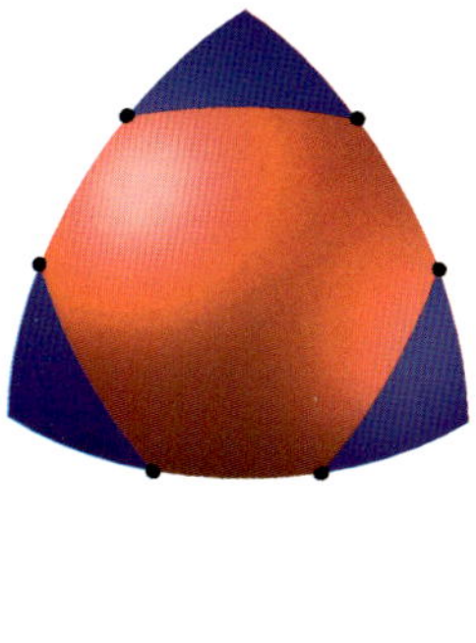

[نقسم ضلع كل مثلث بثلاثة أقسام ونرسم القِسى فينتج شكلٌ مسدّسٌ في داخل كل مثلثٍ من المثلّثات الثّماني.]

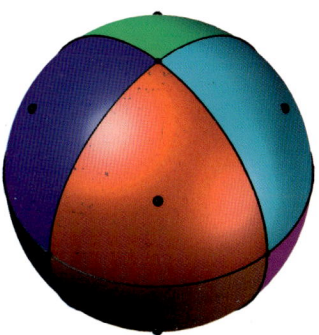

(٤١٥) ورد في هامش الصفحة ٣٥ نسخة أ. :((برهانه لِأنّ الشكل ذي الأربع قواعد يحيط به أربعة مثلّثات فإذا قسم كلّ ضلع من أضلاع كلّ واحدٍ منها ووصل على ما وصفنا، حدثت أربعة مسدّسات متساويات ،ٍ ولِأنّ كلّ زاوية من زوايا ذي الأربع قواعد يحيط بها ثلاث زوايا مسطّحة وعدد الزوايا أربعة فيحدث عند كل زاوية من زوايا هذا الشّكل مثلّث متساوي الأضلاع فقد انقسمت الكرة على ما أراد، وذلك ما أردنا أن نبيِّن)).

[أيزومتري للكرة بعد تقسيمها.]

فِي قِسمَة الكُرة بأربَعة مُربَّعَاتٍ وأربَعة مُسدَّسَاتٍ مُتسَاوِيات الأضْلاعِ والزَّوايَا

إذا أردنا ذلك قسمنا الكرة بأربعة مُثلَّثات مُتساويَات الأضْلاع والزَّوايَا،
وقسمنا كلَّ ضلع من أضلاعه بثَلاثة أقسام مُتسَاوية،
ورسمنا علىٰ مَواضعِ الأقسام قِسيّاً من دَوائر عِظام،
فيقسم الكرة بأربعة مُربَّعات وأربَعة مُسدَّسَاتٍ مُتسَاويات الأضْلاع والزَّوايَا،
وتكون المسدَّسات في وسَط المثلَّثات، والمربَّعات في الزَّوايا،
وهذه صورتها .(٤١٥)

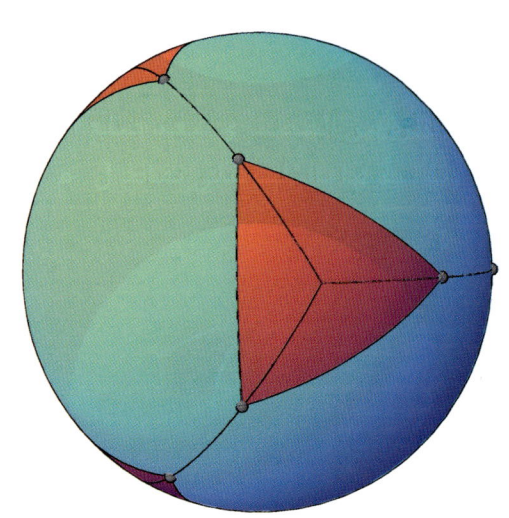

شَكل (١٧٥)

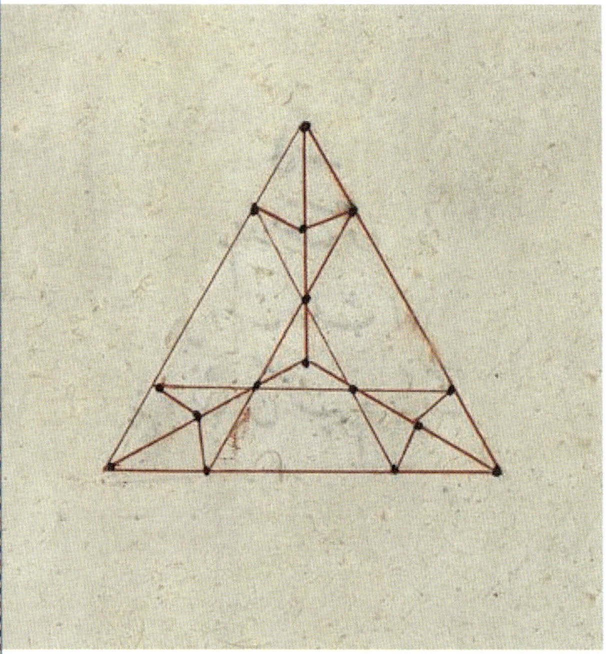

صورة الشكل ١٧٥ من ب.

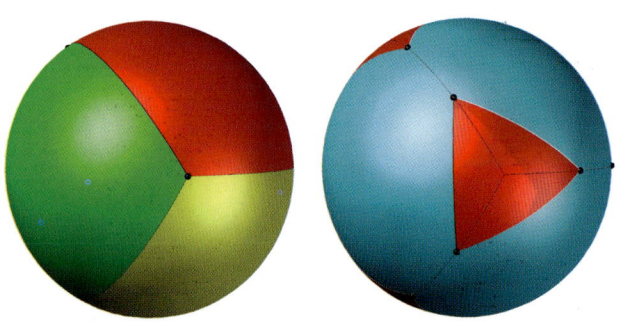

[نقسّم الكرة بأربعة مثلّثات كما ورد في أول هذا الباب. ثم نقسم ضلع كل مثلّث بثلاثة أقسام، ونصل القِسى ،فيحدث شكلٌ مسدّسٌ في المثلّث.]

تَمَّتِ الرِّسَالَةُ
حَامِداً ومُصَلِّياً ومُسَلِّماً
والحَمْدُ لِلّه وَحْدَهُ.

والله أعلم بالصّواب وإليه المرجع والمآب.

كتاب أبي الوفاء البوزجاني
فيما يحتاج إليه الصّانع من أعمال الهندسة

المراجـــع

١ـ المراجع العربيّة

المخطوطات

أقليدس. الأصول. ثلاث عشرة مقالة في الهندسة الرياضياتية، كتبها الرياضي الإغريقي أقليدس في مدينة إسكندرية . عام ٣٠٠ قبل الميلاد. وترجمها عدة علماء منهم إسحق بن حنين (ت ٢٩٨هـــ/ ٩١٠م) وصححه ثابت بن قرة الحرّاني (ت ٢٨٨هـ/ ٩٠١ م). وكذلك نصر الدين الطوسـي (ت ٦٧٢هـ) وأسماه كتاب تحرير الأصول لأقليدس. جامعة كمبردج ١٠١١ انجلترا.

البوزجاني، أبو الوفاء. كتاب النجارة في عمل المسطرة والبركار والكونيا. القاهرة: دار الكتب المصرية. رقم ١٠٤٦٤ عمومية؛ رياضة. ١٠٦ ورقة. (مُشار إليها بِالحرف ق.)

البوزجاني، أبو الوفـاء. أعمال مجمّعة في الفلك والرّياضيـات. باريس : المكتبة الوطنية الفرنسية. فارسي ١٦٩. (مُشار إليها بِالحرف ب.)

Paris, Bibliothèque nationale de France, Département des manuscrits,

National ancien fond Persan Ms # 169

البوزجاني، أبو الوفاء. فيما يحتاج إليه الصّانع من أعمال الهندسة. أسطنبول: مكتبة آيا صوفيا. رقم ٢٧٥٣. (مُشار إليها بِالحرف أ.)

Süleymaniye kütüphanesi, Ayasofia Istanbul ٢٧٥٣ °Manuscrit n

البوزجاني، أبو الوفاء. فيما يحتاج إليه الكتّاب والعمّال من علم الحساب. القاهرة: دار الكتب المصرية. في الهندسة ٢٨٦٨٨. ١١٥ ورقة
المخطوط لا يحمل اسماً في أرشفته ، تجده بالبحث باستخدام اسم المؤلف البوزجاني.

زاده، ملا عمر محمد بن الحسين بن محمد بن الحسين. رسالة البركار التام وكيفية التخطيط به. ألّفها للسلطان صلاح الدّين الأيوبي. ترجمها الاستاذ فرانز ويبكه إلى الفرنسية. باريس ١٨٧٤. Franz Woepcke.

الكتب

إخبار العلماء بأخبار الحكماء. القفطي، جمال الدين أبو الحسن علي بن يوسف. (٥٦٨ - ٦٤٦ هـ = ١١٧٢ - ١٢٤٨ م) مؤرخ وطبيب عربي. دار الكتب العلمية، بيروت - لبنان الطبعة: الأولى ١٤٢٦ هـ - ٢٠٠٥

أخلاق الوزيرين = مثالب الوزيرين. أبو حيان التوحيدي، علي بن محمد بن العباس (ت: ٤٠٠هـ) حققه محمد بن تاويت الطنجي. دار صادر - بيروت، بإذن: المجمع العلمي العربي بدمشق ١٩٩٢ م

إضاءة زوايا جديدة للتقنية العربية الإسلامية. قاري، لطف الله. تقديم خالد الماغوط. الرياض: مكتبة الملك فهد الوطنية، ١٩٩٦م

الأعلام. خير الدين بن محمود بن محمد بن علي بن فارس، الزركلي الدمشقي (ت ١٣٩٦هـ) دار العلم للملايين الطبعة ١٥ - ٢٠٠٢ م

الإمتاع والمؤانسة. أبو حيّان علي بن محمد بن العباس التوحيدي (المتوفى: نحو ٤٠٠هـ). المكتبة العنصرية، بيروت ط١، ١٤٢٤ هـ

التنبيه والإشراف. أبو الحسن علي المسعودي. تحقيق عبد الله اسماعيل الصاوي الناشر: مكتبة الشرق الإسلامية - القاهرة الطبعة: ١٩٣٨

الفهرست. ابن النديم، أبو الفرج محمد بن إسحق. تحقيق رضا تجدد. طهران: مكتبة الأسدي، ١٩٧١م. ١٠ ج.

تحديد نهايات الأماكن لتصحيح مسافات المساكن. لأبي الريحان البيروني، ؛ حققه ب. بولجاكوف ؛ مطبعة لجنة التأليف والترجمة والنشر،

ما يحتاج إليه الصانع من علم الهندسة. العلي، د. صالح أحمد (محقّق). بغداد: جامعة بغداد، مركز إحياء التراث العلمي العربي، ١٩٧٩م. في تحقيق د. صالح أحمد العلي أشار للمخطوط برقم ٣١٠٢٤. وفي الصفحة الأولى من المخطوطة يظهر الرقم ٣١٠٢٤ ولكنها حاليا محفوظة في القاهرة: دار الكتب المصرية تحت رقم ١٠٤٦٤ عمومية. رياضة.)

راشد، رشدي. بمعاونة ريجيس مورلون. موسوعة تاريخ العلوم العربية. بيروت: مركز دراسات الوحدة العربية. ١٩٩٧م. ٣ ج. سلسلة تاريخ العلوم العربية، ٤.

موسى، علي. إشراف د.رشدي راشد. مجسطي أبي الوفاء البوزجاني. بيروت: مركز دراسات الوحدة العربية. ٢٠١٠. سلسلة تاريخ العلوم عند العرب، ١٠؛ (و) سلسلة أطروحات الدكتوراه، ٨٢.

وفيات الأعيان وأنباء أبناء الزمان. ابن خلكان، شمس الدين أبو العباس أحمد بن محمد بن أبي بكر. و. (٦٠٨ - ٦٨١ هـ) دار صادر. بيروت ١٩٧٢ تحقيق د. إحسان عباس

وفيات سير أعلام النبلاء. الذهبي، محمد بن أحمد، دار المعرفة

المجلات / البُحوث علمية

الإنجازات الفلكية في الحضارة الإسلامية. مجلة التّقدم العلمي. الكويت. بدران، عبد الله. مؤسسة الكويت للتقدم العلمي. ٢٠١٣. مارس. ٨٠ع. ص٤٩.

الأستاذ فرانز ويبكه .Franz Woepcke نشر دراسته في مقالين طويلين عام ١٨٥٥، نشرها في المجلة الأسيوية م ٥ ص٢١٨-٢٥٦ و ٣٠٩-٣٥٩

سوتر : Suter 1922 نشر دراسته من مجموعة أبحاث عن تاريخ العلوم الطبيعية والطب ، ج ٤ في إيرلانجن سنة ١٩٢٢ ص ٩٤-١٠٩

٢ـ المراجع الأجنبيّة
BIBLIOGRAPHY

1. Abu'l-Wafā' al-Būzjānī, *Kitāb fī mā yaḥtāj al-ṣāni` min a`māl al-handasa*, Mashhad: Imam Riza 37, copied in the late 10th or the early 11th century. [Persian manuscript]

2. Abu'l-Wafā' al-Būzjānī, *Kitāb fī mā yaḥtāj al-ṣāni` min a`māl al-handasa*, Tehran: Daneshgah 2876, copied in the 11th or 12th century. [Persian manuscript]

3. Abu'l-Wafā' al-Būzjānī, *Kitāb fī mā yaḥtāj al-ṣāni` min a`māl al-handasa*, Cairo: Dār al-Kutub, Al-Masriy, 10464, a 260, copied in the 13th century. [Arabic manuscript]

4. Abu'l-Wafā' al-Būzjānī, *Kitāb fī mā yaḥtāj al-ṣāni` min a`māl al-handasa*, Istanbul: Süleymaniye Kütüphanesi, Ayasofya 2753, copied in the first half of the 15th century. [Arabic manuscript]

5. Abu'l-Wafā' al-Būzjānī, *Kitāb fī mā yaḥtāj al-ṣāni` min a`māl al-handasa*, trans. Abū Isḥāq ibn `Abdallāh Kūbanānī Yazdī, Paris: Bibliothèque Nationale de France, ancien fonds. Persan 169, sec. 23, ff. 141v–179v, copied in the mid-15th century. [Persian manuscript in a collection]

6. Abu'l-Wafā' al-Būzjānī, *Kitāb fī mā yaḥtāj al-ṣāni` min a`māl al-handasa*, Milan, Biblioteca Ambrosiana, arab 68. [Arabic manuscript]

7. Abu'l-Wafā' al-Būzjānī (misattributed to al-Fārābī), *Kitāb al-ḥiyal al-rūḥāniyya wa'l-asrār al-ṭabī`iyya fī daqā'iq al-ashkāl al-handasiyya* [The Book of Spiritual Tricks and Natural Secrets in the Subtleties among the Geometric Figures], Uppsala: Tornberg 324. [Arabic manuscript]

8. Kamāl al-Dīn Mūsā ibn Muḥammad ibn Man`a, *Kitāb fī mā yaḥtāju al-sāni` min a`māl al-handasa* [commentary], Mashhad: Imam Riza 5357/139, early 13th century. [Arabic manuscript]

9. Abū Bakr al-Khalīl al-Tājir al-Raṣadī, *A`māl-i Abū Bakr al-Khalīl al-Tājir al-Raṣadī*, Paris: Bibliothèque Nationale, ancien fonds. Persan 169, sec. 19, ff. 124v–138r. [Persian manuscript in a collection]

10. *Fī qismat al-muthallathāt* [On Dividing the Triangles], Paris: Bibliothèque Nationale, ancien fonds. Persan 169, sec. 16, ff. 108–118v. [Persian manuscript in a collection]

23. Adolf P. Youschkevitch, *Les mathematiques arabes*, trans. Maurice Cazenave and Khalil Jaouiche, Paris: Vrin, 1976.

24. Dominique Raynaud, "Abu al-Wafa' Latinus? A Study of Method" in *Historia Mathematica*, 39, (2012): 34-83.

25. A. von Braunmühl, *Vorlesungen über Geschichte der arabischen Litteratur*, 1, 2nd ed.(Leiden, 1943), 255; Supp. I (Leiden, 1937), p. 400;

26. Moritz Cantor, *Vorlesungen über Geschichte der Mathematik*, 2nd ed., I (Leipzig, 1894), 698–704, Index.

27. S. A. Krasnova: "Abū-l-Vafa al-Buzdzhani, Kniga o tom, chto neobkhodimo remeslenniku iz geometricheskikh postroenij" ("Abū'l-Wafāʾ al-Būzjānī, 'Geometrical Constructions for the Artisan"), in *Fiziko-matematicheskie naukty stranakh vostoka* ("Physics and Mathematics in the Orient"), I (IV) (Moscow, 1966), 42–140.

28. Ibn al-Nadīm (Abûl-Farāj Muḥammad Ibn Isḥāq), *Kitāb al-Fihrist*, G, Flügel, Y. Rödiger, and A. Müller, eds., I (Leipzig, 1871), 266, 283; H. Suter's translation of the *Fihrist*, "Das Mathematikerverzeichnis im Fihrist des Ibn Abī Ya'kūb al-Nadīm," in Abhandlungen zur Geschichte der mathematischen Wissenschaften, 6 (1892), 39.

29. G. P. Matvievskaja, *O matematicheskikh mkopissiakh iz sobranija instituta vostokovedenija AN Uz. S.S.R.* ("On the Mathematical Manuscripts in the Collection of the Institute of Oriental Studies of the Academy of Sciences of the Uzbek S.S.R."), Publishing House of the Academy of Sciences of the Uzbek S.S.R. Physical and Mathematical Sciences Series, pt. 9 (1965), no. 3 and *Uchenije o chisle na siednevekovom Vostoke* ("Number Theory in the Orient During the Middle Ages"):(Tashkent, 1967).

30. M. I. Medovoy, "Ob odnom sluchae primenenija otritsatel'nykh chisel u Abu-l-Vafy" ("On One Case of the Use of Negative Numbers by Abū'l-Wafāʾ"), in *Istoriko-matematicheskie issledovanija* ("Studies in the History of Mathematics"), 11 (1958), 593–598, and "Ob arifmeticheskom traktate Abu-l-Vafy" ("On the Arithmetic Treatise of Abū'l-Wafa"), ibid., 13 (1960), 253–324.

31. Adolph Yushkevich, *Geschichte der Mathematik im Mittelalter* (Leipzig: 1964), Index.

11. *Fī tadākhul al-ashkāl al-mutashābiha aw al-mutawāfiqa*, Paris: Bibliothèque Nationale, Ancien Fonds. Persan 169, ff. 180r–199v. [Persian manuscript in a collection]

12. Abu'l-Wafā', al-Būzjānī, *Kitāb fī mā yaḥtāju al-ṣāni' min a'māl al-handasa*, ed, Ṡāliḣ, Aḣmad 'Ali, Baghdād: University of Baghdād, 1979. [in Arabic]

13. Abu'l-Wafā' al-Būzjānī, *Applied Geometry*, edited and translated by Seyyed Alireza Jazbi, Tehran: Soroush Press, 1991. [in Persian]

14. Thomas L. Heath, Euclid: *The Thirteen Books of Euclid's Elements*, translated from the text of Heiberg, New York: Dover Publications, (1956). 3 vols.

15. Gülru Necipoğlu, *The Topkapı Scroll: Geometry and Ornament in Islamic Architecture* (1995)

16. Alpay Özdural, "On Interlocking Similar or Corresponding Figures and Ornamental Patterns of Cubic Equations" in *Muqarnas*, 13 (1996), pp. 191–211

17. Alpay Özdural, "A Mathematical Sonata for Architecture: Omar Khayyam and the Friday Mosque of Isfahan" in *Technology and Culture*, 39 (1998), pp. 699–715.

18. Alpay Özdural, "Mathematics and Arts: Connections between Theory and Practice in the Medieval Islamic World" in *Historia Mathematica*, Volume 27, Issue 2, May 2000, pp. 171–201.

19. Ahmad S. Saidan, "The Arithmetic of Abu'l-Wafā'" in *Isis*, 65 (1974), pp. 367–375.

20. Heinrich Suter, Das Buch der geometrischen Konstruktionen des Abu'l Wefā', Abhandlungen zur Geschichte der Naturwissenschaften und Medizin 4 (1922), 94–109; reprinted in Heinrich Suter, *Beitrage zur Geschichte der Mathematik und Astronomie im Islam*, vol. 2, ed. Fuat Sezgin, Frankfurt: Institut fur Geschichte der arabisch-islamischen Wissenschaften, 1986, pp. 635–650.

21. Sarton, G. *Introduction to the History of Science*, vol.1, pp. 666-667.

22. Francois Woepcke, "Analyse et extrait d'un recueil de constructions geometriques par Aboul Wafā, *Journal asiatique*, 5th ser., 5 (1855), 218–256, 309–359; reprinted in Franz Woepcke, *Etudes sur les mathematiques arabo-islamiques*, vol. 1, ed. Fuat Sezgin, Frankfurt: Institut fur Geschichte der arabisch-islamischen Wissenschaften, 1986, pp. 483–572.

الملاحق

ملحق ـ ١ : مخطوط "فيما يحتاج إليه الكتّاب والعمّال من علم الحساب"

بسم الله الرحمن الرحيم
المنزلة الثانية من كتاب أبي الوفا
محمد بن محمد البوزجاني فيما يحتاج
إليه الكتاب والعمال من علم الحساب
وهي في الضرب والقسمة
ينبغي أطال الله بقاء مولانا الملك السيد وأدام تأييده وعلوه وتمكينه
ورفعته وكبت عدوه أن نسلك في المنزلة أيضا الطريقة التي سلكناها
في المنزلة الأولى ونذكر فيها من أصول الضرب والقسمة جملا لا
يستغني عنها الكتاب والعمال وغيرهم ونوضح أبواب فرائضه ومعاني
سهلها وأشكاله مقنعة مجردة أيضا من العلل والبراهين لكي يعلمون
الكتاب ونقدم الأسهل والأقرب على الأصعب والأبعد ونبدأ بالأشياء
التي هي الأصول في حساب الضرب والقسمة ثم نتبع ما يتركب عنها ونذكر
في كل واحد من أبواب هذه المنزلة من الأصول التي ينبغي أن نعمل عليها
في الأعمال الحسابية إذا كثر العدد ولم يمكن أن يضبط باليد ولا بالقلب
أشيا يسهل بها طريقها ثم نذكر الأنواع التي يستعملها الحذاق في الضرب
والقسمة على طريق الاختصار ليقرب مأخذها ونحن نستعملها في
سائر أنواع المعاملات ونستعين في ذلك كله بالحي الذي لا يموت والذي
الذي لا يزول إنه قادر على ما يشاء

(Kitāb fī mā yaḥtāj ilayh al-kuttāb wa'l-ʿummāl min ʾilm al-ḥisāb)

كتاب "فيما يحتاج إليه الكتّاب والعمّال من علم الحساب" أو "منازل الحساب". محفوظ في دار الكتب المصرية ، القاهرة. تحت اسم المؤلف: البوزجاني / رياضة. ٢٨٦٨٨.

ملحق -٢ : مسألة من كتاب "في تداخل الأشكال المتشابهة أو المتوافقة".

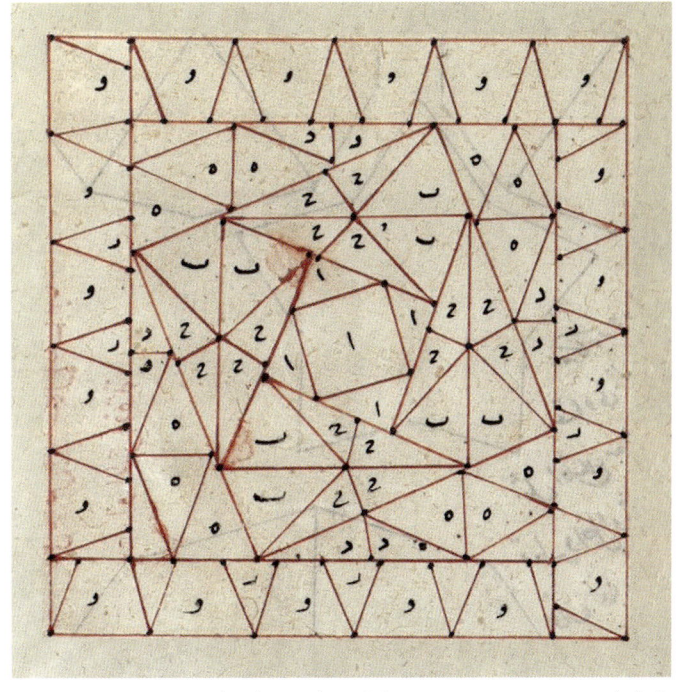

شكل من صفحة ب_١٨٠_ظ من كتاب
(في تداخل الأشكال المتشابهة أو المتوافقة) .

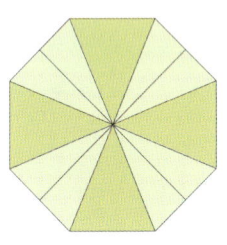

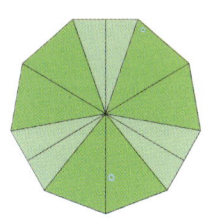

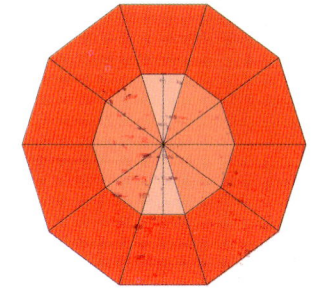

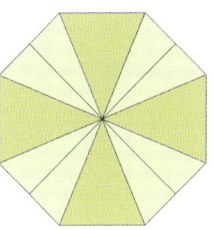

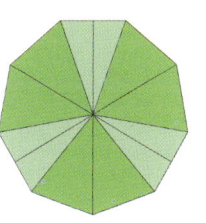

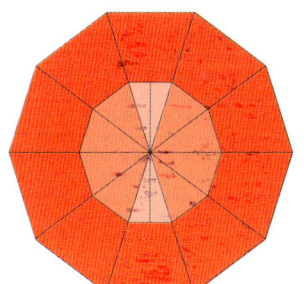

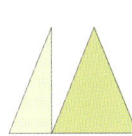

شكل لنموذج فنّي من كتاب «في تداخل الأشكال المتشابهة أو المتوافقة». يتألف الكتاب من أربعين صحيفة، تشتمل على ٦٨ تركيبا زخرفيا هندسيا معقداً، منها ٦١ شكلا مصحوبا بالشرح لتبيين كيفية رسمها. في هذه الصورة تركيب هندسي مؤلّف من مربَّعين ومثمَّنين ومتسَّعين ومعشَّرين، يُؤلِّف منها المهندس هذا الشكل.

ملحق - ٣ : جدول حساب الجُمل.

جدول حساب الجُمل

أ	١	ي	١٠	ق	١٠٠	غ	١٠٠٠
ب	٢	ك	٢٠	ر	٢٠٠		
ج	٣	ل	٣٠	ش	٣٠٠		
د	٤	م	٤٠	ت	٤٠٠		
ه	٥	ن	٥٠	ث	٥٠٠		
و	٦	س	٦٠	خ	٦٠٠		
ز	٧	ع	٧٠	ذ	٧٠٠		
ح	٨	ف	٨٠	ض	٨٠٠		
ط	٩	ص	٩٠	ظ	٩٠٠		

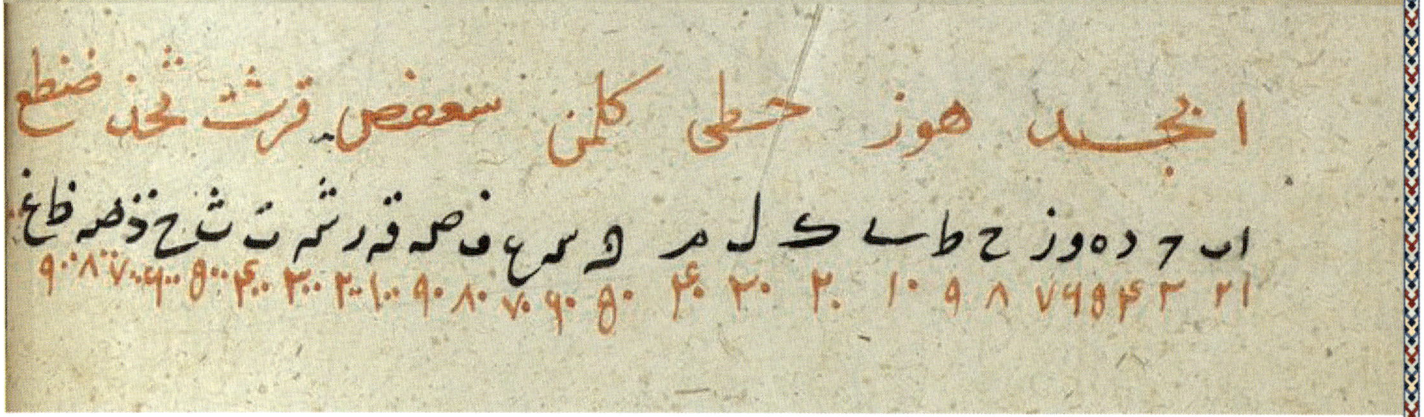

ابجد هوز حطي كلمن سعفص قرشت ثخذ ضظغ

ا ب ج د ه و ز ح ط ي ك ل م ن س ع ف ص ق ر ش ت ث خ ذ ض ظ غ
١ ٢ ٣ ٤ ٥ ٦ ٧ ٨ ٩ ١٠ ٢٠ ٣٠ ٤٠ ٥٠ ٦٠ ٧٠ ٨٠ ٩٠ ١٠٠ ٢٠٠ ٣٠٠ ٤٠٠ ٥٠٠ ٦٠٠ ٧٠٠ ٨٠٠ ٩٠٠ ١٠٠٠

ملحق ـ ٤ : وحدات القياس في الحضارة الإسلامية.

وحدات القياس في الحضارة الإسلامية

نوع الذراع	الطول/سم	ملاحظات
الذراع الشرعية	٤٩,٤	استحدثها المأمون العباسي ١٩٨هـ
الذراع السوداء	٥٤,٤	مساوية لمقياس النيل بالروضة
ذراع العامة	٦٧	تساوي ١٦ عقدة (كره) وتساوي ٥٠ إصبعا
ذراع البنائين	٧٩	قُسمت إلى ستين إصبعا أو ٢٤ مفصلاً
الذراع المعمارية	٧٥	تستعمل عند البنائين
ذراع الملك (الذراع الهاشمية)	٦٦,٥	نسبة إلى ملك فارس
ذراع الدُور	٥٠,٣	استحدثه قاضي الكوفة "ابن أبي ليلى ١٤٨هـ"
الذراع اليوسفية	٤٩,٨٧	نسبة إلى القاضي أبي يوسف. خبير الخراج ت١٨٢هـ
الذراع الميزانية (الأزلة)	١٤٥,٦٣	استحدثها المأمون ١٩٨هـ. تستخدم لمسح القنوات
ذراع البز	١٣٤	تستعمل في إستنبول ضعف ذراع العامة
مقياس كره Girih	٣ ١/٨ إصبع	تعني بالفارسية "عقدة"
الذراع السومرية	٤٩,٥٣	
ذراع اليد المصرية	٤٩,٣٢	

قاري، لطف الله. إضاءة زوايا جديدة للتقنية العربية الإسلامية. الرياض: ١٩٩٦. مكتبة الملك فهد. صفحة ١٧٤.

المقياس في العمارة الإسلامية: بحث مقدم للملتقى المغاربي حول تاريخ الرياضيات العربية. ١-٣ ديسمبر ١٩٩٠. لمؤلف تركي. كتاب رسالة معمارية ١٠٢٣ هـ - ١٦١٤م.

[المرجع: الميزان في الأقيسة والمكاييل والأوزان، علي باشا مبارك (ت ١٣١١هـ)، تحقيق د. أ. أحمد فؤاد باشا، مراجعة أ. مصطفى حجازي، مجمع اللغة العربية، القاهرة: ١٤٣٢هـ/ ٢٠١١م].

ملحق - ٥: رسم لأرضية رخامية من مسجد السلطان حسن، القاهرة ٧٥٧-٧٦٤ هـ.

كشّاف عام

ـ أ ـ

ابشيزكة : ٤٠

إبرخس Hipparchus :٢٣

ابن أبي شيبان : ١٩

ابن خلكان : ٢٠، ٢٣٠

ابن النبهان : ١٩

ابن النديم : ١٨، ٢٣، ٢٤، ٣٠، ٢٢٩

ابن سعدان : ١٩

ابن عيسى، علي : ١٩

ابن قريعة : ١٩

ابن طرارة : ١٩

ابن معروف : ١٩

أبو جيش شيخ الشيعة : ١٩

أخلاق الوزيرين = مثالب الوزيرين : ١٩، ٢٠، ٢٢٩

الأرثماطيقي Arithmetic :٢٤

أرشميدس Archimedes :٣٨

أقليدس Euclid : ٢٣، ٢٤، ٢٧، ٢٨، ٥٠، ٥١، ٥٥، ٥٧، ٦٠، ٦٥، ٧٢، ٨٢، ٨٣، ٨٥، ٩٠، ٩٨، ١٠٠، ١٠١، ١٠٣، ١٣٠، ٢٠٢، ٢١١، ٢١٢، ٢١٥، ٢٢٩

الأبهري : ١٩

الأصول، كتاب أقليدس : ٧٩، ٩٢، ١٩٥، ٢١١، ٢٢٨، ٢٣٣

الأعداد غير المؤلفة من مربّعين: ١٦٦،١٩٣

الأعداد المربّعة : ١٦٥

الأعداد المؤلفة من مربعين : ١٦٦، ١٦٩

الأعداد المؤلفة من مربعين مختلفين : ١٧١، ١٧٧، ١٩٠

الأعداد المؤلفة من مربعين متساويين : ١٧٤

الأنصاري، ابن كعب : ١٩

ـ ب ـ

بادوسيوس : ١٩٦

باشا، أحمد فؤاد : ١٩، ٢٤، ٢٣٧

بركار : ٣٠، ٣٢، ٣٤، ٣٧، ٣٨، ٣٩، ٤٠، ٤٣، ٤٥، ٥٤، ٧٣، ٧٧، ٨٠، ٨١، ٨٥، ٨٧، ٩١، ١٢٥، ٢٢٨

بسيط الكرة (سطح الكرة): ٢٢، ٢١١، ٢١٥، ٢١٦، ٢١٨، ٢٢٣

بطليموس Ptolemy : ٢١، ٢٣، ٩٠

بغداد : ١٨، ١٩، ٢٠، ٢٥، ٢٢٩

بهاء الدولة : ١٩، ٢٥، ٣٦

بهادر، ألغ بيك : ٢٧

بوزجان : ١٨

البوزجاني، أبو الوفاء محمد بن محمد بن يحيى بن اسماعيل بن العباس (٣٢٨ ـ ٣٨٨ هـ) : ١٦، ١٨،٢٠، ٢١، ٢٢، ٢٣، ٢٤، ٢٥، ٢٧، ٢٨، ٢٩، ٣٠، ٣١، ٣٢، ٣٣، ٣٤، ٣٦، ٤١، ٥٠، ١٣٤، ١٧١، ١٧٣، ١٧٨، ١٧٩، ١٨١، ١٨٦، ١٨٨، ١٨٩، ١٩٦، ٢٢٧، ٢٢٨، ٢٣٠، ٢٣٢، ٢٣٣

البيروني، أبو الريحان محمد بن أحمد : ١٩، ٢٣، ٢٢٩

- ت -
التعقيبة : ٣٠، ٣١
التوحيدي، أبو حيّان : ١٩، ٢٠، ٢٢٩

- ث -
ثاوديوس : ٢٠٠

- ج -
الجبر : ٢٣، ٢٧
الجيب : ٢١، ٢٢، ٢٣
الجيب الأعظم : ٢١

- ح -
كتاب الحدود : ٢٣
الحراني، أبو الحسين ثابت بن قرة : ١٨، ٢٢٨

- خ -
الخوارزمي، أبو عبد الله محمد بن موسى : ٢٣، ٢٨

- د -
الدائرة : ٩٨، ١٠٠، ١٠١، ١٠٢، ١٠٣، ١٥٨
الدوال المثلثية : ٢٢
دومينيك رينو Dominique R : ٢٥
ديو فنطس Diophantus : ٢٣

- ذ -
ذو الاثني عشر قاعدة : ٢١٥، ٢٢٣،
ذو العشرين قاعدة : ٢١١، ٢١٢، ٢٢١، ٢٢٣، ٢٢٤

- ر -
الرازي، أبو بكر : ١٩
رفع الطريق : ١٦٠
الرقان : ٣٨، ٣٩

- ز -
زاده، أحمد شيخ : ٢٨
الزركلي : ٢٠، ٣٠، ٢٢٩

- س -
السطح المتوازي الأضلاع : ١٤٠، ١٤١، ١٤٣، ١٤٦، ١٥٠
سعيدان، سليم : ٢٤

- ص -
الصاحب بن عباد : ١٩

- ط -
الطوسي، نصر الدين : ٢٨
طوقان، قدري : ٢٠

- ع -
عقبة، أبو عبد الله محمد : ١٨
علي بن عيسى : ١٩
العلي، صالح أحمد : ٢٥، ٢٢٩

- غ -
غازي محمود : ٢٨
الغندجاني، أبو القاسم أحمد بن محمد : ٧٥، ٩٤، ١٠٦، ١٤٣، ١٩٣، ١٩٦، ٢٠٠، ٢٠٧، ٢١٦

- ف -
الفهرست لابن النديم : ١٨، ٢٣، ٢٤،

٣٠، ٢٢٩

فيثاغورس : ٤٥، ٤٦، ١٨٦

- ق -

قاري، لطف الله : ٢٥، ٤٠، ٢٢٩، ٢٣٧

القانون العام للجيوب : ٢٣

قطع مكافئ : ٦٦، ٦٩

القفطي : ٢٣، ٢٤، ٢٢٩

- ك -

الكاتب، أبو الحسين إسحق بن إبراهيم بن يزيد : ١٨

كاث : ١٩

الكاشي، غياث الدين بن مسعود بن محمد أو غياث الدين جمشيد الكاشاني : ٢٥

الكرة : ١٩٦، ١٩٧، ١٩٨، ١٩٩، ٢٠٠، ٢٠٤، ٢٠٨، ٢١٢، ٢١٨، ٢٢١، ٢٢٤، ٢٢٥، ٢٢٦

ابن كرنيب، أبو العلاء : ١٨، ١٩

الكستراك : ٣٨، ٣٩

كمال الدين موسى بن يونس : ٢٠

الكمال بن يونس : ٢٠

الكوبناني، أبو إسحق بن عبد الله اليزيدي : ٢٤، ٢٥

الكونيا : ٣٠، ٣١، ٣٦، ٣٧، ٣٨، ٤١، ٤٢، ٤٣، ٤٤، ٤٥، ٤٦، ٤٨، ٢٢٨

الكونيا الصناعية : ٤٥

- م -

الماوردي، أبو يحيى : ١٨

المتّسع : ٧٨، ٩٦

المثلّث : ٦٠، ٧٠، ٨٢، ٨٣، ١٠٤، ١٠٩، ١١٩، ١٢٠، ١٢٧، ١٢٩، ١٣٠، ١٣١، ١٣٢، ١٣٣، ١٣٤، ١٣٥، ١٦٢، ١٦٣

المثلّث المختلف الأضلاع : ١١١، ١١٧، ١١٨

المثمّن : ٧٦، ٩٥، ١٢٤، ١٢٦

المجسطي : ٢١، ٢٢، ٢٣، ٩٠، ٢٣٠

محمود، نجم الدين : ٢٤

المخمّس : ٧٢، ٩٠، ١١٩، ١٢٠، ١٢١، ١٢٢

المرآة المحرقة : ٦٦، ٦٨

المربّع : ٧١، ٨٤، ١١٠، ١١٦، ١٢١، ١٢٢، ١٢٤، ١٢٦، ١٣٦، ١٥٦، ١٥٧، ١٦٠، ١٦١

مركز الدائرة : ٥٥

المروّزي، أبو حامد : ١٩

المروزي، إبراهيم : ١٩

المسبّع : ٧٥، ٩٤

المسدس : ٧٤، ٩٣

المسعودي : ٢٤

المعشّر : ٧٩، ٩٧

المغازلي، أبو عمرو : ١٨

مكعّب : ٦٥

المنازل في علم الحساب : ١٩، ٢٣، ٢٤، ٢٣٤

المنحرف : ١٣٩، ١٦٤

- ن -

ناللينو : ٢٣

نيسابور : ١٨

- و -

ويبكه Woepcke : ٢٠، ٢٤، ٢٢٨، ٢٣٠

which were used by Muslims during the Golden Ages when Islamic civilization was at its peak, were the reason behind the grandeur and majesty of Islamic architecture. Up until today, we still witness the legacy of some of these splendid engineering feats embodied in the captivating remains of some ruins, ancient buildings, architectural ornaments and Islamic architectural vaultings *(muqarnas).*

Abu'l-Wafā' combined verifiable geometrical theories to applied mathematics and engineering so that his book may become a reference specifically geared to the craftsman rather than the scientist and engineer. He therefore mentions in the introduction of his book that he did not include the proofs and evidences of his geometrical theories because they did not concern his particular audience. The author conscientiously decided to make the information accessible to the craftsman by presenting the practices and application methods without discussing their scientific proofs and evidences.

There are two main factors that motivated me to edit this book and to make it accessible to the wider public. The first is the highly-sophisticated scientific knowledge that this book contains; the second was to honour the memory of **Abu'l-Wafā' al-Būzjānī's** great contributions to science which have all but been forgotten. Professionals who work in the engineering field will greatly benefit from this book, and any person with an engineering background will find in it valuable information.

Born in 940 CE, **Abu'l-Wafā' al-Būzjānī's** was a Persian mathematician and astronomer who was a regular attendant at the court of the Buyid **Amīr Bahā' al-Dawla.** In these court gatherings, guests used to discuss the various concepts and practices that were frequently and currently used by craftsmen who worked in the engineering field. These discussions however were devoid of evidences and scientific proofs. The outcome of the **Amīr's** gatherings convinced **Abu'l-Wafā'** of

Preface

In the name of Allah, the Most Gracious, the Most Merciful

Peace and blessings be upon our Prophet **Muḥammad**, the most honourable of all creation and of messengers who was sent as an embodiment of enlightened righteousness. Peace and blessings also be upon his family and on his just and pious Companions.

Geometric Constructions which are Necessary for the Craftsman was written by A**bu'l-Wafā' al-Būzjānī** in approximately 970 CE. It is an unprecedented work in the field of geometry, containing information that is still relevant in our days, not only for the craftsman, but also for those of us who work with Autocad software. His book contains theoretical and observational data that were used by many scholars and practitioners from his era and which can still be applied today.
On the whole, ***Abu'l-Wafā'*** collected 172 engineering problems; 149 of which are specialized in two-dimensional plane geometry while the rest are focused on problems of three-dimensional spherical geometry.

The reemergence of ***Abu'l-Wafā''s*** book comes at a critical point in time when knowledge of traditional Islamic architecture has become virtually extant in contemporary Muslim societies. The book offers invaluable information to both engineers and craftsmen who are eager to revive the traditional Islamic sciences. It includes applied mathematical and engineering problems with their highly challenging, compact and accurate mathematical formulas. These formulas,

original Persian translations and can be found in the Bibliothèque Nationale de France (MS. 169). It contains valuable information and illustrations covering topics such as how to operate the astrolabe, mathematical equations and surveying fundamentals. The other two manuscripts are in Arabic language in which it was written which are present in **Dār al-Kutūb al-Maṣriyya** in Egypt (MSS. 10464 and 44795); and in the **Hagia Sophia** library in Turkey (MS. 2573).

Abu'l-Wafā' was a prolific scholar who wrote 22 books and treatises in the fields of algebra, arithmetic, astronomy, music and engineering. He also translated and made commentaries on the algebraic works of **Diophantus** and **al-Khwārizmī,** including a commentary on Euclid's Elements. Though he died in 998 CE, his scientific imprint continues to resonate to this day in the field of trigonometry which is very much indebted to his valuable contributions. It is my intention that by making this great work available for the first time in a comprehensive format, the Muslim world will be able to use it as a small step to reviving traditional Islamic architecture and crafts in the modern age.

Finally, and on a concluding note, I would like to give special thanks to my teacher and mentor, Professor **Abdel-Wahed El-Wakil,** whose whole life has been spent reviving traditional Islamic architecture and whose footsteps and legacy I do my best to adhere to. I would also like to give thanks to Professor **Aisha Al-Mannai** and the College of Islamic Studies for all their support and assistance in having this book finally see the light of day.

Maher Azmi Abu-Samra
Amman, 2019

the importance of addressing the craftsmen by having them comprehend fundamental engineering principles without having them dig through the complexities and scientific proofs behind them.

Abu'l-Wafā' was able to draw a distinction between the different types of practitioners involved in the engineering field. There were, during his time, engineers who were almost fully saturated with theories, evidences and scientific proofs but who lacked practical experience. At the same time, there were craftsmen who had the practical skills but who had no theoretical background. A good example of the controversy that arose between those two groups was over the division and composition of squares. On the one hand, the craftsmen committed many mistakes because they did not base their divisions and arrangements according to scientific principles but only focusing on the end-result; on the other hand, engineers failed to introduce the right approach to link the evidential geometric lines that they drew so that these could be translated into tangible objects and applied physically by the craftsmen. The craftsmen only cared for the observable and the tangible while the engineers had little understanding of how the end result could be fashioned and produced. Mistakes were of course bound to appear between those two disparate approaches.

Abu'l-Wafā''s approach to establish a linkage between the craftsmen and the engineers still remains valid today. The missing link between those two groups has resulted in the neglect of traditional Islamic crafts and artisanry which today have virtually died out in the Islamic world. The use of machinery, automation and the tendency to emulate the West have all been contributing factors to the loss of traditional knowledge that was once inherited across generations.

TThe present book, **Geometric Constructions which are Necessary for the Craftsman**, was retrieved from three manuscripts. The first manuscript exists in the